TABLE MÉTHODIQUE

DES

MÉMOIRES DE TRÉVOUX

(1701-1775)

PAR

Le Père P.-C. SOMMERVOGEL

de la Compagnie de Jésus

SECONDE PARTIE

BIBLIOGRAPHIE

TOME PREMIER

1455

PARIS

AUGUSTE DURAND, LIBRAIRE

RUE DES GRÈS, 7

1865

TABLE MÉTHODIQUE

DES

MÉMOIRES DE TRÉVOUX

(1701-1705)

PARIS. — IMPRIMERIE DE E. DONNAUD

RUE CASSETTE, 9.

TABLE MÉTHODIQUE

DES

MÉMOIRES DE TRÉVOUX

(1701-1775)

PAR

Le Père P.-C. SOMMERVOGEL

de la Compagnie de Jésus

SECONDE PARTIE

BIBLIOGRAPHIE

TOME PREMIER

PARIS

AUGUSTE DURAND, LIBRAIRE

RUE DES GRÈS, 7

1865

Dans les journaux littéraires du xviiie siècle, contrairement à nos revues actuelles, la bibliographie occupe le premier rang; la véritable fin des rédacteurs était de rendre compte des *nouveautés*; les dissertations, les mémoires, malgré leur importance, auraient plutôt passé pour un accessoire, pour une gracieuseté des journalistes envers leurs lecteurs. Les *Mémoires de Trévoux* ont suivi ce plan, tracé par l'usage. La seconde partie de cette table est donc le catalogue méthodique des ouvrages dont on a fait soit l'annonce, soit l'analyse; à ce point de vue, elle sera en quelque sorte une bibliographie française du dernier siècle. Je dis française, parce que je ne me suis pas astreint à relever les titres des ouvrages étrangers, qui n'ont pas été l'objet d'un compte rendu; j'aurais, en agissant différemment, augmenté ce travail sans grand profit, et de plus l'incorrection typographique, à l'égard des noms des auteurs allemands, anglais ou autres, m'aurait fait commettre des erreurs dont je ne pouvais accepter la responsabilité.

Ces erreurs, j'ai tâché de les éviter pour les livres

imprimés en France ou en langue française. Les importants travaux de M. Quérard, le *Dictionnaire* de Barbier, la *Table du Journal des Savants*, les *Biographies* de Moréri, Michaud et Didot, la *Bibliothèque des écrivains de la Compagnie de Jésus* par les PP. de Backer, sans parler de quelques autres ouvrages spéciaux, me permettaient de marcher avec une certaine assurance dans le chemin si périlleux de la bibliographie. J'ai suivi, autant que possible, ces différents guides, soit pour découvrir les auteurs anonymes, soit pour vérifier des dates, soit pour compléter des titres. Leur autorité toutefois ne m'a pas semblé, en toute occurrence, devoir être acceptée comme infaillible. La contradiction entre leurs assertions et celles des journalistes était souvent trop manifeste, pour qu'il me fût permis de préférer au dire des contemporains celui de la postérité. De là des oppositions, sur certains points, entre cette table et les ouvrages susmentionnés.

On ne regardera pas, je l'espère, comme une perte de temps ou comme une inutilité, le soin que j'ai pris de relever les erreurs ou les omissions dont ces ouvrages si estimables, et *la France littéraire* surtout, ne pouvaient se flatter d'être exempts. On aura par là une idée de ce qui manque encore à la perfection de notre bibliographie nationale, et des secours qu'elle trouverait dans les journaux littéraires, si des tables les rendaient tous accessibles aux recherches.

Si d'autres plus habiles se sont trompés, je serais mal venu de me dissimuler les fautes qui m'ont certainement échappé dans cette longue suite de titres et de dates, seuls agréments de ce travail. Le classement de tel ouvrage dans telle catégorie paraîtra peut-être fautif à quelques-uns, telle remarque hasardée, telle correction déplacée. Je leur accorde tout sans contester ; d'ailleurs *damus veniam... petimusque vicissim.*

Il me reste à faire deux observations indispensables pour l'usage de cette table. L'astérisque placé avant l'indication d'un mois, annonce qu'en cet endroit du journal on ne trouvera que le titre de l'ouvrage sans aucun compte rendu. — Les noms d'auteurs entre parenthèses et en caractères italiques sont ceux des anonymes; si l'anonymie n'a pas paru évidemment constatée, ils sont en caractères ordinaires.

TABLE MÉTHODIQUE

DES

MÉMOIRES DE TRÉVOUX.

THÉOLOGIE.

ÉCRITURE SAINTE.

Bibles hébraïques, latines et françaises.

1. Biblia hebraïca ex optimis impressis et manuscriptis codicibus itemque Massora, aliisque principiis criticis accuratissime emendata... cura D. H. Opitii. *Kiel*, 1709, in-8. — Janvier 1711, p. 40.

2. Biblia hebraïca cum notis criticis et versione latina ad notas criticas facta. Accedunt libri græci, qui Deutero-Canonici vocantur... Auctore Car. Fr. Houbigant, Orat. D. N. J. C. *Paris*, 1753, 4 v. in-fol. — Avril 1755, p. 833; — mai 1755, p. 1223; — septembre 1755, p. 2213; — octobre 1755, p. 2377.

3. Biblia sacra cum selectis annotationibus, prolegom. novis et tabulis... illustrata.. auctore J. B. du Hamel. — *Paris*, 1706, in-fol. — Avril 1706, p. 618; — mai 1706, p. 807.

4. Biblia sacra carminibus mnemonicis comprehensa ad usum studiosæ juventutis (par Fr. Phil. *Lallouette*, docteur de Sorbonne). *Paris*, 1749, in-12. — Avril 1750, p. 948.

5. La Bible à l'usage des Calvinistes, retouchée dans le langage, par David Martin. *Amsterdam*, 1707, 2 v. in-fol. — * Juin 1707, p. 1118.

6. La sainte Bible en latin et en français, avec des notes littérales pour l'intelligence des endroits les plus difficiles (par *Le Maistre de Sacy*), divisée en deux tomes, avec un troisième tome contenant la concorde des quatre Evangélistes (par le docteur *Arnauld*), les livres apocryphes en latin et en français (par le P. *Le Gras*, de l'Oratoire), avec plusieurs autres pièces. (Édition donnée par l'abbé *de Beaubrun*.) *Paris*, 1715, 3 vol. in-fol. — Avril 1716, p. 554.

7. Bible de M. Le Cène. *Amsterdam*, 1741, 2 vol. in-fol. — Octobre 1755, p. 2677.

Quérard ne cite pas cet auteur, mort en 1703. La traduction française de la Bible parut par les soins de son fils.

Livres séparés de l'Ancien Testament.

8. Septuaginta interpretum tomus primus continens Octateuchum.... auctore J. Ern. Grabe. *Oxford*, 1707-1719, 2 vol. in-fol. — Février 1711, p. 212; — janvier 1712, p. 33.

9. Η παλαια διαθηκη κατα τοις εϐδομηκοντα.... edente Lamberto Bos. *Franequerre*. 1709, 2 vol. in-4. — Juillet 1712, p. 1142.

10. Il libro di Giobbe recato del Testo Ebreo in versi italiani. Dal sacerdote Giacinto Cerutti. *Turin*, 1759, in-8°. — Août 1760, p. 2051.

11. Volgarizzamento in terza rima del sacro libro di Giob. (par *Talleoni*). *Osimo*, 1764, in-4. — Décembre 1764, p. 1453.

12. Psalterium Davidis æthiopice et latine... Accedunt æthiopice tantum hymni et orationes aliquot Veteris et Novi Testamenti. Item Canticum Canticorum, cum variis lectionibus et notis. Cura Jobi Ludolfi. *Francfort-sur-le-Mein*, 1701, in-4. — Juin 1702, p. 20.

13. Libri Psalmorum cum selectis annotationibus in loca difficiliora. Auctore J. B. du Hamel. *Rouen*, 1701, in-8. — Février 1702, p. 143.

14. Nova et accurata editio Psalmorum Davidis una cum paraphrasi Buchanani (edente *de Lestans*, sacerdote). *Paris*, 1729, 2 vol. in-12. — Mai 1729, p. 914.

15. Les Psaumes en latin selon la Vulgate, avec des notes latines, où l'on rend compte sur chaque psaume, de son titre, de son objet... *Paris*, 1729, in-4 et in-12. — * Mai 1729, p. 912.

16. Davidis Carmina quæ Psalmi dicuntur, tum Cantica Veteris Novique Testamenti latinis versibus reddita, opera ac studio Petri Rossi. *Arezzo*, 1761, in-8. — Mai 1761, p. 1328.

17. Nouvelle traduction du livre des Psaumes selon la Vul-

gate et les différents textes, avec des notes... (par Jacq. *de Mélicques*). *Paris,* 1705, in-8°. — Novembre 1706, p. 1947.

18. Psaumes et Cantiques de l'Église, latin et français... par M. Macé. 2° édition. *Paris,* 1706, in-12. — *Août 1706, p. 1452.

19. Traduction des Psaumes de David, par Jennet. *Utrecht,* 1706, in-12. — * Avril 1707, p. 745.

20. Le sens propre et littéral des Psaumes de David, exposé brièvement dans une interprétation suivie avec le sujet de chaque psaume (par le P. J. Ph. *Lallemant,* S. J.). *Paris,* 1708, in-12. — 2° édition. *Paris,* 1709, in-12. — Mai 1708, p. 870 ; — * janvier 1709, p. 183.

21. Commentaire littéral sur les Psaumes de David, inséré dans la traduction française avec le texte latin à la marge, par le P. Carrières, de l'Oratoire. *Paris,* 1709, in-12. — Juin 1711, p. 1049.

22. Les Méditations de David, ou les Psaumes réduits à la manière ordinaire de méditer, sans sortir que peu des bornes de la traduction, par le P. Lattaignant, S. J. *Paris,* 1743, in-12.. — Juin 1743, p. 1087.

Quérard a omis cet ouvrage (IV, p. 608).

23. Nouvelle interprétation des Psaumes de David, avec le texte latin à côté et des réflexions courtes et touchantes. Par P. L. D. G., prêtre séculier. (J. Ph. *Lallemant,* S. J.). *Paris,* 1717, 2 vol. in-12. — Août 1748, p. 179.

Voir plus haut, n° 20.

24. Les Psaumes de David, nouvellement mis en français et distribués pour tous les jours du mois, par J. B. L. de la Roche. *Paris,* 1725, in-12. — * Décembre 1725, p. 2291.

25. Traduction littérale des Psaumes de David suivant la Vulgate. *Paris,* 1744, in-8°. — Octobre 1743, p. 2697.

Vide infrà, n° 259.

26. Nouvelle version des Psaumes faite sur le texte hébreu, avec des arguments et des notes qui en développent le double sens littéral et le sens moral. Par les auteurs des *Principes discutés* (les RR. PP. *Louis* de Poix, *Jérôme* d'Arras et *Séraphin* de Paris, capucins.) *Paris,* 1762, in-12. — Août 1762, p. 2098 ; — décembre 1762, p. 2881.

27. Traduction nouvelle des Psaumes de David faite sur l'hébreu, justifiée par des remarques sur le génie de la langue, par M. Laugeois. *Paris,* 1762, 2 vol. in-12. — Décembre 1762, p. 2882.

28. Psaumes de la pénitence de David avec des réflexions (par le P. *Martineau*, S. J.) *Paris*, 1710, in-12. — Novembre 1710, p. 1933.

Plusieurs bibliographes, v. g. Quérard (IV, 463), ont attribué à tort cet ouvrage au P. J. Ph. Lallemant, S. J. Je remarquerai, en passant, qu'il y a une certaine confusion dans la *France littéraire*, au sujet des différents *Lallemant*.

29. Les Psaumes de David et les Cantiques de l'Ancien et du Nouveau Testament, mis en vers français sur les plus beaux airs des meilleurs auteurs tant anciens que modernes, notés pour en faciliter le chant, composé par M. l'abbé Pellegrin. *Paris*, 1705, in-8°. — Février 1705, p. 314.

30. L'Esprit de David, ou nouvelle traduction des 150 psaumes avec des réflexions morales; par M. Le Noble. *Paris*, 1706, in-8. — *Ibid.* 1710, in-8. — Août 1706, p. 1344; — mars 1712, p. 481.

31. Psaumes et Cantiques, traduits en vers français, par Mme Le Hay, avec des estampes. *Paris*, 1717, in-4. — Novembre 1717, p. 1847.

Quérard (art. *Chéron.* II, 178) ne cite pas cette édition, mais seulement celle de 1694, in-12.

32. Les Psaumes traduits en vers par les meilleurs poëtes français avec les principaux cantiques (recueillis par *Monchablon*, publiés par *L. Racine*). *Paris*, 1751, in-12. — 2e édition (augmentée par le P. *Plainchesne*, génovéfain). *Paris*, 1762. in-12. — *Mai 1754, p. 1336; — juillet 1762. p. 1640.

33. Odes sacrées ou les Psaumes de David en vers français. Traduction nouvelle par divers auteurs (publiée par *Garcin*). *Amsterdam*, 1764, in-8. — Mars 1765, p. 741.

34. Livres moraux de l'Ancien Testament, contenant les proverbes de Salomon, l'Ecclésiaste, le Cantique des Cantiques, la Sagesse et l'Ecclésiastique, où sont renfermées les maximes de la Sagesse divine avec les devoirs de la vie civile, par M. l'abbé de Bellegarde. *Paris*, 1704, in-8. — Janvier 1704, p. 44.

35. Salomonis libri tres, Proverbia, Ecclesiastes et Canticum Canticorum; item Liber Sapientiæ et Ecclesiasticus cum selectis annotationibus. Auctore J. B. du Hamel. *Rouen*, 1703, in-12. — Juillet 1703, p. 1149.

36. L'Ecclésiaste de Salomon, trad. de l'hébreu en latin et en français, avec des notes critiques. Par les auteurs des *Principes discutés*. *Paris*, 1772, in-12. — Juin 1772, p. 564.

Vid. suprà, n° 26.

37. Le Livre de la Sagesse, trad. en français, avec des réflexions morales sur chaque verset et une instruction pour les chevaliers de Malte (par *Guilleminet*). *Paris*, 1712, in-12. — Novembre 1712, p. 2023.

38. Traduction nouvelle du prophète Isaïe, avec des dissertations préliminaires et des remarques, par feu M. Deschamps, curé de Dangu. *Paris*, 1760, in-12. — Mars 1761, p. 670.

> Cet auteur ne se trouve pas dans Quérard.

39. Lamentations de Jérémie, traduites en odes par M. d'Arnaud. 2e édit. *Paris*, 1757, in-8. — Juin 1757, p. 1525.

> La première édition est de 1752. Quérard (I, 93) ne cite que celle de 1769.

40. Jonas vates æthiopice et latine... auctore Bened. And. Staudacher. *Francfort*, 1706, in-4. — Mai 1710, p. 886.

41. Les Prophéties d'Habacuc, traduites de l'hébreu en français par les auteurs des *Principes discutés*. *Paris*, 1775, 2 vol. in-12. — Novembre 1775. p. 374.

> *Vide suprà*, n° 26.

Texte et versions du Nouveau Testament.

42. Novum Testamentum græcum cum scholiis a Joanne Gregorio. *Oxford*, 1703, in-fol. — Juin 1708, p. 994.

43. Novum Testamentum græcum... a Joan. Millio. *Oxford*, 1707, in-fol. — *Amsterdam*, 1711. in-8. — Mai 1710, p. 784; — septembre 1714, p. 1531.

44. Novum Testamentum... a Joan. Millio, in meliorem ordinem dispositum... a Ludolpho Kustero. *Leipsick*, 1710. in-fol. — Décembre 1714, p. 2073.

45. Novum Testamentum græce et latine versionis Vulgatæ, edidit Richardus Bentley. (Prospectus.) — Novembre 1723, p. 2105.

46. Novum Jesu Christi Testamentum Vulgatæ editionis. cum præfatione D. Langlet. *Paris*, 1704, 2 vol. in-24. — Mars 1704, p. 374.

> Nodier ne cite pas cette édition dans sa *Bibliothèque sacrée* (Paris, 1826), p. 138.

47. Novum Testamentum Ægyptium vulgo Copticum... edidit David Vilkins. *Oxford*, 1716, in-4. — Novembre 1717, p. 1787.

48. Le Nouveau Testament de N. S. J. C. traduit selon la Vulgate (par l'abbé *de Burneville*). *Paris*, 1727, in-12. — *Ibid.* 1731, 2 vol. in-16. — Juillet 1727, p. 1359; — décembre 1731, p. 2178.

49. Version du Nouveau Testament selon la Vulgate, par le P. Amelotte. Nouvelle édition. *Paris*, 1738, 2 vol. in-12. — Septembre 1738, p. 1908.

50. Epîtres et Evangiles qui se disent à la messe, traduits en français par M. Macé. 2ᵉ édition. *Paris*, 1715, 2 vol. in-12. — * Juin 1715, p. 1102.

51. Epîtres de saint Paul traduites en français, avec l'explication du sens littéral et du sens spirituel... par M. de Sacy. *Paris*, 1708, 4 vol. in-8. — Décembre 1710, p. 2099.

Concordance et Harmonie de la Bible et des Évangiles.

52. Harmonie des Psaumes et de l'Evangile, ou traduction des Psaumes et des Cantiques de l'Eglise avec des notes. Ouvrage posthume de M. Pluche. *Paris*, 1764, in-12. — Mars 1764, p. 618.

53. Abrégé et concorde des livres de la Sagesse. *Paris*, 1767, in-12. — * Mars 1768, p. 567.

54. Harmonia evangelica, cui subjecta est historia Christi ex quatuor Evangeliis concinnata. Accesserunt tres dissertationes de annis Christi, deque concordia et authoritate Evangeliorum. Auctore Joanne Clerico. *Amsterdam*, 1700. in-fol. — Janvier 1700, p. 58; — mai 1701, Avertissement.

55. (Abrégé de la Chronologie du Vieux Testament et de l'Harmonie des Evangiles selon la méthode des géomètres, par Whiston). (En anglais). *Londres*, 1703. — Juin 1703. p. 1091.

56. Nouvelle Harmonie ou l'Histoire évangélique dans son ordre naturel, par M. du Vivier. *Amsterdam* (?), 1705, in-4. — * Novembre 1705, p. 1996.

57. Tatiani Alexandrini Harmoniæ evangelicæ antiquissima versio Theotisca, ut et Isidori Hispalensis... de nativitate Domini, passione, resurrectione, etc. libri... edidit J. Ph. Palthenius. *Gripwald*, 1706, in-4. — Novembre 1709, p. 1903.

58. Harmoniæ evangelica omnium dictorum et factorum D. N. Jesu Christi usque ad Pascha... Auctore Joan. Henr. Maio. *Francfort-sur-le-Mein*, 1707, in-4. — Juin 1709. p. 1015.

59. Evangeliorum Harmonia græco-latina, auctore Nicolao Toinard. *Paris*, 1707. in-fol. — Janvier 1709, p. 59.

60. Harmonie analytique de plusieurs sens cachés de l'Ancien et du Nouveau Testament, avec une explication littérale de quelques psaumes, et le plan d'une nouvelle édition de la Bible latine. Par dom J. Martianay, B. de la C. de S. M. *Paris*, 1708, in-12. — Octobre 1708. p. 1743.

61. Concordia quatuor Evangelistarum, plenam, ordinatam, concinneque cohærentem D. N. Jesu Christi historiam novâ arte exhibens. Curâ et studiis Seb. Le Roux. *Paris*, 1712, in-8. — Juin 1713, p. 977.

Livres apocryphes.

62. Les douze Testaments des patriarches, trad. de l'hébreu en grec et du grec en latin par Robert, évêque de Lincoln, et du latin en français par M. Macé. *Paris*, 1713, in-12. — Janvier 1714, p. 433.

63. Codex apocryphus Novi Testamenti collectus, castigatus, testimoniisque, censuris et animadversionibus illustratus, a J. Alb. Fabricio. *Hambourg*, 1703, 2 v. in-12. — Mai 1705, p. 838.

Histoire de la Bible, de N.-S. Jésus-Christ et des personnes de l'Ecriture.

64. Histoire du Vieux et du Nouveau Testament, enrichie de plus de 400 figures en taille-douce. *Anvers*, 1704, 2 vol. in-fol. — Septembre 1702, p. 13.

65. Histoire de l'Ancien et du Nouveau Testament et les points les plus importants de la foy et de la morale chrétienne en cantiques, par l'ab. Pellegrin *Paris*, 1703, in-12. — *Janvier 1704, p. 485.

66. Abrégé historique, chronologique et moral de l'Ancien et du Nouveau Testament, par M. Macé. *Paris*, 1704, in-4. — Novembre 1704, p. 1877.

67. Histoire du Vieux et du Nouveau Testament, enrichie de plusieurs figures... par M. Basnage. *Amsterdam*, 1704, in-fol. — Décembre 1709, p. 2152.

68. Histoire de l'Ancien Testament avec des réflexions théologiques et morales. par l'ab. de Lestanche. *Nancy*, 1705. — *Mai 1705, p. 909.

Cet auteur, omis par Quérard, était vicaire général de la réforme de Prémontré.

69. Abrégé de la Bible par demandes et par réponses, avec une explication morale de tous les chapitres de la Bible et d'un poëme latin sur les noms des Papes qui ont gouverné l'Eglise depuis S. Pierre jusqu'à présent. *Rouen*, 1705, in-12. — Septembre 1705, p. 1533.

70. Abrégé de la sainte Bible en forme de questions et de réponses familières, tiré de divers auteurs, par D. R. G., prêtre religieux de l'abbaye de S. Ouen, de la C. de St-Maur. (Robert *Guérard*) *Rouen*, 1708, in-12. — Février 1708, p. 249.

71. Historia ecclesiastica Veteris Testamenti... auctore Joach. Langio. *Hall*, 1718, in-4. — Mars 1719, p. 374.

72. Abrégé historique de la Bible avec des notes littérales et de courtes explications et un distique à la tête de chaque chapitre... par le P. de St André, Minime. *Paris*, 1726, 4 vol. in-12. — * Septembre 1726, p. 1766.

73. Abrégé de l'histoire et de la morale de l'Ancien Testament... (par *Mesengui*). *Paris*, 1727, in-8. — *Juillet 1727, p. 1356.

Barbier et Quérard datent la première édition de 1728.

74. Abrégé historique et chronologique des figures de la Bible, mis en vers français (par Mlle *Thomas de Bazincourt*). *Paris*, 1768, in-12. — Juin 1768, p. 547.

75. Tentamen problematicum-historicum, quo antiquo parenti Japheto asseritur dignitas gemina Melchisedeci. *Copenhague*, 170., in-4. — Janvier 1712, p. 158.

76. Dissertation sur l'arche de Noé, et sur l'Hémine et la Livre de S Benoît, par Jean Le Pelletier, de Rouen. *Rouen*, 1700, in-12. — Mai 1704, p. 1.

77. De benedictione patriarchæ Jacobi. Genes. c. XLIX. *Oxford*, 1728, in-4. — Mars 1730, p. 520.

78. Conciliation de Moïse avec St. Etienne et avec lui-même ou discussion de la famille de Jacob, sur le nombre des personnes qui la composaient en Egypte... Par U. P. R. D. L. R. (Théodore *Le Blanc*, un pasteur réfugié de la Rochelle). *Amsterdam*, 1704, in-12. — Avril 1711, p. 743.

79. Disquisitio de Mose Alpha dicto, auctore J. Nicolaï. *Leyde*, 1703, in-16. — Juillet 1708, p. 1154.

80. Histoire de Bileam (Balaam), renards de Samson, mâchoire d'âne, corbeaux d'Elie, l'Ante-Christ (par *Leibnitz*). (1708)? in-12. — Avril 1709, p. 725.

C'est une espèce de traduction française des *Paradoxa biblica* de Vonderhard. « La première dissertation.... passe pour être de M. Leibnitz ; mais je n'ai garde de lui attribuer un ouvrage si peu digne de la solidité de son esprit. » (*Mém. de Trévoux.*)

81. Texte des quatre Evangélistes en un corps d'histoire avec des notes. *Paris*, 1709. — *Juillet 1709, p. 1306.

82. Histoire du Nouveau Testament, ou du 6ᵉ âge du monde, divisé en 2 parties, avec des réflexions théologiques, morales... par le R. P. Edmond Maclot, Prémontré. *Paris*, 1712, in-4. — Mars 1713, p. 449.

D'après Quérard, cette édition aurait 2 vol. in-8 ; la première, donnée en 1705, à *Nancy*, n'avait qu'un volume.

83. Histoire du Nouveau Testament avec de courtes réflexions. *Rouen*, 1719, in-12. — Juillet 1724, p. 124.

84. Histoire de la Vie de Jésus-Christ par Butini. *Genève*, 1709, in-8. — Octobre 1709, p. 1869.

Quérard indique pour 1ʳᵉ édit. celle de 1710.

85. Abrégé de la vie de Jésus-Christ avec les paraboles de l'Evangile, mis en vers par le P. Bernou, S. J. *Lyon*, 1710 — Mars 1711, p. 550.

Cet auteur est entièrement inconnu à Quérard, bien qu'il ait composé plusieurs ouvrages. J'aurai occasion de le citer encore dans le courant de la table. (Voir la *Biblioth. des Ecrivains de la C. de J.*, par les PP. de Backer, t. IV. p. 47.)

86. La vie de N. S. Jésus-Christ, tirée des quatre Evangélistes et celle de la Très-Sainte Vierge Marie, mère de Dieu, entremêlées de notes... par le P. Croiset, S. J. *Lyon*, 1728, in-8. — Octobre 1728, p. 1929.

Quérard ne cite qu'une édit. de 1822. D'après le P. de Backer, la 1ʳᵉ serait de 1726.

87. La vie de Jésus-Christ tirée des quatre Evangiles et réduite en un corps d'histoire, par le R. P. Bernardin de Montreuil, S. J., revue par le P. Brignon, S. J. 3ᵉ édit. *Paris*, 1741, 3 vol. in-12. — Février 1744, p. 369.

La 1ʳᵉ édit. est de 1694, 2 vol. in-12 ; la 2ᵉ de 1696.

88. Précis historique de la vie de Jésus-Christ, de sa doctrine, de ses miracles et de l'établissement de son Eglise (par l'abbé *Tricalet*). *Paris*, 1760, in-12. — Janvier 1760, p. 372.

89. La vie et la doctrine de N.-S. Jésus-Christ rédigées en méditations pour tous les jours de l'année T. D. L. D. P. A. (traduit du latin du Père *Avancin*, S. J.) par l'abbé de *Saint-Pard*. *Paris*, 1775, in-12. — 3ᵉ Supplément de 1775, p. 468.

90. Explication de la généalogie de Notre-Seigneur et de ce qui a précédé sa naissance selon saint Matthieu (par M J. G., docteur en théologie). *Rouen*, 1727 (?). in-... — *Ibid.*,

1731, in-12. — * Novembre 1727, p. 2128 ; — septembre 1731, p. 1562.

91. Diatriba de anno et mense natali Jesu-Christi... auctore Petro Allix. *Londres*, 1710. in-8. — Août 1715, p. 1298.

92. De ultimo Christi Paschate, et de prima Christianorum Pentecoste opusculum, in quo ad gravissimas controversias dirimendas, Festorum Judaïcorum geminatio multifariam stabilitur. Auctore J. F. Vannio, S. J. *Rome*, 1705, in-4. — Février 1706, p. 215.

93. Dissertatio chronologica de anno, mense et die mortis D. N. Jesu Christi (par le P. *Ayroli*, S. J.). *Rome*, 1718, in-fol. — Avril 1720. p. 657.

94. Observations sur l'histoire et sur les preuves de la résurrection de Jésus-Christ, divisées en trois parties. Trad. de l'anglais de Gilbert West (par l'abbé *Guénée*). *Paris*, 1757, in-12. — Juin 1757, p. 1417.

95. Dominici Diodati de Christo græce loquente exercitatio, qua ostenditur Græcam sive Hellenisticam linguam cum Judæis omnibus, tum ipsi a Deo Christo Domino et apostolis nativam et vernaculam fuisse. *Naples*, 1767, in-12. — Février 1768, p. 356.

96. Dissertation pour maintenir l'unité de Marie-Magdeleine, Marie, sœur de Marthe et la femme pécheresse, par l'Ecriture, la tradition et l'usage de l'Eglise (par l'abbé *Trevet*). *Paris*, 1713, in-4. — Janvier 1714, p. 54.

97. Justification de la femme pécheresse de l'Evangile, son unité avec Marie-Magdeleine et Marie de Béthanie, sœur de Lazare, par M. Le Masson, prêtre. *Paris*, 1713, in-12. — Janvier 1714, p. 97.

Cet ouvrage et peut-être aussi l'auteur ont échappé à Quérard.

98. Jacobi J. F. F. Gronovii exercitationes academicæ de nece Judæ του προδοτου et cadaveris ignominia. *Leyde*, 1702, in-4. — Juin 1709, p. 981.

Interprêtés. — Commentaires.

99. Lezioni sopra la sacra Scrittura dell'uno e dell'altro Testamento composte da Ferdin. Zucconi, S. J. *Florence*, 1705, 5 vol. in-12. — Septembre 1706, p. 1500.

Le P. de Backer, t. IV, p. 751, n'a pas eu connaissance des premiers volumes de la 1re edition.

100. Commentaire littéral sur tous les livres de l'Ancien et du Nouveau-Testament, par le R. P. Dom A. Calmet. *Paris*, 1707-1716, 24 vol. in-4. — Mai 1708. p. 755 ; — mars 1709, p. 367 ; — août 1710, p. 1378 ; — mars 1712, p. 394 ;— août 1712. p. 1374 ; — mars 1713. p. 390 : — février 1714, p. 292 ; — novembre 1714, p.1929 ; — mai 1718, p. 253 ; — juillet 1718, p. 32 ; — novembre 1718, p.762 ; — janvier 1719, p 99 :—avril 1719, p. 585.

101. R. P. Joan. Steph. Menochii, S. J., Commentarii totius Scripturæ, ex optimis quibusque auctoribus collecti. Editio novissima (par le P. *Tournemine*, S J.). *Paris*, 1719, 2 vol. in-fol. — Décembre 1719, p. 5 ;— avril 1720, p. 605 ; — mai 1721. p. 880 ; — novembre 1721, p. 1875.

102. Commentaire. littéral abrégé sur tous les livres de l'Ancien et du Nouveau Testament avec la version française, par le R. P. dom Pierre Guillemin. *Paris*, 1722, 3 vol. in-8 (?). — Juin 1722, p. 1032.

Cet auteur est omis dans Quérard ; il était religieux bénédictin de la congrégation de S. Vanne et de S. Hydulphe.

103. La sainte Bible ou le Vieux et le Nouveau Testament avec un commentaire littéral... composé de notes choisies et tirées de divers auteurs anglais (par Charles *Chais*). *La Haye*, 1743-1747, 6 vol. in-4. — Mai 1744 p. 775 ; — décembre 1744, p. 2200 ; — mai 1745, p. 764 ; — juillet 1746, p. 1432 ;—avril 1747, p. 630 ; — mai 1747, p. 784 ; — novembre 1748, p. 2344.

104. R. Salomonis Jarkii commentarius hebraïcus in Pentateuchum latine versus .. a J. Frid. Breithaupt. *Gotha*, 1710, in-4. — Novembre 1711, p. 2033.

105. *Id*. In quinque libros *Mosis*. *Gotha*, 1713, in-4. — Février 1718, p. 347.

106. *Id*. In libros *Josue, Judicum, Samuelis, Regum*, etc. *Gotha*, 1714, in-4. — Avril 1718, p. 109.

107. *Id*. In *Prophetas, Jobum* et *Psalmos*. *Gotha*, 1713, in-4. — Juin 1718, p. 955.

108. Dissertationes exegeticæ in selecta Scripturæ oracula... Auctore Joan. Hennings. *Francfort*, 1712, in-8. — Novembre 1713, p. 1921.

109. Dissertatio Biblica, in qua Scripturæ textus aliquot insigniores, adhibitis linguis hebræa, syriaca, chald., arab., græca, latina, per dialogismum elucidantur... a Jac. Maria Ayrolo, S. J... *Rome*, 1704, in-4. — Nov. 1705, p. 1821.

110. Moïse éclairci, ou Explication littérale et physique du 1er chapitre de la Genèse (par D J. *Nicar*). *Amsterdam*, 1709, in-12. — Septembre 1710, p. 1565.

Cet ouvrage avait été antérieurement imprimé à Genève. Barbier (t. II, p. 419) avoue ne pas en connaître l'auteur; mais le journaliste de Trévoux le nomme: « On trouve, dit-il, son nom à la fin de l'ouvrage dans une petite lettre datée du 13 mars 1708. » Quel est ce Nitar? La *France littéraire* n'en parle pas.

111. Pentateuchus historicus, a D. Jac. Félibien. *Paris*, 1704, in-4. — Octobre 1704, p. 1750.

112. Disquisitiones Biblicæ in universum Pentateuchum, auctore R. P. Claudio Frassen. *Rouen*, 1705, in-4. — Octobre 1706, p. 1685.

113 Introductio ad libros Historicos Bibliorum Veteris Testamenti... auctore J. Gottl. Carpzovio. *Leipsick*, 1714, in-4. — Février 1719, p. 197.

114. Réflexions chrétiennes sur les livres historiques de l'Ancien Testament (par Mme *Le Guerchois*). *Paris*, 1767, in-12. — Nouvelle édition, augmentée des réflexions sur le Nouveau Testament et de la vie de l'auteur. *Paris*, 1773, in-12. — * Juillet 1768, p. 180 ;— * février 1774, p. 347.

115. Dissertation philologique et critique sur le vœu de Jephté rapporté dans le livre des Juges, c. XI, v. 36-40, par Fr. Ch. de Baer. *Paris*, 1765, in-12. — Janvier 1766. p. 150.

Voir la 1re partie de cette Table, n° 42.

116. Modèle des familles chrétiennes, ou le livre de Tobie, avec des réflexions morales sur tous les versets, et des notes critiques sur les endroits les plus difficiles, par le P. A. J. de la Neuville, S. J. *Paris*, 1723, in-12. — Novembre 1724, p. 2069.

Quérard a totalement omis cet auteur, dont nous citerons encore des ouvrages. (Voir le P. de Backer, t. I).

117. Le livre de Judith, avec des réflexions morales sur tous les versets... (par le P. A. J. *de la Neuville*, S. J.). *Paris*, 1728, in-12. — Janvier 1729, p. 133.

118. Animadversiones philologicæ in Jobum, in quibus plurima hactenus ab interpretibus male accepta ope linguæ hebraïcæ et affinium illustrantur ab Alberto Schultens. *Utrecht*, 1708, in-12. — Août 1711, p. 1356.

119. Le livre de Job selon la Vulgate, paraphrasé avec des remarques, par le P. Hardouin, S. J. *Paris*, 1729, in-12. — Octobre 1729, p. 1852.

120. Sermon sur Job, prêché le 30 janvier 1773 par M. Gordon, avec un supplément par un laïque, traduit de l'anglais. *La Haye*, 1734, in-12. — Septembre 1734, p. 1543.

121. Thesis theologico-hebraïca in Psalmos. *Paris*, 1762. in-fol. — Avril 1763, p. 823.

Cette Thèse fut soutenue par J. René Asseline, plus tard évêque de Boulogne, sous la présidence de l'abbé Ladvocat.

122. Scholia seu breves elucidationes in librum Psalmorum, a P. Thiroux, S. J. *Lyon*. 1726, in-8°. —*Décembre 1726, p. 2324.

On s'est obstiné à attribuer cet ouvrage au P. Lescalopier, autre jésuite ; je pense avoir prouvé que c'est à tort. (Voir *Études religieuses*.. par les PP. de la C. de Jésus. Paris, Douniol, 1864, t. V, p. 84).

123. La clef des Psaumes, ou l'occasion précise à laquelle ils ont été composés (par F. M. *Foinard*). *Paris*, 1740, in-12. — Nouvelle édition corrigée et augmentée (par D. *Carré*). *Paris*, 1755, in-12. — *Février 1742, p. 366 : — *novembre 1755, p. 2862.

124. Les Psaumes dans l'ordre historique, nouvellement traduits sur l'hébreu et insérés dans l'histoire de David (par *Foinard*). *Paris*, 1742, in-12. — Mai 1742, p. 926.

125. Explication des titres et sujets des Psaumes suivant l'Hébreu, le Grec et la Vulgate, par M. Rouault, curé de S. Pair. *Paris*, 1751, in-12. — *Février 1753, p. 554.

126. Les Psaumes de David imitez et appliquez à la religion chrétienne (par J. *Bonain*, sieur *de Sanguinière*). *Paris*, 1706, in-12. — Juillet 1707, p. 1202.

127. Les Psaumes et les Cantiques paraphrasés sur l'hébreu, avec des réflexions sur la religion et sur les mœurs, par M. Corbière, docteur en théol. *Paris*, 1712, 2 vol. in-12.— Mai 1713, p. 887.

128. Le sens propre et littéral des Psaumes de David, exposé brièvement dans une interprétation suivie (par le P. Lallemant, S. J.). 12e édition. *Paris*, 1772, in-12. — Janvier 1772, p. 166.

129. Explication du livre des Psaumes (par *Duguet*). *Paris*, 1733, 4 vol. in-12. — * Mai 1733, p. 926.

130. Les Psaumes paraphrasés suivant le sens littéral (par le P. dom Boniface *Grivault*, Camaldule). *Paris*, 1738, 3 vol. in-12. — Octobre 1738, p. 2059.

131. Les Psaumes expliqués dans le sens propre ou les rapports des Psaumes à Jésus-Christ (par le P. B. *Gondou*, Capucin). *Paris*, 1766, in-12. — Décembre 1766, p 568.

132. Explanatio in septem Psalmos pœnitentiales cum versione gallica. Paris, 1744, in-8°. — *Paris*, 1748, in-8°. — * Juin 1744, p. 1144; — * mai 1748, p. 1145.

133. Les sept psaumes de la pénitence réunis en un seul par une explication littérale et suivie en forme de paraphrase, par M. Sutil, chanoine régulier de Prémontré. *Paris*, 1751, in-12. — Février 1753, p. 564.

134. Paraphrase morale des sept psaumes de la pénitence avec des reflexions. Ouvrage traduit de l'italien du R. P. Marchisio, et augmenté par le P. Gossard, Théatin. *Turin*, 1768, in-12. — *Février 1768, p. 358.

> Est-ce le même ouvrage que Quérard intitule : *Motifs de pénitence*, 1769 ? (V, p. 441).

135. Paraphrase du *Miserere* en forme de méditations, par le R. P. Seigneri, S. J. Traduit de l'italien (par le P. *Laugier*, S. J.). *Paris*, 1754, in-12. — *Novembre 1754, p. 2864.

136. Le psaume LXVIII : *Exurgat Deus*, expliqué dans son sens exact et littéral selon le texte hébreu. *Avignon*, 1758, in-4. — Mars 1758, p. 754.

137. Interprétation historique et critique du psaume 68 : *Exurgat Deus*. Ouvrage posthume de l'abbé Ladvocat. *La Haye (Paris)*, 1769, in-12. — *Août 1769, p. 374.

138. Le vrai sens du psaume CX, par M. Martin. *Amsterdam*, 1715, in-8. — *Septembre 1715, p. 1649.

139. Paraphrase sur divers psaumes fort mystérieux où l'on verra que le sens spirituel est le vrai sens du Roi-Prophète, par l'abbé de Brion. *Paris*, 1748, 2 vol. in-12. — Juin 1748, p. 994.

140. Paraphrase et explication des Proverbes de Salomon, de l'Ecclésiaste, de la Sagesse et de l'Ecclésiastique (par l'abbé *Joly de Fleury*). *Paris*, 1754, 4 vol. in-12. — *Avril 1755, p. 952.

141. Analyse des Proverbes et de l'Ecclésiaste de Salomon. *Paris*, 1702, in-12. — Mai 1703, p. 829.

142. A new paraphrase upon the Ecclesiaste (par M. *Yeard*, doyen d'Achonry). *Londres*, 1706. — Décembre 1706, p. 2039.

143. Paraphrase de l'Ecclésiaste avec des remarques par le P. Hardouin, S. J. *Paris*, 1728, in-12. — Mars 1729, p. 446.

144. Explication du Cantique des Cantiques. *Paris*, 1708, in-12. — *Février 1708, p. 357.

> Serait-ce une nouvelle édition de l'ouvrage de Bourdaille ? (*Barbier*, t. I, p. 483.)

145. Explication en vers du Cantique des Cantiques de Salomon, à l'honneur de la T. S. Vierge Marie, mère de Dieu,

avec des notes (par le sieur Jean *Thomas*). *Paris*, 1717, in-8.
— Août 1717, p. 1270.

146. (Explication facile et simple du Cantique des Cantiques, avec une dissertation où l'on prouve qu'il était très-instructif et très-utile dans le temps de Salomon et de ses successeurs, par M. Jacobi. Traduction de l'allemand en hollandais, par M. Barkey). *Leyde*, 1774. — 2e supplément de 1775, p. 204.

146 bis. Paraphrase sur le livre de l'Ecclésiastique, par M. Menard, prieur d'Aubort. *Paris*, 1710, in-8. — Novembre 1714, p. 1963.

147. De Haustu aquarum ex fontibus Salvatoris, ex illustri loco Isaïæ, XII, 3; dissertatio epistolica Joh. Henr. Maii filii. *Francfort*, 1711, in-4. — Décembre 1715, p. 2323.

148. Commentarius in librum prophetiarum Isaïæ; operà et studio Campegii Vitringæ. *Leuwarden*, 1714, in-fol. — Septembre 1716, p. 1603.

149. Explication de la prophétie d'Isaïe, où, selon la méthode des SS. Pères, on s'attache à découvrir les mystères de Jésus-Christ, et les règles des mœurs renfermées dans la lettre même de l'Ecriture (par *Duguet*). *Paris*, 1734, 5 vol. in-12. — *Décembre 1734, p. 2280.

150. Isaïe vengé, double sens des saintes Ecritures établi et justifié, rappel futur des Juifs réduit à ses justes idées (par *Rondet*). (*Paris*), 1762, in-12. — Octobre 1762, p. 2574.

151. Josiæ Henrici Opitii dissertatio de Jeremia inter prophetas majores primo. *Leipsick*, 1705, in-4. — Juillet 1707, p. 1303.

152. Joan. Meyeri dissertatio theologica, quà propheticas visiones Ezechielis de Templo, urbium et terræ Israelis distributione, novem extremis capitibus contentas, nondum impletas, sed olim implendas esse perspicue demonstratur. *Hurderwick*, 1707, in-4. — Avril 1710, p. 584.

153. R. P. Ildephonsi de Padilla in Habacuc prophetam commentarius, annotationes in litteram, et discursus ad mores. *Rome*, 1702, in-fol. — Mai 1703, p. 832.

154. Salomonis Vantil Malachias tractatus cum dissertatione de situ paradisi terrestri. *Leyde*, 1702, in-4. — Août 1705, p. 1345.

155. L'explication de la prophétie sur l'enfantement de la sainte Vierge, et du psaume XXI, sur la Passion et le délaissement de Notre-Seigneur, par M. J.-B. Bossuet. *Paris*, 1704, in-12. — Décembre 1704, p. 2078.

156. Examen des septante semaines de Daniel, du vœu de

Jephté et du Décret apostolique, act. xv (par Jean *Le Blanc*, ministre réfugié). *Amsterdam*, 1707, in-12. — *Avril 1708, p. 722.

157. Le Cantique des Cantiques, idylle prophétique, le psaume xliv et la célèbre prophétie d'Emmanuel, fils de la Vierge, aux chap. vii, viii et ix d'Isaïe, interprétés sur l'hébreu dans leur sens littéral. *La Rochelle*, 1767, in-8. — Juin 1768, p. 570.

158. Examen variantium lectionum Joannis Milii in Novum Testamentum.... cura et studio Danielis Whitby. *Londres*, 1710, in-fol. — Décembre 1714, p. 2057.

159. Joan. Fred. Humbergk parerga sacra, sive observationes quædam ad Novum Testamentum D. N. J. C. *Utrecht*, 1713, in-4. — Septembre 1715, p. 1489.

160. Jo. G. Walchii observationes in Novi Fœderis libros, quarum prima pars ea continet loca quæ ex historia philosophica illustrantur. *Iena*, 1728, in-8. — Janvier 1729, p. 471.

161. Expositio litteralis et moralis S. Evangelii Jesu Christi secundum quatuor Evangelistas. Auctore R. P. F. Natali Alexandro.... *Paris*, 1703, in-fol. — Février 1714, p. 209.

162. Petri Keuchenii annotata in quatuor Evangelistas et Acta Apostolorum. *Amsterdam*, 1709, in-4. — Juillet 1713, p. 1211.

163. Commentarius in S. Jesu Christi Evangelium secundum Matthæum etiam collatum cum Evangelio Marci, Lucæ et Joannis in iis quæ habet communia.... per P. Jac. Pires, S. J. *Louvain*, 1747, in-8. — *Janvier 1748, p. 178.

164. Godef. Olearii observationes sacræ in Evangelium Matthæi. *Leipsick*, 1713, in-4. — Août 1749, p. 1243.

165. Anti-Artemonius, seu initium Evangelii S. Johannis.... vindicatum atque illustratum.... auctore Ph. Baratier. *Nüremberg*, 1735, in-12. — Novembre 1737, p. 2069.

166. Pensées de M. Mallemans sur le sens littéral des dix-huit premiers versets de l'Evangile de saint Jean. *Paris*, 1718, in-12. — Avril 1748, p. 31.

167. Le sermon de Notre-Seigneur à ses apôtres après la Cène, avec des réflexions chrétiennes sur ce sermon, par le R. P. de Gonnelieu, S. J. *Paris*, 1712, in-12. — Janvier 1713, p. 457.

168. L'esprit des saints Evangiles ou le véritable dessein que chaque Évangéliste se propose, par le P. Lattaignant, S. J. *Paris*, 1714, in-12. — Février 1715, p. 303.

169. Réflexions morales avec des notes sur le Nouveau Testament, trad. en français, et la concorde des quatre Évangélistes (par le P. *Lallemand*, S. J.) *Paris*, 1713, 4 vol. in-12. — Mars 1714, p. 411.

170. *Id.* sur les Actes des Apôtres, sur les Épîtres de S. Paul aux Romains et aux Corinthiens. *Paris*, 1716, 3 vol. in-12. — Janvier 1716, p. 97.

171. La morale du Nouveau Testament partagée en *réflexions* chrétiennes pour chaque jour de l'année (par le P. A. J. *de la Neuville*, S. J.). *Paris*, 1722, 4 vol. in-12. — Nouv. édit. 1758, 4 vol. in-12.—Septembre 1722, p. 1581.;—juillet 1758, p. 1917.

172. Le commencement de l'histoire de l'Église ou paraphrase sur les Actes des Apôtres, avec le texte latin à la marge...., par un religieux bénédictin de la congrégation de S. Vanne. *Paris*, 1738, 2 vol. in-12. — Juin 1739, p. 1230.

Ne serait-ce pas de dom L. Riclot?

173. Dissertatio theologica de *dono linguarum* in festo Pentecostes (Act. Apostol. II, 4), auctore J. Henr. Lederlin. *Strasbourg*, 1714. in-4. — Mai 1716, p. 799.

174. Jesus inimicorum telis propositus, sive enucleatio commatum 27 et 28, cap. IV Actuum Apostolorum, auctore Christophoro a S. Martino. *Dresde*, 1703, in-4. — Juin 1705, p. 1040.

175. Epistolarum B. Pauli apostoli triplex expositio, analysi, paraphrasi, commentario, etc. Auctore R. P. Bernardino a Piconio, minorita capucino. *Paris*, 1703, in-fol. — Février 1704, p. 289.

Quérard se trompe (VII, 147) en disant que la 1re édition est de 1726.

176. Explication des Épîtres de S. Paul, par une analyse qui découvre l'ordre et la liaison du texte; par une paraphrase qui expose clairement et en peu de mots la pensée de l'Apôtre; par un Commentaire avec des notes, pour le dogme, pour la morale et pour les sentiments de piété. Par le R. P. Bernardin de Picquigny. *Paris*, 1706, 3 vol. in-12. — 2e édit. *Ibid.*, 1714, 4 vol. in-8. — Mars 1707, p. 467; — juin 1715, p. 929.

Quérard ne cite aucune édition du siècle dernier.

177. Commentarius litteralis et moralis in omnes epistolas S. Pauli apostoli, et in septem Epistolas catholicas. Auctore R. P. Natali Alexandro, O. P. *Rouen*, 1710, 2 vol. in-fol. — Février 1711, p. 205.

178. In Pauli apostoli ad Romanos Epistolæ capita XI,

lectiones criticæ, theologicæ et concionatoriæ, auctore. J. Alph. Turretino. Opus posthumum. *Genève*, 1744, in-4. — *Janvier 1742, p. 167.

179. M. Pauli Christiani Hischeri Templum Dei mysticum a Paulo delineatum, epistola ad Ephesios, III, 18. *Leipsick*, 1706, in-4. — Mai 1710, p. 814.

180. Henr. Bened. Starckii notæ selectæ, criticæ, philologicæ et exegeticæ in Epistolam S. Pauli ad Hebræos. *Leipsick*, 1710, in-4. — Novembre 1713, p. 1912.

181. Paraphrase sur les sept Épitres catholiques, accompagnée du texte latin, d'analyses et de notes, tirées des SS. Pères, par un Religieux Bénéd. de la Cong. de S. Vanne (dom *Riclot*). *Metz*, 1728. — *Juin 1728, p. 1152.

    Barbier et Quérard omettent cet ouvrage.

182. Joach. Langii exegesis Epistolarum apostoli Petri. *Hall*, 1712, in-4. — Février 1716, p. 236.

183. *Id.* Exegesis Epistolarum S. Joannis. *Hall*, 1713, in-4. — Février 1716, p. 236.

184. Epistola S. Judæ explicata a Samuele Szatmar Nemethi... *Franequerre*, 1700, in-4. — Janvier 1702, p. 51.

185. Moral reflections on the Epistles and Gospels. *Londres*, 1711, in-12. — Octobre 1713, p. 1718.

186. Les Epitres et les Evangiles avec des explications par demandes et par réponses, pour tous les dimanches et les principales fêtes de l'année... (par Fr. *Perdoulx*). *Paris*, 1727, 4 vol. in-12. — *Juillet 1727, p. 1364.

    Suivant Barbier, l'auteur était prêtre; suivant Quérard, il était gentilhomme de la garde française du roi.

187. Epitres et Evangiles avec des réflexions et des sentiments de piété pour tous les temps de l'année, par le P. de Beauvais, S. J. *Paris*, 1752, in-12. — Août 1752, p. 1909.

188. L'Apocalypse expliquée par l'Histoire ecclésiastique (par M. *de la Chétardie*). *Paris*, 1702, in-4. — 4e édit. *Ibid.* 1708, in-4. — Novembre 1702, p. 63; — décembre 1708, p. 2022.

    La 1re édition est de *Bourges*, 1692 (Quérard, IV, 363).

189. Analyse de l'Apocalypse contenant une nouvelle explication simple et littérale de ce livre, avec des dissertations sur les Millénaires, sur l'état des âmes après la mort, sur le Purgatoire (par *Ellies du Pin*). *Paris*, 1714, in-12. — Janvier 1715, p. 4.

190. Réflexions instructives et morales sur l'Apocalypse, par l'abbé Genreau. *Paris*, 1733, in-12. — * Octobre 1733. p. 1843.

Je n'ai pas trouvé cet auteur dans la *France littéraire.*

191. Catéchisme évangélique ou Éclaircissements par demandes et par réponses, pour faciliter l'intelligence de plusieurs textes de l'Evangile et des Actes des apôtres, par le P. Placide Olivier, du tiers ordre de S. François. *Nancy*, 1755, 3 vol. in-8. — * Février 1756, p. 539.

PHILOLOGIE SACRÉE.

Introduction à l'Écriture sainte et Dictionnaires.

192. Observations critiques sur le livre intitulé: *Dissertations sur les prolégomènes de Walton. Liége*, 1699, in-8. — Mars 1701, p. 169.

Les *Dissertations* ont pour auteur le P. Emery ou le P. Fr. Boyer, Oratoriens (*Barbier*, I, 340).

193. Summa criticæ sacræ in qua scholastica methodo exponuntur universa Scripturæ prolegomena (par le P. Chérubin de Saint-Joseph). *Bordeaux*, 1709, 4 vol. in-8. — Juin 1713, p. 1064.

194. Pandesia sacra mysticis epulis copiosè instructa, cujus missus primus sunt prolegomena in universam Scripturam sacram.... Secundus, Commentarius in Pentateuchum.... tertius, Epilogismus totius operis.... a J. Laur. Helbig. *Cologne*, 1713, in-fol. — Mars 1745, p. 457.

195. Dissertations qui peuvent servir de prolégomènes de l'Ecriture sainte, par le R. P. D. A. Calmet. *Paris*, 1720, 3 vol. in-4. — Décembre 1722, p. 2054; — janvier 1723, p. 5.

196. Prolegomena in Scripturam sacram, auctore C. F. Houbigaut. *Paris*, 1747, in-4. — Novembre 1747, p. 2153.

197. Traité de la vérité et de l'inspiration du Vieux et du Nouveau Testament, par Jaquelot. *Rotterdam*, 1715, in-12. — Octobre 1749, p. 4634.

198. Discours sur la révélation (par l'ab. *Le Couturier*). *Paris*, 1773, in-12. — * Février 1774, p. 333.

199. Jo. Georgii Pritii introductio in lectionem Novi Testamenti. *Leipsick*, 1704, in-12. — Janvier 1712, p. 72.

200. La Science de l'Ecriture sainte divisée en quatre tables, par M. Macé. *Paris*, 1708, in-4. — Juin 1708, p. 969.

201. Tables sacrées ou nouvelle méthode pour lire avec fruit toute l'Ecriture sainte dans le courant d'une année, en y employant un quart d'heure par jour (par l'ab. *Gasnier*). *Paris*, 1761, in-8. — Janvier 1762, p. 160.

202. Hodegeticum Hebræo-Chaldæo-Biblicum, auctore J. H. Opitio. Editio 2ª. *Hambourg*, 1714, in-8. — Octobre 1714, p. 1788.

203. Dictionnaire abrégé de la Bible par la connaissance des tableaux historiques de la Bible même et de Flavius Josèphe (par *Chompré*). *Paris*, 1755, in-12. — Septembre 1755, p. 2299.

204. Dictionnaire portatif de l'Ecriture sainte, par le R. P. Colomme, Barnabite. *Paris*, 1775, in-8. — *Mars 1775, p. 532.

205. Matthæi Hilleri Onomasticum sacrum in duas partes distinctum : in priori nominum propriorum, quæ in sacris Litteris leguntur, origo, analogia et sensus declaratur ; in posteriori juxta ordinem litterarum digesta nomina explicantur... *Tubingue*, 1706, in-4. — Septembre 1710, p. 1495.

206. Bibliotheca sacra seu Syllabus omnium ferme sacræ Scripturæ editionum ac versionum... auctore Jac. le Long, O. D. P. *Paris*, 1709, 2 vol. in-8. — Juin 1709, p. 964.

Traités et interprètes critiques.

206 bis. Essai sur l'Ecriture sainte, ou tableau historique des avantages que l'on peut retirer des langues orientales pour la parfaite intelligence des Livres saints, par l'ab. du Contant de la Molette. *Paris*, 1775, in-12. — Octobre 1775, p. 55.

207. Règles pour l'intelligence des saintes Ecritures, (par *Duguet* avec une préface de l'ab. *d'Asfeld*). *Paris*, 1716, in-12. — Juillet 1717, p. 1025.

208. Monâacah, ceinture de douleur, ou Réfutation du livre intitulé : *Règles pour l'intelligence des saintes Ecritures*. Composé par Rabbi Ismaël Ben-Abraham, Juif converti. (Etienne *Fourmont*). *Paris*, 1723, in-8. — Novembre 1723, p. 2169.

209. Réfutation du livre des *Règles pour l'intelligence des saintes Ecritures*, où l'on montre la fausseté des principes et des règles de l'auteur (par l'ab. *Léonard*). *Paris*, 1727, in-12. — Janvier 1728, p. 5.

210. Lettre d'un prieur à un de ses amis au sujet de la nouvelle réfutation du livre des *Règles*...(par l'abbé *de Fourqueraux*). *Paris*, 1727, in-12. — Janvier 1728, p. 6.

211. Grammaire sacrée pour entendre le sens littéral de l'Ecriture sainte, par M. Huré. *Paris*, 1707, in-12. — * Novembre 1707, p. 2046..

C'est la traduction de son *Novum Testamentum regulis illustratum.*

212. Lettre de M. l'abbé de *** (*Villefroy*) à ses élèves pour servir d'introduction à l'intelligence des divines Ecritures, et principalement des livres prophétiques relativement à la langue originale. *Paris*, 1750-1754, 2 vol. in-12. — Mai 1751, p. 1326; — avril 1752, p. 672 ; — mars 1755, p. 584.

213. Réponse à la lettre de M... (*Leroy*), insérée dans le *journal de Verdun*, février 1752, p. 84, contre les lettres de M. l'ab. de Villefroy, par les capucins, ses élèves (le P. *Louis* de Poix et autres). *Paris*, 1752, in-12. — Juin, 1752, p. 1323.

214. Réflexions critiques sur la méthode publiée par M. l'ab. de Villefroy pour l'explication de l'Ecriture sainte (par L. *Dupuy*). *Paris*, 1755, in-12. — Août 1755, p. 1975.

215. Principes discutés pour faciliter l'intelligence des livres prophétiques et spécialement des Psaumes, relativement à la langue originale, suivis de plusieurs dissertations sur les lettres de M. l'ab. de Villefroy (*Louis* de Poix Jérôme d'Arras, *Jean Baptiste* de Bouillon (Jean *Gérard*), *Hugues* de Paris, *Claude* de Paris, *Sixte* de Vesoul, *Jean-Marie* de Paris (Claude *Langlois*), *Séraphin* de Paris (Claude Robert *Hurtaut*), capucins). *Paris*, 1755-1765; 15 vol. in-12. — Mars 1755, p. 582; — octobre 1758, p. 2392; — avril 1759, p. 1033; — avril 1760, p. 773; — novembre 1764, p. 2846; — mars 1765, p. 608.

216. Traité du Canon des livres de la sainte Ecriture depuis leur première publication jusqu'au concile de Trente, par dom J. Martianay, R. B. de la C. de S. M. *Paris*, 1703, in-12. — Septembre 1703, p. 1563.

217. Discours historique sur les principales éditions des Bibles polyglottes (par le P. J. *Le Long*). *Paris*, 1713, in-8. — Octobre 1713, p. 1737.

218. J. H, Heideggeri.. exercitationes biblicæ. *Zurich*, 1700, in-4. — Janvier 1702, p. 103.

219. Thesaurus theologico-philologicus, sive sylloge dissertationum elegantiorum ad selectiora et illustriora Veteris et Novi Testamenti loca a theologis protestantibus in Germania.. conscriptarum... T. I. Pars I. *Amsterdam,* 1704, in-fol. — Janvier 1704. p. 91 ; — mai 1701. p. 129 ; — juillet 1701, p. 145.

220. Bibliotheca criticæ sacræ circa omnes fere sacrorum librorum difficultates. Ab uno ordinis Carmelitarum discalceatorum (*Cherubin de Saint Joseph*). *Louvain,* 1704-1706, 4 vol. in-fol. — Décembre 1710, p. 2045: — janvier 1744, p. 24 ; — août 1744, p. 1338 ; — décembre 1714, p. 2062 ; — juillet 1712, p. 4476.

221. Tractatus de sensibus S. Scripturæ et Cabala Judæorum, auctore R. P. de Bukentop. *Louvain,* 1704, in-12. — Septembre 1712, p. 1485

222. Lux de luce, libri tres a R. P. de Bukentop. *Cologne.* 1710, in-4. — Juin 1712, p. 945.

223. J. Franckii tenebræ lucidæ sive diacritica sacra. *Leipsick,* 1710, in-4. — Décembre 1712, p. 2150.

224. Corn. Adami observationes theologico-philologicæ in Scripturam. *Groningue,* 1710, in-4. — Mai 1714, p. 772.

225. Selectiorum exercitationum philologicarum et exegeticarum...auspiciis J. H. Maii. *Francfort,* 1711, 2 vol. in-4.— Janvier 1714, p. 16.

226. Philologia sacra, qua totius sacro-sanctæ Veteris et Novi Testamenti Scripturæ, tum stylus et litteratura, tum sensus et genuinæ interpretationis ratio expenditur. auctore Sal. Glassio. *Amsterdam,* 1744, in 4. — Juin 1714, p. 972.

227. Dissertatio biblio-physica de litterali proprio sacræ Scripturæ sensu.. a P. Bened. Plazza, S. J. *Palerme,* 1734, in-4. — Juillet 1737, p. 1304.

228. Dissertationes sacræ in Scripturam sacram, auctore J. Jos. Plumyoen. *Ypres,* 1735, in-8. — Août 1744, p. 1349.

229. Palæstra biblica, sive Enchiridion neotericorum pro sacris codicibus rite tractandis et difficultatibus Scripturæ sacræ scholastice discutiendis, auctore P. D. de Quadros, S. J. *Madrid,* 1723, 4 vol. in fol. — Avril 1742, p. 707.

230. Sacræ Scripturæ dogmatice et polemice explicatæ partis I, tomus I; auctore F. X. Widenhofer, S. J. *Würtzbourg,* 1749, in-8. — Septembre 1750, p. 2056.

231. Synopsis doctrinæ sacræ, seu insigniora et præcipua ex Veteri et ex Novo Testamento loca (par *Alletz*). *Paris,* 1762, in-8. — * Décembre 1762, p. 3042.

232. Dissertations historiques, chronologiques, géographiques

et critiques sur la Bible (par *Ellies du Pin*). *Paris*, 1712, in-8.
— Janvier 1713, p. 77.

Barbier et Quérard disent 1710.

233. Recueil de dissertations critiques sur des endroits difficiles de l'Ecriture sainte et sur des matières qui ont rapport
à l'Ecriture (par le P. Et. *Souciet* , S. J.) *Paris*, 1715-1736
3 vol. in-4. —Mars 1747, p. 427; — août 1727, p. 1480 ;
— août 1736, p. 1809.

Barbier et Quérard disent à tort 1716 ; les tomes II et III sont étrangers à l'Ecriture sainte.

234. Explication de plusieurs textes difficiles de l'Ecriture,
qui jusqu'à présent n'ont été ni bien entendus ni bien
expliqués par les commentateurs, avec des règles certaines
pour l'intelligence du sens littéral de l'Ancien et du Nouveau Testament, par le R. P. Dom*** (*Martin*, Bénéd. de
S. M.). *Paris*, 1730, 2 vol. in-4. — Octobre 1730. p. 1844;
—janvier 1731, p. 54.

235. Lettres héroïques, philosophiques et intéressantes sur
différents sujets (par l'ab. *de la Roche*). *Paris*, 1732, in-12.
— * Septembre 1732, p. 1653.

236. Explication de différents morceaux de l'Ecriture sainte,
par les RR. PP. Capucins, auteurs des *Principes discutés*.
Paris, 1764, in-12. — Avril 1765, p. 1052.

Voir les noms des auteurs au n° 215.

237. Réponses critiques à plusieurs difficultés proposées par
les nouveaux incrédules, sur divers endroits des Livres
saints, par M. Bullet. *Paris*, 1773-1775, 3 vol. in-12. —
* Mars 1775, p. 534.

238. De arcano Kethib et Keri libri duo pro vindicanda
S. Codicis Hebræi integritate et firmanda locorum plus
octingentorum explicatione, a Math. Hillero. *Tubingue*, 1692,
in-12. — Novembre 1715, p. 2487.

239. De statu collationis Hebraicorum codicum manuscriptorum Veteris Testamenti exeunte anno 1764, a Benj Kennicot. *Oxford*, 1761. — Avril 1762, p. 864.

240. Lettre d'un théologien de Salamanque sur le rétablissement du texte de la Bible des Septante, avec les
éclaircissements sur les difficultés qui lui ont été faites
(par Denis *Nolin*). *Paris*, 1708, in-8. —Juin 1709, p. 927.

Voir la 1re partie de cette Table, n°s 11-14.

241. Apographum ex manuscripto autographo Ven. Servi
Dei Roberti Bellarmini, è S. J., de editione latina vulgata
quo sensu a concilioTridentino definitum sit ut ea pro au-

thentica habeatur. A P. Fr. X. Widenhofer, S. J. *Wurtz-bourg*, 1749, in-4. — Juillet 1750, p. 1605.

242. La Vulgate authentique dans tout son texte, plus authentique que le texte hébreu, que le texte grec qui nous restent; la Théologie de Bellarmin, son Apologie contre l'écrit annoncé dans le *Journal de Trévoux*, art. 85, juillet 1750 (par le P. *Frevier*, S. J.). *Rome (Rouen)*, 1753, in-12. — Septembre 1753, p. 2047 et 2486; — octobre 1753, p. 2354.

243. Dissertatio theologica de novis Bibliorum versionibus germanicis non temere vulgandis, C. E. Trilleri et J. H. Reizii rationes potissimum sub examen vocans, auctore G. Georgio Zeltner. *Altdorf*, 1707, in-1.—Janvier 1710, p. 41.

244. Règles pour discerner les bonnes et les mauvaises critiques des traductions de l'Ecriture sainte en français, pour ce qui regarde la langue, avec des réflexions sur cette maxime, que l'usage est la règle et le tyran des langues vivantes (par Ant. *Arnauld*). *Paris*, 1707, in-12.—Janv. 1709, p. 130.

245. Recueil des falsifications que les ministres de Genève ont faites dans leur dernière traduction de la Bible, par M. Chardon de Lugny, prêtre. *Paris*, 1706, in-12. — Mai 1707, p. 872.

246. Deux dissertations, l'une sur les Bibles françaises et l'autre sur l'éclaircissement, ou phénomène littéraire et lettre critique de la *Dissertation anonyme* (de l'ab. de Longuerue) et des *Lettres choisies* de M. Simon, touchant les antiquités des Chaldéens et des Egyptiens, par N. Indès (Denis *Nolin*). *Paris*, 1710, in-8. — Juillet 1711, p. 1243.

247. Remarques de M. l'évêque de Tulle, sur la version française de l'Ancien Testament par M. de Sacy. *Paris*, 1730, in 4. — * Septembre 1730, p. 1676.

Quérard ne cite pas cet ouvrage parmi ceux de Mgr Duplessis d'Argentré, évêque de Tulle (I, 87).

248. An essay for a new translation of the Bible. *Londres*, 1703, in-8. — Septembre 1705, p. 1582.

249. Système chronologique sur les trois textes de la Bible, avec l'histoire des anciennes monarchies, par M. Michel de Toul. *Toul*, 1733, in-4.— Août 1733, p. 1352; — septembre 1733, p. 1618.

250. Relation de la dispute de l'auteur du livre de l'*Antiquité des temps* (dom *Pezron*,) contre le défenseur du texte hébreu et de la Vulgate (dom *Martianay*). *Paris*, 1707, in-12. — Décembre 1707, p. 2198.

251. Archivorum Veteris Testamenti libri tres, auctore Scipione Sgambati, S. J. *Naples*, 1703, in-fol. — Août 1708, p. 1336.

252. Joh. Christ. Albrecht disputatio de plagio gentili ex Veteri Testamento. *Leipsick*, 1705, in-4. — *Juillet 1707. p. 4302.

253. Remarques chronologiques sur l'Ancien Testament proposées à l'examen des savants. *Paris*, 1737, in-12. —* Sept. 1737, p. 1708.

254. Lettres à M*** sur le *Commentaire* du Père Calmet sur *la Genèse* : 1re lettre sur l'auteur du *Pentateuque* et sur les *Rabbins* ; par M. Fourmont. *Paris*, 1709, in-12. — 2e lettre sur la manière de prouver la création par la Genèse. *Paris*, 1710, in-12. — Avril 1744, p. 614 ; — avril 1744, p. 648.

> Quérard a omis cet ouvrage à l'art. d'Et. Fourmont (III, 481).

255. Lettre de l'auteur du *Commentaire littéral sur la Genèse* pour servir de réponse à la critique de M. Fourmont contre cet ouvrage (par D. *Calmet*. *Paris*, 1710, in-12. — Avril 1744, p. 634.

> Ouvrage pareillement omis dans Quérard (II. 24).

256. Nouveaux essais d'explication physique du premier chapitre de la Genèse, par M. de Saint-Rambert. *Utrecht*, 1743, in-8. — Mai 1745, p. 830.

257. Abrégé de la dissertation d'un protestant où il prouve la divinité du livre de la Sagesse (tiré des *Observationes selectæ* de Hall). — Avril 1704, p. 525.

258. Dissertationes duæ critico-theologicæ : 1o de his verbis S. Joan. : Tres sunt qui testimonium, etc. ; 2o de Isaïæ prophetiâ... Auct. L. Roger, *Paris* 1713, in-8. — Février 1744, p. 493.

259. Lettre de l'auteur de la double traduction littérale et poétique des Psaumes de David, suivant la Vulgate, à un ami, qui lui a fait quelques observations sur l'Essai de cet ouvrage imprimé à Paris. *Paris*, 1744, in-8. — Mars 1744, p. 462.

> *Vide suprà*, no 25.

260. Jugement et observations de M. l'ab. Ladvocat sur la traduction des Psaumes de M. Pluche et de M. Gratien, et en particulier sur celle des RR. PP. Capucins et de M. Laugeois. *Paris*, 1763, in-12. — Janvier 1764, p.64.

261. Appel du jugement rendu par M. l'abbé Ladvocat dans la cause où il s'est constitué juge de la traduction des Psaumes, par M. D. S. P. (*de Saint Paul*, de l'Académie de Rouen). *En France*, 1763, in-12. — Septembre 1764, p. 660.

262. Réponse au jugement de M. Ladvocat sur le Psautier des Capucins, (par les RR. PP. Capucins). 1764, in-12. — Septembre 1764, p. 660.

263. Conclusion sur l'appel du jugement rendu par M. l'ab. Ladvocat contre deux Psautiers par M. D. S. P. (*de Saint-Paul*). 1764, in-12. — Septembre 1764, p. 660.

264. Examen du Psautier français des RR. PP. Capucins, où l'on prouve 1° qu'ils ne devraient pas prendre pour sujet ordinaire des Psaumes, les Juifs captifs et maltraités par les Chaldéens ; 2° qu'ils donnent une fausse idée de la langue sainte et qu'ils en violent souvent les règles (par le P. *Houbigant*). *La Haye*, 1764, in-8. — Avril 1764, p. 965.

265. Réponse à un écrit intitulé : *Examen du Psautier des RR. PP. Capucins* (attribué au P. *Houbigant*) par les PP. Capucins, 1764, in-12. — Septembre 1764, p. 660.

265. L'usage et les fins de la prophétie dans les divers âges du monde, en six discours prononcés à Londres... par M. Sherlock. Trad. par Abraham Le Moine. Nouvelle édit. *Paris*, 1754, 2 vol. in-12. — Décembre 1754, p. 2885.

266. Principes généraux pour l'intelligence des prophéties (par l'abbé *Bausset*). *Paris*, 1763, in-12. — Janvier 1763, p. 318.

267. De l'esprit prophétique ; traité dans lequel on examine la nature de cet esprit, son objet spécial, les moyens par lesquels Dieu l'a communiqué et l'a fait connaître (par l'abbé *Herricux de la Boissiére*). *Paris*, 1767, in-12. — Juillet 1767, p. 59.

268. Démonstration évangélique, ou traité de l'unité et perpétuité de la véritable religion pour servir d'introduction à la lecture de l'Evangile, avec l'explication des LXX semaines de Daniel, par J. Charon, C. D. P. *Paris*, 1704, in-12. — Avril 1705, p. 580.

Je n'ai pas trouvé cet auteur dans la *France littéraire*.

269. Annotationes philologicæ in Novum Testamentum ex Xenophonte collectæ a M. G. Raphelio. *Hambourg*, 1709, in-4. — Janvier 1711, p. 98.

270. L'autorité des livres du Nouveau Testament contre les incrédules par M. l'abbé Duvoisin. *Paris*, 1775, in-12. — Juin 1775, p. 464.

271. The Canon of the New Testament vindicated... by John Richardson. *Londres*, 1702, in-8. — Juin 1704, p. 955.

272. Christoph. Matth. Pfaffii dissertatio critica de genuinis librorum Novi Testamenti lectionibus ope canonum quorumdam criticorum... *Amsterdam*, 1709, in-8. — Octobre 1711. p. 1723.

273. Bibliotheca sacra sive diatribe de librorum Novi Testamenti Canone... a Joanne Ens. *Amsterdam*, 1710, in-8. — Avril 1715, p. 597.

274. An historical account and defence of the Canon of the New Testament in Answer to Amyntor. *Londres*, 1723, in-8. — Mai 1723, p. 820.

275. Status praesens totius Ecclesiae graecae, in quo etiam causae exponuntur cur Graeci moderni Novi Testamenti editiones in graeco-barbara lingua factas acceptare recusent... ab Alexandro Helladio. 1718, in-12. — Octobre 1718. p. 535.

276. Nouvelle défense de la constitution de N. S. Père le Pape, portant condamnation du Nouveau Testament du P. Quesnel, où l'on démontre l'héréticité de plusieurs et la fausseté de toutes les 101 propositions extraites du Nouveau Testament, par M. Cl. Le Pelletier. *Lyon*, 1715, in-8. — Septembre 1715, p. 1501.

277. Réflexions critiques sur le Nouveau Testament de la version de M. Huré, par l'abbé Le Pelletier. *Lyon*, 1715. — * Septembre 1715, p. 1652.

278. Réflexions sur les 101 propositions tirées du livre intitulé : *Le Nouveau Testament en français*... condamnées par la constitution de N. S. Père le Pape (par le P. *Edouard*, Capucin). *Paris*, 1715, in-8. — Septembre 1715, p. 1516.

279. Beobachtungen (sur les contrées de l'Orient, pour servir à expliquer divers passages de l'Ecriture sainte, par M. Faber). *Hambourg*, 1773. — Mars 1774. p. 433.

280. J. Marckii historia Paradisi illustrata libris quatuor. *Amsterdam*, 1705, in-4. — Octobre 1713, p. 1689.

281. Abrahami Fungeleri de Babele dissertationes. *Herborn*. 1710, in-8. — Mars 1714, p. 406.

282. Olavi Celsi Hierobotanicon, sive de plantis Scripturae sacrae dissertationes breves. *Upsal*, 1745, 2 vol. in-8. — Septembre 1749, p. 1826; — novembre 1749, p. 2430.

283. Salomonis Van-Til commentarius de tabernaculo Mosis et zoologia sacra, edente Hermanno van de Wal. *Dordrecht*, 1714, in-4. — Février 1716. p. 209.

LITURGIE.

Traités sur les offices divins, les rits et les cérémonies de l'Eglise.

284. Jo. Friderici liturgia vetus et nova. *Jena*, 1705, in-8.
— Juin 1718, p. 989.

285. Synopsis thesauri liturgici antiquiora monumenta complectentis ad sacros ritus pertinentia. Viris eruditis ac rerum liturgicarum studiosis Emmanuel de Azevedo. S. J. *Rome*. 1748, in-fol. — Mai 1748, p. 1123.

> Ce n'est que le prospectus d'un recueil qui devait avoir 12 vol. in-fol.

286. La liturgie ancienne et moderne, ou instruction historique sur l'institution des prières, des fêtes et des solennités de l'Eglise et sur les différentes pratiques et cérémonies qui ont été ou qui sont à présent usitées. 3e édit. *Paris*, 1752, in-12. — * Juillet 1752, p. 1528.

287. Explication simple, littérale et historique des cérémonies de l'Eglise pour l'instruction des nouveaux convertis. Par dom Claude de Vert, Bénéd. de Cluny. *Paris*. 1706-1713. 4 vol. in-8. — Août 1706, p. 1353; — juin 1708, p. 1059; — décembre 1715, p. 2257.

288. Du véritable esprit de l'Eglise dans l'usage de ses cérémonies, ou réfutation du traité de dom Claude de Vert, intitulé : *Explication simple, littérale...* (par J. Languet, évêque de Soissons). *Paris*, 1715, in-12. — Décembre 1715, p. 2270.

289. Abrégé de la discipline de l'Eglise, tiré d'un grand nombre de canons choisis et dressés pour l'instruction des ecclésiastiques, avec des réflexions sur l'état présent du clergé, par M. L. D. D. S. (*Lochon*, docteur de Sorbonne). *Paris*, 1702, in-8. — Avril 1702, p. 22.

290. Explication littérale, historique et dogmatique des prières et des cérémonies de la messe, suivant les anciens auteurs et les monuments de la plupart des églises, par le R. P. Lebrun, de l'Oratoire. *Paris*, 1716-1726, 4 vol. in-8. — Juin 1747, p. 872; — juillet 1727, p. 1484.

291. Défense de l'ancien sentiment sur la forme de la consécration de l'Eucharistie, par le R. P. Lebrun, de l'Oratoire. *Paris*, 1727, in-8. — Mars 1728, p. 564.

292. Apologie des anciens docteurs de la Faculté de Paris,

Claude de Saintes et Nicolas Isambert, contre une lettre du R. P. Lebrun sur la forme de la consécration de l'Eucharistie, par M. P. T. H. *(Hongnant, S. J.). Paris, 1728, in-12.* — Décembre 1728, p. 2333.

293. Traité historique de la liturgie sacrée, ou de la messe, par M. L. A. Bocquillot, prêtre. *Paris, 1701, in-8.* — Juillet 1702, p. 81.

294. Traité de la messe et de l'office divin où l'on trouve l'explication littérale des anciennes pratiques et des cérémonies de l'Eglise (par J. *Grancolas). Paris, 1713, in-12.* — Décembre 1713, p. 2049.

295. Cas de conscience délibéré en Sorbonne sur l'obligation d'assister à la messe de paroisse. *Paris, 1704.* — * Juillet 1704, p. 1242.

296. Lettre sur l'ancienne discipline de l'Eglise touchant la célébration de la messe (par *Ellies du Pin*) ; pour servir de supplément au nouveau traité des *dispositions pour offrir les saints mystères* (par *Duguet). Paris, 1708, in-12.* — Juillet 1708, p. 1245.

297. Du secret des mystères ou l'apologie de la rubrique des missels ; dissertation théologique et historique... par M. de Vallemont. *Paris, 1710, 2 vol. in-12.* — Septembre 1710, p. 1603.

298. Dissertation sur les messes quotidiennes et sur la confession, avec un exercice pour célébrer tous les jours et pour conduire les âmes, par M. J. Grancolas. *Paris, 1715, in-12.* — Décembre 1718, p. 998.

299. Le sacrifice perpétuel de foi et d'amour au très-saint sacrement, par rapport aux mystères... par le P. Gourdan. 2e édition. *Paris, 1716, in-12.* — * Mai 1716, p. 1025.

La 1re édit. (Quérard, III, 430) est de *Paris,* 1714. La 3e (XI, 162) est de 1719.

300. Lettre d'un curé du diocèse de Paris à l'auteur du journal de Trévoux touchant le sacrifice de la messe. *Paris, 1718, in-12.* — Août 1718, p. 213.

301. Manière d'entendre la messe, par l'abbé Cl. Le Pelletier. *Paris, 1727, in-16.* — Juillet 1727, p. 1362.

302. Observations critiques sur le traité de la célébration des saints mystères, par M. Collet. Par le R. P. Nicolas Collin, Prémontré. *Paris, 1772, 3 vol. in-12.* — * Avril 1772, p. 184.

Quérard ne cite pas cet ouvrage (II, 251).

303. Dissertation sur l'offrande du pain et du vin aux messes pour les défunts (par le P. Spiridion *Poupart*. *Trévoux*. 1713, in-12. — Septembre 1713, p. 1626.

Barbier et Quérard n'ont pas eu connaissance de cet ouvrage.

304. De l'ancienne coutume de prier et d'adorer debout le jour du dimanche, ou abrégé historique des cérémonies anciennes et modernes (par Jean *Le Lorrain*). *Rouen*, 1700, 2 vol. in-12. — * Septembre 1703, p. 1699.

305. Instructions morales touchant l'obligation où sont tous les chrétiens de sanctifier les jours de dimanche et les fêtes. par le P. Claude Proust, Célestin. *Bordeaux*, 1703, in-12. — * Juillet 1703, p. 1293.

306. De vero Ecclesiæ sensu circa sacrarum cæremoniarum usum. R. D. Ep. Suessionis (*Languet*) opusculum, cui accessit dissertatio Jos. Aloysii Assemani de sacris ritibus. *Rome*, 1757, in-4. — Avril 1758, p. 1137.

307. Histoire des temples des païens, des Juifs et des chrétiens, par l'ab. Ballet. *Paris*, 1760, in-12. — Février 1761, p. 479.

308. Lettre d'un curé de Paris (l'ab. *Bruté*) à un de ses amis sur la suppression des bancs dans les églises paroissiales. *Paris*, 1752, in-4. — Juillet 1752, p. 1531.

Quérard (I, 543) dit des *bans*, ce qui n'est pas la même chose.

Liturgies grecques et orientales.

308 *bis*. Liturgiarum orientalium collectio, auctore E. Renaudot. *Paris*, 1715-1716, 2 vol. in-4. — Février 1717, p. 215 ; — avril, p. 559.

309. Défense de l'Histoire des patriarches d'Alexandrie et de la collection des liturgies orientales, contre un écrit (de *la Croze*) intitulé : *Défense de la mémoire de M. Ludolf* (par l'ab. *Renaudot*). *Paris*, 1717, in-12. — Octobre 1718, p. 639.

310. Orthodoxa veteris Græciæ officia seu officium quadragesimale recognitum et castigatum... cura R. P. A. M. Quirini. *Rome*, 1721, in-4. — Février 1730, p. 306.

311. Dissertatio theologica de invocatione sancti Spiritus in liturgiis Græcorum et Orientalium, auctore R. P. Orsi, O. P. *Milan*, 1731, in-4. — Novembre 1732, p. 1909.

Liturgie romaine.

312. Ordo perpetuus divini officii juxta ritus Breviarii ac

Missalis S. Rom. Eccl. *Dijon.* 1759. — Octobre 1759. p. 2658.

313. Bréviaire romain, noté selon un nouveau système de chant très-court, très-facile et très-sûr (par l'ab. *Demotz*). *Paris*, 1727,* in-12. — Mars 1728, p. 423.

314. Traité des heures canoniales, par un chanoine de Saint-Quentin. *Paris*, 1712, in-12. — * Décembre 1712, p. 2209.

315. Commentaire historique sur le Bréviaire romain avec les usages des autres églises particulières, par l'ab. Grancolas. *Paris*, 1727, 2 vol. in-12. — * Mars 1728. p. 563.

Omis dans la *France littéraire.*

316. L'esprit de l'Eglise dans la récitation de cette partie de l'office qu'on appelle *Complies* (par le P. *Duranti de Bonrecueil*, Oratorien). *Paris*, 1734, in-12. — * Septembre 1734, p. 1726.

317. Motifs ou vues pieuses, pour une personne obligée à réciter l'office en une langue qu'elle n'entend pas (par *de la Chétardie*, curé de Saint-Sulpice). *Paris*, 1743, in-12. — Septembre 1743, p. 1603.

Omis par Barbier et par Quérard.

318. L'année sainte ou nouvelle traduction du Missel avec des réflexions morales sur les Introïts, les Epîtres et les Evangiles de toute l'année. *Paris*, 1701, 3 vol. in-12. — Mars, 1704, p. 63.

319. Office de la quinzaine de Pâques avec l'explication des cérémonies. *Paris*, 1726. — * Mars 1726, p. 602.

320. Nouvelles heures dédiées au Roi, par N. Duval. *Paris*, 1707. — * Mai 1707, p. 936.

321. Office divin abrégé pour tous les temps de l'année, à l'usage des personnes pieuses, imprimé par ordre de Mgr le cardinal de Luynes. *Sens*, 1763, in-8. — Juin 1763, p. 1507.

322. Ordinaire de la Messe avec la manière de l'entendre quand on la lit sans chant, et quand on la chante. *Paris*, 1773, in-12. — * Juillet 1773, p. 177.

323. Nouvelle traduction de l'office entier de la sainte Vierge, avec des explications sur chaque verset et des réflexions sur nos mœurs. Par un père de famille, ancien avocat (*B. Lordelot*). *Paris*, 1742. in-12. — Mai 1742, p. 835.

Barbier et Quérard ont omis cet ouvrage ; il peut entrer dans la nouvelle édition des *Supercheries.*

324. Le Psautier de la sainte Vierge, composé par S. Bonaventure, en latin et en français, par le P. de Gallifet, S. J.

4⁰ édition. *Lyon*, 1722, in-12 et in-18. — 6⁰ édit. *ibid.*, 1725, in-18. — *Février 1723, p. 355;— *décembre 1725, p. 2298.

La 1ʳᵉ édit. de cet ouvrage, très-souvent réimprimé, parut en 1720.

325. Les litanies du Saint-Nom de Jésus et de la Sainte-Vierge, avec des réflexions en forme de paraphrase. *Paris*, 1773, in-12. — *Juillet 1773, p. 177.

326. Oratio dominica plus centum linguis. Editio nova aucta. *Londres*, 1700. in-4. — Janvier 1703, p. 43.

327. Manière de réciter l'Oraison dominicale dans les divers états et selon les diverses situations de la vie (par le P. *Lattaignant*, S. J.) *Paris*, 1724, in-12. — *Mai 1724, p. 925.

328. Instructions théologiques et morales sur l'Oraison dominicale, la salutation angélique, la sainte messe et les autres prières de l'Eglise, par M. Nicole. *Paris*, 1706, in-12. — Octobre 1712, p. 1744.

329. Instruction pastorale sur le *Pater*, faite en course de visites, par M. Edme Mongin, évêque de Bazas. *Bordeaux*, 1742, in-4. — Octobre 1742. p. 1829.

Liturgies particulières.

330. Tractatus historicus de liturgia antiqua Hispanica, Gothica, Isidoriana, Mozarabica, Toletana, mixta, auctore R. P. Joanne Pinio, S. J. *Anvers*, 1729, in-fol. — Juillet 1731, p. 1449.

331. Voyages liturgiques de France, ou recherches faites en diverses villes du royaume, par le sieur de Moléon, contenant plusieurs particularités touchant les rits et les usages des églises (par J. B. *Le Brun des Marettes*). *Paris*, 1718, in-8. — Mars 1749, p. 423.

Ce disciple de Port-Royal serait bien surpris de se trouver transformé en jésuite, dans la *France littéraire* (V, 36).

332. Projet d'un nouveau bréviaire dans lequel l'office divin, sans en changer la forme ordinaire, serait particulièrement composé de l'Ecriture sainte, instructif, édifiant, dans un ordre naturel, sans renvois, sans répétitions et très-court; avec des observations sur les anciens et sur les nouveaux bréviaires (par l'abbé *Foinard*). *Paris*, 1720, in-12. — Mars 1722, p. 528.

333. Projet d'un bréviaire et d'un missel à l'usage du diocèse de Chartres (par l'abbé *de Chéret*). *Chartres*, 1727, in-4.— Février 1727, p. 391.

334. Réponse à la lettre circulaire de M. l'abbé de Chéret, au sujet du projet d'un nouveau Bréviaire, par M. l'abbé Fauveau. *Paris*, 1729. — Août 1729, p. 1475.

335. Défense de la lettre écrite à M. l'abbé de Chéret et insérée dans le *Mercure* de mai 1729, par M. l'abbé Fauveau. *Paris*, 1731, in-12. — Mars 1731, p. 563.

Quérard ne cite aucun de ces deux auteurs.

336. Première lettre de M. l'abbé*** à un de ses amis, en réponse aux libelles qui ont paru contre le nouveau Bréviaire de Paris (par le P. *Vigier*, de l'Oratoire). 1736, in-4. — *Décembre 1736, p. 2684.

337. Plan de réforme pour le Missel, contenant une nouvelle distribution des Évangiles du propre du temps, par M. l'abbé***, chanoine de Verdun (*Humbert*). *Paris*, 1758, in-12. — Août 1758, p. 2099.

338. Projet d'un même Bréviaire, Missel et autres livres de liturgie, relatifs à l'office divin, et d'un seul et même abrégé de catéchisme à l'usage de tous les diocèses de France, par M. Le Blanc, ancien curé du diocèse de Cahors. *Paris*, 1775, in-8. — Septembre 1775, p. 545.

339. Breviarium Cameracense. *Paris*, 1728. 4 vol. in-12.— Août 1728, p. 1569.

340. Rituel du diocèse de Clermont, renouvelé et augmenté par J. B. Massillon, évêque de Clermont. *Clermont*, 1734, 2 vol. in-4. — Avril 1734, p. 756.

341. Missale monasticum ad usum sacri ordinis Cluniacensis. *Paris*, 1733, in-fol. — Juillet 1735, p. 1193.

342. Lettre du P. de Montauzan, Jésuite, à M. l'abbé*** au sujet du jubilé que l'on doit avoir l'année prochaine 1731, dans l'église de Saint-Jean de Lyon, à cause du concours de la fête du Corps de Dieu avec celle de la Nativité de saint Jean-Baptiste. 1733, in-12. — Juillet 1733, p. 1487.

Non cité à l'art. *Montauzan* dans Quérard (VI, 231).

343. Instruction sur le jubilé de l'église primatiale de Saint-Jean de Lyon, à l'occasion du concours de la Fête-Dieu avec celle de la Nativité de saint Jean-Baptiste, par le P. de Colonia, S. J. *Lyon*, 1734, in-12. — *Mai 1734, p. 957.

Liturgies Acatholiques.

344. Vindiciæ librorum ecclesiæ Lutheranæ symbolicorum, auctore M. Jo. Frid. Vallisero. *Ulm*, 1711, in-8. — Janvier 1712, p. 163.

345. Prières journalières à l'usage des Juifs portugais et espagnols, par Mardochée Venture. *Nice*, 1772, in-12. — Septembre 1772, p. 559.

Quérard (X, 99) dit : *Nice (Paris)*, 1773-83, 4 vol. in-12.

CONCILES.

Introduction et collections.

346. Delectus actorum Ecclesiæ universalis, seu nova Summa conciliorum, epistolarum, decretorum SS. Pontificum, capitularium, quibus Ecclesiæ fides niti solet, cum notis ad canones (par le P. *Poisson*, de l'Oratoire). *Lyon*, 1705. — Novembre 1705, p. 2005.

Ce n'est que le *Prospectus* d'un ouvrage, qui parut l'année suivante en 2 vol. in-folio.

347. Summula conciliorum generalium, auctore Bouchard. *Besançon*, 1725, in-12. — Juin 1726, p. 1155.

Quérard cite une édit. de *Paris*, 1717, in-12 (I, 437).

348. Analyse des conciles généraux et particuliers, contenant leurs canons sur le dogme, la morale tant ancienne que moderne, par le R.P. Richard, Dominicain. *Paris*, 1772-1774, 4 vol. in-4. — Février 1773, p. 314; — décembre 1773, p. 417; — avril 1774, p. 63.

En 1777, il parut un 5e volume comme supplément (*Quérard*, VIII, 20.)

349. Projet d'une nouvelle Somme des conciles par M. de Sautour. *Paris*, 1710. — Avril 1710, p. 743.

Quérard ne cite pas cet ouvrage (VIII, 479).

350. Traité de l'étude des conciles et de leurs collections, avec un catalogue des principaux auteurs qui en ont traité, et des éclaircissements sur les ouvrages qui concernent cette matière, et sur le choix de leurs éditions (par l'abbé *Salmon*). *Paris*, 1724, in-4. — Mars 1725, p. 449.

351. Tractatus de conciliis in genere, auctore Ladvocat. *Caen*, 1769, in-8. — Août 1769, p. 371.

Conciles généraux et nationaux.

352. Concilium Lateranense Stephani Tertii anno 769, ... editum a Cajetano Cenni. *Rome*, 1735, in-fol. — Avril 1738, p. 746.

353. Eclaircissements sur l'autorité des conciles généraux et des papes, ou explication du vrai sens des trois décrets des sessions IV et V du concile général de Constance contre la dissertation de M. Schelstrate. Ouvrage posthume de M*** (*Arnauld*, publié par Nic. *Petitpied*). (*Hollande*), 1711, in-8. — *Juillet 1743, p. 1296.

354. Sacrosancti et œcumenici concilii Tridentini canones et decreta cum indicibus novis et adnotationibus. *Paris*, 1755, in-18. — Juillet 1755, p. 1885.

355. Decretum Concilii provincialis Ebredunensis. *Grenoble*, 1727, in-4. — Avril 1728, p. 724.

SAINTS PÈRES.

Introduction à l'étude des saints Pères.

356. De a lecture des Pères de l'Église. ou méthode pour les lire utilement, en quatre parties (par dom Bonaventure *d'Argonne*, Chartreux; nouvelle édition par *P. Pelhestre*). *Paris*, 1702, in-12. — Juillet 1702, p. 3.

357. Défense de la tradition et des saints Pères, par M. J. B. Bossuet; nouvelle édition. *Paris*, 1763, 2 vol. in-12. — Février 1764. p. 389; — avril 1764. p. 813 — juin 1764. p. 1463.

358. Défense des saints Pères accusés de Platonisme (par le Père *Baltus*, S. J.). *Paris*, 1711, in-4. — Avril 1711, p. 582.

359. Apologie de la morale des Pères de l'Église, contre les injustes accusations du sieur Jean Barbeyrac. *Paris*. 1748, in-4. — Janvier 1719, p. 76.

360. Critique abrégée des ouvrages des auteurs ecclésiastiques par J. G. (*Grancolas*). *Paris*, 1716, 2 vol. in-12. — Juillet 1747, p. 1098.

Collections, Extraits, etc., des saints Pères.

361. Spicilegium SS. Patrum et hæreticorum sæculi post Christum natum 1, 2 et 3, quorum vel integra monumenta, vel fragmenta partim ex aliorum Patrum libris jam impressis collegit et... notis subjunctis illustravit

J. Ern. Grabe. Editio 2ª. *Oxford*, 1700, 2 vol. in-8. — Novembre 1705, p. 1860.

362. Apparatus ad bibliothecam maximam Patrum veterum et scriptorum ecclesiasticorum Lugduni editam,... auctore D. N. Le Nourry. *Paris*, 1703-1715, 2 vol. in-fol. — Octobre 1703, p. 1799; — novembre 1703, p. 2031 ; — — mai 1716, p. 803.

363. Sentences et instructions chrétiennes tirées des saints Pères, en latin et en français, par le sieur de Laval (L. Charles d'*Albert*, duc de *Luynes*). Nouvelle édition. *Paris*, 1736, in-8. — * Juillet 1736, p. 1533.

364. La morale évangélique expliquée par les saints Pères, ou Homélies choisies des Pères de l'Eglise sur tous les Evangiles des dimanches et fêtes de l'année, par M. l'abbé Méry de la Canorgue. *Paris*, 1763, 2 vol. in-12. — Janvier 1764, p. 260.

365. Bibliothèque portative des Pères de l'Eglise, qui renferme l'histoire abrégée de leur vie; l'analyse de leurs principaux écrits... (par l'abbé *Tricalet*). *Paris* 1758-1762, 9 vol. in-8. — Janvier 1759, p. 326; — août 1759, p. 1982 : — mars 1760, p. 661 ; — décembre 1760, p. 2907 ; — avril 1761, p. 1031 ; — février 1762, p. 521.

Saints Pères Grecs et Latins et écrivains ecclésiastiques.

366. Le livre de *Philon* de la Vie contemplative, traduit sur l'original grec, avec des observations où l'on fait voir que les Thérapeutes, dont il parle, étaient chrétiens (par le R. P. dom B. *de Montfaucon*). *Paris*, 1709, in-12. — Juillet 1710. p. 1149.

367. Deux épîtres de saint *Clément* Romain, disciple de saint Pierre, tirées pour la première fois d'un MS. du N. T. syriaque, et publiées avec la version latine à côté et les prolégomènes de Westein sur l'Ecriture sainte (publié par E. F. *de Prémagny*). *Leyde*, 1757, in-12. — Seconde édition (trad. en français par *de Prémagny*). *Rouen*, 1763, in-8. — Août 1758, p. 2077; — mai 1763. p. 1329.

368. Traité des noms divins ou des perfections divines. Ouvrage de saint *Denis l'Aréopagite*, propre à donner des idées sublimes de Dieu, et à faire naître de grands sentiments de la religion, traduit du grec par le P. Jos. Cortasse, S. J. *Lyon* 1739, in-4. — Juillet 1740, p. 1453.

369. Problème proposé aux sçavants, touchant les livres attribuez à saint *Denys l'Aréopagite*, où l'on demande s'il faut dire que cet auteur a tiré ses principes, une partie de sa doctrine, et le traité de sa Théologie mystique, de saint Clément d'Alexandrie, et de saint Grégoire de Nysse, ou si ces deux Pères ont pris de lui (par le P. *Honoré de Sainte-Marie*). *Paris*, 1708, in-8. — Mai 1709, p. 743.

370. Dissertation sur saint *Denis l'Aréopagite*, où l'on fait voir que ce Saint est l'auteur des ouvrages qui portent son nom, (par le P. Cl. *David*, de l'Oratoire). *Paris*, 1702, in-12. — Avril 1702, p. 58.

371. S. *Justini* opera quæ exstant omnia, nec non Tatiani. Athenagoræ, Theophili, Hermiæ (curante R. P. Prud. Marran, O. S. B.) *Paris*, 1742, in-fol. — Novembre 1743, p. 2791; — décembre 1743, p. 2893.

372. S. *Justini* apologia prima pro Christianis, a J. E. Grabe, græcè et latinè. *Oxford*, 1700, in-8. — Mai 1704, p. 27.

373. *Tatiani* oratio ad Græcos a Wilhelmo Worth, græcè et latinè. *Oxford*, 1700, in-8. — Août 1714, p. 1453.

374. S. *Irenæi*, Lugdunensis episcopi, contra omnes hæreses libri quinque, a J. E. Grabe, gr. et lat. *Oxford*, 1702, in-fol. — Octobre 1702, p. 187.

375. S. *Irenæi*, episcopi Lugdunensis et martyris, detectionis et eversionis falso cognominatæ agnitionis, sive contra hæreses libri quinque, operâ R. P. Renati Massuet. O. S. B. *Paris*, 1710, in-fol. — Avril 1714, p. 557.

376. S. *Irenæi* fragmenta anecdota, in latinum versa, cum notis et dissertationibus Ch. Matth. Pfaffii. *La Haye*, 1745, in-8. — Février 1746, p. 289.

377. *Clementis Alexandrini* opera inventa gr. et lat. cura Joannis Potter. *Oxford*, 1715, 2 vol. in-fol. — Mars 1717, p. 378.

378. S. *Hippolyti*, Episcopi et Martyris, opera non antea collecta et partim nunc primum à mss. in lucem edita græcè et latinè, curâ J. Alb. Fabricii. *Hambourg*, 1716-1748, 3 vol. in-fol. — Février 1717, p. 255; — février 1720, p. 218.

379. *Minutii Felicis* Octavius.. curâ J. Davies. *Cambridge*, 1707, in-12. — Mai 1711, p. 888.

380. Apologétique de *Tertullien*, ou Défense des premiers chrétiens contre les calomnies des Gentils, trad. par l'ab. Vassoult. *Paris*, 1714, in-4. — Juin 1714, p. 1062.

381. Apologétique de *Tertullien*, ou Défense des chrétiens contre les accusations des Gentils, de la traduction de

M. Giry, de l'Académie française. Nouvelle édition avec le texte latin à côté, augmentée d'une dissertation critique touchant Tertullien et ses ouvrages (par *Allix*). Suivant la copie de Paris. *Amsterdam*, 1701, in-12. — Novembre 1702, p. 28.

382. Entretien d'un catholique avec un J. ou Traduction du livre de *Tertullien* de la première prescription des hérétiques. *Genève*, 1728, in-12. — Mars 1729, p. 454.

383. Traité de *Tertullien* des Prescriptions contre les hérétiques, trad. en français avec des remarques. *Paris*, 1729, in-12. — Juin 1729, p. 1083.

Quérard attribue, probablement par inattention, cette traduction au P. Bouhours, mort depuis 1702 (IX, p. 981).

384. *Origenis* opera omnia quæ græcè vel latinè tantum exstant et ejus nomine circumferuntur, opera et studio D. Caroli de la Rue, O. S. B. *Paris*, 1733-1740, 3 vol. in-fol. — Décembre 1740, p. 2339.

Un 4° volume parut en 1759.

385. Hexaplorum *Origenis* quæ supersunt, hebr. gr. et lat. curâ D. B. de Montfaucon, O. S. B. *Paris*, 1713, 2 vol. in-fol. — Janvier 1744, p. 108.

386. S. *Cypriani*, episcopi Carthaginensis et Martyris, opera, recognita curâ Stephani Baluzii. Absolvit unus e monachis congregat. S. Mauri (*Marran*). *Paris*, 1726, in-fol. — Juin 1728, p. 1035 ; — septembre 1728, p. 1667 ; — décembre 1728, p. 2279.

387. Livre de l'Unité de l'Eglise par saint *Cyprien*, martyr, évêque de Carthage, trad. en franç. par M. l'évêque de Marseille (*Belzunce de Castelmoron*). *Marseille*, 1744, in-4. — Octobre 1746, p. 2000.

388. In omnia L. Cœlii Firmiani *Lactantii* opera dissertationum præviarum decas prima, a R. P. Eduardo a S. Xaverio, carm. *Rome*, 1754, 2 vol. in-8. — Octobre 1757, p. 2558.

389. L. C. F. *Lactantii* opera omnia. Editio novissima cum notis et animadversionibus Nic. Lenglet du Fresnoy. *Paris*, 1748, 2 vol. in-4. — Mai 1749, p. 773.

390. Lucii *Cæcilii* liber ad Donatum confessorem de Mortibus persecutorum, edente D. Le Nourry, O. S. B. *Paris*, 1710, in-8. — Janvier 1744, p. 5.

Ch. Nodier a omis cette édition dans sa *Bibliothèque sacrée*, page 173.

391. F. *Lactantii* epitome divinarum institutionum ad Pentadium fratrem. — Anonymi Historia de hæresi Manichæorum. — Fragmentum de origine generis humani et Q. J.

Hilariani expositum de ratione Paschæ. . . . Recensuit C. M. Pfaffius. *Paris.* 1712. in-8. — Décembre 1712, p. 2044.

392. Les Institutions divines de *Lactance* traduites en français. Livre premier. De la fausseté de la religion, par l'ab. Drouet de Maupertuis. *Avignon*, 1740. in-12. — Décembre 1742, p. 2055.

393. Dissertation touchant l'auteur du symbole *Quicumque* (de saint *Athanase*) par un licencié de Sorbonne (l'ab. *Le Clerc*). Paris, 1730. in-12. — Septembre 1730. p. 4646.

394. Dissertatio qua expenditur celebris locus S. *Basilii Magni* de Processione Spiritus sancti a Patre Filioque. *Paris*, 1724, in-fol. — Décembre 1724, p. 2308.

395. Les Ascétiques, ou traités spirituels de S. *Basile le Grand* traduits en français... par G. Hermant. Nouvelle édition. *Rouen*, 1727, in-8. — * Novembre 1727, p. 2128.

396. S. Patris nostri *Ephremi* opera, græce et latine. Oxford, 1709, in-fol. — Mars 1712, p. 436.

397. S. P. N. *Ephræm* Syri opera omnia quæ exstant, græce, syriace et latine a J. S. Assemani. *Rome*, 1732 — 1746, 6 vol. in-fol. — Août 1740. p. 1571 ; — mars 1742, p. 377; — mai 1742, p. 749; — juin 1742, p. 971; — octobre 1745, p. 1765.

398. S. *Cyrilli*, Hierosolymitani archiepiscopi, opera quæ supersunt omnia... emendavit notisque illustravit Thomas Milles, gr. et lat. *Oxford*, 1703, in-fol. — Juin 1707. p. 1040.

399. S. *Cyrilli*, archiepiscopi Hierosolymitani, opera quæ exstant omnia, græce et latine ab August. Touttée, mon. O. S. B. congr. S. Mauri. *Paris*, 1720. in-fol. — Décembre 1721, p. 2338.

400. Les Catéchèses de S. *Cyrille* de Jérusalem, avec des notes et des dissertations dogmatiques par M. J. Grancolas. *Paris*, 1715, in-4. — Août 1718, p. 186.

401. Discours de S. *Grégoire* de Nazianze contre l'empereur Julien l'Apostat, avec des remarques par l'ab. *Troya d'Assigny*). *Lyon*, 1735, in-12. — Décembre 1735, p. 2545.

402. Discours de S. *Grégoire* de Nazianze sur l'excellence du sacerdoce et les devoirs des pasteurs (par l'ab. *Troya d'Assigny*). *Paris*, 1747, 2 vol. in-12. — Octobre 1747, p. 2045.

403 Veterum Testimonia de *Didymo* Alexandrino Cæco, ex

quibus tres libri de Trinitate nuper detecti eidem asserun-
tur, auctore Ferdin. Mingarelli. *Rome*, 1764, in-4. —
Septembre 1765, p. 733; — octobre 1765, p. 962 et
1021.

104. Sopra un'opera inedita di un antico teologo lettera di Gio-
Luigi Mingarelli, canonico regulare. *Rome*, 1764, in-12.
— Octobre 1765, p. 964.

105. S. Patris nostri *Gregorii*, Nyssensis episcopi, Epistolæ
vii, a J. B. Caracciolo, gr. et lat. *Pise*, 1731, in-fol. —
Avril 1738, p. 693.

106. Lettres de S. *Ambroise*, trad. en franç. sur l'édition
des Bénédictins, par Jos. Duranti de Bonrecueil, avec
des notes. *Paris*, 1741, 3 vol. in-12. — * Juin 1741,
p. 1147.

107. S. Patris nostri *Chrysostomi* de sacerdotio libri vi; ac-
cessere dissertationes quædam prœmiales de dignitate
sacerdotii, auctore Sam. Thirlby, gr. et lat. *Cambridge*,
1712, in-8. — Novembre 1712, p. 1954.

108. Di S. *Giovanni Crisostomo* del Sacerdozio libri vi vol-
garizzati e con annotazioni illustrati dal Mich. Ang. Giacomelli, gr. et ital. *Rome*, 1757, in-4. — Octobre 1757.
p. 2656; — octobre 1761, p. 2560.

109. Epistola di S. *Giovanni Crisostomo* a Cesario (de S. Maf-
fei). *Florence*, 1721, in-12. — Avril 1723, p. 643.

110. Les panégyriques des martyrs par S. *Jean Chrysostome*;
trad. du grec par le P. Duranti de Bonrecueil. *Paris*,
1736, in-8. — * Mars 1736, p. 574.

111. Christiani Guill. Volandi vindiciæ *Chrysostomi*
contra virum Rev. et Clar. Joannem Harduinum, S. J. *Leipsick*. 1714, in-4. — Août 1715, p. 1347.

112. *Sulpicii Severi* quæ extant opera omnia cum notis Vorstii
et Clerici. *Leipsick*, 1709, in-12. — Novembre 1714,
p. 1923.

113. S. *Eusebii Hieronymi* Stridonensis presbyteri operum
T. III, IV et O. Studio ac labore Jean Martiauæi, P. et M.
Ord. S. B. *Paris*, 1704-1706, 3 vol. in-fol. — Décem-
bre 1704, p. 2034; — février 1707, p. 297.

Les deux premiers tomes parurent avant le commencement du xviii°
siècle.

114. Lettres de S. *Hiérosme* traduites en français sur les
éditions et sur plusieurs manuscrits très-anciens, avec des
notes exactes et beaucoup de remarques sur les endroits difficiles; par Dom Guill. Roussel, Bénéd. de S. M. *Paris*,
1704, 2 vol. in-8. — Juin 1704, p. 915.

115. Traité des vanités du siècle, trad. du Commentaire de S. Jérôme sur l'Ecclésiaste, par dom Martianay, Bénéd. de S. M. *Paris*, 1715, in-12. — *Mars 1715, p. 553.

116. Dissertation sur un passage du second livre de S. Jérôme contre Jovinien, altéré dans toutes les éditions et qui est rétabli (par dom J. *Liron*, Bénéd.) *Paris*, 1706, in-12. — Seconde édition avec une réponse aux objections de dom Coustant. *Paris*, 1706, in-12. — Mars 1707, p. 430 ; — septembre 1707, p. 1594.

117. Réponse à une dissertation sur un passage de S. Jérôme (par dom *Coustant*). *Paris*, 1707, in-12. — Septembre 1707, p. 1594.

118. La Cité de Dieu de S. *Augustin*, traduction nouvelle par M. Lombert. Nouvelle édition (par l'ab. *Goujet*). *Paris* 1736, 4 vol. in-12. — *Octobre 1736. p. 2291.

119. S. *Augustini* Hipponensis Epistolæ duæ, recens in Germania inventæ. Cura P.*** (dom *Martin*, Bénéd.). *Paris*, 1734, in-fol. — Avril 1734, p. 719.

120. Les Soliloques, les Méditations, le Manuel et le livre de l'Esprit et de la lettre de S. *Augustin*, trad. en franç. par M. Dubois, de l'Académie française. Nouvelle édit. *Paris*, 1771, in-12. — *Janvier 1772, p. 168.

Ce traducteur est Goibaut Dubois, mort en 1694. Quérard, t. II, p. 598, dit : « Dubois (G.), voy. Goisbault ; » et au t. III, p. 399 : « Goibaud, voy. Dubois ; » rien de plus.

121. Les deux livres de S. *Augustin* de la Grâce de J.-C. et du Péché originel, trad. en français (par l'ab. *F. de Villeneuve de Vence*). *Paris*, 1738, in-12. — Janvier 1739, p. 103.

122. S. *Augustini* de Gratiâ Dei, de Libero arbitrio et de Prædestinatione Sanctorum (edente Cl. *Lequeux*). *Paris*, 1758, 2 vol. in-12. — *Mai 1758, p. 1345.

Ch. Nodier ne cite pas cette édition dans la *Bibliothèque Sacrée*.

123. Le livre de S. *Augustin* sur la Grâce et le libre arbitre, et deux lettres de ce Père à Valentin et aux moines d'Adrumet, trad. en franç. avec des notes par Mr l'évêque de Marseille (*de Belzunce de Castelmoron*). *Marseille*, 1743, in-4. — Novembre 1743, p. 2834.

124. Traités choisis de S. *Augustin* sur la Grâce de Dieu, sur le Libre arbitre de l'homme et la prédestination des Saints, fidèlement traduits ... (par l'ab. Cl. *Lequeux*). *Paris*, 1757, 2 vol. in-12. — *Février 1758, p. 551.

125. Les six livres de S. *Augustin* contre Julien, défenseur de l'hérésie Pélagienne, trad. en franç. (par l'ab. *de Villeneuve* *de Vence*). *Paris*, 1736. 2 vol. in-12. — Mai 1736, p. 1034.

426. Les deux livres de S. *Augustin* à Pollentius, sur les Mariages adultères, trad. en franç. (par l'ab. *Pilé*). *Paris*, 1763, in-12. — Février 1763, p. 560 ; — avril 1763, p. 971.

427. R. P. Laurentii Cozza in librum S. *Augustini* de Hæresibus, ad Quodvultdeum, commentarii dogmatico-historici. *Rome*, 1707, in-.... — Juin 1707, p. 1110.

428. Dissertation théologique sur cet axiome de S. *Augustin* : Quod amplius nos delectat. Par le P. G. D. S. J. (Gab. *Daniel*). *Paris*, 1714, in-12. — Mars 1714, p. 469.

429. S. *Augustin* contre l'incrédulité : ou Discours et pensées, recueillis des divers écrits de ce Père, les plus propres à prémunir les fidèles contre l'incrédulité de nos jours (par l'ab. *Troya d'Assigny*). *Paris*, 1754, 2 vol. in-12. — *Décembre 1754, p. 3039.

430. Entretiens de l'âme avec Dieu tirés des paroles de S. *Augustin* dans ses Méditations, ses Soliloques, son Manuel, par l'ab. Clément. *Paris*, 1740, in-16. — Février 1741. p. 372.

Quérard cite comme 1re édition *Paris*, 1745, in-8 (II, 224).

431. Réfutation des critiques de M. Bayle sur S. Augustin (par le P. *Merlin*, S. J.) *Paris*, 1732, in-4. — Janvier 1733, p. 87 ; — mai 1733, p. 823.

432. Lettres de S. *Paulin*, traduites en français (par Cl. *Santeul*, revues par *Pelhestre*, publiées par le P. *Frassen*, cordelier). *Paris*, 1703, in-8. — * Septembre 1703, p. 1700.

J'ai donné les indications d'après Barbier ; mais les *Mémoires* disent expressément : « Cette traduction est du célèbre Père Frassen. »

433. Joan. *Cassiani* opera omnia cum commentariis D. Alardi Gazæi, O. S. B. *Leipsick*, 1733, in-fol. — Novembre 1734, p. 1957.

434. S. *Prosperi* Aquitani, S. Augustini discipuli, S. Leonis notarii, opera omnia (studio et labore J. B. *Le Brun des Marettes*, edente Luca Urbano *Mangeant*). *Paris*, 1711, in-fol. — Novembre 1712, p. 1855.

435. Les œuvres de *Salvien*, prêtre de Marseille, contenant des lettres et des traités sur l'esprit d'intérêt et sur la Providence. Trad. en franç. par le R. P.*** (*Mareuil*, S. J.) *Paris*, 1734, in-12. — Novembre 1735, p. 2284.

436. *Salvien*, de la Providence, traduction nouvelle (par J. B. *Drouet de Maupertuy*). *Paris*, 1701, in-12. — Mars 1702, p. 157.

437. *Cassiodori* complexiones in epistolas canonicas, Acta

Apostolorum et Apocalypsim, a Scipione Maffæio. *Florence*, 1721, in-8. — Août 1722. p. 1472.

438. S. *Gregorii* Papæ I cognomento Magni opera omnia ad mss. codices romanos, gallicanos, anglicanos, emendata, aucta et illustrata notis; studio et labore monachorum Ord. S. B. *Paris*, 1705, 4 vol. in-fol. — Février 1706, p. 341 ; — mars 1707. p. 377.

Les PP. de Sainte-Marthe, Estiennot et de Noyville eurent part à cette édition.

439. Les Homélies de S. *Grégoire*. pape, sur Ezéchiel (par l'ab. Pierre *Leclerc*). *Paris*, 1717, in-12. — Décembre 1747, p. 2354.

440. S. P. N. *Modesti*, archiepisc. Hierosolymit. Encomium in dormitionem SS. Dominæ Nostræ Deiparæ semperque Virginis Mariæ (græce et latine, edente D. Giacomelli). *Rome*, 1760, in-4. — Janvier 1761, p. 5.

441. S. *Joannis Damasceni* opera omnia gr. et lat. curâ Mich. Le Quien, O. P. *Paris*, 1712, 2 vol. in-fol. — Janvier 1713, p. 1.

442. S. *Anselmi* opera omnia, a G. Gerberon, Bened. Editio 2a. *Paris*, 1721, in-fol. — Mars 1722, p. 389.

443. Ven. *Hildeberti*, primo Cenomanensis Episcopi, deinde Turonensis archiepiscopi, opera tam edita quam inedita, labore et studio Ant. Beaugendre, Bened. S. M. *Paris*, 1708, in-fol. — Juillet 1708, p. 1184.

444. S. *Bernardi*, de consideratione ad Eugenium papam libri V. Nova editio. *Paris*. 1704, in-8. — Mai 1701, p. 218.

Ch. Nodier n'a pas eu connaissance de cette édition donnée par les Bénédictins.

445. Les lettres de 'S. *Bernard*, trad. en franç. sur l'édition nouvelle des PP. Bénédictins, avec des notes sur les points d'histoire, de chronologie et autres qui peuvent avoir besoin d'éclaircissement (par *Leroy*). *Paris*, 1702, 2 vol. in-8. — Novembre 1702, p. 80.

446. Les lettres de S. *Bernard* avec les notes d'Horstius et de Mabillon, trad. en franç. par M. de Villefore. *Paris*, 1715, 2 vol. in-8. — Août 1718, p. 208.

447. G. Henrici Goetzii de Lutheranismo D. *Bernardi* Schediasma theologicum. *Dresde*, 1704, in-4. — Juin 1703, p. 1045.

448. Conspectus operum S. *Nicephori*, auctore D. A. Banduri, Bened. *Paris*, 1705, in-12. — Août 1705, p. 1464.

449. *Clementis XI*, Pont. Max. Opera omnia. *Francfort,* 1729, 2 vol. in-fol. — Octobre 1731. p. 1663.

————————

THÉOLOGIE SCHOLASTIQUE ET DOGMATIQUE.

Introduction.

450. Tractandæ ac perdiscendæ theologiæ ratio. *Paris,* 1758, in-12. — Août 1759, p. 2101.

451. Davidis Chytræi oratio de studio theologiæ, exercitiis veræ pietatis et virtutibus potius quam contentionibus et rixis..., cum notis Const. Schutz (et dissertatione de orthodoxia Judæ Iscariotæ). *Leipsick,* 1701, in-4. — Août 1703, p. 1346.

452. Avis touchant les dispositions dans lesquelles on doit être selon le cœur pour étudier la théologie.... par le R. P. dom Joseph de Lisle. *Nancy,* 1760, in-8. — Septembre 1760, p. 2255.

453. La science ecclésiastique suffisante à elle-même sans le secours des sciences profanes, par M. Carrel, prêtre. *Lyon,* 1700, in-8. — Novembre 1701, p 167.

454. Des études théologiques ou Recherches sur les abus qui s'opposent au progrès de la théologie dans les écoles publiques, et sur les moyens possibles de les réformer en France, par un docteur Manceau (l'ab..Pichon). *Avignon,* 1767, in-12. — Novembre 1767, p. 369.

455. Méthode pour étudier la théologie (par *Ellies Dupin*). *Paris,* 1716, in-12.— .... avec une table des principales questions à examiner et à discuter dans les études théologiques et les principaux ouvrages qu'il faut consulter, par M. Dupin. Nouvelle édit., par l'abbé Dinouart. *Paris,* 1768, in-12. — * Mai 1716, p. 1024; — * juillet 1768, p. 175.

456. Le directeur d'un jeune théologien (trad. du latin d'*Opstraet*, par *Saint-André de Bochesne*). *Paris,* 1723, in-12. — Juin 1724, p. 1130.

457. La Scuola Mabilona dal P. N. J. Ceppi. *Rome,* 1701, in-8. — Novembre 1702, p. 56.

458. Elementa theologica in quibus de authoritate et pondere cujuslibet argumenti theologici.... auctore Carolo Duplessis d'Argentré. *Paris,* 1702, in-4. — Appendix posteñor. *Paris*, 1705, in-4. — Février 1703, p. 208; — mars 1703, p. 393; — novembre 1705, p. 1922.

459. Difesa della scolastica teologia (par le P. *de Benedictis.* S. J.). *Rome*, 1703, in-8. — Août 1704, p. 1314.

460. Difesa della terza lettera apologetica di Benedetto Aletino, divisa in tre parti.... (par le P. *de Benedictis.* S. J.). *Rome*, 1705, in-8. — Octobre 1707, p. 1764.

461. Palæstra scholastica sive ars subsidiaria pro incipientibus ad rite et recte propugnandum et impugnandum in publicis disputationibus, auctore P. Didaco de Quadros. S. J. *Madrid*, 17.., in-4. — Avril 1742, p. 704.

462. Dictionnaire théologique portatif, contenant l'exposition et les preuves de la révélation (par *Alletz*). *Paris*, 1756, in-8. — Février 1756, p. 562.

463. Dictionnaire universel, dogmatique, canonique, historique, géographique et chronologique des sciences ecclésiastiques, par les RR. PP. Richard et Giraud, Dominicains. *Paris*, 1760, 6 vol. in-fol. — Juin 1761, p. 1494; — juillet, p. 1685; — août, p. 2043; — novembre, p. 2844; — décembre, p. 3000; — avril 1762, p. 1050; — mai, p. 1294; — septembre 1765, p. 598.

464. Réponse des Dominicains, auteurs du *Dictionnaire universel des Sciences ecclésiastiques,* aux remarques insérées touchant cet ouvrage dans le *Journal des Savants,* mars 1761. (*Paris*) 1764, in-12. — Avril 1764, p. 1128.

465. Dictionnaire ecclésiastique et canonique portatif, ou Abrégé méthodique de toutes les connaissances nécessaires aux ministres de l'Eglise, par une société de religieux et de jurisconsultes (dom J.-F. *de Brézillac,* Bénédictin). *Paris*, 1765, 2 vol. in-8. — Avril 1765, p. 1094.

Ouvrages de théologie scholastique et dogmatique.

466. Summa theologiæ, ad usum Scholæ accommodata, auctore Nic. L'Herminier. T. I. *Paris*, 1704, in-8. — Mai 1704, p. 28.

Quérard dit : « 1701-1711, 7 vol. in-8. Les volumes 5 et 6 ne paraissent pas avoir été publiés. » — Le catal. des Jésuites du collége de Clermont, p. 38, dit : « Paris, 1709, 6 vol. in 8; » celui de l'abbé Delan, p. 58 : « Paris, 1714 et suiv., 7 vol. in-8. »

467. Salmautinæ lecturæ a R. P. Mag. Fr. J. de Volibar, S. O. P. *Salamanque*, 1704, 2 vol. in-fol. — Janvier 1702, p. 487.

468. Institutiones theologicæ ad usum Seminariorum,

auctore Gaspare Juenin, oratorii Gallicani. *Lyon,* °1704. 7 vol. in-12. — Mai 1709, p. 844.

Quérard ne cite pas cette édition.

169. Cursus theologicus, auctore R. P. J. B. Gormaz, S. J. *Augsbourg,* 1707, 2 vol. in-fol. — Juillet 1710. p. 1191.
Le P. de Backer dit à tort 1709 (II, 253).

170. Compendiosæ institutiones theologicæ ad usum Seminarii Pictaviensis, jussu et auctoritate Ill. et Rev. D. J. Claudii de la Poype de Vertrieu. *Poitiers,* 1708, 2 vol. in-16. — Mars 1709, p. 441; — mai 1711, p. 796.
Cette théologie est celle des Sulpiciens, revue par les PP. de la Tour et Salton, jésuites (*Barbier,* III, 507).

171. Manuale theologicum, sive theologia dogmatica et historica, auctore P. Fr. Perrin, S. J. *Toulouse,* 1710. 2 vol. in-12. — Septembre 1710, p. 1660; — mars 1711, p. 453.
Quérard ne cite que la 2ᵉ édition : *Paris,* 1714.

172. Cursus theologicus ad usum tyronum elucubratus, auctore R. P. dom Viva, S. J. *Padoue,* 1712, 2 vol. in-4. — Mai 1715, p. 865.

173. Theologia universa speculativa et dogmatica..., auctore R. P. G. Antoine, S. J. *Paris,* 1743, 7 vol. in-12. — Janvier 1743, p. 167.

174. Prælectiones theologicæ de Gratia Christi, autore Honor. Tournely. *Paris,* 1725, 2 vol. in-8. — Juillet 1725, p. 1157 et 1230.

175. *Id.* De Deo et divinis attributis. *Paris,* 1725, 2 vol. in-8. — Février 1726, p. 332.

176. *Id.* De Ecclesia Christi. *Paris,* 1726, 2 vol. in-8. — Juillet 1726, p. 83 : — octobre, p. 1821.

177. *Id* De Sacramentis in genere. *Paris,* 1726, in-8. — Juin 1727, p. 1083.

178. *Id.* De Mysterio SS. Trinitatis. *Paris,* 1726, in-8. — Septembre 1727, p. 1655.

179. *Id.* De Incarnatione Verbi divini. *Paris,* 1727, in-8. — Mars 1728, p. 426.

180. *Id.* De Augustissimo Eucharistiæ Sacramento. *Paris,* 1729, 2 vol. in-8. — Février 1730, p. 342; — mai, p. 782.
Tournely méritait bien une place dans la *France littéraire* et autre chose que cette note (t. IX, p. 518) : « *Tournely* (H.), nom sous lequel deux écrivains se sont cachés. Voy. La Fosse et Cl. L. Montagne. » Ces deux écrivains ont, il est vrai, fait paraître sous le nom de Tournely des *Prælectiones* ; mais il ne faut pas les confondre avec celles dont ce dernier est l'auteur.

481. Prolegomena seu prælectiones theologicæ de Religione, de Verbo Dei, seu scripto, seu tradito, de Ecclesia et conciliis, auctore Nic. Girardeau. *Paris*, 1743, 2 vol. in-8. — Février 1744, p. 362.

482. Novus candidatus theologiæ. *Paris*, 1704, in-12. — Mars 1705, p. 554.

483. Collectio effatorum divinæ Scripturæ quibus mysteria catholicæ fidei et dogmata explicantur, contrariique errores refelluntur, auctore D. C. Duplessis d'Argentré. *Tulle*, 1726, 2 vol. in-4. — Février 1726, p. 393.

Quérard ne cite pas cet ouvrage. Moréri cite une édition de *Paris*, 1725, in-4.

484. Damnatæ theses ab Alexandro VII, Innocentio XI et Alexandro VIII nec non Jansenii, ad theologicam trutinam revocatæ, auctore dom. Viva, S. J. Edito IV, *Padoue*, 1713, in-4. — Janvier 1715, p. 104.

485. Pii Thomæ Milante, ord. Prædic., exercitationes dogmatico-morales in propositiones proscriptas a S. P. Alexandro VII. *Naples*, 1739, in-4. — Février 1741, p. 245.

486. R. P. Antonii Bonnet, S. J., opuscula. *Toulouse*, 1704, in-4. — Décembre 1703, p. 2137.

Quérard ne le cite pas.

487. J. Morini, Congreg. Orat. D. J., opera posthuma (edente *Moret*). *Paris*, 1703 in-4. — Septembre 1703, p. 1605.

488. Opuscula eruditiss. D. L. C. de Decker. *Louvain*, 1703, in-12. — Décembre 1705, p. 2020.

Ouvrage omis dans Quérard (II, 415).

489. Opuscula M. H. de Swaen. *Louvain*, 1705, 2 vol. in-12. — Juillet 1705, p. 1186.

490. Grandin opera theologica, adjectis quibusdam recentioris theologi disputationibus (*C. Duplessis d'Argentré*). *Paris*, 1710, 3 vol. in-4. — Décembre 1710, p. 2025.

L'ouvrage eut 6 vol. in-4, et non pas *un*, comme dit Quérard (III, 446).

491. Jo. Launoii theol. opera omnia, curante Georgio Serpilio. *Francfort*, 1720. — Mai 1720, p. 969.

Ce n'est que le prospectus d'une édition qui n'a pas été achevée.

492. Collectio thesium in diversis universitatibus et scholis propugnatarum a paucis abhinc annis, circa præcipua theologiæ ac juris canonici dogmata. *Paris*, 1768, in-8. — *Décembre 1768, p. 544.

493. Thesis J. Mart. de Prades theologice discussa et impugnata (par Grég. *Simon*). *Paris*, 1753, in-12. — Juin 1753, p. 1415; — juillet, p. 1597.

494. Theses in Sorbona ab abb. P. B. de Keronyant de Tresel. *Paris*, 1774, in-4. — *Septembre 1774, p. 560.

495. De usu et abusu doctrinæ divi Thomæ, auctore P. J. Martinez de Ripalda, S. J. *Liège*, 1704, in-fol. — *Novembre 1706, p. 2005.

496. S. Thomæ Summa suo auctori vindicata, sive de Vincenti Bellovacensis scriptis dissertatio, auctore. P. Jacobo Echard, Ord. P. *Paris*, 1708, in-8. — Septembre 1708, p. 1479.

Dieu. — Les Personnes divines.

497. Traité historique et critique de la nature de Dieu, par l'abbé Pichon. *Paris*, 1758, in-12. — Juin 1758, p. 1461.

498. R. P. Aloysii Kamperger, S. J., quæstiones et responsa theologica de Deo et attributis divinis. *Eystaedt*, 1705, in-fol. — Juin 1711, p. 962.

499. Lettre à un jeune abbé sur la distinction formelle des attributs en Dieu, par M. l'Herminier. *Paris*, 1704, in-12. — * Janvier 1705, p. 485.

500. Vinc. Ramirez, S. J., tractatus de scientia Dei. *Madrid*, 1708, 2 vol. in-fol. — Septembre 1710, p. 1632.

501. Traité sur la science qui est en Dieu, avec une lettre sur l'étude et l'usage de la rhétorique, par M. de la Morinière. *Paris*, 1718, in-12. — * Février 1719, p. 370.

Quérard (VI, 321), dit : Cl. de Morinière.

502. Tractatus de Sacro-sanctæ Trinitatis mysterio, auctore Emman. Navarro, O. S. B. *Salamanque*, 1704, in-fol. — Novembre 1704, p. 243.

503. Lettre d'un théologien à un autre théologien touchant le mystère de la Trinité. *Amsterdam*, 1729-1731, 3 vol. in-12. — * Février 1730, p. 362 ; — mars 1736, p. 471.

504. Jésus-Christ l'accomplissement des promesses, par M. l'ab. Bastide. *Paris*, 1706, 2 vol. in-12. — Août 1705, p. 1465.

505. Tractatus de mysterio Verbi Incarnati, auctore Jac. Robbe. *Paris*, 1762, in-8. — * Mai 1762, p. 1341.

505 *bis*. Tractatus de Incarnatione Verbi divini, auctore theologo Facult. Paris (Lud. *Le Grand*). 2ª editio. *Paris*, 1774, 2 vol. in-12. — Mai 1774, p. 345.

506. De la génération éternelle du Verbe, par M. l'abbé de Morelet. *Nuits*, 1720, in-12. — * Janvier 1721, p. 147.

507. Divinitas D. N. Jesu Christi manifesta in Scripturis et traditione, opera et studio unius ex Monachis C. S. M. (*Ma-rin*). *Paris*, 1746, in-fol. — Août 1748, p. 1572; — septembre, p. 1941.

508. Traité du sacerdoce et du sacrifice de Jésus-Christ et de son union avec les fidèles dans ce mystère, par le R. P. Dom Léonard de Massiot, Bénéd. de S. M. *Poitiers*, 1708, in-4. — Novembre 1709, p. 1995.

509. De corpore et sanguine Domini liber, Ratramno seu Bertramo assertus, et ab omni novitatis aut hæresis Calvinianæ inventione aut suspicione liberatus, a J. Boileau. *Paris*, 1712, in-8. — Avril 1713, p. 622.

Anges. — Démons. — Fins de l'homme.

510. Instruction pastorale de Mgr de Saint-Malo sur les saints anges. *Saint-Malo*, 1758, in-12. — Mars 1758, p. 759.

511. Dissertation sur les apparitions des anges, des démons et des esprits, et sur les revenants et vampires de Hongrie, de Bohême, de Moravie, etc., par le R. P. Dom Calmet. *Paris*, 1746, in-12. — Août 1746, p. 1694; — octobre, p. 1970.

512. Antonii Van Dale, Poliatri Harlemensis, de oraculis veterum Ethnicorum dissertationes duæ. Editio 2ª. *Amsterdam*, 1700, in-4. — Août 1707, p. 1380.

513. Histoire des oracles, par M. de Fontenelle, de l'Acad. fr. Nouv. édit. *Paris*, 1706, in-12. — Août 1707, p. 1386.

514. Réponse à l'*Histoire des oracles* de M. de Fontenelle, dans laquelle on réfute le système de M. Vandale sur les auteurs des oracles du paganisme, sur la cause et le temps de leur silence, et où l'on établit le sentiment des Pères de l'Eglise sur le même sujet (par le P. *Baltus*, S. J.). *Strasbourg*, 1707, in-8. — Suite de la réponse à l'Histoire des oracles. *Ibid.* 1708, in-8. — Août 1707, p. 1389; — janvier 1709, p. 43.

515. Lettre de M. de Saint-André au sujet de la magie, des maléfices et des sorciers, où il fait voir que les démons n'y ont aucune part. *Paris*, 1725, in-12. — Décembre 1726 p. 2226.

516. Traité sur la magie, le sortilége, les possessions, obsessions, maléfices, par M. D. (*Daugis*). *Paris*, 1732, in-12. — Septembre 1732, p. 1534.

517. Défense du dogme catholique sur l'éternité des peines,

par Dom Sinsart. *Strasbourg*, 1748, in-8. — Avril 1749,
p. 667 ; — mai, p. 1021.

518. Trattato delle anime de Purgatorio... per opera di
Giacomo Massi. *Rome*, 1703, in-8. — Novembre 1703,
p. 2098.

519. De immortalitate animarum, dialogi, auctore P. J. Dom.
Putignani, S. J. *Naples*, 1729, in-4. — Juin 1731, p. 1063 ;
— juillet, p. 1233.

Grâce. — Prémotion physique. — Libre arbitre.

520. Traité dogmatique et moral de la grâce universelle,
tiré du *Nouveau* Testament, par M. Cl. Le Pelletier. *Luxembourg*, 1725, in-12. — Novembre 1725, p. 1956.

521. Antonii Reginaldi, ord. Præd., de mente concilii Tridentini circa gratiam per se efficacem, opus posthumum.
Anvers, 1706, in-fol. — Octobre 1707, p. 1677 ; — novembre, p. 1957 ; — décembre, p. 2142.

522. De mente S. concilii Tridentini circa gratiam physice
prædeterminantem, dissertatio prima contra librum, qui
sub nomine Antonii Reginaldi nuper prodiit, auctore Libero
Gratiano (Liévin *de Meyere*, S. J.). *Anvers*, 1707, in-8. —
Mars 1709, p. 495.

523. Systema Augustinianum de divina gratia, excerptum
ex operibus RR. PP. Fulg. Bellelli et Laur. Berti. *Naples*,
1768, 2 vol. in-12. — Septembre 1768, p. 537.

524. Véritable tradition de l'Eglise sur la prédestination et
la grâce, par M. de Launoy (L. *Marais*). *Liège*, 1702, in-12.
— Août 1703, p. 1313.

525. Défense de saint Augustin contre un livre qui a paru
sous le nom de M. de Launoy, où l'on fait passer ce saint
Père pour un novateur sur la prédestination et sur la grâce,
par le R. P. Daniel, S. J. *Paris*, 1704, in-12. — Janvier
1704, p. 3.

526. Traité théologique touchant l'efficacité de la grâce, où
l'on examine ce qui est de foi sur ce sujet et ce qui n'en
est pas, ce qui est de saint Augustin et ce qui n'en est pas,
par le P. G. Daniel, S. J. *Paris*, 1705, in-8. — Tome second, où l'on répond au livre du P. Serry, intitulé : *Schola
Thomistica vindicata. Ibid*, 1706, in-8. — Août 1705, p. 1407 ;
— novembre 1706, p. 1843.

527. De l'autorité de saint Augustin touchant la matière de la grâce. 2° partie, par M. Serre, ancien curé de Charenton. *Paris*, 1703, in-8. — Septemb. e 1704, p. 1557.

Je n'ai pas trouvé cet auteur dans la *France littéraire*.

528. F. Ign. Hyac. Amat de Graveson, O. P., Epistolæ theologico-historico-polemicæ, in quibus de gratia se ipsa efficaci et de prædestinatione gratuita ad gloriam, ante omnem prævisionem meritorum... asseritur ac vindicatur. *Romæ*, 1728-1730, 3 vol. in-4. — Janvier 1731, p. 98.

529. Système de M. Nicole touchant la grâce universelle. Nouvelle édition. *Cologne*, 1701, in-12. — Mars 1701, p. 65.

530. Dissertation théologique sur la nécessité morale et l'impuissance morale par rapport aux bonnes œuvres, par le P. G. D. D. L. C. D. J. (G. *Daniel*, S. J.) *Paris*, 1714, 2 vol. in-12. — Juin 1714. p. 988.

531. De multiplici genere divinæ gratiæ, variaque ejus partitione, tum veterum, tum recentiorum scholasticorum sententiæ, ipsaque testimonia a duodecimo abhinc sæculo ineunte ad hanc usque ætatem, auctore Carolo Duplessis d'Argentré. *Paris*, 1711, in-4. — Mai 1711, p. 924.

Omis à son article dans Quérard.

532. Instruction familière sur la prédestination et sur la grâce, par demandes et par réponses. *Liége*, 1711, in-12. — Août 1712, p. 1399.

533. Divus Augustinus Divo Thomæ ejusque angelicæ scholæ conciliatus in quæstione de gratia primi hominis et angelorum, auctore R. P. J. H. Serry, O. P. *Padoue*, 1723, in-8. Avril 1724, p. 581.

534. Tractatus de prædestinatione sanctorum et impiorum reprobatione, auctore V. Ramirez, S. J. *Alcala*, 1702, 2 vol. in-fol. — Avril 1703, p. 562.

535. Le disciple pacifique de S. Augustin sur la prédestination, avec une dissertation préliminaire sur l'Hérésie des prédestinatiens (par le P. *Ange de la Passion*, Carme). *Paris*, 1730, 2 vol. in-4. — * Novembre 1730, p. 2085.

Barbier et Quérard disent : 1715, in-4.

536. Questions importantes à l'occasion de la nouvelle histoire des congrégations *de Auxiliis* (par le P. *Germon*, S. J.). *Liége*, 1701, in-8. —Juillet 1701, p. 444.

Le P. Serry est l'auteur de cette histoire.

537. Histoire des Congrégations *de Auxiliis* justifiée contre l'auteur des *Questions importantes*, par un doct. en théol. de la Fac. de Paris (J. B. *Serry*). *Louvain*, 1702, in-8. — Mai 1702, p. 47.

538. Errata de l'histoire des Congrégations *de Auxiliis*, composée par l'abbé Le Blanc et condamnée par l'inquisition générale d'Espagne, avec une réfutation de la réponse au livre des *Questions importantes* (par le P. Germon, S. J.). *Liège*, 1702, in-8. — Juin 1702, p. 133.

539. Acta omnia congregationum ac disputationum, quæ coram SS. Clemente VIII et Paulo V, summis Pontificibus, sunt celebratæ in causa et controversia illa magna de Auxiliis divinæ gratiæ, quas disputationes, Ego, F. Thomas de Lemos, eadem gratia adjutus, sustinui contra plures ex Societate. *Louvain*, 1702, in-fol. — Août 1702, p. 295.

540. Historiæ controversiarum de divinæ gratiæ Auxiliis sub summis Pontificibus Sixto V, Clemente VIII, et Paulo V, libri VI. Auctore Theodoro Eleuthero Theologo. (Liévin *de Meyere*, S. J.) *Anvers*, 1705, in-fol. — Août 1705, p. 1281; — septembre, p. 1536; — octobre, p. 1709.
    Cet ouvrage répond aux PP. Serry et Lemos.

541. Divus Thomas sui interpres de divinæ gratiæ motione, auctore R. P. Ant. Massoulié. *Rome*, 1707, 2 part. in-fol. — Septembre 1712, p. 1536.
    Quérard dit 1709.

542. Deus movens ex mente S. Thomæ Doctoris angelici, absque prædeterminatione physica... auctore R. P. Petro Kirsch, S. J. *Cologne*, 1708, 2 vol. in-16. — Septembre 1714, p. 1540.

543. Réflexions sur la prémotion physique, par le R. P. Malebranche. *Paris*, 1715, in-8. — Octobre 1715, p. 1659.
    Ouvrage non cité par Quérard (V, 460).

544. De l'action de Dieu sur les créatures (par *Boursier*). *Paris*, 1713, 2 vol. in-4. — Mars 1714, p. 375; — janvier 1715, p. 19.

545. Lettre de Monsieur de*** (*Margon*) au sujet du livre de *l'action de Dieu sur les créatures*. *Paris*, 1714, in-12. — Septembre 1714, p. 1578.

546. Le Jansénisme démasqué dans une réfutation complète du livre de *l'Action de Dieu sur les créatures* (par l'abbé de *Margon*). *Paris*, 1715, in-12. — Septembre 1745, p. 1575.

547. Controversiæ inter defensores liberi arbitrii et prædicatores gratiæ, de Auxiliis divinæ gratiæ, auctore R. P. M. F. Joanne Gonzalez de Léon. *Liège*, 1708, in-4. — Nov. 1710, p. 1980.

548. L'accord de la grâce avec la liberté. Poëme accompagné de remarques critiques et historiques, par le P. Le

Vaillant de la Bassardries, S. J. *Tournay*, 1740, in-4. —
Mars 1744, p. 481.

549. Concursus Dei prævius et efficax necessario cohærens
cum libero arbitrio humano a necessitate libero, ex S. Scriptura... depromptus. Vera etiam Christi gratia... a Jansenii
et Quesnelli erroribus vindicata. Auctore R. P. Benitez de
Lugo, O. P. *Rome*, 1737, 4 vol. in-4. — Juin 1743, p. 1044.

550. Tractatus de libero arbitrio in tredecim disputationes
divisus, auctore D. Joanne Fernandez de Prado. *Alcala*,
1704, in-fol. — Novembre 1704, p. 239.

550 *bis*. De supernaturalitate seu de propria ratione et excellentia, qua res supernaturales a rebus naturalibus diffe-
runt; notiones quædam theologicæ. Auctore C. Duplessis
d'Argentré. *Paris*, 1707, in-4. — Mars 1708, p. 387.

551. Lettres théologiques touchant l'état de pure nature, la
distinction du naturel et du surnaturel... par le R. P. Joseph
Galien, des FF. Prêcheurs. *Avignon*, 1745, in-12. — Mai
1747, p. 1102.

Ouvrages concernant les disputes sur la grâce, à l'occasion du livre de Jansénius.

552. Elucidatio Augustinianæ de divina gratia doctrinæ,
quæ in libro Jansenii episcopi Iprensis triplicem eclipsim
passa est..., auctore Lescio Crondermo. Accedit Franc.
Diroyssi dissertatio pro justificanda condemnatione, qua S.
Sedes quinque propositiones proscripsit. *Cologne*, 1705,
in-4. — Novembre 1706, p. 1955.

553. Dialogi pacifici inter theologum et jurisconsultum contra libellum de quæstione facti Jansenii. Variæ quæstiones
juris et responsa cum designatione quinque famosarum Pro-
positionum in libro Jansenii. Auctore doctore catholico ro-
mano. *Bruxelles*, 1708, in-.... — * Novembre 1708,
p. 1973.

554. Jansenii doctrina ex thomisticæ theologiæ præceptis
atque institutis damnata a R. P. Jos. San-Felice, S. J. *Naples*, 1728, in-4. — Décembre 1730, p. 2211 ; — janvier
1734, p. 147 ; — avril, p. 666.

555. Dissertatio scholastica de quinque Jansenii propositionibus (par *Collet*). *Paris*, 1730, in-12. — Juin 1730,
p. 1069.

556. Analyse de l'Augustin de Jansénius, par l'abbé*** (du

Vau). *Paris*, 1732, in-4. — Juillet 1732, p. 1120 ; — août,
p. 1319.

Barbier et Quérard parlent de deux éditions de 1721 et 1723. Dans
l'article des *Mémoires*, non plus que dans les *Nouvelles ecclésiastiques*,
1732, p. 199, rien ne fait soupçonner une édition antérieure à 1732 ;
mais ce n'est pas une preuve suffisante.

557. Dissertatio theologica de Jansenii Iprensis systemate,
propositionibus et censura. Editio nova auctior. *Gand*.
1732, in-12. — Janvier 1733, p. 79.

558. Défense de l'histoire des cinq propositions de Jansénius, ou deux vérités capitales de cette histoire défendues
(par Hilaire *Dumas*) contre un libelle intitulé : La paix de
Clément IX, ou démonstration des deux faussetés capitales.... (par le P. *Quesnel*.) *Liége*, 1701, in-12. — Août
1702, p. 212.

559. Bulle de N. S. Père le Pape Clément XI *Vineam Domini*. — Mars 1706, p. 405.

560. Divers écrits touchant la signature du formulaire par
rapport à la dernière constitution de N. S. Père le Pape
Clément XI. 1706, in-12. — Juin 1707, p. 1072.

561. Denuntiatio bullæ Clementinæ (quæ incipit a *Vineam
Domini Sabaoth*) facta universæ Ecclesiæ catholicæ (par G.
de Witte). (1709). — * Avril 1710, p. 924.

562. Dissertation géométrique pour montrer qu'on ne peut
recevoir la constitution même avec des explications (par
Boursier). *Paris*, 1715. — Janvier 1715, p. 172.

Barbier et Quérard ne citent pas cet ouvrage.

563. Du témoignage de la vérité dans l'Eglise, dissertation
théologique où l'on examine quel est ce témoignage.... au
regard de la dernière constitution, pour servir de précaution
aux fidèles et d'apologie à l'Eglise catholique (par le P. *de
la Borde*, Oratorien). 1714, in-12. — Avril 1715, p. 57 ;
— septembre 1745, p. 1603.

564. Lettre à un évêque sur le livre intitulé : *Du témoignage de la vérité*. *Paris*, 1714, in-12. — Avril 1715, p. 585.

565. Lettre d'un abbé à un évêque, où l'on démontre l'é-
quité de la constitution *Unigenitus*. *Paris*, 1714, in-8. —
Mai 1715, p. 803.

566. L'unité, la visibilité, l'autorité de l'Eglise et la vérité renversées par la constitution *Unigenitus*, et par la manière dont elle est reçue (par Jacq. *Basnage*). *Amsterdam*,
1715, in-8. — Juin 1715, p. 1099.

567. Réfutation d'un écrit intitulé : Projet de mandement
de Mgr de Mirepoix au sujet de la constitution *Unigenitus*.

Lettre d'un docteur de théologie à un prélat. *Paris*, 1715, in-8. — Juin 1715, p. 953.

568. Decretum universitatis Cadomensis de rescindenda apellatione. *Caen*, 1726, in-4. — Décembre 1726, p. 1945.

569. Remontrance de la Faculté de théologie de Caen, présentée le 28 juin à S. M. D. L., évêque de Bayeux, au sujet de son Instruction pastorale du 15 janvier 1727. *Caen*, 1727, in-4. — Décembre 1727, p. 2295.

570. Lettre de M. l'abbé de*** à M. l'évêque de Montpellier sur sa lettre pastorale aux fidèles de son diocèse en leur faisant part de la protestation qu'il s'est cru obligé de faire contre une délibération de l'assemblée du clergé. 1727, in-4. — Février 1727, p. 392.

571. Lettre écrite par M. l'évêque de Chartres à M. l'évêque de Montpellier. 1727. — Octobre 1727, p. 1935.

572. Dissertations choisies sur la constitution au sujet de la Bulle, par le P. Honoré de Sainte-Marie. *Bruxelles*, 1727, in-.... — *Avril 1727, p. 764.

573. La clef du sanctuaire de la bulle *Unigenitus*, ou explication de la doctrine secrète qu'elle renferme. *Pont-à-Mousson*, 1727, in-8. — Avril 1727, p. 769.

574. Nouvelle défense de la constitution *Unigenitus*, où l'on montre qu'elle est règle de foi, parce qu'elle est conforme à l'Ecriture et à la tradition, par l'ab. C. Le Pelletier. *Rouen*, 1729, 2 vol. in-12 — *Juillet 1729, p. 1311.

575. Theologia supplex coram Clemente XII constitutionis Unigenitus explicationem atque intelligentiam submisse rogans.... *Cologne*, 1736, in-8. — Novembre 1738, p. 2189.

576. Traité du formulaire où l'on examine à fond l'affaire du jansénisme quant au fait et quant au droit (par l'ab. *de la Chambre*). *Utrecht*, 1736, 4 vol. in-12. — Juin 1739, p. 1154.

577. Jansénius condamné par l'Eglise, par lui-même et ses défenseurs, et par S. Augustin (par le P. *Lallemant*, S. J.). *Bruxelles*, 1705, in-12. — Juillet 1705, p. 1499.

578. Le véritable esprit des nouveaux disciples de S. Augustin (par le P. Lallemant, S. J.). Nouvelle édition augmentée de quelques lettres. *Bruxelles*, 1706, in-12. — Octobre 1706, p. 1671.

La première édition, disent les Mémoires, avait paru à Bruxelles sept ou huit mois auparavant, elle fut souvent contrefaite en France.

579. Lettre à M. J. Bénigne Bossuet avant qu'il fût évêque.

à la Révérende mère et aux religieuses de Port-Royal. (1769), in-4. — Novembre 1709, p. 1889.

580. Mandement de S. E. Mgr le card. de Noailles, archevêque de Paris, portant permission d'imprimer une lettre de feu M. l'évêque de Meaux, aux religieuses de Port-Royal. *Paris*, 1709, in-4. — Novembre 1709, p. 1887.

581. Lettre des religieuses de Port-Royal-des-Champs à S. E. le card. de Noailles, sur son mandement du 19 avril et sur une lettre qui y est jointe, attribuée à feu M. Bossuet. 1709. — * Novembre 1709, p. 1898.

582. Lettre d'un théologien à l'auteur des Hexaples (par le P. *Lallemant*, S. J.). *Paris*, 1714, in-12. — * Décembre 1714, p. 2193.

583. Réponse du P. Lallemant, jésuite, à la lettre qu'il a reçue de l'auteur des Hexaples. *Paris*, 1714, in-12. — Octobre 1714, p. 1790.

584. Apologies pour feu Mgr François de Salignac de la Mothe Fénelon, contre le théologien de l'ordre de S. Dominique (*Billuart*), auteur du libelle intitulé : *Le Thomisme triomphant*, (par M. *Stievenard*.) *Douai*, 1726, in-4. — Octobre 1726, p 1947; — novembre, p. 2144.

585. Lettre à M. Tournely où l'on montre que feu M. de Fénelon a fait consister le jansénisme dans la grâce efficace par elle-même, telle que les Thomistes la soutiennent réellement, et qu'il a regardé comme un fantôme le jansénisme qu'on ferait consister dans une grâce différente. 1726, in-4. — Décembre 1726, p. 2318.

586. Lettre d'un ancien professeur de théologie de la congr. de S. Maur, qui a rétracté son appel, à un autre professeur de la même congrégation, qui persiste dans le sien (par Dom *Thuillier*). *Paris*, 1727, in-8. — Septembre 1727, p. 1587.

587. Seconde lettre servant de réplique à la réponse que lui a faite un de ses confrères qui persiste dans son appel (par Dom *Thuillier*). *Paris*, 1730, in-12. — Août 1730, p. 1397.

L'appelant en question est Dom Gomeau.

588. La vérité persécutée par l'erreur (par Dom *Toustain*). *La Haye*, 1733. 2 vol. in-12. — * Septembre 1733, p. 1684.

589. Abrégé historique et chronologique dans lequel on démontre par les faits que la vraie religion a toujours été et sera toujours combattue. *Francfort*, 1733, in-16. — Septembre 1733, p. 1685.

590. Lettre à M. Tournely où l'on montre que l'équilibre qu'il soutient être nécessaire pour la liberté, n'est ni moins absurde, ni moins pernicieux que celui qu'il rejette. 1727. in-4. — Février 1727, p. 384.

591. Lettre d'un théologien à l'auteur de deux lettres écrites à M. Tournely, au sujet de l'équilibre. 1727, in-4. — Mars 1727, p. 597 et 602.

592. Lettre à M. Nicole sur son principe de la plus grande autorité visible, dont il fait la règle de foi. 1727, in-4. — Février 1727. p. 387.

593. Lettre d'un Docteur à N. du 18 octobre 1719 sur la question : Si un religieux est obligé d'obéir à son supérieur, dans la défense qu'il lui fait de lire aucun des écrits publiés pour ou contre la Constitution. 1727, in-4. — * Février 1727, p. 390.

594. Déclaration de la faculté de Douai contre le *Cas de conscience*. — Juin 1704, p. 1033.

595. Mémorial présenté à la Congrégation du Saint-Office, par le député de quelques théologiens de Louvain, Arnould de Champs de Liège. — Mars 1706, p. 434.

596. Lettres d'un docteur de Sorbonne à un homme de qualité touchant les hérésies du XVIIe siècle (par l'ab. *Dumas*). *Paris*, 1744, in-12. — Juin 1744, p. 962.

597. Réponse de M. l'abbé d'Orval à ses religieux fugitifs et retirés en Hollande. 1726, in-4. — Mai 1726, p. 949.

598. Lettre des Religieux de l'abbaye d'Orval, réfugiés en Hollande, à leur T. R. P. Abbé. 1726, in-4. — Février 1727, p. 374.

599. Lettre du R. P. général des Chartreux aux religieux Chartreux réfugiés en Hollande. 1726, in-4. — Décembre 1726, p. 2323.

599 bis. Documenta sanæ et orthodoxæ doctrinæ P. Matthæi Petitdidier. *Rome*, 1727. in-fol. — Mars 1727, p. 564.

600. Lettre d'un docteur en théologie à un de ses amis de province sur la condamnation de deux propositions du P. Quesnel, qui autorisent l'usage des versions de l'Écriture Sainte en langue vulgaire. *Paris*, 1744. — * Décembre 1744, p. 2489.

601. Tractatus de fide theologica in 2ª 2ª divi Thomæ, a R. P. Fr. Palanco, O. M. *Madrid*, 1704, in-fol. — Novembre 1702, p. 463.

Mandements et lettres pastorales.

602. Mandement de Mgr l'archevêque d'Aix condamnant les écrits du sieur Leget, supérieur du séminaire archiépiscopal. *Aix*, 1710, in-4. — Novembre 1710, p. 2009.

L'ab. Leget mourut en 1728 et non pas en 1788, comme le dit Quérard (V, 98).

603. Mandement de Mgr d'Amiens, qui ordonne que le caveau où est le prétendu tombeau de S. Firmin le Confesseur, découvert depuis quelques années dans l'église de S. Acheul, soit incessamment fermé, et condamne la vie de ce même S. Firmin, écrite par M. Baillet. *Amiens*, 1715, in-4. — Novembre 1715, p. 2166.

604. Discours de Mgr d'Angers prononcé au Synode tenu à Angers, le 28 mai 1721. *Angers*, 1721, in-12. — Janvier 1722, p. 101.

605. Instruction pastorale de Mgr d'Auxerre au sujet de la remontrance que les Jésuites lui ont adressée pour la défense des propositions extraites des cahiers dictés au collége d'Auxerre par le F. Le Moyne.... 1727, in-4. — Août 1727, p. 1553.

Voici la pièce qui a rapport à cette affaire :

606. Remontrance à Mgr d'Auxerre au sujet de son ordonnance et instruction pastorale portant condamnation de plusieurs propositions extraites des cahiers dictés... par le P. Le Moyne, S. J. (par le P. *Bretonneau*, S. J.). *Paris*, 1726, in-4. — * Octobre 1726, p. 1944.

607. Seconde instruction pastorale de Mgr l'arch. de Cambray, pour éclaircir les difficultés proposées par divers écrits contre sa première instruction pastorale. *Valenciennes*, 1705, in-12. — Juillet 1705, p. 1161.

608. Troisième instruction pastorale de Mgr l'arch. de Cambray, contenant les preuves de la tradition sur l'infaillibilité de l'Eglise, touchant les textes. *Valenciennes*, 1705, in-12. — Octobre 1705, p. 1633.

609. Quatrième instruction pastorale de Mgr l'arch. de Cambray où l'on prouve que c'est l'Eglise qui exige la signature du formulaire. *Valenciennes*, 1705, in-12. — Novembre 1705, p. 1880.

610. Instruction pastorale de Mgr l'arch. de Cambray, sur le libelle intitulé : Justification du silence respectueux. *Valenciennes*, 1708, in-12. — Août 1709, p. 1333.

611. Justification du silence respectueux, ou Réponse aux instructions pastorales et autres écrits de Mgr l'arch. de Cambray. *Paris*, 1708, 3 vol. in-12. — Août 1709, p. 1307.

612. Instruction pastorale de Mgr l'archevêque de Cambray en forme de dialogues (sur le Jansénisme). *Cambray*, 1714, in-12. — Octobre 1714, p. 1671 ; — novembre, p. 1853.

613. Recueil des mandements de Messire Fr. de Salignac de la Motte-Fénelon (1704-1713). *Paris*, 1714, in-8. — Juin 1714, p. 1021.

614. Instruction pastorale de Mgr de Langres sur la religion. *Paris*, 1766, in-4. — Septembre 1766, p. 418.

615. Mandement du chapitre de la cathédrale de Lisieux pour la mort de Mgr de Brancas. *Lisieux*, 1760, in-4. — Juin 1760, p. 1505.

616. Mandement et instruction pastorale de Mgr de Lodève touchant plusieurs livres ou écrits modernes. *Montpellier*, 1760, in-4. — Août 1760, p. 2086.

617. Mandements de Mgr de Lyon, contenant des instructions sur la pénitence et des dispenses pour le carême. *Lyon*, 1768, in-4. — *Lyon*, 1769, in-4. — Avril 1768, p. 157 ; — * mars 1769, p. 533.

618. Mandement et instruction pastorale de Mgr de Lyon, portant condamnation d'un libelle intitulé : *Critique du Catéchisme en forme de dialogue*. *Lyon*, 1773, in-12. — Juillet 1773, p. 126.

619. Instruction pastorale de Mgr de Marseille, adressée aux nouveaux convertis pour les prévenir contre deux écrits imprimés à Genève, sous le titre de *Sermons sur le jubilé de la réformation*, l'un par Turretin, l'autre par Ant. Maurice. *Marseille*, 1735, in-4. — Mai 1737, p. 836.

620. Instruction pastorale de Mgr de Marseille sur l'incrédulité. *Marseille*, 1754, in-12. — * Février 1754, p. 542.

621. Instruction pastorale sur les promesses de l'Eglise, par Messire J. Bénigne Bossuet. *Paris*, 1700, in-12. — Janvier 1701, p. 1.

622. Instruction pastorale de Mgr de Bissy, évêque de Meaux (contre les jansénistes). *Paris*, 1722, in-4. — Août 1723, p. 1352.

623. Instructions pastorales de Mgr de Mirepoix aux nouveaux réunis de son diocèse. *Toulouse*, 1705, in-4. — Avril 1706, p. 554 ; — mai, p. 864 ; — juin, p. 1010.

624. Lettre pastorale de Mgr de Nîmes sur une croix érigée dans son diocèse. *Paris*, 1707. — * Août 1707, p. 1487

625. Mandements et lettres pastorales de Mgr Fléchier, évêque de Nîmes, avec son oraison funèbre, par l'abbé du Jarry. *Paris*, 1712, in-12. — Mai 1712, p. 805.

626. Ordonnance et instruction pastorale de Mgr l'archevêque de Paris, au sujet de la constitution Unigenitus. *Paris*, 1729, in-4. — Février 1730, p. 320.

627. Lettre de MM. les vicaires généraux de l'archevêché de Paris, le siége vacant, à S. E. Mgr le cardinal de Fleury (au sujet d'une prétendue rétractation de ce mandement). *Paris*, 1730. — Février 1730, p. 355.

628. Instruction pastorale de Mgr du Puy sur la prétendue philosophie des incrédules modernes. *Le Puy*, 1763, in-4. — 2e édit. *Le Puy*, 1764, 2 vol. in-12. — Octobre 1763. p. 2522 ; — novembre, p. 2790 ; — * avril 1764, p. 1147.

629. Instruction pastorale de Mgr du Puy sur l'hérésie. pour faire suite à celle du même prélat sur la prétendue philosophie des incrédules modernes. *Le Puy*, 1766, in-4. — Août 1766, p. 246.

630. Mandement du chapitre de l'église métropolitaine de Rouen, pour ordonner des prières dans tout le diocèse pour le repos de l'âme de feu M. le cardinal de Saulx-Tavannes, archevêque de Rouen. *Rouen*, 1759, in-4. — Mai 1759, p. 1323.

631. 2e Lettre pastorale de Mgr l'archevêque de Sens à M. d'Auxerre. — Février 1733, p. 362.

632. Instructions pastorales de S. E. Mgr le cardinal de Luynes, archevêque de Sens, contre la doctrine des incrédules, et portant condamnation du livre intitulé : *Système de la nature ou des lois du monde physique et du monde moral* (par *d'Holbach*). *Sens*, 1774, in-12. — Mai 1771, p. 214.

---

633. Dénonciation de la théologie de M. L'Herminier, à NN. SS. les évêques. 1709. — Septembre 1709, p. 1509.

634. Ordonnance de Mgr d'Apt condamnant la théologie de M. L'Herminier. *Apt*, 1744, in-4. — Mai 1744, p. 923.

---

635. Ordonnance et instruction pastorale de Mgr de Chartres portant condamnation d'un imprimé intitulé : *Cas de* conscience. Paris, 1703, in-4. — Décembre 1703, p. 2415.

L'auteur du *Cas de conscience* serait Eustace, confesseur des religieuses de Port-Royal.

636. Mandement de Mgr du Mans... *Le Mans*, 1704, in-4. Addition à mai 1704.

637. Ordonnance et instruction pastorale de Mgr de Cambray... *Valenciennes*, 1704, in-12. — 2ᵉ édit. 1704, in-12. — (Trad. en latin). *Paris*, 1705, in-12. — Juin 1704, p. 853 ; — septembre, p. 1654 ; — juin 1705, p. 1093.

638. Ordonnance et instruction pastorale de Mgr d'Arles... 1704, in-4. — Juillet 1704, p. 1058.

639. Ordonnance de Mgr d'Angers.

640. Mandement de Mgr de Vienne.

641 Ordonnance de Mgr de Marseille. — Juillet 1704, p. 1058.

642. Ordonnance et instruction pastorale de Mgr de la Rochelle... *La Rochelle*, 1704, in-4. — Octobre 1704, p. 1758.

---

643. Mandement de Mgr de Rouen portant condamnation des Institutions théologiques du P. Juenin, imprimées en l'année 1704. *Rouen*, 1709, in-4. — Mai 1709, p. 849.

644. Ordonnance et instruction pastorale de Mgr de Chartres... *Chartres*, 1708, in-4. — Mai 1709, p. 861.

645. Remarques sur l'ordonnance et instruction pastorale de Mgr Paul des Marets, évêque de Chartres, touchant les Institutions théologiques du P. Juenin. 1709, in-12. — Mai 1710, p. 774.

646. Ordonnance de Mgr de Soissons... *Paris*, 1709, in-4. — Mai 1709, p. 879.

647. Constitutio Ill. et Rev. DD. Episcopi Ambianensis... 1709. — Septembre 1709, p. 1506.

648. Ordonnance de Mgr l'évêque duc de Laon... *Laon*, 1709, in-4. — Février 1710, p. 239.

649. Mandement et instruction pastorale de Mgr de Meaux... *Paris*, 1710, in-4. — Juillet 1711, p. 1164.

650. Mandement de Son Em. le cardinal de Bissy, évêque de Meaux, par lequel il condamne les *Lettres théologiques* contre son mandement et instruction pastorale... *Paris*, 1716, in-4. — Juillet 1716, p. 1274.

651. Mandement de Mgr de Meaux portant condamnation

du libelle intitulé : *Remarques sur le mandement et instruction pastorale de Mgr de Meaux touchant les Institutions théologiques du P. Juenin. Paris,* 1712, in-4. — Décembre 1713, p. 2116.

652. Avertissement du clergé de France assemblé à Paris par permission du roi, aux fidèles du royaume, sur les dangers de l'incrédulité. *Paris,* 1770, in-4 et in-12. — Octobre 1770, p. 145.

THÉOLOGIE MORALE.

Traités généraux.

653. Principes de la théologie morale établis sur l'Ecriture sainte, les canons des conciles, le droit canonique et la tradition des Saints Pères, par M. de la Font, prieur de Valabrègue, ancien official d'Usez. *Paris,* 1704, 2 vol. in-12. — Mai 1704, p. 44.

Quérard ne cite pas cet auteur.

654. Summa S. Raymundi de Pennafort. Editio 2ª. *Avignon,* 1715, in-4. — Juin 1717, p. 895.

655. Theologia moralis universa complectens omnia morum præcepta, et principia decisionis' omnium conscientiæ casuum... auctore R. P. G. Antoine, S. J. Editio nova. *Nancy,* 1731, in-4, ou 4 vol. in-12. — Octobre 1732, p. 1764.

656. Claudii Lacroix, S. J., Theologia moralis. Editio nova. *Lyon,* 1729, 2 vol. in-fol. — Août 1729, p. 1481.

Cette édition fut donnée par le P. de Montaozan, S. J. On sait que cette théologie fut en 1757 condamnée au feu par les parlemeuts de Toulouse et de Paris.

657. Moralis christiana ex Scriptura sacra, Conciliis, Patribus et insignioribus Theologis excerpta a R. P. Jacobo Besombes. *Paris,* 1709, 8 vol. in-12. —Février 1715, p. 221.

Cet auteur n'est pas dans Quérard.

658. Remarques sur la théologie morale de M. Bonal, qui servent d'additions et d'éclaircissements aux décisions qu'il a données dans son ouvrage pour l'instruction des ecclésiastiques, par V. D. D. C. V. D. T. *Toulouse,* 1708, in-12. Octobre 1709, p. 1777.

659. Theologia bellica, omnes fere difficultates ad militiam

tum terrestrem, tum maritimam pertinentes complectens...
auctore Thoma Schiara. *Rome*, 1726, 3 vol. in-fol. — Février 1727, p. 314.

660. Porphyrico-theologico moral et militar util y provechoso a todos y necessario a los que sirven en los exercitios y armadas de su magestad catholica por D. Juan Bernard Roxo. *Messine*, 171. in-4. — Avril 1714, p. 641.

661. Institutiones theologico-morales ad usum confessariorum. *Paris*, 1704, in-12. — Septembre 1705, p. 1592.

662. Conférences ecclésiastiques du diocèse de Condom. *Paris*, 1704, 2 vol. in-12. — Novembre 1704, p. 23.

663. Conférences ecclésiastiques de Paris sur le mariage, où l'on concilie la discipline de l'Eglise avec la jurisprudence du royaume de France (par l'abbé *Boucher* et le P. *Le Semelier*). *Paris*, 1712, 4 vol. in-12. — Sur l'usure et la restitution (par le P. *Le Semelier*). *Paris*, 1748, 4 vol. in-12. — Mai 1713, p. 877 ; — novembre 1748, p. 840.

664. Conférences ecclésiastiques du diocèse d'Angers, tenues par l'ordre de Mgr Poncet de la Rivière (rédigées par l'abbé *Babin*). *Angers*, 1709-1752, 22 vol. in-12. — Septembre 1740, p. 1543 ; — octobre 1713, p. 1809 ; — avril 1714, p. 703 ; — octobre 1745, p. 1896 ; — septembre 1746, p. 1799 ; — septembre 1748, p. 1983 ; — juin 1749, p. 1178 ; — septembre 1749, p. 1727 ; — décembre 1752, p. 2770.

665. Résolutions de plusieurs cas de conscience touchant la morale et la discipline de l'Eglise, par feu Messire Jacques de Sainte-Beuve, recueillis par le frère de l'auteur, tome III. *Paris*, 1704, in-4. — Janvier 1705, p. 55.

666. Résolution de plusieurs cas de conscience touchant la morale et la discipline de l'Eglise, par Aug. de Lamet et G. Fromageau. *Paris*, 1714, in-8. — Décembre 1714. p. 2144.

667. Dictionnaire de cas de conscience, ou décision des plus considérables difficultés touchant la morale et la discipline ecclésiastique, par Jean Pontas. *Paris*, 1715. 2 vol. in-fol. — Mai 1716, p. 964.

668. R. P. Joannis Marin, S. J., tractatus de actibus humanis. *Alcala*, 1705, in-12. — Janvier 1708, p. 144.

669. Regula honestatis moralis, seu Tractatus theologicus tripartitus de regula moraliter agendi, a R. P. Ign. de Camargo, S. J. *Naples*, 1702, in-fol. — Mars 1703, p. 548.

670. Concordia doctrinæ probabilistarum cum doctrina probabilioristarum. Tractatus theologico-moralis in quo componitur sententii de lacito usu opinionis minus tutæ et minus probabilis in concursu tutioris et simul probabilioris.... auctore Aloysio Vincentio Mamiano de Rovere. S. J. *Rome*, 1708, in-4. — Février 1709, p. 354.

671. Traité des vertus théologales et morales, par M. Girard de Villethierry. *Paris*, 1710. in-12. — *Avril 1711. p. 741.

672 Traité des dispenses suivant l'Ecriture sainte, les décrets des conciles et des papes, le sentiment des SS. Pères et les résolutions des théologiens et des canonistes. *Paris*, 1713, in-12. — Janvier 1714, p. 125.

Traités particuliers.

673. Du respect humain, par le P. Langlois, S. J. *Paris*, 1703, in-12. — Août 1703, p. 1367.

674. Instructions morales touchant l'obligation où sont tous les chrétiens de sanctifier les jours de dimanche et les fêtes, par le P. Cl. Proust, Célestin. *Bordeaux*, 1703, in-12. — Juillet 1703, p. 1293.

675. De la correction fraternelle, ou de l'obligation d'empêcher le mal d'autrui quand on le peut (par l'ab. Médéric *Mortier*). *Paris*, 1705, in-12. — *Février 1706, p. 340.

676. Homilia de correptione fraterna habita in ecclesia parochiali S. A. Sulpicii, dominica secunda adventus (par *de la Chétardie*). *Paris*, 1706, in-4. — Avril 1706, p. 629.

C'est une réfutation de l'ab. Mortier.

677. Traité dogmatique et historique touchant l'obligation de faire l'aumône, par dom de Lisle. *Nancy*, 1736, in-8. — *Octobre 1736. p. 2277.

678. Lettre sur les immodesties et les profanations qui se commettent dans les églises. *Paris*, 1713, in-... — Mai 1713, p. 925.

679. Traité des saintes images, par l'ab. de Cordemoy. *Paris*, 1745, in-12. — *Janvier 1746, p. 482.

L'abbé Gérand de Cordemoy, auteur de cet ouvrage, du suivant et de plusieurs autres, a un article très-incomplet dans Quérard (II, 285).

680. Traité des saintes reliques, par l'ab. de Cordemoy. *Paris*, 1749, in-12. — Août 1749, p. 1357.

681. De la vénération rendue aux reliques des saints selon

l'esprit de l'Eglise et purgée de toute superstition populaire. *Avignon*, 1713, in-12. — Février 1714, p. 313.

682. Lettres curieuses, utiles et théologiques, sur la héati-
fication des saints, par le P. Jos. d'Audierne. *Rennes*.
1759-1764, 6 vol. in-12. — Juin 1763, p. 1454; — août 1764,
p. 422.

683. De cultu sanctorum ignotorum, auctore D. J. Mabillon. *Utrecht*, 1706, in-12. — *Février 1707, p. 371.

684. Homélie ou instruction familière sur les jeux innocents et les jeux défendus, par M. L. A. Bocquillot. *Paris*.
1702, in-12. — Avril 1703, p. 640.

685. Dissertation sur le jeu, ouvrage utile aux ecclésiastiques, où les laïques pourront trouver des instructions importantes, par l'ab. Chauchon. *Angers*, 1773, in-12. —
*Février 1774, p. 334.

686. Lezioni theologiche e morali sopra il giuoco, opera
di Cesare Calini, S. J. *Bologne*, 1713, in-12. — Décembre
1746, p. 2224.

687. Traité du jeu, où l'on examine les principales questions
de droit naturel et de morale qui ont du rapport à cette
matière, par J. Barbeyrac. *Amsterdam*. 1709, 2 vol. in-12.
— Octobre 1710, p. 1734.

688. Lettre écrite par un séculier à son ami sur les désor-
dres qui se commettent à Paris, touchant la comédie, et sur
les représentations qui s'en font dans les maisons particulières (par *Lordelot*). *Paris*, 1710, in-12. — *Octobre 1710,
p. 1839.

689. Lettre de M. Desp. de B* (*Desprez de Boissy*), avocat,
à M. le chevalier D. sur les spectacles. *Paris*, 1756, in-12.
— 2e édit. *Ibid.* 1758, in-12. — 3e édit. *Ibid.* 1769, in-12.
— 4e édit. *Ibid.* 1771, in-12. — 5e édit. *Ibid.* 1774, 2 v.
in-12. — Avril 1756, p. 836; — février 1758, p. 560; —
juin 1769, p. 528; — octobre 1771, p. 5; — *novembre
1774, p. 367.

690. Triumpho sagrado de la conciencia. Ciencia divina
del humano regocijo... dal D. Ramire Cayorcy. *Salamanque*, 1752, in-4. — Avril 1753, p. 842.

691. (Ecrit publié à Auxerre contre la comédie et les
comédiens). *Auxerre*, 1755. — Février 1755, p. 550.

692. Discours sur la comédie ou Traité historique et
dogmatique des jeux de théâtre, par le P. Lebrun, de l'Oratoire. 2e édit. (publiée par l'ab. *Granet*). *Paris*, 1731, in-12.
— Mars 1732, p. 403.

693. Le commerce dangereux pour l'un et l'autre sexe (par l'ab. *Drouet de Maupertuy*). *Lyon*, 1715, in-12. — *Juin 1714, p. 1122.

Cet ouvrage serait la seconde édition d'un écrit du même auteur, Intitulé : *Le commerce des femmes dangereux pour les ecclésiastiques*, imprimé à *Cologne* en 1713, retiré du commerce avant d'avoir été mis en vente, et dont sept ou huit exemplaires seulement avaient été distribués à des personnes de distinction. Une dame, qui n'est pas différente de l'abbé de Maupertuy, s'en servit pour composer l'ouvrage suivant :

694. La femme faible, où l'on représente aux femmes les dangers auxquels elles s'exposent par un commerce fréquent et assidu des hommes. *Nancy*, 1713, in-12. — *Juin 1714, p. 1123.

695. Traité des combats singuliers, par le P. Gerdil, Barnabite. *Turin*, 1759, in-12. — Juin 1764, p. 1412 ; — juillet, p. 1652.

696. R. P. Danielis Stadler, S. J., Tractatus de duello honoris vindice, ad theologiæ et juris principia examinato. *Ingolstadt*, 1751, in-4. — Mars 1752, p. 409.

Le P. de Backer, t. IV, dit, par erreur typograghique, 1754.

697. Dissertazione dogmatica e morale contro l'uso materiale delle parole... opera del P. G. A. Orsi. *Rome*. 1727. in-4. — Août 1729, p. 1419.

Cet ouvrage, sur les restrictions mentales, est dirigé contre le P. Cattaneo.

698. Allegazioni in difesa del P. Carlo Amb. Cattaneo par le P. J. B. *Diani*, S. J.). In-4. — Août 1729, p. 1436.

699. Lettera di un cavaliere all' autore anonimo della allegazione in difesa del P. C. A. Cattaneo (par le P. *Richelmi*, S. J.). In-4. — Novembre 1729, p. 2053.

700. L'Apologista del P. Cattaneo contro la Replica del P. Orsi (par le P. *Diani*, S. J.). In-4. — Novembre 1729, p. 2053.

701. La causa della verita sostenuta contro l'anonimo apologista del P. C. A. Cattaneo, opera del P. Orsi. 1729. in-4. — Novembre 1730, p. 1964.

702. L'innocenza della verita . (par le P. *Saccheri*, S. J.) in-4. — Décembre 1730, p. 2400.

703. Lettera di una monaca al R. P. Orsi (par le P. *Rota*, S. J.) in-4. — Décembre 1730, p. 2406.

704. Lettera dell'Idiota al P. Orsi (le docteur *Corti*). In-4. — Décembre 1730. p. 2110.

705 Dimostrazione teologica.. del P. Orsi. *Milan*, 1729, in-4. — Juillet 1731. p. 1191.

706. Conformazione teologica... (par le P. *Saccheri*, S. J.) In-4. — Juillet 1731, p. 1205.

707. Tratactus theologicus in 2^{am} 2^æ divi Thomæ de Jure et justitia, auctore Holzmann. *Strasbourg*, 1701. in-4. — Novembre 1703, p. 1980.

708. Réfutation du traité de la pratique des billets entre les négocians (de N. *Le Correur*, par des remarques exactes sur tout ce qu'il contient (par N. *Le Maire*, chanoine de Beauvais). *Paris*, 1702, in-12. — Juin 1702, p. 74.

709. Défense des contrats de rente racheptables des deux côtés. *Amsterdam*, 1730. — *Octobre 1732, p. 1798.

710. Lettres touchant la matière de l'usure par rapport aux contrats de rente rachetables des deux côtés (par N. *Petit-pied*). *Lille*, 1731. in-4. — *Octobre 1732, p. 1798.

711. Lettre à Mgr l'archevêque de Lyon, dans laquelle on traite du prêt à intérêts à Lyon, appelé dépôt de l'argent suivant ses rapports (par *Prost de Royer*). *Genève*, 1770, in-4. — *Février 1770, p. 357.

Dans cet article des *Mémoires* on donne une lettre de M. Prost de Grangeblanche, avocat et procureur du roi à Lyon. Il avertit l'abbé Aubert qu'il n'est ni l'auteur de cet ouvrage, ni même de la famille de l'auteur. Cette réclamation me parait confirmer l'opinion de M. Rieussec (Voir Quérard, VII, 358).

712. Examen et réfutation des réflexions sur le prêt de commerce, par le R. P. Augustin de Saint-Lô, Capucin. *Vire*, 1775, in-12. — * Mars 1775, p. 530.

713. Traité de l'usure et des intérêts (par l'ab. *de la Forest*. *Cologne* 1769, in-12. — Octobre 1769, p. 90.

714. L'usure démasquée, ou Exposition et réfutation des erreurs opposées à la doctrine catholique sur l'intérêt des prêts à jour et de commerce, par le R. P. Hyacinthe de Gasquet. *Avignon*, 1766. in-12. — *Janvier 1767, p. 169.

715. Traité des prêts de commerce ou de l'intérêt légitime et illégitime de l'argent, par M* (l'ab. *Mignot*). Nouvelle édition. *Amsterdam*, 1759, 4 vol. in-12. — Août 1759, p. 1925.

716. Réfutation d'une dissertation anonyme sur la légitimité des intérêts d'argent qui ont cours dans le commerce, imprimée à La Haye, par Philippe Ferret, prêtre. *La Rochelle*, 1757, in-12. — Avril 1758, p. 944.

717. Examen théologique et canonique du traité des billets et du prêt d'argent entre les négociants. *Paris*, 1746, in-12. — Mai 1747, p. 1016.

718. Instructions sur la pénitence du carême, tirées de l'Ecriture, des Conciles et des Pères, par M. Ballet. *Paris*, 1754. in-12. — *Avril 1754, p. 956.

719. Nouvelles observations critiques sur le *traité des dispenses* de M. Collet, par le R. P. Nic. Collin, Prémontré. *Paris*, 1770, in-12. — *Janvier 1771, p. 171.

720. Extrait des ouvrages de plusieurs Pères de l'Eglise et auteurs modernes, sur différents points de morale, sur les mauvais livres, sur les peintures dangereuses, sur les spectacles, sur le luxe (par Ambr. *Lallouette*). *Paris*, 1710, in-12. — * Octobre 1710, p. 1839.

> C'est une nouvelle édition apparemment. Barbier en cite une de 1694. Quérard a omis celle de 1710 (IV, 465).

Sacrements.

721. De re sacramentaria contra perduelles hæreticos libri X a P. Hyac. Drouin, cum notis et additionibus PP. Paluzzi et Richard. Editio IIIᵃ. *Paris*, 1773, in-12. — *Février 1774, p. 335.

722. Traité historique et dogmatique sur les paroles ou les formes des sept sacrements, par le P. Merlin, S. J. *Paris*, 1745, in-12. — Janvier 1746, p. 36.

> Ouvrage omis dans Quérard.

723. Histoire des Sacrements, par le R. P. dom Chardon. *Paris*, 1745, 6 vol. in-12. — Juin 1745, p. 954; — août, p. 1364; — octobre, p. 1721; — décembre, p. 2169.

724. Manuel des pasteurs contenant les règles de l'Église dans l'administration des sacrements et dans les fonctions du saint ministère, par l'ab. Dinouart. *Paris*, 1764, 2 vol. in-12. — Novembre 1764, p. 1328.

725. Obligatio ac modus administrandi sacramenta tempore pestis, auctore D. Henri Scaille. *Louvain*, 1704, in-12. — Avril 1705, p. 597.

726. Le sacramentaire des pasteurs, tiré des saintes Ecritures, des Conciles, des Pères et des usages des Eglises de France, contenant le dogme et la pratique de tous les sacrements, avec un traité des monitoires à l'usage des cours ecclésiastiques et séculières, par J. F. Joliot, prêtre du diocèse de Besançon. *Paris*, 1709, in-4. — Avril 1710, p. 694.

Auteur non cité par Quérard.

727. Dissertations théologiques et dogmatiques sur les exercices et sur les autres cérémonies du Baptême; traité dogmatique de l'Eucharistie; réfutation d'un écrit sur l'usure (par *Duguet*). *Paris*, 1727, in-12. — Mai 1727, p. 927.

728. Abrégé de l'embryologie sacrée, ou Traité du devoir des prêtres, des médecins et autres, sur le salut éternel des enfants qui sont dans le ventre de leurs mères. trad. du latin (de *Cangiamila*) par l'ab. Dinouart. *Paris*, 1762, in-12. — 2ª édit. *Paris*, 1766, in-12. — Juillet 1762, p. 1659: — *juin 1766, p. 1482.

729. De dolore ad sacramentum Pœnitentiæ rite suscipiendum necessario libri duo... auctore R. P. Francolino, S. J. *Rome*, 1706, in-8. — Décembre 1707, p. 2098.

730. De contritione et attritione, dissertationes quatuor, auctore F. P. L. Le Drou. *Rome*, 1707, in-8. — Février 1709, p. 245.

731. Dissertatio de contritione in sacramento Pœnitentiæ necessaria ad mentem S. Thomæ veterumque Thomistarum. *Paris*, 1716, in-8. — Août 1717, p. 1285.

732. Dissertatio theologica, historica, dogmatica, scholastica et moralis de contritione imperfecta, quæ attritio dicitur, auctore F. Lamb. Gaud; O. P. Editio 2ª. *Avignon*, 1744, in-8. — *Mars 1743, p. 551.

733. Instructions sur l'administration du sacrement de Pénitence. *Paris*, 1715. — *Octobre 1745, p. 1866.

734. Traité de la pénitence, par M. Vitasse. *Paris*, 1717. — *Aout 1717, p. 1383.

Ouvrage omis dans Quérard (X, 526).

735. Traité dogmatique et moral de la pénitence, tiré de l'Ecriture sainte par l'ab. Cl. Le Pelletier. *Paris*, 1728, in-12. — * Février 1728, p. 375.

736. Doctrina et praxis S. Caroli Borromæi pro sacramento Pœnitentiæ... ab Hermanno Damen. *Louvain*, 1703, in-12. — Mai 1711, p. 828.

737. Avvertense di. S. Carlo per li confessori, con l'aggiunta d'un libro di Canoni penitenziali. *Venise*, 1725, in-12. — Mai 1729, p. 907.

738. Traité de la confession pour l'instruction des fidèles, par le R. P. Paschase du Tronc, Récollet. *Rennes*, 1764, in-12. — *Août 1761, p. 2084.

Auteur omis dans Quérard.

739. Clericus romanus contra nimium rigorem munitus, auctore Balth. Francolin. S. J. *Rome*, 1705, 2 vol. in-fol. — Octobre 1707, p. 1778.

740. Devoirs des confesseurs dans l'administration du sacrement de Pénitence, par M. A. Leget, prêtre. *Lyon*, 1703, 2 vol. in-12. — Avril 1703, p. 631.

741. La conduite des confesseurs dans le tribunal de la pénitence, selon les instructions de S. Charles Borromée et la doctrine de S. François de Sales (par l'abbé *Daon*). *Paris*, 1738, in-8. — * Mars 1738, p. 581.

742. Traité historique et dogmatique du secret inviolable de la confession, où l'on montre quelle a toujours été à ce sujet la doctrine et la discipline de l'Eglise, par Lenglet du Fresnoy. *Paris*, 1708, in-12. — Décembre 1711, p. 2081.

743. Traité du secret de la confession pour servir d'instruction aux confesseurs et pour rassurer les pénitents (par *Lochon*). *Paris*, 1708, in-12. — Supplément en forme d'additions. *Paris*, 1740, in-12. — Nlle édit. *Ibid.* 1744, 2 vol. in-12. — Août 1708, p. 1352; — décembre 1744, p. 2099; — janvier 1745, p. 183.

744. Le ministère de l'absolution, ou le pouvoir de confesser selon S. Thomas, contre l'apologie du livre intitulé : *Consultation sur la juridiction et l'approbation nécessaires pour confesser* (par l'abbé *Travers*). Par le P. Bernard d'Arras, Capucin. *Paris*, 1740, in-12. — Octobre 1740, p. 2004.

745. Tractatus de examine particulari (trad. de l'espagnol du P. L. *de la Palma*, S. J. *Anvers*, 1704, in-12. — Avril 1705, p. 609.

746. Examen général de conscience sur tous les péchés qu'on peut commettre dans les différents états de la vie. *Paris*, 1724. — * Novembre 1724, p. 2100.

747. Pratique pour la première confession et pour la première communion avec une relation de ce qu'on a fait dans le collège des Jésuites d'Avignon, pour disposer les écoliers a recevoir la première communion. *Lyon*, 1740. — * Mai 1740, p. 928.

748. L'art d'instruire et de toucher les âmes dans le tribunal de la pénitence (par *Alletz*). *Paris*, 1770, 2 vol. in-12. — * Septembre 1770, p. 563.

749. Du saint et fréquent usage des sacrements de Pénitence et d'Eucharistie, par le P. Pallu, S. J. *Paris*, 1739, in-12, — * Octobre 1739, p. 2269.

750. Histoire des indulgences et du jubilé par P. *Forestier*. *Paris*, 1700, in-12. — Juillet 1702, p. 47.

751. Año santo dentro y fuera de Roma sirve para ella en este año santo de 1750 para España en el de 1751. Su autor M. Fr. Juan Facundo Raulin. *Sarragosse*, 1750, in-4. — Avril 1751, p. 893.

752. Traité des indulgences et du jubilé, par le R. P. Honoré de Sainte-Marie. *Bordeaux*, 1701, in-12. — * Juillet 1704, p. 84.

753. Historia degli anni Santi del R. P. Alfani, O. P. *Naples*, 1725, in-8. — Mars 1726, p. 528.

754. Apologie de l'histoire de l'indulgence de la portioncule (par le P. Benoist de Toul). *Toul*. 1714, in-12. — Janvier 1715, p. 125.

Cet auteur se nommait *Picart* avant d'entrer en religion.

755. Instruction sur les indulgences et sur les conditions requises pour les gagner (par l'abbé *de Lord*). *Paris*, 1761, in-12. — * Septembre 1761, p. 2302.

756. Lettres historiques et dogmatiques sur les jubilés et les indulgences, par Charles Chais. *La Haye*, 1751, 3 vol. in-8. — * Juin 1759, p. 1528.

757. Traité historique dogmatique et pratique des indulgences, par Collet, *Paris*, 1759, 2 vol. in-12. — 1770, 2 vol in-12. — *Juin 1759, p. 1526; — * mai 1770, p. 368.

758. Instructions sur les indulgences, par M. Collet. *Paris*, 1764, in-16. — * Juillet 1764, p. 370.

Quérard ne cite pas cet opuscule.

759. Instructions dogmatiques, historiques et morales sur les indulgences et sur le jubilé, par le P. de la Marche, S. J. *Nantes*, 1751, in-12. — * Mai 1752, p. 1126.

Le P. de Backer s'est trompé en croyant à l'existence d'un P. de la Marche et d'un P. Delamare ; c'est un seul et même individu : un coup d'œil jeté sur leurs articles suffira pour s'en convaincre (VI, p. 111 et V, p. 398).

760. Recueil de cas de conscience et de questions qui concernent les matières du jubilé (par le P. *Dudon*). *Bordeaux*, 1726, in-12. — Avril 1727, p. 690.

Barbier et Quérard n'ont pas eu connaissance de cet auteur.

761. Instructions chrétiennes sur l'Eucharistie, par le P. de Mouchy, chanoine régulier et prieur de l'abbaye de S. Cheron. *Paris*, 1702, in-8. — Août 1703, p. 1340.

Quérard a omis cet auteur.

762. Réflexions des SS. Pères sur l'Eucharistie. *Paris*, 1709, in-.... — * Novembre 1709, p. 2046.

763. Vita Jesu Christi abscondita, seu speciebus eucharisticis velata.... auctore D. Alv. Cienfuegos, S. J. *Rome*, 1728, in-fol. — Janvier 1732, p. 5 ; — février, p. 491 ; — décembre 1733, p. 2485.

764. Accidentia profligata, species instauratæ, sive de speciebus panis ac vini post consecrationem eucharisticam duntaxat manentibus. Opus philosophico-theologicum. *Milan*, 1700, in-12. — Septembre 1702, p. 51.

765. Dissertatio physico-theologica de accidentibus eucharisticis, seu an species panis ac vini in Eucharistia manentes, accidentia sint physica et realis. Auctore P. D. C. D. *Naples*, 1735, in-4. — Octobre 1739, p. 2256.

766. Dissertatio physico-theologica de aqua sacra calicis in Christi sanguinem convertenda. *Naples*, 1736, in-4. — Octobre 1739, p. 2259.

767. Réfutation d'un système imaginé par un philosophe cartésien qui a prétendu démontrer géométriquement la possibilité de la présence réelle de J.-C. dans l'Eucharistie, par M. David. *Paris*, 1729 (?), in-12. — Septembre 1730, p. 1570.

768. Présence corporelle de l'homme en plusieurs lieux, prouvée par les principes de la bonne philosophie ; Lettres où on dissipe toute ombre de contradiction entre les merveilles du dogme catholique de l'Eucharistie et les notions de la saine philosophie, par l'auteur des *Lettres à un Américain* (l'ab. de *Lignac*). *Paris*, 1764, in-12. — Août 1764, p. 444.

769. Traité théologique sur la forme de la consécration de l'Eucharistie...., par le P. Bougeant, S. J. *Paris*, 1729, 2 vol. in-12. — Août 1729, p. 1447 ; — septembre, p. 1644.

770. Nouvelle dissertation sur les paroles de la consécration de la sainte Eucharistie, où l'on montre que les liturgies orientales sont conformes à la romaine sur le rit de la consécration (par l'ab. *Breyer*). *Troyes*, 1733, in-8. — Juillet 1734, p. 1457.

Par erreur typographique on lit 1738 dans Quérard.

771. L'esprit de Jésus-Christ et de l'Eglise sur la fréquente communion, par le P. Pichon, S. J. *Paris*, 1745, in-12. — Octobre 1745, p. 1784.

772. Traité de la communion sous les deux espèces, par

M. Chardon de Lugni, prêtre. *Paris*, 1701, in-8. — Mai
1701, p. 39.

Ouvrage omis dans Quérard (II, 134).

773. Instruction pour la première communion..... par
l'ab. Regnault. 2e édit. *Paris*, 1767, in-12. — 4e édit.
Paris, 1775, in-12. — *Mars 1767. p. 567 ; — *mai 1775,
p. 375.

La 1re édition de cet ouvrage, si souvent réimprimé, est de 1759.

774. Remarques historiques à l'occasion de la sainte Hostie
miraculeuse conservée à l'église paroissiale de Saint-Jean-
en-Grève, à Paris, par le P. Théodoric de Saint-René,
carme. *Paris*, 1725, 2 vol. in-12. — Mai 1726, p. 844.

775. Instruction pour la confirmation, par l'ab. Regnault.
Paris, 1767, in-12. — * Juillet 1767, p. 479.

776. Retraite pour les ordinants, ou traité des dispositions
qu'on doit apporter aux ordres. — Entretiens ecclésiastiques, tirés de l'Ecriture sainte, du Pontifical, des SS. Pères, ou suite de la retraite pour les ordinants, par M. le
curé de S.-Sulpice (*de la Chétardie*). *Paris*, 1709-1711, 4
vol. in-12. — Octobre 1709. p. 1774 ; — septembre 1712,
p. 1649.

777. Dissertation où l'on prouve que S. Paul, dans le 7e
chap. de la 1re épître aux Corinthiens, v. 12 et 13, n'enseigne pas que le mariage puisse être rompu lorsqu'une
des parties embrasse la religion chrétienne. 2e édit., avec
une analyse des deux livres de S. Augustin sur les mariages
adultérins, une réponse aux objections faites contre la 1re
édition de ladite dissertation, et une explication de plusieurs
passages de S. Paul (par l'ab. *des Essarts*). *Paris*, 1765,
in-12. — Mai 1765, p. 1322.

778. Théorie et pratique des sacrements, des censures, des
monitoires et des irrégularités (par le P. *Juenin*, de l'Orat.).
Paris, 1713, 3 vol. in-12. — Août 1714, p. 1413.

779. Instructions sur les sacrements et sur la messe de paroisse, tirées du Rituel de Blois, par M. l'évêque de Blois.
Blois, 1730, 2 vol. in-12. — Octobre 1732, p. 1706.

780. Traité dogmatique sur les faux miracles du temps, en
réponse aux différents écrits faits en leur faveur (par l'ab.
Lerouge). *Paris*, 1737, in-4. — Juin 1737, p. 1107 ; — juillet, p. 1256.

Théologie catéchétique.

780 *bis*. Abrégé du catéchisme du concile de Trente (par le P. B. *Grivault*). *Paris*, 1736, in-12. — * Juillet 1736, p. 1535.

781. Catéchisme instructif et moral .en forme de dialogues. *Nancy*, 1748, in-.... — *Avril 1718, p. 188.

782. Explication littérale sur le catéchisme du diocèse de Paris, par l'ab. de Villiers. *Paris*, 1768, in-12. — *Juin 1768, p. 564.

783. Les vérités de la religion enseignées par principes, par l'abbé Jacq. Blondel. *Paris*, 1705, in-12. — Avril 1705, p. 644.

784. L'Encyclopédie de la sainte foi dans l'explication du Symbole des Apôtres, de l'Oraison dominicale et de la Salutation angélique, par M. Marcant, chanoine de Lizieux. *Rouen*, 1701. — * Septembre 1701, p. 356.

    Auteur omis dans Quérard.

785. Les fondements de la foi mis à la portée de toutes sortes de personnes, par M. Aymé. *Paris*, 1775, 2 vol. in-12. — Août 1775, p. 350.

786. Le livre du chrétien dans lequel se trouve tout ce que le chrétien doit savoir et pratiquer par rapport à la religion. Ouvrage posthume de l'ab. Tricalet. *Paris*, 1762, in-48. — *Juillet 1762, p. 1903.

787. Instructions historiques, dogmatiques et morales en faveur des laboureurs et autres habitants de la campagne (par Mme *Villers de Billy*). *Paris*, 1746, in-12. — * Septembre 1746, p. 1927.

788. Entretiens sur les vérités fondamentales de la religion pour l'instruction des officiers et gens de mer, par le P. Yves Valois, S. J. *La Rochelle*, 1748, 2 vol. in-12. — Juin 1748, p. 1227; — juillet, p. 1471.

THÉOLOGIE PARÉNÉTIQUE.

Introduction.

789. Institutio concionatorum, seu præcepta et regulæ, a

P. Natali Alexandro. *Delft*, 1701, in-8. — Septembre 1701, p. 109.

790. Introduction au grand art de Raimond Lulle avec l'abrégé de la rhétorique de l'Eglise ou de l'éloquence des prédicateurs de Louis de Grenade, par le R. P. Pierre de Rians, minime. *Avignon*, 1747. in-12. — Mai 1747, p. 946.

Quérard donne 1743 pour date à l'*Abrégé* (VIII, 6, et III, 467); mais à l'article *Grenade*, il regarde *Nic. Jos. Binet* comme auteur de cet ouvrage.

791. Le bon goût de l'éloquence chrétienne, par B. G. I. (le P. Blaise *Gisbert*, S. J.). *Lyon*, 1702, in-12. — Janvier 1703, p. 57.

792. L'éloquence chrétienne dans l'idée et dans la pratique, par le P. Blaise Gisbert, S. J. *Lyon*, 1715, in-4. — Janvier 1747, p. 1.

793. Traité de la manière d'imiter les bons prédicateurs, avec les tables pour les différents usages qu'on peut faire des sermons pour tous les sujets de la morale chrétienne, par le R. P. V. H*** de la C. de J. (Vincent *Houdry*). *Paris*, 1702, in-4. — Février 1703, p. 289.

Cet ouvrage n'est au fond que la table des sermons du P. Houdry.

794. Maximes sur le ministère de la chaire, par M*** (*Gaichiès*), P. D. L. O. *Paris*, 1711, in-12. — Février 1712, p. 264.

795. Discours sur la prédication, où on propose divers moyens de la rendre plus utile au public (par *Guiot*). *Paris*, 1714, in-12. — Janvier 1717, p. 13.

796. Ecrit où l'auteur du discours sur la prédication explique au long un des principaux moyens qu'il a proposés pour la rendre plus utile au public (par *Guiot*). *Paris*, 1715. in-12. — Janvier 1747, p. 17.

797. De la prédication (par l'abbé *Coyer*). *Londres*, 1766, in-12. — Mai 1766, p. 1133.

798. Lettre de M. l'abbé Du Thay à un de ses amis, contenant les règles et les maximes pour former d'excellents prédicateurs. *Paris*, 1726, in-12.

Quérard ne cite ni l'ouvrage, ni l'auteur. Cependant au t. II, p. 736, de la *France littéraire*, on trouve un abbé *Dutay*, qui pourrait être le même que l'auteur de cette lettre.

799. L'éloquence du corps dans le ministère de la chaire ou l'action du prédicateur, par l'abbé Dinouart. *Paris*, 1754, in-12. — Février 1755, p. 446.

800. Epître à M. l'abbé Poulle sur la méthode de diviser le discours, par M. Sabatier. *Paris*, 1754, in-8. — Juillet 1754, p. 1647.

801. Lettre sur l'éloquence de la chaire et en particulier sur celle de Bourdaloue et de Massillon (par l'abbé L. B. *Simon*). *Paris*, 1755, in-12. — * Janvier 1757, p. 369.

802. Essai sur l'éloquence de la chaire avec le tableau de ses progrès et de sa décadence dans les différents siècles de l'Eglise, par l'abbé Gros de Besplas. *Paris*, 1767, in-12. — Août 1767, p. 289.

803. Idée des oraisons funèbres, avec la comparaison de celles de M. Bossuet et de M. Fléchier (par *Lenglet*,. *Paris*, 1745. — Novembre 1745, p. 1913.

L'auteur n'est pas le même que *Lenglet Dufresnoy*; Barbier ne cite pas cet anonyme; Quérard fait de même.

804. Abrégé de l'éloquence apostolique, par le P. Séraphin de Gauthier, gardien des Récollets. *Avignon*, 1712, in-12. — Février 1713, p. 369.

Quérard ne cite pas cet auteur.

805. Histoire de la prédication, ou la manière dont la parole de Dieu a été prêchée dans tous les siècles, par le P. J. R. Joly, capucin. *Paris*, 1767, in-12. — Février 1767, p. 375.

805 bis. Tableau de l'Ecriture sainte et de la véritable Eglise, avec celui des Maximes évangéliques ou appendice de l'éloquence sacrée, par M. Ferret. *La Rochelle*, 1758, 2 vol. in-12. — * Juillet 1758, p. 1916.

Sermonnaires.

806. Josephi Mansi locupletissima bibliotheca moralis prædicabilis. *Anvers*, 1701, 4 vol. in-fol. — Avril 1718, p. 132.

807. Annus apostolicus continens conciones, omnibus et singulis totius anni diebus festivis prædicabilis, auctore Zacharia La Selve, recoll. *Cologne*, 1724, 2 vol. in-4. — * Septembre 1725, p. 1718.

808. Polyanthea sacra ex universæ Scripturæ utriusque Testamenti figuris, symbolis, testimoniis, nec non e selectis Patrum aliorumque authorum sententiis collecta, et pro concionibus efformandis adornata, labore et studio R. P. And. Spanner, S. J. *Augsbourg*, 1702, 2 vol. in-fol. — Février 1703, p. 344.

809. La Bibliothèque des prédicateurs, qui contient les principaux sujets de la morale chrétienne, mis par ordre

alphabétique par le R. P. *** (*Houdry*) de la C. de J. *Lyon*,
1712-1725, 23 vol. in-4. — Mai 1712, p. 800 ; — décembre,
p. 2173 ; — mars 1715, p. 546 ; — * janvier 1747, p. 89 ;
— janvier 1718, p. 177 ; — avril 1719, p. 699 ; — février
1722, p. 298 ; — janvier 1725, p. 108 ; — avril 1726, p. 657.

810. Panégyriques et sermons prêchés par M. Bégault. *Paris*,
1714-1717, 3 vol. in-12. — Novembre 1711, p. 1973 ; —
mai 1747, p. 821.

En 1723 parurent deux autres volumes. Malgré la valeur de cet ouvrage, M. Bégault, chanoine et académicien de Nimes, n'a pas d'article
dans la *France littéraire*.

811. Sermons prêchés par le R. P. Edme Bourrée, prêtre
de l'Oratoire. *Lyon*, 1708, 21 vol. in-12. — Juin 1708,
p. 1095.

812. Recueil de sermons choisis, de panégyriques (par le
P. Côme *de Champigny*, barnabite). *Paris*, 1708, 2 vol.
in-12. — Avril 1708, p. 666.

813. Panégyriques et autres sermons prêchés par M. l'abbé
Charaud. *Paris*, 1748, 3 vol. in-12. — Octobre 1748,
p. 2136.

814. Sermons sur les mystères de la religion chrétienne,
par le R. P. Chauchemer, de l'ordre des F. P. *Paris*, 1709,
in-12. — Juillet 1711, p. 1152.

815. Sermons et panégyriques de feu M. l'abbé de Ciceri
(publiés par M. l'abbé *Bassinet*). *Avignon*, 1761, 6 vol.
in-12. — Janvier 1762, p. 92.

816. Sermon de l'abbé Clément sur la dédicace solennelle
de l'église des RR. PP. Augustins déchaussés de Paris.
Paris, 1741, in-12. — Avril 1741, p. 764.

Cette édition n'est indiquée ni dans Quérard, ni dans le *Dictionnaire
des prédicateurs* de Corsin d'Avalon.

817. Sermons de M. l'abbé Clément. *Paris*, 1746, in-12. —
Décembre 1746, p. 2688.

818. Sermons prêchés par l'abbé Clément pendant le jubilé
de 1750. *Paris*, 1759, in-12. — * Juin 1759, p. 1527.

819. Sermons pour l'Avent et le Carême, par M. l'abbé
Clément. *Paris*, 1770, 4 vol. in-12. — * Janvier 1771,
p. 148.

820. Sermons, discours, panégyriques, dédiés au pape Clément XIII, par l'abbé Collet. *Paris*, 1775, 2 vol. in-12. —
Supplément à 1775, p. 375.

Quérard (**II, 246**) ne cite qu'une édition de 1764 ; Cousin d'Avalon
omet totalement le nom de ce prédicateur.

821. Sermons sur les mystères de Notre-Seigneur et de la Vierge, par M. l'abbé du Jarry. *Paris*, 1709, 2 vol. in-12. — Novembre 1709, p. 1905.

822. Sermons de morale prêchés devant le roi par M. Fléchier, évêque de Nîmes, avec ses discours synodaux et les sermons qu'il a prêchés aux Etats de Languedoc et dans sa cathédrale. *Paris*, 1713, 3 vol. in-12. — Février 1713, p. 346.

823. Sermons pour l'Avent et le Carême, par M. Jacquin. *Paris*, 1769, 2 vol. in-12. — Avril 1769, p. 189.

Auteur omis par Cousin d'Avalon, ainsi que le suivant :

824. Sermons pour l'Avent, le Carême et les principales fêtes de l'année, par le P. Jard. *Paris*, 1768, 5 vol. in-12. — Avril 1768, p. 187.

825. Panégyriques, sermons, harangues, par feu messire de la Parisière, évêque de Nîmes. *Paris*, 1740, 2 vol. in-12. — Février 1741, p. 249.

Mgr Rousseau de la Parisière mériterait une place dans la *France littéraire.*

826. Sermons et panégyriques de M. l'abbé de la Tour. *Tulle*, 1749-1750, 3 vol. in-8°. — Octobre 1749, p. 2049; — mai 1753, p. 1009.

Quérard (IV, 602) indique une seconde édition de *Paris*, 1764, 5 *vol.* *in-12*; il a confondu avec les sermons de l'abbé de la Tour du Pin (IV, 604). S'il avait lu le second article des *Mémoires de Trévoux*, il n'aurait pas dit ou répété que les journalistes ont trop loué cet auteur.

827. Sermons de M. Jac. Fr. René de la Tour du Pin. *Paris*, 1764, 2 vol. in-12. — Septembre 1764, p. 596.

L'édition complète de ces sermons a 6 vol.

828. Sermons prêchés devant le Roi, par M. le Boux, évêque de Périgueux. *Rouen*, 1766, 2 vol. in-12. — Juillet 1766, p. 325.

829. Sermons sur tous les mystères de Notre-Seigneur, prêchés par dom F. Le Tellier de Bellefons, religieux bénédictin. *Bruxelles*, 1702, in-12. — * Septembre 1702, p. 176.

Auteur omis dans Quérard. Ses autres ouvrages parurent avant 1700.

830. Octave de sermons pour les morts, avec un traité théologique sur le purgatoire, par dom Th. Mangeart, bénéd. de S. Vannes. *Nancy*, 1739, 2 vol. in-12. — * Avril 1741, p. 759.

831. Sermons choisis sur les mystères, les vérités de la religion.... (par le P. *Molinier*, oratorien). *Paris*, 1730,
8 vol. in-12. — Juillet 1731, p. 1294.

Ses sermons complets comptent 14 vol. in-12.

832. Sermons et homélies sur les mystères de Notre-Seigneur,
de la sainte Vierge,... par M. l'abbé Jérôme de Paris.
Paris, 1738, in-12. — Décembre 1738, p. 2418.

833. Sermons et homélies sur le Carême, par M. l'abbé
Jérôme de Paris. *Paris*, 1749, 3 vol. in-12. — * Septembre 1749, p. 1873.

834. Sermons de dom Regnier, bénéd. de la Congrégat.
des Exempts. *Paris*, 1762, 3 vol. in-12. — Mars 1762,
p. 764.

Auteur omis par Cousin d'Avalon.

835. Sermons, mystères et panégyriques, par le R. P. dom
Sensaric, bénéd. de S.-Maur. *Paris*, 1774, 4 vol. in-12. —
Juillet 1774, p. 425.

836. Sermons sur différents sujets prêchés devant le Roi,
par le P. Soanen, de l'Oratoire. *Lyon*, 1767, 2 vol. in-12.
— Juillet 1767, p. 482.

837. Sermons prêchés devant le Roi pendant le Carême de
1764, par M. l'abbé Torné. *Paris*, 1765, 3 vol. in-12. —
Avril 1765, p. 954 ; — juillet, p. 421.

838. Actions chrétiennes ou discours sur les dimanches et
les festes de l'Avent, par le P. S. D. L. V. R. C. P. D. O.
(*Simon de la Vierge*, religieux carme, prieur d'O...). *Paris*,
1702, 2 vol. in-12. — * Janvier 1703, p. 72.

Quérard et Cousin d'Avalon ne citent pas cette édition.

839. Sermons nouveaux sur les vérités les plus intéressantes
de la religion (par le P. *d'Alègre*, doctrinaire), *Paris*, 1762,
4 vol. in-12. — * Juin 1762, p. 1525.

Barbier, Quérard, l'ab. Migne, ne citent pas cette première édition;
Cousin ne nomme pas même l'auteur.

840. Sermons du Père Bourdaloue de la C. de J. Avent et
Carême. Paris, 1707, 4 vol. in-8°. — Juillet 1707, p. 1427.

— Mystères. *Ibid.* 1709, 2 vol. in-8°. — Août 1709, p. 1383.

— Festes des saints et vestures. *Ibid.* 1711, 2 vol. in-8°. —
Juillet 1712, p. 1245.

841. Sermons pour le Carême, par le R. P. du Fay, S. J.
Lyon, 1738, 4 vol. in-8°. — Novembre 1738, p. 2270.

842. Sermons du P. Giroust, S. J. Avent. *Paris*, 1700, 2 vol. in-12. — Janvier 1701, p. 42.

843. Sermons sur tous les sujets de la morale chrétienne (par le P. *Houdry*, S. J.) 5e partie, tome I. *Paris*. 1700, in-4°. — Mars 1701, p. 59.

844. Sermons du P. La Pesse, S. J. *Lyon*, 1708, 6 vol. in-12. — Janvier 1709, p. 440.

845. Les faux désirs du salut. Sermons par le P. La Pesse, S. J. *Lyon*, 1716, in-12. — * Décembre 1715, p, 2413.

Quérard a oublié ce prédicateur.

846. Sermons du P. La Rue, S. J. *Paris*, 1719, 4 vol. in-8°. — Septembre 1719, p. 4426.

847. Sermons du P. Segaud. S. J. *Paris*, 1751, 6 vol. in-12. — Août 1751, p. 1853.

848. Prediche dette nel Palazzo apostolico da Fra Fr. Maria d'Arezzo, cappuccino, oggi cardinale Saucta Prisca. *Rome*, 1713, 3 vol. in-fol. — Mai 1718, p. 304.

849. Discours de N. S. P. le Pape Clément XI aux cardinaux assemblés dans un consistoire secret le 15 décembre 1700. — Janvier 1701, p. 474.

Le P. Michel Le Tellier est regardé comme le traducteur des discours et homélies du pape Clément XI, qui sont insérés dans les *Mémoires de Trévoux;* la traduction était toujours précédée du texte latin.

850. Discours sur l'obligation de prier pour les Rois, par le R. P. J. B. Bernard, chan. régul., curé de Nanterre. *Paris*, 1769, in-8°. — * Décembre 1769, p. 564.

851. Discours pathétiques sur les matières les plus importantes et les plus touchantes de la morale chrétienne, par l'abbé Blanchard. *Paris*, 1730, 2 vol. in-12. — * Septembre 1730, p. 1676.

Auteur non cité par Quérard.

852. Discours ecclésiastiques et monastiques, par le P. Damascène, récollet. *Paris*, 1708, 3 vol. in-12. — * Avril 1709, p. 742.

853. Discours sur les grandeurs de Jésus-Christ, prononcé à Toulouse le 28 janvier 1751, par M. l'abbe d'Héliot. *Paris*, 1753, in-12. — * Mai 1753, p. 1135.

Auteur non cité par Quérard.

854. Discours de M. l'abbé de la Marque, en présentant au supérieur des Carmélites de la rue S.-Jacques le corps de S. A. S. Mlle de Bourbon-Condé. — Août 1759, p. 2093.

Ce discours, ou plutôt ces quelques paroles, sont probablement tout ce qui est imprimé de l'ab. de la Marque.

855. Discours sur le sacrifice (par l'ab. B. *de la Tour*). *Montauban*, 1761, in-12. — Octobre 1761, p. 2670.

856. Discours sur quelques sujets de piété et de religion, par le P. Le Chapelain, S. J. *Paris*, 1760, in-12. — Octobre 1760, p. 2603.

857. Discours prononcés en différentes solennités de piété, par M. l'ab. Le Couturier. *Paris*, 1764, in-12. — Nouvelle édition. *Paris*, 1774, in-12. — Janvier 1764, p. 340; — avril 1774, p. 118.

  Quérard dit 1770 pour la 2ᵉ édition; Cousin d'Avalon, 1766 pour la 1ʳᵉ, 1779 pour la 2ᵉ, d'après la *Biographie universelle*.

858. Discours évangéliques sur différentes vérités de la religion, par le P. L. R. D. S. D. (*Léons*, relig. de S. Domin.) *Paris*, 1736, 2 vol. in-12. — Avril 1736, p. 680.
  Les *Mémoires* attribuent ces discours au P. Laplace; Barbier dit que c'est à tort.

859. Sermon sur le sacrifice de la messe, pour l'instruction des nouveaux convertis, par messire Edme Mongin, évêque de Bazas. *Bordeaux*, 1734. in-4°. — Juillet 1733, p. 1263.

860. Discours prononcé le 10 septembre 1770 dans l'église des Carmélites de Saint-Denis, pour la prise d'habit de Mᵐᵉ Louise de France, par messire Poncet de la Rivière. *Paris*, 1770, in-12. — Novembre 1770, p. 343.

861. La voix du Pasteur. Discours familiers d'un curé à ses paroissiens, par M. Réguis. *Paris*, 1766-1773, 6 vol. in-12. — Mars 1767, p. 548; — * septembre 1773, p. 558.

862. Discours prononcé le 1ᵉʳ octobre 1771, en l'église des Carmélites de Saint-Denis, pour la prise de voile de Mme Louise-Marie de France, par M. Armand de Roquelaure. *Paris*, 1771, in-4. — Décembre 1771, p. 487.

863. Discours de l'évêque de Valence à la présentation du corps de la duchesse d'Orléans dans l'église du Val-de-Grâce. *Paris*, 1759. — Avril 1759, p. 1137.

864. Prônes sur les Évangiles de toute l'année, par M. Ballet, t. 5 et 6. *Paris*, 1760, in-12, 2 vol. — Février 1761, p. 479.

865. Prônes réduits en pratique pour les dimanches et fêtes principales de l'année, par M. Billot. *Lyon*, 1768, 4 vol. in-12. — Juillet 1768, p. 151.
  Quérard cite 1771, comme 1ʳᵉ édition.

866. Cours de prônes à l'usage des curés de la campagne, *Paris*, 1775, 2 vol. in-12. — * Décembre 1775, p. 538.

4.

867. Homélies de N. S. P. le Pape Clément XI, prononcées le jour de la Nativité de Notre-Seigneur dans l'église du Prince des Apôtres (1701-1707). — Février 1702, p. 137; — mars 1703, p. 502; — avril 1704, p. 565; — mars 1705, p. 436; — mai 1706, p. 795; — avril 1707, p. 656; — juillet 1708, p. 1215.

868. Homélies de N. S. P. le Pape Clément XI, prononcées le jour de la Résurrection de Notre-Seigneur (1702-1708). — Juin 1702, p. 104: — août 1703, p. 1349; — juin 1704, p. 944; — juillet 1705, p. 1146; — juillet 1706, p. 1212; — août 1707, p. 1366; — avril 1709, p. 661.

869. Homélies de N. S. P. le Pape Clément XI, prononcées le jour des SS. Apôtres Pierre et Paul (1703-1717). — Novembre 1703, p. 1939; — octobre, 1704, p. 1724; — octobre 1705, p. 1757; — septembre 1706, p. 1542: — octobre 1717, p. 1717.

870. Homélie de N. S. P. le Pape Clément XI, prononcée en présence des cardinaux à l'occasion du tremblement de terre arrivé en Italie le 14 janvier 1703. — Avril 1703, p. 609.

871. Discours de N. S. P. le Pape Clément XI aux cardinaux, le 6 mars 1712 (à l'occasion de la mort du second dauphin de France). — Juin 1712, p. 1080.

872. Homélies et sermons prononcés devant le Roi et leurs Majestés britanniques, par M. l'abbé Boileau, sur les Evangiles de Carême. *Paris*, 1712, 2 vol. in-12. — Janvier 1713, p. 121.

873. Homélies sur les Évangiles de tous les dimanches de l'année, par M. Hermant, prêtre. *Rouen*, 1705, 2 vol. in-12. — *Ibid.* 1714, 2 vol. in-12. — * Mai 1705, p. 910; — septembre 1714, p. 1679.
Quérard et Consin ne citent pas la 2e édition.

874. Homiliæ in Evangelia, in quatuor partes divisæ..., auctore ecclesiæ parochialis S. Sulpitii rectore (*de la Chétardie*). *Paris*, 1706-1707, 4 vol. in-12. — Juillet 1707, p. 1487; — novembre. p. 1999.

875. Homélie II pour le dimanche de la Quinquagésime sur l'aveugle de Jéricho, par M. le curé de Saint-Sulpice (*de la Chétardie*). *Paris*, 1706, in-4. — Septembre 1706, p. 1519.

876. Homélie III sur le miracle des cinq pains pour le 4e dimanche du Carême, par M. le curé de Saint-Sulpice (*de la Chétardie*). *Paris*, 1706, in-4. — Septembre 1706, p. 1522.

877. Homélies sur quelques chapitres des prophéties de Jérémie, par le R. P. dom Pierre le Nain, supérieur de l'abbaye de la Trappe. Tome second. *Paris*, 1706, in-8. — Août 1706, p. 1313.

Le premier volume et non pas la première édition, comme dit Quérard (V, 154), parut en 1697.

878. Homélies sur les Évangiles de tous les dimanches et principales fêtes de l'année, par M. Thiébaut, supérieur du séminaire de Saint-Simon, du diocèse de Metz. *Metz*, 1761, 4 vol. in-8. — Décembre 1764, p. 2906.

879. Homélies sur les Epîtres des dimanches et fêtes principales, par M. Thiébaut. *Metz*, 1766, 4 vol. in-8 — Mai 1766, p. 1263.

880. Conférences ou réflexions ecclésiastiques de feu Messire Henry de Barillon, évêque de Luçon, sur la deuxième épître de saint Paul aux Corinthiens. *Paris*, 1704, 2 vol. in-12. — Février 1705, p. 277.

Auteur omis dans la *France littéraire.*

881. Conférences sur les mystères, sur les dimanches et les fêtes choisies, par M. l'abbé du Bos. *Paris*, 1724, 2 vol. in-12. — * Septembre 1724, p. 1719.

882. Conférences sur divers sujets de morale et de piété, par le R. P. de Graveron, de l'Oratoire. *Paris*, 1763, 2 vol. in-12. — Juin 1763, p. 1425.

883. Conférences ou exhortations à l'usage des maisons religieuses, par le P. de Tracy, théatin. *Paris*, 1765, in-12, — Avril 1766, p. 1099.

884. Conférences ou exhortations sur les devoirs des ecclésiastiques, par le P. de Tracy, théatin. *Paris*, 1768, in-12. — Avril 1768, p. 169.

885. Conférences monastiques de l'Avent et du Carême, par un Religieux bénédictin de Saint-Maur. *Orléans*, 1760, in-12. — Octobre 1760, p. 2658.

886. Conferenze pastorali istruttive sopra la verita della fede christiana fatte da Monsign. Fr. Trevisani. *Rome*, 1728, in-4. — Décembre 1729, p. 2162.

887. Instructions morales sur les Evangiles des dimanches, par demandes et par réponses, avec les difficultés des textes, résolues par M. Barthélemy, docteur en théologie. *Paris*, 1752, in-12. — Juillet 1752, p. 1719.

888. Instructions théologiques et morales sur le Symbole, par M. Nicole. *Paris*, 1706, 2 vol. in-12. — Sur le pre-

mier commandement du Décalogue. *Paris*, 1709, 2 vol.
in-12. — Novembre 1712, p. 1984; — février 1707.
p. 489;— novembre, p. 1881.

Quérard dit à tort 1700.

889. Discours prononcé à l'ouverture de la fête du triomphe
de la foi, établie à l'église Saint-Roch, le dimanche après
les Rois de 1773, par le R. P. Villars, carme. *Paris*, 1773.
in-12. — Avril 1773, p. 84.

890. Sermon pour la fête séculaire de l'établissement de
l'institut de l'adoration perpétuelle du T.-S. Sacrement,
prononcé le 26 novembre 1754, par l'abbé Clément. *Paris*,
1755, in-12. — Mai 1755, p. 1336.

891. A sermon preached in the church of the english Au-
gustine Nuns at Paris.... By George de Berlin, of the
congregation of Theatins. *Londres*, 1764, in-12. — Février 1765, p. 528.

892. L'homme, discours contre les beaux esprits du siècle.
prononcé à Lyon, le 17 juillet 1768, par le R. P. Chalon
Gauthier, capucin. *Lyon*, 1768, in-12. — Décembre
1768, p. 553.

Auteur omis par Quérard.

Panégyriques.

893. Recueil d'éloquence sainte, contenant les panégyriques des patriarches et fondateurs d'ordres, avec des discours synodaux et des conférences ecclésiastiques, par le
P. Hyac. de Montargon. Tome I. *Paris*, 1759, in-8. —
Juin 1760, p. 1495.

894. Raccolta di alcuni discorsi composti di alcuni oratori
della C. de Gesu. Deca prima. *Naples*, 1709, in-12. —
Avril 1712, p. 622.

895. Panégyriques des saints et oraisons funèbres, par
M. l'abbé Anselme. *Paris*, 1718, 3 vol. in-8. — Octobre
1718, p. 595.

896. Panégyriques des saints, par M. Ballet. *Paris*, 1746.
3 vol. in-12. — *Paris*, 1754, 3 v.in-12. — *Paris*, 1766, 2 vol.
in-12. — Juin 1747, p. 1181 ; novembre 1754, p. 2781 ; —
*janvier 1767. p. 185.

Quérard ne cite qu'une édition de 1758, 4 vol. in-12.

897. Panégyriques choisis de M. l'abbé Boileau. *Paris*
1718, in-12. — Mars 1721, p. 450.

898. Panégyriques des saints, par M. l'abbé Séguy. *Paris*, 1736, 2 vol. in-12. — Janvier 1737, p. 183.

899. Panégyriques des saints, suivis de réflexions sur l'éloquence en général et sur celle de la chaire en particulier, par l'abbé Trublet. *Paris*, 1755, in-12. — Nouvelle édition. *Paris*, 1764, 2 vol. in-12. — Septembre 1755, p. 2447; — * avril 1764, p. 957.

900. Panegyrici sacri V. P. Pauli Segneri, S. J., ex postrema editione italiana latine redditi a R. P. Maximiliano Rassler, S. J. Accedit Eusebii Truchsès, ex eadem Societate, oratio ad cardinales habita feria V in cœna Domini; itemque dissertationes academicæ R. P. M. Rassler de monarchia summi Pontificis. *Dilingue*, 1703, in-4. — Novembre 1706, p. 1901.

901. Sermoni sopra la vita della gloriosissima Vergine e Madre di Dio, dal cardinale Orsini. *Bénévent*, 1728, in-fol. — Janvier 1738, p. 126.

902. Panégyrique de S. Augustin prêché le 28 août 1730, par M. l'abbé Séguy. *Paris*, 1730, in-4. — Décembre 1730, p. 2232.

Quérard et Cousin ne citent pas cette édition.

903. Panégyrique de S. Bernard, premier abbé de Clairvaux et docteur de l'Eglise, par l'abbé de la Tour-du-Pin. *Paris*, 1762, in-12. — Janvier 1763, p. 308.

904. Panégyrique de sainte Elisabeth, princesse de Thuringe, prononcé à Saint-Quentin, le 19 novembre 1753, par M. l'abbé Le Cousturier. *Paris*, 1754, in-12. — Juillet 1754, p. 1905.

905. Panégyrique de S. Eloi, évêque de Noyon et de Tournai, prononcé le 1er décembre 1767, par l'abbé Cardet. *Paris*, 1769, in-8. — Août 1769, p. 350.

L'ab. Cardet est omis dans la *France littéraire*.

906. Sermon sur les reliques et sur les miracles de saint Etienne, premier martyr, prêché à Meaux, le 3 août 1724, par le P. Candide Chalippe. *Paris*, 1724, in-12. — Juillet 1725, p. 1288.

Ouvrage non cité par Quérard.

907. Panégyrique de S. Jean de Dieu, par l'abbé de la Tour-du-Pin. *Paris*, 1758, in-12. — Mai 1758, p. 1326.

908. Panégyrique de S. Jean Népomucène, prononcé devant la Reine, le 16 mai 1755, dans l'église des Récollets de Versailles, par le R. P. Couterot, barnabite. *Paris*, 1756, in-12. — Janvier 1756, p. 357.

Auteur non cité par Quérard.

909. Panégyrique de la B. H. Jeanne Françoise Frémiot de Chantal, prononcé à Meaux par M. l'abbé Séguy. *Paris*, 1752, in-12. — * Août 1752, p. 1947.

910. Panégyrique de la B. J. F. Frémiot de Chantal, fondatrice de la Visitation, prêché par M. l'abbé de la Tour-du-Pin. *Paris*, 1752, in-12. — Août 1752, p. 2679.

911. Panégyrique de la B. de Chantal, par le R. P. de Tracy, théatin. *Paris*, 1753, in-12. — Décembre 1753, p. 2858.

Quérard explique le *B.* par *la baronne*. La bienheureuse J.-Fr. de Chantal était baronne ; mais ce n'est pas ce titre qui fut l'occasion de ce panégyrique.

912. Panégyrique de sainte Jeanne Franç. Frémiot de Chantal, prononcé à Pont-à-Mousson et à Nancy, le jour de sa canonisation. *Toul*, 1770, in-12. — * Août 1770, p. 356.

913. Panégyrique de sainte J. Fr. Frémiot de Chantal, par M. l'abbé de Montis. *Paris*, 1772, in-12. — Novembre 1772, p. 371.

Ouvrage non cité par Quérard (VI, 261).

914. Panégyrique de sainte J. Fr. de Chantal, prononcé par M. l'abbé Le Boucq. *Paris*, 1773, in-8. — Juillet 1773, p. 45.

915. Panégyriques des SS. Joseph de Léonissa et Fidel de Sigmaring, par M. l'ab. Mottin. *Toulouse*, 1747, in-12. — Février 1748, p. 344.

Ouvrage non cité par Quérard (VI, 333?).

916. Panégyrique de S. Lazare, premier évêque de Marseille et martyr, prononcé le 14 mars 1755, par M. Pellicot, chanoine régulier de St-Antoine. *Paris*, 1758, in-12. — Juillet 1758, p. 1903.

917. Panégyrique de S. Louis, prononcé dans la chapelle du Louvre, en présence de MM. de l'Académie franç., le 25 août 1748, par M. l'ab. Chéret. *Paris*, 1748, in-4. — — Novembre 1748, p. 865.

Auteur non cité par Quérard.

918. .... par M. l'ab. de Ciceri, le 25 août 1721... — Mai 1722, p. 841.

Édition non citée par Quérard.

919. .... par le P. Pérussault, S. J., le 25 août 1737....
— Novembre 1737, p. 2095.

Quérard écrit *Perusseau.*

920. .... par M. Marquet de Villefonds, le 25 août 1738....
— Novembre 1738, p. 2287.

Quérard dit à tort 1737.

921. .... par M. l'ab. le Cousturier, le 25 août 1746.... —
Mars 1747, p. 568.

922. .... par M. l'ab. Bon, le 25 août 1753.... — Décembre 1753, p. 2854.

Ouvrage non cité par Quérard (I, 392?).

923. .... par l'ab. Talbert, le 25 août 1755.... — Janvier 1756, p. 356.

Quérard (IX, 328) ne cite pas ce panégyrique, mais un autre prononcé en 1779.

924. .... par l'ab. Guyot, le 25 août 1758.... — Décembre 1758, p. 3016.

925. .... par l'ab. Journu, le 25 août 1759.... — Juillet 1760, p. 1907.

Quérard (IV, 253) nomme à tort cet auteur *Journa*; le *Journal des Savants*, la *France littéraire* de l'ab. Hébrail, etc., disent *Journu*. Cet auteur est-il de Lyon, comme le dit M. Quérard? Je ne l'ai pas trouvé dans la *Biographie lyonnaise* de MM. Bréghot du Lut et Pericaud.

926. .... par l'ab. Bourlet de Vauxcelles, le 25 août 1761...
— Octobre 1761, p. 2548.

927. .... par l'ab. de Beauvais, le 25 août 1764.... — Octobre 1764, p. 2548.

Quérard attribue à tort cet ouvrage au P. de Beauvais, S. J. (I, 246.)

928. .... par l'ab. Le Creu, le 25 août 1765.... — Octobre 1765, p. 870.

929. .... par l'ab. de Vammalle, le 25 août 1766.... —
Novembre 1766, p. 260.

930. .... par l'ab. Planchot, le 25 août 1766.... — Décembre 1766, p. 480.

931. .... par l'ab. de Bassinet, le 25 août 1767.... —
Juillet 1768, p. 420.

932. .... par l'ab. Gayet de Sansale, le 25 août 1767.... —
Juillet 1768, p. 420.

933. .... par l'ab. de Cambacérès, le 25 août 1768.... —
Novembre 1768, p. 344.

934. .... par l'ab. Maury, le 25 août 1772.... — Novembre 1772, p. 273.

935. .... par l'ab. Semillard, curé de Tremblay, près Paris, le 25 août 1772. — Mars 1773, p. 413.

Ce panégyrique n'a pas été imprimé ; du moins l'extrait qu'on en donne, est fait d'après le manuscrit. Quérard cite cet auteur, t. IX, 45.

936. .... par l'abbé Pleuvri, le 25 août 1772.... — Octobre 1773, p. 179.

Quérard ne cite pas cette édition, mais une de 1757, époque à laquelle ce panégyrique fut prononcé pour la première fois.

937. .... par le P. Mandar, oratorien, le 25 août 1774.... — * Octobre 1774, p. 137.

Ce panégyrique avait été prononcé en 1770 et en 1773.

938. .... par l'abbé Fauchet, le 25 août 1774.... — Novembre 1774, p. 283.

939. Panégyrique de sainte Thérèse, patronne de S. M. l'impératrice reine de Hongrie et de Bohème, par le P. Chapelain, S. J. Nouvelle édition. *Paris*, 1770, in-12. — * Mai 1770, p. 374.

940. Panégyrique de sainte Ursule, prononcé le jour de sa fête, le 21 octobre, dans l'église de Sorbonne, par l'un des docteurs de cette Société, l'abbé Coulau. *Paris*, 1705. in-4°. — Février 1706, p. 285.

Quérard ne cite pas cet auteur.

THÉOLOGIE ASCÉTIQUE.

Amour de Dieu.

940 bis. Traité de l'amour de Dieu, où la nature, la pureté et la perfection de la charité sont expliquées selon les principes des Pères et surtout de saint Thomas, par le R. P. Ant. Massoulié, dominicain. *Paris*, 1703, in-8. — Février 1704, p. 268.

941. De la connaissance et de l'amour de Dieu et de l'usage des afflictions, par le père Lamy, bénéd. *Paris*, 1712, in-12. — * Mars 1743, p. 552.

941 bis. De l'amour de Dieu et des moyens qui conduisent à la perfection de cet amour. Traité de saint Bonaventure. traduit par M. Godeau. *Paris*, 1713, in-12. — Juillet 1713, p. 1446.

Michel Godean, professeur de rhétorique au collége des Grassins, mort en 1714, n'est pas cité par Quérard.

942. Sentiments de piété, où il est traité de la nécessité de connaître et d'aimer Dieu (par *Fénelon*). *Paris*, 1713, in-12. — 4e édit. *Paris*. 1734, in-12. — Septembre 1713, p. 1668; — * septembre 1734, p. 1723.

Barbier et Quérard disent 1719. Les journalistes de Trévoux réclamèrent, au nom de Fénelon probablement, contre l'édition de 1713, donnée sans son assentiment, .. où l'on avait inséré des choses qui n'étaient pas de lui.

943. Explication des qualités et du caractère que saint Paul donne à la charité (par *Duguet*). *Paris*, 1727, in-8. — Septembre 1727, p. 1744.

944. Traité de l'amour de Dieu et de ses vrais caractères, tiré des Livres saints, par l'ab. Le Pelletier. *Paris*, 1729, in-12. — * Septembre 1729, p. 1693.

945. Traité de la charité envers Dieu ou de l'amour de Dieu et de ses caractères, tiré des Livres saints, par un prieur bénédictin. *Paris*, 1729, in-12. — Février 1734, p. 197.

Ces deux ouvrages me semblent n'en faire qu'un, dont l'ab. Le Pelletier serait l'auteur; il doit y avoir une erreur dans les *Mémoires*.

946. Le grand commandement de la loi ou le devoir principal de l'homme envers Dieu et envers le prochain, exposé selon les principes de saint Thomas, par le P. Bernard d'Arras, capucin. *Paris*, 1734, in-12. — * Juillet 1734, p. 1279.

Quérard dit à tort 1731; il a été peut-être induit en erreur par la *Table du Journal des Savants*, qui renvoie par erreur à 1731, p. 247, tandis qu'il faut recourir à 1734; et encore y trouve-t-on 1733 pour année de l'impression.

947. De l'amour de Dieu, de ses motifs, de ses qualités et de ses effets, par le P. Pallu, S. J. *Paris*, 1737, in-12. — * Mai 1737, p. 933.

948. Le chemin de l'amour divin ; description de son palais et des beautés qui y sont renfermées (par l'ab. *Grisel*). *Paris*, 1746, in-12. — * Juin 1746, p. 1352.

949. Traité de l'amour de Dieu selon l'esprit et la méthode de saint François de Sales, par le P. Fellon, S. J. *Lyon*, 1738, 3 vol. in-12. — Juillet 1738, p. 1520 ; — septembre 1739, p. 1948.

950. Abrégé du traité de l'amour de Dieu de saint Francois de Sales (par l'ab. Tricalet). *Paris*, 1756, in-12. — Novembre 1756, p. 2866.

951. Considérations propres à faire naître et à entretenir l'amour divin dans nos cœurs. *Paris*, 1759, in-18. — * Mai 1759, p. 1306.

952. Traité de la confiance en la miséricorde de Dieu pour la consolation des âmes que la crainte jette dans le découragement, par M. l'évêque de Soissons (*Languet*). *Paris*, 1745, in-12. — Mai 1745, p. 873.

Barbier ne cite pas cette première édition.

953. Traité de la présence de Dieu, qui renferme tous les principes de la vie spirituelle, par le P. de Gonnelieu, S. J. *Paris*, 1703, in-12. — * Février 1704, p. 344.

954. Le livre de l'espérance chrétienne et de la confiance en Dieu (par le R. P. *Morel*, bénéd.). *Paris*, 1728, in-12. — * Mars 1728, p. 563.

955. De la plus solide, la plus nécessaire et souvent la plus négligée de toutes les dévotions, par M. Thiers. *Paris*, 1702, in-12. — Novembre 1702, p. 196.

956. Discours (sur la sagesse de Dieu dans la distribution inégale des richesses), par M. Doillot. *Paris*, 1745, in-4. — Septembre 1745, p. 1684.

957. Traité de la charité envers le prochain et de ses vrais caractères, tiré des Livres saints, par l'ab. Cl. Le Pelletier. *Paris*, 1729. in-12. — Avril 1729, p. 736.

Dévotion au Saint-Esprit et à Notre-Seigneur.

958. Traité de la dévotion au Saint-Esprit, tiré des Livres saints, par un solitaire de Sept-Fonds (l'ab. *Le Pelletier*). *Paris*, 1735, in-12.—Mai 1735, p. 954.

Quérard ne cite pas cette première édition.

959. Traité ... par l'ab. Le Pelletier. Nouvelle édition. *Paris*, 1738, in-12.—Août 1738, p. 1749.

960. De Imitatione Christi libri IV ... ex recensione Jos. Valart. *Paris*, 1758, in-12.—Nova editio. *Ibid.* 1764, in-12. —Avril 1758, p. 1444 ; — * février 1764, p. 567.

961. Thomæ a Kempis, de Imitatione Christi libri IV versiculis distincti. *Paris*, 1767, in-16. — *.Juillet 1767, p. 178.

Cette édition, qui parot chez *Vincent*, ne me semble pas citée dans l'*Essai bibliographique sur le livre de Imitatione Christi*, par le P. A. de Backer, S. J.

962. L'Imitation de J.-C. traduite par l'ab. Paris. *Paris*, 1706, in-12.—Juillet 1706, p. 1265.

963. L'Imitation de J.-C., traduction nouvelle en forme de prières (par B. Girin). *Paris*, 1711, in-12.— Septembre 1711, p. 1678.

Barbier, Quérard et le P. de Backer disent 1712 pour la 1re édit. de Girin.

964. L'Imitation de J.-C., traduction nouvelle, avec une pratique et une prière à la fin de chaque chapitre, par le R. P. de Gonnelieu, de la C. de J. *Paris*, 1712, in-12.— Août 1713, p. 1403.

On sait que cette traduction est de Jean Cusson.

965. L'Imitation de J.-C., traduction nouvelle, fidèle et littérale, par l'ab. Le Pelletier. *Paris*, 1731, in-12.— Août 1730, p. 1505 ; — avril 1731, p. 646.

966. L'Imitation de J.-C., traduction nouvelle, par le P. Lallemant, S. J. *Paris*, 1740, in-12. — Mars 1741, p. 564.

967. Imitation de J.-C , traduction nouvelle d'après l'édition latine de 1728, par l'ab. J. Valart. *Paris*, 1759, in-12. — Mai 1759, p. 1306.

968. De l'Imitation de J.-C., traduction nouvelle, par l'abbé Jaubert. *Paris*, 1770, in-12. — Février 1771, p. 367.

969. L'Imitation de J.-C., mise en cantiques spirituels sur les plus beaux airs des meilleurs auteurs... par l'ab. Pellegrin. *Paris*, 1727, in-8. — * Juin 1727, p. 1455.

970. Dissertation sur le véritable auteur de l' Imitation de J.-C., pour servir de réponse à celle de M. Valart, par un chanoine régulier de Sainte-Géneviève (le P. *Géry*). *Paris*, 1758, in-12.—Septembre 1758, p. 2235.

971. De l'Imitation de Notre-Seigneur Jésus-Christ, par le P. Pallu, S. J. *Paris*, 1738, in-12.— Mai 1738, p. 953.

Ouvrage non cité dans Quérard (vi, 571), non plus que le suivant.

972. Traité de la connaissance et de l'amour de N. S. Jésus-Christ, par le P. Pallu, S. J. *Paris*, 1737, in-12. — Février 1738, p. 359.

973. De la connaissance et de l'amour de J.-C. pour servir de suite au livre des élus, par le même auteur (le P. *St-Jure*), revu et corrigé par l'abbé *** (*Vanblotaque*, S. J.,

connu sous le nom d'abbé *de Saint-Pard*). *Paris*, 1772, in-12.
— * Mai 1793, p. 348.

974. Elévation à J.-C. sur sa vie et ses mystères, ouvrage
attribué à Thomas à Kempis, traduit par le R. P. Valette,
de la doctrine chrétienne. *Paris*, 1728, in-12. — * Juin 1729,
p. 1128.

975. Méditations et pratiques de piété sur les mystères et la
vie de N. S. J.-C.; par l'auteur des Méditations ecclésiastiques (*Beuvelet*). Nouvelle édition. *Lyon*, 1764, in-12. —
* Mars 1764, p. 1326.

Barbier et Quérard ne citent pas cet ouvrage ; il est aussi omis
dans le supplément de la *Biographie Michaud*, art. *Beuvelet*.

976. Les mystères de J.-C. expliqués en forme d'instructions, selon l'esprit de l'Ecriture et des Pères, par R. C.***,
prêtre, (l'ab. *Cerveau*). *Paris*, 1770, in-12. — * Novembre
1770, p. 375.

977. L'Horloge de la passion de J.-C., avec des figures,
par un solitaire de Sept-Fonds. *Paris*, 1709, in-12. — Novembre 1709, p. 1937.

Aucun dictionnaire ne dévoile cet anonyme. Ne serait-il pas M. de
la Chétardie, curé de Saint-Sulpice, ou l'ab. Le Pelletier ?

978. Entretiens spirituels en forme de prières sur la passion
de J.-C., pour tous les jours de carême, par un religieux
bénédictin de la cong. de S. M. (dom *Morel*). *Paris*, 1714,
in-12. — * Avril 1714, p. 746.

Ouvrage omis par Barbier et par Quérard.

979. Jésus agonisant, méditations affectives du P. de Sainte-
Croix, jésuite, pour une retraite de chaque mois. *Paris*,
1713, in-12. — * Janvier 1744, p. 187.

Auteur non cité par Quérard.

980. Principales circonstances de la passion de N. S. J.-C.
partagées selon toutes les heures du jour. *Paris*, 1746, in-12.
— * Mai 1746, p. 1138.

981. Méditations sur la passion de N. S. J.-C., par le P.
Sanadon, S. J. *Paris*, 1748, in-48. — * Mai 1748, p. 1146.

Auteur non cité par Quérard.

982. Réflexions chrétiennes sur les grandes vérités de la foi
et sur les principaux mystères de la passion de N. S. J.-C.
(par le P. Judde, S. J.). *Paris*, 1748, in-12. — Août 1748,
p. 1708.

Barbier, Quérard (IV, 262), le P. de Backer (II, 319) ne citent
pas cette 1re édition.

983. Le livre des élus ou Jésus crucifié, par le P. Saint-

Jure, S. J., revu et corrigé par M. l'abbé *** (de Van Blota-
que, S. J.). *Paris*, 1759, in-12. — * Mars 1762, p. 762.

Quérard ne cite pas cette 1re édition.

984. Les grandeurs de J.-C. dans ses souffrances, ou explication abrégée des mystères de la Passion ... par un curé
du diocèse de Lyon. *Lyon*, 1770, 2 vol. in-12. — * Mai 1770,
p. 370.

Cet ouvrage est un abrégé de celui de Duguet sur la Passion de N. S.

985. Le chrétien au pied de la Croix, méditant sur la passion de notre divin Sauveur. *Paris*, 1771, in-16. — * Mai
1771, p. 364.

986. Les stations de Jérusalem et du Calvaire, pour servir
d'entretiens sur la passion de N. S. J.-C. par M. Parvilliers.
Nouv. édition. *Paris*, 1771, in-12. — * Nov. 1771. p. 373.

D'après le P. de Backer (I, 543) cet ouvrage du P. Adrien Parvilliers, S. J., parut pour la première fois en 1680. Quérard ne cite aucune
édition avant celle de 1812.

986 *bis*. Pèlerinage du Calvaire sur le Mont-Valérien, par
l'ab. de Pontbriand. *Paris*, 1745, in-12. — * Octobre
1745, p. 1905.

987. La vie de J.-C. dans l'Eucharistie et la vie des chrétiens qui se nourrissent de l'Eucharistie, par l'ab. Girard
de Villethierry. *Paris*, 1702, in-12. — * Mars 1703, p. 545.

988. Traité de la Communion ou conduite pour communier
saintement, par le P. Vaubert, S. J. *Paris*, 1704, in-12. —
Février 1704, p. 203.

989. De la dévotion à N. S. dans l'Eucharistie, par le P.
Vaubert, S. J. 2e édition. *Paris*, 1706, 2 vol. in-12. —
* Septembre 1706, p. 1639.

990. Le sacrifice perpétuel de foi et d'amour au T.-S. Sacrement de l'autel ... par le R. P. Gourdan. *Paris*, 1744,
in-12. — Avril 1714, p. 747.

991. Colloque de J.-C. avec une âme fidèle, par M. D***
(*Durand*), prieur-curé de Meaux. *Paris*, 1759, in-12. —
Paris, 1770, in-12. — * Janvier 1759, p. 371 ; — * août 1770,
p. 352.

Barbier et Quérard ne citent pas la réimpression.

992. Entretiens de l'âme avec Jésus-Christ dans le très-saint
Sacrement de l'autel, par un religieux bénéd. de la
C. de S. M. (dom *Morel*). Nouvelle édition. *Paris*, 1770,
in-12. — * Mai 1770, p. 368.

Quérard (IV, 300) ne cite pas cette édition, mais une antérieure
de 1745.

993. L'excellence de la dévotion au Cœur adorable de J.-C. par le P. Jos. de Gallifet, S. J. Nouvelle édition. *Nancy*, 1745, in-4. — * Août 1746, p. 1721.

994. L'esprit et la pratique de la dévotion au Sacré Cœur de Jésus (par dom J. *Montnard*, chartreux). *Paris*, 1762, in-12. — * Octobre 1762, p. 2675.

Barbier et Quérard ne citent ni l'ouvrage, ni l'auteur.

995. Le vrai repos en Dieu par les états de J.-C. ou discours moraux sur l'incarnation du Fils de Dieu, expliqués selon l'Ecriture sainte, selon les SS. Pères et les docteurs de l'Eglise, par le P. Ant. Boucat, minime. *Soissons*, 1704, in-12. — * Décembre 1704, p. 2083.

Auteur non cité par Quérard.

996. Effusions de cœur sur le mystère de l'incarnation pour tous les jours de l'Avent, par dom *Morel*, bénéd. de S. M. *Paris*, 1748, in-12. — * Décembre 1748, p. 2075.

997. L'homme chrétien formé sur le modèle de J.-C. par le R. P. Laurent Gobart, S. J. *Liége*, 1722, 2 vol. in-12. — Avril 1724, p. 727.

Auteur non cité par Quérard.

998. Elévations du chrétien malade et mourant, conforme à J.-C., dans les différentes circonstances de sa passion et de sa mort, par M. P. (l'ab. *Perronnet*). *Paris*, 1756, in-12. — Nouvelle édition. *Paris*, 1764, in-12. — Avril 1756, p. 1138 ; — mars 1764, p. 750.

999. Jésus consolateur dans les différentes afflictions de la vie, par le P. H. Hayer. *Paris*, 1767, in-12. — 3º édit. *Ibid.*, 1775, in-12. — Mai 1767, p. 347 ; — * décembre 1775, p. 556.

Dévotion à la Très-Sainte Vierge.

1000. Polyanthea Mariana, in qua libris octodecim Deiparæ Mariæ Virginis sanctissima nomina..... auctore Hipp. Maracci. *Cologne*, 1710, in-4. — Août 1714, p. 1402.

1001. Constitution de N. S. P. le pape Clément XI pour la fête de la Conception immaculée de la sainte Vierge. — Mars 1709, p. 544.

1002. Traité de l'immaculée Conception de la très-sainte Vierge Marie, Mère de Dieu, composé en espagnol par le R. P. Vincent Justinien Antist, de l'ordre des FF. Prêcheurs, trad. en franç. avec une addition, par le sieur D*** (Ant. *Thomas*). *Paris*, 1706, in-12. — Février 1709, p. 303.

1003. Réfutation d'un libelle (de Jean de Launoy), imprimé l'an 1676, qui a pour titre : *Prescriptions touchant la Conception de Notre-Dame*, (par l'ab. *Trevet*). *Rouen*, 1709, in-4. — Septembre 1709, p. 1644.

1004. Lettres sur le culte et l'invocation de la T.-S. Vierge et des Saints, écrites à M. d'Abbadie, capitaine, par le P. de Souastre, de la C. de J., avec les réponses de cet officier protestant et la réfutation de ces réponses. *Lille*, 1740, in-8. — Avril 1712, p. 627.

1005. Lettre d'un ecclésiastique de Saint-S. à un de ses amis de province. *Agen*, 1707, in-12. — * Mars 1708, p. 543.

Cet ouvrage attaque la dévotion à la sainte Vierge.

1006. La vie et les mystères de la T.-S. Vierge, par messire P. Fr. Lafitau. *Paris*, 1759, 2 vol. in-12. — * Novembre 1759, p. 2863.

1007. L'Imitation de la Vierge, Mère de Dieu, par messire Louis Bastide. *Paris*, 1713, in-12. — Août 1713, p. 1405.

Quérard ne cite pas cet ouvrage (ı, 212).

1008. Imitation de la S. Vierge dans un abrégé de sa vie, trad. de l'espagnol du P. Arias, S. J., par le P. Jean de Courbeville, S. J. *Paris*, 1733, in-12. — * Décembre 1733, p. 2194.

1009. Imitation de la T.-S. Vierge sur le modèle de celle de J.-C. (par l'ab. *d'Hérouville*). *Paris*, 1773, in-16. — * Mai 1776, p. 305.

La 1ʳᵉ édition est de 1768 d'après Quérard. Cet abbé d'*Hérouville* est, selon moi, le même que le P. Alexandre *Deronville*, ou *Derouville*, ou *Deranville*, dont parle le P. de Backer, t. VI, p. 111, de la *Bibliothèque des écrivains de la C. de J.* Dans ce dernier ouvrage on cite de cet auteur deux traités, l'un sur le Sacré Cœur, l'autre une Imitation de la très-sainte Vierge. En comparant son article avec celui de Quérard (IV, 95), il est impossible de ne pas reconnaître que ces deux auteurs n'en forment qu'un, le P. d'Hérouville.

1010. De la dévotion à Notre-Dame, trad. du P. Segneri, S. J., par le P. de Courbeville, S. J. *Paris*, 1730, in-12. — * Septembre 1730, p. 1677.

Quérard ne cite pas cet ouvrage.

1011. Motifs de confiance envers la sainte Vierge, par le

P. Le Clerc, S. J. *Paris*, 1712, in-12. — * Mars 1712, p. 551.

Quérard et le P. de Backer ne citent que la 8ᵉ édit. de 1785.

1012. Les véritables pratiques de piété pour honorer J.-C. et sa sainte Mère, contenues dans le Rosaire, par le R. P. Fr. Mespolié, de l'O. des FF. PP. *Paris*, 1715, in-12. — Octobre 1716, p. 1852.

Quérard (VII, 89) cite une édition de 1710.

1013. La solide dévotion du Rosaire, ou l'idée, l'excellence et la pratique de cette dévotion (par le R. P. *Byoer*, orat.). *Paris*, 1727, in-16. — Septembre 1727, p. 1726.

1014. L'adoration chrétienne dans la dévotion du Rosaire, ou instruction sur la solidité et sur les avantages de cette dévotion (par l'ab. *Bellet*). *Paris*, 1754, in-12. — * Mai 1754, p. 1142.

1015. Narrazione di un miracolo per l'intercessione di Maria Virgine immaculata.... nel novembre 1716, in Mantua. *Mantoue*, 1717, in-4. — Septembre 1718, p. 444.

Dévotion aux Anges et aux Saints.

1016. Le nouveau pensez-y bien avec un petit traité de la dévotion aux anges gardiens. *Paris*, 1705. — * Avril 1705, p. 726.

1017. Pratique de dévotion à l'honneur de S. Fr. Xavier, de la C. de J., apôtre des Indes et du Japon. *Dijon*, 1706, in-12. — Juin 1706, p. 1026.

1018. Pratiques de dévotion à l'honneur de S. Fr. Xavier (par le P. *du Poncet*, S. J.). *Paris*, 1709, in-12. — Mars 1710, p. 548.

Ouvrage omis par Quérard.

1019. Nouveaux miracles opérés par l'intercession de saint Louis de Gonzague. Trad. de l'italien. *Rome*, 1729, in-8. — Décembre 1730, p. 2123.

1020. Neuvaine en l'honneur de la glorieuse mère sainte Thérèse de Jésus. Nouvelle édition, augmentée de l'abrégé de sa vie. *Paris*, 1770, in-12. — * Mars 1771, p. 544.

Ouvrages et Traités ascétiques divers.

1021. Dissertation apologétique ou réfutation de ce qu'on impose aux mystiques dans quelques extraits tirés depuis peu de l'examen de la théologie mystique (du P. *Cheron*, carme), par le R. P. Honoré de Sainte-Marie. *Bordeaux*, 1701, in-12. — Juillet 1704, p. 81.

Quérard ne cite pas cet ouvrage (IV, 129).

1022. Ethica amoris, sive theologia sanctorum magni præsertim Augustini et Thomæ Aquinatis circa universam amoris et morum doctrinam, adversus novas opiniones.... discussa per Fr. Henricum a S. Ignatio. *Liége*, 1709, 3 vol. in-fol. — Juillet 1715, p. 1193.

1023. Instructions spirituelles en forme de dialogues sur les divers états d'oraison suivant la doctrine de Bossuet, par un père de la C. de J., docteur en théologie (le P. *Caussade*, publié par le P. G. *Antoine*). *Perpignan*, 1741, in-12. — Novembre 1745, p. 2086.

1024. Avis sur les différents états de l'oraison mentale. *Paris*, 1741, in-12. — * Avril 1711, p. 744.

1025. Instructions familières sur l'oraison mentale, en forme de dialogue... par le R. P. J. J. Surin. *Nancy*, 1738, in-8. — Juillet 1743, p. 2129.

Cet ouvrage, que ne cite pas Quérard, mérite une place dans ses *Supercheries*, car il n'est pas du P. Surin ; son nom n'a pu y être mis que pour lui donner de la vogue. Ces *Instructions* avaient paru dès 1685, sans nom d'auteur ; elles ont été réimprimées en 1846.

1026. L'esprit d'oraison ou moyens propres aux âmes pieuses pour s'entretenir dans cet esprit. *Paris*, 1769, in-12. — * Mai 1769, p. 364,

1027. Tradition des Pères et des auteurs ecclésiastiques sur la contemplation, où l'on explique ce qui regarde le dogme et la pratique de ce saint exercice, par le R. P. Honoré de Sainte-Marie, carme déchaussé. *Paris,* 1708, 2 vol. in-8. — Février 1709, p. 201.

1028. Méthode de bien prier, par le P. de Gonnelieu, S. J. *Paris*, 1710, in-12. — * Avril 1710, p. 745.

1029. Méthode pratique pour converser avec Dieu. 3e édit. Par un père de la C. de J. (le P. Ant. *Franc*, S. J.). *Lyon*. 1721, in-12. — Avril 1725, p. 595.

Auteur non cité par Quérard. Voir le P. de Backer (II, 200).

1030. Instructions chrétiennes sur la prière (par le P. *Gallyot*, génovéfain). *Paris*, 1728, 2 vol. in-12. — * Mai 1728, p. 966.

1031. Arte di racommandarsi a Dio, o sia le Virtù dell'

orazione, dal P. Bellati, S. J. *Plaisance*, 1731, in-8. — Juin
1734, p. 1141.

1032. Bibliothèque ascétique, ou sentiments des SS. Pères
et des auteurs ecclésiastiques sur les plus importants sujets
de la morale chrétienne, par le P. Jérosme, procureur
général des Augustins réformés. *Paris*, 1761, in-12. — Avril
1761, p. 1120; — juin, p. 1452.

L'ouvrage complet, terminé en 1770, a 7 vol. (Quérard, IV, 224).

1033. Œuvres spirituelles du P. Fr. Arias, S. J., trad. de
l'espagnol par le P. Belon, S. J. *Lyon*, 1740, 2 vol. in-12.
— Septembre 1740, p. 1790.

1034. Pensées sur divers sujets de morale, par le R. P.
Avrillon, avec un avertissement contenant un abrégé de la
vie de l'auteur (par l'ab. *Gouget*). *Paris*, 1744, in-12. —
Août 1744, p. 1443.

1035. Le chemin du ciel du cardinal Bona, trad. en franç.
(par M. *Desfontaines Guyot*). *Paris*, 1708, in-12. — * Avril
1708, p. 726.

Cet auteur, frère de l'ab. Desfontaines, selon Barbier, était conseiller de la cour des comptes et finances de Normandie.

1036. L'esprit de saint Charles Borromée, par le R. P.
Ant. Touron, domin. *Paris*, 1761, 3 vol. in-12. — Octobre
1761, p. 2475.

1037. Lettres spirituelles de M. J. B. Bossuet à une de ses
pénitentes (publiées par dom *Cathelinot*). *Paris*, 1746,
in-12. — * Août 1746, p. 1729.

1038. Œuvres spirituelles et pastorales de M. L. Carrelet,
doct. en théol. et curé de Dijon. *Dijon*, 1767, 4 vol. in-12.
— Novembre 1767, p. 211.

1039. Obras spirituales de spiritual e veneravel Padre Fr.
Ant. das Chagas. 2e édit. *Lisbonne*, 1701, in-4. — Mars
1702, p. 128.

1040. Lettres sur divers sujets de piété et de morale (par
Duguet). *Paris*, 1708, in-12. — * Février 1708, p. 357.

Barbier et Quérard ne citent pas d'édition antérieure à 1735.

1041. Œuvres spirituelles de Fénelon. Nouvelle édit.
Rotterdam, 1738, 2 vol. in-4. — * Novembre 1740,
p. 2235.

1042. Maximes de saint Etienne de Grandmont, en lat. et
en franç. (par *Baillet*). *Paris*, 1704, in-12. — * Décembre
1704, p. 2184.

1043. Les œuvres spirituelles de M. Hélyot, conseiller du Roi en la cour des aides, avec un abrégé de sa vie (par le P. *Crasset*, S. J.). *Paris*, 1710, in-8. — Mai 1711, p. 785.

Quérard ne cite pas cet ouvrage; l'auteur, il est vrai, est mort en 1686.

1044. Lettres spirituelles du P. Cl. de la Colombière. *Lyon*, 1715, 2 vol. in-12. — Nouvelle édit. *Lyon*, 1725, 2 vol. in-12. — * Octobre 1715, p. 1860 ; — avril 1726, p. 653.

Quérard a tort de dire *nouvelle édition* pour celle de 1715; il ne cite pas celle de 1725. •

1045. Remarques sur divers sujets de religion et de morale, tirés des saints Pères, par le P. La Pesse, S. J. *Lyon*, 1706, 3 vol. in-12. — Juillet 1706, p. 1124.

Auteur non cité par Quérard.

1046. Lettres de Mme de la Vallière, morte religieuse carmélite, avec un abrégé de sa vie pénitente (par l'ab. *Lequeux*). *Paris*, 1767, in-12. — * Juin 1768, p. 569.

1047. Entretiens spirituels du P. Le Maître, S. J. Nouvelle édit. *Paris*, 1714. 4 vol. in-12.—* Décembre 1714, p. 2188.

Quérard ne cite pas d'édition antérieure à 1813 (V. 430). Voir le P. de Backer, t. III.

1048. Les œuvres spirituelles du P. Le Valois (publiées par le P. *Bretonneau*, S. J.). *Paris*, 1706, 5 vol. in-12. — Nouvelle édit. *Ibid.* 1739, 3 vol. in-12. — Nouvelle édit. *Ibid.* 1758, 3 vol. in-12. — Décembre 1706, p. 2033; — * février 1739, p. 379 ; — * décembre 1758, p. 3035.

Quérard (V, 269) ne cite que la 2e édit.

1049. Lettres spirituelles sur la paix intérieure et autres sujets de piété, par l'auteur du traité de la paix intérieure (le P. *Ambroise de Lombez*). *Paris*, 1766, in-12. — * Novembre 1766, p. 306.

1050. Entretiens sur les devoirs de la vie civile et sur plusieurs points importants de la morale chrétienne, par M. Marsollier. *Paris*, 1714, in-8. — 2e édit. *Ibid.* 1715, in-12. — Mai 1714, p. 788 ; — juin 1715, p. 1102.

1051. Pensées sur divers sujets de morale et de piété, tirées des ouvrages de feu M. Massillon, évêque de Clermont (par l'ab. *de Laporte*). *Paris*, 1748, in-12. — * Janvier 1749, p. 482.

1051 bis. Lettres spirituelles de M. de Merez, prévôt et grand vicaire d'Alais. *Avignon*, 1706. — Juin 1707, p. 1069.

Ouvrage non cité par Quérard (VI, 66).

1052. Lettres choisies écrites par feu M. Nicole, auteur des Essais de Morale. *Liége*, 1702, in-12. — Mars 1703, p. 371.

Quérard (VI, 412) ne cite qu'une nouvelle édition de *Paris*, 1703.

1053. L'esprit de M. Nicole, ou instructions sur les vérités de la religion, tirées des ouvrages de ce grand théologien (par l'ab. *Cerveau*. *Paris*, 1765, in-12. — * Mai 1765, p. 1326.

Quérard dit à tort *nouvelle édit.* à l'art. *Nicole* ; il ne le dit pas à l'art. *Cerveau.*

1054. Lettres spirituelles sur différents sujets de piété, par M. l'ab. d'Olonne. *Paris*, 1757, in-12. — Avril 1757, p. 942.

1055. An introduction to a devout life by Francis Sales (trad. par Guill. Nichols). *Londres*, 1704, in-8. — Mai 1704, p. 64.

1056. Lettres de saint François de Sales à Mme de Chantal. *Paris*, 1713, in-12. — Mars 1714, p. 561.

1057. Lettres de saint François de Sales, évêque et prince de Genève... rangées suivant leurs dates. Nouvelle édit. *Paris*, 1759, 6 vol. in-12. — Juin 1759, p. 1519.

D'après Quérard (III, 197) on pourrait supposer que ces *Lettres* n'ont pas vu le jour avant le xixe siècle.

1058. L'esprit de saint François de Sales...., recueilli de divers écrits de M. J. P. Camus, évêque de Belley, par M*** (*Collot*), docteur de Sorbonne. *Paris*, 1727, in-8. — Janvier 1728, p. 40.

1059. Traités de piété de M. de Sainte-Marthe, prêtre. *Paris*, 1702, 2 vol. in-8. — * Mars 1703, p. 545.

1060. Pensées et sentiments de piété tirés des sermons du P. de Segaud. *Paris*, 1767, in-12. — * Mars 1768, p. 564.

1061. Œuvres spirituelles du B. Henri Suzo, de l'Ordre des FF. P. *Lyon*, 1725, 2 vol. in-12. — * Décembre 1725, p. 2297.

Ouvrage omis par Quérard.

1062. Lettres de sainte Thérèse, trad. de l'espagnol en franç. (par la R. M. Marguerite de *Maupeou* et par l'ab. *Pelicot*), avec des remarques et des notes (par dom *La Taste*). *Paris*, 1748, 2 vol. in-4. — Décembre 1748, p. 2648.

1063. Réflexions sur divers sujets de morale et de politique, par M. de Vernage, chanoine de Saint-Quentin. *Paris*, 1703, in-12. — Septembre 1703, p. 1558.

Quérard ne cite que les éditions de 1690 et 1691.

1064. Les charmes de la société du chrétien (par Mme *Aubert*). *Paris*, 1730, in-12. — Mars 1731, p. 444.

1065. La voie étroite qui conduit à la vie, marquée dans les huit béatitudes, par le P. Barbaza, relig. de l'observ. de S. François. *Lyon*, 1731, in-12.— * Juin 1732, p. 1073.

Auteur non cité par Quérard.

1066. Lettres de Mme*** à une dame de ses amies, sur les motifs et les moyens de mener une vie plus chrétienne (par le P. *de Beauvais*, S. J.). *Paris*, 1755, in-12. — Février 1756, p. 555.

1067. Obligazioni d'un marito christiano verso la Moglie esposte in una lettera....* dal P. A. F. Bellati, S. J. 2ᵉ édiz. *Padoue*, 1743, in-8. — Juin 1743, p. 1004.

Le P. de Backer (t. VII, p. 96) dit pour cette édition : *sans date.*

1068. Les droits de la religion chrétienne et catholique sur le cœur de l'homme (par l'ab. *Bellet*). *Montauban*, 1764, 2 vol. in-12. — Novembre 1765, p. 1305.

1069. Calendrier spirituel et pratique par Fr. Célestin Bellot, carme. *Paris*, 1772. — * Janvier 1773, p. 186.

Auteur non cité par Quérard.

1070. Pratique efficace pour bien vivre et pour bien mourir, par le R. P. Bernardin de Péquigny. Nouvelle édit. *Paris*, 1705, in-12. — * Avril 1705, p. 727.

* Ouvrage omis par Quérard (VII, 147).

1071. Principes de la perfection chrétienne et religieuse (par l'ab. *Besoigne*). 2ᵉ édit. *Paris*, 1749, in-12. — Décembre 1762, p. 2983.

1072. Principes de la pénitence et de la conversion, ou vie des pénitents (par l'ab. *Besoigne*). 2ᵉ édit. *Paris*, 1762, 2 vol. in-12. — Décembre 1762, p. 2983.

1073. Instruction spirituelle et pensées consolantes pour les âmes affligées ou scrupuleuses, traduites du latin de Louis Blosius, abbé de Lessies, avec quelques sentiments d'une âme pénitente, tirés des SS. Pères. Par le P. J. Brignon, S. J. *Paris*, 1706, in-12. — Janvier 1707, p. 51.

Quérard ne cite qu'une édition de 1789 (I, 360).

1074. Instructions chrétiennes sur les souffrances, par M. l'abbé*** (*Boisvenet*, laïque, publié par l'ab. *Saunier de Beaumont*). *Paris*, 1732, in-12. — * Juin 1732, p. 1073.

1075. Paroles tirées de l'Ecriture pour servir de consolation aux personnes qui souffrent. Ouvrage posthume du R. P. Bouhours, S. J. *Paris*, 1704, in-12. — * Février 1704, p. 345.

1076. Maximes et avis pour conduire un pécheur à une véritable pénitence (par le P. *Boyer*, orat.). *Paris*, 1726, in-12. — Février 1727, p. 312.

1077. Sentiments chrétiens sur les principales vérités de la religion, exposés en prose, en vers et dans des estampes, par le P. Buffier, S. J. *Paris*, 1717, in-12. — Octobre 1718, p. 622.

Quérard dit 1746; le P. de Backer 1718.

1078. La véritable grandeur d'âme, ou réflexions importantes aux personnes distinguées par leur naissance ou par leurs dignités, pour se rendre grandes devant Dieu et devant les hommes... par M. le marquis de ***. *Paris*, 1725, in-16. — Août 1725, p. 1349.

1079. Le chrétien du temps confondu par les premiers chrétiens, rédigé par l'auteur de la jouissance de soi-même (de *Caraccioli*). *Paris*, 1766, in-12. — Février, 1767, p. 357.

1080. Des avantages des missions et de la manière d'en profiter, par M. Charles, curé de Bourbonne-les-Bains. *Paris*, 1720, in-8. — * Novembre, 1727, p. 2127.

Auteur non cité par Quérard.

1081. Réflexions sur la nécessité, les effets et les avantages de la discrétion, par l'auteur de la Journée sainte (l'ab. *Chauchon*). *Paris*, 1762, in-12. — * Octobre 1763, p. 2291.

Ouvrage omis par Quérard (II, 158).

1082. Journal de charité, par l'ab. Chayer. *Evreux*, 1760, in-12. — Avril 1761, p. 1130.

1083. Histoires de piété et de morale, par M. D. C. (l'ab. de *Choisy*). *Paris*, 1744, in-12. — Juin 1744, p. 964.

1084. Maximes pour se conduire chrétiennement dans le monde, par l'ab. Clément. *Paris*, 1749, in-12. — Juin 1749, p. 1347.

1085. Avis à une personne engagée dans le monde, ouvrage ascétique dans lequel on trouvera des règles certaines pour assurer une conscience scrupuleuse, par l'ab. Clément. *Paris*, 1759, in-16. — * Novembre 1759, p. 2872.

1086. Instructions et prières à l'usage des officiers de maisons, des domestiques et des personnes qui travaillent en ville. *Paris*, 1763, in-12. — Juillet 1763, p. 1701.

1087. Traité des devoirs des gens du monde et surtout des chefs de famille, par M. Collet. *Paris*, 1763, in-12. — Juillet 1763, p. 1814.

1088. Instructions en forme d'entretiens sur les devoirs des gens de la campagne, par M. Collet. *Paris*, 1770, in-12, * Mai 1771, p. 362.

A la fin se trouve : Abrégé de la vie de Mlle de Bachelier, née à Béziers en 1559.

1089. La vraie et solide piété, expliquée par S. François de Sales, recueillie de ses épîtres et de ses entretiens (par *Collot*). *Paris*, 1729, in-8. — * Septembre 1729, p. 1692.

1090. Conversation sur plusieurs sujets de morale, propres à former les jeunes filles à la piété, par M. Collot. *Paris*, 1736, in-12. — *Septembre 1736, p. 2106.

Quérard ne cite pas cette 1re édit.

1091. Le directeur dans les voies du salut sur les principes de S. Charles Borromée (par le P. *de Courbeville*). *Amiens*, 1752, in-12. — * Janvier 1754, p. 186.

Cette édition est probablement la 6e.

1092. Réflexions du voyageur éloigné de sa chère patrie et touché des dangers qu'il court de n'y arriver jamais... par feu M. l'ab. de Coninck. *Lille*, 1763, in-12. — Septembre 1763, p. 2243.

1093. L'esprit de la religion chrétienne opposé aux mœurs des chrétiens de nos jours, par l'ab. Compan. *Paris*, 1763, in-12. — Septembre 1763, p. 2164.

1094. Réflexions chrétiennes sur divers sujets de morale, par le P. J. Croiset, S. J. *Paris*, 1740, 2 vol. in-12. — Mars 1741, p. 445.

1095. Parallèle des mœurs de ce siècle et de la morale de J. C., par le R. P. J. Croiset, S. J. *Lyon*, 1728, 2 vol. in-12. — Octobre 1728, p. 1929.

1096. Les illusions du cœur dans toutes sortes d'états et de conditions, par le P. Croiset, S. J. *Lyon*, 1734, 2 vol. in-12. — *Juillet 1734, p. 1342.

1097. Règlements pour les pensionnaires des Jésuites de Lyon, par le P. Croiset, S. J *Lyon*, 1711, in-12. — * Octobre 1711, p. 1863.

Quérard ne cite pas cette 1re édit.

1098. Exercices chrétiens des gens de guerre (par le P. Daguet, S. J.). *Lyon*, 1759, in-12. — * Mars 1762, p. 764.

1099. Manuel des chiourmes qui sont sur les galères du roi (par le P. *Daguet*, S. J.). *Lyon*, 1759, in-12. — * Mars 1762, p. 764.

1100. Exercices du chrétien, contenant les préservatifs les plus sûrs contre le péché (par le P. *Daguet*, S. J.). *Lyon*, 1759, in-12. — * Mars 1762, p. 765.

1101. Les leçons de la sagesse sur les défauts des hommes (par l'ab. *Debonnaire*). *Paris*, 1743, 3 vol. in-12. — * Octobre 1743, p. 2701.

Édition non citée dans Quérard.

1102. La religion chrétienne méditée dans le véritable esprit de ses maximes (par l'ab. *Debonnaire* et le P. *Jard*). *Paris*, 1745, 6 vol. in-12. — Février 1746, p. 373; — juillet 1748, p. 1513.

1103. Les saintes croix des Dames illustres (par le R. P. *de Rians*, minime). — *Aix*, 1708, in-12. — * Janvier, 1708, p. 174.

Le P. *Derians* (Quérard, I, 486) et le P. *de Rians* (VIII, 6), tous deux minimes, ne seraient-ils pas le même personnage?

1104. Traité des principes de la foi chrétienne (par *Duguet*, édité par le P. *Lenet*, génovéfain). *Paris*, 1736, 3 vol. in-12. — *Janvier 1737, p. 184.

1105. Les avantages qu'on peut tirer des afflictions et des maladies. La manière d'aider les malades à bien mourir, par le P. L. Dupont, S. J. Trad. de l'espagnol par le P. J. Brignon, S. J. *Paris*, 1707, in-12. — Septembre 1707, p. 1586.

Ouvrage non cité par Quérard.

1106. Le chrétien parfait honnête homme, ou l'art d'allier la piété avec la politesse et les autres devoirs de la vie civile, par l'ab. Dupréaux. *Paris*, 1750, 2 vol. in-12. — *Mars 1750, p. 729.

1107. Instruction d'un père à sa fille, tirée de l'Ecriture sainte, par le sieur Dupuy, ci-devant secrétaire au traité de la paix de Riswick. *Paris*, 1702, in-12. — Juillet 1707, p. 1203.

C'est la 1re édit. de cet ouvrage dont Quérard (II, 715) ne cite que la réimpression de 1784.

1108. Le Manuel du soldat chrétien et la préparation à la mort, trad. du latin d'Erasme (par *du Rosc de Montandré*). *Paris*, 1711, in-12. — ' Mars 1713, p. 552.

1109. Paraphrase des Psaumes de David et des cantiques de l'Eglise, avec une application suivie... à un sujet particulier, propre à servir d'entretien avec Dieu, par le P. Fellon, S. J. *Lyon*, 1731. 4 vol. in-12. — Avril 1731. p. 701.

<small>Quérard ne donne qu'un volume à cet ouvrage (III, 88).</small>

1110. Alma instruida na doutrina a vida christãa, pelo P. Manuel Fernandez, S. J., *Lisbonne*, 1688-1699, 3 vol. in-fol. — Février 1702, p. 165.

1111. Traité de la vie spirituelle, écrit en latin par S. Vincent Ferrier, avec des exercices de piété pour passer chrétiennement la journée (par Mme de Longueil de Maisons). *Paris*, 1704, in-12. — Février 1705, p. 308.

1112. L'âme chrétienne soumise à l'esprit de Dieu, par Mlle Feuillet. *Paris*, 1704, in-8. — Septembre 1704. p. 167.

<small>Auteur non cité par Quérard.</small>

1113. Le chrétien par le sentiment (par le P. *Fidèle*, de Pau, capucin). *Paris*, 1764, 3 vol. in-12 — Juillet 1767, p. 155.

1114. Luz de la verdad, en que se enseña a Lucinda, y de baxo de su nombre a todas las almas... compuso el Fray Ant. Fuente la Pena, capuchino. *Madrid*, 1700, in-16. — Janvier 1702, p. 184.

1115. Instructions et pratiques pour passer saintement tous les jours de l'année, selon l'esprit de l'Eglise et des SS. Pères, par feu M. Gaudron. *Paris*, 1764, 2 vol. in-12.— ' Mai 1764, p. 1326.

<small>Quérard ne cite pas cet ouvrage (III, 280).</small>

1116. Vie des vierges, par l'ab. Girard de Villethierry. 4e édit. *Paris*, 1703, in-12. — * Mars 1703, p. 545.

<small>Ouvrage non cité par Quérard.</small>

1117. Maximes tirées de l'Ecriture sainte sur les principales vérités de la religion pour être enseignées dans les écoles ...imprimées par ordre de M. le chantre de l'Eglise de Paris (J. Alain de Gontaut). Nouvelle édit. *Paris*, 1765, 4 in-8. — * Janvier 1765, p. 404.

1118. Méditation continuelle de la loi de Dieu, par le R. P. Gourdan. *Paris*, 1727, in-12.— * Juillet 1727, p. 1364.

<small>Ce premier volume a seul paru.</small>

1119. Traité de la vie solitaire selon les sentiments et les

maximes des SS. Pères, utile à toutes sortes de personnes,
par M. Gravier, prévôt de l'église de Riez. *Lyon*, 1706,
in-12. — Décembre 1707, p. 2495.

1120. Ouvrage de piété divisé en quatre parties, savoir :
réflexions, actions de grâces, prières et méditations sur les
principaux mystères et sur les vérités les plus importantes
de la religion, par M. Guéroult, prêtre. *Paris*, 1748,
in-12. — * Janvier 1749, p. 183.

Quérard ne cite pas cet ouvrage. Quant à l'auteur, serait-il le même
que l'ab. Louis Nic. Guéroult? (*France litt.*, III, 511)

1121. Les sages entretiens, par l'ab. Guisain. Nouvelle édit.
Paris, 1716, in-24. — * Novembre 1716, p. 2125.

D'après Quérard (III, 517), la 1re édit. est de 1688.

1122. Le chrétien mourant et maximes pour le conduire à
une fin heureuse, contenant les Instructions pour bien mourir et pour exhorter les malades à la mort, par le R. P.
Hippolyte Hélyot, Picpus. *Paris*, 1705, in-12.—Septembre
1705, p. 1603.

C'est une nouvelle édition, la 1re étant de 1695.

1123. L'Esprit consolateur, ou réflexions sur quelques paroles
de l'Esprit-Saint, très-propres à consoler les âmes affligées,
par l'auteur de *l'Imitation de la T.-S. Vierge* (l'ab. d'Hérouville). *Paris* 1775, in-12. — 3° Supplément de 1775,
p. 170.

Voir plus haut n° 1009.

1124. Pensées sur les plus importantes vérités de la religion
et sur les principaux devoirs du christianisme, par M. Humbert. 7e édition. *Paris*, 1768, in 12. — Septembre 1768,
p. 571.

1125. Traité de la lecture chrétienne dans lequel on expose
les règles propres à guider les fidèles dans le choix des livres
et à les leur rendre utiles, par dom Nic. Jamin, bénéd. de
S.-Maur. *Paris*, 1774, in-12. — * Décembre 1774, p. 538.

1126. Placide à Maclovie, sur les scrupules, par l'auteur
des Pensées théologiques (dom *Jamin*). *Paris*, 1774, in-12.
— * Janvier 1774, p. 460.

1127. Placide à Scholastique sur la manière de se conduire
dans le monde par rapport à la religion, par dom Jamin.
Paris, 1775, in-12. — 3e Supplément de 1775, p. 166.

1128. Traité des tentations par le P. Jean de Jésus-Marie,
général des Carmes, trad. par le R. P. Colomban Gillotte.
Paris, 1749, in-12. — * Décembre 1749, p. 132.

Ouvrage non cité par Quérard (III, 356).

1129. Réflexions chrétiennes sur les grandes vérités de la foi et sur les principaux mystères de la passion de N. S. (par le P. *Judde*, S. J.). Nouvelle édit. *Paris*, 1758, in-12. — Février 1758, p. 545.

1130. La religion du cœur, exposée dans les sentiments qu'une tendre piété inspire, avec de courtes élévations pour toutes les situations, par M. le chev. de*** (*de Lasne d'Aiguebelles*). *Paris*, 1767, in-12. — * Février 1768, p. 372.

1131. Secours spirituels que l'on doit au prochain dans les maladies qui peuvent aller à la mort, par le P. Lattaignant, S. J. *Paris*, 1715, in-12. — * Octobre 1715, p. 1866.

1132. L'emploi du temps dans la solitude, par l'auteur des *Entretiens d'une âme pénitente* (Alex. *Lebret*). *Paris*, 1773, in-12. — * Février 1774, p. 336.

1133. Les quatre fins de l'homme, par le P. Le Clerc, S. J. Nouvelle édit. *Paris*, 1744, in-12. — * Octobre 1744, p. 1851.

Ouvrage omis dans Quérard (V, 49), ainsi que le suivant :

1134. Réflexions sur les obstacles et les moyens du salut, par le P. Le Clerc, S. J. 3e édit. *Paris*, 1745, in-12. — * Juin 1745, p. 1102.

1135. La dévotion réconciliée avec l'esprit, par M. Lefranc de Pompignan. *Montauban*, 1754, in-12. — Novembre 1754, p. 2848.

1136. Introduction à la vie intérieure et parfaite, tirée de l'Ecriture sainte, de l'Introduction à la vie dévote de saint François de Sales et de l'Imitation de J.-C., avec des réflexions pour en faciliter l'intelligence. 4e édit., augmentée de beaucoup, par le R. P. Innocent le Masson, général des Chartreux. *Paris*, 1704, 2 vol. in-8. — Janvier 1702, p. 162.

Auteur omis par Quérard.

1137. La pratique et les règles des vertus chrétiennes, par l'ab. Claude Le Pelletier. *Lyon*, 1713, 3 vol. in-12. — Mai 1713, p. 817.

1138. Traité des récompenses et des peines éternelles, tiré de l'Ecriture sainte, par l'ab. Le Pelletier. *Paris*, 1738, in-12. — Février 1739, p. 380.

1139. Traité de la mort et de sa préparation, tiré de l'Ecriture sainte, par l'ab. Le Pelletier. *Paris*, 1740, in-12. — Septembre 1740, p. 1846.

1140. Manuel de la jeunesse, ou instructions familières en dialogues sur les principaux points de la religion, par Madame Leprince de Beaumont. *Paris*, 1771, 2 vol. in-12. — * Septembre 1771, p. 567.

Quérard (V, 199) dit 1773 pour la 1re édition.

1141. Le chrétien fidèle à sa vocation, ou réflexions sur les principaux devoirs du chrétien (par l'ab. *Lequeux*). *Paris*, 1754, in-12. — *Ibid.* 1761, in-12. — * Juillet 1754, p. 1915; — * décembre 1761, p. 3038.

Quérard (V, 199) dit : 1758 ou 1761; Barbier : 1748, 1761.

1142. Le sage chrétien, ou les principes de la vraie sagesse pour se conduire chrétiennement dans le monde (par le P. Abraham *Le Royer*, S. J.). *Paris*, 1724, in-16. — Novembre 1724, p. 2063.

1143. La mort des pécheurs dans l'impénitence; exemples tirés de l'Écriture par l'auteur du *Traité du secret de la confession* (l'ab. *Lochon*). *Paris*, 1709, in-12. — Octobre 1709, p. 1749.

1144. Traité de la paix intérieure (par le P. *Ambroise de Lombez*). *Paris*, 1757, in-12. — 2º édit. *Paris*, 1758 in-12. — * Septembre 1757, p. 2302; — avril 1758, p. 948.

Quérard (I, 47) ne cite aucune édition antérieure à ce siècle.

1145. L'idée de la religion chrétienne où l'on explique succinctement tout ce qui est nécessaire pour être sauvé (par *Louail* et *Blondel*). *Paris*, 1735, in-12. — * Mars 1736, p. 574.

Il y a une édition antérieure de 1723. (*Quérard*, V, 364).

1146. L'esprit du siècle (par l'ab. *de Lubert*). *Paris*, 1707, in-12. — Octobre 1707, p. 1753.

Auteur omis par Quérard.

1147. Vie du chrétien, où l'on trouvera différents exercices de piété (par M. de Malbosc). *Paris*, 1766, in-12. — * Novembre 1766, p. 339.

1148. Adélaïde de Witsbury, ou la pieuse pensionnaire avec sa retraite spirituelle de huit jours, par P. Michel-Ange Marin. 2e édit. *Avignon*, 1747, in-12. — Mai 1747, p. 945.

Cette édition, non citée par Quérard (V, 538), est la réimpression de celle de 1744.

1149. Exercice de la préparation à la mort avec le plan d'une vie chrétienne, par le P. G. Martel. S. J. *Lyon*, 1725, in-12. — * Décembre 1725, p. 2298.

1150. Caractère du chrétien renfermé dans le saint Evangile, et développé dans des réflexions et des méditations sur le texte, par le P. G. Martel, S. J. *Paris*, 1753, 6 vol. in-8. — * Octobre 1753, p. 2479.

Quérard (V, 568) et la *Biogr. univ.* disent à tort 1743.

1151. Exhortations courtes et pathétiques pour les personnes affligées ou mourantes, tirées des Epîtres, des Evangiles... pour tous les jours de l'année (par Nic. *Martin*). *Paris*, 1742, in-12. — Octobre 1742, p. 1794.

1152. Règlement de vie selon les maximes de la perfection chrétienne et des vertus selon saint Thomas, à l'usage des missions (par le P. Fr. *Mespolié*, domin.). *Paris*, 1713. in-12. — Novembre 1713, p. 1956.

1153. Le caractère des vrais chrétiens (par Nic. *de Mélicque*). 4e édit. revue et augmentée (par *Moreau de Mautour*). *Paris*, 1714, in-12. — * Février 1715, p. 367.

1154. L'artisan chrétien et les devoirs des personnes d'une condition médiocre, par le P. G. S. Mondran, S. J. *Toulouse*, 1728, in-12. — Août 1729, p. 1471.

Un second volume parut en 1730. Quérard a omis cet auteur.

1155. Principes de la piété chrétienne, par le P. Bl. Monestier, S. J. *Toulouse*, 1756, 2 vol. in-12. — Février 1757, p. 574.

1156. Effusions de cœur sur chaque verset des Psaumes (par dom Rob. *Morel*). *Paris*, 1716, 4 vol. in-12. — *Février 1746, p. 358.

1157. De la charité envers le prochain et des œuvres de miséricorde : trad. de l'italien de Muratori par M. de Vergi. *Paris*, 1745, in-12. — *Janvier 1745, p. 186.

1158. Conduite chrétienne, ou règlement des principales actions et des principaux devoirs de la vie chrétienne, par le P. Fr. Nepveu, S. J. *Paris*, 1704, in-12. — Février 1705, p. 235.

1159. Conduite chrétienne tirée des meilleurs livres de piété, par M. Nicque. *Paris*, 1767, 2 vol. in-12. — Mars 1768, p. 477.

Cet auteur, dit-on dans cet article, donna une édition latine-française de l'office du Rosaire; Quérard n'en a pas eu connaissance (VI, 416).

1160. Maximes chrétiennes et spirituelles tirées des œuvres du P. Jean-Eusèbe Nieremberg, S. J., trad. nouvellement par un Père de la même C. (*Boillot*). *Lyon*, 1714, in-12. —Septembre 1714, p. 1603.

1161. Traité de la différence du temps et de l'éternité,

composé par le P. Eusébe Nieremberg, S. J. trad. de l'espagnol par le R. P. J. Brignon, S. J. *Trévoux*, 4708, in-42.
— Nouvelle édit. *Paris*, 4724, in-42. — Décembre 4708,
p. 2087; — avril 4724, p. 767.

1162. Préparation au passage du temps à l'éternité, par le
P. E. de Nieremberg, S. J. trad. de l'espagnol par le P. de
Courbeville, S. J. *Paris*, 4728, in-42. — *Septembre 4728,
p. 4788.

1163. Le pédagogue chrétien, ou la manière de vivre saintement par le P. Ph. d'Outreman, S. J., revu, corrigé tout
de nouveau et mis en meilleur français par le P. Brignon,
S. J. Dernière édition. *Rouen*, 4704, in-42. — Octobre 4704,
p. 4699.

Le P. de Backer ne cite pas cette édition.

1164. Des fins dernières de l'homme, par le P. Pallu, S. J.
Paris, 4739, in-42. — *Mars 4739, p. 566.

1165. Du salut, sa nécessité, ses obstacles, ses moyens, par
le R. P. Pallu, S. J. *Paris*, 4740, in-42. — *Août 4740,
p. 4668.

Le P. de Backer ne cite pas cette 1re édition : Quérard a omis totalement cet ouvrage.

1166. Réflexions sur la religion chrétienne, par le P. Pallu,
S. J. *Paris*, 4744, in-42. — Juin 4744, p. 4436.

1167. Guida degli uomini alla loro eterna salute, in due
parti, scritta dal R. P. Roberto Personio, S. J., tradotta
dall' originale inglese, nell' idioma italiano, da Franc.
Gius. Morelli, Sac. Fiorentino. *Padoue*, 4736, in-4. —
Novembre 4738, p. 2493.

1168. Le directeur dans les voies du salut (par le P. *Pinamonti*, S. J., trad. par le P. *de Courbeville*, S. J.). *Amiens*,
4749, in-12. — Février 4724, p. 265

1169. Lectures chrétiennes sur les principaux obstacles du
salut et sur les moyens de les vaincre, trad. de l'italien du
P. Pinamonti, S. J. (par le P. *de Courbeville*, S. J.) *Paris*,
4727, in-42. — Décembre 4727, p. 2292.

Quérard (VII, 475) dit 4737.

1170. Entretiens spirituels pour instruire, consoler et
exhorter les malades, par Jean Pontas. *Paris*, 4745, 2 vol.
in-42. — *Mai 4745, p. 946.

La *Biogr. univ.* (t. XXXV) et Quérard (VII, 273) n'ont pas connu
cette réimpression.

1171. Lettre de consolation à une dame de qualité sur la mort de son directeur, par l'ab. Richard. *Paris*, 1723, in-12. — Janvier 1724, p. 96.

Quérard (XII, 325) indique l'ouvrage sans marquer l'année.

1172. La consolation du chrétien, ou motifs de confiance en Dieu, dans les diverses circonstances de la vie, par l'ab. . Roissard. *Paris*, 1775, in-12. — *Mai 1775, p. 374.

D'après l'*Ami de la Religion* (t. XXXIX, p. 63) cet auteur est un ancien jésuite; le P. de Backer l'a omis.

1173. Les quatre fins de l'homme avec des réflexions capables de toucher les pécheurs les plus endurcis, et de les ramener dans la voie du salut, par l'ab. Rouault. *Paris*, 1734, in-12. — *Ibid.* 1757, in-12. — *Septembre 1734, p. 1726; — *juin 1757, p. 1519.

1174. L'âme chrétienne formée sur les maximes de l'Evangile... par M. l'abbé *** (*Saint-Paul*). *Paris*, 1774, in-12. — *Novembre 1774, p. 375.

1175. La conversion d'un pécheur réduite en principes : ouvrage du P. Fr. de Salazar, S. J., trad. par le P. de Courbeville, S. J. *Paris*, 1738, in-8. — *Avril 1738, p. 767.

1176. L'art de se tranquilliser dans tous les événements de la vie, tiré du latin du célèbre Ant. Alph. de Sarasa (S. J.). 3° édit. *Strasbourg*, 1764, in-8. — *Août 1764, p. 560.

1177. Catéchisme spirituel de la perfection chrétienne par le P. Surin, S. J. Nouvellement revu et corrigé par le P. T. B. F. de la m. C. (Thomas-Bernard *Fellon*). *Lyon*, 1730, 2 vol. in-12. — *Paris*, 1740, 2 vol. in-12. — Mai 1730. p. 815; — *octobre 1740, p. 2042.

1178. Instruction des jeunes gens, tirée de l'Ecriture et des Pères de l'Eglise, par M. Theru. *Paris*, 1704, in-12. — *Février 1705, p. 368.

Ouvrage non cité par Quérard (IX, 410?).

1179. La manière de bien mourir, ou consolation contre les frayeurs de la mort, par M. l'ab. Thouvenin. *Paris*, 1707, in-12. — *Octobre 1707, p. 1863.

1180. Traité des devoirs de la vie chrétienne, à l'usage de tous les fidèles, par le P. de Tracy. *Paris*, 1770, 3 vol. in-12. — Février 1771, p. 364.

1181. Le directeur pour ceux qui n'en ont pas (par l'abbé *Treuvé*). *Paris*, 17... — Juillet 1748, p. 1514.

1182. Abrégé de la perfection chrétienne de Rodriguez

(par l'ab. *Tricalet*). *Paris*, 1764, 2 vol. in-12. — *Décembre 1764, p. 3040.

1183. Le livre du chrétien, dans lequel on trouve tout ce que le chrétien doit savoir par rapport à la religion, par M. Tricalet. 2º édit. *Paris*, 1772, in-12. — *Janvier 1773, p. 174.

1184. Entretiens sur les vérités pratiques de la religion pour l'instruction des officiers et des gens de mer, par le P. Yves Valois, S. J. *Lyon*, 1751, 2 vol. in-12. — Octobre 1752, p. 2163.

1185. Traité de la simplicité de la foi (par le P. *de Velles*, théatin). *Paris*, 1733, in-12. — Décembre 1733. p. 2094.

1186. Réflexions sur les défauts d'autrui, par M. l'abbé de Villiers. 4º édit. *Paris*, 1734, 2 vol. in-12. — *Avril 1735, p. 766.

Cette édition, non citée par Quérard (X, 209), ne serait pas anonyme comme les précédentes.

1187. Avis pour la conduite d'une âme qui veut être uniquement à Dieu. *Paris*, 1703, in-12.—*Juin 1703, p. 1104.

1188. Les devoirs des domestiques, par un domestique. *Paris*, 1743. — *Décembre 1743, p. 2204.

1189. Les devoirs des filles chrétiennes. *Paris*, 1705. — Novembre 1705, p. 2007.

1190. Le divin contemplateur, ou tableau des divines perfections dans la religion, dans la société et dans la nature. *Paris*, 1772, in-12. — *Juin 1772, p. 564.

1191. Essais d'exhortations pour les différents états des malades. *Paris*, 1714, 2 vol. in-12. — *Mai 1714, p. 932.

1192. Essai sur la perfection chrétienne. *Paris*, 1757, in-12. — *Juin 1757, p. 1549.

1193. Les exercices religieux utiles et profitables aux âmes religieuses qui désirent s'avancer en la perfection. Nouvelle édition. *Paris*, 1763, in-12. — * Septembre 1763, p. 2275.

1194. La félicité du mariage, ou les moyens d'y parvenir. *Paris*, 1703, in-12. — Mai 1703, p. 843.

1195. Instructions chrétiennes en forme d'examen pour les personnes qui font profession de piété. *Paris*, 1708, in-12. — * Avril 1708, p. 727.

1196. Instructions sur divers sujets de morale pour l'éducation des filles chrétiennes. *Paris*, 1740, in-8. — *Septembre 1740, p. 1663.

1197. Instructions chrétiennes des pauvres, des ouvriers, ouvrières et des domestiques. *Paris*, 1766, in-12. — Janvier 1766, p. 164.

1198. De la joye spirituelle selon les principes de saint Augustin, pour engager les pécheurs à retourner à Dieu, avec la conduite d'un pécheur véritablement pénitent. *Paris*, 1703, in-12. — Mai 1703, p. 847.

1199. Nécessité de penser à la mort, ou instructions chrétiennes pour le temps de la maladie. *Paris*, 1757, in-12. —. * Avril 1757, p. 744.

1200. Recueil de vérités pratiques concernant le dogme et la morale, par un docteur de Sorbonne. *Paris*, 1754, in-12. — Novembre 1754, p. 2864.

1201. Réflexions sur les principales vérités de la religion, extraites des plus beaux endroits des SS. Pères. *Paris*, 1726, in-12. — Novembre 1727, p. 2062.

1202. Le triomphe de la piété contre les abus qui s'y commettent. *Paris*, 1712, in-12. — Avril 1713, p. 676.

1203. Vérités et pratiques chrétiennes avec des exemples et des réflexions. *Paris*, 1726, in-12. — * Mai 1726, p. 963.

Devoirs des ecclésiastiques et des religieux.

1204. Vita ed uffizi del vescovo, dal P. Alfani, O. P. *Naples*, 1728, in-8. — Mars 1734, p. 429.

1205. De la sainteté et des devoirs de l'épiscocat, selon les SS. Pères et les canons de l'Eglise. *Liége*, 1769, 3 vol. in-12. — Août 1769, p. 376.

1206. Introduction au saint ministère, ou la manière de s'acquitter dignement de toutes les fonctions de l'état ecclésiastique, tant pour le spirituel que pour le temporel, par l'ab. de Mangin. *Paris*, 1750, 3 vol. in-12. — Octobre 1750, p. 2290.

Quérard (V, 489) dit : 1750 *et suiv.* 12 *vol. in*-12.

1207. Le pasteur instruit de ses obligations, éclairé sur les fonctions de son ministère... ou instruction des curés (par dom *Poinsignon*, bénéd. de S.-Vannes). *Paris*, 1767, 3 vol. in-12. — Novembre 1767, p. 290.

Quérard (VII, 234) dit : 1765.

1208. Manuel des pasteurs, par l'ab. Dinouart. 2e édit. *Lyon*, 1768, 3 vol. in-12. — * Septembre 1768, p. 571.

1209. Forma cleri secundum exemplar quod Ecclesiæ sanctisque Patribus a Christo Domino... monstratum est, auct. Tronson. Editio nova. *Paris*, 1727, in-4. — * Mai 1727, p. 963.

1210. Regula cleri ex sacris Litteris, sanctorum Patrum monumentis, ecclesiasticisque sanctionibus excerpta. Studio et opera Sim. Salamo et Melchioris Gelabert. Editio IIIª. *Villefranche*, 1760, in-12. — Editio IVª. *Paris*, 1768, in-12. — * Juillet 1761, p. 1887 ; — janvier 1769, p. 173.

1211. Thesaurus sacerdotum et clericorum (par *Denise*). *Paris*, 1754, in-16. — Editio nova. *Paris*, 1768, in-12. — * Avril 1754, p. 957 ; — * avril 1768, p. 167.

1212. Traité de la discipline religieuse, trad. du latin de Thomas à Kempis, par un solitaire. *Avignon*, 1756, in-12. — Février 1757, p. 573.

1213. De la vie et des mœurs des chanoines, par Denys Rikel, chartreux. Trad. du latin (par l'ab. *de Méry*). *Paris*, 1761, in-12. — * Juillet 1761, p. 1900.

1214. Du bonheur d'un simple religieux qui aime son état et ses devoirs, par un religieux bénéd. de S. Maur (*Morel*). *Paris*, 1747, in-12. — Nouvelle édit. *Ibid.* 1753, in-12. — * Avril 1727, p. 767; — mai 1753, p. 1134.

Quérard (VI, 300) ne cite pas cet ouvrage. La 2e édition n'est pas anonyme.

1215. Avis et réflexions sur les devoirs de l'état religieux, par un relig. bénéd. de la C. de S. M. (dom *du Sault*). 4e édit. (par dom *Roussel*). *Paris*, 1737, 3 vol. in-12. — Mai 1738, p. 942.

1216. Instruction sur les observances régulières et sur les vœux solennels. *Paris*, 1726. 2 vol. in-12. — * Décembre 1726, p. 2318.

1217. Réflexions sur la règle du tiers-ordre de Saint-François de Paule, par le R. P. Derians, minime.... — * Janvier 1708, p. 174.

Ouvrage non cité par Quérard.

1218. Méditation sur la règle de Saint-Benoît pour tous les jours de l'année, par dom Morel. Nouvelle édit. *Paris*, 1753, in-12. — * Mai 1753, p. 1133.

Quérard (VI, 300) ne cite que l'édit. de 1717.

1219. De l'institut des Carmélites réformées par sainte Thérèse, ouvrage très-utile à toutes les communautés de filles pour y maintenir l'esprit de prière et de recueillement. *Bar-le-Duc*, 1739, in-8. — Novembre 1739, p. 2387.

1220. Instruction pour les novices. Ouvrage qui peut être également utile aux personnes séculières, par le P. Pacifique de Tannay, capucin. *Poitiers*, 1747, in-18. — * Février 1748, p. 343.

1221. Lettres sur la manière de gouverner les maisons religieuses, (par le P. *Beaufils*, S. J.). *Paris*, 1740, in-12. Juillet 1740, p. 1436.

Barbier, Quérard et le P. de Backer disent à tort 1750.

1222. Le bon Pasteur, ou l'idée, le devoir, l'esprit et la conduite des pasteurs, par M. Opstraet, trad. par M. Hermant. *Rouen*, 1702, 2 vol. in-12. — Février 1703, p. 318.

1223. La pratique du devoir des curés, composée en italien par le P. Paul Segneri, de la C. de J., trad. en franç. par le P. Buffier, de la m. C. *Lyon*, 1702, in-12. — Novembre 1702, p. 169.

1224. Devoirs ecclésiastiques, ou instructions ecclésiastiques méthodiques et suivies, par M. Sevoy, *Paris*, 1760, in-12. — Seconde retraite pour les prêtres. *Paris*, 1766, in-12. — Février 1760, p. 557 ; — mai 1766, p. 1278.

1225. Sentiments qu'il faut inspirer à ceux qui s'engagent dans la profession religieuse (par le P. *Chartonnet*, chan. régul. de S. Augustin). Nouvelle édit. *Paris*, 1740, in-12. — * Mars 1740, p. 557.

1226. Conduite spirituelle pour les novices, par le R. P. Ch. Favre, abbé de Sainte-Geneviève. Nouvelle édition. *Paris*, 1744. — * Octobre 1744, p. 1864.

Méditations et retraites.

1227. Saints et heureux retours sur soi-même pour chaque jour de l'année, par le R. P. d'Avril, S. J. *Paris*, 1708, 2 vol. in-12. — Suite des saints et heureux retours sur soi-même pour les Épîtres et les Évangiles de tous les dimanches de l'année. *Paris*, 1709, in-12. — Décembre 1708, p. 2024 ; — octobre 1709, p. 1785.

1228. Méditations et sentiments sur la sainte communion. Retraite pendant l'octave, par le R. P. Avrillon. *Paris,* 1713, in-12. — * Janvier 1714, p. 187.

Quérard se trompe (I, 140) quand il dit que la 1re édit. est de 1729.

1229. Retraite de dix jours, par le P. Avrillon. **2e** édit. *Lyon,* 1764, in-12. — * Mai 1764, p. 1325.

Quérard cite cet ouvrage, mais il en ignore la date.

1230. Retraite de dix jours sur la pureté du cœur, par M. B. *Paris,* 1709, in-12. — * Mars 1710, p. 557.

1231. Méditations pour tous les jours de l'année sur les principaux devoirs du christianisme (par l'ab. de Beaumont). *Paris,* 1759, in-12. — * Janvier 1759, p. 370.

1232. Retraite spirituelle sur les vertus de J.-C., avec un discours sur la nécessité de le connaître et de l'aimer (par le P. de *Belingan,* S. J.). *Paris,* 1731, in-12. — **2e** édit. *Ibid.,* 1732, in-12. — * Septembre 1731, p. 1646; — * novembre 1732, p. 1993.

Quérard (I, 259) ne cite pas cet ouvrage.

1233. Retraite spirituelle pour tous les états, à l'usage des personnes du monde et des personnes religieuses, par le P. de Belingan, S. J. (publié par le P. *de Beauvais,* S. J.). *Paris,* 1746, in-12. — Mai 1746, p. 1436.

1234. Pensées édifiantes et chrétiennes pour tous les jours du mois, avec des considérations sur la mort, par l'ab. de Bellegarde. *Paris,* 1715, in-12. — * Octobre 1715, p. 1863.

Quérard (I, 262) ne cite pas cet ouvrage.

1235. Méditations ecclésiastiques, par Beuvelet. Nouvelle édit. *Paris,* 1752, 5 vol. in-12. — * Avril 1752, p. 940.

Quérard ne cite qu'une édition de 1819.

1236. Méditations pour servir aux retraites, soit annuelles, soit d'un jour par mois, pour les personnes consacrées à Dieu (par Jean *Bonnet*). Revu et augmenté par Collet. *Paris,* 1769, in-12. — Avril 1769, p. 474.

A l'art. Collet (II, 246), Quérard ne laisse pas soupçonner le véritable auteur de l'ouvrage.

1237. Méditations chrétiennes pour tous les jours de l'année, par le P. Chappuys, S. J. *Paris,* 1724, 3 vol. in-12. — Nouvelle édit. *Paris,* 1753, 3 vol. in-12. — Juillet 1724, p. 1296; — * février 1753, p. 549.

1238. Méditations sur les vérités chrétiennes, tirées des Epîtres et des Evangiles, par M***, curé du diocèse de Saint-

Claude (*Chevassu*). *Lyon*, 1745, 5 vol. in-12. — * Avril
1746, p. 748.

Quérard (II, 184) ne cite pas cette 1re édition.

1239. Exercices spirituels de S. Ignace, trad. en franç. par
l'ab. Clément. *Paris*, 1772, in-12. — * Septembre 1772,
p. 547.

1240. Retraite spirituelle pour un jour de chaque mois, par
le P. Jean Croiset, S. J. *Paris*, 1707, 2 vol. in-12. — Septembre 1707, p. 1645.

Quérard ne cite pas d'édition avant celle de 1822 (II, 342).

1241. Considérations chrétiennes pour chaque jour du mois,
très-propres aussi pour les retraites (par le P. Daguet,
S. J.). *Lyon*, 1759, in-12. — * Mars 1762, p. 765.

1242. Vérités nécessaires pour inspirer l'amour de la vertu
et la haine du vice, réduites en forme de méditations, par
le R. P. Dozenne, S. J., assistant de France. *Paris*, 1703.
in-12. — Janvier 1704, p. 37.

1243. Méditations sur les mystères de la foi, composées
par le P. L. Dupont, S. J., trad. de l'espagnol par le P.
Brignon, S. J., 3e édit. *Paris*, 1702, 2 vol. in-4. — * Novembre 1702, p. 197.

1244. Nouvel abrégé des méditations du P. L. du Pont, ou
l'art de méditer réduit en pratique... par le P. Frizon.
S. J. *Châlons*, 1712, 4 vol. in-12. — Décembre 1712,
p. 2174.

1245. Retraite spirituelle ou entretiens familiers selon l'esprit de S. Franç. de Sales et de sainte Chantal, à l'usage
de toutes personnes religieuses (par l'ab. *Duquesne*). *Paris*,
1772, in-12. — * Septembre 1772, p. 556.

1246. Journal des Saints, ou méditations pour tous les jours
de l'année sur la vie du saint... par le P. Grosez, S. J.
Nouvelle édit. *Lyon*, 1714, 3 vol. in-12.—Septembre 1714,
p. 1679.

1247. Pratique des exercices de saint Ignace, ou retraite de
huit jours pour toutes sortes de personnes, composé en espagnol et en latin par le P. Séb. Izquierdo, S. J., trad. en
franç. par l'ab. Drouet de Maupertuis. *Vienne*, 1711. in-12,
— * Décembre 1711, p. 2183.

Ouvrage omis par Quérard (II, 594).

1248. Retraite spirituelle pour les personnes religieuses,
par le P. Judde, S. J. *Paris*, 1746, in-12. — Mars 1746,
p. 564.

1249. Retraite spirituelle, ou conduite d'une Ame qui aspire à la perfection dans l'état religieux ou dans l'état séculier, par le P. Le Large, S. J. *Lyon*, 1705, 2 vol. in-12. — Nouvelle édition. *Lyon*, 1725, 2 vol. in-12. * — Juillet 1705, p. 1275; — * décembre 1725, p. 2297.

Quérard ne cite pas l'édit. de 1725, mais une de 1735. Existe-t-elle ?

1250. Exercice de dix jours de retraite pour toutes sortes de personnes et en particulier pour celles qui sont consacrées à Dieu dans l'état religieux, par l'ab. de Marsis, curé de Gourdon. *Paris*, 1775, 2 vol. in-12. — * Janvier 1775, p. 177.

1251. Le chrétien dirigé dans les exercices d'une retraite spirituelle, par le R. P. Martel. S. J. *Lyon*, 1729, 2 vol. in-12. — Nouvelle édit. *Lyon*, 1757, 2 vol. in-12. — * Juillet 1729, p. 1314; — * février 1758, p. 545.

Quérard (V, 568) ne cite pas la 1re édition.

1252. Méditations sur les plus importantes vérités du christianisme pour une retraite, par le P. Martineau, S. J. *Paris*, 1714, in-12. — Décembre 1714, p. 2142.

Quérard (V, 588) et le P. de Backer (I, 483) ont omis cet ouvrage.

1253. Méditations de S. Thomas sur les trois vies purgative, illuminative et unitive, par le R. P. Ant. Massoulié, domin. *Toulouse*, 1703, 2 vol. in-12. — Mars 1704, p. 366.

Ouvrage non cité par Quérard (V, 613).

1254. Méditations sur les Evangiles des dimanches et des principales fêtes, par le P. Médaille S. J. *Paris*, 1709, in-12. * Avril 1709, p. 744.

Quérard ne cite pas cette 1re édit. (VI, 12).

1255. Méditations chrétiennes sur les Evangiles de toute l'année (par dom *Morel*, bénéd.). *Paris*, 1726, 2 vol. in-12, — * Septembre 1726, p. 1765.

1256. Retraite de dix jours, par M. Navarre, doct. de Sorbonne. *Paris*, 1710, in-12. — * Septembre 1710, p. 1662.

Ouvrage omis par Quérard (VI, 387).

1257. Retraite selon l'esprit et la méthode de S. Ignace pour les ecclésiastiques, par le P. F. Nepveu, S. J. *Paris*, 1706, in-12. — Janvier 1707, p. 129.

Quérard dit à tort : *Nouvelle édition*, 1701 (VI, 401). Il ne cite pas l'ouvrage suivant :

1258. Retraite spirituelle pour les personnes religieuses, par le P. Nepveu, S. J. *Paris*, 1708, in-12. — * Avril 1708, p. 1727.

1259. Retraite spirituelle à l'usage des communautés religieuses, par le P. Pallu, S. J. *Paris*, 1741, in-12. — Février 1742, p. 354.

1260. La religieuse dans la solitude, retraite spirituelle de dix jours, trad. du P. Pinamonti, S.J., par le P. de Courbeville, S. J. *Amiens*, 1734, in-12. — * Novembre 1731, p. 2012.

1261. Retraites pour les communautés religieuses, par le P. Sanadon, S. J. *Paris*, 1748, in-12. — * Mai 1748, p. 1146.

1262. Retraites pour tous les états, par le P. Sanadon, S. J. *Paris*, 1748, in-12. — * Mai 1748, p. 1146.

Quérard ne cite pas ces deux ouvrages (VIII, 434). D'après le P. de Backer (I, 682) ils ont une première édition de 1728.

1263. Paraphrase de l'Oraison dominicale en forme de méditations, par le P. Paul Segneri, S. J., trad. de l'italien par l'abbé***, grand vicaire du diocèse de***. *Paris*, 1774, in-12. — * Août 1774, p. 350.

Quérard et Barbier ont omis cet ouvrage; le P. de Backer n'a pas découvert le traducteur anonyme.

1264. Méditations sur des passages choisis de l'Ecriture sainte pour tous les jours de l'année, par le P. Segneri, S. J., trad. de l'ital. (par le P. *Leau*, S. J.). *Paris*, 1708, 5 vol. in-8. — Mai 1743, p. 845.

1265. Retraite ecclésiastique, par l'ab. Sevoy. *Paris*, 1762. 2 vol. in-12. — * Mars 1762, p. 760.

1266. Retraite chrétienne sur les vérités du salut (par l'ab. *Tiberge*). *Paris*, 1704, in-12. — * Juillet 1705, p. 1275.

1267. Retraite pour les ecclésiastiques (par l'ab. *Tiberge*). *Paris*, 1708, in-12. — Avril 1708, p. 727.

1268. Retraites et méditations à l'usage des religieuses et des personnes séculières qui vivent en communauté, par M. Tiberge. *Paris*, 1745, in-12. — * Juin 1745, p. 1135.

1269. Méditations pour les retraites sur différents sujets propres aux religieuses et à toutes les personnes spirituelles. *Paris*, 1703, in-12. — Mai 1704, p. 737.

1270. Retraite de dix jours sur les principales obligations des religieuses, avant laquelle on a mis un discours sur la vanité du monde. *Paris*, 1704, in-12. — *Juillet 1705, p. 1275.

Cet ouvrage fut réimprimé sous le titre suivant:

1271. Discours sur les avantages de la profession religieuse, des avis, des instructions pour les religieuses, une retraite sur l'anniversaire de la profession religieuse, des considérations pour occuper les fidèles depuis l'Ascension jusqu'à la Pentecôte. *Bruxelles*, 1705, in-12. — *Juillet 1705, p. 1275.

1272. Méditations pour deux retraites de dix jours à l'usage des personnes peinées et tentées de défiance en la miséricorde de Dieu, par le R. P... *Lyon*, 1707, in-12. —*Juin 1708, p. 1097.

1273. Réflexions d'une âme pénitente pour tous les jours de l'année. *Châlons*, 1713. — *Décembre 1713, p. 2201.

1274. Retraite annuelle formée sur les modèles de l'Ecriture. *Paris*, 1714, in-12. — *Mai 1714, p. 932.

1275. Retraite sur la bonté et la miséricorde de Dieu.*Paris*, 1718, in-12. — *Avril 1718, p. 489.

1276. Pensées évangéliques pour chaque jour de l'année. *Paris*, 1748, 2 vol. in-12. — *Avril 1748, p. 759.

1277. Méditations pour les jours qui précèdent la profession des religieuses et pour chaque année avant le renouvellement des vœux. *Paris*, 1769, in-12. — *Décembre 1769, p. 563.

1278. Direction spirituelle pour s'occuper saintement avec Dieu, à l'usage des novices de l'ordre de N.-D. du Mont-Carmel. Nouvelle édit. *Paris*, 1774, in-12. — *Décembre 1774, p. 537.

Exercices de piété.

1279. Sentiments d'une âme qui désire vivre de J.-C., ou le manuel des chrétiens divisé en quatre livres (trad. du lat. par l'ab. *de Bricoure*). *Paris*, 1774, in-12. — *Octobre 1774, p. 144.

1280. Paraphrases des Psaumes et Cantiques qui se chantent pendant la communion aux grandes solennités dans la paroisse de Saint-Benoît (par l'ab. Bruté). *Paris*, 1752, in-12. — Janvier 1753, p. 359.

1281. La journée sainte, par l'ab. Chauchon. *Paris*, 1742, in-12. — Novembre 1742, p. 2070.

1282. Elévations de l'âme à Dieu, ou prières tirées de la sainte Ecriture pour toutes les différentes situations, par l'ab. Clément. Nouvelle édit. *Paris*, 1755. in-18. — *Mai 1755, p. 1335.

Quérard (II, 224) ne cite pas d'édition antérieure à 1818.

1283. Exercices de piété pour tous les jours de l'année..., pour tous les dimanches et fêtes... par le P. Croiset, S. J. *Lyon*, 1712-1722, 17 vol. in-12. — Mars 1713, p. 495; — mai 1718, p. 332; — janvier 1722, p. 137.

Un dernier volume parut en 1723. Quérard (II, 311) ne cite pas cette 1re édition.

1284. Sentiments d'un chrétien touché d'un véritable amour de Dieu, tirés de divers passages de l'Ecriture sainte et exprimés sous diverses figures... par un ecclésiastique solitaire (*Drouet de Maupertuy*). *Paris*, 1702, in-12. — Février 1703, p. 294.

1285. Heures chrétiennes tirées uniquement des psaumes, avec des réflexions (par le P. Fellon, S. J.). *Lyon*, 1740, in-12. — Juin 1740, p. 996.

1286. Exercices de piété pour la communion, par le P. Griffet, S. J. *Paris*, 1747, in-12. — Février 1748, p. 358.

Quérard (III, 474) ne cite pas d'édition avant 1812.

1287. L'année religieuse ou occupations et sentiments pendant les divins offices, par l'ab. Grisel. *Paris*, 1766, 3 vol. in-12. — *Janvier 1767, p. 175.

Cet ouvrage, terminé en 1768, a 8 volumes (Quérard III, 482).

1288. Exercices de piété pendant la sainte messe; extrait du catéchisme de Bourges, par M. le curé de Saint-Sulpice (*de la Chétardie*). *Paris*, 1713, in-12. — Septembre 1713, p. 1603.

Omis dans Quérard (IV, 363), ainsi que le suivant:

1289. Prières ou élévations pour sanctifier les vingt-quatre heures du jour et de la nuit, par M. le curé de Saint-Sulpice (*de la Chétardie*). *Paris*, 1713, in-12. -- Septembre 1713, p. 1603.

1290. Prières pendant la messe avec les prières du matin et du soir et des sentiments touchant la confession et la communion en forme de prières (par le P. *Gaillard*). *Paris*, 1713, in-16. — *Septembre 1713, p. 1607.

Barbier et Quérard ne citent pas cet auteur. Je n'ai moi-même aucun renseignement précis à son sujet. Serait-il le P. Honoré Gaillard, jésuite, prédicateur distingué, mort en 1727? (*De Backer*, I, 323.)

6

1291. Le cours du jour chrétien, par M. Viard. *Paris*, 1714, in-16. — *Mai 1714, p. 933.

Quérard ne cite ni l'ouvrage, ni l'auteur.

1292. Élévations et prières à la sainte Vierge pour tous les jours du mois, par l'ab. Briguet. *Paris*, 1716. in-8. — Décembre 1717, p. 2032.

Cet ouvrage est omis dans Quérard (I, 514) à l'article de son auteur, qui est, je pense, Séb. Briguet, chanoine de Sion.

1293. Heures ou manuel pour assister à la messe et autres offices de l'église et pour passer chrétiennement la journée, par le P. P. Lebrun, de l'Oratoire. *Paris*, 1728, in-18. — *Février 1728, p. 375.

D'après Quérard (V, 90), il y aurait une édition antérieure de 1716.

1294. Heures ou prières chrétiennes par le P. Croiset, S. J. *Lyon*, 1729, in-12. — Septembre 1729, p. 1694.

. La 1re édit. serait de 1725 (*de Backer*, I, 234, 12).

1295. Heures du chrétien à l'usage des missions. par un Père de la C. de J. (*de Menoux*). 2e édit. *Nancy*, 1744, in-12. — Mars 1744, p. 535.

1296. Pensées évangéliques, avec des prières pour le matin et le soir, par le R. P. H. Hayer. *Paris*, 1772, in-12. — *Janvier 1773, p. 170.

1297. La clef du paradis, ou prières chrétiennes pour passer saintement la vie (par *Jacquet*. avocat). *Paris*, 1766. in-12. — *Avril 1766, p. 1143.

1298. Exercices de piété, par le P. Le Jay, S. J. *Paris*. 1715. — *Juin 1715, p. 1102.

Cette indication d'un ouvrage que ne cite pas Quérard (V, 119) ne me paraît pas exacte (Voir le P. de Backer, III, 377).

1299. Prières au T.-S. Sacrement de l'autel pour chaque semaine de l'année, avec des méditations sur divers psaumes, par M. Pellisson. *Paris*, 1734, in-18. — *Juillet 1734, p. 1339.

1300. Prières et instructions chrétiennes par le P. Sanadon, S. J. Nouvelle édit. *Paris*, 1748, in-12 et in-18. — *Mai 1748, p. 1146.

1301. Année spirituelle, contenant pour chaque jour tous les exercices qui peuvent nourrir la piété d'une âme chrétienne (par l'abbé Tricalet). *Paris*, 1760, 3 vol. in-12. — Septembre 1760, p. 2294.

1302. Les psaumes de David selon l'esprit, ou les psaumes

en forme de prières chrétiennes (par l'abbé de Vassoult)
Paris, 1726, in-12. — Mai 1728, p. 934.

Quérard (X, 64) cite 1733 comme 1re édit.

1303. L'esprit de l'Eglise dans l'usage des psaumes en forme de prières ou d'exhortations. 2e édit. *Paris*, 1713. 2 vol. in-12. — Mai 1713, p. 889.

1304. Maximes chrétiennes tirées de l'Ecriture Sainte et des SS. Pères, dédiées à Mme la surintendante Fouquet. *Paris*, 1702, 2 vol. in-12. — Janvier 1703. p. 475.

1305. Méthode et pratique des principaux exercices de piété. *Paris*, 1740, in-12. — *Septembre 1740, p. 1663.

1306. Pensées et sentiments de piété tirés des seuls livres saints sur divers sujets. *Rennes*, 1737, in-12. — Février 1738, p. 275.

1307. Pensées ou sentiments sur quelques psaumes choisis, pour servir de préparation et d'actions de grâces, quand on approche de la sainte Table. *Paris*, 1761, in-12. — Janvier 1761, p. 370.

1308. Prières d'un pécheur pénitent, qui demande pardon à Dieu de ses fautes. 6e édit. *Paris*, 1765, in-12. — *Avril 1765, p. 956.

1309. Prières et élévations du cœur à Dieu pendant la messe, les vêpres. *Paris*, 1765, in-12. — *Novembre 1766, p. 348.

1310. Heures et instructions chrétiennes à l'usage des troupes de France. *Lyon*, 1758, in-48. — Décembre 1758. p. 3029.

S'il faut en croire les *Nouvelles ecclésiastiques*, 1738, p. 132, et 1739, p. 38, cet ouvrage serait d'un Père Portula, jésuite, recteur du collège de Chambéry; ou plutôt il aurait simplement réédité un ouvrage déjà imprimé en 1745. Le P. de Backer ne cite pas d'auteur de ce nom.

1311. Le manuel de l'écolier chrétien, par le P. Bernou. S. J. *Lyon*, 1740. — Mars 1741, p. 550.

1312. Manuel de piété, ou recueil de prières chrétiennes, à l'usage des princes et princesses de la Cour et de toutes les personnes pieuses. *Paris*, 1771, in-12. — Février 1771, p. 366.

1313. Les exercices ordinaires du chrétien, avec les pensées chrétiennes pour tous les jours du mois. *Paris*, 1771, in-12. — *Mars 1771, p. 540.

1314. Le jour du chrétien, à l'usage des fidèles *Paris*, 1772, in-24. — * Mars 1772, p. 562

THÉOLOGIE POLÉMIQUE.

Traités sur la religion chrétienne et catholique.

1315. Theologia polemica in duas partes divisa... a P. Vito Pichler, S. J. Editio tertia. *Augsbourg*, 1749, in-4. — Mars 1725, p. 506.

1316. Theologia patrum scholastico-dogmatica sed maxime positiva, auctore R. P. Boucat, *Rouen*, 1725-1728, 3 vol. in-fol. — Juin 1724, p. 1029; — juin 1726, p. 1034; — octobre 1728, p. 1939.

Quérard ne cite pas cet auteur.

1317. Apparatus ad positivam theologiam methodicus, auctore R. P. Petro Ansiato, congr. doct. Christ. *Paris*, 1705, 2 vol. in-4. — Avril 1706, p. 676.

1318. Demonstratio tripartita Dei, J.-Christi et Ecclesiæ adversus atheos, gentiles, etc., a P. B. Fious, S. J. *Cologne*, 1700, in-4. — Juillet 1702, p. 403.

1319. Gennadii, patriarchæ Constantinopolitani, homiliæ de sacramento Eucharistiæ; Meletii Alexandrini, Nectarii,... et aliorum de eodem argumento opuscula græce et latine... edidit E. Renaudot. *Paris*, 1709, in-4. — Mai 1710, p. 864.

1320. De controversiis tractatus generales contracti per Adrianum et Petrum Walenburch. *Paris*, 1768, in-12. — Avril 1768, p. 467.

1321. Lettres sur différents sujets de controverse, dédiées à Mme de Maintenon, par l'abbé de Cordemoy. *Paris*, 1704, in-12. — Novembre 1704, p. 68.

1322. Introduzione allo studio della Religione... dal P. Gerdil. *Turin*, 1755, in-4. — Mai 1757, p. 1294.

1323. Bibliothèque ecclésiastique par forme d'instruction dogmatique et morale sur la religion, par l'abbé Guyon. *Paris*, 1771, 8 vol. in-12. — Septembre 1771, p. 555.

1324. Traité des abus de la critique en matière de religion, par le P. de Laubrussel, S. J. *Paris*, 1710, 2 vol. in-12. — Août 1711, p. 1344.

1325. Lettre à une dame de qualité, où l'on examine jusqu'à quel point il est permis aux dames de raisonner sur les matières de religion (par le P. G. *Daniel*, S. J.). *Paris*, 1715, in-8. — Août 1745, p. 1281.

1326. L'art de se taire principalement en matière de religion, par l'abbé Dinouart. *Paris*, 1771, in-12. — Octobre 1771, p. 173.

Cet ouvrage est peu différent de la *Conduite pour se taire et pour parler, principalement en matière de religion (par le P. de Rosel, S. J.), Paris*, 1696, in-12. L'abbé Dinouart le donna sous son nom. Ce nouveau plagiat, car ce n'était pas le premier qu'il commettait, lui valut le nom d'*Alexandre des plagiaires* (*Quérard*, II, 569).

1327. Tractatus de religione, in genere et specie considerata, supplementum Tournelii, auctore P. Valentino du Roujoux. *Paris*. 1755, 2 vol. in-8. — Octobre 1755, p. 2619.

Auteur non cité par Quérard.

1328. Tractatus de religione juxta methodum scholasticam adornatus (par G. *Simon*). *Paris*, 1758, 2 vol. in-12. — *Ibid.*, 1766, 3 vol. in-12. — Décembre 1758, p. 2987; — juin 1767, p. 554.

1329. Tractatus de vera religione, auctore L. Bailly. *Dijon*, 1771, 2 vol. in-12. — Editio 2ª. *Dijon*, 1772, 2 vol. in-12. — Août 1771, p. 378; — *mars 1773, p. 563.

Quérard (I, 189) ne cite que la 6e édit. de 1785.

1330. Religionis naturalis et revelatæ principia (par J. Hooke). Editio nova. *Paris*, 1774, 3 vol. in-8. — *Janvier 1774, p. 157.

1331. Lettres d'un père à son fils pour lui prouver la vérité de la religion chrétienne. *Paris*, 1767, 3 vol. in-12. — Mars 1768, p. 552.

1332. Observations sur ce que la religion a à craindre ou à espérer des académies littéraires. *Montauban*, 1754, in-12. — Mars 1754, p. 756.

1333. La véritable religion cherchée et trouvée. *Paris*, 1707, in-12. — Nouvelle édit. *Ibid.*, 1708. — *Novembre 1707, p. 2046; — juin 1708, p. 1011.

1334. Histoire du christianisme où l'on fait voir l'origine et l'antiquité de ses vérités. *Paris*, 1704, in-12. — Septembre 1704, p. 160.

1335. La religion chrétienne prouvée par l'accomplissement des prophéties de l'Ancien et du Nouveau Testament (par le P. *Baltus*, S. J.). *Paris*, 1728, in-4. — Août 1728, p. 1407.

1336. Exposition abrégée des preuves historiques de la

religion chrétienne, par M. Beauzée. *Paris*, 1749, in-12. — * Mars 1750, p. 728.

Quérard (I, 248) dit 1747.

1337. Traité du légitime usage de la raison principalement sur les objets de la foi, par l'ab. Brueys. *Paris*, 1727, in-16. — Juillet 1727, p. 1356.

Quérard (I, 533) dit 1747.

1338. Exposition des preuves les plus sensibles de la religion, par le P. Buffier, S. J. *Paris*, 1732, in-12. — Mai 1732, p. 888.

1339. La religion chrétienne autorisée par le témoignage des anciens auteurs païens, par le P. D. de Colonia, S. J. *Lyon*, 1718, 2 vol. in-12. — Novembre 1718, p. 749; — avril 1749. p. 611.

1340. Idée de la vérité et de la grandeur de la religion, démontrée par des preuves claires et à la portée de tout le monde, par M. l'ab. de C. D. P. C. (*du Petit-Château*). *Paris*, 1750, in-12. — Décembre 1750, p. 2809.

1341. Traité de la doctrine chrétienne et orthodoxe, par M. L. Ellies Dupin. *Paris*, 1703, in-8. — Mai 1703, p. 739.

1342. Accord de la foi avec la raison dans la manière de représenter le système physique du monde, et d'expliquer les différents mystères de la religion (par *de Forbin*). *Cologne*, 1757, 2 vol. in-12. — Septembre 1757, p. 2230.

1343. La véritable croyance de l'Eglise catholique et les preuves de tous les points de sa doctrine, par l'ab. Gould. Nouvelle édit. *Paris*, 1735, in-12. — *Février 1735, p. 384.

1344. Entretiens où l'on explique la doctrine de l'Eglise catholique par la sainte Ecriture... par l'ab. Gould. *Paris*, 1735, in-12. — *Février 1735, p. 382.

Quérard (III, 424) cite une édition antérieure de 1727.

1345. La religion chrétienne prouvée par les faits, par l'ab. Houteville. *Paris*, 1722, in-4. — 2e édition. *Paris*, 1724, in-4. — Nouvelle édit. *Paris*, 1740-1749, 4 vol. in-12. — Juin 1722, p. 956; — juillet, p. 1154; — * avril 1724, p. 767; — * juin 1740, p. 1288; — janvier 1750, p. 21; — mars, p. 643.

Quérard se trompe donc en marquant 2e *édit.* pour celle de 1740.

1346. La religion chrétienne éclairée des lumières de l'intelligence par le dogme et la prophétie (par l'ab. *Joly*),

Paris, 1744, 2 vol. in-12. — T. III et IV. *Ibid*, 1752-1753, 2 vol. in-12. — T. V. *Ibid*. 1755, in-12. — Juillet 1744, p. 1283; — octobre, p. 1759; — mars 1754, p. 757; — juillet 1755, p. 1898.

Barbier et Quérard ne comptent que 4 volumes pour cette première édition.

1347. Exposition claire et précise des principaux points de doctrine qui ont rapport aux matières de religion (par l'ab. *de La Chambre*. *Utrecht*, 1745, 2 vol. in-12. — Janvier 1747, p. 143; — février, p. 346.

1348. Démonstration ou preuves évidentes de la vérité et de la sainteté de la morale chrétienne. Ouvrage qui contient en cinq entretiens toute la morale, par le P. Lami, de l'Oratoire. *Rouen*, 1709. 5 vol. in-16. — Octobre 1710, p. 1665.

Quérard (IV, 498) dit : 2ᵉ *édit. Paris*, 1706-1711, 5 *vol. in-12*. La 1ʳᵉ édit. serait de 1688.

1349. Exposition abrégée des caractères de la vraie religion. par le P. Gerdil, trad. de l'ital. par le P. de Livoy. *Paris*, 1770, in-12. — * Janvier 1771, p. 180.

1350. Propositions importantes sur la religion (par l'ab. *Loiseleur*). *Paris*, 1745, in-4. — * Septembre 1745, p. 1656.

1351. Notions philosophiques des vérités fondamentales de la religion (par le P. *de Menoux*, S. J.). *Nancy*, 1758, in-12. — Novembre 1758, p. 2693.

D'après Quérard, ce serait la 7ᵉ édition (VI, 45).

1352. Les entretiens d'Arquée et de Neotère sur divers sujets qui regardent la religion, par M. de Merez, prévôt de l'église d'Alais. *Lyon*, 1706, 2 vol. in-12. — Décembre 1707, p. 2114.

1353. La vérité de la religion chrétienne prouvée à un déiste, par l'ab. Pey. *Paris*, 1770, 2 vol. in-12. — Avril 1771, p. 85.

1354. La religion chrétienne prouvée par un seul fait, ou dissertation dans laquelle on démontre que les catholiques à qui Hunéric, roi des Vandales, fit couper la langue, parlèrent miraculeusement (par l'ab. *Rulié*). *Paris*, 1766, in-12. — Novembre 1766, p. 353.

Le catalogue *Van Hulthem* cite cet ouvrage, ou du moins un du même titre; il l'attribue au chanoine Lepointe. L'édition est de *Londres*, 1798. Serait-ce un ouvrage différent? (I, p. 94, nᵒ 1148.) Ce *Lepointe* me paraît être le même que celui dont parle Quérard (V, 192).

1355. Le philosophe chrétien, ou lettres à un jeune homme entrant dans le monde, sur la vérité et la nécessité de la religion (par l'ab. *Sigorgne*). *Lyon*, 1765, in-8. — Juillet 1765, p. 331.

1356. Lettres sur la religion, par un religieux bénédictin (Dom *Agneaux de Vienne*). *Avignon*, 1757, in-12. — Juillet 1757, p. 1720.

1357. Apologie du système des SS. Pères sur la Trinité, contre les Tropolatres et les Sociniens, ou les deux nouvelles hérésies d'Estienne Nye et Jean Le Clerc, protestants, réfutées dans la réponse de M. l'ab. Faydit au livre du R. P. Hugo, prémontré (par l'ab. *Faydit*. *Nancy*, 1702, in-8. — Avril 1704, p. 583.

1358. La foi du chrétien en forme de catéchisme, touchant les dispositions et la manière de prier Dieu, prouvée par les oracles de l'Ecriture sainte, avec les objections et leurs solutions. *Paris*, 1748, in-8. — * Mai 1748, p. 1145.

1359. Lettres instructives et historiques sur la divinité de J.-C., sur les vérités de l'Eglise catholique et sur ce qui s'est passé en Languedoc à la révocation de l'édit de Nantes (par l'ab. *Tribolet*). *Dijon*, 1740, in-12. — Mars 1741, p. 408.

Quérard dit 1709.

1360. Dissertatio de Messiæ divinitate contra Judæos, Arianos, Mahumetanos, Socinianos... *Rome*, 1719. — Juin 1721, p. 990.

1361. Oratio historico-dogmatico-moralis de secunda Filii Dei nativitate, a R. P. J. B. Conventati, Congreg. Orat. Rom. Presbyt. *Rome*, 1703, in-8. — Janvier 1705, p. 69.

1362. Traité de la divinité de J.-C., prouvée par des raisonnements tirés des saintes Ecritures de l'Ancien et du Nouveau Testament, par M*** (Etienne *Rouxelin*, curé de Fremecourt). *Paris*, 1707, in-12. — Avril 1708, p. 702.

1363. La divinité de J.-C. prouvée contre les hérétiques et les déistes, par un bénéd. de la C. de S. Maur (dom *Maran*). *Paris*, 1751, 3 vol. in-12. — Juillet 1752, p. 1458.

1364. La foi du chrétien en forme de catéchisme touchant l'adorable sacrement de l'Eucharistie, prouvée par les oracles de l'Ecriture sainte avec les objections et leurs solutions. *Paris*, 1748, in-8. — * Mai 1748, p. 1115.

Cet ouvrage est apparemment du même auteur que le n° 1358.

1365. De la providence, traité historique, dogmatique et moral, avec un discours préliminaire contre l'incrédulité et l'irréligion, par le R. P. Touron, domin. *Paris*, 1752, in-12. — Mars 1753, p. 616.

1366. Fr. Eliæ Astorini Sacr. Th. Doct. et Mag. Ord. Carmelitarum, de vera Ecclesia Christi. *Naples*, 1700, in-4. — Avril 1703, p. 603.

1367. Lettre instructive d'un catholique à un protestant de la ville de Lyon sur le nom d'Eglise romaine donné à l'Eglise catholique (par l'ab. Cl. *Andry*). *Lyon*, 1717, in-12. — Juillet 1718, p. 78.

Quérard (I, 62) dit à tort 1707, ainsi que Barbier.

1368. L'apostolicité du ministère de l'Eglise romaine, par le P. H. Hayer. *Paris*, 1765, in-12. — Décembre 1765, p. 1370.

1369. Traité de l'infaillibilité de l'Eglise, par l'ab. de Cordemoy. *Paris*, 1713, in-12. — Juillet 1714, p. 1213.

Ouvrage non cité par Quérard (II, 285).

1370. Essais d'éclaircissements où tous les points de controverse sont décidés par un seul principe, qui est celui de l'infaillibilité de l'Eglise romaine (par le P. *Beuf* de la doct. chrét.). *Avignon*, 1745, in-8. — Décembre 1746, p. 2718.

1371. Réponse à l'auteur du *Journal helvétique*, touchant les remarques critiques qu'il a faites sur un livre où l'on prouve l'infaillibilité de l'Eglise (par le P. *Beuf?*). 1749. — Avril 1749, p. 770.

Quérard (I, 320) ne cite pas cette *réponse*; aussi n'affirmé-je pas qu'elle soit du P. Beuf.

1372. L'infaillibilité de l'Eglise dans tous les articles de sa doctrine, touchant la foi et les mœurs, pour servir de réponse au livre de M. Masius, pasteur et profes. de théol. à Copenhague, intitulé : « Défense de la Religion luthérienne contre les docteurs de l'Eglise romaine, par Léonor Ant. Langevin, doct. de Sorbonne. *Paris*, 1701, 2 vol. in-12. — Janvier 1702, p. 176.

1373. Lettres d'un ecclésiastique de Flandres à M. l'évêque de Soissons, où il lui demande la manière d'accorder ses principes sur ce qui fait la force des décisions de l'Eglise, avec ce qui est prédit dans les livres du Nouveau Testament et annoncé par les SS. Pères par rapport à certaines circonstances extraordinaires (par J. *Varlet*). 1726, in-4. — Juillet 1726, t. II, p. 125.

Barbier et Quérard disent à tort 1728.

1374. Principes sur l'Eglise, ou préservatif contre l'hérésie, par M. l'ab. Cl. Roussel. *Paris*, 1760, 2 vol. in-12. — Avril 1760. p. 965.

1375. L'honneur de l'Eglise catholique et des Souverains pontifes défendu contre les calomnies, les impostures et les blasphèmes du P. Le Courayer, répandus dans sa traduction du Concile de Trente (par Dom *Gervaise*). *Nancy*, 1742, 2 vol. in-12. — Avril 1744, p. 583; — juin, p. 1859.

1376. Histoire dogmatique du S. Siége, par l'ab. Sommier. Nancy, 1718-1720, 6 v. in-8. — * Juin 1718, p. 1142.

Quérard (IX, 209) dit : 1726, 2 *vol. in*-12. — Voir *Nicéron*, t. XLI.

1377. Doctrina et disciplina Ecclesiæ ipsis verbis sacrorum codicum, conciliorum, Patrum... secundum seriem temporum digesta... studio ac opera R. P. Lud. du Mesnil, S. J.). *Cologne*, 1730, 4 vol. in-fol. — Décembre 1734, p. 2128.

1378. Exposition de la doctrine de l'Eglise romaine contenue dans les articles de la profession de foi dressée par le Pape Pie IV, sur les décrets et les canons du Concile de Trente, par l'ab. Ballet. *Paris*, 1756, in-12. — * Août 1760, p. 2097.

1379. Traité du légitime ministère de l'Eglise, par l'ab. Eymeric. *Paris*, 1770, 2 vol. in-12. — Janvier 1771, p. 152.

Quérard (III, 19) dit *Eymerie*; Ersch aussi.

1380. Traité de l'obéissance des chrétiens aux puissances temporelles, par M. Brueys de Montpellier. *Paris*, 1740, in-12. — *Utrecht (Paris)*, 1735, in-12. — Septembre 1744, p. 1587; — février 1737, p. 241.

L'édition de 1735 est anonyme. Barbier et Quérard ne citent pas l'édition de 1740, mais une de *Montauban*, 1709, qui serait la première.

1381. Peremptorium Iconomachiæ per Jacob Piceninum reviviscentis, ab Aloysio Audrussi. *Venise*, 1740, in-8. — Décembre 1745, p. 2203.

1382. De servorum Dei beatificatione et beatorum canonisatione, auctore Prospero de Lambertinis. *Bologne*, 1734-1739, 3 vol. in-fol. — Juillet 1735, p. 1157; — août, p. 1386; — octobre, p. 1982; — octobre 1736, p. 2447; — février 1740, p. 185; — mars, p. 520.

1383. Discours dogmatique sur la canonisation des saints, (par l'ab. *de la Tour*). *Paris*, 1739, in-12. — *Ibid.*, 1756, in-12. — Avril 1740, p. 705; — août 1756, p. 2105.

Quérard (IV, 602) ne cite pas la 2e édition.

1384. Dissertation sur les miracles contre les impies (par le P. *Merlin*, S. J.). 1742, in-8. — Février 1742, p. 355 ; — juin, p. 1003 ; — septembre, p. 1603.

1385. Apologie du célibat chrétien (par M. l'ab. *de Villiers*). *Paris*, 1762, in-12. — Février 1762, p. 510.

Traités de controverses avec les Juifs, les réformés, etc.

1386. Abrégé des controverses sur la religion, ou méthode courte pour discerner la véritable religion chrétienne d'avec les fausses qui prennent ce nom (par le P. *Lombard*, S. J.). *Nancy*, 1723, in-16. — Novembre 1724, p. 1925.

Cet ouvrage a été faussement attribué au P. d'Orléans, S. J. Quérard (V, 340) n'a pas été plus heureux en l'attribuant au P. Théodore Lombard ; car il est du P. Jean Lombard. Barbier et le P. de Backer (VI, 279) ne citent qu'une édition de *Paris*, 1725.

1387. The shortest way to end disputes a bout Religion. *Bruxelles*, 1724. — Janvier 1722, p. 40.

1388. Exposition de la doctrine chrétienne et catholique tirée de l'Ecriture sainte, des Conciles et des Saints-Pères, en forme de controverse. Trad. du Catéchisme allemand du P. Kleppé, S. J. *Strasbourg*, 1756, in-8. — * Août 1756, p. 2108.

Ouvrage non cité par Quérard.

1389. Rapport des chrétiens et des Hébreux, et un discours préliminaire sur la loi de nature, pour servir d'introduction au rapport de la loi écrite et de la loi de grâce. *Paris*, 1754, in-12. — * Février 1755, p. 563.

1390. Examen du sentiment des SS. Pères, et des anciens Juifs, sur la durée des siècles, où l'on traite de la conversion des Juifs, et où l'on réfute deux traités, l'un de la fin du monde, l'autre du retour des Juifs, par l'ab. Desessartz. *Paris*, 1739, in-12. — Janvier 1744, p. 83 ; — février, p. 269 ; — mars, p. 442 ; — avril, p. 664.

1391. Speculum veritatis inter orientalem et occidentalen Ecclesias refulgens; in quo separationis Ecclesiæ græcæ a latina brevis habetur recensio, auct. M. Christ. Peichiet. *Venise*, 1725, in-12. — Février 1731, p. 305.

1392. Défense de la perpétuité de la foi contre les calomnies et faussetés du Livre (du Sr *Aymon*) intitulé : Monuments authentiques de la religion des Grecs , par l'ab. Renaudot. *Paris*, 1708, in-12. — Avril 1710, p. 623.

1400. La perpétuité de la foi de l'Eglise catholique touchant l'Eucharistie, tome IV, par l'ab. Renaudot. *Paris*, 1711, in-4. — Mai 1712, p. 743.

1401. La distinction et la nature du bien et du mal. Traité, où l'on combat l'erreur des Manichéens, les sentiments de Montaigne et de Charron, et ceux de M. Bayle ; et le livre de saint Augustin *de la nature du bien* contre les Manichéens, trad. en franç. (par Dom Alexis *Gaudin*, chartreux). *Paris*, 1704, in-12. — Avril 1704, p. 535.

1402. La ruina del Quietismo e dell'amor puro por el P. G. Felle, dominicano. *Genève*, 1702, in-8. — Septembre 1702, p. 183.

1403. Controverse sur la religion chrétienne et celle des mahométans entre trois docteurs musulmans et un religieux de la nation maronite, trad. de l'arabe par M. Le Grand. *Paris*, 1766, in-12.— Juin 1767, p. 456.

1404. Motifs de l'abjuration du Luthéranisme faite à Maubuisson, le 3 août 1702, par Marie Eléonore de Wurtemberg, duchesse de Dols en Silésie. *Paris*, 1702, in-12. — * Février 1703, p. 367.

Cette conversion ne se trouve pas dans le *Dictionnaire des conversions*, par Chevé. *Paris*, Migne, 1852.

1405. Catholicæ religionis veritas quam ut suæ conversionis apologiam ex solo sanctæ Scripturæ rationali usu. . . auctore David Huguenin. *Cologne*, 1703, in-12. — Mai 1703, p. 848.

Inconnu à M. Chevé.

1406. Discours prononcé dans l'église cathédrale de Strasbourg, le 3 mai 1715, par J. Sigismond Nester, ci-devant ministre luthérien, aujourd'hui novice de la compagnie de Jésus, dans lequel il expose les motifs de son retour à l'Eglise. trad. de l'allemand. *Strasbourg*, 1715, in-4. — Juillet 1715, p. 1131.

1407. Sentiments particuliers des ministres de Genève sur la religion, qui ont servi de motifs à la conversion de M. le chevalier Minutoli. *Fribourg*, 1722, 2 vol. in-12. — Novembre, 1723, p. 2085.

Inconnu à Quérard.

1408. Lettre du P. Graindorge, de l'Oratoire, à M. de Rosel, converti. *Caen*, 1732. — Novembre 1732, p. 1980.

Inconnu à Quérard et à M. Chevé.

1409. Lettres sur divers points de controverse contenant les principaux motifs qui ont déterminé S. A. S. M⁰ˢ le duc Frédéric des Deux-Ponts, à se réunir à la sainte Eglise romaine (par le P. *Seedorf*, S. J.). *Liége*, 1747, 2 vol. in-12. — Mars 1748, p. 531.

Quérard (IX, 15) ne marque qu'un volume. Le P. de Backer (I, 741) n'indique pas cette première édition. M. Chevé nomme l'auteur *Leedorf*.

1410. Première lettre à l'auteur d'un écrit allemand qui a pour titre : Réponse aux douze lettres du P. Seedorf, avec une réfutation de sa nouvelle préface contre M. Pfaff (par le P. *Seedorf*, S. J.). *Mannheim*, 1750, in-12. — Novembre 1750, p. 2349.

1411. Lettre d'un docteur en théologie de l'Université d'Ingolstadt à l'auteur d'un écrit allemand et traduit en français qui a pour titre : Réponse aux douze lettres du P. Seedorf, avec une réfutation de sa nouvelle préface contre M. Pfaff (par le P. *Seedorf*, S. J.). *Mannheim*, 1754, in-12. — Avril 1755, p. 1026.

Barbier et Quérard ne citent pas ces deux ouvrages.

1412. Lettre, abjuration et profession de foi de M. Molines, ci-devant ministre de la religion prétendue réformée. *Montauban*, 1752. — Septembre 1752, p. 2097.

Inconnu à Quérard et à M. Chevé.

1413. Mémoires de Madame C. . . (*Chardon*), née et élevée dans la religion prétendue réformée, contenant les motifs de sa conversion, écrits par elle-même. *Paris*, 1755, in-12.— Octobre 1755, p. 2659.

1414. Nouveaux motifs de conversion à l'usage des gens du monde, ou entretiens sur la nécessité de se convertir (par le chevalier *de Mouhy*). *Paris*, 1738, in-12. — Septembre 1738, p. 1892.

1415. L'hérésie des protestants et la religion catholique mises en évidence, par M. Cl. Andry. *Paris*, 1714, 2 vol. in-12. — Septembre 1717, p. 1385.

1416. La religion des protestants justifiée d'hérésie, et sa vérité démontrée, pour répondre au livre de M. Claude Andry, par Benedict Pictet. *Genève*, 1714, 2 vol. in-12. — Septembre 1717, p. 1403.

Quérard (VII, 148) a écrit par erreur *André* au lieu de *Andry*; il donne aussi pour date 1706 au lieu de 1714.

1417. Réplique à M. Pictet par M. Andry. *Lyon*, 1716, in-12. — Septembre 1717, p. 1412.

1418. La défense de la religion des protestants, ou réponse à la réplique de M. Andry, par M. Pictet. *Genève*, 1716, in-12. — Septembre 1717, p. 1449.

1419. Lettre de M. Andry à M. Pictet. *Lyon*, 1717, in-12. — Septembre 1717, p. 1425.

1420. Réponses aux raisons qui ont obligé les prétendus réformés de se séparer de l'Eglise catholique, et qui les empêchent maintenant de s'y réunir, par mademoiselle de B. (Mademoiselle *de Beaumont*). *Paris*, 1718, in-12. — Mai 1749, p. 826.

1421. La vraie et la fausse religion par forme d'entretiens entre un religieux et un protestant, qui, doutant de sa religion, médite son retour à l'Eglise romaine, par le R. P. Charles Pierre de Saint-Benoît, carme. *Paris*, 1728, in-12.— Février 1729, p. 197.

1422. La réunion des protestants de Strasbourg à l'Eglise romaine, également nécessaire pour leur salut et facile selon leurs principes, par le R. P. Dez, S. J. 2e édit. augmentée d'une réponse aux écrits de deux ministres. *Paris*, 1701, in-12. — Mars 1702, p. 163.

1423. Conformité de la créance de l'Eglise catholique avec la créance de l'Eglise primitive et différence de la créance de l'Eglise protestante d'avec l'une et l'autre, par M. de Flamare, prêtre. *Rouen*, 1704, 2 vol. in-12. — Mai 1704, p. 35.

1424. Avis à MM. les religionnaires de France ; ouvrage propre à leur instruction et à rappeler les protestants à l'ancienne croyance ; et dissertation sur le péché originel, par M. Forbonne. *Paris*, 1762, in-12. — Juillet 1762, p. 1590.

Auteur non cité par Quérard.

1425. Principes catholiques opposés à ceux des tolérants qui reçoivent dans leur communion les ennemis de la bulle Unigenitus (par le P. *de Grazac*, capucin). *Lyon*, 1728, in-8. — Juin 1728, p. 1452.

Quérard (III, 458) dit *Avignon*, 1727.

1426. Lettre d'un théologien au R. P. de Grazac, où l'on examine si les hérétiques sont excommuniés de droit divin. *Paris*, 1737, in-8. — Mai 1737, p. 934.

1427. La règle de foi vengée des calomnies des protestants et spécialement de celles de M. Boullier, ministre calviniste d'Utrecht, par le R. P. Hubert Hayer. *Paris*, 1761, 3 vol. in-12. — Avril 1762, p. 791; — juin, p. 1427.

1428. La religion protestante convaincue de faux dans ses règles de foi particulières, par les propres raisonnements et aveux de ses défenseurs, pour servir de réplique non-seulement à un écrit qui a pour titre : Réponse à M. Maynard, ancien chanoine de S.-Sernin de Toulouse, par Armand de la Chapelle, mais encore aux ouvrages des plus fameux ministres calvinistes. Par M. Maynard..... 1739, 2 vol in-8. — Janvier 1739, p. 140; — octobre 1740, p. 2050.

Auteur non cité par Quérard.

1429. Les *prétendus réformés* convaincus de schisme, par M. Nicole. *Paris*, 1723, in-12. — * Juillet 1723, p. 1323.

Quérard ne cite pas cette réimpression (VI, 412).

1430. Les deux voies opposées en matière de religion : l'examen particulier et l'autorité. Seconde édition du livre intitulé : *La tolérance des Protestants*, avec d'autres traités sur le même sujet, par M. Papin, ci-devant prêtre de l'Eglise anglicane, ensuite réuni à l'Eglise catholique. *Liège*, 1713, in-8. — Avril 1724, p. 665 ; — mai, p. 790; — juin, p. 1045.

1431. Recueil des ouvrages composés par feu M. Papin en faveur de la religion. Nouvelle édit. donnée par sa veuve, avec six lettres écrites par Mlle de la Royère à Mme Rouph, sa sœur. *Paris*, 1723, 3 vol. in-12. — Juillet 1723, p. 1309; — mai 1724, p. 885; — août, p. 1506.

Quérard dit : *publié par le P. Pajon, de l'Oratoire.*

1432. Difficultés proposées à M. l'évêque de Soissons sur sa lettre à M. d'Auxerre en réponse à celle de ce prélat, (par le P. *Paul*, capucin, sur la permission de communiquer avec les hérétiques). 1724, in-12. — Janvier 1725, p. 5; — décembre 1727, p. 2305.

1433. Le triomphe de la foi catholique sur les erreurs des protestants, contenues dans les œuvres polémiques de feu M. B. Pictet, par Fr. Vernet. *Avignon* 1749, 4 vol. in-12. Décembre 1749, p. 2590.

Quérard (X, 120) dit *Lyon*, in-12.

1434. Securis evangelica ad hæresis hujus temporis radices posita, auctore Franc. Portero. Editio 3ᵃ. *Rome*, 1722, in-4. — Octobre 1724, p. 1757.

1435. Essai de réunion des protestants aux catholiques ro-

mains, par M. P. D. R. (Rouvière), Paris, 1756, in-12.
— Juillet 1757, p. 1706.

1436. Lettres d'un docteur allemand de l'Université catholique de Strasbourg à un gentilhomme protestant, sur les six obstacles au salut qui se rencontrent dans la religion protestante, (par le P. Scheffmacher, S. J.). Strasbourg, 1728, in-4. — Juin 1728, p. 1089.

Quérard (VIII, 543), Barbier (II. 281), et le P. de Backer (I, 701), disent 1730.

1437. Lettres d'un théologien de l'Université catholique de Strasbourg à un des principaux magistrats de la même ville sur les six principaux obstacles à la conversion des protestants (par le P. Scheffmacher, S. J.). Strasbourg, 1732, in-4. — Février 1733, p. 493; — mars, p. 475.

1438. Entretiens d'un docteur catholique, d'un doteur luthérien, et d'un gentilhomme converti sur les principaux points de la controverse. Strasbourg, 1739, in-12. — Janvier 1741, p. 179.

1439. La vérité de la religion catholique démontrée contre les protestants et mise à la portée de tout le monde; avec une réfutation de la réponse de M. Pfaff à la 2e lettre du P. Scheffmacher à un gentilhomme protestant (par dom Sinsart, bénéd.). Strasbourg, 1746, in-12. — Juin 1746, p. 1264.

1440. La Babylone démasquée, ou entretiens de deux dames hollandaises sur la religion catholique romaine et sur les motifs qui doivent engager à l'embrasser et à renoncer aux sectes qui lui sont contraires, principalement au calvinisme (par Mme de Zoutelandt). Paris, 1727, in-12. — Décembre 1728, p. 2316.

Barbier et Quérard ne citent pas cet ouvrage.

1441. Défense des principaux articles de la foi catholique contre M. Elms, par M. Tilly, chanoine de l'ordre des Prémontrés. Soissons, 1748, in-12. — Janvier 1749, p. 85.

1442. Exposition fidèle et preuves solides de la doctrine catholique, adressées aux protestants, par M. Vicaire, curé à Caen. Caen, 1774, 4 vol. in-12. — Septembre 1774, p. 556.

1443. Recueil de diverses objections que font les protestants contre les catholiques sur quelques articles de la foi et les réponses. Paris, 1735, in-12. — * Février 1735, p. 382.

1444. Le triomphe de la catholicité, ou réponse d'un protestant nouvellement converti aux difficultés que lui propose sa sœur, avec une dissertation sur la dispute de S. Paul avec Céphas, par M. l'abbé ***. *Paris*, 1732, in-12. — Septembre 1732, p. 1605.

1445. Traité de la conscience. *Paris*, 1724, in-12. — Janvier 1725, p. 37.

1446. Les preuves de la doctrine de l'Eglise fondée sur l'Ecriture sainte pour servir de réponse à un libelle intitulé : Antidote contre la lettre d'un missionnaire touchant la croyance de l'Eglise romaine. Nouvelle édit. *Paris*, 1720, in-12. — Mars 1722, p. 447.

1447. La véritable croyance de l'Eglise catholique contre les dogmes qui lui sont faussement imputés, par les écrits des ministres. Nouvelle édit. *Paris*, 1720, in-12. — Février 1722, p. 306.

1448. Lettres critiques et dogmatiques adressées à M. Turretin au sujet de son livre intitulé : *Nubes testium* (par le P. Fr. *de Pierre*, S. J.). *Lyon*, 1728, in-16. — Avril 1729, p. 722.

Barbier, Quérard et le P. de Backer ou ne parlent pas de l'auteur, ou omettent l'ouvrage. J'ai trouvé le nom du P. de Pierre dans la *Bibliothèque raisonnée des ouvrages des savants de l'Europe*, t. XXI, p. 454. Voir encore *Œuvres de M. Baulacre* (Genève, 1857, 2 vol. in-8), t. II, p. 80 et 249-257.

1449. Dix preuves de la vérité de la religion chrétienne proposées aux universités d'Angleterre par le P. Edmond Campian, de la C. de J. (trad. du latin par le P. *Brignon*, S. J). *Paris*, 1704, in-12. — Septembre 1704, p. 92.

1450. La foi des chrétiens et des catholiques justifiée contre les déistes, les juifs, les mahométans, les sociniens et autres hérétiques, par le P. Dez, S. J. *Paris*, 1714, 4 vol. in-12. — Octobre 1714, p. 1738.

Défense de la religion, principalement contre les philosophes.

1451. Discours apologétique de la religion chrétienne au sujet de plusieurs assertions du *Contrat social*, par l'ab. d'Arnavon. *Paris*, 1773, in-8. — Mai 1773, p. 270.

1452. Le Pyrrhonien, ou méthode nouvelle proposée aux incrédules par l'abbé de *** (le comte *Fabry d'Autrey*). *La Haye*, 1765, in-12. — Juillet 1765, p. 328.

1453. L'incrédulité des déistes confondue par J.-C., l'accomplissement des prophéties et apologie de l'Eglise romaine contre les protestants, par M. Louis Bastide, prêtre, prédicateur ordinaire du roi. *Paris*, 1706, 2 vol. in-12. — 2° édit. *Paris*, 1712. 2 vol. in-12. — Avril 1707, p. 670; — mai, p. 751; — décembre, p. 2077; — avril 1713, p. 618.

J'ai déjà remarqué que l'article de cet auteur est incomplet dans *la France littéraire* (I, 212).

1454. Le déisme réfuté par lui-même, ou examen des principes d'incrédulité répandus dans les ouvrages de M. Rousseau, par M. Bergier. *Paris*, 1765, 2 vol. in-12. — Juillet 1765, p. 340.

1455. Réponse aux *conseils raisonnables* (de *Voltaire*), pour servir de supplément à la *certitude des preuves du christianisme*, par l'ab. Bergier. *Paris*, 1769, in-12. — Juillet 1769, p. 188.

Quérard (I, 285) dit : *Paris, 1771.*

1456. Apologie de la religion chrétienne, contre l'auteur du *Christianisme dévoilé* (le baron *d'Holbach*) et quelques autres critiques, par l'ab. Bergier. *Paris*, 1769, 2 vol. in-12. — Juillet 1769, p. 189.

1457. Examen du matérialisme, ou réfutation *du système de la nature* (de *d'Holbach*) par l'ab. Bergier. *Paris*, 1771, 2 vol. in-12. — Mai 1771, p. 214.

1458. Réflexions sur quelques vérités importantes attaquées dans plusieurs écrits de ce temps, par M. Boudier de Villemair. *Paris*, 1752, in-12. — Février 1752, p. 352.

Quérard (I, 453) nomme cet auteur *Boudier de Villemert.*

1459. Les Déistes à M. Ch.... (par l'ab. B...) *Paris*, 1738. — Janvier 1738, p. 189.

1460. Réflexions sur la divinité de la religion et contre le déisme, par M. l'ab. Cazalès. *Paris*, 1749, in-18. — * Mars 1749, p. 571.

Auteur omis par Quérard.

1461. Lettres critiques sur divers écrits de nos jours, contraires à la religion et aux mœurs (par L. *Charpentier*). *Londres*, 1751, 2 vol. in-12. — Mai 1751, p. 1246; — juin, p. 1497.

1462. La foi justifiée de tout reproche de contradiction avec la raison et l'incrédulité convaincue d'être en contradiction avec la raison, dans ses raisonnements contre la révélation (par le P. *de Lamarche*, S. J.). *Paris*, 1762, in-12. — Mars 1762, p. 747; — avril, p. 1419.

Voir plus haut, n° 759.

1463. Méthode courte et aisée pour combattre les déistes. (*Hollande*, 1730. — Septembre 1730, p. 1672.

Il paraît que cette brochure était distribuée par l'abbé Desfontaines; car on lit à la fin de cet article : « *Quelques expressions de cette brochure, marquée de Hollande, qui n'ont pu partir de la même plume que le Dictionnaire néologique, empêchent qu'on ne l'attribue à celui qui en fait les présents.* »

1464. Préservatif pour les fidèles contre les sophismes et les impiétés des incrédules, où l'on développe les principales preuves de la religion chrétienne, et où l'on détruit les objections formées contre elle, avec une réponse à la lettre de J.-J. Rousseau à M. de Beaumont, archev. de Paris (par Dom *Deforis*). *Paris*, 1764, in-12. — Septembre 1764, p. 688.

1465. Le libertinage combattu par le témoignage des auteurs profanes, par un bénéd. de la C. de Saint-Vannes (dom *Desmonts*). *Charleville*, 1747, 4 vol. in-12. — Septembre 1747, p. 1811.

1466. Première, seconde et troisième lettres à M. de Voltaire par un de ses amis sur l'ouvrage intitulé : *l'Évangile du jour* (par M. *Ducarne de Blangy*). *Amsterdam*, 1773, 3 vol. in-8. — * Mai 1773, p. 368; — * décembre 1773, p. 546.

Quérard (II, 618) ne cite pas cette édition. *L'Évangile du jour* est une collection d'opuscules philosophiques faits ou publiés par Voltaire. *Londres*, 1769-1778, 18 vol. in-8 (*Barbier*, I, 461).

1467. Les droits de la vraie religion soutenus contre les maximes de la nouvelle philosophie, par M. l'ab. Floris. *Paris*, 1774, 2 vol. in-12. — * Octobre 1774, p. 142.

1468. Preuves de la religion de J.-C. contre les spinosistes et les déistes, par M. L. F. (l'ab. Laurent *François*). *Paris*, 1751, 4 vol. in-12. — Juillet 1751, p. 1547; — septembre, p. 2040; — novembre, p. 2386; — avril 1752, p. 850; — novembre, p. 2631.

1469. Défense de la religion contre les difficultés des incrédules, par M. L. François. *Paris*, 1755, 4 vol. in-12. — Juillet 1755, p. 1757; — août, p. 1925.

1470. Examen du catéchisme de l'honnête homme, ou dialogue entre un caloyer et un homme de bien (par l'ab. *François*). *Bruxelles*, 1764, in-12. — Novembre 1764, p. 1314; — janvier 1765, p. 209.

1471. Réponse aux difficultés proposées contre la religion chrétienne par J.-J. Rousseau dans la confession de foi du Vicaire savoyard, livre III d'Emile et dans son Contrat social, chap. viii, livre 4, par l'ab. François. *Paris*, 1765, in-12. — Avril 1765, p. 966.

1472. Examen des faits qui servent de fondement à la religion chrétienne, précédé d'un court traité contre les athées, les matérialistes et les fatalistes, par l'ab. François. *Paris*, 1767, 3 vol. in-12. — Juin 1767, p. 549.

1473. Pensées du marquis *** sur la religion, l'Eglise, avec un traité de l'Eucharistie (par le P. Ign. *Garnier*, S. J.). *Avignon*, 1760, in-8. — Juin 1760, p. 1508.

Les bibliographes disent : *Paris*, 1759.

1474. Lettres critiques, ou analyse et réfutation de divers écrits modernes contre la religion (par l'ab. *Gauchat*). *Paris*, 1755-1759, 8 vol. in-12. — Décembre 1755, p. 2937; — janvier 1757, p. 77; — avril, p. 1076; — juin, p. 1480; — septembre, p. 2476; — janvier 1758, p. 37; — octobre 1758, p. 2504; — mai 1759, p. 1457; — décembre, p. 3026.

Cette publication fut continuée jusqu'en 1763, et, d'après Quérard (III, 276), elle forme 19 volumes, 1753-1763.

1475. Réfutation du Celse moderne, ou objections contre le christianisme avec des réponses (par J. *Gautier*, chan. régul. de la Cong. du Sauveur). *Lunéville*, 1752, in-8. — * Juin 1765, p. 1531.

1476. Recueil de dissertations sur quelques principes de philosophie et de religion, par le P. Gerdil. *Paris*, 1760, in-12. — Mai 1761, p. 1206.

1477. Lettres de quelques juifs portugais, allemands et polonais à M. de Voltaire... (par l'ab. *Guénée*). *Lisbonne*, 1769, in-8. — 3e édit. *Paris*, 1772, 2 vol. in-8. — Août 1769, p. 366; — février 1772, p. 371 ; — avril, p. 5.

1478. Entretiens philosophiques sur la religion (par l'ab. *Guidi*). *Paris*, 1771, in-12. — Suite. *Paris*, 1772, in-12. — Octobre 1771, p. 159; — octobre 1772, p. 132.

1479. Relation historique et théologique d'un voyage en Hollande et autres provinces des Pays-Bas, dans laquelle on verra le détail des conversations de l'auteur avec M. le marquis de Langallerie sur les principaux points de la religion, par M. Guillot de Marcilly. *Paris*, 1719, in-12. — Février 1722, p. 348.

Je n'ai pas trouvé cet auteur dans Quérard.

1480. L'oracle des nouveaux philosophes pour servir de suite et d'éclaircissement aux œuvres de Voltaire (par l'ab. *Guyon*). *Berne*, 1759-1760, 2 vol. in-12. — Juillet 1759, p. 1792; — * septembre 1760, p. 2283.

1481. L'utilité temporelle de la religion chrétienne, par le P. H. Hayer. *Paris*, 1774, in-12. — * Octobre 1774, p. 140.

1482. Traité de la véritable religion contre les athées, les déistes, etc. (par l'ab. *de la Chambre*). *Paris*, 1737, 5 vol. in-12. — Janvier 1738, p. 44 ; — février, p. 279 ; — mars, p. 494.

1483. L'incrédule amené à la religion par la raison en quelques entretiens où l'on traite de l'alliance de la raison avec la foi, par le R. P. dom F. Lami, bénéd. de la C. de S. M. *Paris*, 1710, in-12. — Octobre 1710, p. 1748.

1484. Essais sur la religion chrétienne et sur le système des philosophes modernes, par un ancien militaire retiré (*de Laulanhier*, évêque d'Egée). *Paris*, 1770, in-12. — Décembre 1770, p. 589.

1485. La religion révélée, défendue contre les ennemis qui l'ont attaquée, par le R. P. Le Balleur, cordelier. *Paris*, 1757, 4 vol. in-12. — Avril 1757, p. 1142 ; — juillet, p. 1714. Quérard (I, 163) nomme cet auteur *Balleur ;* il donne pour date 1763.

1486. Questions diverses sur l'incrédulité (par Mgr *Lefranc de Pompignan*). *Paris*, 1751, in-12. — *Ibid.*, 1753, in-12. — Février 1752, p. 259 ; — mai, p. 1095 ; — * août 1753, p. 1908.

1487. L'incrédulité convaincue par les prophéties (par Mgr *Lefranc de Pompignan*). *Paris*, 1759, 3 vol. in-12. — Avril 1759, p. 838 ; — juillet, p. 1607 ; — octobre, p. 2352.

1488. La religion vengée de l'incrédulité par l'incrédulité elle-même, par M. l'évêque du Puy. *Paris*, 1772, in-12. — Novembre 1772, p. 350.

1489. Le philosophe moderne, ou l'incrédulité condamnée au tribunal de la raison, par M. l'abbé le M. D. G. (*Masson des Granges*). *Paris*, 1759, in-12. — Nouvelle édit. *Paris*, 1765, in-12. — Septembre 1759, p. 2218 ; — * janvier 1767, p. 159.

1490. Entretiens de la religion contre les athées, les déistes et tous les autres ennemis de la foi catholique, par M. Michel le Vasseur, prêtre du diocèse de Blois. *Blois*, 1705, in-12. — Octobre 1706, p. 1729.

1491. Défense de la religion catholique contre tous ses ennemis par ses véritables principes, dans trois entretiens, par M. le Vasseur. — 2e édit. avec une réponse à M. Pictet. *Paris*, 1721, in-12. — Mai 1722, p. 900. Quérard ne cite pas cet auteur.

1492. Réflexions sur l'impiété prises du côté littéraire, par le P. Lombard, S. J. *La Rochelle*, 1749. in-8. — Août 1749, p. 1678.

1493. Conversations chrétiennes, dans lesquelles on justi-fie la vérité de la religion et de la morale de Jésus-Christ, avec quelques méditations sur l'humilité et la pénitence; par le P. Malebranche, de l'Oratoire. Nouvelle édit. *Paris*, 1702, in-12. — Janvier 1703, p. 69.

Quérard (V, 460) ne cite pas cette réimpression faite au XVIII° siècle.

1494. Discours sur le danger de la lecture des livres contre la religion par rapport à la société (par *Muthon de la Cour*). *Paris*, 1770, in-8. — * Octobre 1770, p. 175.

1495. La religion naturelle et la révélée, établies sur les principes de la vraie philosophie et sur la divinité des Écri-tures; ou Dissertations philosophiques, théologiques et cri-tiques contre les incrédules (par l'abbé Maleville). *Paris*, 1756-1758, 6 vol. in-12. — Octobre 1756, p. 2501; — novembre, p. 2693; — avril 1759, p. 773.

1496. Onzième et douzième discours contre les impies du temps et les fondements de l'impiété moderne (par le P. *Molinier*, de l'Oratoire). *Paris*, 1734, in-12. — Mai 1735, p. 882.

Quérard (VI, 187) ne cite pas cet ouvrage.

1497. Dictionnaire philosophique de la religion où l'on éta-blit tous les points de la doctrine attaqués par les incré-dules, et où l'on répond à toutes les objections, par l'auteur des *Erreurs de Voltaire* (l'abbé *Nonnotte*). Nouvelle édition. *Paris*, 1774, 4 vol. in-12. — * Août 1774, p. 341.

Quérard (VI, 445), ne cite que la 1re édit. d'*Avignon*, 1772.

1498. Lettres instructives sur les erreurs du temps (par le P. *Paul*, capucin). Nouvelle édition. *Lyon*, 1715, in-12. — Janvier 1715, p. 174.

Barbier et Quérard ne signalent pas d'édition antérieure.

1499. La raison triomphante des nouveautés, ou essai sur les mœurs et l'incrédulité, par M. l'abbé P*** (*Pichon*). *Paris*, 1756, in-12. — Juillet 1756, p. 1917.

1500. L'incrédule détrompé et le chrétien affermi dans la foi par les preuves de la religion, par l'abbé de Pontbriand. *Paris*, 1752, in-8. — Juin 1752, p. 1268.

1501. La nature en contraste avec la religion et la raison, ou l'ouvrage (de *Robinet*) qui a pour titre, *de la nature*, condamné au tribunal de la foi et du bon sens, par le R. P. Richard, domin. *Paris*, 1773, in-8. — * Avril 1774, p. 121.

1502. La défense de la religion, de la morale, de la vertu, de la politique et de la société, ou réfutation du système social (de *d'Holbach*), par le R. P. Richard. *Paris*, 1775, in-8. — * Septembre 1775, p. 563.

1503. Principes de religion, ou préservatif contre l'incrédulité (par l'abbé *Roussel*, curé de Chenières). Nouvelle édition. *Paris*, 1753, in-12. — Juillet 1753, p. 1699.

1504. Lettres écrites de la plaine en réponse à celles de la montagne, ou défense des miracles contre le philosophe de Neufchâtel (J.-J. Rousseau), par l'auteur du *Philosophe chrétien* (l'abbé *Sigorgne*). *Amsterdam*, 1765, in-12. — Septembre 1765, p. 740.

1505. Histoire dogmatique de la religion sous la loi naturelle, avec l'apologie de la raison et de la foi contre les Pyrrhoniens et les incrédules, par M. J. Cl. Sommier, curé de Champs. *Paris*, 1710, 2 vol. in-4.

Quérard (IX, 209) dit : *Seconde partie. Paris*, 1741, in-4 ; la 1° partie aurait paru en 1708.

1506. L'insuffisance de la religion naturelle prouvée par les vérités contenues dans les livres de l'Écriture sainte avec des dissertations sur la version des Septante, sur la Vulgate et sur les nouveaux systèmes du P. Hardouin et de M. l'abbé de Villefroy, par le P. Henri Griffet, S. J. *Liége*, 1770, 2 vol. in-12. — Juin 1770, p. 424.

1507. L'anti-déisme, ou portrait des incrédules propre à en donner une juste idée. *Amsterdam*, 1772, in-12. — * Août 1772, p. 373.

1508. Le témoignage du sens intime et de l'expérience opposé à la foi profane et ridicule des fatalistes modernes, par l'abbé de Lignac. *Auxerre*, 1760, 3 vol. in-12. — Juin 1764, p. 1459 ; — juillet, p. 1563.

1509. Observations sur l'incrédulité des philosophes modernes, pour servir d'introduction à l'Exposition de la doctrine catholique (par l'abbé *Malebranche*). *Sedan*, 1771, in-8. — * Avril 1772, p. 181.

1510. La morale évangélique comparée avec celle des différentes sectes de religion et de philosophie (par l'abbé *Rose*). *Besançon*, 1772, 2 vol. in-12. — * Juin 1773, p. 566.

1511. Lettres à M. Rousseau pour servir de réponse à sa lettre contre le mandement de Mgr l'archevêque de Paris (par l'abbé *Yvon*). *Amsterdam*, 1763, in-8. — Septembre, 1763, p. 2260.

Théologiens hétérodoxes.

1512. La vérité de la religion chrétienne réformée, par M. Abbadie. *Rotterdam*, 1717, in-8. — * Janvier 1719, p. 493.

1513. L'ouverture des Sept Sceaux, par Abbadie. *Amsterdam*, 1726, 3 vol. in-4. — * Septembre 1726, p. 1753.

Quérard (I, 2) dit : 1723, 4 vol. in-12.

1514. Tractatus theologicus de natura et gratia in materia de virtutibus ; quo discrimen praxeos philosophicæ et theogicæ in moralibus et spiritualibus ex geminis principiis evangelicis ostenditur. editore D. Paulo Antonio, theol. prof. *Hall*, 1702, in-4. — Décembre 1703, p. 2177.

1515. Gothofredi Arnoldi historia et descriptio theologiæ mysticæ, seu theosophiæ arcanæ et reconditæ itemque veterum et novorum mysticorum. *Francfort*, 1702, in-8. — Août 1704. p. 1353.

1516. Monuments authentiques de la religion des Grecs et de la fausseté de plusieurs confessions de foi des chrétiens orientaux produites contre les théologiens réformés, par le Sʳ J. Aymon, ministre du saint Evangile. *La Haye*, 1708, in-4. — * Mai 1709, p. 921.

1517. Sermons de M. Basnage, ministre à Rotterdam. *Rotterdam*, 1709, in-... — * Mai 1709, p. 922.

C'est probablement les *Entretiens sur la religion* (*Quérard*, I, 207).

1518. Morale théologique et politique sur les vertus et les vices de l'homme, par Samuel Basnage de Flottemanville. *Amsterdam*, 1703 (?), 2 vol. in-12. — Mars 1710, p. 469.

Non cité par Quérard.

1519. Sermons de feu M. de Beausobre (sur le chapitre XII de l'épître de saint Paul aux Corinthiens, et le XIᵉ de l'Evangile de saint Jean). *Lausanne*, 1755, 4 vol. in-8. — Mai 1756, p. 1175.

Ouvrage non cité par Quérard (I, 245).

1520. A discourse of schism by Th. Bennet. *Cambridge*, 1702, in-8. — Mai 1703, p. 837.

1521. Pauli Bergeri, ordinis philosophorum... cabbalismus Judaico-Christianus detectus breviterque delineatus. Wittemberg. 1707, in-4. — Novembre 1709, p. 1977.

1522. Traité de la repentance tardive, par J. Bernard. Amsterdam, 1712, in-12. — Août 1714, p. 1413.

1523. De l'excellence de la religion, à quoi on a joint quatre discours, par J. Bernard. Amsterdam, 1714, 2 vol. in-8. — Octobre 1716, p. 1828.

1524. Considérations sur la certitude et sur la grandeur des récompenses et des peines du monde à venir, tirées des écrits de cinq auteurs anglais et distribuées en six lettres, par Renaud Boullier, pasteur réfugié. Rotterdam, 1709, in-8. — * Novembre 1709, p. 2046.

Quérard ne cite pas cet auteur.

1525. Sermons de M. Butini. Genève, 1708, 2 vol. in-8. — * Octobre 1709, p. 1869.

1526. Joan. Franc. Buddei exercitatio de prærogativis fidelium Novi Testamenti præ fidelibus Veteris Testamenti. Iena, 1705, in-4. — Mai 1707, p. 894.

1527. G. Bulli, S. T. prof. et presbyt. anglicani, opera omnia quibus duo præcipui catholicæ fidei articuli de S. Trinitate et justificatione perspicue et solide explanantur, et confirmantur. Londres, 1702, in-fol. — Avril 1708, p. 643; — mai, p. 826; — septembre, p. 1546; — octobre, p. 1746.

1528. Lettres de Calvin à Jacques de Bourgogne et à son épouse Iolande de Brederode. Amsterdam, 1744, in-8. — Août 1744, p. 1506.

1529. Dissertation sur les miracles dans laquelle on réfute les principes avancés par David Hume, dans son essai sur les miracles, par G. Campbell, trad. de l'anglais par M. E. (Eidous). Amsterdam, 1767, in-12. — * Décembre 1767, p. 570.

1530. Tractatus philosophico-theologicus de persona, a Joan. Clendon. Londres, 1710, in-8. — Mars 1713, p. 474.

1531. Traités de l'existence et des attributs de Dieu, des devoirs de la religion naturelle et de la vérité de la religion chrétienne, qui sont le précis de seize sermons de M. Clarke, trad. de l'angl. par Ricotier. Amsterdam, 1717, 2 vol. in-12. — Février 1718, p. 247.

Quérard (II, 217) cite comme 1ʳᵉ édit. 1727, 3 vol. pet. in-8.

1532. De la félicité de la vie à venir et des moyens pour y

7

parvenir. trad. de l'anglais (par *Coismart*). *Amsterdam*, 1700. in-8. — Juillet 1701, p. 63.

Quérard ne cite pas cet auteur indiqué par Barbier (II, 11).

1533. La vérité de la résurrection de J.-C. prouvée contre Spinoza, par M. Colerus. ministre de l'Eglise luthérienne. *La Haye*, 1706, in-8. — *Mars 1706, p. 518.

1534. M. Colliers dissuasive from the Play-house. 1719, in-12. — Avril 1720, p. 669, ou septembre 1721, p. 1573.

1535. Essays upon morale subjects by J. Collier. 1720, in-8. — Mai 1721, p. 907 ; — octobre, p. 1750.

1536. A Reply to a book entituled : The ancient and modern stages surveyed, by J. Collier. 1724, in-8. — Octobre 1721, p. 1796.

1537. Evangelium medici, seu medicina mystica de suspensis naturæ legibus sive de miraculis, auct. Bernardo Connor, med. *Amsterdam*, 1699, in-8. — Juillet 1701, p. 18.

1538. J. J. Crameri theologia Israëlis (où l'on prouve la venue du messie). *Francfort*, 1704, in-4. — Juin 1707, p. 1057.

1539. La vérité de la religion chrétienne démontrée par la résurrection de N. S. J.-C. trad. de l'anglais de Homfroi Ditton. par A. D. L. C. (*Armand de la Chapelle*). *Amsterdam*, 1728, in-4. — Juin 1729, p. 986.

Il y a la même année une édit. en 2 vol. in-8 (*Quérard*, II, 566).

1540. Ecclesiæ theoria nova Dodwelliana exposita in epistola ad auctorem... 1747, in-8. — Avril 1747, p. 578.

1541. Primitive baptism, by Garner. *Londres*, 1704. — Novembre 1704, p. 200.

1542. L'Eglise romaine pleinement convaincue d'antichristianisme, en forme de lettres adressées à ses conducteurs et à ses peuples, pour tâcher de les retirer de leur égarement et pour fortifier dans la foi tous les véritables chrétiens (par *Duvidal*, Français réfugié). *Amsterdam*, 1704, in-12. — Juillet 1704, p. 99.

1543. An essay upon miracles of William Fleetwood. *Londres*, 1702, in-8. — Novembre 1703, p. 1997.

1544. An euquiry in to the nature and place of heat. *Londres*, 1744, in-4. — Novembre 1718, p. 804.

1545. De sede inferni in sole quærenda, auctore Ottone Frideric. *Wittemberg*, 171., in-4. — Novembre 1718, p. 806.

1546. Oratio de misero Ecclesiæ Augustanæ confessioni addictæ permultis in locis statu, habita die 18 mai 1743 Argentorati a J. L. Froereisenio. *Strasbourg*, 1743, in-4. — Juillet 1743, p. 2121.

1547. Christ. Frid. Garmanni de miraculis mortuorum libri tres. *Dresde*, 1709, in-4. — Janvier 1712, p. 55.

1548. Entretiens sur la correspondance fraternelle de l'Eglise anglicane avec les autres Eglises réformées (par Cl. *Grosteste*, sieur de la Mothe). *Amsterdam*, 1707, in-12. —Mars 1709, p. 453. .

1549. De veritate religionis christianæ, auctore H. Grotio. Editio nova (curâ J. Le Clerc), cui subjungitur : De eligenda inter dissentientes christianos sententia, liber unus. *Amsterdam*, 1709, in-8. — Juillet 1709, p. 1306.

1550. Traité de la vérité de la religion chrétienne, trad. du latin de Grotius (par Lejeune) avec des remarques. *Paris*, 1724, in-8. — Août 1724, p. 1498.

Quérard ne cite pas cette édition (III, 491).

1551. Sermons de M. Haadly, évêque de Bangor, trad. de l'angl. par M. Ricotier. *Amsterdam*, 1718, 2 vol. in-8. — *Janvier 1749, p. 493.

Ouvrage omis par Quérard (VIII, 43).

1552. Petri van Hoeke delineatio cognitionis et veritatis in Lege et Evangelio. *Leyde*, 1708, in-12. — Mars 1711, p. 457.

1553. Tractatus theologicus de reprobatione et electione hominum ad promovendam concordiam ecclesiasticam, conscriptus a Bartholdo Holzfusz. *Francfort*, 1702, in-4. — Décembre 1703, p. 2152.

1554. Lettres sur la religion essentielle à l'homme, distinguée de ce qui n'en est que l'accessoire (par Mlle *Huber*). *Londres*, 1738, in-12. — Février 1740, p. 212; — mars, p. 496.

1555. Exercitatio academica de fœdere gratiæ, auct. J. W. Jagero. *Stuttgard*, 1701, in-4. — Mai 1703, p. 763.

1556. Roma Racoviana et Racovia Romana, auct. G. Jameson. *Edimbourg*, 1702, in-4. — Juillet 1703, p. 1418.

1557. La conformité de la foi avec la raison, ou défense de la religion contre les principales difficultés répandues dans le *Dictionnaire* de M. Bayle (par Isaac *Jaquelot*). *Amsterdam*, 1705, in-12. — Juin 1706, p. 895.

1558. Examen de la théologie de M. Bayle répandue dans

son *Dictionnaire critique*, dans ses *Pensées sur la comète* et dans ses *Réponses à un provincial*, où l'on défend la conformité de la foi avec la raison (par *Jaquelot*). *Amsterdam*, 1706, in-12. — Septembre 1707, p. 1489.

1559. Réponse aux entretiens composés par M. Bayle contre la *conformité de la foi avec la raison* et *l'examen de la théologie* (par I. *Jaquelot*). *Amsterdam*, 1707, in-12. — Août 1708, p. 1293.

1560. La pratique de la dévotion, ou traité de l'amour divin, dans lequel sont expliquées les règles de cette excellente vertu, selon l'esprit de l'Evangile et par opposition aux faux dévots, par M. Jurieu. *Rotterdam*, 1700, 2 vol. in-12. — 22ᵉ édit. *La Haye*, 1726, in-12. — Janvier 1701, p. 77; — * septembre 1726, p. 1755.

1561. De origine mali, auctore Guillelmo King, episc. Derensi. *Brême*, 1704, in-8. — Mai 1706, p. 707.

1562. Divine predestination and fore Knowledge consistent with the freedom of mans vill by king. *Dublin*, 1711, in-8. — Février 1712, p. 363.

1563. Lettres d'un théologien réformé à un gentilhomme luthérien, pour servir de réponse à celle qu'un docteur allemand de l'Université catholique de Strasbourg (le P. *Scheffmacher*, S. J.) a écrites à ce gentilhomme, par Armand de la Chapelle. *Amsterdam*, 1736, 2 vol. in 12. — Octobre 1738, p. 1998; — juin 1739, p. 1297; — juillet, p. 1598; — novembre, p. 2322.

1564. Réponse aux douze lettres du R. P. Scheffmacher, jésuite de Strasbourg, contre les protestants. (par M. *Pfaff*). *Francfort*, 1733, in-4. — Mai 1740, p. 807.

1565. L'influence de la religion chrétienne sur le bonheur de la société, démontrée en cinq sermons par feu M. Laget. *Amsterdam*, 1774. — Avril 1775, p. 28.
Quérard (IV, 426) dit: *Genève*, 1779.

1566. Traité du serment, par M. de la Placette. *La Haye*, 1701, in-12. — * Mai 1701, p. 212.

1567. Réponse à deux objections qu'on oppose de la part de la raison à ce que la foi nous apprend sur l'origine du mal et sur le mystère de la Trinité... par J. de la Placette. *Amsterdam*. 1707, in-12. — * Novembre 1707, p. 2043; — juillet 1713, p. 1454.

1568. Sermons sur divers sujets de l'Ecriture Sainte par J. C.

de la Treille. *Amsterdam,* 1727, 2 vol. in-8. — * Octobre 1727, p. 1928.

1569. The advantage and necessity of the christian revelation, by John Leland. *Londres.* 1764, 2 vol. in-4. — Février 1766, p. 488; — avril, p. 889; — mai, p. 1220.

1570. Nouvelle démonstration évangélique où l'on prouve l'utilité et la nécessité de la révélation chrétienne par l'état de la religion dans le paganisme relativement à la connaissance et au culte d'un seul vrai Dieu... trad. de l'angl. de J. Leland. *Paris,* 1769, 4 vol. in-12. — Novembre 1769, p. 371.

1571. Triomphe de la vérité par le Maire de Treval. *Amsterdam,* 1726. — * Avril 1727, p. 758.

Je n'ai pas trouvé cet auteur dans Quérard.

1572. Joan. Canuti Lenæi de veritate et excellentia christianæ religionis brevis informatio. *Schleusing,* 1702, in-16. — Mars 1702, p. 162.

1573. A short and easy method (pour prouver la religion), by C. Leslie. Londres, 1704-1705, 2 v. in-12. — Mars 1705, p. 371; — octobre, p. 1676.

1574. The truth of christianity demonstrated, by C. Leslie. *Londres,* 1711, in-8. — Février 1712, p. 183.

1575. Ouvrages de M. Lesley contre les déistes et les juifs, avec des défenses, et un traité du jugement particulier et de l'autorité en matière de foi, trad. de l'anglais par le P. Houbigant, de l'Orat. *Paris,* 1770, in-8. — Avril 1771, p. 124.

1576. Christiani Sigismundi Liebii diatribe de pseudonymia Calvini. *Amsterdam,* 1728, in-8. — Novembre 1728, p. 2160.

1577. Philippi a Limborch theologia christiana. Editio tertia. *Amsterdam,* 1700, in-fol. — Juillet 1701, p. 37.

1578. La religion chrétienne démontrée par la conversion et l'apostolat de S. Paul, trad. de l'anglais de G. Lyttleton, avec deux discours sur l'excellence intrinsèque de l'Ecriture Sainte, trad. de Jérémie Seed, (par l'ab. *Guénée*). *Paris,* 1754, in-12. — Mars 1754, p. 626.

1579. La morale de l'Evangile, trad. de l'anglais de M. Lucas. 4e édit. *Amsterdam,* 1740, in-8. — * Août 1740, p. 1479.

1580. D. M. Lutheri theologia pura et sincera, auctore

Honrico Maïo. *Francfort*, 1709, in-4. — Septembre 1743, p. 1502.

1581. Supplementum epistolarum Martini Lutheri continens Epistolas CCLX, partim hactenus ineditas, partim hinc inde dispersas, cura Buddei. *Hall*, 1703, in-4. — Juillet 1705, p. 1490.

1582. L'excellence de la foi et de ses effets, expliquée en 20 sermons sur le chapitre XI de l'Epître aux Hébreux, prononcés à Utrecht dans les années 1708 et 1709, par David Martin. *Amsterdam*, 1710, 2 vol. in-8. — * Août 1710, p. 1479.

Quérard (V, 575) dit 1720.

1583. La souveraine perfection de Dieu dans ses divins attributs et la parfaite intégrité de l'Ecriture, prise au sens des anciens réformés, défendue par la droite raison contre toutes les objections du manichéisme, répandues dans les livres de M. Bayle, par P. N. (Phil. *Naudé*). *Amsterdam*, 1708, 2 vol. in-8. — Avril 1709, p. 586.

1584. Réfutation du commentaire philosophique de Bayle, ou solution générale et renversement de tous les sophismes que l'auteur y emploie à dessein d'établir en tous lieux une tolérance sans bornes pour l'exercice public de toutes les erreurs et hérésies dont l'esprit humain peut être capable, par Ph. Naudé. *Berlin*, 1718, 2 vol. in-8. — Janvier 1720, p. 19.

1585. Guil. Nicholsii defensio Ecclesiæ anglicanæ, in quâ vindicantur omnia quæ ab adversariis in doctrina, cultu et disciplina ejus improbantur. Præmittitur apparatus qui historiam turbarum a secessione ab Ecclesia anglicana exortarum continet. *Londres*, 1707, in-12. — Avril 1710, p. 593.

1586. The doctrine of the holy Trinite, by Et. Nye. 1700 (?) in-8. — Mars 1702, p. 26.

1587. La vérité de la religion protestante opposée aux nouveaux préjugés des docteurs catholiques, par M. Pfaffius. *Tubingue*, 1723, in-8. — Juin 1723, p. 941 ; — juillet, p. 1146.

Quérard (VII, 113) dit 1719.

1588. Les vérités capitales de la religion établies par la raison et par l'Ecriture Sainte avec un abrégé des lois morales en forme de catéchisme, par J. Plantier. *Genéve*, 1733, in-8. — Mai 1734, p. 949.

1589. Le protestant scrupuleux ou éclaircissement du

4° chapitre de la Madonna, par M. Renoult. *Amsterdam*, 1701, in-12. — Janvier 1702, p. 16.

1590. And. Rudigeri physica divina, recta via inter atheismum et superstitionem. *Francfort*. 1716, in-4. — Juin 1718, p. 1079.

1591. The perils of false Brethern, both in Church and state, by H. Sacheverell. *Londres*, 1709. — Juin 1710, p. 1021.

1592. Sermons sur divers textes de l'Ecriture Sainte, par J. Saurin. 2° édit. *La Haye*, 1709. — * Mai 1709, p. 922.
Quérard (VIII, 471) ne cite ni cette édition, ni la première.

1593. Les témoins de la résurrection de J.-C. examinés et jugés selon les règles du barreau, pour servir de réponse à Woolston, traduit de l'anglais (de *Sherlock*) par A. Le Moine. *La Haye*, 1732, in-8. — Nouvelle édit. (publiée par l'ab. *Guénée*). *Paris*, 1753, in-12. — Juin 1734, p. 965; — juillet 1753, p. 1681.

1594. Henrici Searban tractatus de parallelismo cum hæreticis. *Rostock*. 1744, in-4. — Septembre 1746, p. 1668.

1595. The chistian hero... by Steel. 5° édit. *Londres*, 1724, in-12. — Décembre 1724, p. 2215.

1596. Sermons du docteur Tillotson, archevêque de Cantorbéry, trad. de l'anglais par Barbeyrac. *Londres*, 1706, in-8. — * Mai 1706, p. 892.
Cette édit. a 11 vol. 1706-1709 (Quérard, IX, 476).

1597. Traité de la vérité de la religion chrétienne, tiré principalement du latin de feu M. J. Alph. Turretin (par Jacob *Vernet*). Genève, 1747, 4 vol. in-8. — Août 1746, p. 1659; — décembre 1747, p. 2473; — janvier 1748, p. 124; — mars, p. 452; — mai, p. 1047.

1598. Lettres sur le Christianisme de M. J.-J. Rousseau, adressées à M. J L. par Jacob Vernes, pasteur de l'église de Celigny. *Amsterdam*, 1764, in-12. — Avril 1765, p. 965.

1599. Doctrinæ christianæ religionis dogmata per aphorismos summatim descripta, auctore C. Vitringa, cum notis M. Vitringæ et analogia D. Schellinger. T. V. Editio VI°. *Leyde*, 1775, in-4. — Septembre 1775, p. 11.

1600. Joan. Christoph. Wendleri de libris pontificiis aliisque hæreticis in præjudicium doctrinæ purioris nostrâ et superiori ætate suppressis et corruptis, schediasma. *Iena*, 1744, in-4. — Septembre 1746, p. 1697.

1601. Tractatus de imputatione divina peccati Adami pos-

teris ejus universis in reatum, auci. Daniel Whitey. *Londres*,
1711, in-8. — Mars 1716, p. 482.

1602. Christoph. Wilkii, past. Berolinensis, theologia in
speculo, seu definitiones theologiæ dogmaticæ præcipuæ
omnes. *Leipsick*, 1709, in-8. — Août 1740, p. 1335.

1603. De miraculis quæ Pithagoræ, Apollonio Thyanensi,
Francisco Assisio, Dominico et Ignatio Loyolæ tribuuntur,
libellus. Editio nova (par *Zimmermann*). *Edimbourg*, 1755.
— Avril 1756, p. 1039.

1604. The anatomy of Simon Magus. *Londres*, 1724.
in-12. — Mai 1724, p. 929.

1605. Lettres pastorales de l'évêque de Londres aux fidèles
de son diocèse contre les libertins et les incrédules, trad.
de l'anglais par Ab. Le Moine. *La Haye*, 1732, in-8. —
Décembre 1734, p. 2218; — mars 1735, p. 507.

1606. Lettre pastorale de Mgr l'évêque de Londres aux
fidèles de son diocèse à l'occasion de quelques ouvrages qui
ont paru depuis peu en faveur de l'incrédulité. *Londres*,
1729. — Mars 1730, p. 423.

1607. Le système des anciens et des modernes, concilié par
l'exposition des sentiments de quelques théologiens sur l'état
des âmes séparées des corps, en quatorze lettres. Nouvelle
édition. *Amsterdam*, 1733, in-12. — Décembre 1735,
p. 2397.

1608. A brief discovery of the falses churches. *Londres*,
1707, in-8. — Avril 1709, p. 680.

1609. La vérité de la religion réformée prouvée par l'Écriture Sainte et par l'antiquité, pour servir de réponse à la
lettre pastorale de Mgr l'archevêque de Paris. — Mai 1704,
p. 212.

1610. Controversies ended. 1704, in-12. — Juin 1705,
p. 940.

1611. The rights of the christian church asserted. *Londres*,
1708, in-4. — Mai 1708, p. 729.

1612. Formulaire de consentement des Églises réformées de
Suisse sur la doctrine de la grâce universelle et les matières
qui s'y rapportent... trad. en franç. 1723, in-12. — Octobre 1723, p. 1739.

1613. Celeberrimorum virorum varia anti-henou.... 1707,
in-4. — Juin 1712, p. 1055.

1614. The christian religion as professed by a daughter of the church of England. *Londres*, 1705, in-8. — Novembre 1705, p. 1911.

1615. An argument proving that according the convenant, etc. 1700, in-8. — Novembre 1701, p. 79.

1616. Eusebii Paciani epistolæ ad summos viros theologos Lipsienses missæ. *Irenopolis*, 1701, in-4. — Mai 1703, p. 760.

1617. Causarum primæ et secundarum realis operatio, auct. Jac. Gousset. *Leuwarden*, 1716, in-4. — Mars 1719, p. 476.

1618. Lettres sur le déisme, par Salchli. *Paris*, 1759, in-8. — Mars 1759, p. 584.

Il y a peut-être une édition antérieure de *Lausanne*, 1756 (Quérard, VIII, 398).

1619. Alciphron ou le petit philosophe en sept dialogues contenant une apologie de la religion chrétienne, contre ceux qu'on nomme esprits forts (trad. de l'angl. de *Berkley*, par *de Joncourt*). *La Haye*, 1734, 2 vol. in-12. — Avril 1735, p. 760.

1620. De l'immortalité de l'âme et de la vie éternelle, par Sherlock; trad. de l'anglais (par *de Murmande*). Nouvelle édit. *Amsterdam*, 1735, in-8. — Septembre 1739, p. 1901; — janvier 1740, p. 95.

La 1re édit. est de 1708. Quérard (IX, 123) en indique une de 1755; n'a-t-il pas voulu dire 1735?

Religions diverses. — Superstitions.

1621. Trium scriptorum illustrium de tribus Judæorum sectis syntagma, in quo Nic. Serarii, Joan. Drusii, Jos. Scaligeri opuscula exhibentur : Jac. Triglandius diatriben de secta Karæorum adjecit. *Delft*, 1703, 2 vol. in-4. — Avril 1713, p. 587.

1622. Chat Hakkaraim, seu secta Charræorum dissertationibus aliquot philologicis adumbrata, auctore Schupart. *Iena*, 1704, in-4. — Septembre 1704, p. 66; — novembre, p. 447.

1623. Notitia Karæorum ex Mardochæi Karæi recentiori tractatu haurienda... cura J. Christ. Wolfii. *Hambourg*, 1714, in-4. — Décembre 1717, p. 2034.

1624. Mischna, sive totius Hebræorum juris, rituum, anti-

7.

de Laon, prieur de Plainchatel. *Paris*, 1710, 4 vol. in-12.
— Janvier 1712, p. 7.

Quérard ne cite pas cet auteur, qui méritait de l'être à cause des réimpressions de cet ouvrage. La 1re édit. parut en 1680, 3 vol. in-12 (Catal. — *Falcoret*, n° 13803) ; j'ai encore rencontré : *Paris*, 1712, 4 vol. in-12 (Catal. des *Jésuites* du collége de Clermont, n° 4027), et *Paris*, 1724, 6 vol. in-12 (Catal. *Delan*, n° 4932).

JURISPRUDENCE.

—

INTRODUCTION.

1648. De l'origine des lois, des arts et des sciences et de leurs progrès chez les anciens peuples (par *Goguet* et *Fugère*). *Paris*, 1758, 3 vol. in-4. — Avril 1758, p. 965; — mai, p. 1216; — juillet, p. 1558.

1649. Franc. Baconii tractatus de justitia universali sive de fontibus juris, extractum ex ejusdem autoris opere de dignitate et argumentis scientiarum. *Paris*, 1752, in-8. — Juillet 1752, p. 1526.

1650. Principes naturels du droit et de la politique, par M. Desbans, avocat au Parlement. *Paris*, 1715, in-12. — *Ibid*. 1765, 2 vol in-12. — Mars 1708. p. 544; — * novembre 1715, p. 2232; — mars 1766, p. 725.

L'ouvrage était achevé dès 1708. L'édit. de 1765 est de Dreux du Radier.

1651. Essai sur les principes du droit et de la morale, par M. d'Aube, maître des requêtes. *Paris*, 1734, in-4. — Octobre 1743, p. 2694; — novembre, p. 2856.

Auteur omis par Quérard.

1652. Essais historiques sur les lois, trad. de l'anglais par Bouchaud. *Paris*, 1766, in-12. — Mars 1766, p. 710.

1653. L'esprit de la législation, trad. de l'allemand. *Londres*, 1768, in-12. — Janvier 1769, p. 64.

1654. Analyse raisonnée de l'esprit des lois du président de Montesquieu, par M. Pecquet. *Paris*, 1758, in-12. — Juillet 1758, p. 1693.

1655. Esprit des maximes politiques pour servir de suite à *l'Esprit des lois* de M. de Montesquieu, par M. Pecquet. *Paris*, 1757, 2 vol. in-12. — * Janvier 1758, p. 374.

1656. De l'influence des lois sur les mœurs. Mémoire présenté à la société royale de Nancy, par P. J. Crosley. *Nancy*, 1757, in-4. — Novembre 1757, p. 2751.

1657. Théorie des lois civiles, ou principes fondamentaux

de la société (par *Linguet*.) *Londres*, 1767, 2 vol. in-12.
— Juillet 1767, p. 112.

1658. Autorum juridicorum notitia, autore Georgio Beyero.
Leipsick, 1698, in-8. — 1701, in-8. — Septembre 1701,
p. 155.

1659. Burc. Gotthelfii Struvii bibliotheca juris selecta secundum ordinem litterarum disposita. Editio altera. *Iena*, 1719,
in-8. — Août 1719, p. 1334.

1660. Table chronologique pour le droit, par M. l'ab. Daubus-
son, doyen du chapitre de S. Amable de Riom. *Clermont*,
1705. — * Octobre 1705, p. 1818.
    Auteur omis par Quérard.

1661. Alphabetica series rubricarum omnium juris utriusque civilis et canonici. Editio nova. *Paris*, 1772, in-12. —
* Mars 1772, p. 569.

1662. Josephi Aurelii de Januario respublica jurisconsultorum.
Editio novissima. *Naples*, 1752, in-8. — Janvier 1755,
p. 177; — avril, p. 869.

1663. La république des jurisconsultes par Gennaro, trad.
par l'ab. Dinouart. *Paris*, 1768, in-8. — * Juillet 1768,
p. 164.

1664. Traité des lois de Cicéron, trad. du lat. par M. de
Morabin. *Paris*, 1749, in-12. — Novembre 1749, p. 40.

1665. Les lois puisées chez les Grecs, développées par les,
Romains, aujourd'hui la base du droit public et civil des
nations policées. *Paris*, 1765, 2 vol. in-12. — * Mai 1765,
p. 1325.

1666. Guil. Best ratio emendandi leges. *Utrecht*, 1707, in-8.
— Janvier 1712, p. 138.

1667. Dissertation sur les raisons d'établir et d'abroger les
lois (par le roi *Frédéric II*). *Utrecht*, 1751, in-12. — Décembre 1751, p. 2507.

1668. Méthode pour simplifier les lois, avec deux traités par
J. V. Renoul. 2e édit. *Paris*, 1767, in-12. — * Mai 1768.
p. 368.
    Quérard (VII, 540) ne fait pas mention d'une première édition.

1669. Mémoire sur les moyens de rendre les études de droit
plus utiles (par *Lorry*). *Paris*, 1764, in-12. — *Ibid.* 1768,
in-12. — Octobre 1764, p. 940; — décembre 1768, p. 389.

1670. Réponse de l'Université d'Orléans au *Mémoire* sur les
moyens de rendre les études de droit plus utiles (par *Breton*).
Orléans, 1764, in-4. — Mars 1765, p. 688.

1671. Essai sur l'idée du parfait magistrat, où l'on fait voir une partie des obligations des juges. par le sieur F. D. F. D. L. R. D. (*Frain du Tremblai*). *Paris*, 1701, in-12. — Septembre 1701, p. 144.

1672. Discours sur l'état actuel de la magistrature, et sur les causes de sa décadence, par M. Le Trosne. *Paris*, 1764, in-12. — Octobre 1764, p. 839.

1673. Règles pour former un avocat, tirées des plus fameux auteurs, tant anciens que modernes (par *Biarnoy de Merville*). *Paris*, 1711, in-12. — Nouvelle édit. *Paris*, 1742, in-12. — Février 1742, p. 260 ; — avril 1742, p. 731.

Quérard (I, 325) ne cite pas cette dernière édition.

1674. Discours sur la profession d'avocat (par *Rivière*, le fils). *Paris*, 1744, in-4. — Juillet 1741, p. 1332.

1675. Lettres sur la profession d'avocat et sur les études nécessaires pour se rendre capable de l'exercer. On y a joint un catalogue raisonné des livres utiles à un avocat (par *Camus*). *Paris*, 1772, in-12. — *Septembre 1772, p. 557.

1676. De l'éloquence du barreau, par Gin. *Paris*, 1767, in-12. — Août 1767, p. 310.

Quérard (III, 358) dit que la 1re édit. est anonyme.

1677. Delle viziose maniere del diffender le cause nel foro. Trattato di Gius. Aurelio di Gennaro. *Naples*, 1755, in-4. — Avril 1755, p. 1056.

1678. Opuscula varia de latinitate jurisconsultorum veterum, auctore Car. And. Duker. *Leyde*, 1711, in-8. — Janvier 1715, p. 132.

1679. Manière de juger les ouvrages de M. Le Noble, par Paradis. *Paris*, 1708, in-12. — * Juin 1708, p. 1098.

Droit de la nature et des gens.

1680. Essai sur l'histoire du droit naturel, par Martin Hubner. *Paris*, 1759, 2 vol. in-12. — Mars 1759, p. 753 ; — avril, p. 888.

Quérard (IV, 151) ne cite pas cette édition, mais la 1re, anonyme, de 1757.

1681. Institutiones juris publici universalis, naturæ et gentium, ad normam moralistarum nostri temporis, maxime protestantium..., auctore R. P. Ignatio Schwarz, S. J. *Augsbourg*, 1743, in-8. — Mai 1745, p. 849

1682. Joan. Vitriarii J. C. institutiones juris naturæ et gentium, auctæ a Jac. Vitriario. *Leyde*, 1734, in-8. — Janvier 1736, p. 31.

1682 *bis*. Philosophia juris naturalis methodo disciplinari... auct. J. J. Ferber. *Wittemberg*, 1709, in-4. — Mars 1711, p. 496.

1683. Le droit de la nature et des gens, ou système général des principes les plus importants de la morale, de la jurisprudence et de la politique. Trad. du latin du baron de Puffendorf, par Jean Barbeyrac, avec des notes et une préface du traducteur. *Amsterdam*, 1706, 2 vol. in-4. — 5ᵉ édit. *Ibid.*, 1734, 2 vol. in-4. — Octobre 1708, p. 1694; — novembre, p. 1837; — août 1734, p. 1349.

1684. Principes du droit naturel, par J. J. Burlamaqui. *Genève*, 1747, in-4°. — Principes du droit de la nature et des gens, par J. J. Burlamaqui, avec la suite du droit de la nature qui n'avait pas encore paru. Le tout considérablement augmenté par F. de Félice. *Yverdon*, 1766-1769, 8 vol. in-8°. — Août 1748, p. 1637 — ; septembre, p. 1721 ; — avril 1767, p. 64; — septembre 1768, p. 389; — juillet 1769, p. 91.

1685. Fundamenta jurisprudentiæ naturalis a Guil. Pestel. *Leyde*, 1773, in-8. — Trad. du latin (par *Blonde*). *Utrecht*, 1775, in-8. — Juin 1775, p. 397; — 3ᵉ suppl. de 1775. p. 42.

1686. Exposition de la loi naturelle, par M. l'abbé B. (*Beaudeau*). *Amsterdam*, 1767, in-12. Juin 1767, p. 561.

1687. La loi naturelle, par l'ab. Roussel. *Paris*, 1769, in-12. — Août 1769, p. 260.

1688. Principi di una scienza nuova intorno alla natura delle nazioni, per la quale si ritruovano i principi di altro sistema del diritto naturale delle genti... *Naples*, 1725, in-12. — Juillet 1727, p. 1206.

1689. Prodromus juris publici universalis magna eruditorum expectatione diu desiderati, continentis prætentiones illustres imperatoris et imperii, regum, principum ac rerum publicarum totius Europæ, auct. M. Knesebeck. *Rodopoli*, 1700, in-4. — Décembre 1703, p. 2133.

1690. Le droit public de l'Europe fondé sur les traités conclus jusqu'en l'année 1740. *La Haye*, 1746, 2 vol. in-12. — Juillet 1746, p. 1477; — décembre, p. 2533.

1691. Droit public, ou gouvernement des colonies françaises,

d'après les lois faites pour ce pays, par M. Petit. *Paris*,
1771, 2 vol. in-8. — Avril 1771, p. 5.

Quérard (VII, 87), ne cite que *Paris*, 1777.

1692. De la saisie des bâtiments neutres, ou du droit qu'ont
les nations belligérantes d'arrêter les navires des peuples
amis, par M. Hubner. *La Haye*, 1759, 2 vol. in-12. — Février 1760, p. 389.

1693. Manière de négocier avec les souverains, par M. de
Callières. *Paris*, 1716, in-12. — Juillet 1716, p. 1354.

1694. Quænam prærogativæ ex communi gentium consensu,
maxime quoad exercitium domesticum religionis, legatis,
ablegatis extraordinariis et residentibus in terris principum
ad quos missi sunt, debeantur.... 1708, in-12. — Juin
1708, p. 977.

1695. De firmamentis conventionum publicarum, auct.
Waldner de Freundstein. *Giessen*, 1701, in-4. — * Septembre
1701, p. 367.

Droit civil et criminel.

1696. Novæ juris ac judiciariæ tam civilis quam criminalis
institutiones.. auctore F. X. Tixedor del Sola. *Carcassonne*,
1770, in-4. — Octobre 1770, p. 83.

Cette indication est-elle exacte? Quérard (IX, 494) dit 1759, 4 *vol.*
in-4°.

1697. Traité des délits et des peines, trad. de l'ital. de
Beccaria par M. C. D. L. B. (*Chaillou de Lisy*). *Paris*,
1773, in-12. — Septembre 1773, p. 570.

1698. Réfutation des principes hasardés dans le traité des
délits et des peines, trad. de l'italien, par Muyard de Vouglans. *Lausanne*, 1767, in-12. — Avril 1767, p. 104.

1699. Observations sur un ouvrage trad. de l'italien, qui a
pour titre : *Traité des délits et des peines* (par C. A. *Haute-
fort*). *Amsterdam*, 1767, in-12. — * Février 1768, p. 360.

1700. Traité des lois civiles, par M. D. P. D. T. (*de Pilati
de Tassulo*). *La Haye*, 1774, 2 vol. in-8. — Février 1775,
p. 197.

Droit romain.

1701. Histoire du droit romain, contenant son origine, ses progrès, par Cl. Jos. de Ferrière. *Paris*, 1718, in-12. — Janvier 1719, p. 114.

1702. Histoire de laj urisprudence romaine, contenant son origine et ses progrès depuis la fondation de Rome jusqu'à présent, par Terrasson. *Paris*, 1750, in-fol. — Mars 1751, p. 671; — août, p. 1809; — novembre, p. 2315.

1703. Heineccii historia juris civilis, Romani ac Germanici, observationibus aucta J. B. Ritteri et J. M. Silberaddii. *Strasbourg*, 1765, in-8. — Mai 1766, p. 1258.

Quérard (IX, 138) dit 1763, 2 *vol. in-8.*

1704. Esprit des lois romaines, trad. du latin de J. V. Gravina par Requier. *Amsterdam*, 1766, 3 vol. in-12. — Mars 1767, p. 414.

1705. Discours sur le barreau d'Athènes et sur celui de Rome ... par l'ab. Le Moine d'Orgival. *Paris*, 1755, 2 vol. in-12. — Juillet 1755, p. 1578; — août, p. 2000.

1706. Jurisprudentia vetus anti-Justinianea, auct. Ant. Schulting. *Leyde*, 1717, in-4. — Décembre 1717, p. 1979.

1707. Corps du droit civil, contenant toutes les lois compilées et publiées par Justinien, avec la trad. littérale, par M. Hulot. *Paris*, 1764, in-4. — Avril 1764, p. 1134.

Quérard (IV, 278) ne cite qu'une édit. de 1807.

1708. Pandectæ Justinianeæ, in novum ordinem digestæ, cum' legibus Codicis et Novellis (par *Pothier*). *Chartres*, 1744, 3 vol. in-fol. (?) — Novembre 1744, p. 2079.

Cette édition n'est pas citée par Quérard, non plus que les suivantes.

1709. Epitome juris et legum Romanarum frequentioris usus juxta seriem digestorum cum brevissimis additionibus et notis,... auct. Ant. Barrigue de Montvalon. *Aix*, 1758, in-8. — Septembre 1758, p. 2190.

1710. Juris Cæsarei seu civilis institutiones breves... edid. Bouchard. *Besançon*, 1726, in-24. — Juin 1726, p. 1154.

1711. Nova et methodica juris civilis tractatio, seu nova methodica paratitla... auctore Cl. J. de Ferrière. *Paris*, 1702-1706, 2 vol. in-12. — Novembre 1702, p. 78; — août 1706, p. 1372.

Quérard (III, 114) ne cite que l'édit. de 1734.

1712. Accurata institutionum sive primorum juris elementorum D. Justiniani explanatio (auct. *Drapier*). *Paris*, 1724, in-12. — Juin 1724, p. 1420.

Ouvrage omis par Quérard (II, 590).

1713. Lettres d'un avocat au parlement de *** (*Albert*) à MM. les auteurs du *Journal des savants* sur un projet de traduction du corps entier du droit civil. *Paris*, 1765, in-8. — Septembre 1765, p. 707.

1714. Lettres de M. Hulot à MM. les auteurs du *Journal de Trévoux* en réponse (aux précédentes). *Paris*, 1765, in-8. — Septembre 1765, p. 707.

1715. Nouvelle traduction des Institutes de l'empereur Justinien avec des observations pour l'intelligence du texte, par Cl. J. de Ferrière. *Paris*, 1720, 6 vol in-12. — Novembre 1721, p. 1929; — décembre, p. 2385.

1716. Eléments du droit, ou traduction du 1er livre du Digeste, avec des notes historiques sur le droit romain et sur le droit français, par Troussel. *Avignon*, 1773, 2 vol. in-12. — * Février 1773, p. 370.

1717. Essai sur la prestation des fautes, où l'on examine combien les lois romaines en distinguent d'espèces, par P. Ph. Lebrun. *Paris*, 1764, in-12. — Juillet 1764, p. 316.

1718. Ez. Spanhemii orbis romanus seu ad constitutionem Antonini imperatoris de quâ Ulpianus leg. xvii Digestis *de statu hominum* exercitationes duæ. Editio 2ª. *Londres*, 1703, in-4. — Février 1704, p. 258.

1719. Examen institutionum civilium cum synopsi ejusdem examinis, auctore Petro Grolleau. *Paris*, 1708, in-12. — Septembre 1708, p. 1577.

1720. J. H. Bergeri, J. C., de matrimonio comprivignorum disquisitio. *Leipsick*, 1709, in-4. — Février 1710, p. 247.

1721. H. Brouweri de jure connubiorum libri II. *Delft*, 1714, in-4. — Septembre 1715, p. 1552.

1722. N. Vigelii decisionum juris controversi centuriæ duæ. *Francfort*, 1708, in-12. — Juillet 1709, p. 1482.

1723. Lucæ Van de Poll, de exhæredatione et præteritione romanâ atque hodierna liber singularis. *Amsterdam*, 1700, in-4. — Septembre 1701, p. 465.

1724. Mémoire contenant l'explication analytique de la loi *Æde Cod. de locat. et de conduct.* par M. Emmanuel de Gama. *Paris*, 1708, in-4. — Avril 1708, p. 600.

Auteur omis par Quérard.

DROIT FRANÇAIS.

Coutumes.

1725. Nouveau coutumier général, ou corps de coutumes de France avec des notes de Chauvelin, Brodeau et Ricard, mis en ordre par Bourdot de Richebourg. *Paris*, 1724, 4 vol. in-fol. — * Mai 1724, p. 948.

1726. Les notes de M. Charles du Moulin sur les coutumes de France mises en ordre (par *P. de Merville*). *Paris*, 1715, in-4. — Juillet 1715, p. 1241.

Ouvrage omis par Quérard (IV, 79).

1727. Discours préliminaire d'un ouvrage qui aura pour titre: Lois coutumières du royaume mises dans un nouvel ordre (par *Pesselier*). *Paris*, 1759, in-fol. — Janvier 1760, p. 296.

1728. Recherche sur l'origine de la règle coutumière, *représentation a lieu à l'infini en collatérale*, par T. C. L. G. (*Gerhardi*). *Strasbourg*, 1767, in-8. — * Juillet 1768, p. 165.

1729. Institutions coutumières de Loisel avec les remarques de M. de Ferrière. *Paris*, 1710, 2 vol. in-12. — * Janvier 1711, p. 184.

C'est peut-être l'édit. donnée par de Laurière.

1730. Coutumes générales d'Artois avec des notes par Adrien Maillart. 2ᵉ édit. *Paris*, 1742, in-fol. — * Novembre 1742, p. 2078.

Auteur non cité par Quérard.

1731. Les éléments du barreau, ou abrégé des matières principales et les plus ordinaires du palais, selon les lois civiles, les ordonnances et la coutume de Bar-le-Duc, par M. de Maillet. *Nancy*, 1746, in-4. — * Novembre 1749, p. 2456.

1732. Commentaire sur les coutumes générales de la ville de Bordeaux et du pays Bordelais par M. Automne, mis en abrégé par Ant. Boe, revu et augmenté par Pierre Dupin. *Bordeaux*, 1728, in-fol. — * Janvier 1729, p. 167.

Quérard ne cite pas cet ouvrage à l'art. Dupin ((II, 694); il a omis le nom des deux autres auteurs.

1733. Coutumes générales et locales du pays et du duché de

Bourbonnais, par M. Auroux des Pommiers. *Paris*, 1732, 2 vol. in-fol. — * Novembre 1732, p. 2000.

Ouvrage non cité par Quérard à l'art. *Despommiers* (II, 528).

1734. Observations pour la réformation de la coutume de Bretagne avec un traité de l'Indult... par Michel Sauvageau, sieur des Burons. *Nantes*, 1710, 2 vol. in-4. — Décembre 1710, p. 2433.

1735. Coutume de Chaumont en Bassigny nouvellement, commentée et conférée avec les autres coutumes de Campagne, par Juste de Laistre. *Paris*, 1723, in-4. — Mars 1724, p. 490.

1736. Nouveau commentaire sur la coutume de Chartres, par Pierre de Merville. *Paris*, 1714, in-4. — Mars 1715, p. 475.

1737. Coutume du bailliage de Melun, anciens ressorts et enclaves d'icelui,... par L. A. Sevenet. *Sens*, 1768, in-4. — Septembre 1769, p. 547.

1738. La coutume de Normandie réduite en maximes par Pierre de Merville. *Paris*, 1707, in-4. — * Mai 1708, p. 897.

1739. Décisions sur chaque article de la coutume de Normandie et observations sur les usages locaux de la même coutume, par M. de Merville. *Paris*, 1731, in-fol. — *Août 1731, p. 1574.

1740. Coutume de Normandie expliquée par M. Pesnelle. *Rouen*, 1704, in-4. — 2e édit. *Ibid*. 1727, in-4. — 3e édit. avec les observations de Roupnel. *Ibid*. 1759, in-4. — Octobre 1704, p. 1693; — * septembre 1727, p. 1746; — avril 1759, p. 1073.

1741. Coutume des duché, bailliage et prévoté d'Orléans, avec les notes de MM. Fornier, du Moulin et des observations nouvelles (par *Prévot de la Jannés*). *Orléans*, 1740, 2 vol. in-12. — Septembre 1740, p. 1823.

1742. Coutume des duché, bailliage et prévoté d'Orléans et ressorts d'iceux avec une introduction générale... (par Pothier). *Paris*, 1772, in-4. — * Mars 1773, p. 562.

1743. Coutume de Paris avec le commentaire de du Moulin. 3e édit. *Paris*, 1709. — * Novembre 1709, p. 2047.

1744. La coutume de Paris avec des notes, par Sauvan d'Aramon. *Paris*, 1724, 2 vol. in-8. — * Décembre 1726, p. 2348.

Quérard (VIII, 487) dit 1762 pour 1726 peut-être.

1745. Corps et compilation de tous les commentateurs anciens et modernes sur la coutume de Paris, par M. Cl. de Ferrières. 2° édit. *Paris*, 1714, 4 vol. in-fol. — Mai 1715, p. 874.

1746. Le droit commun de la France et la coutume de Paris réduits en principes, tirés des ordonnances, arrêts, lois civiles, et mis dans l'ordre d'un commentaire complet et méthodique sur cette coutume, par M. Bourjon. *Paris*, 1747, 2 vol. in-fol. — * Février 1748, p. 366.

1747. Usance de Saintonge entre Mer et Charente, par Cosme Beschet, avocat au Parlement de Paris et siége présidial de Saintes. *Bordeaux*, 1701, in-4. — Juillet 1701, p. 132.

Auteur omis par Quérard.

1748. Coutume du bailliage de Saintes commentée par J. de Laistre. *Paris*, 1731, in-4. — Août 1731, p. 1474.

Ouvrage omis par Quérard (IV, 453).

1749. L'esprit des coutumes du bailliage de Senlis, et les textes... par Pihau de la Forest. *Paris*, 1771, in-12. — Mars 1772, p. 564.

1750. Abrégé du Commentaire de la coutume de Tourraine, par M. Jacquet. *Auxerre*, 1761, 2 vol. in-4. — (2° édit.) Abrégé du commentaire général de toutes les coutumes et des autres lois municipales en usage dans les différentes provinces du royaume. *Paris*, 1764, 2 vol. in-4. — * Mars 1761, p. 752; — avril 1764, p. 1148.

Introduction. — Ordonnances.

1751. Recherches pour servir à l'histoire du droit français (par *Grosley*). *Paris*, 1752, in-12. — Juin 1753, page 1481.

1752. Essai sur le barreau grec, romain et français et sur les moyens de donner du lustre à ce dernier (par *Falconnet*). *Paris*, 1773, in-8. — * Décembre 1773, p. 539.

1753. Analyse historique des principes du droit français (par *Duchesne*). *Paris*, 1757, in-12. — Avril 1757, p. 1144; — décembre, p. 3010.

1754. Compilation chronologique contenant un recueil abrégé des ordonnances, édits,.. des rois de France, concernant la justice, la police et les finances depuis 987, par Guil. Blanchard. *Paris*, 1745, 2 v. in-fol. — Octobre 1716, p. 1820; — juin, p. 988.

1755. Ordonnances des rois de France de la 3ᵉ race, recueillies par ordre chronologique, avec des renvois des unes aux autres, des sommaires,.. (par *Laurière, Secousse, de Villevaux*). *Paris, 1723-1763, 40 vol. in-fol.* — Janvier 1757, p. 5 et 219; — novembre, p. 2787; — juillet 1758, p. 1746; — novembre 1763, p. 2675.

De Bréquigny continua cette collection; en 1790 elle avait 15 vol. En 1814 elle fut reprise par le marquis de Pastoret (Barbier, II, 521).

1756. Les ordonnances de Louis XIV, roi de France, sur les procédures civile et criminelle dans leur ordre naturel (par *P. de Merville*). *Paris, 1747, in-4.* — Septembre 1747, p. 1525.

Ouvrage omis par Quérard (VI, 79).

1757. Procès-verbal des conférences tenues par ordre du roi entre MM. les commissaires du Conseil et MM. les députés du Parlement de Paris pour l'examen de l'ordonnance civile de 1667 et de l'ordonnance criminelle de 1700. Nouvelle édit. augmentée d'une instruction sur la procédure civile et criminelle (par M. *Foucault*, conseiller d'Etat(?)). — *Août 1709, p. 1487.

1758. Nouveau commentaire sur l'ordonnance civile d'avril 1667, par M... (*Jousse*). *Paris, 1753, in-12.* — Février 1754, p. 367.

1759. Idée générale ou abrégé de l'administration de la justice et principalement de la justice civile pour servir d'introduction au commentaire sur l'ordonnance de 1667, édit. de 1757 (par *Jousse*). *Paris, 1765, in-12.* — Mai 1765, p. 1313.

1760. Nouveau commentaire sur l'ordonnance criminelle du mois d'août 1670 (par *Jousse*). Nouvelle édit. *Paris, 1763, in-12.* — Avril 1765, p. 838.

1761. Nouveau commentaire sur les ordonnances des mois d'août 1669 et mars 1673, ensemble sur l'édit du mois de mars 1673, touchant les épices, par M... (*Jousse*). *Paris, 1755, in-12.* — *Avril 1755, p. 1440.

1762. Conférences de l'ordonnance de Louis XIV, roy de France et de Navarre, sur le fait des entrées, aides et autres droits pour le ressort de la cour des aides de Paris avec celles des Rois prédécesseurs de Sa Majesté, par Jacques Jacquin, *intéressé dans les fermes du Roi*. — Juillet 1707, p. 1226.

Auteur omis par Quérard.

1763. Recueil contenant les édits et déclarations du roi sur l'établissement et confirmation de la jurisdiction des consuls. *Paris*, 1706, in-4. — *Juin 1706, p. 1079.

1764. Ordonnance de la marine du mois d'août 1681, commentée et conférée avec les anciennes ordonnances, le droit écrit.. par P. de Merville. *Paris*, 1714, in-4.

Ouvrage omis par Quérard (VI, 79).

1765. L'ordonnance de la marine du mois d'août 1681, commentée par Valin. *La Rochelle*, 1762, 2 vol in-4. — *Juin 1762, p. 1524.

1766. Commentaire de l'ordonnance de Louis XV sur les substitutions, du mois d'août 1747, par M. Furgole. *Paris*, 1767, in-4. — *Juillet 1767, p. 167.

1767. Code militaire, ou compilation des règlements et ordonnances de Louis XIV faites pour les gens de guerre depuis 1651 jusqu'à présent, par le baron de Sparre. *Paris*, 1709, in-12. — Août 1710, p. 1322.

Quérard (IX, 230), dit 1702.

1768. Code militaire, ou compilation des ordonnances des rois de France, concernant les gens de guerre, par le sieur de Briquet. Nouvelle édit. *Paris*, 1734, 4 vol. in-12. — *Février 1735, p. 381.

1769. Commentaire sur l'ordonnance des eaux et forêts du mois d'août 1669 (par *Jousse*). *Paris*, 1772, in-12. — *Septembre 1772, p. 558.

1770. Lettres patentes en forme de statuts, pour toutes les communautés des maîtres barbiers, perruquiers-baigneurs et étuvistes. Nouvelle édit. augmentée de notes par M. d'Olblen. *Paris*, 1770, in-4. — *Novembre 1770, p. 365.

Auteur non cité par Quérard.

Arrêts, Plaidoyers, Mémoires.

1771. Journal du grand conseil, par M.*** (*Moussier*), substitut du procureur général. *Paris*, 1764, in-4. — Janvier 1765, p. 387.

1772. Calendrier des règlements, ou notice des édits, déclarations, lettres patentes, ordonnances, tant du conseil que des parlements, qui ont paru en 1763, par Vallat-la-Chapelle. *Paris*, 1765, in-18. — Juillet 1765, p. 350.

1773. Arrêts notables des différents tribunaux du royaume

sur plusieurs questions importantes de droit civil et de coutume, de discipline ecclésiastique et de droit public, par
Mathieu Augeard. *Paris*, 1710, 2 vol. in-8.—Janvier 1714,
p. 102.

1774. Recueil des procédures de l'officialité. *Paris*, 1706.—
* Mai 1706, p. 893.

1775. Arrêts notables du parlement de Dijon recueillis par
M. Perrier, avec des observations sur chaque question, par
G. Raviot. *Dijon*, 1735, 2 vol. in-fol.—Avril 1738, p. 592.

1776. Decisiones celeberrimi Sequanorum senatus Dolani,
auct. Joh. Grivellio de Perrigny. *Dijon*, 1731, in-fol. —
Avril 1738, p. 589.

Auteur non cité par Quérard.

1777. Edits, déclarations d'arrêts concernant la juridiction
et la jurisprudence de la cour des aides et finances de Montauban. *Montauban*, 1753, in-4. — Juin 1753, p. 1324.

1778. Journal des principales audiences du parlement (1680-
1701). Tome V tiré des mémoires de Me Fr. Jamet de la
Huessière ; le tout augmenté et mis en ordre par Nicolas
Nupied. *Paris*, 1708 (?), in-fol.—Janvier 1709, p. 88.

1779. Sommaire alphabétique des principales questions de
droit, de jurisprudence et d'usage des provinces du droit
écrit du ressort du Parlement de Paris, par Mallebay de la
Mothe. *Paris*, 1766, in-12. — Nouvelle édit. *Paris*. 1770,
in-12.—* Novembre 1766, p. 340 — *mars 1770, p. 564.

1780. Recueil d'arrêts du parlement de Paris, pris des mémoires de feu M. Pierre Bardet, avec les notes de feu
M. Cl. Berroyer. Nouvelle édit. par Lalaure. *Avignon*,
1773, 2 vol. in-fol. — * Septembre 1773, p. 563.

1781. Décisions sommaires du palais par ordre alphabétique,
par M. de la Peyrère. 5e édit. revue par M. Constantin.
Bordeaux, 1726, in-fol. — * Juillet 1726, p. 1358.

Quérard (IV, 543) cite la 8e édit. de 1808; il a omis *Constantin*.

1782. Praticien du Châtelet de Paris et de toutes les juridictions du royaume. *Paris*, 1774, in-4. — * Janvier 1774,
p. 165.

1783. Recueil des actes de notoriété de la pratique du Châtelet donnés par M. le lieutenant civil. *Paris*, 1709. —
*Juillet 1709, p. 1306.

1784. Actes de notoriété donnés au Châtelet de Paris, sur la
jurisprudence et les usages qui s'y observent, avec des notes

par J.-B. Denisart. *Paris*, 1759, in-4. — Novembre 1760.
p. 2717.

1785. Recueil d'arrêts rendus sur plusieurs questions jugées
dans les procès de rapports en la 4e chambre des enquêtes
(par *Lespine de Grainville*. *Paris*, 1730, in-4. — Août 1751.
p. 1909.

1786. Précis des ordonnances, édits, déclarations, lettres
patentes, statuts et règlements dont les dispositions sont le
plus souvent en usage dans le ressort du Parlement de Provence, par Barrigue de Monvalon. *Paris*, 1752, in-12. —
Octobre 1752, p. 2479.

Quérard (I, 495) cite une *nouvelle édition* de 1766.

1787. Arrêts de règlement rendus par le parlement de Provence, avec des notes, par un président à mortier du même
parlement (*Grimaldi de Regusse*). *Paris*, 1744, in-4. — *Aix*,
1746, in-4. — Octobre 1745, p. 1858; — octobre 1746,
p. 1982.

1788. Discours prononcés au parlement de Provence par un
de MM. les avocats généraux (*de Gueidan de Valabre*. *Paris*,
1739-1744, 2 vol. in-12. — Décembre 1739, p. 2477; —
février 1742, p. 243.

Quérard (III, 598) dit : 1741 *et ann. suiv.*, 4 *vol.* in-12.

1789. Recueil d'arrêts remarquables du parlement de Toulouse, par feu M. Jean de Catelan, seigneur de la Masquère.
Toulouse, 1705, 2 vol. in-4. — Septembre 1706, p. 1636.

1790. Observations sur les arrêts remarquables du parlement
de Toulouse recueillis par M. de Catelan, enrichies des arrêts nouveaux par Gab. de Vedel. *Toulouse*, 1734, 2 vol. in-4.
— Mars 1734, p. 568.

1791. Décisions notables sur diverses questions de droit.
conformément aux arrêts de la cour du parlement de Toulouse, par J. de Cambolas. 5e édit. *Paris*, 1735, in-4. —
* Septembre 1735, p. 1907.

1792. Notables et singulières questions de droit écrit, jugées
au parlement de Toulouse, par Geraud de Maynard. Arrêts
et discours d'Ant. de Lestang. Discours de M. de Beloy.
Plaidoyers de Jacques de Puymisson. Publié par R... Nouvelle édit. *Toulouse*, 1752, 2 vol. in-fol. — Avril 1752,
p. 922.

1793. Recueil de factums et mémoires sur plusieurs questions importantes de droit civil (par Pierre *Aubert*). *Lyon*,
1740, 2 vol. in-4. — Novembre 1741, p. 1997.

1794. Œuvres de M. Auzanet. *Paris*, 1708, in-fol. — * Mai 1708, p. 897.

1795. Œuvres de feu M. Cochin, avocat au parlement, contenant le recueil de ses mémoires et consultations. *Paris*, 1752-1757, 6 vol. in-4. — Octobre 1752, p. 2376 ; — novembre, p. 2566; — juillet 1753, p. 1664 : — mars 1754, p. 674 ; — juillet 1755, p. 1629; — juillet 1757, p. 1581.

1796. Plaidoyers de M. Erard, avocat au parlement. 2ᵉ édit. *Paris*, 1734, in-8. — * Septembre 1734, p. 1725.

1797. Plaidoyers et autres ouvrages de F. P. Gillet. Nouvelle édit. *Paris*, 1748, 2 vol. in-4. — Août 1749, p. 1340.

1798. La jurisprudence de Guy Pape dans ses décisions, avec plusieurs remarques importantes, par M. Nicolas Chorier. 2ᵉ édit. *Grenoble*, 1769, in-4. — Février 1770, p. 197.

Quérard (II, 198) dit à tort 1789.

1799. Œuvres de droit de Claude Henrys. *Paris*, 1708, 2 vol. in-fol. — * Mai 1708, p. 897.

1800. Essais de jurisprudence sur toutes sortes de sujets par M. H. D. L. M. (*Huerne de la Mothe*. *Paris*, 1757, 2 vol. in-12. — Mars 1758, p. 723.

Voir la 1ʳᵉ partie de cette table, nᵒ 198. L'ouvrage complet a 5 vol. (*Quérard*, IV, 152).

1801. Œuvres posthumes de Louis d'Héricourt. *Paris*, 1759, 4 vol. in-4. — Juillet 1760, p. 1842.

1802. Plaidoyers de M. Le Noble. et les arrêts rendus sur les questions qui y sont traitées. *Rouen*, 1704, in-8. — Septembre 1704, p. 1553.

1803. Les œuvres de M. Charles Loyseau, contenant les cinq livres du droit des offices, les traités des seigneuries, des ordres et simples dignités, du déguerpissement et délaissement par hypothèque, de la garantie des rentes et abus de la justice des villages. Dernière édition plus exacte que les précédentes. *Lyon*, 1704, in-fol. — Septembre 1701, p. 169.

1804. Plaidoyers et mémoires, contenant des questions intéressantes, tant en matières civiles, canoniques et criminelles que de police et de commerce, par M. Mannory. *Paris*, 1759-1764, 11 vol. in-12. — Août 1759, p. 1949; — novembre, p. 2758 ; — décembre 1760, p. 2941 ; — octobre 1764, p. 964 ; — novembre, p. 1331 ; — février 1765, p. 511 ; — octobre 1765, p. 22; — novembre, p. 197.

Quérard dit 18 vol. (V, 495).

1805. Réquisitoire sur lequel est intervenu l'arrêt du parlement du 18 août 1770, qui condamne à être brûlés différents livres et brochures, par A. L. Séguier. *Paris*, 1770, in-4. — Octobre 1770, p. 167.

1806. Mémoires et consultations pour Antoine et Jean Perra et Jeanne Dalin, femme Forobert. *Lyon*, 1768, in-12. — * Juillet 1768, p. 453.

On y trouve des lettres et pièces signées par différents médecins, tels que Faissole, Champeaux, Louis, Pressavin, Puy, Vitet.

1807. Mémoire à consulter et consultation pour un mari dont la femme s'est remariée en pays protestant, et qui demande s'il peut se remarier de même en France. *Paris*, 1771, in-12. — * Décembre 1771, p. 546.

1808. Mémoire à consulter et consultation pour le sieur Louvay de la Saussaye contre la troupe des comédiens français ordinaires du Roi (au sujet de sa pièce *Alcidonis*), par François de Neufchateau. *Paris*, 1775, in-4. — Septembre 1775. p. 520.

1809. Premier mémoire pour le Sr Mercier contre la troupe des comédiens de France. *Paris*, 1775, in-4. — 2e suppl. à 1775, p. 256.

1810. Causes célèbres et intéressantes, avec les jugements des cours souveraines qui les ont décidées, par Gayot de Pitaval. *Paris*, 1734 (et suiv., 20 vol. in-12). — * Octobre 1734, p. 1920.

1811. Faits des causes célèbres et intéressantes, augmentés de quelques causes (par *Garsault*). *Amsterdam*, 1757, in-12. — Décembre 1757, p. 2885.

1812. Causes célèbres et intéressantes... par Richer. *Amsterdam*, 1772 — (1788. 22 vol. in-12). — * Février 1773, p. 367.

Traités sur diverses matières de droit français.

1813. Droit public de France. Ouvrage posthume de l'ab. Fleury, publié avec des notes par M. Daragon. *Paris*, 1769, 3 vol. in-12. — Août 1769, p. 208.

1814. Les principes de la jurisprudence française exposés suivant l'ordre des diverses espèces d'actions qui se poursuivent en justice (par *Prévost de la Jannès*). *Paris*, 1750, 2 vol. in-12. — * Novembre 1750, p. 2674.

1815. Le droit public de France éclairci par les monuments de l'antiquité, par M. Bouquet. *Paris.* 1756, in-4. — Septembre 1756, p. 2227; — octobre. p. 2540.

1816. Supplément aux lois civiles dans leur ordre naturel, par L. Fr. de Jouy. *Paris.* 1756. in-fol. — Mai 1756, p. 1302.

1817. Les institutions du droit français suivant l'ordre de celles de Justinien, accommodées à la jurisprudence moderne et aux nouvelles ordonnances, enrichies d'un grand nombre d'arrêts du parlement de Toulouse, par M. Cl. Serres. *Paris.* 1753, in-4. — * Août 1753, p. 1883.

1818. Règles du droit français, par M. Pocquet de Livonnière. *Paris*, 1730, in-12. 6ᵉ édit. *Paris*, 1768, in-12. — * Novembre 1730, p. 2084; — mars 1768, p. 389.

1819. Dictionnaire des arrêts, ou jurisprudence universelle des parlements de France et autres tribunaux, par P. J. Brillon. *Paris*, 1711, 3 vol. in-fol. — Février 1711, p. 351.

1820. Nouveau dictionnaire civil et canonique de droit et de pratique. par M.*** (*Brillon*). Nouvelle édit. *Paris*, 1716, in-4. — Septembre 1716, p. 1703.

1821. Dictionnaire portatif de jurisprudence et de pratique à l'usage de tous les citoyens, principalement de ceux qui se destinent au barreau, par M. D. P. D. C. (*La Combe de Prézel?*). *Paris.* 1763, 3 vol. in-8. — * Octobre 1763, p. 2661.

1822. Glossaire du droit français, par E. de Laurière. *Paris*, 170 2 vol. in-4. — Mai 1705, p. 794.

1823. Les titres du droit civil et canonique, rapportés sous les noms français des matières. suivant l'ordre alphabétique avec une brève explication des titres dont la seule lecture ne donne pas une connaissance suffisante, par M. Brossette. *Lyon*, 1705, in-4. — Avril 1705, p. 604.

1824. Le parfait procureur, par M. Duval, avocat au parlement. *Lyon*, 1706. — *Juin 1706. p. 1078.

Auteur non cité par Quérard; c'est peut-être une réimpression.

1825. La science parfaite des notaires, ou le moyen de faire un parfait notaire. par Cl. de Ferrière. Nouv. édit. *Paris*, 1701, in-4. — Janvier 1705, p. 40.

Quérard (III, 114) ne cite pas cette édition.

1826. Le nouveau et parfait notaire. par Ant. Bruneau. *Paris*, 1723, in-12. — *Septembre 1723. p. 1716.

Ouvrage omis par Quérard (I, 538); c'est une nouvelle édition de l'ouvrage de Jean Cassan. En 1728 il parut un supplément à cet ouvrage. (*Mém. de Trév.*, 1728, p. 1362.)

1829. Dictionnaire raisonné des domaines et droits domaniaux et des droits de contrôle des actes des notaires (par *Bosquet*). *Rouen*, 1762, 3 v. in-4. — *Février 1762, p. 562.

1830. Mémoire en forme de réfutation de ce qui est dit de l'origine des notaires, de leurs fonctions et de leurs prérogatives, dans la *Collection de décisions nouvelles et de notions relatives à la jurisprudence actuelle*, par M. Denizart (par *Renaud*). *Amsterdam*, 1768, in-4. — *Juillet 1768, p. 168.

1831. Traité des hypothèques, par M. Basnage. Nouv. édit. *Paris*, 1725, in-12. — *Février 1725, p. 384.

1832. Jurisprudence des rentes, ou code des rentiers par ordre alphabétique. 2ᵉ édit. Par M. de Beaumont. *Paris*, 1766, in-8. — *Février 1767, p. 370.

L'auteur est, je pense, Simon de Beaumont. Quérard (I, 241) ne me semble pas citer cet ouvrage.

1833. Traité de la crue des meubles au-dessus de leur prisée, dans lequel on explique son origine et celle du *Parisis des meubles*, les pays où la crue des meubles a lieu... par Boucher d'Argis. *Paris*, 1768, in-8. — Mars 1768, p. 555.

1834. Traité des conventions de succéder, ou des successions contractuelles, par J. Boucheul. *Poitiers*, 1727, in-12. — *Mars 1728, p. 573.

1835. Traité de la personnalité et de la réalité des lois, coutumes et statuts, par forme d'observations. Ouvrage posthume de Boullenois. *Paris*, 1766. 2 v. in-4. — Juillet 1766, p. 172.

1836. Recueil par ordre alphabétique des principales questions de droit qui se jugent diversement dans les différents tribunaux du royaume, par Bretonnier. *Paris*, 1718, in-4. — *Février 1719, p. 370.

1837. Code matrimonial, ou recueil de toutes les lois canoniques et civiles de France, des dispositions des conciles, etc., sur les questions de mariage. Nouv. édit. par M.***, avocat (*Camus*). *Paris*, 1770, 2 vol. in-4. — Novembre 1770, p. 232.

1838. Mémoire politico-critique où l'on examine s'il est des intérêts de l'Église et de l'État d'établir pour les calvinistes du royaume une nouvelle forme de se marier, où l'on réfute l'écrit qui a pour titre : *Mémoire théologique et politique sur les mariages clandestins des protestants de France* (par l'ab. de Caveyrac). *Paris*, 1756, in-8. — Septembre 1756, p. 2250; — octobre, p. 2376.

1839. Tableau des degrés de parenté suivant le droit civil, le droit canon et le droit français, rapporté à la personne de Louis XIV (par *Caziot*, avocat). *Paris*, 1752. — Juillet 1752, p. 1712.

Auteur omis par Quérard.

1840. Traité de l'indult du parlement de Paris, par Cochet de St.-Valier. *Paris*, 1703, 2 vol. in-12. — Octobre 1703, p. 1789.

1841. Traité politique et économique des cheptels, où sont examinées les questions qui peuvent naître de cette convention et des obligations de ceux qui s'y engagent, par un ancien avocat du parlement de Bourgogne (*Calas*). *Dijon*, 1765, in-12. — Janvier 1767, p. 151.

1842. Le praticien universel, ou le droit français et la pratique de toutes les juridictions du royaume, par Couchot. 8e édit. revue par de la Combe. *Paris*, 1737, 6 vol. in-12, ou 2 vol. in-4. — Mai 1738, p. 950.

1843. Traité de la preuve par témoins en matière civile, contenant le commentaire latin et français de J. Briceau, sur l'art. 54 de l'ordonnance de Moulins, avec plusieurs nouvelles questions, par Danty. *Paris*, 1715, in-4. — Août 1716, p. 1656.

Quérard ne cite ni Briceau, ni Danty.

1844. Traité des injures dans l'ordre judiciaire, par M. Dareau. *Paris*, 1775 in-12. — 2e suppl. de 1775, p. 214.

1845. Collection de décisions nouvelles et de notions relatives à la jurisprudence, par Denizart. *Paris*, 1754 — (1756, 6 vol. in-12). — Février 1755, p. 565.

Voir plus haut, n° 1830.

1845 bis. Nouveau traité des hypothèques, par Olivier Estienne, avocat à Rouen. *Rouen*, 1705, in-.... — *Mai 1705, p. 910.

Auteur omis par Quérard, ainsi que le suivant:

1846. Mémoires ou dissertations curieuses sur les questions de droit les plus importantes et les plus difficiles, par Jean Fabry. *Paris*, 1748. in-4. — Juillet 1748, p. 107.

1847. Nouvelle introduction à la pratique, contenant l'explication des principaux termes de pratique de France par Cl. J. de Ferrière. *Paris*, 1718, in-12. — Avril 1748, p. 70.

Quérard (III, 115) dit : 1738, 2 vol. in-12.

1848. Traité de l'abus et du vrai sujet des appellations qualifiées du nom d'abus, par Fevret. Nouv. édit. *Paris.* 1736. 2 vol. in-12. — *Octobre 1736, p. 2292.

1849. Instructions pour la vente des bois du Roi, par feu M. de Froideur, avec des notes sur la matière des eaux et forêts, par Berrier. *Paris*, 1759, in-4. — Juillet 1759. p. 1907.

Auteurs non cités par Quérard.

1850. Mémoire concernant la nature et la qualité des statuts; diverses questions mixtes de droit et de coutume... par L. Froland. *Paris*, 1729, 2 v. in-4. — *Août 1729. p. 1496.

1851. Traité des testaments, codicilles, donations à cause de mort, par J. B. Furgole. *Paris.* 1745 (et ann. suiv., 4. v. in-4). — Novembre 1745, p. 2047; — décembre 1746. p. 2653.

1852. Dissertation sur le droit d'aubaine, par Emm. de Gama, avocat au parlement. *Paris*, 1706, in-12. — Janvier 1707, p. 87.

Auteur omis par Quérard.

1853. Quel fut l'état des personnes en France sous la première et la seconde race de nos rois? par l'ab de Gourcy. *Paris*, 1769, in-12. — Mai 1769. p. 289.

1854. Traité des contrats de mariage (par *Guérin de Tutarmont*). *Paris.* 1708, in-12. — Juin 1708. p. 1099.

Barbier et Quérard disent à tort 1718.

1855. Traité de la représentation du double lien et de la règle *paterna paternis materna maternis*, par rapport à toutes les coutumes de France, par Guynet. Nouv. édit. *Paris*, 1727, in-4. — *Mai 1727. p. 965.

Quérard (III, 544) a connu imparfaitement cet ouvrage, dont il nomme l'auteur *Guiné*.

1856. De obligationibus et actionibus tractatus solemnis, auctore P. Tancrède de Hauteville. *Utrecht.* 1757. in-8. — Juin 1757, p. 1516.

1857. Principes généraux de jurisprudence sur les droits de chasse et de pêche, suivant le droit commun de France, par M.***, avocat à Dun en Argonne (*Henriques*). *Paris.* 1775. in-12. — Août 1775, p. 348.

1858. Traité de la vente des immeubles par décret, par d'Héricourt. *Paris*, 1727. 2 vol. in-4. — *Février 1727. p. 376.

1859. Traité des amortissements et franchises, par du Jarry. *Paris*, 1717. — *Avril 1717. p. 664.

Auteur omis par Quérard.

1860. Traité de la juridiction des tribunaux tant en matière civile que criminelle... (par *Jousse*). *Paris*, 1757. in-12. — *Juillet 1757, p. 1703.

1861. Traité des servitudes réelles, par Lalaure. *Paris*, 1764. in-4. — Novembre 1764. p. 2869.

1862. Traité des institutions et des substitutions contractuelles, par de Laurière. *Paris*, 1715. 2 vol. in-12. — Juin 1716, p. 1102.

1863. Traité de la communauté entre le mari et la femme, par Lebrun. *Paris*, 1709, in-fol. —Nouv. édit. *Paris*, 1734. in-fol. — *Juillet 1709, p. 1306, — octobre 1734, p. 1921.

1864. Traité général des droits d'aides, par Lefebvre de la Bellande. *Paris*, 1759. 2 vol. in-4. — Octobre 1759, p. 2665.

1865. Code matrimonial, ou recueil des édits, ordonnances et déclarations sur le mariage, par Le Ridant. *Paris*, 1766, in-12. — Août 1766, p. 305.

1866. Dissertation sur les mandements ou procurations, où l'on établit la différence entre les fonctions d'avocat et celles de procureur, par Le Sure. *Paris*, 1728. in-12. — *Mars 1728, p. 563.

Ouvrage omis par Quérard (V, 254).

1867. Mémoire sur une question anatomique relative à la jurisprudence, dans lequel on établit les principes pour distinguer, à l'inspection d'un corps trouvé pendu, les signes du suicide d'avec ceux de l'assassinat, par Louis. *Paris*, 1763, in-8. — Avril 1763, p. 1127.

1868. Essai sur la valeur intrinsèque des fonds, ou le moyen de les apprécier. de faire connaître leurs bornes, leurs limites, leurs servitudes, par Massabiau. *Londres*, 1764, in-12. — Juin 1764, p. 1499.

1869. Traité du droit de voirie, par G. Mellier. *Paris*. 1709, in-12. — Octobre 1709, p. 1752.

1870. Traité des péremptions des instances, par Jean Menelet. Revu par J. F. Bridon. *Dijon*, 1750, in-8. — *Juin 1750, p. 1349.

A l'art. *Bridon*, Quérard renvoie à *Menelet*, qui cependant est omis.

1871. Traité du droit de garde-noble et bourgeoise donné

8.

sur la fin de 1759 en leçons publiques, par Merveilleux. *Angers*, 1763, in-12. — Avril 1765, p. 1080.

Auteur omis par Quérard.

1872. Traité des minorités, des tutelles, des curatelles et du droit des enfants majeurs et mineurs. *Paris*, 1734, in-4. — * Octobre 1735, p. 2095.

Cet ouvrage, semblable quant au titre à celui de Jean Meslé, ne serait-il pas celui de Cl. J. de Ferrière, composé sur le même sujet ?

1873. Instruction facile sur les conventions ou notions simples sur les divers engagements qu'on peut prendre dans la société (par *Jussieu de Monthuel*. 3e édit. *Paris*, 1766, in-12. — Juillet 1766, p. 178.

La 1re édit. ne serait-elle pas rapportée dans les *Mém. de Trév.* sous un titre peu différent, en février 1760, p. 544?

1874. Remarques sur les douaires ou aliments accordés aux veuves et sur quelques différences entre les douaires parisien et normand, par de Nordville (*du Mouchet*). *Paris*, 1766, in-12. — Mai 1766, p. 1284.

1875. Observations sur les donations, par Pajon. *Paris*, 1764, in-12. — Septembre 1761, p. 2293.

1876. Lois forestières de la France. Commentaire historique et raisonné sur l'ordonnance de 1669, les règlements antérieurs et ceux qui l'ont suivie, auquel on a joint une bibliothèque des auteurs qui ont écrit sur les matières d'eaux et forêts, par l'ecquel. *Paris*, 1753, 2 vol. in-4. — Avril 1754, p. 843.

Quérard (VII, 8) dit à tort 1758.

1877. Traité des violences publiques et particulières, par Max. Murena, auquel on a joint une dissertation du même sur les devoirs des juges. Trad. de l'ital. par Pingeron. *Paris*, 1769, in-12. — Juillet 1769, p. 54.

1878. Traité du contrat de vente, selon les règles tant du for de la conscience que du for extérieur, par Pothier. *Paris*, 1762, 2 vol. in-12. — Octobre 1762, p. 2367.

1879. Traité des retraits, pour servir d'appendice au traité du contrat de vente, par Pothier. *Paris*, 1762, in-12. — Décembre 1762, p. 2893.

1880. Traité du contrat de constitution de rente, par l'auteur du traité des obligations (*Pothier*). *Paris*, 1764, in-12. — Juillet 1764, p. 5.

1881. Traité du contrat de louage et du contrat de bail à reule, par Pothier. *Paris*, 1764, 2 vol. in-12. — Octobre 1764, p. 1442.

1882. Traité des obligations, par Pothier. Nouv. édit. *Paris*, 1764, 2 vol. in-12. — Janvier 1765, p. 187.

1883. Traité des contrats de bienfaisance. — Traité des contrats aléatoires (par *Pothier*). *Paris*, 1766-1767, 3 vol. in-12. — Juin 1767, p. 389.

1884. Traité du contrat de mariage (par *Pothier*). *Paris*, 1768, 2 vol. in-12. — Juillet 1768, p. 411.

1885. Traité de la communauté, auquel on a joint un traité de la puissance du mari sur la personne et les biens de sa femme (par *Pothier*). *Paris*, 1770, 2 vol. in-12. — Mars 1770, p. 389.

1886. Traité du douaire, par l'auteur du traité des obligations (*Pothier*). *Paris*, 1770, in-12. — Janvier 1771, p. 412.

1887. Traité du droit d'habitation, pour servir d'appendice au Traité du douaire (par *Pothier*). *Paris*, 1772, in-12. — * Juin 1772, p. 569.

1888. Traité du droit de domaine de propriété (par *Pothier*). *Paris*, 1772, 2 vol. in-12. — * Août 1772, p. 368 ; — * janvier 1773, p. 178.

Le célèbre Pothier a fait paraître presque tous ses *ouvrages sous ce* nom : *par l'auteur du Traité des obligations*.

1889. Nouveau code des tailles, ou recueil par ordre chronologique et complet des ordonnances, édits... rendus sur cette matière. 4e édit. *Paris*, 1761, 3 vol. in-12. — Janvier 1762, p. 367.

1890. Principes de jurisprudence sur les visites et rapports judiciaires des médecins, chirurgiens, apothicaires et sages-femmes, par feu M. Prévost. *Paris*, 1753, in-12. — Février 1754, p. 477.

1891. Traité de l'indult, par Regnauldin. 2e édit. *Paris*, 1712, in-12. — * Décembre 1712, p. 2209.

1892. Instruction pour dresser les procédures des procès civils conformément à l'ordonnance de Sa Majesté de l'an 1667. Nouv. édit. revue par J. Ricard. *Paris*, 1722, in-12. — Janvier 1723, p. 99.

Quérard (VIII, 11) dit 1721, sans faire soupçonner d'autre édition.

1893. Dissertation sur l'indult du parlement, contenant les expédients sûrs d'en rendre la jouissance prompte et utile, avec les moyens de réformer les abus du dévolu, par l'ab.

René Richard. *Paris*, 1723, in-8. — Septembre 1723.
p. 1655.

Quérard cite imparfaitement cet onvrage (t. XII, 525).

1894. Supplément, additions et corrections au traité des
criées et décrets de l'édition de 1746, par J. A. Thibaut.
Dijon, 1762, in-4. — * Mai 1762, p. 1334.

1895. Traité des droits des communes et des bourgeoisies,
contenant l'origine des titres et des qualités de noble, de
bourgeois, de serf ou mortaillable, par M*** (*Varsaraur-
Kerlin*). *Paris*, 1759, in-12. — Octobre 1759, p. 2662.

1896. Code municipal, ou analyse des règlements concernant les officiers municipaux. *Paris*, 1764, in-12. — Octobre 1764, p. 2674.

1897. Nouvelle instruction ou style général des huissiers et
sergents, pour dresser tous exploits, procès-verbaux et autres actes concernant leurs fonctions. Nouv. édit. *Paris*.
1752, in-12. —.* Juillet 1752, p. 1534.

1898. Manuel des créanciers et des débiteurs de rente.
Mirecourt, 1774, in-4. — * Novembre 1774, p. 355.

1899. Instructions pour les seigneurs et leurs gens d'affaires,
par M. R***, avocat (J. *Roussel*). *Paris*, 1770, in-12. —
Mars 1770, p. 424.

1900. Manuel des chasses, ou dissertation sur le droit de
chasse, avec un traité de la compétence des juges des seigneurs relativement aux eaux et forêts. Maximes sur la
saisie féodale ou censuelle. *Blois*, 1762, in-12. — Mai
1762, p. 1489.

1901. Style universel de toutes les cours et juridictions
du royaume concernant les saisies et exécutions, par
M. J. A. S. *Toulouse*, 1758, 2 vol. in-12. — * Février
1758, p. 543.

1902. Dissertation où l'on examine si quelqu'un peut être
garant de la perte arrivée par la mortalité des bestiaux.
Paris, 1746. — Octobre 1746, p. 2102.

Droit criminel français.

1903. Code pénal, ou recueil des principales ordonnances,
édits et déclarations sur les crimes (par *de Laverdy*). *Paris*.
1752, in-12. — * Décembre 1753, p. 2852.

1904. Observations et maximes sur les matières criminelles, avec des remarques, par M. Bruneau. *Paris*, 1715, in-4. — Janvier 1716, p. 110.

1905. Nouveau style criminel, contenant: 1º une instruction sur la procédure criminelle : 2º les formules de tous les actes qui ont lieu en cette matière: 3º des procédures... par Dumont. *Paris*, 1770, 2 vol. in-12. — Mai 1770, p. 229.

Édition non citée par Quérard (II, 678).

1906. Traité des matières criminelles suivant l'ordonnance de 1670, par Guy du Rousseau de la Combe. *Paris*, 1741, in-4. — * Juin 1744, p. 1147.

Quérard (II, 731) dit que la 1re édition est anonyme et parut en 1732.

1907. Style universel de toutes les cours et juridictions du royaume pour l'instruction des matières criminelles suivant l'ordonnance de Louis XIV d'août 1670, par Gauret. Nouvelle édit. *Paris*, 1734, 2 vol. in-12. — * Février 1735, p. 378.

Auteur omis par Quérard.

1908. Traité de la justice criminelle de France, par Jousse. *Paris*, 1771, 4 vol. in-4. — Juillet 1771, p. 80.

1909. Traité de l'administration de la justice, par Jousse. *Paris*, 1774, 2 vol. in-4. — Octobre 1774, p. 144.

1910. Institutes au droit criminel, ou principes généraux sur ces matières, suivant le droit civil, canonique et la jurisprudence du royaume, avec un traité particulier des crimes, par Muyart de Vouglans. *Paris*, 1757, in-4. — * Décembre 1757, p. 3023.

1911. Instruction criminelle suivant les lois et ordonnances du royaume, par Muyart de Vouglans. *Paris*, 1762, in-4. — Février 1763, p. 543.

1912. Code criminel, ou commentaire sur l'ordonnance de 1670, contenant les règles prescrites par les anciennes et nouvelles ordonnances pour l'instruction des procès criminels, par Serpillon. *Lyon*, 1767, 4 vol. in-4. — Avril 1768, p. 5.

1913. Dictionnaire ou traité de police générale des villes, bourgs, paroisses et seigneuries de la campagne, par Edme de la Poix de Freminville. *Paris*, 1758, in-4. — *Décembre 1757, p. 3049.

1914. Éléments généraux de police, par de Justi; trad. de l'allemand, par M. E*** (*Eidous*), *Paris*, 1769, in-12. — * Août 1769, p. 372.

1915. Code de la police, ou analyse des règlements de police, par M. D. (*Duchesne*). *Paris*, 1758, in-12. — * Mai 1758, p. 1321.

> Barbier et Quérard ne citent qu'une édition de 1767.

1916. Traité de la police, où l'on trouvera l'histoire de son établissement, les fonctions et les prérogatives de ses magistrats, toutes les lois et les règlements qui la concernent, avec une description historique et topographique de Paris, par M. de la Mare (et *Le Clerc du Brillet*, éditeur du 4e vol.). *Paris*, 1705-1738, 4 vol. in-fol.—Novembre 1707, p. 1932; — décembre, p. 2066; — mars 1711, p. 390; — octobre 1721, p. 1874; — novembre, p. 2030; — février 1735. p. 268; — décembre 1742, p. 2173.

Matière féodale.

1917. Jo. Schilteri de paragio et apanagio succincta expositio. Itemque de feudis juris Francici dissertatio. Accesserunt de successione lineali velitationes, nec non Justi Mejeri de rei feudalis vindicatione disceptatio. *Strasbourg*, 1701. in-4. — Mai 1702, p. 49.

1918. Jo. Schilteri ad G. Adami Struvii syntagma juris feudalis notæ. *Strasbourg*, 1704, in-4. — Novembre 1704, p. 1897.

1919. Thomæ Cragii de Riccatourn jus feudale. *Leipsick*, 1716, in-4. — Juin 1717, p. 962.

1920. Introduction aux droits seigneuriaux, contenant les définitions des termes et un recueil de décisions choisies; par A. Laplace. *Paris*, 1749, in-12. — * Mars 1749, p. 567.

1921. Traité de la seigneurie féodale universelle et du franc-alleu naturel, par Furgole. *Paris*, 1767, in-12. — Juillet 1767, p. 165.

1922. La pratique universelle pour la rénovation des terriers et des droits seigneuriaux, par Edme de la Poix de Fréminville. *Paris*, 1746, in-4. — Octobre 1746, p. 2194.

> La 1re édit. ne parut donc pas en 1748, comme dit Quérard (IV, 549).

1923. Traité de la perfection et confection des papiers terriers généraux du Roi, par Bellami. *Paris*, 1746, in-4. — * Janvier 1747, p. 162.

Auteur omis par Quérard.

1924. Code des terriers. *Paris*, 1762, in-12. — * Janvier 1762, p. 370.

1925. Code des seigneurs hauts-justiciers et féodaux, ou maximes concernant les fiefs et droits féodaux, par Henriquez. Nouvelle édit. *Senlis*, 1771, in-12. —Décembre 1771, p. 560.

Quérard (IV, 76) dit 1761.

1926. Traité des fiefs, par Jacquet. *Paris*, 1762, in-12. — Décembre 1762, p. 2943.

1927. Traité des fiefs de Dumoulin, analysé et conféré avec les autres feudistes, par Henrion de Pansey. *Paris*, 1773, in-4. — Octobre 1773, p. 42.

1928. Traité du droit commun des fiefs, contenant les principes du droit féodal... ensemble une notice des domaines de la province d'Alsace, suivi d'un chapitre sur l'état et le commerce des juifs d'Alsace et de Metz, par Goetsmann. *Paris*, 1768, 2 vol. in-12. — Décembre 1768, p. 565.

1929. Nouvel examen de l'usage général des fiefs en France, pour servir à l'intelligence des plus anciens titres du domaine de la couronne, par Brussel. *Paris*, 1727, 2 vol. in-4. — * Juillet 1727, p. 1365.

Quérard (I, 543) dit 1725.

1930. Traité du retrait féodal, par F. X. Breyé. *Nancy*, 1736, in-4. — * Octobre 1736, p. 2277.

Droit étranger.

1931. An analysis of the Laws of England, by W. Blackstone, 3e édit. *Oxford*, 1758, in-8. — Août 1760, p. 1925.

1932. Anciennes lois des Français conservées dans les coutumes anglaises, recueillies par Lyttleton, avec des observations historiques et critiques, où l'on fait voir que les coutumes et les usages suivis anciennement en Normandie, sont les mêmes que ceux qui étaient en vigueur dans toute la France sous les deux premières races de nos rois, par David Houard. *Rouen*, 1766, 2 vol. in-4. — Juin 1766, p. 1433.

1933. Sacræ Themidis Hispanæ arcana ; jurium legumque ortus, progressus, varietates et observantiam cum præcipuis Glossarum commentariorumque autoribus et fori Hispani praxi hodierna, publicæ luci exponit G. E. de Frankenau. *Hanovre*, 1703, in-4. — Janvier 1707, p. 22.

1934. Abrégé chronologique de l'histoire et du droit public d'Allemagne, par M. P. (*Pfeffel*). *Paris*, 1754, in-8. — 2ᵉ édit. *Mannheim*, 1758, in-4. — Nouvelle édition. *Paris*, 1766, 2 vol. in-8. — Février 1755, p. 389 ; — octobre 1759, p. 2452 ; — mars 1767, p. 545.

1935. Tableau du gouvernement actuel de l'empire d'Allemagne, ou abrégé du droit public de l'Empire, par J. J. Schmauss ; trad. de l'allemand (par *du Buat-Nançay*). *Paris*, 1755, in-12. — Avril 1755, p. 953 ; — juillet, p. 1725.

1936. Code criminel de l'empereur Charles V. vulgairement appelé la Caroline, contenant les lois qui sont suivies dans la juridiction criminelle de l'empire, par Vogel. *Paris*, 1734, in-4. — * Janvier 1735, p. 189.

1937. Dissertatio de obligatione et potestate Regis Romanorum in genere, occasione Proœmii Capitulationis Josephi, auctore Waldner de Freundestein. *Strasbourg*, 1704, in-4. — * Septembre 1704, p. 368.

1938. Justini Presbeutæ (*H. Hennyes*), discursus de jure legationis statuum Imperii. *Eleutheropolis*. 1704, in-8. — Mars 1702, p. 34.

1939. J. P. Ludwig de Jure ablegandi ordinum S. R. Imperii. *Hall*, 1704, in-4. — Novembre 1706, p. 1925.

1940. G. Schweder dissertatio inauguralis de Domanio S. R. Germanici Imperii. *Tubingue*, 1706, in-4. — Juin 1707, p. 985.

1941. B. Mallinkrot de archi-cancellariis S. R. Imperii ac cancellarii imperialis aulæ. Edit. 3ᵃ. *Iena*, 1715. — Août 1715, p. 1313.

1942. Collecta archivi et cancellariæ jura... curâ Jacobi Wencker. *Strasbourg*, 1715, in-4. — Février 1716, p. 282.

1943. P. E. Zechii Schediasma de origine, indole, fatis atque juribus primatuum Germaniæ, eorumque maxime tanquam archi-cancellariorum ad negotia Imperii concursu. *Hall*, 1727. — Juin 1730, p. 1074.

1944. Judicia eruditorum de origine electorum, cum vera

sententia comparata, auct. D. Jano. *Wittemberg*, 1711, in-4. — *Décembre 1718, p. 928.

1945. Discours historique de l'élection des empereurs. *Paris*, 1722 (?), in-8. — *Décembre 1722, p. 2200.

Serait-ce une nouvelle édit. de l'ouvrage de Wicquefort ? (*Quérard*, X, 507).

1946. De jure proedriæ seu præsedentiæ, variarum quæstionum decades duæ, auct. G. H. Hormio. *Wittemberg*, 1702, in-4. — Avril 1703, p. 34.

1947. N. H. Gundlingii Schediasma de jure oppignerati territorii secundum jus gentium et Teutonicum. *Hall*, 1706, in-4. — Novembre 1710, p. 1966.

1948. G. M. Ludolphi de jure fæminarum illustrium tractatus nomo-politicus ad jura Germaniæ potissimum accommodatus. *Iena*, 1711. in-4. — Janvier 1713, p. 40.

1949. Dissertatio de jure circa rem monetariam in Germania, auct. H. de Bunau. *Leipsick*. 1716, in-4. — Mai 1718, p. 326.

1950. G. M. Ludolphi de introductione juris primo-genituræ, tractatus nomico-politicus. *Iena*, 1703, in-4. — Décembre 1705, p. 2038.

1951. Code Frédéric, ou corps de droit pour les Etats de S. M. le Roi de Prusse, trad. de l'allem. par A. A. de C. (*Campagne*); avec l'exposition abrégée du plan du roi dans la réformation de la justice, par Formey. (*Berlin*), 1751, 3 vol. in-8. — Avril 1751, p. 775.

1952. Défense du Code Frédéric attaqué par les journalistes de Trévoux dans leurs mémoires du mois d'avril 1751. 1751, in-12. — Juin 1751, p. 1530.

Cette défense, qui est peut-être de *Campagne*, n'est citée ni dans Barbier, ni dans Quérard.

1953. Institutions du droit belgique par rapport tant aux XVII provinces qu'au pays de Liége, par G. de Ghewiet. *Lille*, 1736, in-4. — *Février 1738, p. 358.

Auteur omis par Quérard. Il y a d'autres éditions de cet ouvrage, v. g. *Bruxelles*, 1758, 2 *vol. in-8.* (Catal. Van Hulthem, n° 24649.)

1954. Défense de la justice, de la souveraineté du roi, de la sentence du souverain conseil de Brabant et du droit des ecclésiastiques dans la cause de M. Guillaume Van de Nesse, pasteur de Sainte-Catherine de Bruxelles contre M. l'archevêque de Malines (par le P. *Quesnel*). 1708, in-4. — Octobre 1709, p. 1816.

1955. Histoire du parlement de Tournay, par Messire Mathieu Pinault, chevalier, seigneur de Jaunaux. *Valenciennes*, 1701, in-4. — Février 1703, p. 338.

Ouvrage omis par Quérard (VII, 175).

1956. Recueil d'arrêts notables du parlement de Tournay, par M. Mathieu Pinault. *Valenciennes*, 1702, 2 vol. in-4. — Février 1703, p. 338.

DROIT ECCLÉSIASTIQUE.

Traités généraux.

1957. Institution au droit ecclésiastique, par l'ab. Fleury. Nouvelle édit. par Boucher d'Argis. *Paris*, 1763; 2 vol. in-12. — Mai 1763, p. 1222.

Quérard (III, 135) dit 1767.

1958. L'accord des lois divines, ecclésiastiques et civiles, contre l'ouvrage (de *Huerne de la Mothe*) qui a pour titre : *L'esprit ou les principes du droit canonique* ; par le R. P. Richard, domin. *Paris*, 1775, in-12. — *Novembre 1775, p. 364.

1959. Corpus juris Canonici per regulas naturali ordine digestas, auct. J. P. Gibert. *Genève*, 1735, 3 vol. in-fol. — Mars 1735, p. 565.

Quérard (III, 344) dit 1736.

1960. Supplementum in corpus juris Canonici, sive in jus universum ecclesiasticum cum brevi commentario ad decretum Gratiani. *Paris*, 1729, in-fol. — Août 1729, p. 1498.

1961. Bibliotheca juris Canonici, adornante J. A. Riegger. *Vienne*, 1764, 2 vol. in-12. — Mai 1762, p. 1274.

1962. Quæstionum canonicarum in V libros Decretalium tomi V, a P. Ferd. Krimer, S. J. *Augsbourg*, 1706, 5 vol. in-fol. — Octobre 1717, p. 1669.

1963. Nova et methodica institutionum juris Canonici tractatio, seu Paratilta in V libros Decretalium Gregorii IX. *Paris*, 1700, in-18. — Mai 1701, p. 54.

1964 De doctrina canonum corpore juris inclusorum, circa requisitum ad filiorum matrimonia parentum consensum, historica disquisitio, auctore J. P. Giberto. *Paris*, 1709, in-12. — Janvier 1710, p. 129.

1965. Dictionnaire de droit canonique et de pratique bénéficiale, conféré avec les maximes de la jurisprudence de France, par Durand de Maillane. *Paris*, 1761, 2 vol. in-4. — Janvier 1762, p. 177.

1966. Theologia canonico-moralis, seu perfecta et practica instructio sacerdotis curati, tam pro foro interno quam externo, auct. Aug. Michel, can. regul. *Augsbourg*, 1707, 2 vol. in-fol. — Octobre 1712, p. 1804.

1967. Melchioris Pastoris juris canonici profes. Opera omnia. *Toulouse*, 1742, in-fol. — Mars 1713, p. 499.

1968. J. H. Bohmeri dissertationes juris ecclesiastici antiqui. *Leipsik*, 1711, in-12. — Octobre 1712, p. 1792.

1969. Miscellanea decisionum ex variis partibus juris tam civilis quam canonici, auctore Stephano Ranchin (édition donnée par Ph. Bornier). *Genève*, 1709, in-fol. — * Octobre 1709, p. 1870.

1970. Recueil des édits, déclarations, arrêts, rendus en faveur des curés, vicaires amovibles, chanoines et autres bénéficiaires. *Paris*, 1706, in-8. — * Juillet 1706, p. 1264.

1971. Droit canonique de France, par M. du Perray. *Paris*, 1708. — * Septembre 1708, p. 1660.

1972. Les lois ecclésiastiques de France dans leur ordre naturel, et une analyse des livres du droit canonique conférés avec les usages de l'Église gallicane, par L. de Héricourt. *Paris*, 1719, in-fol. — Nouvelle édit. *Paris*, 1771, in-fol. — Septembre 1721, p. 1646 : — janvier 1772, p. 176.

Décrets et bulles des papes.

1973. Observations sur le Concordat fait entre Léon X et François Ier, autorisées par les conciles, par M. du Perray. *Paris*, 1722, in-12. — Novembre 1722, p. 1911.

1974. SS. D. N. Clementis XI damnatio et prohibitio quorumdam foliorum impressorum sub titulo : *Lettre de M***, Chanoine de B. à M. T. D. A.* et *Cas de conscience*, etc. — Mai 1703, p. 942.

1975. Lettre de Sa S. le Pape Clément XI à Louis XIV, sur le même sujet. — Mai 1703, p. 915.

1976. Mémoire touchant l'intention qu'on a d'introduire le formulaire d'Alexandre VII dans l'Eglise des Pays-Bas. 1707, in-4. — Épistola occasione folii cui titulus : *Mémoire*, etc... — 2° mémoire pour servir de réponse à la réfutation du premier, intitulée : Réfutation d'un ouvrage de ténèbres (par M. *Deker*, doyen de Malines). — Août 1708, p. 1397.

1977. Divers abus et nullités du décret de Rome, du 4 octobre 1707, au sujet des affaires de l'Eglise catholique des Provinces-Unies. 1708, in-12. — Décembre 1708, p. 2109.

Traités divers de droit canonique.

1978. Abrégé de la discipline ecclésiastique, par M. Lochon, 2° partie. *Paris*, 1705, in-4. — Septembre 1705, p. 1595.

1979. Dissertation historique et critique touchant l'état de l'immunité ecclésiastique sous les empereurs romains. *Soissons*, 1766, in-12. — Janvier 1767, p. 457.

1980. Tractatus de potestate jurisdictionis, seu de regimine animarum ac de jurisdictione contentiosa, an et quomodo prelati inferioribus ex privilegio vel præscriptione competere valeat SS. D. N. Clementi Papæ XI supremo Ecclesiæ universalis monarchæ, a Car. Ant. de Manentibus. *Rome*, 1707, in-4. — Avril 1708, p. 711.

1981. Traité du droit et des prérogatives des ecclésiastiques dans l'administration de la justice séculière, par Nicolas Petitpied. *Paris*, 1705, in-4. — Avril 1706, p. 578.

Ouvrage omis par Quérard (VII, 93).

1982. Pratique civile des officialités ordinaires, foraines et privilégiées, et autres cours et juridictions ecclésiastiques, par Cl. Horry. *Paris*, 1703, in-4. — Mai 1703, p. 794.

1983. Pratique de la juridiction ecclésiastique, volontaire et contentieuse, fondée sur le droit commun et sur le droit particulier du royaume, par l'ab. Ducasse, grand vicaire et official de Condom. Nouvelle édit. *Paris*, 1702, 2 vol. in-8. — Nouvelle édit. *Paris*, 1706, in-4. — Octobre 1702, p. 260 ; — * juin 1706, p. 1078.

D'après cette indication, la 1re édit. serait antérieure à 1702. (Voir Quérard, II, 618.)

1984. Traité de la juridiction volontaire et contentieuse des officiaux et autres juges d'église, tant en matière civile que criminelle, par M*** (*Jousse*), *Paris*, 1769, in-12. — Novembre 1769, p. 248.

1985. Traité du gouvernement spirituel et temporel des paroisses, où l'on examine tout ce qui concerne les fonctions, droits et devoirs des marguilliers... et des curés et autres personnes préposées au gouvernement et au soin des églises, par Jousse. *Paris*, 1769, in-12. — * Avril 1769, p. 169.

1986. Traité des droits honorifiques des seigneurs dans les églises, par Maréchal. Traité du droit de patronage, par Simon. Nouvelles observations par Danty. Nouvelle édit. *Paris*, 1714, 2 vol. in-8. — Février 1715, p. 248.

1987. Code ecclésiastique, ou questions importantes et observations sur l'édit du mois d'avril 1695... par Coudert de Clozol. *Paris*, 1775, 2 vol. in-8. — * Avril 1775, p.456.

1988. Conférence de l'édit de la juridiction ecclésiastique de 1695, avec les ordonnances précédentes concernant la même matière, par Gibert. *Paris*, 1757, 2 vol. in-12. — * Décembre 1757, p. 3022.

1989. Code des paroisses, ou Recueil des plus importantes questions sur les curés et sur leurs paroisses, par le P. Bernard d'Arras. *Paris*, 1746, 2 vol. in-12. — Septembre 1746, p. 1857.

1990. Ancienne et nouvelle discipline de l'Eglise touchant les bénéfices et les bénéficiaires, extraite de la Discipline du R. P. Thomassin, par un prêtre de la même Cong. (*Loriot*). *Paris*, 1702, in-4. — Avril 1702, p. 92.

1991. Ancienne et nouvelle discipline de l'Eglise... avec des observations sur les libertés de l'Eglise gallicane et la vie de l'auteur, par M*** (*L. d'Héricourt*). *Paris*, 1717, in-4. — Octobre 1717, p. 1592.

1992. De l'état et de la capacité des ecclésiastiques pour les ordres et bénéfices, par du Perray. *Paris*, 1703, in-4. — Décembre 1703, p. 2227.

1993. Institutions ecclésiastiques et bénéficiales suivant les principes du droit commun et les usages de France, par J. P. Gibert. *Paris*, 1720, 2 vol. in-4. — Octobre 1721, p. 1724.

1994. Tractatus de commutationibus beneficiorum, auct.

Joanne Chokier... *Rome*, 1700, in-fol. — Octobre 1702. p. 305.

1995. Arnoldi Corvini a Belderen, Batavi, tractatus geminus de personis et beneficiis ecclesiasticis. *Francfort*, 1708, 2 vol. in-4. — Novembre 1709, p. 1928.

1996. De re beneficiaria liber singularis, sive quæstionis celebris et difficilis, an et quibus in casibus liceat homini christiano absque culpa et peccato plura beneficia ecclesiastica possidere, anacrisis, cura et studio theologi parisiensis, abbatis Sidichembechensis (Jac. *Boileau*). 1710, in-12. — Avril 1712, p. 566.

1997. De re beneficiaria sive de non possidendis simul pluribus beneficiis libri tres, adversus librum singularem abbatis personati Sidichembechensis (par l'ab. *Vivant*). *Paris*, 1710, in-12. — Avril 1712, p. 585.

1998. Lettre d'un docteur de Sorbonne à un de ses amis sur un livre intitulé *De re beneficiaria* (par l'ab. *Lambert*). *Paris*, 1710, in-12. — Lettre... sur la matière des bénéfices (*id.*). *Paris*, 1711, in-12. — Avril 1712, p. 646.

1999. Jus pastorum titularium et ecclesiarum parochialium ad oblationes, primitias, decimas... auct. Nicolao Richard et Thoma Jamez. *Liége*, 1716, 2 vol. in-12. — Août 1716, p. 1492.

2000. Traité des portions congrues des curés et des vicaires perpétuels, avec plusieurs questions sur les offrandes, pensions... par M. du Perray. Nouvelle édition. *Paris*, 1720, in-12. — Juillet 1724, p. 1255.

2001. Traité des droits honorifiques et utiles des patrons et curés primitifs, de leurs charges et de celle des décimateurs, par M. du Perray. *Paris*, 1720, in-12. — Juillet 1721. p. 1255.

2002. Traité sur le partage des fruits, des bénéfices entre les bénéficiers et leurs prédécesseurs et leurs héritiers, par M. du Perray. *Paris*, 1722, in-12. — Août 1723, p. 1460.

2003. Défense de l'édit du roi de 1719 sur les bénéfices simples possédés par des religieux, par M. Le Grand. *Paris*, 1725, in-12. — * Août 1725, p. 1531.

2004. Traité des bénéfices ecclésiastiques, dans lequel on concilie la discipline de l'Eglise avec les usages du royaume de France, par Gobaud. *Paris*, 1734, 3 vol. in-4. — 2e édit. *Paris*, 1765, 7 vol. in-4. — Août 1734, p. 1444; — septembre 1765, p. 754.

Quérard (III, 593) dit pour la 2e édition 1763.

2005. Traité des collations et provisions des bénéfices, par Piales. *Paris*, 1753, 5 vol. in-12. — Février 1755, p. 434; — * décembre, p. 3020.

L'ouvrage complet a 8 vol. (Quérard, VII, 131.).

2006. Traité de l'expectative des gradués, des droits et priviléges des universités et des avantages que l'Eglise et l'Etat en retirent pour servir de suite aux traités des collations... par Piales. *Paris*, 1757, 4 vol. in-12. — * Septembre 1757, p. 2299.

2007. Traité des provisions de Cour de Rome à titre de prévention; du concours des provisions... par Piales. *Paris*, 1757, 2 vol. in-12. — * Avril 1757, p. 1145.

2008. Traité de la dévolution, du dévolut et des vacances de plein droit; pour servir de suite au traité des collations...., par Piales. *Paris*, 1758, 3 vol. in-12. — * Août 1758. p. 2100.

2009. Pratiques bénéficiales suivant l'usage commun et celui de la province de Normandie, par C. Routier. *Rouen*, 1746, in-4. — Avril 1746, p. 764.

Quérard (VIII, 247) dit 1747.

2010. Recueil des principales décisions sur les matières bénéficiales (par Drapier). *Paris*, 1729, in-8. — Nouvelle édit. *Ibid.* 1732, 2 vol. in-12. — Mai 1729, p. 921; — décembre 1732, p. 2100.

Quérard (II, 590) dit pour la 1re édit. 1719, in-12.

2011. Recueil des principales décisions sur les dîmes, les portions congrues, les droits et charges des curés primitifs (par Drapier). *Paris*, 1730, in-12. — * Novembre 1730, p. 2084.

2012. Traité des pensions royales, où il est prouvé que le Roi a droit de donner des pensions sur les bénéfices de sa nomination, même à des laïques, par l'ab. Richard. Nouvelle édit. *Paris*, 1749, in-12. — Février 1722, p. 357.

2013. Mémoire servant de réponse à celui de MM. les curés de Normandie, par la Poix de Freminville. *Genève*, 1766, in-4. — * Septembre 1766, p. 573.

2014. Dissertation sur l'honoraire des messes (par Dom *Guyard*). 1748, in-8. — Janvier 1749, p. 97; — février, p. 225.

2015. Mémoires sur la collation des canonicats de l'église cathédrale de Tournay, faites par leurs *Hautes Puissances*, les Etats généraux des Provinces-Unies, recueillis par Lenglet du Fresnoy. *Tournay,* 1711, in-12.— Mai 1712, p. 778.

2016. Recueil de décisions importantes sur les oblig. ons des chanoines, par un chanoine de Noyon (*Ducasdas*). *Noyon,* 1716, in-12. — Janvier 1717, p. 52; — février, p. 240.

2017. Traité des droits et des obligations des chapitres des églises cathédrales, tant pendant que le siége épiscopal est rempli, que pendant la vacance du siége, par l'ab. Ducasse. *Toulouse,* 1706, in-12. — Août 1706, p. 1267; — septembre, p. 1482.

2018. Traité des gradués, de leur établissement et de leurs droits, où sont expliqués mot à mot les douze paragraphes du titre des collations des bénéfices ecclésiastiques. — Septembre 1710, p. 1568.

2019. Principes sur les droits et obligations des gradués, par de Jouy. *Paris,* 1760, in-12. — Septembre 1760, p. 2292.

2020. Institutio notariorum apostolicorum, auct. N. A. O'Kenny. Edit. nova. *Cologne,* 1727, in-4. — Mai 1734, p. 916.

2021. Le parfait notaire apostolique et p ocureur des officialités, par Brunet. *Paris,* 1728, 2 vol. in-4. — Janvier 1729. p. 476.

2022. Recueil important sur la question de savoir : si un juif, marié dans sa religion, peut se remarier après son baptême, lorsque sa femme juive refuse de le suivre et d'habiter avec lui. *Paris,* 1761 (?), 2 vol. in-12. — * Mars 1762, p. 761.

2023. Discours sur les libertés de l'Eglise gallicane par M. l'ab. Fleury, avec un commentaire par M. l'ab. de C*** de L*** (*Chiniac de la Bastide*). *Paris,* 1765, in-12. —Juin 1765, p. 1521.

2024. Réflexions importantes et apologétiques sur le nouveau commentaire du discours de M. l'ab. Fleury, touchant les libertés de l'Eglise gallicane, par l'auteur du commentaire (l'ab. *Chiniac de la Bastide*). *Paris,* 1766, in-12. — Janvier 1766, p. 352.

2025. Traité de l'origine de la régale et des causes de son établissement, par G. Audoul. *Paris,* 1708, in-4. — Juin 1708, p. 924.

Traités sur la puissance ecclésiastique.

2026. Joach. Hildebrandi tractatus de hierarchia veteris Ecclesiæ. *Helmstadt*, 1702, in-4. — Mars 1703, p. 508.

2027. L'ordre de l'Eglise ou la primauté et la subordination ecclésiastique selon saint Thomas, par le P. Bernard d'Arras. *Paris*, 1735, in-12. — Août 1736, p. 1850.

2028. Imago pontificiæ dignitatis penicillo sacrarum scripturarum ac traditionis nativæ delineata, auct. Desiderio Palæophilo (Gilles *de Witte*). *Constance*, 1704, in-4. — Janvier 1705, p. 73.

2029. Auctoritas Pontificia notissimo Cypriani facto a quibusdam neotericis acriter impugnata; sed a sapientissimis Galliæ theologis solide vindicata. Dissertatio historico-theologica (par *Soardi*). *Avignon*, 1749, in-4. — Juillet 1754, p. 1741.

2030. Controverse pacifique sur l'autorité de l'Eglise, ou lettres du M. D. C. (F. *Favre*) à M. l'évêque du Puy, avec la réponse du prélat. *Paris*, 1758, in-12. — Janvier 1758, p. 324.

2031. Ecclesiasticæ jurisdictionis vindiciæ adversus Caroli Fevreti et aliorum tractatus de abusu susceptæ, ab Ant. Dadino Alteserra (Dadin de Hauteserre). *Orléans*, 1702, in-4. — Février 1703, p. 270.

2032. Descriptio jurisdictionis ecclesiasticæ circa appellationes ab officiali Leodiensi, auct. Jos. Sacripante. 1711, in-12. — Février 1713, p. 333.

2033. Essai historique et critique sur l'origine de la puissance temporelle des papes, par Sabbathier. Nouvelle édit. *La Haye*, 1765, in-8. — Janvier 1766, p. 127.

2034. De l'état de l'Eglise et de la puissance légitime du pontife romain (par *Lissoir*). *Amsterdam*, 1767, 2 vol. in-12. — Décembre 1767, p. 488.

2035. Traité du gouvernement de l'Eglise et de la puissance du Pape par rapport à ce gouvernement, trad. de J. Febronius, par L. D. L. S. Nouvelle édit. *Venise*, 1769, in-4, ou 3 vol. in-12. — * Juillet 1769, p. 484.

2036. Lettre d'un théologien à un premier président d'un

9

Parlement de France touchant l'autorité de l'Eglise pour juger du sens des livres dogmatiques. *Liége*, 1704, in-4. — Juillet 1704, p. 1240.

2037. Nectarii, Patriarchæ Hierosolymitani, confutatio imperii Papæ in Ecclesiam. *Londres*, 1702, in-8. — Août 1703, p. 1297.

2038. Ill. V. Petri de Marca, archiep. Parisiensis, dissertationes de concordia Sacerdotii et Imperii. *Paris*, 1704, in-fol. — Octobre 1704, p. 1695.

2039. Edm. Richerii libellus de ecclesiastica et politica potestate. Editio nova (edente Dom Thierry *de Viaixnes*). *Cologne*, 1702, 2 vol. in-4. — Janvier 1703, p. 3.

2040. Traité de l'autorité ecclésiastique et de la puissance temporelle, conformément à la déclaration du clergé de France en 1682, par Ellies Dupin. Nouvelle édit. revue par l'ab. Dinouart. *Paris*, 1767, 3 vol. in-12. — * Juillet 1768, p. 189.

2041. Traité des droits de l'Etat et du Prince sur les biens possédés par le clergé (par l'ab. *Mignot*). Nouvelle édit. *Paris*, 1766, 6 vol. in-12. — * Juin 1766, p. 1517.
Edition non citée par Barbier et par Quérard.

2042. Les droits respectifs de l'Etat et de l'Eglise rappelés à leurs principes (par l'ab. *Pichon*). *Avignon*, 1766, in-12. — * Août 1766, p. 354.

2043. J. Fr. Buddei exercitatio de origine et potestate Episcoporum. *Iena*, 1705, in-4. — Août 1712, p. 1360.

2044. The divine Right of Episcopacy asserted. *Londres*, 1708, in-8. — Juin 1711, p. 943.

2045. Traité du droit des évêques sur les réguliers exempts (par *Blisson*). *Paris*, 1745, in-8. — Octobre 1745, p. 1725.
Auteur omis par Barbier et par Quérard.

2046. Mémoire dogmatique et historique touchant les juges de la foi, où l'on prouve que les évêques seuls sont les juges de la foi (par l'ab. *Corgne*). *Paris*, 1736, in-12. — Septembre 1736, p. 2026.

2047. Les pouvoirs légitimes du premier et du second ordre dans l'administration des sacrements (par l'ab. *Travers*). *En France*, 1744, in-4. — * Septembre 1745, p. 1706.

2048. Défense des droits des évêques dans l'Eglise, contre le livre (de l'ab. *Travers*) intitulé: Des pouvoirs légitimes du premier et du second ordre dans l'administration des sacrements et le gouvernement de l'Eglise, par l'ab. Corgne. *Paris* 1762, 2 vol. in-4. — Juillet 1763, p. 1719.

2049. La défense des droits des évêques, proposée à l'examen de MM. les Curés, ou dissertation sur l'établissement et l'institution de droit divin des Curés. *Paris*, 1763, in-12. — Juillet 1763, p. 1895.

2050. Traité dogmatique et historique des édits et des autres moyens spirituels, dont on s'est servi dans tous les temps pour établir et pour maintenir l'unité de l'Eglise catholique, par le feu P. L. Thomassin, de l'Oratoire ; avec un supplément par un prêtre de la même congrégation (le P. *Bordes*). *Paris*, 1703 ; 3 vol. in-4. — Mars 1704, p. 349 ; — avril, p. 614 ; — juin, p. 927.

2051. Tractatus historico-canonicus de censuris ecclesiasticis, auct. Van Espen. 1709, in-12. — Juin 1744, p. 927.

2052. Traité historique de l'excommunication, dans lequel on expose l'ancienne et la nouvelle discipline de l'Eglise (par *Ellies Dupin*). *Paris*, 1715, in-8. — Mai 1715, p. 851.

Droit des réguliers.

2053. Histoire et pratique de la clôture des religieuses selon l'esprit et la jurisprudence de France (par Séb. *Cherrier*). *Paris*, 1764, in-12. — Janvier 1764, p. 124.

2054. Fr. Pii Thomæ Milante Vindiciæ Regularium in causâ monasticæ paupertatis. *Naples*, 1740, in-4. — Janvier 1744, p. 5.

2055. L'abbé régulier sacré évêque *in partibus infidelium*, ou traité dans lequel on examine l'état d'un abbé régulier après sa consécration épiscopale, par le R. P. Alb. Marion, prémontré. *Luxembourg*, 1739, in-4 — Octobre 1740, p. 2009 ; — octobre 1744, p. 1757.

Auteur omis par Quérard.

2056. Disciplina ordinis Carthusiensis in tres libros distributa, auctore D. Inn. Masson. *Paris*, 1703, in-fol. — Janvier 1704, p. 38.

Ouvrage non cité par Quérard (XI, 293).

2057. Constitutio qua privilegia ordinis prædicatorum a Sancta Sede hactenus indulta confirmantur, innovantur, extenduntur, declarantur et ampliantur. *Rome*, 1727 (?, in-fol. — Septembre 1727, p. 1723.

2058. La règle du tiers ordre de Saint-François, appelé l'ordre de la Pénitence, par le P. Léonard, capucin. Nouv. édit. revue par un religieux du même ordre, de la province de Normandie. *Paris*, 1770, in-12. — * Avril 1770, p. 170.

SCIENCES ET ARTS.

Introduction. — Histoire. — Traités généraux.

2059. Reflexions upon Learning (par *Baker*). 4ᵉ édit. *Londres*, 1708, in-8. — Novembre 1710, p. 1841.

2060. Traité de l'incertitude des sciences (trad. de l'anglais de *Baker* par *Berger*). *Paris*, 1714, in-8. — Mai 1714, p. 749.

2061. Discours (éloge des sciences) prononcé dans l'assemblée publique de la Société littéraire de Châlons-sur-Marne, le 13 août 1768, avec deux autres, l'un sur l'amour de soi, l'autre sur le bonheur, par l'abbé Millot. *Bar-le-Duc*, 1768, in-4. — Février 1769, p. 358.

2062. Discours qui a remporté le prix de l'Académie de Dijon en 1750 : Si le rétablissement des sciences et des arts a contribué à épurer les mœurs ; par un citoyen de Genève (J. J. *Rousseau*). *Genève*, 1751, in-8. — Février 1751, p. 505.

2063. Observations de J. J. Rousseau, de Genève, sur la réponse qui a été faite à son discours. 1751, in-8. — Décembre 1751, p. 2538.

La *réponse* est du roi Stanislas et du P. de Menoux, S. J.

2064. Lettre de J. J. Rousseau à M. Grimm, sur la réfutation de son discours par M. Gautier. 1751, in-8. — Janvier 1752, p. 136.

2065. Observations sur la lettre de M. R..., de Genève, à M. Grimm, par M. Gautier, chan. rég. *Paris*, 1752, in-12. — Avril 1752, p. 928.

2066. Quantum litteris debeat virtus, oratio habita a D. Le Roy. *Paris*, 1751, in-4. — Avril 1752, p. 926.

2067. Réfutation du discours du citoyen de Genève, par un académicien de Dijon (*Lecat*). *Londres*, 1751, in-8. — Avril 1752, p. 930.

2068. Discours sur les avantages des sciences et des arts, prononcé dans la séance publique de l'Acad. de Lyon (par M. *Borde*), avec la réponse de J. J. Rousseau. *Paris*, 1752, in-8. — Mai 1752, p. 1145.

2069. Discours sur l'utilité des lettres, par l'ab. B. de L. R. (*Boucher*). *Paris*, 1753, in-8. — Juin 1753, p. 1522.

Cet ouvrage doit prendre place parmi ceux qu'a fait naître le discours de Rousseau : Quérard ne l'a pas cité au t. VIII, p. 209.

2070. Lettre d'un ermite à M. Rousseau (par *de Bonneval*). *Paris*, 1753, in-8. — *Juin 1753, p. 1522.

2071. Examen philosophique de la liaison réelle qu'il y a entre les sciences et les mœurs, dans lequel on trouve la solution de la dispute de M. J. J. Rousseau avec ses adversaires (par *Formey*). *Avignon*, 1755, in-12. — Juillet 1755, p. 1733.

2072. Les premiers éléments des sciences, ou entrée aux connaissances solides, en divers entretiens, proportionnés à la portée des commençants et suivis d'un essai de logique (par dom *Lamy*, bénéd.). *Paris*, 1706, in-12. — Janvier 1707, p. 37.

2073. Les éléments des sciences et des arts littéraires, trad. de l'angl. de Benj. Martin (par de *Puisieux*). *Paris*, 1764, 3 vol. in-12. — * Novembre 1764, p. 2873.

2074. Cours des sciences sur des principes nouveaux et simples pour former le langage, l'esprit et le cœur dans l'usage ordinaire de la vie, par le P. Buffier, S. J. *Paris*, 1732, in-fol. — Mai 1730, p. 818; — août 1732, p. 1294; — octobre, p. 1684; — février 1733, p. 315.

2075. Idée générale des choses physiques, morales, naturelles, civiles, politiques et de commerce, par Rabelleau. *Paris*, 1766, in-12. — Mars 1766, p. 724.

2076. Manuel philosophique ou précis universel des sciences (par A. J. *Panckoucke*). *Paris*, 1748, 2 v. in-12. — *Juin 1748, p. 1338.

2077. Miscellanea philosophica mathematica Societatis privatæ Taurinensis. *Turin*, 1759-1762, 2 vol. in-4. — Juillet 1760, p. 1754; — mars 1763, p. 573; — avril, p. 1094; — juillet, p. 1832.

2078. Lettre sur le progrès des sciences, par de Maupertuis. *Paris*, 1752, in-12. — Août 1752, p. 1750.

2079. Histoire des progrès de l'esprit humain dans les sciences exactes et dans les arts qui en dépendent, par M. Savérien. *Paris*, 1766, in-8. — Nouv. édit. *Paris*, 1775, in-8. —Octobre 1766, p. 106; — 3ᵉ suppl. à 1775, p. 52.

2080. L'homme éclairé par ses besoins (par J. *Blanchet*). *Paris*, 1764, in-12. — Octobre 1764, p. 769.

2081. Méthode pour faire promptement des progrès dans les sciences et dans les arts, par Vallet. *Grenoble*, 1767, in-12. — Juin 1767, p. 539.

2082. Traité de l'opinion, ou mémoires pour servir à l'his-

toire de l'esprit humain (par *Legendre de Saint-Aubin*). Pa-
ris, 6 vol. in-12. — Juillet 1733, p. 1224 ; — septembre,
p. 1535 ; — octobre, p. 1784 ; — novembre, p. 1946.

2083. Le monde joué, ou mémoires pour servir à l'histoire
du genre humain (par l'ab. *de Villemaire*). *Paris*, 1753,
in-12. — Octobre 1753, p. 2483.

> Barbier (II, 422) attribue cet ouvrage à *Boudier de Villemert* ; Qué-
> rard dit *de Villermet*. Je trouve cependant dans *la France littéraire*
> (X, 180) un abbé *de Villemaire*, auteur de *l'Andrométrie* ; Quérard l'a
> confondu avec Boudier ; car il met aussi l'Andrométrie parmi les ou-
> vrages de ce dernier. J'ai tiré mon indication des *Mémoires de Trévoux*
> eux-mêmes.

2084. Observations sur les savants incrédules et sur quelques-uns de leurs écrits, par J. F. de Luc. *Genève*, 1762,
in-8. — Octobre 1762, p. 2476.

2085. De credulitate in doctrinis. Oratio habita in regio
Ludovici Magni collegio, postridie nonas decembres 1738,
a R. P. C. Poréo, S. J. *Paris*, 1739, in-4. — Avril 1739,
p. 857.

2086. G. Paschii de novis inventis, quorum accuratiori
cultui facem prætulit antiquitas, tractatus. Editio 2a. *Leipsick*, 1700, in-8. — Novembre 1704, p. 1825 ; — décembre,
p. 2053.

2087. Recherches sur l'origine des découvertes attribuées
aux modernes, où l'on démontre que la plupart de nos plus
célèbres philosophes ont puisé la plupart de leurs connaissances dans les ouvrages des anciens... (par *Dutens*). *Paris*,
1766, 2 v. in-8. — Novembre 1766, p. 241.

2088. Origine des premières sociétés, des peuples, des
sciences, des arts et des idiomes anciens et modernes (par
Poinsinet de Sivry). *Amsterdam*, 1769, in-8. — Mai 1770,
p. 325.

2089. Apologie des origines Uriennes de M. Poinsinet de
Sivry, adressée par lui-même à M. l'ab. Aubert. — Novembre 1770, p. 296.

> Quérard (VII, 235) n'a pas eu connaissance de cette *Apologie*, qui
> aurait dû trouver place dans la première partie de cette table.

2090. Traité des systèmes où l'on en démêle les inconvénients et les avantages, par l'auteur de l'Essai sur l'origine des connaissances humaines (*de Condillac*). *La Haye*,
1749, 2 vol. in-12. — Septembre 1749, p. 1836.

2091. Encyclopédie, ou dictionnaire universel des sciences et

des arts, trad. de Chambers. *Paris*, 1745, 5 vol. in-fol.
(Projet.). — Mai 1745, p. 934.

2092. Encyclopédie, ou dictionnaire raisonné des sciences,
des arts et des métiers, recueilli des meilleurs auteurs...
mis en ordre par MM. Diderot et d'Alembert. *Paris*. 1751 —
(1772, 28 vol. in-fol.) — Janvier 1751, p. 302 ; — octobre, p. 2250 ; — novembre, p. 2449 ; — décembre,
p. 2593 ; — janvier 1752, p. 446 ; — février, p. 296 et 378 ;
— mars, p. 424 ; — novembre 1753, p. 2659.

2093. Lettre sur l'encyclopédie pour servir de supplément
aux sept volumes de ce dictionnaire (par l'ab. *Saas*).
Amsterdam, 1764, in-8. — Septembre 1764, p. 731 ; —
décembre, p. 1380.

2094. Notionnaire, ou mémorial raisonné de ce qu'il y a
d'utile et d'intéressant dans les connaissances acquises
depuis la création du monde jusqu'à présent, par de Garsault. *Paris*, 1761, in-8. — Décembre 1761, p. 2885.

2095. Le livre des enfants, ou idées générales et définitions
des choses dont les enfants doivent être instruits. *Paris*,
1728, in-12. — *Août 1728, p. 1566.

2096. Nouvelle encyclopédie portative, ou tableau général
des connaissances humaines (par *Roux*). *Paris*, 1766, 2 vol.
in-8. — Mai 1766, p. 1289.

2097. Petite encyclopédie, ou éléments des connaissances
humaines (par *Alletz*). *Paris*, 1766, 2 vol. in-8. — Mai
1766, p. 1293.

2098. Le portefeuille du R. P. Gillet, ou petit dictionnaire
dans lequel on n'a mis que les choses essentielles, pour
servir de supplément aux gros Dictionnaires qui renferment
tant d'inutilités (par Mentelle). *Madrid*, 1767, in-12. —
*Janvier 1768, p. 185.

2099. Table alphabétique des Dictionnaires (par Durey de
Noinville). *Paris*, 1758, in-12. — * Décembre 1758,
p. 3033.

2100. Les sciences démontrées si évidemment que les personnes qui ont le jugement formé peuvent les apprendre
sans le secours d'aucun maître, par M. de Vallange. *Paris*,
1730, in-12. — Février 1730, p. 377.

Ouvrage omis par Quérard (X, 24).

2101. Essai sur les nouvelles découvertes intéressantes
pour les arts, l'agriculture et le commerce, par Larouvière,
bonnetier. *Liége*, 1770, in-12. — Février 1774, p. 362.

2102. Tableau annuel des progrès de la physique, de l'histoire naturelle et des arts, par Dubois. *Paris*, 1772, in-8. — *Septembre 1772, p. 543.

PHILOSOPHIE.

Introduction. — Histoire. — Dictionnaires.

2103. J. Bruckeri Historia critica philosophiæ a mundi incunabulis ad nostram usque ætatem. *Leipsick*, 1742-44, 5 vol. in-4. — Février 1754, p. 455; — mars, p. 603 ; — juillet, p. 1777.

2104. J. Jonsii Holsati de scriptoribus historiæ philoso phiæ libri IV. Edentibus Christ. Dorn et B. G. Struve. *Iena*, 1716, 2 vol. in-4. — Octobre 1716, p. 1890.

2105. Histoire de la philosophie païenne, ou sentiments des philosophes païens les plus célèbres sur Dieu, sur l'âme, sur les devoirs de l'homme (par *Lévesque de Burigny*). *La Haye*, 1724, 2 vol. in-12. — Juillet 1725, p. 1223.

2106. Abrégé des vies des anciens philosophes avec un recueil des plus belles maximes (par *Fénelon*, ou le P. *du Cerceau*, S. J.). *Paris*, 1726, in-12. — Novembre 1726, p. 2092.

2107. Eloges et caractères des philosophes les plus célèbres depuis la naissance de J.-C. jusqu'à présent (par *Dupont-Bertris*). *Paris*, 1726, in-12. — Juin 1727, p. 1421.

Auteur omis par Barbier et par Quérard.

2108. Histoire abrégée des philosophes et des femmes célèbres, par de Bury. *Paris*, 1772, 2 vol. in-12. — *Septembre 1773, p. 563.

2109. Essai sur l'origine des connaissances humaines (par *de Condillac*). *Amsterdam*, 1746, 2 vol. in-12. — Mai 1747, p. 800.

2110. Discours sur cette question : En quoi consiste l'esprit philosophique, conformément aux paroles de saint Paul : Non plus sapere quam oportet sapere. Par le

9.

P. Guénard, S. J. *Paris.* 1755, in-4. — Octobre 1755, p. 2479.

Ce n'est pas en 1775, comme dit Quérard (III, 498), que parut ce discours.

2111. La philosophie applicable à tous les objets de l'esprit et de la raison, par feu l'ab. Terrasson. *Paris,* 1754, in-12. — *Janvier 1755, p. 489.

2112. Discours sur cette question : La vraie philosophie est incompatible avec l'irréligion, par M. Fromageot. *Montauban,* 1752, in-12. — Octobre 1752, p. 2284.

Est-ce le même discours que Quérard (III, 220) daté de 1753 ?

2113. De l'abus de la philosophie par rapport à la littérature, par l'ab. Ferlet. *Paris,* 1773, in-8. — *Février 1774, p. 350.

2114. Discours qui a remporté le prix d'éloquence de l'Acad. de Besançon en 1772 sur ce sujet : Quelle a été l'influence de la philosophie sur ce siècle ? Par l'ab. de Grainville. *Paris,* 1772, in-8. — Janvier 1773, p. 116.

2115. Le vrai philosophe, ou l'usage de la philosophie relativement à la société civile, à la vérité et à la vertu, avec l'histoire, l'exposition exacte et la réfutation du Pyrrhonisme ancien et moderne (par l'ab. *Boncerf*). *Paris,* 1762, in-12. — Janvier 1762, p. 146.

2116. Bibliothèque des philosophes et des savants, tant anciens que modernes, par Gautier. *Paris,* 1723, 2 vol. in-4. — * Juin 1723, p. 1114.

2117. Grammaire des sciences philosophiques et analyse abrégée de la philosophie moderne, trad. de l'angl. de Benj. Martin (par *de Puisieux*). *Paris,* 1749, in-8. — 2e édit. *Paris,* 1764, in-8. — Mai 1749, p. 883; — avril 1764, p. 956.

2118. Lexicon philosophicum, sive index latinorum verborum descriptionumque ad philosophos et dialecticos pertinentium, auctore Du Plessis. *La Haye,* 1716, in-4. — Janvier 1747, p. 91.

2119. Phiiosophicæ theses, contentiosam et experimentalem philosophandi methodum complectentes. *Cervera,* 1753, in-12. — Décembre 1753, p. 2925.

Philosophes anciens.

2120. Histoire des philosophes anciens, jusqu'à la renais-

sance des lettres, avec leurs portraits... par Savérien. *Paris*,
1770, 5 vol. in-12. — Juin 1772, p. 524.

2121. Bibliothèque des anciens philosophes. *Paris*, 1771,
9 vol. in-12. — Avril 1774, p. 470.

2122. Examen de la doctrine touchant le salut des païens,
ou nouvelle apologie pour Socrate. par Eberhard, trad. de
l'allem. (par *Dumas*). *Amsterdam*, 1773, in-8.— ″ Février
1774, p. 359.

2123. Réflexions sur la nouvelle apologie de Socrate par
M. Eberhard, par D. T. Huet. *Utrecht*, 1774, in-8.— Juillet
1775, p. 45.

2124. Ad. Em. Dominum meum colendissimum Angelum
Mariam Quirinum S. R. E. Cardinalem (sur un passage de
Platon, où quelques savants ont cru reconnaître le dogme de
la Trinité, par Dom *Martin*, bénéd.). *Paris*, 1742, in-4. —
Septembre 1743, p. 2460.

2125. A Dissertation on the Phedon of Platon, by C. Craw-
ford. *Londres*, 1773.— Mai 1774, p. 222.

2126. Lettre sur Pythagore, par l'ab. Faydit. — Mai 1704,
p. 844.

2127. La vie de Pythagore, ses symboles, ses vers dorés. La
vie d'Hiéroclès et son commentaire sur les vers dorés, par
M. Dacier. *Paris*, 1706, 2 vol. in-12. — Août 1706, p. 1293.

2128. Jamblichi de vita Pythagorica gr. et lat. cum notis
L. Kusteri et interpretatione Alh. Obrecht. *Amsterdam*,
1707, in-4. — Février 1744, p. 244.

2129. Plan théologique du Pythagorisme et des autres sectes
savantes de la Grèce, pour servir d'éclaircissement aux ouvrages polémiques des Saints-Pères contre les païens, avec
la traduction de la Hiérapeutique de Théodoret, par le P.
Mourgues, S. J. *Toulouse*, 1712, 2 vol. in 12. — Février
1713, p. 258; — mai, p. 820.

2130. Les Hypotyposes ou institutions pyrrhoniennes de
Sextus Empiricus en trois livres, trad. du grec (par *Huart*)
Amsterdam, 1725, in-12. — Janvier 1727, p. 36.

2131. Ocellus Lucanus en grec et en français, avec des dissertations sur les principales questions de la métaphysique,
de la physique et de la morale des anciens, trad. par le marquis d'Argens. *Berlin*, 1762, in-8. —Janvier 1764, p. 457.

2132. Histoire des causes premières, ou exposition sommaire
des pensées des philosophes sur les principes des êtres.
Ocellus Lucanus, de la nature de l'univers; Timée de Locres,

de l'âme du monde, et lettre d'Aristote à Alexandre sur le système du monde. Trad. franç. avec remarques par l'ab. Batteux. *Paris*, 1769. 2 vol. in-8. — Avril 1769, p. 136; — mai, p. 330.

2133. Nouvelles œuvres posthumes de M. l'ab. de Maucroix, (contenant la trad. fr. de la 1re Tusculane de Cicéron, du mépris de la mort, de Lélius,...). *Paris*, 1726, in-12. — Septembre 1726, p. 1671.

2134. Tusculane de Cicéron sur le mépris de la mort, trad. par l'ab. d'Olivet, avec les remarques du président Bouhier. On y a joint le songe de Scipion. *Paris*, 1732, in-12. — * Mai 1733, p. 930.

2135. Tusculanes de Cicéron, trad. par le prés. Bouhier et l'ab. d'Olivet, avec des remarques... *Paris*, 1737, 2 vol. in-12. — Nouvelle édit. *Paris*, 1766, 2 vol. in-12. — Février 1738, p. 263; — * janvier 1766, p. 359.

2136. Ciceronis Cato major de Senectute (curante *Volart*. *Paris*, 1758, in-32. — Février 1758, p. 548.

2137. Traité de l'amitié de Cicéron, trad. par le sieur L*** (Langlade). *Paris*, 1764, in-12. — * Avril 1764, p. 1147.

2138. Livres de Cicéron de la vieillesse et de l'amitié avec le latin à côté (par *de Barrett*). *Paris*, 1754, in-12. — 3e édit. *Paris*, 1768, in-12. — * Janvier 1755, p. 174; — * juillet 1768, p. 183.

2139. Gli Uffici di M. T. Cicerone e sopra di esse commentarii dal marchese Andrea Luigi de Silva. *Vicence*, 1756, in-fol. — Octobre 1757, p. 2660.

2140. Les Offices de Cicéron, trad. nouvelle par de Barrett. 2e édit. *Paris*, 1768, in-12. — * Avril 1768, p. 483.

2141. Entretiens de Cicéron sur les vrais biens et sur les vrais maux, trad. par feu M. Regnier des Marais. *Paris*, 1721, in-12. — Avril 1722, p. 660.

2142. Entretiens de Cicéron sur la nature des dieux, trad. par l'ab. d'Olive. *Paris*, 1724, 3 vol. in-12. — 3e édit. *Paris*, 1749, 2 vol. in-12. — Novembre 1721, p. 2015; — février 1750, p. 595.

2143. Cicéron, de la nature des Dieux, lat. et fr., avec des remarques critiques et historiques, par l'ab. le Masson. *Paris*, 1721, 3 vol. in-12. — Juin 1722, p. 984.

2144. Les deux livres de la divination de Cicéron, trad. par l'ab. Regnier-Desmarais. *Paris*, 1710, in-12. — Mai 1711, p. 838.

2145. I.. A. Seneca de brevitate vitæ, de Providentia, de septem artibus cum Epistolis selectis, lat. et gall. interprete P. F. X. D. (l'ab. P. Fr. Xavier *Denis*). *Paris*, 1764, in-12. — Janvier 1762, p. 22.

2146. Pensées de Sénèque, recueillies par Angliviel de la Beaumelle, et trad. en fr. *Paris*, 1752, 2 vol. in-12. — *Ibid.* 1765, in-12. — *Ibid.* 1768, in-12. — Octobre 1752, p. 2425; — * janvier 1765, p. 391 ; — * janvier 1769, p. 172.

2147. Extrait des épîtres de Sénèque, par Sablier. *Paris*, 1770, in-12. — * Mai 1771, p. 376.

2148. La consolation de la philosophie de Boèce, trad. nouv. par M. C*** (*L. Colesse*). *Paris*, 1771, 2 vol. in-12. — * Mai 1772, p. 377.

2149. Traité de Porphyre touchant l'abstinence de la chair des animaux, avec la vie de Plotin par ce philosophe et une dissertation sur les génies, par Lévesque de Burigny. *Paris*, 1747, in-12. — Décembre 1747, p. 2309.

Philosophes modernes.

2150. Prolusiones philosophiæ, seu vera' et germanæ philosophiæ effigies, criticis aliquot orationibus et declamationibus adumbrata, auctore P. Aimerich, S. J. *Barcelone*. 1756, in-4. — Avril 1757, p. 773.

2151. Philosophia ad morem collegiorum finemque accommodata, auctore G. Buhon, S. J. *Lyon*, 1723, 4 vol. in-8. — Février 1723, p. 355.

Ce jésuite français n'est pas dans *la France littéraire*.

2152. Compendium institutionum philosophiæ, in quo de Rhetorica et Philosophia tractatur, auctore Caron. *Paris*, 1770, 2 vol. in-8. — * Décembre 1770, p. 564.

2153. Thomæ Cevæ, S. J. Philosophia novo-antiqua. Notis et prævia præfatione in hac editione illustrata. *Milan*, 1726. in-12. — Mars 1728, p. 503.

2154. L. Lucii Alphei diacrisis in secundam editionem Philosophiæ novo-antiquæ R. P. Th. Cevæ, cum notis Jani Valerii Pansi. 1724, in-4. — Décembre 1730, p. 2443.

2155. Philosophia ad usum scholæ accomodata, acut. Dagoumer. Editio nova. *Lyon*, 1757, 6 vol. in-12. — * Janvier 1758, p. 370.

2156. Filosofia di Paolo Mattia Doria con la quale si schiarisce quella di Platone. *Amsterdam*, 1728, 2 vol. in-4. — Avril 1732, p. 657.

2157. Philosophia universalis, sive Commentarius in universam Aristotelis Philosophiam ad usum scholarum comparatus, auct. J. Duhamel. *Paris*, 1705, 5 vol. in-12. — Février 1706, p. 276.

2158. Ephraïmi Gerhardi delincatio philosophiæ rationalis, effecte efformatæ... *Gênes*, 1709, in-12. — Novembre 1710, p. 1897.

2159. Institutiones philosophicæ in novam methodum digestæ, auct. M. P. L. R... (*Le Ridant*). *Auxerre*, 1762, in-12. — Février 1763, p. 498 ; — avril, p. 1040.

2160. Institutio philosophica ad faciliorem veterum ac recentiorum philosophorum lectionem comparata, auct. Pourchot. Editio 2ª locupletior. *Paris*, 1700, 5 v. in-12. — Edit. 3ª. *Lyon*, 1711, 5 v. in-12. — Mars 1701, p. 82 ; — septembre 1711, p. 1677.

2161. Philosophia ad usum scholarum accommodata, auct. A. Seguy. *Paris*, 1771, 5 v. in-12. — Juillet 1774, p. 170.

2162. Institutiones philosophiæ Wolfianæ, curante Thummig. Editio nova. *Francfort*, 1731, in-12. — Mai 1731, p. 845 ; — décembre, p. 2121.

2163. Philosophiæ a Benedicto Stay Ragusino versibus traditæ, libri VI. *Venise*, 1744, in-8. — Libri X, cum notis P. R. J. Boscovich, S. J. *Rome*, 1755-1760, 2 v. in-8. — Décembre 1747, p. 2420 et 2525 ; — janvier 1756, p. 80 ; — mai 1761, p. 1232 ; — juin, p. 1393 ; — septembre, p. 2117 ; — novembre, p. 2714.

2164. Histoire des philosophes modernes, avec leurs portraits ou allégories, gravés dans le goût du crayon, par Savérien. *Paris*, 1760-(1773, 4 v. in-4 ou 8 v. in-12). — Janvier 1763, p. 43 et 296 ; — mars 1764, p. 668 ; — octobre, p. 797 ; — août 1766, p. 197 ; — mai 1768, p. 234 ; — septembre 1769, p. 478.

2165. Nouvelles libertés de penser (par *Fontenelle, Mirabaud, du Marsais*). *Amsterdam*, 1743, in-12. — Août 1743, p. 2267.

2166. Lettres juives ou correspondance philosophique, historique et critique (par *d'Argens*). *La Haye*, 1736. — Juillet 1736, p. 1349.

Barbier et Quérard disent 1738 ; c'est apparemment la date du recneil complet de ces lettres, qui parurent d'abord deux fois la semaine, le lundi et le jeudi, ne contenant qu'une demi-feuille d'impression.

2167. Riflessioni disappassionate di F. Valignani, marchese di Cepagati, sopra il libro intitolato : Lettere Giudaiche. *Lucques*, 1744, in-8. — Mai 1742, p. 908.

2168. Essais du chancelier Bacon, trad. de l'anglais (par l'ab. *Goujet*). *Paris*, 1734, in-12. — Mai 1735, p. 773.

2169. Analyse de la philosophie du Chancelier Bacon (par *Deleyre*), avec sa vie, trad. de l'anglais (de D. *Mallet* par *Pouillot*). *Amsterdam*, 1755, 2 v. in-12. — Janvier 1756, p. 296.

2170. Réponse aux questions d'un provincial (par Bayle). *Rotterdam*, 1704, 5 v. in-12. — Septembre 1704, p. 1484; — mai 1706, p. 764; — juin, p. 950; — juillet, p. 1140.

2171. Le philosophe de Rotterdam accusé, atteint et convaincu (par *Jurieu*). *Amsterdam*, 1706, in-12. — *Juin 1707, p. 1449.

2172. Eclaircissement sur quelques difficultés qui naissent de la considération de la liberté nécessaire pour agir moralement, avec une addition, où l'on prouve contre Spinosa que nous sommes libres, pour servir de suite à la réponse aux objections de Bayle, par Jean de la Placette. *Amsterdam*, 1709, in-12. — Avril 1714, p. 649.

2173. De l'origine du mal, ou examen des principales difficultés de Bayle sur cette matière, par le Vte d'Alès. *Paris*, 1758, 2 vol. in-12. — Avril 1758, p. 1094.

2174. Bayle en petit, ou anatomie de ses ouvrages (par le P. *Lefebvre*, S. J.). 1737, in-12. — Juin 1738, p. 1109.

2175. Analyse raisonnée de Bayle (par *de Marsy*). *Londres*, 1755, 4 v. in-12. — Avril 1755, p. 945 et 1804; — mai, p. 1157; — juin, p. 1486.

2176. Introduction à la philosophie, ou de la connaissance de Dieu et de soi-même, par Bossuet. *Paris*, 1722, in-8. — Avril 1723, p. 604.

2177. Lettre d'Hippocrate à Damagète, trad. du grec (par *Boulainvilliers*). *Cologne*, 1700, in-12. — Mars 1705, p. 545.

2178. Almanach philosophique en quatre parties, suivant la division naturelle de l'espèce humaine en quatre classes (par J. L. *Castillon*). *Goa* (*Bouillon*), 1767, in-12. — *Mars 1767, p. 532.

2179. Le philosophe malgré lui, par Chamberlan. *Amsterdam*, 1760, in-12. — Février 1761, p. 449.

Auteur omis par Quérard.

2180. Variétés d'un philosophe provincial, par M. Ch.... le jeune (*Champion de Pontarlier*). *Bruxelles*, 1767, in-12. — Janvier 1768, p. 188.

2181. Examen du Pyrrhonisme ancien et moderne, par Crouzas. *La Haye*, 1733, in-fol. — Mai 1734, p. 932.

2182. Principes de la philosophie de Descartes, trad. du latin (par *Picot*). *Paris*, 1724, in-12. — *Mars 1724, p. 563.

2183. L'homme de René Descartes et la formation du fœtus avec les remarques de L. de La Forge. Nouv. édit. *Paris*, 1729, in-12. — *Juin 1729, p. 1124.

2184. Traité de paix entre Descartes et Newton, précédé des vies littéraires de ces deux chefs de la physique moderne, par le P. A. H. Paulian, S. J. *Avignon*, 1763, 3 v. in-12. — Février 1764, p. 550; — janvier 1765, p. 90; — février, p. 443.

2185. Parallèle entre Descartes et Newton, par M. de L*** (*Delisle de Sales*). *Paris*, 1766, in-8. — *Juin 1766, p. 1498.

2186. Eloge de René Descartes, par M. Thomas. *Paris*, 1765, in-8. — Novembre 1765, p. 1189.

2187. Eloge de René Descartes, par Gaillard. *Paris*, 1765, in-8. — Novembre 1765, p. 1189.

2188. Eloge de René Descartes (par l'ab. *Fabre de Charrin*). *Paris*, 1765, in-8. — Décembre 1765, p. 1414.

2189. Eloge de René Descartes, par Mercier. *Paris*, 1765, in-8. — Décembre 1765, p. 1414.

2190. Eloge de René Descartes, par l'auteur de *Camédris* (Mlle *Mazarelli*). *Paris*, 1765, in-8. — Décembre 1765, p. 1414.

2191. Réfutation des Pensées philosophiques (de *Diderot*) par les seules lumières de la raison et les principes de la saine philosophie, par le Baron de Gauffridi. *Marseille*, 1750, in-12. — *Décembre 1751, p. 2655.

2192. Pensées anti-philosophiques (par l'ab. *Camuset*). *Paris*, 1770, in-12. — Décembre 1770, p. 502.

2193. Le guerrier philosophe, où l'on verra la réfutation de divers systèmes des philosophes anciens et modernes et l'établissement d'un nouveau système pour expliquer le mystère de la machine de l'univers, suivant les règles des mécaniques, par de Rassiels du Vigier. *Paris*, 1712, in-8. — Mars 1713, p. 375.

2194. Essais sur différents sujets de philosophie, par l'ab. Duval. *Paris*, 1767, in-12. — Septembre 1767, p. 492.

2195. Antilogies et fragments philosophiques ou collection méthodique des morceaux les plus curieux... extraits des écrits de la philosophie moderne (par l'ab. de *Fontenay*). *Amsterdam*, 1774, 2 v. in-12. — *Octobre 1774, p. 122.

2196. Œuvres philosophiques de M. Fr. de Salignac de la Motte Fénelon. 3e édit. *Paris*, 1718, in-12. — Janvier 1719, p. 5.

2197. Réflexions de M. Duval sur le livre intitulé *Système de la nature* (par *d'Holbach*). *Paris*, 1770, in-12. — Mai 1771, p. 245.

2198. Pensées diverses contre le système des matérialistes, à l'occasion de l'écrit intitulé *Système de la nature* (par de *Rochefort*). *Paris*, 1771, in-12. — Mai 1771, p. 245.

2199. Principes contre l'incrédulité, à l'occasion du *Système de la nature*, par Camuset. *Paris*, 1771, in-12. — Mai 1771, p. 245.

2200. Lettre sur les ouvrages philosophiques condamnés par l'arrêt du parlement du 18 août 1770 (par *de Bury*). *Paris*, 1771, in-8. — Mai 1771, p. 246.

2201. Le philosophe allemand, par Jeh*** *Amsterdam*, 1769, in-12. — Octobre 1769, p. 186.

2202. Abrégé de la philosophie ou dissertations sur la certitude humaine, la logique, la métaphysique et la morale (par l'ab. *de la Chambre*). *Paris*, 1754, 2 v. in-12. — *Février 1755, p. 562.

2203. Lettres philosophiques sur divers sujets importants (par le P. *Lami*, bénéd.). *Trévoux*, 1703, in-12. — Août 1704, p. 1379.

2204. Institutions leibnitziennes ou procès de la monadologie (par l'ab. *Sigorgne*). *Lyon*, 1767, in-8. — Février 1768, p. 322.

2205. Dissertation sur les monades (par *Justi*), qui a remporté le prix, avec les pièces qui ont concouru. *Berlin*, 1748, in-4. — Octobre 1750, p. 2279.

2206. Réfutation du système des monades (par l'ab. Vallé). *Paris*, 1754, in-12. — Février 1755, p. 536.

2207. Prospectus d'une édition complète des Œuvres de Leibnitz. *Turin*, 1764, in-4. — Janvier 1765, p. 172.

2208. Pensées hasardées sur les études, par le Sage. *Genève*, 1728, in-12. — *Avril 1729, p. 740.

2209. An account of Locks religion. *Londres*, 1725, in-8. — Septembre 1725, p. 1680.

2210. Histoire critique de l'éclectisme, ou des nouveaux platoniciens (par l'ab. *Maleville*). (*Paris*), 1766, 2 v. in-12. — Juin 1766, p. 1400.

2211. De la recherche de la vérité, où l'on traite de la nature de l'esprit de l'homme et de l'usage qu'il en doit faire pour éviter l'erreur dans les sciences. 5e édit. Par le P. Malebranche, prêtre de l'Oratoire. *Paris*, 1700, 3 vol. in-12. — Nouvelle édit. *Paris*, 1754, 2 vol. in-4. — Juillet 1701, p. 3; — octobre 1754, p. 2667.
   Quérard (V, 461) ne cite pas l'édit. de 1754.

2212. Des vraies et des fausses idées contre ce qu'enseigne l'auteur de la recherche de la vérité, par Arnauld. Nouvelle édition. *Paris*, 1724, in-8. — * Février 1725, p. 384.

2213. Réponse du P. Malebranche à la 3e lettre de M. Arnauld, touchant les idées et les plaisirs. *Amsterdam*, 1704, in-12. — Juillet 1705, p. 1138.

2214. Entretien d'un philosophe chrétien et d'un philosophe chinois sur l'existence et la nature de Dieu (par *Malebranche*). *Paris*, 1708, in-12. — Juillet 1708, p. 1135.

2215. Avis touchant l'*Entretien*... pour servir de réponse à la critique de cet entretien insérée dans les *Mémoires de Trévoux* du mois de juillet 1708 (par *Malebranche*). *Paris*, 1708, in-12. — Décembre 1708, p. 1977.

2216. Eléments de la philosophie moderne par demandes et par réponses, par Massuet. *Paris*, 1752, 2 vol. in-12. — Mai 1753, p. 1436.

2217. Essai de cosmologie, par M. de Maupertuis. 1754, in-12. — Décembre 1754, p. 2578.
   Quérard (V, 642) dit *Berlin*, 1750, *in-8*.

2218. Philosophiæ naturalis principia mathematica, auct. I. Newton. Edit. ultima. *Amsterdam*, 1714, in-4. — Février 1748, p. 366.

2219. Eléments de la philosophie de Newton mis à la portée de tout le monde, par Voltaire. *Amsterdam*, 1738, in-8. —

Nouvelle édition. *Londres*, 1744, in-8. — Août 1738, p. 1669 ; — septembre, p. 1846 ; — juin 1744, p. 1004.

Quérard ne parle pas de l'édit. de 1744 (X, 295.).

2220. Examen et réfutation des *Éléments de la philosophie de Newton*, par M. de Voltaire, avec une dissertation sur la réflexion et la réfraction de la lumière, par Banières. *Paris*, 1739, in-12. — Octobre 1739, p. 2151

2221. Institutions Newtoniennes, ou introduction à la philosophie de Newton, par l'ab. Sigorgne. *Paris*, 1747, 2 vol. in-8. — 2e édit. *Paris*, 1769, in-8. — Novembre 1747, p. 2198 ; — décembre, p. 2448 ; — *mai 1769, p. 364.

2222. A view of sir Isaac Newton philosophy. *Londres*, 1725... — Décembre 1726, p. 2307.

2223. Le songe d'Alcibiade, trad. du grec (par l'ab. *Pic*). *Paris*, 1735, in-12. — Août 1735, p. 1497.

2224. Profession de foi philosophique (contre Rousseau, par *Borde*). *Amsterdam*, 1763, in-12. — Août 1763, p. 2093.

2225. G. J. S'Gravesande introductio ad philosophiam, metaphysicam et logicam continens. Edit. IIᵃ. *Leyde*, 1738, in-8. — Juin 1738, p. 973.

2226. Lettre à M. S'Gravesande sur son introduction à la philosophie et particulièrement sur la nature de la liberté. *Amsterdam*, 1736, in-12. — * Février 1737, p. 364.

2227. Bigarrures philosophiques (par *Tiphaigne de la Roche*). *Amsterdam*, 1759, 2 vol. in-8. — Mai 1759, p. 1273.

2228. Giphantie (par *Tiphaigne*). *Paris*, 1760, in-8. — Novembre 1760, p. 2869.

2229. Lettres servant de réponse aux lettres philosophiques de M. de V*** (*Voltaire*, par l'ab. *Molinier*). 1734, in-12. — Janvier 1735, p. 95 ; — février, p. 316.

2230. Lettres critiques sur les lettres philosophiques de M. de Voltaire par rapport à notre âme, à sa spiritualité et à son immortalité, avec la défense des pensées de Pascal contre les critiques du même M. de Voltaire (par *Boullier*). *Paris*, 1753, in-12. — *Juillet 1653, p. 1694.

2231. Examen du Voltéranisme. (*Paris*), 1757, in-8. — Août 1757, p. 2092.

Cet ouvrage est celui que cite Quérard, t. X, p. 307, n° 594. « Cette brochure de 60 pages est un composé de prose et de vers ; une production de sceptique, qui combat la vérité, tandis qu'il paraît la chercher ; un plaidoyer pour et contre la raison, un défi donné à toutes les religions. » (*Mém. de Trév.*)

2232. Etrennes aux philosophes. *Paris*, 1773, in-8. — Février 1773, p. 294.

2233. Lettere filosofiche. *Naples*, 1774. — Octobre 1774, p. 19.

2234. Le philosophe du moment. *Paris*, 1759, in-12. — Décembre 1759, p. 3031.

2235. Réflexions philosophiques. *Paris*, 1760, in-12. — Août 1760, p. 2094.

2236. Philosophical principes of natural religion of G. Cheyne. *Londres*, 1705. — Août 1705, p. 1452.

2237. Essai d'une philosophie naturelle applicable à la vie, aux besoins et aux affaires, fondée sur la seule raison (par l'ab. *Desfourneaux*). *Paris*, 1724, in-12. — Septembre 1724, p. 1684.

2238. Religionis naturalis et moralis philosophiæ principia, auct. Hooke. *Paris*, 1753-1754, 3 vol. in-8. — Mai 1754, p. 965 ; — juillet, p. 1614 ; — octobre, p. 2635.

2239. Traité de la religion naturelle, par Martin, pasteur de l'église d'Utrecht. *Amsterdam*, 1743, in-12. — Juillet 1745, p. 1485.

2240. A. Roell dissertatio de religione rationali. Edit. IVᵃ *Franequerre*, 1704, in-12. — Septembre 1704, p. 3.

2241. A compendious system of natural philosophy, by Rowning. *Londres*, 1743 (?). — Juin 1743, p. 1078 ; — août, p. 2481.

LOGIQUE.

2242. La logique de l'esprit et du cœur, par M. D... (*Blanchet*). *La Haye*, 1760, in-12. — Octobre 1760, p. 2628.

2243. Les principes du raisonnement exposés en deux logiques nouvelles, avec des remarques sur les logiques qui ont eu le plus de réputation de notre temps, par le P. Buffier, S. J. *Paris*, 1714, in-12. — Septembre 1714, p. 1550.

2244. La clef des sciences et des beaux-arts, ou la logique (par *Cochet*). *Paris*, 1750, in-12. — Août 1750, p. 1784.

2245. De inexplicabilibus Acroasis Jac. Facciolati. *Padoue*, 1725, in-8. — Mars 1727, p. 548.

2246. Nouvelle logique courte et facile, par le sieur de Boisverd (Dom *Gerberon.* bénéd.). *Bruxelles*, 1704, in-12. — Février 1705, p. 305.

2247. L. M. Kahlii elementa logicæ probabilium. *Hall*, 1735, in-4. — Septembre 1737, p. 1658.

2248. Principes d'incertitude, ou essai sur la logique (par l'ab. *Lecren*). *Paris*, 1763, in-12. — * Décembre 1762, p. 3015.

Barbier et Quérard disent *de certitude.*

2249. Le philosophe moderne avec un traité de l'art de persuader, par de Lelevel. *Paris*, 1734, 3 v. in-12. — * Octobre 1734, p. 1921.

Ouvrage non cité par Quérard (V, 124).

2250. Logica seu ars cogitandi, auct. C. Martinet. *Paris*, 1771, in-12. — * Janvier 1772, p. 157.

2251. Logicæ seu artis cogitandi institutiones, auct. Nic. Martini. *Naples*, 1728, in-12. — Novembre 1730, p. 1995; — décembre, p. 2151.

2252. Logique en forme d'entretiens, ou l'art de trouver la vérité, par le P. Regnault, S. J. *Paris*, 1742, in-12. — Février 1742, p. 345.

2253. Philosophia rationalis sive logica methodo scientifica pertractata, auct. C. Wolfio. Francfort, 1728, in-4. — Août 1729, p. 1380.

2254. Logique ou réflexions sur les forces de l'entendement humain, par C. Wolff, trad. de l'allem. par J. Deschamps. *Berlin*, 1736, in-8. — * Juillet 1737, p. 1325.

MÉTAPHYSIQUE.

2255. Syntagma theologico-physico-metaphysicum, auct. Ruardo Andala. *Franequerre*, 1714, in-4. — Avril 1743, p. 744.

2256. La métaphysique qui contient l'ontologie, la théologie naturelle et la pneumatologie, par l'auteur de la clef des sciences et des beaux-arts (*Cochet*). *Paris*, 1753, in-12. — Novembre 1753, p. 2595.

2257. Eléments de métaphysique tirés de l'expérience, ou lettres à un matérialiste sur la nature de l'âme (par l'ab. *de Lignac*). *Paris*, 1753, in-12. — Avril 1754. p. 893 ; — mai, p. 1306.

2258. Eléments de métaphysique sacrée et profane, ou théorie des êtres insensibles, par l'ab. Para. *Besançon*, 1767. in-8. — Décembre 1767, p. 389.

2259. Metaphysica ad usum scholarum accommodata, auct. Seguy. *Paris*, 1759, 2 v. in-12. — Mars 1759, p. 707 ; — juin, p. 1350.

Quérard (IX, 36) dit 1718, date qui me paraît évidemment fausse.

2260. Traité des premières vérités et de la source de nos jugements, où l'on examine le sentiment des philosophes de ce temps sur les premières notions des choses, par le P. Buffier, S. J. *Paris*, 1724, in-12. — Mai 1724, p. 953 ; — août, p. 1460.

2261. Examen du matérialisme, relativement à la métaphysique et à la morale, par Deneslc. *Paris*, 1754, 2 v. in-12. — Décembre 1754, p. 2954.

2262. Examen du fatalisme, ou exposition et réfutation des différents systèmes de fatalisme qui ont partagé les philosophes sur l'origine du monde, sur la nature de l'âme et sur le principe des actions humaines (par l'ab. *Pluquet*). *Paris*, 1757, 3 v. in-12. — Juillet 1757, p. 1820 ; — août, p. 2049.

2263. Quatre dialogues, sur l'immortalité de l'âme. sur l'existence de Dieu, sur la Providence, sur la religion, par MM. de Choisy et Dangeau, de l'Académie française. Nouvelle édit. *Paris*, 1768, in-12. — * Mars 1769, p. 554.

2264. Cours de lecture sur les questions les plus importantes de la métaphysique, de la morale et de la théologie, traitées dans la forme géométrique. Ouvrage posthume de Doddrige, trad. de l'anglais. *Liége*, 1768, 4 v. in-12. — Décembre 1769, p. 510.

2265. Lettres sur divers sujets concernant la religion et la métaphysique, par M. F. de Salignac de la Motte Fénelon. *Paris*, 1748, in-12. — Mars 1748, p. 394.

2266. Discours philosophiques : le premier sur les causes finales ; le second sur l'inertie de la matière ; le troisième sur la liberté des actions humaines, par Boullier. *Amsterdam*, 1759, in-12. — Novembre 1759, p. 2799 ; — décembre, p. 2965.

Quérard (II, 460) dit *Paris*, 1769.

2267. Connaissance analytique de l'homme, de la matière et de Dieu, par Lacroix. *Paris*, 1772, in-12. — * Juillet 1772, p. 186.

2268. Précis des arguments contre les matérialistes, avec de nouvelles réflexions sur la nature de nos connaissances, l'existence de Dieu, l'immatérialité et l'immortalité de l'âme, par J. de Pinto. *La Haye*, 1774, in-8. — Avril 1775, p 40.
Quérard (VII, 183) dit 1777.

2269. Discours philosophique sur la création et l'arrangement du monde, où l'on fait voir les rapports qu'il y a entre les créatures et leur dépendance sous les lois de la Providence, par J. F. V. D. E. M. (J. F. *Vallade*, doct. en méd.). *Amsterdam*, 1700, in-8. — Novembre 1701, p. 255.

2270. Commentatio de Deo, Mundo et Homine atque fato, qua simul judicium sincerum de controversia anti-Wolfiana exhibet. *Leipsick*, 1727, in-4. — Décembre 1727. p. 2279.

2271. Essais de Théodicée sur la bonté de Dieu la liberté de l'homme, l'origine du mal (par *Leibnitz*). *Amsterdam*, 1710, in-8. — Nouvelle édit. par L. de Neufville (*de Jaucourt*). *Amsterdam*, 1734, 2 vol. in-12. — *Paris*, 1760, 2 vol. in-12. — Juillet 1743, p. 1478; — janvier 1737, p. 5; — février, p. 197; — mars, p. 444; — juin, p. 954; — avril 1764, p. 1046.

2272. L'existence de Dieu, démontrée par les merveilles de la nature, par Bullet. *Paris*, 1768, 2 vol. in-12. — Août 1768, p. 276.

2273. Théologie astronomique, ou démonstration de l'existence et des attributs de Dieu par l'examen et la description des cieux, par Derham. Trad. de l'angl. sur la 5ᵉ édit. par l'ab. *Bellanger*). *Paris*, 1729, in-8. — Janvier 1734, p. 83.

2274. Théologie physique ou démonstration de l'existence et des attributs de Dieu, tirée des œuvres de la création, par G. Derham, trad. de l'angl. (par *Lufneu*). *Rotterdam*, 1726, in-8. — Février 1728, p. 349.
Quérard, à l'art. *Derham* (II, 486), nomme à tort le traducteur *Lafneu*.

2275. Démonstration de l'existence de Dieu, tirée de la connaissance de la nature et proportionnée à la faible intelligence des plus simples (par *Fénelon*). *Paris*, 1712, in-12. — 2ᵉ édit. *Paris*, 1713, in-12. — Mars 1713, p. 459; — novembre, p. 2029.

2276. Principes de philosophie ou preuves naturelles de l'existence de Dieu et de l'immortalité de l'âme, par l'ab. Genest. *Paris*, 1716, in-8. — Mars 1717, p. 327.

2277. L'existence de Dieu, par le P. H. Hayer. *Paris*, 1769, in-12. — Décembre 1769, p. 440.

2278. L'existence de Dieu démontrée par les merveilles de la nature (trad. de *Nieuwentyt* par *Noguez*). *Paris*, 1725, in-4. — Avril 1726, p. 605.

2279. Observations critiques sur l'art. 6 du *Journal des Savants* de novembre 1725, au sujet du livre de l'Existence de Dieu, par Noguez. *Paris*, 1726, in-4. — Juillet 1726, p. 1337.

Ouvrage omis par Quérard (VI, 441).

2280. De la connaissance de Dieu, par feu M. Ferrand, avec des remarques de M.***. *Paris*, 1706, in-12. — Février 1707, p. 229.

2281. Essai philosophique sur la Providence (par l'ab. *Houtteville*). *Paris*, 1728, in-12. — Août 1728, p. 1505.

2282. Nouveaux essais sur la bonté de Dieu, la liberté de l'homme et l'origine du mal. Trad. de l'angl. de Chubb. *Amsterdam*, 1733, in-12. — Octobre 1734, p. 1735.

2283. Tableau des grandeurs de Dieu dans l'économie de la religion, dans l'ordre de la société et dans les merveilles de la nature (par l'ab. *de Lacan*). *Paris*, 1769, in-12. — Juillet 1769, p. 135.

2284. Nihil sub sole novum. De unico rerum naturalium formali principio, seu de spiritu materiali recens systema, auct. J. J. Leti. *Turin*, 1748, 2 vol. in-8. — Octobre 1749, p. 1643.

2285. L'incrédulité combattue par le bon sens (par le roi *Stanislas*). 1760, in-8. — 2ᵉ édit. *Nancy*, 1770, in-8. — Juillet 1760, p. 1632 et 1883.

Quérard (V, 66) ne cite pas cette seconde édition.

2286. Le rituel des esprits forts ou le voyage d'outre-monde, en forme de dialogues (par l'ab. *Gros de Besplas*). *Paris*, 1759, in-12. — Octobre 1759, p. 2493.

Quérard (III, 487) dit 1760, d'après Barbier.

2287. Examen des préjugés vulgaires pour disposer l'esprit à juger sainement de tout, par le P. Buffier, S. J. *Paris*, 1704, in-12. — Août 1704, p. 1298.

2288. Les préjugés du public, par Denesle. *Paris*, 1747, 2 vol. in-12. — Août 1747, p. 1622; — septembre, p. 1780.

2289. Lettre critique à M. de Nesle sur l'ouvrage qui a pour titre *les préjugés du public*. 1748, in-12. — Septembre 1748, p. 2073.

2290. Les préjugés des anciens et des nouveaux philosophes sur la nature de l'âme, par Denesle. 2e édit. *Paris*, 1765, 2 vol. in-12. — Janvier 1766, p. 163.

La première édit. parut en 1754, sous le titre de *Examen du maté-rialisme*. Quérard (II, 475) n'a pas fait cette remarque.

2291. Les préjugés du public sur l'honneur, avec des observations critiques, morales et historiques, par Denesle. *Paris*, 1766, 2 vol. in-12. — Avril 1766, p. 780.

2292. Discours de M. Durey d'Harnoucourt sur cette question : Pourquoi le jugement du public est-il ordinairement exempt d'erreur et d'injustice? 1757. — Novembre 1757, p. 2742.

Ouvrage omis par Quérard (II, 727).

2293. Essai sur les erreurs populaires, ou examen de plusieurs opinions reçues comme vraies qui sont fausses ou douteuses, trad. de Brown (par l'ab. *Souchay*). *Paris*, 1733, 3 vol. in-12. — Mai 1733, p. 770.

2294. Théâtre critique espagnol ou discours différents sur toutes sortes de matières pour détruire les erreurs communes trad. de Feijoo (par d'*Hermilly*). *Paris*, 1742—(1745, 4 vol. in-12). —Février 1743, p. 254;— mars, p. 478;—avril, p. 640; — mai, p. 864 ; — juin, p. 1055.

2295. Dissertation sur l'immatérialité, l'immortalité et la liberté de l'âme (par *Astruc*). *Paris*, 1756, in-12. — Avril 1756, p. 845; — juin, p. 1483.

2296. Histoire d'Ema (l'âme) (par *de Bissy*). *Paris*, 1752, in-12. — Mars 1752, p. 546.

2297. Considérations philosophiques sur l'histoire d'Ema. 1752, in-12. — Mars 1752, p. 546.

Quérard (I, 343) dit à tort *histoire d'Emma*. Les *Considérations* ne seraient-elles pas le même ouvrage que les observations attribuées à Julien Busson ?

2298. Paradoxes métaphysiques sur le principe des actions humaines, ou dissertation philosophique sur la liberté de l'homme, trad. de l'angl. (de *Collins*, par *Lefèvre de Beauvray*). *Eleuthéropolis*, 1754, in-12. — Octobre 1755, p. 2623.

2299. Lettre apologétique de l'auteur des *Paradoxes métaphysiques* au P. B***, jésuite, sur l'art. des Mémoires de Trévoux, octobre 1755 (par Lefèvre de Beauvray). 1756, in-12. — Mars 1756, p. 599.

2300. De spiritualitate et immortalitate animæ humanæ

10

Oratio ab uno e magistris S. Fac. Paris. (*Dugard*). *Paris*,
1735, in-4. — Janvier 1736, p. 162.

2301. La spiritualité et l'immortalité de l'âme avec le sentiment de l'antiquité tant sacrée que profane, par rapport à
l'une et à l'autre, par le P. H. Hayer. *Paris*, 1757, 3 vol.
in-12. — Octobre 1757, p. 2502; — janvier 1758, p. 98.

2302. Essai sur la nature de l'âme par *Louis*). *Paris*, 1747,
in-12.— Mai 1747, p. 965.

2303. Phédon, ou entretiens sur la spiritualité et l'immortalité de l'âme, par Mosès Mendelssohn, trad. de l'allem.
par Junker. *Paris*, 1772, in-8. — Octobre 1772, p. 148.

2304. Réflexions philosophiques sur l'immortalité de l'âme
raisonnable, par Reinbeck, trad. de l'allem. *Amsterdam*,
1744, in-12. — Novembre 1744, p. 2072.

Quérard ne cite pas cet ouvrage (VII, 513).

2305. Traité de la nature de l'âme et de l'origine de ses
connaissances contre le système de Locke et de ses parti-
sans (l'ab. *Roche*). *Paris*, 1759, 2 vol. in-12. — Juin 1759,
p. 1532.

2306. Psychologie ou traité sur l'âme, contenant la connaissance qui nous en donne l'expérience, par Wolf, trad. du
latin. *Amsterdam*, 1745, in-12. — Avril 1746, p. 657
et 832.

2307. Loisirs philosophiques, ou l'étude de l'homme (par
J.-*Blondel*). *Paris*, 1756, in-12. — Juillet 1756, p. 1740.

2308. L'art de connaître les hommes, par M. L. D. B.
(L. *des Bans*). *Paris*, 1702, in-8. — Avril 1702, p. 96.

2309. Nouvelle théorie de l'homme. Spectacle des esprits,
des caractères et des vertus (par *Falconet de la Bellonie*).
Avignon, 1753, 3 vol. in-12. — Juillet 1753, p. 1698.

Est-ce une nouvelle édition? Quérard et Barbier disent 1748.

2310. Nouveau système du microcosme, ou traité de la nature
de l'homme, par le sieur de Tymogue (*Guyot*). *La Haye*,
1727, in-8. — Avril 1727, p. 759 ; — juillet, p. 1255.

2311. De la connaissance de l'homme dans son être et dans
ses rapports, par l'ab. Joannet. *Paris*, 1775, 2 vol. in-8.
— Juin 1775, p. 499.

2312. Traité de l'homme en quatre propositions importantes
avec leurs dépendances (par M. *Loiseleur*). *Paris*, 1714.
in-4. — Propositions importantes sur la religion avec
leurs dépendances, par un Docteur en droit de la faculté de

Paris (*Loiseleur*). *Ibid.*, 1715, in-4. — Mai 1714, p. 798;
— septembre 1718, p. 395.

2313. Traité de la communication des maladies et des passions avec un essai pour servir à l'histoire naturelle de
l'homme, par M*** (l'ab. *Moreau de S. Elier*). *La Haye*,
1738, in-12. — Mars 1739, p. 421.

2314. Dictionnaire philosophique, ou introduction à la connaissance de l'homme (par *de Neuville*). Nouvelle édit.
Paris, 1762, in 8. — * Août 1762, p. 2093.

2315. Pensées diverses sur l'homme (par *Pecquet*). *Paris*,
1738, in-8. — Septembre 1740, p. 1725.

2316. Essai sur l'homme, par Pope, trad. en franç. (par *de
Silhouette*). *Paris*, 1736, in-12. — Juin 1736, p. 1491.

2317. Les principes de la morale et du goût en deux poèmes,
trad. de l'angl. de Pope par du Resnel. *Paris*, 1737, in-8.
— Juillet 1737, p. 1277.

2318. Maximes et réflexions morales, trad. de l'anglais,
avec une traduction nouvelle en vers de l'Essai sur l'homme
de Pope (par *de Scré*). *Londres*, 1739, in-8. — Février
1739, p. 248.

2319. Essai sur l'homme de Pope, nouvellement traduit de
l'anglais, avec des notes critiques et un discours sur la philosophie anglaise (par l'ab. *Millot*). *Lyon*, 1761, in-12.
— * Mai 1762, p. 1329.

2320. Parallèle de la condition et des facultés de l'homme
avec la condition et les facultés des autres animaux. Trad.
de l'anglais par Robinet. *Bouillon*, 1769, in-12. — Septembre 1769, p. 458.

2321. L'andrométrie, ou examen philosophique de l'homme,
par l'ab. de Villemaire. *Paris*, 1753, in-12. — Juillet 1753,
p. 1696.

2322. An Idea of the nature of man, by Woodward. *Londres*.
1724? — Juin 1725, p. 965.

2323. La béatitude des hommes tant sur la terre que dans le
ciel, ou leur nouvelle métamorphose ou le tableau de ces
deux objets, par D. L. de Besançon. *La Haye*, 1772, in-12.
— * Mars 1772, p. 562.

2324. Recueils de mémoires et d'observations sur la per-
fectibilité de l'homme, par les agents physiques et moraux,
par Verdier. *Paris*, 1772-1775, 5 vol. in-12. — Septembre
1772, p. 552; — juin 1774. p. 460; — octobre, p. 44; —

* février, 1775, p. 333 ; — novembre, p. 286 ; — 2° suppl.,
p. 276.

Quérard (X, 103) dit simplement 2 v. in-12 sans autre indication,
tandis que les *Mémoires* énumèrent 5 recueils successifs.

2325. Essai sur la raison, ou nouvelle manière de résoudre
une des plus difficiles et des plus belles questions de la philosophie moderne, par de Keranflech. *Paris*, 1765, in-12.
— Suite. *Rennes*, 1768, in-12. — Octobre 1765, p. 996 ;
— mai 1768, p. 368.

2326. De l'esprit (par *Helvétius*). *Paris*, 1758, in-4. —
Septembre 1758, p. 2297 ; — octobre, p. 2649 ; — novembre, p. 2825.

2327. Lettre au R. P***, journaliste de Trévoux. 1759,
in-4. — Février 1759, p. 535.

2328. Lettre sur le matérialisme (par l'ab. *Coyer*). 1759,
in-12. — Février 1759, p. 535.

2329. Examen sérieux et comique du discours sur l'Esprit,
par l'auteur des *Lettres américaines* (l'ab. *de Lignac*). *Amsterdam*, 1759, 2 vol. in-12. — Octobre 1759, p. 2342.

2330. Lettre de MM. les docteurs en théologie de Louvain,
au sujet du *Journal encyclopédique*, adressée à MM. les
curés de la ville de Liége, pour servir de réponse à leur
consultation (sur le livre de *l'Esprit*). *Louvain*, 1759, in-12.
— *Octobre 1759, p. 2477.

2331. Lettre traduite de l'anglais au sujet du livre de l'Esprit. *Paris*, 1759, in-8. — Octobre 1759, p. 2487.

2332. Discours... sur cette question : Combien un esprit
trop subtil ressemble à un esprit faux (par le P. *Cerutti*,
S. J.). *Lyon*, 1759, in-8. — Novembre 1759, p. 2841.

2333. Traité philosophique de la faiblesse de l'esprit humain,
par feu M. Huet, ancien évêque d'Avranches. *Amsterdam*,
1723, in-12. — Juin 1725, p. 989.

2334. Essai sur l'esprit, ses divers caractères et ses différentes opérations (par *de la Sarraz de Franquesnay*). *Paris*,
1731, in-12. — Janvier 1732, p. 119.

2335. Médecine de l'esprit, où l'on traite des dispositions
et des causes physiques, qui, en conséquence de l'union de
l'âme avec le corps, influent sur les opérations de l'esprit,
par A. Le Camus. *Paris*, 1753, 2 vol. in-12. — Avril 1753,
p. 881 ; — juin, p. 1389.

2336. L'enfance de l'homme ou les bornes de l'esprit humain (par l'ab. *Martin*). *Paris*, 1747, in-12. — Avril 1747, p. 735.

2337. Parallèle du cœur, de l'esprit et du bon sens (par *Pecquet*). *Paris*, 1740, in-12. — Octobre 1740, p. 1877.

2338. Traité de l'esprit de l'homme, où l'on verra la preuve de son existence, l'origine de ses idées pendant son union avec le corps, par de Rassiels du Vigier. *Paris*, 1714, in-8. — Janvier 1715, p. 116.

2339. An inquiry into the human mund, by T. Reid. *Edimbourg*, 1764, in-8. — Mars 1765, p. 720.

2340. Essai sur la faiblesse des esprits forts, par J. T. de S. Z. C. D. S. E. R. (*Teleky de Szek*). *Amsterdam*, 1761, in-12. — Avril 1761, p. 965.

2341. Introduction à la connaissance de l'esprit humain, suivie de réflexions et de maximes (par *de Vauvenargues*). *Paris*, 1746, in-12 — Janvier 1747, p. 74.

2342. Brevis meditatio academica de spirituum actionibus in homine spiritualibus, cujus doctrinæ usus contra Bekkerum in specie, quakeros omnesque fanaticos et veteres et novos circa finem exhibetur, concepta a J. P. Zippelio, Cattimelibolo Barstadensi. *Francfort*, 1704, in-12. — Décembre 1703, p. 2168.

2343. Examen du traité de M. Collins sur la liberté de penser, par Crouzas. *Amsterdam*, 1717, in-12. — * Janvier 1718, p. 187.

2344. Dialogue entre Hylas et Philonoüs dont le but est de démontrer clairement la réalité et la perfection de l'entendement humain, la nature incorporelle de l'âme, trad. de Berkeley (par l'ab. *de Gua de Malves*). *Amsterdam*, 1750, in-12. — Mars 1750, p. 675.

2345. Essai sur les opérations de l'entendement humain et sur les maladies qui les dérangent, par J. F. Dufour. *Amsterdam*, 1770, in-12. — Mars 1770, p. 402.

2346. Essai philosophique concernant l'entendement humain, où l'on montre quelle est l'étendue de nos connaissances certaines et la manière dont nous y parvenons, trad. de l'anglais de Locke, par P. Coste. *Amsterdam*, 1700, in-4. — Janvier 1704, p. 116.

2347. La friponnerie laïque des prétendus esprits forts d'Angleterre, ou remarques de Philentère de Leipsick, sur le discours (*de Collins*) de la liberté de penser, trad. de l'anglais (de *Bentley*, par A. *de la Chapelle*). *Amsterdam*,

1738, in-8. — Février 1739, p. 363; — mai, p. 997; — juillet, p. 1358.

2348. Principes philosophiques pour servir d'introduction à la connaissance de l'esprit et du cœur humains. *Amsterdam*, 1770, in-12. — Février 1770, p. 212.

2349. Système du cœur, ou conjectures sur la manière dont naissent les différentes affections de l'âme, principalement par rapport aux objets sensibles, par M. de Clarigny (l'ab. *de Gamaches*). *Paris*, 1704, in-12. — Système du cœur, ou la connaissance du cœur humain. 2ᵉ édit. beaucoup augmentée. *Paris*, 1708, in-12. — Août 1704, p. 1321; — janvier 1709, p. 50.

2350. L'Ethologie ou le cœur de l'homme, par M. de Cramezel. *Rennes*, 1759, 2 v. in-16. — Mai 1759, p. 1302.

2351. Le fatalisme, ou collection d'anecdotes pour prouver l'influence du sort sur l'histoire du cœur humain, par de la Morlière. *Londres*, 1769, 2 v. in-12. — * Décembre 1769, p. 540.

2352. Essai sur l'histoire du cœur humain; on y a joint les caprices pratiques d'un philosophe. *Amsterdam*, 1767, in-12. * — Octobre 1767, p. 155.

Je ne sais de qui est cet ouvrage. Il y a bien un certain *Champrevert*, qui est auteur de *Caprices poétiques d'un philosophe ou soi-disant tel*; serait-il auteur de cet *essai*?

2353. Lettres philosophiques sur les physionomies (par *Pernetti*). *La Haye*, 1746, in-12. — Mai 1747, p. 773.

2354. Nouveau traité de la mémoire, où l'on explique d'une manière nette et mécanique ses effets les plus surprenants, par Billy, avocat. *Paris*, 1708, in-8. — Septembre 1740, p. 1529.

Auteur omis par Quérard.

2355. Mon coup d'œil. *Paris*, 1769, in-12. — Nov. 1769, p. 367.

2356. Lettres philosophiques sur la faculté imaginative. *Oxford*, 1760, in-12. — Avril 1760, p. 816.

2357. Recueil de divers écrits sur l'amour et l'amitié, la politesse, la volupté, les sentiments agréables, l'esprit et le cœur (par Mme *de Lambert*, Mme *de Rochechouart*, *Rémond*, *Lévesque de Pouilly*, *de Charost* et *de Saint-Hyacinthe*). *Paris*, 1736, in-12. — Juillet 1736, p. 1497.

2358. Nouvelle théorie des plaisirs, par M. Sulzer, avec des réflexions sur l'origine des plaisirs, par Kaestner. *Paris*, 1767, in-12. — Novembre 1767, p. 257.

2359. Explication physique des sens, des idées, des mouvements, tant volontaires qu'involontaires, trad. de Hartley, par l'ab. Jurain. *Rheims*, 1755, 2 v. in-12. — Mars 1756, p. 703.

2360. Traité des sensations, par l'abbé de Condillac. *Londres*, 1754, 2 v. in-12. — Mars 1755, p. 641.

2361. Traité des causes physiques et morales du rire, relativement à l'art de l'exciter (par *Poinsinet de Sivry*). *Amsterdam*, 1768, in-12. — Juin 1768, p. 563.

2362. Traité des sens, par Le Cat. *Rouen*, 1742, in-8. — Décembre 1742, p. 2493.

2363. Traité des sensations et des passions en général et des sens en particulier, par Le Cat. *Paris*, 1767, 2 v. in-8. — Décembre 1767, p. 454.

2364. Théorie des sentiments agréables, où, après avoir indiqué les règles que la nature suit dans la distribution du plaisir, on établit les principes de la théologie et ceux de la philosophie moderne (par *Lévesque de Pouilly*). *Paris*, 1748, in-12. — 2ᵉ édit. 1749. — Mai 1748, p. 920; — * novembre 1749, p. 2458.

Quérard (V, 279) dit : 3ᵉ *édit.* 1747; — 4ᵉ *édit.* 1749.

2365. Vue sur les sensations, par le R. P. Rossignol, S. J. *Milan*, 1774, in-12. — Février 1774, p. 360.

2366. Apologie des bêtes ou leurs connaissances et raisonnement prouvés contre le système des philosophes cartésiens, qui prétendent que les brutes ne sont que des machines automates. Ouvrage en vers par Morfouace de Beaumont. *Paris*, 1732, in-8. — Novembre 1732, p. 1868.

Barbier dit *Morfouage.*

2367. Nouveaux essais sur l'âme des bêtes, par Letellier. médecin de Péronne. *Paris*, 1730, 2 vol. in-12. — *Mai 1730, p. 915.

Quérard (V, 255) ne cite pas cet ouvrage, mais un autre de 1728, sous le titre de *Essai philosophique sur l'âme des bêtes.*

2368. Traité de l'âme des bêtes avec des réflexions physiques et morales par l'ab. M. (*Macy*). *Paris*, 1737, in-12. — Octobre 1737, p. 1827.

Le P. de Backer s'est trompé en le comptant parmi les ouvrages du P. de Marsy (V. 522, 4), faute que Quérard a commise lui-même (t. V, p. 565), après avoir attribué ce traité à Macy quelques pages plus haut (t. V. p. 419).

2369. Entretiens sur la nature de l'âme des bêtes (par *Aubert*). — *Bâle*, 1760, in-12. — Juillet 1760, p. 1579.

2370. Les bêtes mieux connues, entretiens par l'ab. Joannet. *Paris*, 1770, 2 vol. in-12. — Mai 1771, p. 345.

2371. Joannis Campstede oratio inauguralis, publice dicta in templo cultui Reformatorum solemni sacro (sur le principe qui anime les bêtes). *Lingen*, 1774... — Juin 1775, p. 389.

2372. J. C. Amman dissertatio de loquela, qua non solum vox humana, et loquendi artificium ex originibus suis eruuntur; sed et traduntur media, quibus ii, qui ab incunabulis surdi et muti fuerunt, loquelam adipisci possint. *Amsterdam*, 1700, in-8. — Septembre 1701, p. 85.

MORALE.

Moralistes anciens.

2373. Jugements des SS. Pères sur la morale de la philosophie païenne (par le P. *Baltus*, S. J.). *Strasbourg*, 1729, in-4. — Mai 1720, p. 815.

2374. Epicteti manuale et sententiæ, cura Hadriani Reland. *Maestricht*, 1711, in-4. — Octobre 1712, p. 1736.

2375. La vie et la philosophie d'Epictète, avec le tableau de Cébès, par Gilles Boileau, de l'Acad. fr. 4ᵉ édit. *Paris*, 1772, in-12. — *Décembre 1772, p. 557.

Quérard ne mentionne pas cette réimpression.

2376. Discours sur le philosophe Epictète, dédié à quelques philosophes du temps (par le P. *Tolomas*, S. J.). *Paris*, 1760, in-8. — Octobre 1760, p. 2479.

2377. La morale d'Epicure tirée de ses propres écrits, par l'ab. Batteux. *Paris*, 1758, in-8. — Juin 1758, p. 1349.

2378. Les hommes illustres et les œuvres morales de Plutarque, trad. nouvelle par le P. Olivier, de l'Oratoire. *Paris*, 1756. (Prospectus.) — *Février 1756, p. 536.

2379. Le manuel des enfants, ou les maximes des hommes illustres de Plutarque, par Sabbathier. *Châlons-sur-Marne*, 1769, in-8. — *Décembre 1769, p. 553.

2380. Manuel des époux, ou maximes de conduite dans le mariage, trad. de Plutarque. *Londres,* 1774. — *Mars 1774, p. 534.

> Quérard (VII, 222) n'a pas cité cette traduction, ni aucune autre de ce traité.

2381. Essais de philosophie et de morale, en partie traduits librement, en partie imités de Plutarque, par M. L. Castillon. *Bouillon,* 1772, in-8 — * Décembre 1772, p. 551.

> Quérard (II, 79) dit 1770.

2382. Traité de Plutarque sur la manière de discerner un flatteur d'avec un ami et le banquet des sept sages, avec une version franç. et des notes (par *La Porte du Theil*). *Paris,* 1772, in-8. — Janvier 1773, p. 84.

2383. Theophrasti characteres ethici, gr. et lat. edente Needham. *Cambridge,* 1712, in-8. — Août 1714, p. 1368.

Moralistes modernes.

2384. G. Paschii de variis modis moralia tradendi, liber. Accedit introductio in rem litterariam moralem... *Kiel,* 1707, in-4. — Mars 1710, p. 434.

2385. Ethica seu moralis, de cognitione sui et Dei ut principii et finis, ut regula morum, auth. G. M. Claës. *Louvain,* 1702, in-12. — Décembre 1705, p. 2066.

2386. La morale, par l'auteur de la clef des sciences et des beaux-arts (*Cochet*). *Paris,* 1755, in-8. — Janvier 1756, p. 249.

2387. Bibliothèque contenant un amas curieux de sentences de morale, tirées des plus célèbres auteurs anciens et modernes, par Claude du Bruillard Conrsan. *La Haye,* 1702, in 12. — * Septembre 1702, p. 476.

> Je ne trouve cet auteur cité nulle part; il donna en 1697 la *Bibliothèque des auteurs.*

2388. La belle vieillesse ou les anciens quatrains des sieurs de Pibrac, du Faur et Matthieu sur la vie, sur la mort... Nouvelle édit. augmentée de remarques critiques par l'auteur des *Remarques sur M. le duc de la Rochefoucauld* (l'ab. de la Roche). *Paris,* 1746, in-12. — Mai 1747, p. 862.

2389. Dictionnaire de morale philosophique, par le P. J. R. Joly, capucin. *Paris*, 1774, 2 vol. in-8. — * Octobre 1774, p. 176.

2390. Raccolta di trattati di diversi autori concernenti alla religione naturale e alla morale filosofica de' Cristiani e degli Stoïci (par *Maupertuis, Zanotti, Ansaldi, Schiara, Antonelli, Barbieri, Guerreri*). *Venise*, 1757, 2 vol. in-4. — Janvier 1759, p. 63.

2391. L'homme confondu par lui-même (par le marquis d'*Ast*). Nouvelle édit. *Paris*, 1774, in-12. — *Avril 1774, p. 120.

Quérard (I, 104) ne cite que la 1re édit. de 1770.

2392. Les préceptes du Sage, par d'Aubicourt. *Paris*, 1714, in-12. — *Février 1714, p. 374.

Je ne trouve nulle part cité cet ouvrage de morale en vers. M. d'Aubicourt, disent les *Mémoires,* était chargé de l'éducation de la jeune noblesse.

2393. Petit code de la raison humaine, ou exposition succincte de ce que la raison dicte aux hommes pour les éclairer et les rendre heureux (par *Barbeu-Dubourg*). *Londres*, 1774, in-8. — * Décembre 1775, p. 563.

2394. Les choses comme on doit les voir, par de Bastide. *Londres*, 1757, in-8. — Avril 1757, p. 844.

2395. Relation du monde de Mercure (par *de Béthune*) *Genève*, 1750, 2 vol. in-12. — Juin 1750, p. 1317.

2396. Pensées de Milord Bolingbroke sur différents sujets d'histoire, de philosophie, de morale. *Amsterdam*, 1774, in-12. — *Mai 1774, p. 364.

2397. Les caractères de l'amitié (par l'ab. *Bordelon*). *Paris*, 1702, in-12. — Avril 1702, p. 445.

2398. La langue (par l'ab. *Bordelon*. *Paris*, 1705, in-12. — Tome II (avec la 2e édit. du t. I). *Paris*, 1706, in-12. — Juillet 1705, p. 1195 ; — mai 1707, p. 885.

2399. Tableau de la mort (par *Caraccioli*). *Francfort*, 1760. in-12. — Septembre 1760, p. 2299.

2400. L'univers énigmatique, par Caraccioli. Nouvelle édit. *Francfort*, 1760, in-12. — Octobre 1760, p. 2670.

2401. Les caractères de l'amitié, par Caraccioli. Nouvelle édit. *Francfort*, 1760, in-12. — Mars 1761, p. 704.

2402. La grandeur d'âme (par *Caraccioli*). *Francfort*, 1761, in 12. — Décembre 1761, p. 2921.

2403. De la gaieté, par Caraccioli. *Francfort*, 1762, in-12.
— Juin 1762, p. 1411.

2404. Le langage de la raison (par *Caraccioli*). *Paris*, 1763,
in-12. — Mars 1763, p. 701.

2405. La religion de l'honnête homme, par Caraccioli.
Paris, 1766, in-12. — * Mai 1766, p. 1300.

2406. Discours du P. Cerutti, S. J. Les vrais plaisirs ne
sont faits que pour la vertu. *Lyon*, 1764, in-8. — Juin
1764, p. 1433.

2407. Discours (du P. *Cerutti*, S. J.) sur cette question :
la lumière des lettres n'a-t-elle pas plus fait contre la fureur des duels que l'autorité des lois ? *La Haye*, 1764, in-8.
— Août 1764, p. 2059.

2408. Discours (du P. *Cerutti*, S. J.) sur l'origine et les
effets du désir général et si ancien de transmettre son nom
à la postérité. *La Haye*, 1764, in-8. — Février 1762,
p. 446.

2409. L'honneur considéré en lui-même et relativement au
duel, par M. de C. (*Champdevaux*). *Paris*, 1752, in-12. —
Août 1754, p. 2027.

2410. La décence en elle-même, dans les nations, dans les
personnes et dans les dignités, prouvée par les faits, par
Charpentier. *Paris*, 1767, in-12. — * Avril 1768, p. 471.

2411. De la sagesse, trois livres par P. Charron, pour
servir de suite aux essais de Montaigne. *Londres*. 1769.
2 vol. in-12. — * Juin 1769, p. 553.

2412. La vérité sans art. Discours sur ce sujet : combien
il est dangereux d'accorder trop de considération aux talents frivoles, par Coulon. *Paris*, 1769, in-12. — * Septembre 1769, p. 560.

2413. Discours sur ce sujet : que la crainte du ridicule a
étouffé plus de vertus et de talents qu'elle n'a corrigé de
vices et de défauts, par le P. Courtois, S. J. *Paris*, 1754.
— Novembre 1754, p. 2858.

Ce jésuite, auteur d'un autre discours et de pièces de poésie, n'est
pas cité par Quérard.

2414. Bagatelles morales (par l'ab. *Coyer*). *Londres*, 1754,
in-12. — Mai 1754, p. 1489.

2415. Essai nouveau sur ce qui regarde les préjugés du faux
point d'honneur, par de Cramezel. *Amsterdam*, 1754, in-12.
— * Septembre 1754, p. 2093.

2416. Les délices de la solitude. ou réflexions sur les matières les plus importantes au vrai bonheur de l'homme, par de Cramezel. *Paris*, 1752, in-12. — * Mai 1752, p. 1137.

2417. Traité sur la calomnie en forme de lettre à M. le chevalier de C.... *Paris*, 1769, in-8. — Novembre 1769, p. 376.

2418. De l'homme moral, par l'ab. de Crillon. *Paris*, 1774, in-8. — Novembre 1774, p. 197.

2419. Essai sur la morale de l'homme ou philosophie de la nature (par *Delisle de Sales*). *Amsterdam*, 1769, 3 vol. in-12. — Octobre 1770, p. 91.

2420. Epître à Quintus sur l'insensibilité des Stoïciens, par des Fontaines. *Paris*, 1764, in-8. — Octobre 1764, p. 1083.

2421. L'esprit du militaire, ou entretiens avec soi-même, par d'Ey. *Paris*, 1771, in-12. — * Octobre 1771, p. 187. Barbier et Quérard nomment l'auteur *Dey*. Ils disent que cette édition de 1771 est anonyme ; d'après les *Mémoires*, elle ne l'est pas.

2422. L'élixir de la morale indienne, ou économie de la vie humaine, composé par un ancien bramine et publié en langue chinoise par un fameux bonze de Pékin, le tout trad. de l'angl. (de *Dodsley*). *Paris*, 1760, in-12. — Août 1760, p. 2033.

2423. Avis aux vivants au sujet de quelques morts, par l'auteur de *Charles et Villecour* (*Dromgold*). *Paris*, 1772, in-8. — Septembre 1772, p. 418.

2424. Considérations sur les mœurs de ce siècle, par Duclos. 1751, in-12. — *Paris*, 1764, in-12. — 5e édit. *Paris*, 1767, in-12. — Juillet 1751, p. 1643 ; — avril 1765, p. 953 ; — mars 1768, p. 551.

2425. Traité du suicide, par Dumas, pasteur à Leipsick. *Amsterdam*, 1773, in-8. — Juillet 1774, p. 5 ; — août, p. 210.

2426. Lettres et réflexions sur la fureur du jeu, auxquelles on a joint une autre lettre morale, par Dussaulx. *Paris*, 1775, in-8. — * Juin 1775, p. 542.

2427. Dialogues sur les plaisirs, sur les passions, sur le mérite des femmes et sur leur sensibilité pour l'honneur, par Dupuy. *Paris*, 1717, in-12. — Août 1748, p. 263.

2428. Réflexions sur l'amitié, par Dupuy. *Paris*, 1728, in-12. — Mai 1728, p. 788.

2429. Défense du traité de l'amitié de feu M. de Sacy, ou critique du livre nouveau des réflexions sur l'amitié, composé par M. Dupuy. *Paris*, 1728, in-12. — Novembre 1728, p. 2147.

Les journalistes insinuent que l'auteur de cette *défense* pourrait bien être l'abbé Desfontaines; Barbier n'a pas dévoilé l'anonyme.

2430. La nouvelle philosophie à vau-l'eau, ou le philosophe du temps confondu par la présence du roi. Dialogue moral, par Duval. *Amsterdam*, 1775, in-8. — * Février 1775, p. 352.

2430 *bis.* Dialogue de morale à l'usage de la jeune noblesse (par Frédéric II). *Paris*, 1774, in-8. — * Mars 1774. p. 570.

Barbier et Quérard disent 1774.

2431. Système du philosophe chrétien, par M. de G***. (*Gamaches*). *Paris*, 1746, in-12. — Janvier 1747, p. 35.

2432. Deux traités : l'un, de la flatterie et des louanges ; l'autre, de la médisance (par *Girard de Villethierry*). *Paris*, 1704, in-12. — * Novembre 1704, p. 178.

2433. Le temple de mémoire, ou visions d'un solitaire (par C. M. *Giraud*). *Londres*, 1775, in-8. — Avril 1775. p. 416.

2434. Discours de l'ab. Guyot sur le génie, le jour de sa réception à l'Académie de Nancy. *Nancy*, 1760. — Novembre 1760, p. 2862.

2435. Pensées morales du baron de Holberg, trad. du danois (par *Desroches de Parthenay*). *Copenhague*, 1748-1749, 2 vol. in-12. — Juillet 1755, p. 1787.

2436. Le monde fou préféré au monde sage, en vingt-quatre promenades de trois amies (par Mlle *Huber*). Nouvelle édit. *Amsterdam*, 1734, 2 vol. in-12. — Mai 1735, p. 806.

2437. Lettre sur l'enthousiasme, trad. de l'angl. (*de Hunter*, par *Samson*). *La Haye*, 1709, in-12. — * Novembre 1740. p. 2008.

2438. Les préjugés (par l'ab. Jacquin). *Paris*, 1760, in-12. — Janvier 1761, p. 303.

2439. Essai sur la vertu et l'harmonie morale, dans lequel on entreprend de concilier les différents sentiments des auteurs, au sujet de l'obligation morale, trad. de Jameson, par E. (*Eidous*). *Paris*, 1770, 2 part. in-12. — * Décembre 1770, p. 563.

La 2e partie a pour titre : *Ébauche de la nature et de l'obligation de la morale ; avec des réflexions sur le livre de M. Hume, intitulé* Examen des principes de la morale.

2440. Choix de philosophie morale propre à former l'esprit et les mœurs, par l'auteur du *Choix varié de poésies* (*Junker*). *Avignon*, 1771, 2 vol. in-12. — * Mai 1772, p. 377.

2441. Mélanges de physique et de morale, contenant l'extrait de l'homme physique et moral, des réflexions sur le bonheur, un discours sur la nature et les fondements du pouvoir politique (par L. *de la Caze*). *Paris*, 1761, in-12. — Nouvelle édition. *Paris*, 1762, in-12. — Juillet 1761, p. 1544 ; — mars 1763, p. 664.

2442. Entretiens sur un nouveau système de morale et de physique, ou la recherche de la vie heureuse, selon les lumières naturelles (par *Ladvocat*). *Paris*, 1721, in-12. — Août 1722, p. 1435.

2443. Traité de morale ou devoirs de l'homme envers Dieu, envers la société et envers lui-même, par Lacroix. *Paris*, 1767, in-12. — Nouvelle édition. *Toulouse*, 1775, 2 vol. in-12. — Mai 1768, p. 252 ; — novembre 1774, p. 356.

2444. Essais de morale, par J. de la Placette. 2ᵉ édit. *Amsterdam*, 1716, 4 v. in-12. — Janvier 1724, p. 70.

2445. Nouveaux essais de morale de M. J. de la Placette. *La Haye*, 1715, 2 v. in-12. — * Mars 1716, p. 547.

2446. Mélanges de maximes, de réflexions et de sentences chrétiennes, politiques et morales, sur la religion, la morale et la nature, par l'ab. de la Roche. *Paris*, 1767, in-12. — * Juillet 1767, p. 460.

2447. De opinionis imperio. Oratio habita ab Ægid. Xav. de la Sante, S. J. *Paris*, 1740, in-4. — Juin 1740, p. 1279.

2448. Combien il serait dangereux de préférer les talents agréables aux talents utiles (par le P. *La Serre*, de l'Oratoire). *Lyon*, 1770, in-12. * — Mai 1770, p. 355.

Dans cette édition, qui est la seconde, on a ajouté huit discours du même.

2449. Le militaire en solitude, ou le philosophe chrétien. Entretiens militaires, édifiants et instructifs, par M. D*** (*de Creden*). *Paris*, 1735, 2 v. in-12. — Janvier 1736, p. 116.

On attribue aussi cet ouvrage à *J.I. de la Touche* (Quérard, IV, 601) : mais les *Mémoires* disent en propres termes à la p. 119 : « L'auteur demande quelque indulgence pour le style... tout doit intéresser en faveur d'un étranger (l'auteur est Irlandais) qui a le courage d'écrire dans notre langue. »

2450. Comes senectutis, auct. Cl. Le Pelletier. *Paris*, 1709. in-12. * — Juin 1709, p. 1111.

C'est bien la 1re édit. quoique Quérard dise 1702 (V. 186.)

2451. Les soirées d'un honnête homme, ou mémoires pour servir à l'histoire du cœur, par l'auteur des *Caractères des femmes* (de *Lesbros*). *Londres*. 1770, in-12. — Décembre 1770, p. 566.

Barbier et Quérard disent 1772.

2452. A philosophical virtue, by R. L'Estrange. 3e édit. *Londres*, 1732, in-4. — Janvier 1733, p. 115.

2453. Le motif seul fait le mérite des actions des hommes. Discours du P. Lombard, S. J. 1744. — Juin 1744, p. 1137.

2454. Principes physiques et mécaniques de la raison et des passions des hommes, par Maubec. *Paris*, 1709, in-12. — * Octobre 1740, p. 1772.

2455. Essai de philosophie morale (par *de Maupertuis*). *Berlin*, 1749, in-12. — Janvier 1750, p. 125.

2456. Liber de officiis conscriptus a piissimo principe, Duce totius Ungro-Valachiæ, J. N. A. Maurocordato, vaïvodæ, gr. et lat. 2e édit. *Leipsick*, 1722. — Août 1725, p. 1378.

2457. La raison du temps, ou la folie raisonnée, par le baron de Fernunstberg, allemand francisé (de *Meray*). *Paris*, 1764. 2 v. in-12. — * Août 1764, p. 2087.

2458. Essai sur la nécessité et sur les moyens de plaire (par *de Moncrif*). *Paris*, 1738, in-12. — Mars 1738, p. 467.

2459. Essais sur les passions et sur leurs caractères, par Montenault. *La Haye*, 1748, 2 v. in-12. — Mars 1748, p. 435; — avril, p 722.

2460. Parallèle de la morale chrétienne avec celle des anciens philosophes, pour faire voir la supériorité de nos saintes maximes sur celles de la sagesse humaine, par le P. Mourgues, S. J. *Paris*, 1702, in-12. — Avril 1703, p. 578.

2461. Portrait de bien des gens, ou le vice démasqué ; précédé de la pureté des mœurs et de la noblesse des sentiments, par Objois. *Paris*, 1773, in-12. — Juillet 1773, p. 183.

2462. Le pour et le contre sur cette question proposée par l'académie de Besançon en 1764 : Le désir de perpétuer son nom et ses actions dans la mémoire des hommes, est-il conforme à la nature et à la raison ? (par les PP. *Philippon* et *Jacquet*, S. J.). *Lyon*, 1764. in-8 — Janvier 1762, p. 291 et 302.

2463. Traité des vertus et des récompenses, pour servir de suite au traité des délits et des peines (de *Beccaria*), trad. de l'italien de Dragonetti par Pingeron. *Paris*, 1768, in-12. — Août 1768, p. 227.

2464. Essai sur les mœurs du temps (par *Reboul*). *Londres*, 1768, in-12. — Septembre 1768, p. 469.

2465. Dissertation sur la félicité ou la philosophie des honnêtes gens (par *Ribaud de Rochefort*). *Paris*, 1744, in-8. — Mars 1744, p. 544.

2466. Traité élémentaire de morale, dans lequel on développe les principes d'honneur et de vertu et les devoirs de l'homme envers la société, par M***, prêtre (l'ab. *Rose*). *Besançon*, 1767, 2 vol. in-12. — Juin 1768, p. 487.

2467. Discours sur le préjugé qui note d'infamie les parents des suppliciés, avec une lettre sur l'éloquence, par Sabatier. *Lyon*, 1769, in-4. — Décembre 1769, p. 570.

2468. Traité de l'amitié, par M. de Sacy. *Paris*, 1703, in-8. — Avril 1703, p. 615.

2469. Traité de la gloire, par M. de Sacy. *Paris*, 1715, in-12. — Novembre 1745, p. 2079.

2470. Pensées et réflexions morales, par un militaire (*de Saint-Jean*). *Paris*, 1768, in-12. — * Mars 1769, p. 549.

2471. Apologie de la louange, son utilité et ses justes bornes (par *de Selincour*). *Paris*, 1747, in-12. — * Juin 1747, p. 1024.

2472. Amusement de la raison (par l'ab. *Seran de la Tour*). *Paris*, 1747-1752, 2 vol. in-12. — Février 1748, p. 240 : — juin 1752, p. 1262.

Quérard (IX, 67) dit que le second volume parut en 1748, et qu'il y eut une seconde édition en 1752 ; cela me paraît inexact.

2473. Du bonheur, par Serres de la Tour. *Londres*, 1767, in-12. — Mai 1767, p. 308

2474. Discours sur les mœurs, par Servan. *Lyon*, 1773, in-8. — * Août 1773, p. 376.

Quérard (IX, 87) dit *sans date* (1770).

2475. An estimate of the manners, and principle of the Times. 5e édit. (par le comte *de Shaftesbury*). *Londres*, 1757, in-8. — Septembre 1758 p. 2203 ; — novembre, p. 2709.

2476. Principes de la philosophie morale, ou essai (de *Shaftesbury*) sur le mérite et la vertu, avec réflexions (par

Diderot). *Amsterdam*, 1745, in-12. — Février 1746, p. 197.

2477. Les soliloques, ou entretiens avec soi-même, contenant une méthode nouvelle de perfectionner les connaissances humaines, par le comte de Shaftesbury, trad. par Sinson. *Londres*, 1774, in-8. — * Juillet 1772, p. 476.

2478. Métaphysique de l'âme, ou théorie des sentiments moraux, trad. d'A. Smith par M*** (*Eidous*). *Paris*, 1764, 2 vol. in-12. — Juillet 1764, p. 343.

2479. Théorie des sentiments moraux, trad. nouv. de Smith par l'ab. Blavet. *Paris*, 1774, 2 vol. in-12. — Novembre 1774, p. 357.

2480. Discours de M. Soret sur ce sujet : il y aurait plus d'amitié parmi les hommes, s'il y avait plus de vertu. *Paris*, 1750, in-4. — Novembre 1750, p. 2678.

2481. Essai sur les mœurs (par *Soret*). *Bruxelles*, 1756, in-12. — Avril 1756, p. 795.

2482. Considérations sur le génie et les mœurs de ce siècle (par *Soubeiran de Scopon*). *Paris*, 1749, in-12. — *Paris*, 1767, in-8. — Octobre 1749, p. 1902 ; — * octobre 1767, p. 156.

La *Biographie toulousaine* et Quérard (IX, 217) ne citent que la 1re édition.

2483. Le philosophe chrétien (par le roi *Stanislas*). 1749, in-12. — Mai 1752, p. 995.

2484. Entretien d'un Européen avec un insulaire du royaume de Dumocala (par le roi *Stanislas*). *Paris*, 1752, in-12. — Février 1753, p. 226.

Barbier et Quérard disent 1754.

2485. L'esprit des monarques philosophes Marc Aurèle, Julien, Stanislas et Frédéric (par l'ab. *de la Porte*). *Amsterdam*, 1764, in-12. — Mai 1764, p. 1243.

2486. Le babillard ou le nouvelliste philosophe, trad. de l'angl. de Steele (par Armand *de la Chapelle*). *Amsterdam*, 1734-1735, 2 vol. in-12. — Janvier 1736, p. 486.

2487. Le spectateur ou le Socrate moderne, où l'on voit le portrait naïf des mœurs de ce siècle, trad. de l'anglais (de *Steele*, *Addison* et autres). *Amsterdam*, 1714, in-12. — Mars 1746, p. 382 ; — juillet, p. 1368.

2488. Suite du spectateur ou Socrate moderne. Ouvrage trad. de l'anglais du livre (de *Moore*) intitulé : le Monde, par Adam Fitz-Adam, où l'on voit un portrait naïf des

mœurs de ce siècle (par *Monod*). *Leyde*, 1758, 2 vol. in-12.
— Janvier 1760, p. 249 ; — février, p. 508.

2489. Dictionnaire des passions, des vertus et des vices,
ou recueil des meilleurs morceaux de morale pratique
(par *Sticotti*, publié par *Sabatier* de Castres). *Paris*, 1769,
2 vol. in-8. — Mai 1769, p. 324.

2490. Introduction aux vertus morales et héroïques, trad.
de l'italien du sieur Emm. Tesauro, par le P. Th. Croset,
récollet. *Bruxelles*, 1713, 2 vol. in-12. — Février 1714,
p. 265.

Quérard (IX, 411) dit 1722, 2 vol. in-8.

2491. Examen critique, ou réfutation du livre *des Mœurs*
(*de Toussaint*, par *Nonnotte*, S. J.). *Paris*, 1757, in-12. —
Août 1758, p. 1960.

2492. The connaisseur, by Town. 2ᵉ édit. *Londres*, 1757,
4 vol. in-12. — Mai 1760, p. 1250; — juin, p. 1434 ;
— octobre, p. 2425; — janvier 1764, p. 326 ; — avril,
p. 999.

2493. Essais sur divers sujets de morale et de littérature,
par l'ab. Trublet. 4ᵉ édit. *Paris*, 1749, 2 vol. in-12. —
Novembre 1749, p. 2273.

2494. Les hommes (par Ph. *de Varennes*). *Paris*, 1712,
in-12. — 3ᵉ édit. *Paris*, 1734, 2 vol. in-12. — 4ᵉ édit.
Paris, 1737, 2 vol. in-12. — Septembre 1712, p. 1504 ;
— juin 1735, p. 1054 ; — *juin 1737, p. 1123.

Barbier et Quérard n'ont pas eu connaissance de la 1ʳᵉ édition.

2495. Lettres de M... à son ami (par de Varennes). *Paris*,
1750, in-12. — Février 1751, p. 541.

2496. Traité du mérite, par l'ab. de Vasselz. *Paris*, 1703,
in-12. — Janvier 1704, p. 99.

2497. Réflexions hasardées d'une femme ignorante, qui ne
connaît les défauts des autres que par les siens, et le monde
que par relation et par ouï-dire (par Mme *de Verzure*).
Paris, 1766, in-12. — Novembre 1766, p. 321.

2498. Suite des égarements des hommes (par l'ab. *de
Villiers*). *Paris*, 1702, in-12. — Mars 1702, p. 129.

2499. Essai sur l'honneur en forme de lettres (trad. de
l'anglais de *Webster*, par *Blondeau de Charnage*). *Londres*,
1748, in-12. — Mai 1748, p. 881.

Barbier et Quérard disent *sans indication de lieu*, 1745.

2500. Essais de principes d'une morale militaire et autres objets, par de Zimmermann. *Amsterdam*. 1769, in-12. — Mars 1769, p. 461.

2501. Discours moral sur le plaisir de la bienfaisance, adressé à M. le marquis ***, modèle de l'homme bienfaisant. *Avignon*, 1759. — * Décembre 1759, p. 3011.

2502. Discours sur cette question : si l'on peut détruire les penchants qui viennent de la nature. *Paris*, 1769, in-8. — Décembre 1769, p. 559.

2503. L'école de la vertu ou lettres morales, utiles pour se conduire dans le monde. *Poitiers*, 1773, in-12. — * Février 1773, p. 361.

2504. Entretiens philosophiques et critiques sur plusieurs points de morale et d'histoire, ou examen des principes de la philosophie moderne, dans les matières de religion et de critique. *Avignon*, 1775, in-12. — * Mai 1775, p. 365.

2505. An essay upon solitude, by M. A. 2° édit... 1734. — Juin 1734, p. 1019.

2506. The governement of the passions according to the rule of raison and religion. *Londres*, 1723, in-12. — Avril 1723, p. 591.

2507. L'heureux. Pièce philosophique. *Paris*, 1754. — Octobre 1754, p. 2672.

2508. L'homme conduit par la raison. *Paris*, 1770, in-12. — *Décembre 1770, p. 564.

2509. An inquiry into the original of our ideas of beauty and virtue. *Londres*, 1726, in-8. — Décembre 1726, p. 2165.

2510. Manuel de morale. *Paris*, 1772, in-12. — *Août 1772, p. 372.

2511. Réflexions sur la félicité dans cette vie mortelle. *Paris*, 1747, in-12. — Juillet 1748, p. 106.

2512. Tableau moral du cœur humain, ou caractères nouveaux. *Poitiers*, 1762, in-12. — Décembre 1762, p. 2967.

2513. Traité de la probité. *Paris*, 1747, in-8. — Novembre 1747, p. 1904.

2514. Traité du bonheur par M***. *Paris*, 1705, in-12. — Juin 1705, p. 992.

2515. Traité du vrai mérite de l'homme considéré dans tous les âges et dans toutes les conditions, par Lemaître

de Claville. *Paris*, 1734, 2 vol. in-12. — Mai 1735.
p. 875.

    Quérard (II, 221 et V, 131) fait deux individus de Claville et de
Lemaitre de Claville, bien qu'il les dise auteurs du même ouvrage.

2516. Mala ingeniorum contagio vitanda. Oratio habita a
P. N. Sanadon, S. J., 6 decembris 1713. *Paris*, 1714.
in-12. — Juin 1714, p. 1124.

ÉCONOMIE.

Traités et règles de la vie civile.

2517. L'économie, ou la règle de la vie humaine (trad. de
l'anglais de *Dodsley*, par *Despréfays*). *Paris*, 1751, in-12.
— Septembre 1753, p. 2292.

    Cette traduction n'est citée ni par Quérard, ni par Barbier, qui
cependant en citent un grand nombre. Les *Mémoires* disent expressément : « Ce livre a été mis en notre langue il y a environ deux ans par
M. Desprefays, ancien conseiller du Roi et lieutenant assesseur au
présidial de Saint-Pierre-le-Moutier. »

2518. Le manuel de l'homme, ou économie de la vie humaine, trad. de l'anglais (de *Dodsley*). *Paris*, 1773, in-12.
— Juillet 1773, p. 178.

2519. Traité de la prudence économique (trad. du comte
Emm. *Tesauro*). *Bruxelles*, 1727, in-12. — Octobre 1727,
p. 1929.

2520. Principes et observations économiques (par de *Forbonnais*). *Amsterdam*, 1767, 2 vol. in-12. — Août 1767,
p. 234.

2521. Les devoirs de la vie domestique, par un père de
famille (*Lordelot*). *Paris*, 1706, in-12. — Novembre 1706.
p. 1889.

2522. Guidonis Ferrarii, S. J., de optimo Patrefamilias,
oratio habita Mediolani III Idus Januar. 1753. *Milan*, 1753.
in-4. — Mars 1755, p. 608.

2523. Avis d'un oncle à son neveu ou maximes pour les
jeunes gens qui entrent dans le monde et au service (par
de la Rivière de Coucy). Nouvelle édit. *Paris*, 1774, in-8.
— *Novembre 1774, p. 362.

2524. Avis pour la conduite d'un jeune homme, par M. le M. D.... *Vitry*, 1748, in-12. — Mai 1749, p. 986.

2525. Instruction d'un père à son fils sur la manière de se conduire dans le monde, par Dupuy Lachapelle *Paris*, 1730, in-12. — Nouvelle édit. (?). *Utrecht*, 1774, in-8. — Mars 1731, p. 474 ; — *mars 1775, p. 566.

2526. Avis d'une mère à son fils et à sa fille (par Mme *de Lambert*). *Paris*, 1728, in-12. — Avril 1728, p. 605.

2527. Traité de la société civile et du moyen de se rendre heureux en contribuant au bonheur des personnes avec qui l'on vit, par le P. Buffier, S. J. *Paris*, 1726, in-12. — Juin 1726, p. 1038.

2528. De la sociabilité, par l'ab. Pluquet. *Paris*, 1767, 2 vol. in-12. — Février 1768, p. 334.

2529. L'homme sociable et lettres philosophiques sur la jeunesse. *Londres*, 1772, 2 vol. in-12. — Décembre 1772, p. 497.

2530. La science du monde, par de Callières. *Paris*, 1717, in-12. — *Mars 1717, p. 512.

Quérard (II, 24) ne cite qu'une édition de *Bruxelles*, 1719.

2531. La règle des devoirs que la nature inspire à tous les hommes (par l'ab. *de Bonnaire*). *Paris*, 1758, 4 vol. in-12. — Janvier 1759, p. 5.

2532. Manuel de l'homme du monde, ou connaissance générale des principaux états de la société (par *Alletz*). *Paris*, 1761, in-8. — Juillet 1761, p. 1850.

2533. L'homme universel de Baltazar Gracian, trad. de l'espagnol (par le P. *de Courbeville*, S. J.). *Paris*, 1723, in-12. — Février 1724, p. 355.

2534. El discreto de Lorenzo Gracian. — Août 1724, p. 1859.

2535. L'homme aimable avec des réflexions et des pensées sur divers sujets, par Marin, avocat. *Paris*, 1751, in-12. — *Août 1751, p. 1893.

2536. Les caractères (par Mme *de Puisieux*). *Londres*, 1750, in-12. — *Juin 1750, p. 1346.

2537. Essai sur l'usage de la raillerie et de l'enjouement dans les conversations qui roulent sur les matières les plus importantes, trad. de l'angl. (de *Schaftesbury*, par *Van Effen*). *La Haye*, 1740, in-12. — * Novembre 1740. p. 2008.

ÉDUCATION.

2538. Traité contre le luxe des hommes et des femmes et contre le luxe avec lequel on élève les enfants de l'un et de l'autre sexe (par *Dupradel*). *Paris,* 1705, in-12. — Octobre 1705, p. 1745.

2539. Traité sur l'éducation des enfants, par Locke, trad. par Coste. Nouvelle édit. *Amsterdam,* 1708, 2 vol. in-12. — *Paris,* 1746, 2 vol. in-12. — *Novembre 1708, p. 1972 ; — *juin 1746, p. 1353.

2540. Règle de l'éducation des enfants. *Paris,* 1709. — *Mars 1710, p. 557.

2541. Nouveau traité d'éducation, divisé en deux parties, dont la première contient les devoirs des parents, et la seconde les devoirs des enfants. *Amsterdam,* 1716, 2 vol. in-12. — Janvier 1716, p. 123.

2542. Maximes nouvelles sur l'éducation, par Crousaz. *Amsterdam,* 1717. — *Janvier 1718, p. 188.

2543. Vantaggi della scuola publica sopra la privata, dimostrati in una lettera, da Ottavio Piceno. *Florence,* 1728, in-12. — Mars 1734, p. 413.

2544. Lettre à une supérieure de communauté chargée de l'instruction de la jeunesse. *Paris,* 1742. — Mars 1742, p. 541.

2545. Eléments de l'éducation (par *de Bonneval*). *Paris,* 1743, in-12. — Juin 1743, p. 1128.

2546. Les conseils de l'amitié (par l'ab. *Pernetti*). *Paris,* 1746, in-12. — Juin 1746, p. 1278.

2547. Dissertation sur l'éducation, par Buy de Mornas. *Paris,* 1747, in-12. — Mai 1747, p. 1425.

2548. Decreta pro studiorum directione unanimiter pacta in cœtu provinciali Carmelitorum Vasconiæ anni 1748, roborata R. P. Generalis confirmatione die 19 januarii 1748. *Bordeaux,* 1748, in-4. — Mars 1749, p. 564.

2549. Lettre critique sur l'éducation. *Paris,* 1754, in-12. — Novembre 1754, p. 2464.

2550. Oratio de veteri adolescentium institutione apud Hispanos revocanda, a D. Gaspare de Molina... pronunciata, cum ab ipso aliisque alumnis, theses publicæ defenderentur sub disciplina P. Antonii Burriel, S. J. *Madrid*, 1755, in-4. — Avril 1756, p. 939.

2551. Lettres instructives et curieuses sur l'éducation de la jeunesse, par le R. P. G. M. (Grégoire *Martin*, minime). 1760, in-12. — *Paris*, 1762, in-12. — Avril 1764, p. 1085 ; — *janvier 1762, p. 177.

Quérard (V, 576) ne cite que la 1re édition.

2552. Emile, ou de l'éducation, par J. J. Rousseau. *Amsterdam*, 1762, 4 vol. in-12. — Juin 1762, p. 1517 ; — octobre, p. 2617 ; — novembre, p. 2787 ; — janvier 1763, p. 120.

2553. Réflexions sur la théorie et la pratique de l'éducation contre les principes de M. Rousseau, par le P. G. B. (*Gerdil*). *Turin*, 1763, in-8. — Mars 1764, p. 708.

2554. L'anti-Emile, par Formey. *Berlin*, 1763, in-12. — Septembre 1764, p. 727 ; — octobre, p. 858.

2555. Les plagiats de M. J. J. R. de Genève, sur l'éducation (par Dom Cajot). *Paris*, 1766, in-12. — Janvier 1766, p. 346.

2556. Idées d'un citoyen sur l'institution de la jeunesse, ou projets d'éducation générale et particulière (par *Turben*). 1762, in-8. — Octobre 1762, p. 2305.

2557. Lettre de M*** à l'abbé *** sur la nécessité et la manière de faire entrer un cours de morale dans l'éducation publique (par *Daragon*). *Paris*, 1762, in-12. — *Octobre 1762, p. 2663.

Barbier et Quérard disent 1767.

2558. Plan raisonné d'éducation publique pour ce qui regarde les études, par Colomb. *Avignon*, 1762, in-12. — Octobre 1762, p. 2665.

2559. Essai d'éducation nationale ou plan d'études pour la jeunesse, par L. R. de Caradeuc de la Chalotais. *Paris*. 1763, in-12. — Juin 1763, p. 1373.

2560. Discours sur l'éducation, par Vicaire. *Paris*, 1763, in-8. — Juillet 1763, p. 1696 ; — septembre, p. 2144.

Quérard (X, 138) dit 1768.

2561. Second discours sur l'éducation, dans lequel on expose tout le vicieux de l'institution scholastique et le moyen d'y remédier, par Vanière. *Paris*, 1763, in-8. — *Juillet 1763, p. 1709.

2562. Plan d'études et d'éducation, avec un discours sur l'éducation (par *Sutaine*, de l'ordre de S. Antoine). *Paris*. 1764, in-12. — Septembre 1764, p. 634.

Barbier (III, 45) et, d'après lui, Quérard (IX, 298) disent que l'auteur est plus probablement un nommé *Robert*, mais les *Mémoires* donnent le nom de *Sutaine*, et cela plusieurs fois dans le cours de l'article. D'ailleurs ce n'est pas de cet ouvrage que Voltaire a parlé dans sa lettre de 23 février 1764 adressée à *Robert*; ce dernier fait entrer le droit public dans l'éducation; Sutaine n'en dit rien. — Dans ce *Plan d'études* a été inséré celui de l'ab. Duguet, publié dans le recueil de ses lettres.

2563. Mémoires sur l'éducation publique avec le prospectus d'un collége suivant les principes de cet ouvrage, par Guyton de Morveau. 1764, in-8. — Octobre 1764, p. 1139.

2564. Essai sur les moyens de réformer l'éducation particulière et générale, par Fleury. *Paris*, 1764, in-12. — *Avril 1765, p. 1148.

Omis par Quérard

2565. Education des deux sexes. — Mars 1768, p. 400.

Cet article est le compte-rendu des théories de M. Fleury, ingénieur et professeur de mathématiques à Paris, auteur d'un *Projet d'école gratuite des sciences pour toutes les provinces du royaume*. *Paris*, 1761 *et* 1763, et d'un *Essai d'éducation*. Quérard ne cite pas cet auteur.

2566. Méthode d'éducation nationale, par R*** T***. *Paris*, 1765, in-8. — Mai 1765, p. 1333.

2567. De l'éducation civile, par Garnier. *Paris*, 1765, in-12. — Juin 1765, p. 1349.

2568. Le gouverneur, ou essai sur l'éducation par D*** L*** F*** (*de la Fare*). *Londres*, 1768, in-12. — *Décembre 1768, p. 85.

2569. Lettre d'un maître de pension de Paris à milord duc de *** sur l'éducation. *Paris*, 1768, in-12. — *Décembre 1768, p. 556.

2570. Projets d'éducation tardive, suivi d'une introduction à l'histoire de France, avec un traité métaphysique et un poëme sur l'existence de Dieu, par L. C. *Amsterdam*, 1768, in-12. — Mars 1769, p. 570.

2571. Plan d'éducation et les moyens de l'exécuter, par dom Devienne. *Bordeaux*, 1770, in-4. — Avril 1770, p. 184.

2572. Plan d'éducation publique (par l'ab. *Coyer*). *Paris*, 1770, in-12. — Février 1771, p. 363.

2573. Essai sur les moyens d'améliorer les études actuelles des colléges. *Paris*, 1771, in-12. — * Mars 1771, p. 571.

2574. L'éducation de la jeunesse, avec des notes. Epître par François (de Neuf-Château). *Neuf-Château*, 1771, in-12. — Janvier 1772, p. 161.

Ouvrage non cité par Quérard (III, 195).

2575. Dictionnaire historique d'éducation, où, sans donner de préceptes, on se propose d'exercer et d'enrichir toutes les facultés de l'âme et de l'esprit en substituant les exemples aux leçons (par *Filassier*). *Paris*, 1772, 2 vol. in-8. — *Juin 1772, p. 556.

2576. Le Mentor moderne, ou instructions pour les garçons et pour ceux qui les élèvent, par Mme Leprince de Beaumont. *Paris*, 1773, 4 vol. in-12. (?) — * Février 1773, p. 366.

2577. Saggio sulla publica educazione. *Londres*, 1773, 2 vol. in-8. — Mars 1774, p. 442; — avril, p. 36.

2578. Principes d'institution, ou de la manière d'élever les enfants par rapport au corps, à l'esprit et au cœur (par l'ab. *Le More*). *Paris*, 1774, in-12. — Octobre 1774, p. 127.

2579. Principes d'éducation et de santé, par Marion. *Paris*, 1774. — Décembre 1774, p. 531.

2580. Projet de réforme pour le collége de Genève, par de Saussure. *Genève*, 1774, in-8. — Juin 1775, p. 408.

2581. Nouveau plan d'éducation pour former des hommes instruits et des citoyens utiles, auquel on a joint une dissertation sur l'étude des langues qu'on doit y admettre, par *Carpentier*. *Paris*, 1775, in-8. — * Janvier 1775, p. 173.

2582. Réponse à la question proposée par la société de Harlem, eu égard à la manière dont on doit cultiver l'esprit et le cœur des enfants pour qu'ils deviennent des hommes utiles et heureux, par H. A. Chatelain. *Harlem*, 1775, in-8. — Septembre 1775, p. 438.

Quérard (II, 157) ne cite pas cet ouvrage.

2583. De l'instruction publique, ou considérations morales et politiques sur la nécessité, la nature et les sources de cette instruction (par *Lemercier de la Rivière*). *Stockholm*, 1775, in-8. — Octobre 1775, p. 85; — novembre, p. 245.

2584. Discours sur l'éducation, par Auger. *Rouen*, 1775, in-12. — 2ᵉ suppl. à 1775, p. 222.

2585. De l'éducation des filles, par M. de Fénelon. Nouvelle édit.... *Paris*, 1763, in-12. — Juin 1763, p. 1505.

2586. Les études convenables aux demoiselles (par *Panckoucke*). *Lille*, 1749, 2 vol. in-12. — Janvier 1750, p. 218.

POLITIQUE.

2587. Politique tirée des propres paroles de l'Ecriture Sainte. Ouvrage posthume de M. J. B. Bossuet. *Paris*, 1709, in-4. — Janvier 1710, p. 3.

2588. Vera metodo *della* cristiana politica, del March. D. Baviera. *Venise*, 1724, in-8. — Septembre 1724, p. 1541.

2589. La République de Platon, trad. du grec (par le P. *Grou*, S. J.). *Paris*, 1762, 2 vol. in-12. — Avril 1762, p. 773, 892 et 966.

2590. Hiéron, ou le portrait de la condition des rois, par Xénophon, gr. et fr., trad. par P. Coste. *Amsterdam*, 1711, in-8. — Octobre 1743, p. 1800.

2591. Entretiens de Phocion sur le rapport de la morale avec la politique, trad. du grec de Nicoclès, avec des remarques (par l'ab. *de Mably*). *Paris*, 1763, in-12. — Mars 1763, p. 936; — mai, p. 1147.

2592. Traité de la politique privée, tiré de Tacite et de divers auteurs (par *Poinsinet de Sivry*). *Amsterdam*, 1768, in-12. — Juin 1768, p. 562.

2593. Politique du chancelier Bacon (par l'ab. *Goujet*). *Londres*, 1744, in-12. — Décembre 1744, p. 2447.

2594. Maximes d'État, ou testament politique d'Armand du Plessis, cardinal duc de Richelieu. *Paris*, 1764, 2 vol. in-8. — Janvier 1765, p. 145.

2595. Lettre sur le testament politique du cardinal de Richelieu, imprimée pour la première fois en 1750 (par *de Foncemagne*). 2ᵉ édit. *Paris*, 1764, in-8. — Janvier 1765, p. 145.

2596. Doutes nouveaux sur le testament attribué au cardinal de Richelieu, par M. de Voltaire. *Paris*, 1765, in-8. — Janvier 1765, p. 145.

2597. Réfutation du sentiment de M. de Voltaire, qui traite d'ouvrage supposé le testament de Richelieu (par *Ménard*). 1750, in-12. — Février 1750, p. 344.

2598. Des corps politiques et de leurs gouvernements (par *de Larie*). *Lyon*, 1764, 2 vol. in-12. — *Mai 1764, p. 1297.

2599. Mémoires pour rendre la paix perpétuelle en Europe (par l'ab. *Castel de Saint-Pierre*. *Cologne*, 1712, 2 vol. in-8. — Nouvelle édit. *Utrecht*, 1713-1716, 3 vol. in-12. — Octobre 1712, p. 1669 ; — juillet 1713, p. 1140 ; — novembre 1716, p. 1945.

2600. Abrégé du projet de paix perpétuelle, par l'ab. de Saint-Pierre. *Paris*, 1731, in-8. — * Octobre 1734, p. 1842.

2601. Discours de l'ab. Maury sur ce sujet : exposer les avantages de la paix, inspirer de l'horreur pour les ravages de la guerre. *Paris*, 1767, in-8. — * Août 1767, p. 376.

2602. De amore patriæ, oratio habita a J.-B. Geoffroy. S. J. *Paris*, 1744, in-4. — Mars 1744, p. 527.

2603. Lettres sur l'esprit de patriotisme, sur l'idée d'un roi patriote, et sur l'état des partis qui divisaient l'Angleterre lors de l'avénement de George I, trad. de l'anglais (de *Bolingbroke*, par *de Bissy*). *Londres*, 1750, in-8. — Octobre 1750, p. 2248.

2604. Discours de M. Auffray sur les avantages que le patriotisme retire des sciences économiques. *Londres*, 1769, in-8. — * Janvier 1770, p. 157.
Quérard (I, 125) dit : *Paris*, 1767.

2605. Virtutem politicam ad optimum statum non minùs regno quàm reipublicæ necessariam esse. Oratio habita Nonis Novemb. 1750 ab H. Gerdil. *Turin*, 1754, in-8. — Juin 1755, p. 1350.

2606. Les avantages qu'il y a pour un Etat d'être éclairé sur les objets de sa politique, par l'ab. de Mourlens. *Paris*, 1767, in-8. — Juillet 1768, p. 459.

2607. Discours sur le gouvernement, par Algernon Sidney, trad. de l'angl. par Samson. *La Haye*, 1702, 3 vol. in-12. — Juillet 1702, p. 167.

2608. Principes de tout gouvernement, ou examen des causes de la splendeur ou de la faiblesse de tout Etat considéré en lui-même et indépendamment des mœurs (par *d'Auxiron*). *Paris*, 1766, in-12. — Avril 1767, p. 112.

2609. La science du gouvernement. Ouvrage de morale, de droit et de politique par de Réal. *Aix-la-Chapelle*, 1761-1763, 3 vol. in-4. — Janvier 1761, p. 61 ; — juillet, p. 1799 ; — août, p. 1953 ; — novembre, p. 2751 ; — décembre, p. 2894 ; — avril 1762, p. 908 ; — janvier 1763, p. 28 ; — avril, p. 869 ; — mai, p. 1250.

Cet ouvrage, terminé en 1764 ou 1765, forme 8 vol. in-4. Mais les premiers volumes portent-ils la date 1751, comme le dit Quérard ? (VII, 480).

2610. L'idea d'un governare paterno proposta a' principi nella Esposizione della Parabola del Figliuolo Prodigo. Discorso dal P. C. Calino, S. J. *Lucques*, 1711, in-4. — Mars 1713, p. 490.

Edition non citée par le P. de Backer.

2611. Miscellanea aulica, or a collection of state Treatises. *Londres*, 1702, in-8. — Septembre 1702, p. 131.

2612. L'ordre naturel et essentiel des sociétés politiques (par *Lemercier de la Rivière*). *Londres*, 1767, in-4, ou 2 vol. in-12. — Septembre 1767, p. 438.

2613. Essais politiques, par M. le marquis d'**** (*Andrezel*). *Amsterdam*, 1757, 2 vol. in-12. — *Paris*, 1766, 2 vol. in-12. — Décembre 1757, p. 2932 ; — * mai 1766, p. 1292.

Quérard (I, 60) dit *Amsterdam*, 1756, et ne cite pas d'autre édition.

2614. La nouvelle Atlantide de Franç. Bacon, trad. en franç. et continuée avec des réflexions sur les académies françaises des sciences et des inscriptions (par *Raguet*). *Paris*, 1702, in-12. — Octobre 1702, p. 353.

2615. Maximes politiques confirmées par des exemples (par l'ab. *de Bellegarde*). *Paris*, 1718, in-12. — *Mai 1719, p. 898.

2616. Massime politiche necessarie a' soverani, da Giacomazzi. *Venise*, 1732, in-12. — Août 1733, p. 1427.

2617. The fable of the Bees, or private vices, publick benefices (par *Mandeville*). *Londres*, 1732, in-8. — Juin 1740, p. 941 ; — août, p. 1596 ; — novembre, p. 2103.

2618. Dissertations pour être lues : la première sur le vieux mot de *Patrie* ; la seconde sur la nature du peuple (par l'ab. *Coyer*). (*La Haye*), 1754, in-12. — Janvier 1755, p. 188 ; — avril, p. 1145.

2619. Dictionnaire social et patriotique, ou précis raisonné de connaissances relatives à l'économie morale, civile et politique (par *Lefebvre de Beauvray*). *Amsterdam*, 1770, in-8. — Décembre 1770, p. 523.

2620. Les vues simples d'un bonhomme (par *Marchand*). *Londres*, 1776, in-8. — 4° suppl. de 1775, p. 309.

2621. L'utopie de Thomas Morus. Idée ingénieuse pour remédier au malheur des hommes et pour leur procurer une félicité complète, trad. en fr. par Gueudeville. *Leyde*, 1715, in-12. — Avril 1718, p. 81.

2622. Discours philosophique et patriotique sur la soumission dans l'ordre politique, par l'ab. de Paumerelle. *Amsterdam*, 1774, in-8. — *Août 1774, p. 358.

2623. Réflexions politiques morales, par l'ab. Pegere. 3° édit. *Paris*, 1716, in-12. — Mars 1717, p. 453.

2624. Nouveau plan de gouvernement, par l'ab. de Saint-Pierre. Nouvelle édit. *Rotterdam*, 1762, in-12. — *Octobre 1762, p. 2664.

2625. L'homme désintéressé (par le baron *de S. Supplix* . *Bruxelles*, 1760, in-12. — Septembre 1760, p. 2189.

2626. Guidonis Ferrarii S. J. de optimo statu civitatis. Oratio habita Mediolani pridie Idus Januar. 1751. *Nimègue*, 1751, in-4. — Mars 1755, p. 607.

2627. La souveraineté des rois défendue contre l'histoire latine de Melchior Leydeker, calviniste, par lui appelée Histoire du Jansénisme (par le P. *Quesnel*). *Paris*, 1704, in-12. — Janvier 1705, p. 42.

2628. Du pouvoir des souverains et de la liberté de conscience, trad. du latin de Noodt par Barbeyrac. *Amsterdam*, 1707, in-8. — 2° édit. *Ibid.* 1714, in-8. — Mai 1709, p. 777 ; — août 1716, p. 1535.

2629. Principes sur la fidélité due aux rois, extraits de Bossuet, par l'ab. de Villiers. *Paris*, 1771, in-12. — Octobre 1774, p. 186.

2630. Cartilla politica y cristiana por D. P. de Albornoz. 1742, 2 vol. in-12. — Décembre 1742, p. 2108.

2631. Gulistan ou l'Empire des roses. Traité des mœurs des rois, composé par Musladini Saadi, prince des poëtes persiens, trad. du persan par M*** (*d'Alégre*). *Paris*, 1704, in-12. — Juillet 1705, p. 1434.

2632. Maximes pour la conduite du prince Michel, roi de Bulgarie, trad. du grec en vers français par le P. Bernard (*de Varenne*), théatin. *Paris*, 1718, in-4. — Juillet 1718, p. 1.

Non cité par Quérard (*X*, 50).

2633. L'idée d'un roi parfait dans laquelle on découvre la véritable grandeur, par de Chansierges. *Paris*, 1723, in-12. — Septembre 1723, p. 1572 et 1623.

Quérard ne cite pas cet écrivain, qui, d'après le *Journal des Savants*, est auteur des *Aventures de Néoptolème*.

2634. An et quatenus ars politica virtutibus Regum annumeranda sit! Oratio habita a P. Ægid. X. de la Sante, S. J. *Paris*, 1737, in-4. — Mai 1737, p. 935.

2635. Instructions de S. Louis, roi de France, à sa famille, aux personnes de sa cour et aux autres, extraites du recueil des historiens contemporains de ce roi, par l'ab. de Villiers. *Paris*, 1766, in-12. — Mars 1766, p. 721.

2636. L'éducation d'un jeune prince destiné à régner, par l'ab. Pons, prieur de Jonzieu. *Lyon*, 1762, in-12. — Mai 1762, p. 1331.

Quérard (VII, 269) dit 1759, 2 *vol. in-12.*

2637. De principe qualis futurus sit, utrum jam inde ab ejus pueritia augurari liceat? Oratio habita a P. C. Porée, S. J. *Paris*, 1717, in-4. — Septembre 1717, p. 1543.

2638. Annus politicus, auct. de Wilhelm. *Munich*, 1731, in-fol. — Janvier 1734, p. 35; — février, p. 332.

2639. Danielis Eremitæ aulicæ vitæ ac civilis libri IV; ejusdem opuscula varia, edente Grævio. *Utrecht*, 1704, in-8. — Septembre 1704, p. 3.

2640. La science des personnes de la cour, de l'épée et de la robe, par le sieur de Chevigny, 6e édit. par de Limiers. *Amsterdam*, 1723, 4 vol. in-12. — Juin 1724, p. 1065.

2641. L'homme de cour de Balthazar Gracian (*L. Gracian*, S. J.), trad. par Amelot de la Houssaye. Nouvelle édit. *Paris*, 1702, in-12. — Juillet 1702, p. 97.

2642. An et quousque principem aliasque personas illustres decent litteras atque scientias excoluisse. Oratio habita a Daniele Maïchel. *Tubingue*, 1731, in-4. — Mars 1736, p. 419.

2643. Entretiens d'un homme de cour et d'un solitaire, sur la conduite des grands (par l'ab. *Lochon*). *Paris*, 1713, in-12. — Décembre 1713, p. 2115.

2644. Essai de l'éducation de la noblesse (par *de Brucourt*). *Paris*, 1747, 2 vol. in-12. — Novembre 1747, p. 2237.

2645. La science de la jeune noblesse, par le P. J. B. Duchesne, S. J. *Paris*, 1729, 2 vol. in-12. — Décembre 1729, p. 2187.

2646. The gentleman instructed. *Londres*, 1709, in-8. — 8e édit. *Londres*, 1732, in-4. — Septembre 1706, p. 1510; — avril 1733, p. 563.

2647. Le Gentilhomme instruit (ou les devoirs des personnes de qualité, trad. de l'angl. par le P. *de Marcuil*, S. J.). *Paris*, 1728, 2 vol. in-12. — Janvier 1728, p. 189.

2648. Discours sur l'art de négocier. *Paris*, 1737, in-12. — Décembre 1737, p. 2167.

2649. De vanitate consiliorum liber unus, auct. Stanislao Lubormiski. *Leipsick*, 1702, in-12. — Mai 1703, p. 996.

2650. Observations sur la noblesse et le tiers-état, par Mme *** (*Belot*). *Amsterdam*, 1758, in-12. — Août 1758, p. 2084.

2651. Dissertation sur cette question : Est-il plus avantageux à un État, que les paysans possèdent en propre du terrain, ou qu'ils n'aient que des biens meubles, par Beardé de l'Abbaye. *Amsterdam*, 1770, in-8. — * Octobre 1770, p. 176.

2652. Eloge de la roture, dédié aux roturiers. *Londres*, 1766, in-12. — * Février 1767, p. 380.

ÉCONOMIE POLITIQUE.

Traités généraux.

2653. De l'esprit du gouvernement économique, par Boesnier de Lorme. *Paris*, 1775, in-8. — Avril 1775, p. 468; — juin, p. 467.

Quérard ne cite pas cet écrivain, qui est encore auteur d'un *Essai sur les principes de la morale naturelle*. *Blois*, 1792, in-8 (Catal. van Hulthem, n° 4345). Est-il le même que l'auteur du poëme *le Mexique conquis* attribué à un *Bœsnier* par Barbier?

2654. Doutes proposés aux philosophes économistes sur l'ordre naturel et essentiel des sociétés politiques, par l'ab. de Mably. *La Haye*, 1768, in-8. — Juillet 1768, p. 5.

2655. L'économie politique, projet pour enrichir et pour perfectionner l'espèce humaine (par *Faiguet*). *Paris*, 1763, in-12. — Mars 1763, p. 634.

2656. De l'origine et des progrès d'une science nouvelle (par l'ab. *Baudeau*). *Londres*, 1768, in-8. — Avril 1768, p. 178.

2657. Les Ephémérides du citoyen, ou bibliothèque raisonnée des sciences morales et politiques (par l'ab. *Baudeau* et *Mirabeau*). *Paris*, 1767 (et ann. suiv., 40 vol. in-12 environ). — Octobre 1767, p. 27; — mai 1775, p. 266.

2658. Avis au peuple ou petits traités économiques, par l'auteur des Ephémérides du citoyen (l'ab. *Baudeau*). *Amsterdam*, 1768, in-12. — Mars 1768, p. 565; — avril, p. 172; — juin, p. 568.

2659. Nouvelles Éphémérides économiques, ou bibliothèque raisonnée de l'histoire, de la morale et de la politique (par l'ab. *Baudeau*). *Paris*, 1775-1776, 19 vol. in-12. — Mars 1775, p. 439.

> Dans le premier volume on a inséré un *Essai* de M. Bigot de Sainte-Croix, *sur les priviléges exclusifs ;* Quérard ne le cite pas à son article (II, 332).

2660. Première introduction à la philosophie économique ou analyse des États policés, par un disciple de l'Ami des hommes (l'ab. *Baudeau*). *Paris*, 1771, in-8. — Septembre 1774, p. 570.

2661. Eclaircissements demandés à M. N. (*Necker*) sur ses principes économiques et sur ses projets de législation, par l'ab. Baudeau. *Paris*, 1775, in-8. — Septembre 1775, p. 415.

2662. Essais sur l'esprit de la législation favorable à l'agriculture, à la population, au commerce, aux arts, aux métiers (par J. *Bertrand* et Benj. *Carrard*, pasteurs à Orbe, *Seigneur de Correvon* et *Pagan*). *Paris*, 1766, 2 vol. in-8. — Décembre 1766, p. 461.

2663. Instructions de morale, d'agriculture et d'économie pour les habitants de la campagne, par l'ab. Frogier, curé de Mayet. *Paris*, 1769, in-12. — Septembre 1769, p. 556.

2664. Les vues d'un patriote. *Paris*, 1762, in-12. — *Mars 1762, p. 760.

> C'est peut-être l'ouvrage de Bellepierre de Neuvéglise.

2665. La voix du sage et du peuple (par *Volt*). *Amsterdam*, 1750, in-12. — Août 1750, p. 1913.

2666. Les devoirs de l'homme, ou abrégé de la science du salut et celle de l'économie politique, par un curé du diocèse de Soissons. *Paris*, 1772, in-12. — * Mars 1772, p. 561.

Population, finances, mendicité, statistique.

2667. Essai sur la différence du nombre des hommes dans les temps anciens et modernes dans lequel on établit qu'il était plus considérable dans l'antiquité, trad. de l'angl. de Wallace, par de Joncourt. *Londres*, 1754, in-12. — Octobre 1754, p. 2379.

2668. Recherches et observations sur la durée de la vie de l'homme (par *Bagard*). *Nancy*, 1754, in-8. — Novembre 1754, p. 2855.

2669. Essai sur les probabilités de la durée de la vie humaine, par Déparcieux. *Paris*, 1746, in-4. — Addition. *Ibid.* 1760, in-4. — Février 1746, p. 343; — décembre 1760, p. 2466.

2670. Nouvelles considérations sur les années climatériques, la longueur de la vie de l'homme, la propagation du genre humain et la vraie puissance des États, considérée dans sa plus grande population, par M. de B... (*Beausobre*). *Paris*, 1757, in-12. — Décembre 1757, p. 3006.

2671. Traité sur le bonheur public, par Muratori, trad. de l'italien, avec la vie de l'auteur, par L. P. D. L. B. (de *Livoy*, barnabite). *Paris*, 1772, 2 vol. in-12. — Juin 1772, p. 408.

2672. Des causes du bonheur public, par l'ab. Gros de Besplas. *Paris*, 1768, in-8. — 2e édit. *Paris*, 1774, 2 vol. in-12. — Octobre 1768, p. 5; — avril 1774, p. 50.

2673. L'ami des hommes ou traité de la population (par *Mirabeau*). *Avignon*, 1756, 3 vol. in-4. — Juillet 1757, p. 1865; — août, p. 1977; — septembre, p. 2258; — octobre 1758, p. 2309.

2674. Lettre d'un ingénieur de province à un inspecteur des ponts et chaussées, pour servir de suite à l'Ami des hommes (par *Bourgelat*). *Avignon*, 1760, in-12. — * Janvier 1760, p. 369.

2675. Les économiques, par L. D. H. (l'Ami des hommes, *Mirabeau*). *Amsterdam*, 1770-1774, 4 vol. in-12. — Avril 1770, p. 176; — septembre 1774, p. 571.

2676. Leçons économiques par L. D. H. *Amsterdam*, 1770, in-12. — * Janvier 1771, p. 170.

Quérard (VI, 154) dit à tort *Lettres économiques.*

2677. Le réformateur par Cliquot. Nouvelle édit. à laquelle on a ajouté le Réformateur réformé et précédé des observations sur la noblesse et le tiers-état (par Mme *Belot*). *Paris*, 1766, 2 vol. in-12. — Mars 1766, p. 734.

Barbier et Quérard se contentent de dire *le Réformateur*, 1756, 2 part. in-12.

2678. Le Réformateur réformé (contre l'ouvrage de *Cliquot-Blervache?*) 1757, in-12. — Juillet 1757, p. 1708.

2679. Mémoire sur les abus du célibat dans l'ordre politique et sur les moyens possibles de les réprimer (par l'ab. *Pichon*). *Amsterdam*, 1765, in-12. — Novembre 1765, p. 1176.

2680. Des causes de la dépopulation et des moyens d'y remédier (par l'ab. *Jaubert*). *Londres*, 1767, in-12. — Mars 1767, p. 533.

2681. Mémoires d'un citoyen ou le Code de l'humanité (par *Carpentier*). *Paris*, 1770, 2 vol. in-12. — * Octobre 1770, p. 184.

2682. Discorso di Monsignore Ferdinando Nuzzi, chierico di Camera, intorno alla coltivazione e popolazione della campagna di Roma. *Rome*, 1702, in-4. — Mars 1703, p. 465.

2683. Théorie du Luxe, ou traité dans lequel on entreprend d'établir que le luxe est un ressort non-seulement utile, mais même indispensablement nécessaire à la prospérité des Etats (par *Butel-Dumont*). Paris, 1771, in-8. — *Londres*, 1775, in-8. — Novembre 1774, p. 297; — *septembre 1775, p. 344; — 3e suppl. de 1775, p. 62.

Quérard (I, 576) ne cite que la 1re édit.

2684. Lettre sur la théorie du luxe, dans laquelle on trouve une critique de cet ouvrage. *Paris*, 1774, in-8. — Novembre 1774, p. 297.

2685. Traité sur le Luxe, par Butini. *Genève*, 1774, in-12. — Décembre 1774, p. 549.

2686. Discours de la nature et des effets du luxe, par le P. G. B. (*Gerdil.*) *Turin*, 1768, in-12. — Décembre 1768, p. 416.

2687. Du luxe, de sa nature, de sa vraie cause et de ses effets. *Londres*, 1773, in-12. — * Juillet 1773, p. 469.

2688. L'unique moyen de soulager les peuples et d'enrichir

la nation française, par M. G. (Goyon). *Paris*, 1775, in-8.
— Décembre 1775, p. 494.

2689. Essai sur la police générale des grains (par *Herbert*).
Londres, 1754, in-8. — Nouvelle édit. *Berlin*, 1755, in-12.
— Avril 1754, p. 802 ; — octobre 1755, p. 2598.

2690. Principes sur la liberté du commerce des grains (par
Abeille). *Amsterdam*, 1768, in-8. — * Décembre 1768, p.
550.

2691. Examen du livre intitulé : *Principes sur la liberté du
commerce des grains* (d'*Abeille*). *Paris*, 1768, in-12. —
* Décembre 1768, p. 550.

2692. Objections et réponses sur le commerce des grains et
des farines (par *du Pont de Nemours*). *Amsterdam*, 1769,
in-12. — * Avril 1769, p. 165.

2693. Discours sur le commerce des bleds. *Londres*, 1770,
in-8. — Avril 1770, p. 76.

2694. L'intérêt général de l'État ou la liberté du commerce
des bleds, démontrée conforme au droit naturel, au droit
public de la France (par *Lemercier de la Rivière*). *Amsterdam*,
1770, in-12. — Avril 1770, p. 76.

2695. Le spéculatif ou dissertation sur la liberté du commerce et des grains, par M. de S. M. (*de Saint-Mars*).
Amsterdam, 1770, 2 vol. in-12. — * Avril 1771, p. 175.

2696. Du commerce des bleds pour servir à la réfutation de
l'ouvrage sur la législation et le commerce des grains (par
Condorcet). *Paris*, 1775, in-8. — * Août 1775, p. 341.

2697. Faits qui ont influé sur la cherté des grains en France
et en Angleterre (par *Abeille*). *Paris*, 1768, in-8. — * Août
1768, p. 368.

2698. L'abondance rétablie, ou moyen de prévenir en France
la disette des bestiaux, en même temps qu'on augmente la
fertilité de la terre. *Amsterdam*, 1769, in-12. — * Janvier
1769, p. 174.

2699. Correspondance sur une question publique d'agriculture (par Jac. *Duval d'Esprémenil*). *Amsterdam*, 1763,
in-12. — Décembre 1763, p. 2924.

2700. L'économique de Xénophon et le projet de finances
du même auteur, trad. en fr. par Dumas. *Paris*, 1768, in-12.
— Mai 1768, p. 197.

2701. Histoire générale et particulière des finances, où l'on
voit l'origine, l'établissement, la perception et la régie de

toutes les impositions, par du Frêne de Francheville. *Paris,*
1738, 3 vol. in-4. — Avril 1739, p. 938; — septembre,
p. 2031.

2702. Réflexions politiques sur les finances et le commerce
(par *du Tot*). *La Haye,* 1738, 2 vol. in-12. — Mai 1738,
p. 895; — juin, p. 1029.

2703. Examen du livre intitulé *Réflexions sur les finances*
et le commerce (par *Deschamps*). *La Haye,* 1740, 2 vol. in-12.
— Novembre 1740, p. 2152; —, décembre 1741, p. 2157.

2704. Essais sur les principes des finances (par *Durban*).
Londres, 1769, in-8. — Décembre 1769, p. 503.

2705. Mémoire concernant les tailles et les moyens de faire
cesser les abus qui se commettent dans leur imposition, par
Aubert. *Paris,* 1721, in-4. — Mai 1722, p. 867.

<small>Quérard ne cite pas cet auteur, que le *Journal des Savants*
(1722, p. 88) nomme *Aubert*, ci-devant receveur des tailles de l'é-
lection de Caudebec, et commissaire pour l'établissement de la taille
proportionnelle en l'élection de Beauvais.</small>

2706. Projet de taille tarifiée pour faire cesser les maux que
causent en France les disproportions ruineuses dans la ré-
partition de la taille arbitraire, par l'ab. de St-Pierre. *Paris,*
1723, in-4. — Août 1723, p. 1509.

2707. Doutes proposés à l'auteur de la *Théorie de l'impôt*
(*Mirabeau*, par *Pesselier*). 1764, in-12. — Juin 1764, p. 1368.

2708. L'ami de la paix (par *Rivière*). *Amsterdam,* 1764,
in-12. — Juillet 1764, p. 1602.

2709. Essai analytique sur la richesse et sur l'impôt (par
Graslin). *Londres,* 1767, in-8. — Avril 1768, p. 474.

2710. Réflexions patriotiques sur le nouveau plan d'imposi-
sition économique avec quelques vues différentes sur le
même objet. *Paris,* 1775, in-4. — * Février 1775, p. 348.

2711. Le citoyen philosophe ou extrait et calculs de la science
économique sur l'impôt unique territorial, par l'auteur des
observations critiques en faveur du roi et de son peuple.
Amsterdam, 1775, in-4. — * Avril 1775, p. 182.

2712. Lettre à M. Richard des Glanières sur son plan d'imposition économique et d'administration des finances. *Lon-*
dres, 1774, in-4. — * Janvier 1775, p. 174.

2713. Première lettre sur les affaires présentes (par *Barbé-*
Marbois). *Paris,* 1775, in-8. — * Décembre 1775, p. 550.

2714. La richesse du roi de France fondée uniquement sur le zèle de ses sujets, par Roussel. *Paris*, 1775, in-4. — Décembre 1775, p. 551.

2715. De l'impôt du vingtième sur les successions et de l'impôt sur les marchandises chez les Romains. Essai historique par Bouchaud. *Paris*, 1766, in-8. — *Paris*, 1772, in-8. — Décembre 1766, p. 389; — mars 1772, p. 478.

2716. Lettre d'un citoyen à un magistrat sur les vingtièmes et les autres impôts (par l'ab. *Baudeau*). *Amsterdam*, 1768, in-8. — Août 1768, p. 378.

2717. Mémoire sur les effets de l'impôt indirect sur le revenu des propriétaires des biens-fonds, par de Saint-Péravi. *Londres*, 1768, in-12. — Septembre 1768, p. 540.

2718. Observations sur les impositions susceptibles de réduction, conversion ou suppression, contenant un plan d'établissement de deux foires à Paris, par Percheron de la Galezière. *Paris*, 1775, in-4. — 1er suppl. de 1775, p. 55.

2719. La finance politique réduite en principes et en pratique, par Grouber de Groubental. Nouvelle édit. *Paris*, 1775, in-12. — Décembre 1775, p. 521.

2720. Le financier citoyen (par *Naveau*). *Paris*, 1757, 2 vol. in-12. — Juillet 1757, p. 1670 et 1733.

2721. Moyens d'extirper l'usure, ou projet d'établissement d'une caisse de prêt public à 6 0/0 sur dettes actives, effets au porteur, par D. S. L. (*Prévost de Saint-Lucien*). *Paris*, 1775, in-12. — 2e suppl. de 1775, p. 270.

2722. La galerie des combinateurs, par Graeff. *Paris*, 1773, in-8. — Mai 1773, p. 222.

2723. Lettre à Philopenes, ou réflexions sur le régime des pauvres (par *Soret*). *Paris*, 1764, in-12. — Mars 1765, p. 700.

    Ouvrage omis par Quérard (IX, 215).

2724. L'ami de ceux qui n'en ont pas, ou système économique, politique et moral, pour le régime des pauvres et des mendiants dans tout le royaume (par l'ab. *Méry de la Canorgue*). *Paris*, 1767, in-12. — * Octobre 1767, p. 166.

2725. Observations on the present state of the Parochial and Vagant Poor. *Londres*, 1773. — Janvier 1774, p. 93.

2726. Vues d'un citoyen (par *de Chamousset*). *Paris*, 1757, 2 vol. in-12. — Février 1758, p. 389.

2728. Considérations sur les compagnies, sociétés et maîtrises. *Londres*, 1767, in-12. — Décembre 1767, p. 524.

2729. Méthode et projet pour parvenir à la destruction des loups dans le royaume, par de l'Isle de Moncel. *Paris,* 1768, in-12. — Mai 1768, p. 277.

2730. Résultat d'expériences sur les moyens les plus efficaces et les moins onéreux au peuple pour détruire l'espèce des bêtes voraces (par *de l'Isle de Moncel*). *Paris,* 1771, in-8. — * Avril 1772, p. 186.

2731. Almanach de la vieillesse, ou notice de tous ceux qui ont vécu cent ans et plus (par *Lottin*). *Paris,* 1764, 1764, 2 vol. in-24. — Janvier 1761, p. 369; — novembre 1763, p. 2854.

Lottin donna 12 vol. de ce genre de 1761 à 1773. (*Quérard,* **V,** 362.)

Monnaies. — Commerce.

2732. Traité des monnaies, par H. Poullain. *Paris,* 1709, in-12. — Juin 1710, p. 997.

2733. Traité des monnaies, par Boisard. 2ᵉ édit. *Paris,* 1723, 2 vol. in-12. — * Septembre 1723, p. 1745.

2734. Traité des monnaies et de la juridiction de la cour des monnaies en forme de dictionnaire, par Abot de Bazinghen. *Paris,* 1764, 2 vol. in-12. — Octobre 1764, p. 943; — novembre, p. 1253; — décembre, p. 1398.

2735. Essai sur les monnaies, ou réflexions sur le rapport entre l'argent et les denrées (par *Dupré de Saint-Maur*). *Paris,* 1746, in-4. — Août 1746, p. 1553.

2736. Lettre sur la monnaie fictive, sur son usage dans le commerce, suivie de la dissertation sur le commerce, par Belloni; trad. de l'italien. *La Haye,* 1765, in-8. — Mai 1765, p. 1304.

2737. Méthode nouvelle pour réduire la monnaie de France en monnaie étrangère et toutes les monnaies de l'Europe en celle de France, par l'arithmétique linéaire, par Benet. *Rouen,* 1745. — * Septembre 1745, p. 1705.

Quérard ne cite pas cet auteur.

2738. Tables des monnaies courantes dans les quatre parties du monde, avec leur valeur réduite aux espèces de France, par Abot de Bazinghen. *Paris,* 1767, in-8. — * Octobre 1767, p. 158.

2739. Recherches sur la valeur des monnaies et sur le prix des grains avant et après le concile de Francfort (par Dupré de Saint-Maur). *Paris*, 1762, in-12. — Avril 1763, p. 892.

2740. Essai sur la qualité des monnaies étrangères et sur leurs différents rapports avec les monnaies de France, par Macé de Richebourg. *Paris*, 1764, in-fol. — Décembre 1764, p. 1471 ; — juillet 1767, p. 150.

2741. Parités réciproques de la livre numéraire ou de compte, instituée par l'empereur Charlemagne, proportionnément à l'augmentation du prix du marc d'argent arrivée depuis son règne jusqu'à celui de Louis XV, par Dernis. *Paris*, 1744. — Avril 1744, p. 727.

Dernis, chef du bureau des archives de la compagnie des Indes, omis par Quérard, est de plus auteur d'un *Traité des changes étrangers. Paris*, 1726, in-4. (Voir le *Journal des Savants*, 1726, p. 323.)

2742. Essai sur les causes de la diversité des taux de l'intérêt de l'argent chez les peuples (par *Buché de Pavillon*). *Londres*, 1758, in-12. — Avril 1758, p. 941.

Barbier et Quérard disent 1756.

2743. Les principes des rentes constituées, où il est parlé de la nature de leurs intérêts, de ce qui en peut produire de soi-même ou autrement, par M. Charles D. M. C. *Nîmes*, 1760, in-12. — * Février 1760, p. 546.

Cet auteur serait-il le mathématicien *Charles* cité par Quérard (II, 136) ?

2744. Calculs tout faits depuis 1 denier jusqu'à 50,000 livres et détail par jour et par mois du produit des rentes depuis 1 livre jusqu'à 100,000 liv. par Mathias Mésange. *Paris*, 1757, in-12. — * Avril 1757, p. 957.

2745. Traité général des intérêts que produisent les capitaux à raison du denier vingt, par J. B. S*** de Colmar. *Colmar*, 1774. — * Décembre 1774, p. 568.

2746. Traité sur les lettres de change, contenant l'analyse et démonstration instructive de la valeur des termes qui les composent, par Fuleman. *Paris*, 1739, in-8. — * Août 1739, p. 1698.

2747. Traité des changes en comptes faits, tant en remises que traites, avec un traité des comptes, par Th. Bléville. *Paris*, 1755, in-8. — * Juillet 1755, p. 1888.

2748. Traité théorique et pratique des changes (par *Panckoucke*). *Lille*, 1760, in-12. — * Juin 1760, p. 1510.

2749. Opérations des changes des principales places de l'Europe, contenant les noms et les divisions de leurs diffé-

rentes monnaies de change, par J. R. R*** (Jos. René
Ruelle). *Lyon.* 1765, in-8. — Avril 1765, p. 1137.

2750. Le Banquier français, ou la pratique des lettres de
change, par Bouthillier. 2e édit. *Lyon,* 1731, in-8. — Juin
1731, p. 1115.

2751. Traité des négociations de banque et des monnaies
étrangères, par Etienne Damoreau. *Paris,* 1727, in-4. —
Novembre 1727, p. 2073.

> Auteur non cité par Quérard.

2752. La banque rendue facile aux principales nations de
l'Europe, par Giraudeau, l'aîné. 3e édit. *Lyon,* 1770, in-4.
— * Juin 1770, p. 545.

> Quérard a omis à l'article de cet auteur (III, 377) l'ouvrage suivant
> ou plutôt une carte intitulée : *Les arbitrages de la France faits pour la
> Hollande, l'Angleterre, Hambourg, Genève, Madrid, Cadix, Gênes et
> Livourne,* 1726, in-8 ; et une autre : *Carte des ordres et commissions
> en banque.* 1727.

2753. Tableau du pair des monnaies et des changes des
principales villes de l'Europe. *Paris,* 1757, 1764. — Octobre 1757, p. 2671 ; — avril 1764, p. 1138.

2754. Traité de la circulation et du crédit, contenant une
analyse raisonnée des fonds d'Angleterre et de ce qu'on
appelle *commerce ou jeu d'action...* par l'auteur de l'*Essai
sur le luxe* (I. Pinto). *Amsterdam,* 1771, in-8. — Octobre
1771, p. 474.

2755. Opérations toutes faites pour la régie de cent, par le
moyen desquelles on résoudra tous calculs pour les marchandises qui se vendent au cent, depuis un denier le cent
jusqu'à 400 liv. le cent, par J. C. Ouvrier de Lile. *Paris,*
1763, in-24. — Octobre 1763, p. 2654.

2756. Essai sur le rapport des poids étrangers avec le marc
de France, par Tillet. *Paris,* 1766, in-4. — Novembre
1766, p. 368.

2757. Traité de tarif général du toisé des bois de charpente, quarrés et mi-plats, par Ginet, arpenteur. *Paris,*
1761, in-8. — * Mars 1761, p. 759.

2758. Nouveau journal des postes et tarif des ports de
lettres. *Paris,* 1760, in-24. — * Avril 1760, p. 1145.

2759. Histoire du commerce et de la navigation des anciens (par Mgr *Huet*). *Paris,* 1716, in-12. — Mars 1716,
p. 399.

2760. Histoire du commerce et de la navigation des peuples anciens et modernes (par le chevalier d'Arcq). *Amsterdam*, 1758, 2 vol. in-12. — Octobre 1759, p. 2309.

2761. Essai politique sur le commerce (par *Melon*). 1734, in-12. — Nouvelle édit. 1736, in-12. — Mars 1735, p. 542 ; — octobre 1736, p. 2454.

2762. Lettre sur une matière intéressante pour tout citoyen. *Paris*, 1754, in-12. — Septembre 1754, p. 1984.

2763. Théorie et pratique du commerce et de la marine, trad. sur l'espagnol de D. Geronimo de Ustariz (par *Véron de Forbonnais*). *Paris*, 1753, in-4. — Juin 1753, p. 1201.

2764. Del commercio, dissertazione del Marchese G. Belloni. *Rome*, 1750, in-fol. — Juillet 1751, p. 1566.

2765. Dissertation sur le commerce par le marquis Belloni, trad. de l'italien. *La Haye*, 1755, in-8. — Juillet 1756, p. 1912.

2766. De negotiatione oratio habita in collegio Burdigalensi, S. J., die 28 januarii 1749, ab Antonio Sauret, S. J. *Toulouse*, 1749, in-4. — Août 1749, p. 1674.

Ouvrage omis par Quérard.

2767. Eléments du commerce (par *Véron de Forbonnais*). *Leyde*, 1754, 2 vol. in-12. — Août 1754, p. 2054 ; — octobre, p. 2309.

2768. Instruction des négociants, par P. J. Masson. Nouvelle édit. *Blois*, 1766, in-12. — * Juillet 1766, p. 478.

Quérard (V, 608) ne cite pas cette édition.

2769. Guide des négociants et teneurs de livres, ou traité des livres de compte, par de la Porte. *Paris*, 1716, in-12. — Août 1716, p. 1457.

2770. Dictionnaire universel du commerce.... ouvrage posthume du sieur Savary des Bruslons. *Paris*, 1723, 2 vol. in-fol. — Octobre 1723, p. 1794.

2771. Dictionnaire du citoyen, ou abrégé historique, théorique et pratique du commerce (par *Lacombe de Prézel*). *Paris*, 1761, 2 vol. in-12. — Juillet 1761, p. 1734.

2772. L'art de bien tenir les livres de compte en partie double, par S. Ricard. Nouvelle édit. *Amsterdam*, 1724, in-fol. — * Septembre 1725, p. 1716.

2773. Almanach des marchands, négociants et commerçants... par Thomas. *Paris*, 1770, in-8. — * Août 1770, p. 355.

2774. Almanach géographique du commerce pour 1760. *Annecy*, 1760, in-16. — *Février 1760, p. 545.

2775. Guide du commerce par Gaignat de Laulnais. *Paris*, 1773, in-fol. — * Mai 1773, p. 370.

Quérard (III, 233) ne cite qu'une édit. de 1791.

2776. Le négociant citoyen, ou essais dans la recherche ou moyens d'augmenter les lumières de la nation sur le commerce et l'agriculture. *Amsterdam*, 1764, in-8. — Février 1764, p. 462.

2777. Traités sur le commerce et sur les avantages qui résultent de la réduction de l'intérêt de l'argent, par Josias Child, avec un petit traité contre l'usure par Th. Culpeper, trad. de l'angl. (par *de Gournay* et *Butel-Dumont*). *Paris*, 1754, in-12. — Janvier 1755, p. 5.

2778. Considérations sur le commerce et en particulier sur les compagnies, sociétés et maîtrises (par Clicquot de Blervache). *Paris*, 1758, in-12. — Janvier 1759, p. 175.

2779. Vues politiques sur le commerce des denrées (par *Goyon*). *Paris*, 1766, in-12. — * Mai 1766, p. 1292.

2780. Le parfait négociant, ou instruction générale sur ce qui regarde le commerce des marchandises de France et des pays étrangers, par J. Savary des Bruslons. *Paris*, 1713, in-4. — Décembre 1714, p. 2130.

2781. Lettres d'un citoyen sur la permission de commercer dans les colonies annoncée pour les puissances neutres (par *Saintard*). (*Paris*), 1756, in-8. — *Juillet 1756, p. 1605 ; — septembre, p. 2147.

2782. Questions sur le commerce des Français au Levant (par *Véron de Forbonnais*). *Marseille*, 1755, in-12. — Octobre 1755, p. 2340.

2783. Examen des avantages et des désavantages de la prohibition des toiles peintes (par *de Forbonnais*). *Marseille*, 1755, in-12. — Octobre 1755, p. 2477.

2784. Réflexions sur différents objets de commerce et en particulier sur la libre fabrication des toiles peintes. Nouvelle édit. *Genève*, 1770, in-12. — * Septembre 1770, p. 567.

La 1re édition de cet ouvrage, dont je ne connais pas l'auteur, est de *Genève*, 1759, in-12, de 146 pages. (*Année littéraire*, 1759, t. V, p. 49).

2785. L'assurance du commerce, par L. L. P. (*Pélissart*). *Paris*, 1772, in-8. — * Août 1772, p. 376.

2786. La sagesse des souverains dans les moyens de rendre le commerce florissant, par Cras, professeur en droit à l'Athénée d'Amsterdam. *Leyde*, 1773. — Février 1774, p. 256.

Ouvrage omis par Quérard.

2787. Les progrès du commerce (par *Lacombe de Prézel*). *Paris*, 1760, in-12. — Juillet 1761, p. 1733.

2788. Le commerçant politique. *Londres*, 1768, in-12. — Décembre 1768, p. 466.

2789. La noblesse commerçante (par l'ab. *Coyer*). *Londres*, 1756, in-12. — Mars 1756, p. 726 ; — avril, p. 878.

2790. Lettre à l'auteur de *la Noblesse commerçante* (par l'ab. *Barthouil*). *Paris*, 1756, in-12. — Juillet 1756, p. 1707.

2791. Lettre à M. F., ou examen politique des prétendus inconvénients de la faculté de commercer en gros, sans déroger à la noblesse (par *de Forbonnais*). 1756, in-12. — Juillet 1756, p. 1804.

2792. La Noblesse commerçable, ou ubiquiste (par J. H. *Marchand*). 1756, in-12. — Août 1756, p. 1927.

2793. La Noblesse militaire, ou le patriote français (par le chev. *d'Arcq*). *Paris*, 1756, in-12. — Juin 1756, p. 1464 ; — juillet, p. 1581.

2794. Le Conciliateur, ou la Noblesse militaire et commerçante, en réponse aux objections faites par l'auteur de *la Noblesse militaire*, par l'abbé de *** (Pezerols). *Paris*, 1756, in-12. — Octobre 1756, p. 2685.

2795. Histoire de la navigation, son commencement, ses progrès et ses découvertes jusqu'à présent, trad. de l'angl. (de *Locke*), le commerce des Indes orientales... *Paris*, 1722, 2 vol. in-12. — Décembre 1724, p. 2154.

2796. Eloge historique de la navigation, où l'on parle de ses causes, de son origine, de ses progrès et de ses avantages, par Dreux du Radier. *Paris*, 1757, in-12. — Juin 1758, p. 1533.

2797. Atlas de la navigation et du commerce qui se font dans toutes les parties du monde. *Amsterdam*, 1745, in-fol. — Mai 1745, p. 922.

PHYSIQUE.

Traités généraux.

2798. La Physique des anciens par le sieur D. R. (Domin. *Révérend*). *Paris*, 1704, in-12. — Juillet 1704, p. 26.

2799. L'origine ancienne de la physique nouvelle, où l'on voit dans des entretiens par lettres ce que la physique nouvelle a de commun avec l'ancienne, par le P. Regnault, S. J. *Paris*, 1735, 3 vol. in-12. — Mars 1735, p. 444; — — mai, p. 859; — août, p. 1680.

2800. Essai sur les principes de la physique (par *de Vivens*). 1746, in-12. — Décembre 1747, p. 2345.

2801. Conjectures physiques, par N. Hartsoeker. *Amsterdam*, 1706-1710, 2 vol. in-4. — * Mars 1707, p. 552; —. février 1712, p. 236.

2802. Nouvelles conjectures physiques concernant la disposition de tous les corps animés, par le sieur Gautier, de Nîmes. *Meaux*, 1721, in-8. — Février 1722, p. 332.

2803. Dictionnaire universel de mathématiques et de physique, où l'on traite de l'origine des progrès de ces deux sciences et des arts qui en dépendent, par Savérien. *Paris*, 1752, 2 vol. in-4. — Juin 1753, p. 1457.

2804. Dictionnaire de physique portatif, par un professeur de physique (le P. *Paulian*, S. J.). *Avignon*, 1758, in-8. — 3e édit. *Ibid.*, 1767, 2 vol. in-8. — Juillet 1759, p. 1855; — novembre 1767, p. 274.

2805. Dictionnaire de physique, par le P. Paulian, S. J. *Avignon*, 1761, 3 vol. in-4. — Avril 1762, p. 822; — mai, p. 1457.

2806. Institutiones physicæ ad usum scholarum accommodatæ, auct. F. Baylé. *Toulouse*, 1700, 3 vol. in-4. — Novembre 1701, p. 38; — février 1702, p. 56; — mai, p. 80.

2807. M. G. Patricii Albinganensis elementa scientiæ naturalis. *Lucques*, 1707, in-4. — Octobre 1714, p. 1784.

2808. Elementa physices methodo mathematica demonstrata a G. Muys. *Amsterdam*, 1741, in-4. — Août 1712, p. 1402.

2809. Introductio ad veram physicam seu lectiones physicæ habitæ a J. Keill. Editio III. Oxford, 1745, in-8. — Avril 1721, p. 644.

2810. Essai de physique (par le P. *Bunou*, S. J.). *Rouen*, 1716, in-12. — Juin 1716, p. 1126.

Ouvrage inconnu à tous les bibliographes.

2811. Physices elementa mathematica experimentis confirmata, sive introductio ad philosophiam Newtonianam, auct. G. Sgravesande. *Leyde*, 1720. — Octobre 1721, p. 1761.

2812. Hambergeri elementa physices. Edit. II. *Iena*, 1735, in-8. — Avril 1735, p. 664.

2813. Leçons de physique, contenant les éléments de la physique, déterminés par les seules lois des mécaniques, par l'ab. Privat de Molières. *Paris*, 1734-1739, 4 vol. in-12. — Novembre 1734, p. 2044; — septembre 1736, p. 1925; — janvier 1738, p. 5; — mars 1739, p. 451; — janvier 1740, p. 5; — février, p. 315.

2814. Examen et réfutation des leçons de physique expliquées par M. de Molières, par Sigorgne. *Paris*, 1741, in-12 — Juillet 1741, p. 1249.

2815. Réponse aux principales objections contenues dans l'*Examen*... (par l'ab. *Le Corgne de Launay*). *Paris*, 1741, in-12. — Juillet 1744, p. 1287; — mars 1742, p. 414; — avril, p. 557.

Quérard a oublié cet auteur.

2816. — Réplique à M. de Molières ou démonstration physico-mathématique de l'impossibilité et de l'insuffisance des tourbillons, par Sigorgne. *Paris*, 1742, in-12. — Mai 1742, p. 802.

2817. Principes du système des petits tourbillons mis à la portée de tout le monde. Ouvrage auquel on a ajouté une dissertation posthume de M. l'ab. de Molières sur l'existence de la force centrale dans le tourbillon sphérique, par l'ab. Le Corgne de Launay. *Paris*, 1743, in-8. — Mai 1743, p. 942.

2818. Essai de physique, par P. van Musschenbroek, trad. du hollandais, par Massuet. *Leyde*, 1739, 2 vol. in-4. — Octobre 1739, p. 2112; — novembre, p. 2435.

2819. Institutions de physique (par la marquise *du Châtelet*). *Londres*, 1741, in-8. — Mai 1741, p. 894.

2820. Lettre de M. de Mairan à Mme*** sur la question des forces vives, en réponse aux objections qu'elle lui fait

dans ses *Institutions de physique*. *Paris*, 1741, in-12. —
Août 1741, p. 1381.

2821. Réponse de Mme*** à la lettre de M. de Mairan.
Bruxelles. 1744, in-12. — Août 1744, p. 1389.

2822. Scientia rerum naturalium, sive physica ad usus aca-
demicos accommodata, opera et studio P. J. Zanchi, S. J.
Vienne, 1748, 2 vol. in-4. — Octobre 1749, p. 2025.

2823. Nouveaux essais de physique, par Le Ratz de Lanthenée. *Paris*, 1751, in-12. — Avril 1754, p. 907.

2824. Physicæ generalis methodo mathematica tractata et
in tres tomos distributa, auctore J. B. Scarella. *Brescia*,
1754, in-4. — Mars 1757, p. 581.

2825. Traité abrégé de physique à l'usage des collèges, par
de Saintignon. *Paris*, 1763, 6 vol. in-12. — Mars 1763,
p. 645 ; — mai, p. 1289.

2826. Expériences de physique de M. Pierre Polinière, docteur en médecine. *Paris*, 1709, in-8. — 2e édit. *Paris*,
1718, in-12. — 4e édit. *Paris*, 1734, 2 vol. in-12. —
Juillet 1710, p. 1154 ; — décembre 1748, p. 995 ; — *mai
1735, p. 955.

2827. Programme, ou idée générale d'un cours de physique
expérimentale, par l'ab. Nollet. *Paris*, 1738, in-12. — Novembre 1738, p. 2228.

2828. Leçons de physique expérimentale, par l'ab. Nollet.
Paris, 1744-1764, 6 vol. in-12. — Août 1744, p. 1390 ; —
janvier 1745, p. 55 ; — juillet, p. 1277 ; — août, p. 1412 ;
— janvier 1749, p. 115 ; — février, p. 244 ; — août 1755,
p. 1954 ; — juillet 1764, p. 257.

2829. L'art des expériences ou avis aux amateurs de physique
sur le choix, la construction et l'usage des instruments, sur
la préparation des drogues... par l'ab. Nollet. *Paris*, 1770,
3 vol. in-12. — Mai 1770, p. 365.

2830. Cours de physique expérimentale par le Dr Désaguliers, trad. de l'angl. par le P. Pezenas, S. J. *Marseille*,
1751, 2 vol. in-4. — Mai 1752, p. 965 ; — juillet, p. 1408.
Quérard indique à tort (II, 487) 8 vol. pour cet ouvrage.

2831. La physique expérimentale et raisonnée, qui contient
en abrégé ce que cette science a de plus intéressant (par
l'ab. *Cochet*). *Paris*, 1756, in-8. — *Avril 1756, p. 955.

2832. Leçons de physique expérimentale, par Sigaud de la

Fond. *Paris*, 1767, 2 vol. in-12. — Janvier 1767, p. 29;
— février, p. 197.

2833. Cours de physique expérimentale et mathématique,
par P. van Musschenbroek, trad. par Sigaud de la Fond.
Paris, 1769, 3 vol. in-4. — Septembre 1769, p. 439.

2834. Description et usage d'un cabinet de physique expérimentale, par Sigaud de la Fond. *Paris*, 1775, 2 vol. in-8.
— 4e suppl. de 1775, p. 280.

2835. Entretiens physiques d'Ariste et d'Eudoxe, ou physique nouvelle en dialogues, par le P. Regnault, S. J. *Paris*, 1729, 3 vol. in-12. — Nouvelle édit., *Amsterdam*, 1733,
4 vol. in-12. — Tome V sur les découvertes récentes et
pour servir de supplément aux 4 volumes de la 7e édit.
Paris, 1750, in-12. — Février 1730, p. 197; — mars,
p. 440; — avril, p. 655; — juin 1734. p. 999; — janvier
1751, p. 289.

2836. Examen analytique du système physico-mathématique
de Newton, par le P. Castel. — Novembre 1733, p. 1139.

2837. Vrai système de physique générale d'I. Newton, exposé
et analysé en parallèle avec celui de Descartes, par le P. Castel, S. J. *Paris*, 1743, in-4. — Octobre 1743, p. 2584; —
décembre, p. 2974; — février 1744, p. 232.

2838. Principes physiques, dans lesquels la nature consultée
par des expériences nouvelles, décide les questions qui par-
tageaient tous les physiciens modernes, par le P. Bertier.
T. IV. *Paris*, 1771, in-12. — Novembre 1771, p. 332.

2839. Théorie des êtres sensibles, ou cours complet de physique spéculative, expérimentale,... par l'ab. Para du
Phanjas. *Paris*, 1772, 4 vol. in-8. — Décembre 1772,
p. 452; — janvier 1773, p. 5.

2840. Physique du monde démontrée par une seule cause
et un seul principe communs à tous les corps en général,
propres à chacun d'eux en particulier et prouvés par l'expérience, par P. B. des Hayes. *Versailles*, 1775, in-8. — Septembre 1775, p. 457.

Traités particuliers.

2841. Examen du vuide ou espace newtonien relativement à
l'idée de Dieu (par *de la Fautrière*. *Paris*, 1739, in-12.
— Juin 1739, p. 1145.

2842. Amusement physique sur le système newtonien (par le P. *Desmarais*, S. J.). *Paris*, 1760, in-12. — Juin 1760, p. 1478.

2843. La défense du sentiment du P. Maignan touchant les espèces sensibles contre le P. Gennaro. Apologie de la philosophie des atomes contre le P. Guiducci. *Nantes*, 1710, in-12. — Août 1710, p. 1472.

2844. Adversus atomos redivivas opusculum dogmaticum, auct. Nic. M. Gennaro. *Rome*, 1710. — * Août 1710, p. 1472.

2845. Censura S. Fac. Parisiensis in atomos rationibus probata, per P. A. de Guidutiis, O. P. *Rome*, 1710. — Août 1710, p. 1472.

2846. Traité des petits tourbillons de la matière subtile, où l'on fait voir par les seuls effets du choc que l'univers est rempli d'une matière très-fluide, très-agitée, par un prêtre de l'Oratoire (*Mazières*). *Paris*, 1727, in-4. — Février 1728, p. 260.

2847. Théorie des tourbillons cartésiens avec des réflexions sur l'attraction (par *Fontenelle*). *Paris*, 1752, in-12. — Septembre 1752, p. 2018; — octobre, p. 2320.

2848. L'hypothèse des petits tourbillons justifiée par ses usages, par de Keranflech. *Rennes*, 1761, in-12. — Octobre 1764, p. 2309.

2849. Réfutation du système reproductif. *Vannes*, 1713, in-12. — Février 1715, p. 224.

2850. Des principes de la nature, ou de la génération des choses, par Colonne. *Paris*, 1731, in-12. — Juin 1732, p. 998; — juillet, p. 1174.

2851. Lettres d'un mathématicien à un abbé, où l'on fait voir que : 1º la matière n'est pas divisible à l'infini; 2º que parmi les êtres créés il ne saurait y en avoir d'infinis (par l'ab. *Deidier*). *Paris*, 1737, in-12. — Août 1737, p. 1337.

2852. Lettre à M*** contenant une nouvelle hypothèse sur la pesanteur et la légèreté des corps. *Paris*, 1706, in-12. — Septembre 1706, p. 1585.

2853. Dissertation sur la cause de la pesanteur, par Bouillet. *Bordeaux*, 1720, in-8. — Janvier 1722, p. 109.

2854. Essai sur la pesanteur, par L*** (*Lacoste*). *Dijon*, 1762, in-12. — Janvier 1763, p. 346.

2855. Traité de physique sur la pesanteur universelle des

corps, par le P. Castel, S. J. *Paris*, 1724, 2 vol. in-12. —
Mars 1724, p. 445; — avril, p. 614.

2856. Dissertation sur la cause de la pesanteur et de l'uni-
formité des phénomènes qu'elle nous présente, par David.
Amsterdam, 1767, in-8. — Avril 1768, p. 42.

2857. De la nature du feu et de sa propagation, par Grandin. *Paris*, 1738, in-4. — Mars 1739, p. 764.
Quérard (III, 446) dit que ce mémoire n'a pas été imprimé.

2858. Système de la vision fondé sur de nouveaux principes, par Séb. Le Clerc. *Paris*, 1712, in-8. — Mars 1713,
p. 510.

2859. De luminis affectionibus, specimen physico-mathe-
maticum a Joan. Rizzetti. *Trévise*, 1727, in-4. — Août
1729, p. 1409.

2860. Recherches physiques et géométriques sur la question : Comment se fait la propagation de la lumière? par
Jean Bernouilli. *Paris*, 1736, in-4. — Septembre 1737.
p. 1529.
Non cité par Quérard (I, 294).

2861. Dissertatio de lumine, auct. R. P. Boscovich, S. J.
Rome, 1748, in-4. — Juillet 1750, p. 1642.

2862. Della riflessione de' corpi, dall' acqua e della diminu-
zione della mole de' sassi ne' torrenti e ne' fiumi. Dissertazioni due par le P. *Belgrado*, S. J. *Parme*, 1753, in-4. —
Janvier 1755, p. 220.

2863. Dissertation sur l'incompatibilité de l'attraction et d
ses différentes lois avec les phénomènes, et sur les tuyau
capillaires, par le P. Gerdil. *Paris*, 1754, in-12. — Janvie
1755, p. 68; — juin, p. 1349.
r

2864. Dissertation sur la cause de l'élévation des liqueurs
dans les tubes capillaires, par de Lalande. *Paris*, 1770, in-1
— *Novembre 1770, p. 370.

2865. Traité de la construction théorique et pratique du
Scaphandre ou bateau de l'homme, par l'ab. de la Chapelle.
Paris, 1774, in-8. — Mars 1775, p. 453.

2866. Ragionamenti del dottor F. Strochetti, intorno alla
pressione dell' aria. *Venise*, 1705, in-4. — Août 1710.
p. 1420.

2867. Aerometriæ elementa, auct. C. Wolfio. 1709, in-12.
Avril 1710, p. 587.

2868. Aerographiæ Helvetiæ pars IIᵃ, auct. Scheuczer.
Zurich, 1725, in-4. — Novembre 1725, p. 1997.

2869. Description du ventilateur par lequel on peut renouveler facilement l'air des mines, des prisons, des hôpitaux, par Hales, trad. de l'angl. par Demours. *Paris*, 1744, in-12. — Octobre 1745, p. 1803.

2870. Purification de l'air croupissant dans les hôpitaux, les prisons et les vaisseaux de mer, par Genneté. *Nancy*, 1767, in-8. — * Juillet 1768, p. 155.

2871. Expériences et observations sur différentes espèces d'air, trad. de l'angl. de Priestley, par Gibelin. *Berlin*, 1775, in-12. — 1er suppl. de 1775, p. 35.

2872. Tractatus philosophicus de Barometro, auct. R. P. Laurentio Gobart, S. J. *Amsterdam*, 1703, in-12. — Septembre 1704, p. 1588.

Ce jésuite, né à Liége, auteur de cet ouvrage et d'un autre écrit en français, méritait une place dans la *France littéraire*.

2873. Ephemerides barometricæ, auct. Bern. Ramazzini. *Padoue*, 1710, in-12. — Novembre 1741, p. 1931.

2874. Recherches sur la vraie cause de l'ascension et de la descente du mercure dans le baromètre, par Changeux. 1774. — *Septembre 1774, p. 559.

2875. Descriptions, propriétés et figures des nouvelles pompes sans cuirs, de l'invention de M. Darles de Linières. *Paris*, 1768, in-4. — Mai 1769, p. 212.

2876. Observation ou réponse à la nouvelle description des pompes à incendie de M. Darles de Linières (par *Morat*). *Paris*, 1769. — * Mars 1769, p. 545.

Ces deux auteurs ne sont pas cités par Quérard. M. Morat était commandant de la compagnie des gardes-pompes.

2877. Description sur la cause de l'écho, par l'ab. de Hautefeuille. *Bordeaux*, 1718, in-18. — Mai 1718, p. 239.

2878. Nouveau système sur la transmission et les effets du son, avec un nouveau système sur le tempérament du clavecin et une nouvelle manière de l'accorder. *Paris*, 1747, in-4. — Août 1747, p. 1588.

2879. Nouvelle découverte d'un Thermomètre cherché depuis longtemps par MM. de l'académie royale des sciences, exempt des défauts des autres Thermomètres, contenant tous les avantages qui ne se trouvent que séparément et par parties, dans ceux dont on s'est servi jusqu'à présent, récemment inventé par M. Lazare Nuguet, prêtre. *Paris*, 1706, in-4. — Mai 1706, p. 732.

Auteur omis par Quérard.

2880. Résolution du problème proposé dans le Journal de Trévoux du mois de mars dernier, pour la construction de nouveaux Thermomètres et de nouveaux Baromètres de toutes sortes de grandeurs, par M. G*** (*Gauger*. *Paris*, 1710, in-8. — Janvier 1711, p. 159.

2881. Théorie de nouveaux Thermomètres et de nouveaux Baromètres de toutes sortes de grandeurs, par Gauger. *Paris*, 1722, in-12. — Mars 1723, p. 456.

Cet ouvrage est une 2ᵉ édit. augmentée de la *Résolution du problème*. Quérard (III, 280) le date à tort de 1720.

2882. Description de la méthode d'un Thermomètre universel (par *Michele*). *Paris*, 1742, in-8. — Juin 1742, p. 992.

Auteur non cité par Quérard.

2883. Description du grand miroir ardent par les sieurs Villette, père et fils, de Lyon. *Liége*, 1715, in-8. — Novembre 1716, p. 2085.

Cette brochure de 16 pages est de Villette le fils, car d'après la *Biographie lyonnaise*, p. 316, le père serait mort en 1698. Quérard ne cite pas cet auteur.

2884. Du miroir ardent d'Archimède, par du Tens. *Paris*, 1775, in-8. — 1ᵉʳ Suppl. de 1775, p. 148.

2885. Dissertation sur la cause de l'augmentation de poids que certaines matières acquièrent dans leur calcination, par le P. Béraud, S. J. *La Haye*, 1748, in-12. — Décembre 1748, p. 2501.

Edition non citée par Quérard.

2886. Dissertation sur la glace ou explication physique de la formation de la glace et de ses divers phénomènes, par Dortous de Mairan. *Paris*, 1749, in-12. — Juin 1750, p. 4494.

2887. Nouvelle manière pour lever l'eau par la force du feu, mise en lumière, par Papin. *Cassel*, 1707, in-8. — Janvier 1711, p. 132.

2888. Mémoire sur l'usage économique du digesteur de Papin (par *Queriau*). *Paris*, 1764, in-8. —* Mars 1762, p. 758.

2889. Description d'une machine à feu, construite dans les salines de Castiglione, avec des détails sur les machines de cette espèce les plus connues... par L. Guill. de Cambray. *Parme*, 1766, in-4. — Mai 1767, p. 254.

2890. Dissertation sur l'électricité des corps, par Désaguliers. *Bordeaux*, 1742, in-4. — Mars 1743, p. 492.

Cette dissertation, couronnée par l'académie de Bordeaux' n'est pas citée par Quérard (II, 487).

2891. Mémoire sur l'électricité (par *de Secondat*). *Paris,* 1746, in-8. — Novembre 1746, p. 2480.

2892. Tentamen de vi electrica ejusque phenomenis in quo aeris cum corporibus universis æquilibrium proponitur, auct. Nic. Bammacaro. *Naples,* 1748, in-8. — Février 1749, p. 344.

2893. Recueil de traités sur l'électricité, trad. de l'allemand et de l'anglais (de *Winckler, Watson, Freke* et *Martin*). *Paris,* 1748, 3 vol. in-12. — Juillet 1749, p. 1360.

2894. Expériences sur l'électricité, avec quelques conjectures sur la cause de ses effets, par Jallabert. *Genève,* 1748, in-8. — Juin 1749, p. 1233.

2895. Essai sur l'électricité des corps, par l'ab. Nollet. *Londres,* 1747, in-12. — 2ᵉ édit. *Paris,* 1750, in-12. — Février 1747, p. 323; — avril 1754, p. 864.

2896. Lettres sur l'électricité dans lesquelles on examine les diverses découvertes qui ont été faites sur cette matière, par l'ab. Nollet. 1ʳᵉ et 2ᵉ parties. *Paris,* 1753-1760, 2 vol. in-12. — 3ᵉ partie, dans laquelle on trouvera les principaux phénomènes découverts depuis 1760. *Paris,* 1767, in-12. — Juin 1753, p. 1251; — janvier 1761, p. 87; — décembre 1767, p. 571.

　　Quérard (VI, 444) dit bien qu'il y a trois volumes, mais il semble ignorer que le dernier est de 1767.

2897. Traité de la cause et des phénomènes de l'électricité, par Boullanger. *Paris,* 1750, 2 part. in-8. — Janvier 1751, p. 63.

2898. Expériences et observations sur l'électricité, faites à Philadelphie en Amérique par Benjamin Franklin, trad. de l'angl. (par *Dalibard*). *Paris,* 1752, in-12. — Nouvelle édit. *Paris,* 1756, 2 vol. in-12. — Juin 1752, p. 1208; — janvier 1757, p. 375.

2899. Histoire générale et particulière de l'électricité, ou ce qu'en ont dit de curieux et d'amusant, d'utile et d'intéressant, de réjouissant et de badin, quelques physiciens d'Europe (par l'ab. Mangin). *Paris,* 1752, 3 vol. in-12. — Janvier 1753, p. 484.

2900. Dell' Elettricismo, lettera di G. B. Beccaria. *Bologne,* 1758, in-4. — Avril 1759, p. 952.

2901. Lettre sur l'électricité, par le P. J. B. Beccaria, trad.

de l'ital. par Delor. *Paris*, 1754, in-12. — * Juin 1754,
p. 1526.

2902. Mécanique de l'électricité de l'univers (par de la Perrière de Roiffé). *Paris*, 1756, 2 vol. in-12. — Janvier 1757,
p. 379.

2903. Conjectures nouvelles sur les causes physiques des
phénomènes électriques, pour servir de nouveau prospectus
au *grand dictionnaire de physique*, par le P. Paulian, S. J.
Avignon, 1764, in-4. — Août 1764, p. 2077.

2904. Le Clavessin électrique, avec une nouvelle théorie
du mécanisme et des phénomènes de l'électricité, par le P.
de la Borde, S. J. *Paris*, 1761, in-12. — Janvier 1764,
p. 264.

> Cet écrivain est maltraité dans tous les dictionnaires bibliographi-
> ques et biographiques. Quérard ne lui attribue que le *Clavecin...*; le
> P. de Backer cite deux jésuites du même nom, qui doivent n'en faire
> qu'un (III, 180 et VI, 264) : le premier auteur de *L'art de bien pronon-
> cer le français... Varsovie*, 1765, in-8 ; et d'un livre polonais sur la dif-
> férence des deux puissances ; le second, auteur du *Clavecin*. Il faut y
> ajouter un Mémoire inséré dans l'Année littéraire, en 1764, t. VI,
> p. 338-349 ; — de plus, une observation astronomique, insérée dans le
> même journal, 1765, t. I, p. 401. Le P. de la Borde avait fait pa-
> raître dans les *Mémoires de Trévoux*, 1759, p. 1832 et 2378, deux lettres
> sur l'électricité qui furent reproduites dans son *Clavessin*. Enfin en 1768,
> il publia à Mayence la *Découverte des plus fameux problèmes de la
> géométrie sublime, la quadrature du cercle et la section de l'angle, par
> l'inventeur du Clavecin électrique*. 1768, in-4. — Dans une note de
> l'*Ode sur l'électricité*, par l'ab. d'Augerville, insérée dans les *Mémoires*,
> août 1762, p. 2030, on dit : « l'ingénieux clavessin électrique inventé
> par le P. Thillaie en 1761. » Notre auteur se nommerait-il *Thillaie de
> la Borde ?*

2905. Recherches sur les différents mouvements de la matière électrique, par Dutour. *Paris*, 1760. — * Décembre
1767, p. 573.

2906. Traité de l'électricité, par Sigaud de la Fond. *Paris*,
1774, in-12. — Avril 1774, p. 66.

2907. Expériences physico-mécaniques sur différents sujets
et principalement sur la lumière et l'électricité produites par
le frottement des corps, trad. de l'angl. de Hauksbee, par de
Brémond. *Paris*, 1754, 2 vol. in-12. — Avril 1755, p. 773.

2908. Dissertation sur la cause et la nature du tonnerre et
des éclairs, avec l'explication de divers phénomènes qui en
dépendent, par le R. P. Lozeran du Fesc, S. J. *Bordeaux*,
1726, in-8 ; — Nouvelle édit. par le P. Castel, S. J. *Paris*,
1727, in-8. — Août 1727, p. 1411 : — octobre, p. 1935.

2909. Lettres écrites à un philosophe sur le choix d'une hypo-

thèse propre à expliquer les effets de l'aimau, par de **Puget.**
Lyon, 1702, in-12. — Février 1703, p. 326.

2910. Nouvelle hypothèse sur les variations de l'aiguille
aimantée, par le P. Sarrabat, S. J. *Bordeaux*, 1727, in-12.
— Octobre 1727, p. 1910.

2911. Mémoire touchant la meilleure méthode d'observer
sur mer la déclinaison de l'aiguille aimantée ou la varia-
tion de la boussole, par Meynier. *Paris*, 1732, in-4. —
* Juin 1732, p. 1077.

2912. Traité sur les aimans artificiels, trad. de deux ouvrages anglais de J. Michell et J. Canton, par le P. Rivoire, S. J. *Paris*, 1752, in-12. — Avril 1752, p. 694.

2913. Description des courants magnétiques (par *Bazin*).
Paris, 1753, in-4. — * Juillet 1753, p. 1691.

2914. Mémoire sur les aimans artificiels, par Antheaume.
Paris, 1761, in-12. — Février 1761, p. 565.

Météorologie.

2915. Histoire naturelle de l'air et des météores, par l'ab.
Richard. *Paris*, 1770-1771, 10 vol. in-12. — Mars 1770,
p. 458; — janvier 1772, p. 38.

2916. Dissertatio physica de tempestatum varietate et in-
vestigandis veris ejus rationibus, præside J. F. Veidler.
Wittemberg, 1714, in-4. — Novembre 1718, p. 872.

2917. Kurze Betrachtungen uber zwey Phenomena, wel-
che sonst Lumen Boreale seu aurora Borealis genennet
werden... durch H. von Chanxe. *Francfort*, 1720, in-4.
— Août 1721, p. 1482.

2918. Traité physique et historique de l'aurore boréale,
par de Mairan. *Paris*, 1733, in-4. — 2e édit. *Ibid.* 1754,
in-4. — Octobre 1734, p. 1787; — octobre 1754, p.
2562.

2919. Caroli Noceti, S. J., de Iride et Aurorâ boreali Carmina.... cum notis J. R. Boscovich, S. J. *Rome*, 1747,
in-4. — Octobre 1748, p. 2247; — février 1749, p. 304;
— juin, p. 1155; — février 1750, p. 416.

2920. Dissertation sur la nature et la formation de la grêle,
par le P. B. Monestier, S. J. *Bordeaux*, 1752, in-4. —
Octobre 1753. p. 2469.

Mélanges.

2921. Essais et recherches de mathématiques et de physique, par Parent. Nouvelle édit. *Paris,* 1713, 3 vol. in-12. — Septembre 1713, p. 1646.

Édition non citée par Quérard (VI, 593).

2922. Miscellanea curiosa, beeing a collection of treatises of physick by E. Halley. *Londres,* 1705, in-8. — Janvier 1707, p. 115; — février, p. 216.

2923. Observationes mathematicæ et physicæ in India et China factæ a R. P. Fr. Noel, S. J. *Prague,* 1710, in-4. — Avril 1712, p. 691.

2924. Journal des observations physiques, mathématiques et botaniques, faites par ordre du roi sur les côtes orientales de l'Amérique méridionale et dans les Indes occidentales de 1707 à 1712, par le R. P. Feuillée, minime. *Paris,* 1714-1725, 3 vol. in-4. — Décembre 1715, p. 2388; — août 1727, p. 1417.

2925. Œuvres de M. Mariotte. *Leyde,* 1717, 2 vol. in-4. — Juin 1718, p. 1134.

2926. Observations curieuses sur toutes les parties de la physique, extraites et recueillies des meilleurs mémoires (par le P. *Bougeant,* S. J.). *Paris,* 1719, in-12. — T. 2 et 3 (par *Grozelier,* de l'Oratoire. 1730, 2 vol. in-12. — Mai 1719, p. 791; — décembre 1730, p. 2114.

2927. Observations mathématiques, astronomiques, géographiques, chronologiques et physiques tirées des anciens livres chinois, ou faites nouvellement aux Indes et à la Chine par les PP. de la C. de Jésus, rédigées et publiées par le P. E. Souciet, S. J. *Paris,* 1729-1732, 2 vol. in-4. — Juin 1730, p. 986; — juillet, p. 1433; — février 1733, p. 242.

2928. Recueil de différents traités de physique et d'histoire naturelle, par Deslandes. *Paris,* 1736, in-12. — 2e édit; *Ibid.* 1748. in-12. — 3e édit. *Paris,* 1750-1753, 3 vol. in-12. — Décembre 1736, p. 2617; — décembre 1748, p. 2714; — janvier 1751, p. 22 et 222; — août 1753, p. 1725.

Quérard (II, 516) ne cite pas la 1re édit.

2929. La curiosité fructueuse. *Paris,* 1739, in-8. — Septembre 1739, p. 2072.

2930. Oratio habita a J. A. Nollet cum primùm physicæ

experimentalis cursum auspicaretur, die Martis 17 maii 1753. *Paris.* 1753, in-4. — Août 1753, p. 1902.

2931. Songes physiques (par l'ab. Moreau de S. Elier). *Amsterdam,* 1754, in-12. — Juillet 1754, p. 1916.

2932. Essays and observations physical. *Edimbourg,* 1754, in-8. — Janvier 1755, p. 332.

2933. Mémoires de mathématiques et de physique rédigés à l'observatoire de Marseille (par les PP. *Blanchard, Pezenas, Lagrange,* S. J.). *Avignon,* 1755, 2 vol. in-4. — Octobre 1755, p. 2474; — janvier 1757, p. 350.

2934. Physique des corps animés, par le P. B*** (*Bertier*). *Paris,* 1755, in-12. — Janvier 1756, p. 32.

2935. Bibliothèque de physique et d'histoire naturelle, contenant la physique générale, la physique particulière (par l'ab. *Lambert*). *Paris,* 1757, 5 vol. in-12. — Janvier 1758, p. 377.

2936. Manuel physique, ou manière courte et facile d'expliquer les phénomènes de la nature, par Ferapied Dufieu. *Paris,* 1758, in-8. — * Août 1758, p. 2103.

2937. Amusements philosophiques sur diverses parties des sciences et principalement de la physique et des mathématiques, par le P. Bonav. Abat, cordelier. *Amsterdam,* 1763, in-8. — Octobre 1763, p. 2483.

2938. Mémoires donnés à l'Académie royale des sciences, non imprimés dans leur temps, par Fontaines. *Paris,* 1764, in-4. — Avril 1765, p. 1004; — mai, p. 1176.

2939. Essai de physique en forme de lettres, augmenté d'une lettre sur l'aimant, de réflexions sur l'électricité, et d'un petit traité sur le système planétaire (par *de Rancy*). *Paris,* 1769, in-12. — * Décembre 1769, p. 537.

2940. Petit recueil de physique et de morale, par de Moissy. *Paris,* 1771, in-8. — Juillet 1771, p. 182.

2941. Digressions académiques ou essais sur quelques sujets de physique, de chimie et d'histoire naturelle, par Guyton de Morveau. *Dijon,* 1772, in-12. — * Septembre 1772, p. 549.

2942. Observations sur la physique, sur l'histoire naturelle et sur les arts, ou journal de physique, par l'ab. Rozier. 2e année. T. 1. *Paris,* 1772, in-12. — Octobre 1772, p. 88.

Ce volume contient une lettre de M. Calvet sur un nouvel hydroscope. Quérard ne la cite pas à son article (II, 27).

2943. Opuscules physiques et chimiques de Lavoisier. T. I. *Paris*, 1774, in-8. — *Février 1774, p. 343.

2944. Récréations physiques, économiques et chimiques de Model, trad. de l'allemand, par Parmentier. *Paris*, 1774, 2 vol. in-8. — Juillet 1774, p. 18.

2945. Observations sur la physique, l'histoire naturelle et la peinture, par Gautier. *Paris*, 1752 (— 1755, 6 vol. in-12). — Février 1752, p. 337.

2946. Description et usages de plusieurs nouveaux microscopes tant simples que composez, par Joblot. *Paris*, 1718, in-4. — Septembre 1719, p. 1397.

2947. Le microscope à la portée de tout le monde, ou description, calcul et explication de la nature, de l'usage et de la force des meilleurs microscopes, trad. de l'anglais de Baker (par le P. *Pezenas*, S. J.). *Paris*, 1754, in-8. — Mars 1755, p. 695.

2948. Micrometria, auct. Frid. Balthazare. *Erlangen*, 1710, in-12. — Mars 1712, p. 457.

CHIMIE.

2949. Le chimiste physicien, où l'on démontre que les principes naturels de tous les corps sont véritablement ceux que l'on découvre par la chimie, et où par des expériences et des raisons fondées sur les lois des mécaniques, après avoir donné les moyens faciles pour les séparer des mixtes, on explique leurs propriétés et leurs usages, par Mangin, docteur en médecine. *Paris*, 1704, in-12. — Août 1704, p. 1400.

2950. Prælectiones chymicæ, auct. J. Freind. *Amsterdam*, 1710, in-12. — Octobre 1712, p. 1780.

2951. Nouveau cours de chimie, suivant les principes de Newton et de Stahl, avec un discours historique sur l'origine et les progrès de la chimie (par *Senac*). *Paris*, 1723, 2 vol. in-12. — Octobre 1723, p. 2020; — février 1724, p. 497.

> Quérard (IX, 46) dit 1737, d'après la Biographie universelle. D'après la même source, ce *Cours de chimie* ne serait pas de Senac, quoique le *Journal des Savants*, 1724, p. 29, le dise positivement. La Biographie Didot ne le lui attribue pas non plus.

2952. Eléments de chimie suivant les principes de Becker et de Stahl, trad. du latin de Junker, avec des notes par Demachy. *Paris*, 1757, 6 vol. in-12. — Juillet 1757, p. 1778.

2953. Traité de chimie, contenant la manière de préparer les remèdes qui sont le plus en usage dans la pratique de la médecine, par Malouin. *Paris*, 1734, in-12. — Septembre 1735, p. 1798.

2954. Introduction à la chimie par Rothe, trad. de l'allemand, par Clausier. *Paris*, 1741, in-12. —Avril 1743, p. 654.

2955. Cours de chimie de Montpellier, par J. A. G. D. M. (Gonthard). *Montpellier*, 1749, in-12. — *Octobre 1749, p. 2047.

2956. Eléments de chimie théorique, par Macquer. Nouvelle édit. *Paris*, 1754, in-12. — * Mai 1754. p. 1335.

2957. Eléments de chimie pratique, contenant la description des opérations fondamentales de la chimie, par Macquer. *Paris*, 1751, 2 vol. in-12. — 2ᵉ édit. *Paris*, 1756, 2 vol. in-12. — Mai 1753, p. 991; — octobre 1756, p. 2344.

2958. Plan d'un cours de chimie expérimentale et raisonnée avec un discours historique sur la chimie, par Macquer et Baumé. *Paris*, 1757, in-12. — *Janvier 1758, p. 375.

2959. Chimie expérimentale et raisonnée, par Baumé. *Paris*, 1773, 3 vol. in-8. — * Juin 1773, p. 570.

2960. Eléments de chimie, trad. du latin de Boerhaave, par Allamand. *Amsterdam*, 1752, 2 vol. in-12. — Janvier 1753, p. 384.

2961. Eléments de docimastique ou l'art des essais, trad. du latin de Cramer (par *Villiers*). *Paris*, 1755, 4 vol. in-12. — Septembre 1755, p. 2293.

2962. Cours de chimie, contenant la manière de faire les opérations qui sont en usage dans la médecine, par Lemery. Nouvelle édit. par Baron. *Paris*, 1756, in-4. — Juin 1756, p. 1391.

2963. Leçons de chimie propres à perfectionner la physique, le commerce et les arts, par P. Shaw, trad. de l'anglais (par Mᵐᵉ *Thiroux d'Arconville*). *Paris*, 1759, in-4. — *Novembre 1759, p. 2864.

2964. Instituts de chimie ou principes élémentaires de cette science présentés sous un nouveau jour, par Demachy. *Paris*, 1766, 2 vol. in-12. — Juin 1766, p. 1449.

2965. Procédés chimiques rangés méthodiquement et définis, pour servir de suite aux « Instituts de chimie », par Demachy. *Paris*, 1769, in-12. — Août 1769, p. 364.

2966. Recueil de dissertations physico-chimiques, par Demachy. *Amsterdam*, 1774, in-8. — *Juin 1774, p. 568.

2967. J. R. Spielmann institutiones chemiæ. *Strasbourg*, 1766, in-8. — *Décembre 1767, p. 527.

2968. Instituts de chimie de Spielman, trad. du latin par Cadet le jeune. *Paris*, 1770, 2 v. in-12. — *Octobre 1770, p. 485.

2969. Physico-chimie théorique en dialogues, par J. de Croix. *Lille*, 1769, in-8. — *Janvier 1770, p. 167.

2970. Dictionnaire de chimie, par Macquer. *Paris*, 1766, 2 v. in-8. — Juin 1766, p. 1448.

2971. G. E. Stalhii opusculum chymico-physico-medicum. *Hall*, 1715, in-4. — Août 1746, p. 1594.

2972. Dissertations chimiques de Pott, trad. par Demachy. *Paris*, 1759, 4 v. in-12. — *Novembre 1759, p. 2862.

2973. Œuvres de M. Henckel, trad. de l'allem. (par *d'Holbach* et *Charas*). *Paris*, 1760, 2 v. in-4. — Août 1761, p. 1925; — septembre, p. 2213.

2974. Opuscules chimiques de Margraff (publiés par *Demachy*). *Paris*, 1762, 2 v. in-12. — Juillet 1762, p. 1859; — août, p. 1994.

2975. Abrégé de la doctrine de Paracelse et de ses archidoxes, avec une application de la nature et des principes de la chimie (par *Colonne*). *Paris*, 1724, in-12. — Mai 1724, p. 787.

2976. Secrets rares et éprouvés par du Quesnoy. *Paris*, 1708, in-12. — *Avril 1709, p. 742.

Je cite le nom de l'auteur d'après les Mémoires; Quérard (VII, 398) l'appelle *Quesnot*.

2977. Réflexions sur la fermentation et sur la nature du feu, fondées sur des expériences nouvelles, par Rouvière. *Paris*, 1708, in-12. — Avril 1708, p. 670.

2978. L'Alkaest ou le dissolvant universel de Van-Helmont, révélé dans plusieurs faits qui en découvrent le secret, par le Pelletier. *Rouen*, 1704, in-12. — Suite du traité de l'Alkaest, où l'on rapporte plusieurs endroits des ouvrages de G. Starkey, qui découvrent la manière de volatiliser les

alcalis... *Rouen*, 1706, in-12. — Novembre 1704, p. 1861 ;
— février 1706, p. 239.

2979. Dissertation sur l'éther, dans laquelle on examine les
différents produits du mélange de l'esprit-de-vin avec les
acides minéraux, par Baumé. *Paris*, 1757, in-12. — Juin
1757, p. 1469.

2980. Expériences chimiques sur la congellation de l'eau de
mer et de l'eau des puits, par Rigaut, physicien de la
marine. — Décembre 1763, p. 497.

Quérard ne les cite pas (VIII, 50).

2981. Essai de chimie sur la chaux vive, la matière élas-
tique et électrique, le feu et l'acide universel primitif, trad.
de l'allem. de Meyer, par Dreux. *Paris*, 1766, 2 v. in-12. —
Mai 1766, p. 1286.

2982. Essai pour servir à l'histoire de la putréfaction, par
le traducteur des leçons de chimie de Schaw (Mme *d'Arconville*). *Paris*, 1766, in-8. — Mai 1766, p. 1302 ; — juillet,
p. 30 ; — août, p. 223.

2983. Chimie hydraulique pour extraire les sels essentiels
des végétaux, animaux et minéraux avec l'eau pure, par
M. D. L. G. (*de la Garaye*). *Paris*, 1746, in-12. — Nouvelle
édit. par Parmentier. *Paris*, 1775, in-12. — Décembre
1745, p. 2240 ; — avril 1775, p. 172.

2984. Recherches sur les vertus de l'eau de goudron, trad.
de l'angl. de Berkley (par *Boullier*). *Amsterdam*, 1745, in-12.
— Avril 1746, p. 679.

2985. Traité des liqueurs, esprits ou essences, et la manière de s'en servir utilement, par François Guislier du
Verger. *Louvain*, 1728, in-12. — Décembre 1728,
p. 2296.

Cet auteur, « maître distillateur en art de chimie à Paris, établi à
Bruxelles, » n'est pas cité dans Quérard. Le compte rendu de cet ouvrage assez curieux est signé *Adam*. M. *Louvain*, 15 *mars* 1728.

2986. Recherches historiques et critiques sur les différents
moyens qu'on a employés jusqu'à présent pour refroidir les
liqueurs (par *Roux*). *Paris*, 1758, in-12. — *Août 1758,
p. 2103.

2987. Laboratoire de Flore ou chimie champêtre végétale,
contenant la manière de faire avec les plantes les liqueurs.
Paris, 1774, in-12. — *Décembre 1774, p. 544.

2988. Chimie du goût et de l'odorat, ou principes pour composer facilement et à peu de frais, les liqueurs à boire et
les eaux de senteur (par le P. *Poncelet*, récollet). *Paris*,

1755, in-8. — Nouvelle édit. *Paris*, 1774, in-8. — Octobre 1756, p. 2586; — mai 1774, p. 289.

2989. Expériences physiques et chimiques sur plusieurs matières relatives au commerce, trad. de l'angl. de Lewis par de Puisieux. *Paris*, 1769, 3 v. in-12. — Novembre 1769, p. 374.

HISTOIRE NATURELLE.

Traités généraux.

2990. Le naturaliste moral. *Rouen*, 1702, in-12. — *Juin 1702, p. 185.

2991. Cours d'histoire naturelle, ou tableau de la nature considérée dans l'homme, les quadrupèdes, les oiseaux, les poissons et les insectes (par *de Beaurieu*). *Paris*, 1770, 7 v. in-12. — Décembre 1770, p. 508.

2992. Manuel du naturaliste (par Duchesne et Macquer). *Paris*, 1771, in-8. — Mars 1771, p. 426.

2993. Dictionnaire raisonné universel d'histoire naturelle, contenant l'histoire des animaux, des végétaux et des minéraux... par Valmont de Bomare. *Paris*, 1764, 5 v. in-8. — *Février 1764, p. 563.

2994. Lettres sur les animaux, les végétaux et les minéraux. par Buchoz. *Paris*, 1768-1769. — *Mai 1769, p. 384.

2995. L'élève de la nature (par *de Beaurieu*). Nouvelle édit. *Lille*, 1772, 3 v. in-12. — *Mai 1772, p. 378.

2996. Histoire naturelle générale et particulière, avec la description du cabinet du Roi, par Buffon et Daubenton. *Paris*, 1749-1753, 4 v. in-4. — Septembre 1749. p. 1853; — octobre, p. 2226; — novembre, p. 2362: — mars 1750, p. 581; — juin, p. 1288; — décembre 1753, p. 2843; — . janvier 1754, p. 132.

    Cet ouvrage, achevé en 1804, forme 44 vol. in-4.

2997. Catalogue du cabinet d'histoire naturelle de Bomare de Valmont. *Paris*, 1758, in-12. — Avril 1758. p. 954.

2998. Mémoire instructif sur la manière de rassembler, de préparer, de conserver et d'envoyer les diverses curiosités d'histoire naturelle (par le chev. *Turgot*). *Lyon*, 1758, in-8. — Juin 1758, p. 1520.

2999. Le spectacle de la nature, ou entretiens sur les particularités de l'histoire naturelle (par l'ab. *Pluche*). *Paris*, 1732-1750, 9 v. in-12. — Mars 1732, p. 384 ; — novembre 1735, p. 2300 ; — juillet 1739, p. 1337 ; — septembre 1746, p. 1745 ; — décembre, p. 2596 et 2776 ; — juillet 1750, p. 1668 ; — mars 1751, p. 583.

3000. Mélanges d'histoire naturelle, par Alléon-Dulac. *Lyon*, 1765, 6 v. in-8. — *Janvier 1766, p. 170.

Quérard dit 1763. La *Biographie Didot* (II, 155) dit que la *France littéraire* ne cite pas les deux ouvrages d'Alléon-Dulac; ils s'y trouvent fort bien au t. I, p. 37-38.

3001. C. Plinii Secundi historiæ naturalis lib. XXXVII, quos interpretatione et notis illustravit J. Harduinus, S. J. Edit. IIᵃ. *Paris*, 1723, 3 v. in-fol. — Décembre 1724, p. 2447.

3002. Histoire naturelle de Pline, trad. en franç. avec le texte latin rétabli d'après les meilleures leçons manuscrites, accompagné de notes...(par *Poinsinet de Sivry*, de *Querlon*, etc.) *Paris*, 1771 — (1782, 12 v. in-4). — Septembre 1771, p. 434 ; — Janvier 1775, p. 63.

Histoire naturelle de la terre.

3003. Géographie physique ou essai sur l'histoire naturelle de la terre, trad. de l'anglais de Woodward par Noguès, avec la réponse aux objections du docteur Camerarius, plusieurs lettres sur la même matière et la distribution méthodique des fossiles, trad. de l'anglais du même, par le P. Niceron. *Paris*, 1735, in-4. — Février 1736, p. 244.

3004. Essai d'une histoire naturelle des couches de la terre, dans lequel on traite de leur formation, de leur situation, des minéraux, des métaux et des fossiles qu'elles contiennent, avec des considérations physiques sur les causes des tremblements de terre et de leur propagation, par Lehmann. Trad. de l'allem. (par *d'Holbach*). *Paris*, 1759, in-12. — Juillet 1760, p. 1691.

3005. Dissertation sur la tourbe de Picardie, par Bellery. *Amiens*, 1755, in-12. — Juin 1755, p. 1425.

3006. Mémoire sur la tourbe, par Bizet. *Amiens*, 1760, in-12. — * Février 1760, p. 545.

3007. Dissertation sur l'asphalte ou ciment naturel découvert depuis quelques années au Val-Travers dans la comté de Neufchâtel, par Eyrini d'Eyrinis. *Paris*, 1721, in-12. — Avril 1722, p. 613.

3008. Avis au public et mémoire sur quelques singularités du terroir de Gabian et principalement sur la fontaine d'huile de pétrole, qui y coule, par Rivière. *Montpellier*, 1749, in-4. — Décembre 1749, p. 2613.

C'est apparemment une nouvelle édition. Rivière, mort en 1734, avait fait paraître ce Mémoire en 1717 (*Quérard*, VIII, 65).

3009. Histoire naturelle des glaciers de la Suisse, trad. libre de l'allemand de Gruner, par de Keralio. *Paris*, 1770, in-4. — Mai 1770, p. 268.

3010. Istoria naturale del monte Vesuvio, da Gasp. Paragallo. *Naples*, 1705, in-4. — Janvier 1712, p. 122.

3011. Storia e fenomeni del Vesuvio esposto dal P. G. Maria della Torre. *Naples*, 1755, in-4. — Novembre 1757, p. 2745.

3012. Divisamento critico sulle correnti opinioni intorno a fenomeni del Vesuvio e degli altri volcani, dal. P. G. d'Amato, S. J. *Naples*, 1756, in-8. — Novembre 1757, p. 2745.

3013. Histoire et phénomènes du Vésuve, par della Torre, trad. de l'ital. par l'ab. Peton. — Dissertation critique sur les opinions courantes touchant les phénomènes du Vésuve et des autres volcans, par le P. G. d'Amato, S. J., trad. de l'ital. *Paris*, 1760, in-12. — Janvier 1761, p. 283.

3014. Discorso sull'origine de' Tremuoti in cui se esamina di proposito una nuova opinione intorno alla cagione di essi, dal P. M. del Bono, S. J. *Palerme*, 1745, in-4. — Août 1750, p. 1800.

3015. Considérations sur la cause physique des tremblements de terre, par Hales, avec la lettre pastorale de M. l'évêque de Londres sur la cause morale du même phénomène, trad. de l'angl. (par l'ab. Mazeas). *Paris*, 1751, in-12. — Juillet 1751, p. 1745.

3016. Histoire des tremblements de terre arrivés à Lima, capitale du Pérou, et autres lieux, avec la description du Pérou, par Hales, trad. de l'anglais. *La Haye*, 1752, 2 vol. in-12. — Octobre 1752, p. 2267.

3017. Histoire des anciennes révolutions du globe terrestre, avec une relation chronologique et historique des tremblements de terre arrivés sur notre globe depuis le commencement de l'ère chrétienne, trad. de l'allem. (de *Kruger* par *Sellius*, revu par l'ab. Sépher). *Amsterdam*, 1752, in-12. — Janvier 1754, p. 67.

3018. Dissertation sur les tremblements de terre et les éruptions de feu qui firent échouer le projet de l'empereur Julien, de rétablir le temple de Jérusalem, où l'on prouve l'action immédiate de la Providence, ou un miracle proprement dit, pour maintenir la vérité des prophéties, par Warburton (trad. par *Mazéas*). *Paris*, 1754 et 1764, 2 vol. in-12. — Novembre 1754, p. 2813 ; — * août 1764, p. 564.

La 2ᵉ édit. que Quérard ne cite pas, n'est que la première avec un nouveau frontispice.

3019. Conjectures physico-mécaniques sur la propagation des secousses dans les tremblements de terre, et sur la disposition des lieux qui en ont ressenti les effets (par *Desmarets*). *Paris*, 1756, in-12. — Mai 1756, p. 1261.

3020. Réflexions sur les causes des tremblements de terre avec les principes qu'on doit suivre pour dissiper les orages, tant sur terre que sur mer (par la Mᵉ *de Colombières*). *Paris*, 1757, in-12. — Décembre 1757, p. 3012.

3021. Mémoire sur la cause des tremblements de terre, par Thomas. *Paris*, 1758, in-12. — Octobre 1758, p. 2589.

Histoire naturelle des eaux.

3022. Osservazioni naturali intorno al mare e alla grana detta de Kermes, dal C. Marsilli. *Venise*, 1714, in-4. — Février 1715, p. 266.

3023. Histoire physique de la mer, par le comte de Marsigli (trad. de l'ital. par *Leclerc*). *Amsterdam*, 1725, in-fol. — Février 1727, p. 225.

3024. Telliamed, ou entretiens d'un philosophe indien avec un missionnaire français sur la mer, la formation de la terre, l'origine de l'homme, etc., mis en ordre sur les mémoires de feu M. de Maillet, par J. A. G*** (*Guers*). *Amsterdam*, 1748, 2 vol. in-12. — Avril 1749, p. 631.

3025. Explication du flux et du reflux dans leurs véritables conséquences (par l'ab. *de Brancas*). *Paris*, 1749, in-4. — Mai 1750, p. 1114 ; — septembre, p. 2012.

3026. The use and abuse of sea wather impartially considered, by Rob. White. *Londres*, 1775. — Décembre 1775, p. 389.

3027. Dissertation sur la cause de la salure de la mer, par le P. Sarrabat, S. J. *Bordeaux*, 1728, in-12. — Février 1729, p. 364.

3028. Expériences physiques sur la manière de rendre l'eau de la mer potable, sur la manière de conserver l'eau douce. le biscuit, le bled,.... par Hales, trad. de l'angl. (par de Brémond). *Paris*, 1744, in-12. — Avril 1743, p. 675.

Quérard (IV, 11) dit 1736.

3029. Dell' origine delle fontane e dell' adolcimento dell' acqua marina. Lettere da N. Ghezzi, S. J. *Venise*, 1742, in-12. — Juin 1744, p. 1032.

3030. Lettre de M. Jourdan de Pellerin à l'occasion d'une critique insérée dans le Journal Economique contre sa méthode de conserver l'eau douce. 1755, in-12. — *Août 1755, p. 2104.

3031. Dissertation sur l'air maritime (par *Bertrand*). *Marseille*, 1726, in-4. — Février 1727, p. 267.

Barbier et Quérard disent 1724.

3032. Réponse à la dissertation sur l'air maritime (par *Gerin*). *Marseille*, 1726, in-4. — Février 1727, p. 267.

M. Gerin, lieutenant général de l'amirauté, académicien de Marseille, commandeur de l'ordre de S.-Lazare, n'est cité ni par Barbier, ni par Quérard.

3033. Expériences sur le cours des fleuves, par Genneté. *Paris*, 1764, in-12. — * Mai 1764, p. 1318.

Quérard (III, 313) dit 1760.

3034. Théorie des fleuves avec l'art de bâtir dans leurs eaux et de prévenir leurs ravages, par Silberschlag, trad. de l'allem. par M. d'Au.... (*d'Auxiron*). *Paris*, 1769, in-4. — Avril 1769, p. 180.

3035. Veridica e distinta relazione dei danneggiamenti causati dalle escrescenze del Pò in Mantoua, Ferrara e Pavia. *Rome*, 1705. — Juillet 1706, p. 1433.

3036. Méditations sur l'origine des fontaines, l'eau des puits et autres problèmes qui ont du rapport à ce sujet, par Kuhn. *Bordeaux*, 1741, in-4. — Juillet 1742, p. 1286.

3037. De fontium origine Dissertationes in quibus Aristotelis super eâ re sententia cum eâ quam insignes ætatis nostræ sapientes amplexi sunt, exponitur et confirmatur (par le P. P. M. *Salomoni*, S. J.). *Florence*, 1748, in-4. — Mars 1754, p. 609.

3038. Short memoirs for the natural history of medicinal waters, by J. F. M. D. 1709, in-8. — Septembre 1744, p. 1610.

3039. Méthode générale d'analyse, ou recherches physiques sur les moyens de connaître toutes les eaux minérales, trad. de l'angl. de Shaw, par Coste. *Paris*, 1767, in-12. — Août 1767, p. 197.

3040. Traité des eaux minérales, avec plusieurs mémoires de chimie relatifs à cet objet, par Monnet. *Paris*, 1768, in-12. — Septembre 1768, p. 535.

3041. Mémoire sur la manière d'agir des bains d'eau douce et d'eau de mer et sur leur usage, par Maret. *Paris*, 1769, in-8. — Avril 1770, p. 148.

3042. Traité analytique des eaux minérales en général, de leurs propriétés et de leur usage dans les maladies, par Raulin. *Paris*, 1772-74, 2 vol. in-12. — * Mai 1773, p. 352.

3043. Dictionnaire des eaux minérales, contenant leur histoire naturelle, des observations générales et des notices particulières sur différentes fontaines, une bibliothèque hydraulique.... par l'auteur de l'*Histoire universelle du règne végétal. Paris*, 1775, 2 vol. in-8. — Janvier 1775, p. 87.

3044. Histoire naturelle des eaux chaudes d'Aix en Provence, par Lauthier. *Aix*, 1705, in-12. — Octobre 1705, p. 1696.

3045. Analyse des eaux minérales de la ville d'Aix, par Ant. Aucane Emerie. *Avignon*, 1705, in-12. — Octobre 1705, p. 1696.

Cet auteur, médecin à Aix, n'est pas cité par Quérard.

3046. Traité des eaux minérales d'Aix en Provence, par Louis Arnauld. *Avignon*, 1705, in-12. — Juin 1706, p. 1004.

3047. De l'air, de la terre et des eaux de Boulogne-sur-mer, par Desmars. Nouvelle édit. *Paris*, 1761, in-12. — Mars 1762, p. 754.

3048. Dissertation sur les eaux minérales de Bourbonne-les-Bains, par H. Gautier. *Troyes*, 1746, in-8. — Mai 1746, p. 854.

3049. Quæstiones medicæ circa Thermas Borbonienses, præside Renato Charles. *Besançon*, 1721, in-8. — Mai 1722, p. 790.

3050. Traité des eaux minérales de Bourbonne-les-Bains, par Baudry. *Dijon*, 1736, in-8. — Janvier 1737, p. 189.

Quérard a oublié cet auteur, médecin et intendant des eaux de Bourbonne.

3051. Dissertation contenant de nouvelles observations sur la fièvre quarte et l'eau thermale de Bourbonne en Champagne, par Juvet. *Chaumont*, 1750, in-12. — Novembre 1751, p. 2408.

3052. De thermis Borbonensibus apud Campanos specimen (par *Juvet*). *Chaumont*, 1774. — 2e suppl. de 1775, p. 497.

Non cité par Quérard (IV, 281).

3053. J. G. Bergeri de thermis Carolinis commentatio. *Wittemberg*, 1710, in-4. — Avril 1711, p. 684.

3054. Observations de physique et d'histoire naturelle sur les eaux minérales de Dax, de Bagnères et de Baréges, par de Secondat. *Paris*, 1750, in-12. — Décembre 1750, p. 2792.

3055. Analyse des eaux de Forges, par P. A. Marteau. *Paris*, 1756, in-12. — Mai 1756, p. 1307.

3056. Observations sur la nature, la vertu et l'usage des eaux minérales et médicinales de Souche (sic), près de Dôle, en Franche-Comté (par le P. Fr. *de Pierre*, S. J.). *Dôle*, 1710, in-12. — Février 1711, p. 362.

3057. Analyse des eaux de Joûhe, proche de la ville de Dôle, en Franche-Comté (par *Normand*). *Dôle*, 1740, in-12. — Mars 1742, p. 512.

3058. Analyses chimiques des nouvelles eaux minérales-vitrioliques-ferrugineuses, découvertes à Passy dans la maison de Mme de Casalbigi (par *Venel, Bayen, Rouelle et Cadet*). *Paris*, 1757, in-12. — Juin 1757, p. 1521.

Le Catalogue Falconet, t. I, nos 3858 et 3859, nomme le second auteur *Payen*; Quérard le cite de même au t. VI, p. 645, bien qu'au tome I, 229, il ait attribué à *Bayen* cet ouvrage sur les eaux de Passy.

3059. Quæstiones medicæ circa fontes medicatos Plumbariæ (par J. Cl. *Morel*). *Besançon*, 1746, in-12. — Février 1747, p. 373.

Quérard ne cite pas cet auteur. En 1745, *René Charles* publia un ouvrage sous le même titre. (Voir le Catal. Falconet, nos 3870 et 3871.)

3060. Observations sur les eaux minérales de Pougues, par

Raulin, avec l'analyse de ces mêmes eaux, par Costel. *Paris*, 1769, in-12. — Octobre 1769, p. 182.

Quérard ne cite pas le second de ces auteurs, « qui était un ancien apothicaire, aide-major des camps et armées du roi. »

3061. Traité des eaux minérales de la ville de Rouen, par de Nihell. *Rouen*, 1759, in-12. — Novembre 1759, p. 2849.

Quérard ne cite pas cet ouvrage, qui est, je pense, de J. Nihell (VI, 419).

3062. Examen des eaux minérales de Verberie (par *Demachy*). 1758, in-12. — Août 1758, p. 2088.

3063. Traité des eaux minérales de Verdusan, connues sous le nom d'eaux minérales de Castera-Vivent avec leur analyse, par Raulin. *Paris*, 1773, in-12. — * Mai 1773, p. 354.

3064. Lettre écrite à MM. les doyens et docteurs régents de la faculté de médecine, par le sieur Poitevin, privilégié du roi pour les bains chauds de la Seine. *Paris*, 1766, in-8. — Septembre 1766, p. 460.

Minéralogie. — Métallurgie.

3065. Minéralogie ou nouvelle exposition du règne minéral, avec un Dictionnaire nomenclateur et des tables synoptiques, par Valmont de Bomare. *Paris*, 1761, 2 vol. in-8. — 2e édit., 1774, 2 vol. in-8. — Mars 1762, p. 655 ; — mai, p. 1255 ; — mars 1774, p. 452.

3066. Essai d'une nouvelle minéralogie, trad. du suédois et de l'allemand de Wiedmann, par Dreux, fils. *Paris*, 1774, in-8. — *Juillet 1774, p. 180.

3067. Supplément à la chimie et à l'histoire du règne minéral, par Ch. A. Gerhard. T. 1. *Berlin*, 1774. — Février 1775, p. 225.

Non cité par Quérard (III, 332).

3068. Introduction à l'étude des corps naturels tirés du règne minéral, par Bucquet. *Paris*, 1771, 2 vol. in-12. — * Janvier 1772, p. 483.

3069. Observations de M. Dreux concernant un mémoire sur l'existence de l'air fixe dans les minéraux, avec des expériences qui prouvent que quelques-uns n'ont point d'acide, par M. Krenger. — Avril 1774, p. 81.

Quérard nomme cet auteur *Le Dreux* (V, 69) et ne cite pas cet article.

3070. Traité des pierres qui s'engendrent dans les terres et dans les animaux, par N. Venette. *Amsterdam*, 1701, in-12. — * Novembre 1701, p. 378.

3071. Mémoires sur l'action du feu égal, violent et continué pendant plusieurs jours, sur un grand nombre de terres, de pierres, de chaux métalliques essayées pour la plupart telles qu'elles sortent de terre, par d'Arcet. *Paris*, 1766, in-8. — Décembre 1766, p. 553.

3072. Œuvres métallurgiques de J. C. Orschall (trad. de l'allem. par *d'Holbach*). *Paris*, 1760, in-12. — Septembre 1760, p. 2267.

3073. Métallurgie ou l'art de tirer et de purifier les métaux, par A. Barba, trad. de l'espagnol (par *Lenglet-Dufresnoy*). *Paris*, 1751, 2 vol. in-12. — * Février 1752, p. 362.

3074. Traité de la formation des métaux et de leurs matrices ou minières, par J. G. Lehmann, trad. de l'allem. (par *d'Holbach*). *Paris*, 1759, in-12. — Juillet 1759, p. 1733.

3075. L'art des mines ou introduction aux connaissances nécessaires pour l'exploitation des mines métalliques avec un traité des exhalaisons minérales ou moufettes, par Lehmann, trad. de l'allem. (par *d'Holbach*). *Paris*, 1759, in-12. — Avril 1760, p. 1065.

3076. De la fonte des mines, des fonderies, etc., trad. de l'allem. de C. A. Schlutter, par Hellot. *Paris*, 1750-1753, 2 vol. in-4. — Novembre 1750, p. 2628; — février 1754, p. 322.

3077. Projet d'ouverture et d'exploitation de minières et de mines d'or et d'autres métaux aux environs du Gardon, de l'Hérault et d'autres rivières, par l'ab. de Gua de Malves. *Paris*, 1764, in-8. — Juillet 1764, p. 484.

3078. Mémoire sur la manière dont on extrait en Corse le fer de la mine d'Elbe, d'où l'on déduit une comparaison de la méthode catalane en général avec celle qui se pratique dans nos forges, par Tronson du Coudray. *Upsal*, 1775, in-8. — * Janvier 1775, p. 176.

3079. Nouvelles expériences et observations sur le fer relativement à ce que M. de Buffon en a dit, par Tronson du Coudray. *Upsal*, 1775, in-8. — Septembre 1775, p. 476.

3080. Mémoire sur l'utilité, la nature et l'exploitation du charbon minéral, par de Tilly. *Paris*, 1758, in-12. — Octobre 1758, p. 2684.

3081. L'art d'exploiter les mines de charbon de terre, par Morand. *Paris*, 1768-1773, 2 vol. in-fol. — Avril 1769, p. 20; — janvier 1774, p. 198.

3082. Mémoire sur la nature, les effets, propriétés et avantages du feu de charbon de terre apprêté pour être employé commodément, économiquement..., par Morand. *Paris*, 1771, in-12. — * Septembre 1771, p. 567.

3083. Examen de la houille considérée comme engrais des terres, par Raulin. *Paris*, 1775, in-12. — Septembre 1775, p. 467.

3084. La platine, l'or blanc ou le huitième métal (par *Morin*). *Paris*, 1758, in-12. — Mai 1758, p. 1313.

3085. Philosophi in cunis de ambra meteoro ad naturæ curiosos epistola. *Berlin*, 1706. — Octobre 1708, p. 1781.

3086. J. F. Veidleri exercitatio de phosphoro mercuriali eo præcipue qui in barometris lucet. *Wittemberg*, 1715, in-4. — Novembre 1717, p. 1849.

3087. Dissertatio de noctiluca mercuriali, sive luce quam argentum vivum in tenebris fundit. *Giessen*, 1716, in-4. — Novembre 1717, p. 1856.

3088. Dissertation sur la cause de la lumière des phosphores et des noctiluques, par Dortous de Mairan. *Bordeaux*, 1717, in-12. — Novembre 1717, p. 1859.

Quérard (V, 448) dit *noctugnes* au lieu de *noctiluques*.

3089. Lettre sur l'analyse du soufre commun, écrite à M. Lemery, par Chrouet. *Liége*, 1707, in-12. — Juin 1707, p. 1121.

Quérard ne cite pas cet écrivain, auteur de la traduction suivante : *Spadacrene ou dissertation sur les eaux de Spa, par Henri de Heers, avec des notes de W. Chrouet.* La Haye, Paupie, 1739, in-12. — Au t. IV, p. 54, de la *France littéraire*, cet ouvrage est cité, mais sans le nom du traducteur ; je l'ai trouvé dans le Catalogue Falconet, t. I, n° 3912.

3090. Traité du soufre, ou remarques sur la dispute qui s'est élevée entre les chimistes au sujet du soufre tant commun combustible ou volatil, que fixe, trad. de l'allem. de Stahl (par *d'Holbach*). *Paris*, 1766, in-12. — Juin 1766, p. 1499.

3091. Traité de l'antimoine, contenant l'analyse chimique de ce minéral, par N. Lemery. *Paris*, 1706, in-12. — Juillet 1707, p. 1143.

3092. Observations critiques ,sur le traité de l'antimoine de Lemery. *Paris*, 1707, in-12. — Décembre 1707, p. 2084.

3093. L'Histoire naturelle éclaircie dans une de ses parties principales, l'Orychtologie, qui traite des terres, des pierres, des métaux, des minéraux et autres fossiles, par M*** (*Dezallier d'Argenville*). *Paris*, 1755, in-4. — Juillet 1755, p. 1811.

3094. Orychtographiæ Pedemontanæ specimen, auct. Allioni. *Paris*, 1757, in-8. — * Décembre 1757, p. 3027.

3095. Nouvelles idées sur la formation des fossiles (par *de Robien*). *Paris*, 1751, in-12. — Octobre 1751, p. 2295.

3096. Essai de cristallographie, ou description des figures géométriques, propres à différents corps du règne minéral connus sous le nom de cristaux, par de Romé Delisle. *Paris*, 1772, in-8. — Juillet 1772, p. 169.

3097. Traité des diamants et des perles, par D. Jeffries, trad. de l'anglais (par *Chappotin*). *Paris*. 1753, in-8. — Octobre 1753, p. 2339.

3098. Traité abrégé des pierres fines, suivi des calculs et opérations d'alliage sur les matières d'or et d'argent. *Paris*, 1769, in-12. — * Décembre 1769, p. 541.

3099. Supplément à l'instruction pour la connaissance des diamants. *Paris*, 1750. — * Janvier 1750, p. 489.

3100. De salibus dissertatio epistolaris physico-medico-mechanica a D. Guillelmini. *Venise*, 1705, in-8. — Octobre 1711, p. 1773.

3101. Lettres philosophiques sur la formation des sels, des cristaux et la génération et le mécanisme des plantes et des animaux, par Bourguet. *Amsterdam*, 1729, in-12. — Nouv édit. *Ibid.*, 1762, in-12. — Octobre 1730, p. 1739; — août 1740, p. 1636; — avril 1763, p. 765.

L'avantage d'une table! Le second article commence ainsi : « Nous ne scaurions dire... comment ce livre que nous avions entre les mains se déroba il y a dix ans à nos yeux. » Les rédacteurs ne se sont pas doutés que précédemment on avait rendu compte de cet ouvrage.

3102. Traité des sels, dans lequel on démontre qu'ils sont composés d'une terre subtile, intimement combinée avec de l'eau, trad. de l'allemand de Stahl (par *d'Holbach*). *Paris*, 1771, in-12. — * Août 1771, p. 376.

3103. G. C. Schelhammeri de nitro tum veterum, tum

nostro, commentatio. *Amsterdam*, 1709, in-8. — Mai 1714, p. 883.

3104. Dissertation sur la nature de l'esprit de nitre dulcifié, relativement à la dissolution du mercure. *Londres*, 1770, in-2. — * Mars 1771, p. 553.

3105. L'histoire naturelle éclaircie dans deux de ses parties principales, la Lithologie et la Conchyliologie (par *Dezallier d'Argenville*). *Paris*, 1742, in-4. — Octobre 1742, p. 1885; — février 1743, p. 322; — mars, p. 423.

3106. Museum Tessinianum. *Stockholm*, 1753, in-fol. — Janvier 1755, p. 327.

AGRICULTURE.

Dictionnaires. — Traités généraux et particuliers.

3107. Dictionnaire universel d'agriculture et de jardinage, de fauconnerie, chasse, pêche, cuisine (par *la Chenaye-des-Bois*). *Paris*, 1754, 2 vol. in-4. — Août 1754, p. 1914.

3108. Histoire de l'agriculture ancienne, extraite de l'Histoire naturelle de Pline. livre XVIII, avec des éclaircissements et des remarques (par *Desplaces*). *Paris*, 1765, in-12. — Octobre 1765, p. 1133.

3109. Le Gentilhomme cultivateur, ou corps complet d'agriculture, tiré de l'anglais et de tous les auteurs, par Dupuy-Demportes. *Paris*, 1764 (et ann. suiv. 8 vol. in-4). — Mars 1762, p. 728; — juillet, p. 1604.

3110. Traité de la culture des terres suivant les principes de Tull, par Duhamel du Monceau. *Paris*, 1750-1755, 4 vol. in-12. — Juillet 1750, p. 1557; — janvier 1755, p. 54; — avril 1756, p. 1077.

3111. Ecole d'agriculture, par Duhamel du Monceau. *Paris*, 1759, in-12. — * Février 1759, p. 567.

3112. Eléments d'agriculture, par Duhamel du Monceau. *Paris*, 1762, 2 vol. in-12. — Janvier 1763, p. 5 et p. 364.

3113. Lettre à M. Duhamel du Monceau, le bienfaiteur de l'agriculture, par François (de Neufchâteau), lue, le 25 août 1769 à la séance publique de la Société roy. des sciences et belles-lettres de Nancy. *Neufchâteau*, 1769, in-8. — Décembre 1769, p. 403.

Non cité par Quérard (III, 196).

3114. Eléments d'agriculture physique et chimique, trad. du latin de Wallerius. *Yverdon*, 1766, in-12. — * Janvier 1767, p. 473.

3115. Manuel d'agriculture pour les laboureurs, pour les propriétaires et pour le gouvernement, par de la Salle de l'Etang. *Paris*, 1764, in-8. — Nouv. édit. *Paris*, 1767, in-8. — * Juin 1764, p. 1140; — * mai 1767, p. 356.

Quérard (IV, 580) ne cite que la 1re édition.

3116. L'agriculture complète, ou l'art d'améliorer les terres, trad. de l'angl. de Mortimer (par *Eidous*). *Paris*, 1765, 4 vol. in-12. — 2e édit. *Paris*, 1774, 4 vol. in-12. — Décembre 1764, p. 1463; — avril 1765, p. 774; — * juillet 1774, p. 178.

Quérard (VI, 326) ne cite que la 1re édit.

3117. Traduction d'anciens ouvrages latins relatifs à l'agriculture et à la médecine vétérinaire, par Saboureux de la Bonneterie. *Paris*, (1774-1775, 6 vol. in-8.) — Novembre 1774, p. 347.

3118. Observations sur l'agriculture et le jardinage, par Angran de Ruëneuve. *Paris*, 1742, 2 vol. in-12. — Mai 1742, p. 885.

Cet auteur, conseiller du roi en l'élection d'Orléans, est omis par Quérard.

3119. Essai sur l'agriculture moderne, dans lequel il est traité des arbres, arbrisseaux et sous-arbrisseaux de pleine terre dont on peut former des allées, bosquets, massifs (par les abbés *Nolin* et *Blavet*). *Paris*, 1755, in-12. — Janvier 1757, p. 380.

3120. Essai sur l'administration des terres (par *Quesnay*). *Paris*, 1759, in-8. — Octobre 1759, p. 2411.

3121. Mémoire sur l'agriculture, avec l'extrait des 6 premiers livres du corps complet d'économie rustique de feu Thomas Hale. *Paris*, 1760, in-4. — Octobre 1760, p. 2399.

3122. Les principes de l'agriculture et de la végétation, trad. de l'anglais de Home (par *Marais*). *Paris*, 1761, in-12. — * Mars 1761, p. 758.

3123. Préservatif contre l'agromanie, ou l'agriculture réduite à ses vrais principes (par *Desplaces*). *Paris*, 1762, in-12. — Avril 1762, p. 1024.

3124. Mémoires sur l'agriculture en général, et en particulier sur la culture et le défrichement des champs, par Le Large. *Londres*, 1762, in-12. — Juin 1762, p. 1389.

3125. L'art de s'enrichir promptement par l'agriculture, prouvé par des expériences, par Despommiers. *Paris*, 1762, in-12. — Juillet 1762, p. 1843.

3126. Mémoire sur la pratique du semoir dans lequel les avantages sont démontrés par le résultat des produits de plusieurs champs ensemencés avec cet instrument d'agriculture, comparés avec ceux d'autres champs ensemencés suivant l'usage ordinaire (par *Thomé*). *Lyon*, 1762, in-8. — Septembre 1762, p. 2216.

3127. Manuel des champs, ou recueil choisi et amusant de tout ce qui est le plus nécessaire et le plus utile pour vivre avec aisance et agrément à la campagne, par de Chanvalon, prêtre. *Paris*, 1764, in-12. — Janvier 1764, p. 379.

3128. Instructions familières en forme d'entretiens sur les principaux objets qui concernent la culture des terres, par Thierriat. *Paris*, 1763, in-12. — Mars 1764, p. 647.

3129. Nuova maniera di seminare, coltivare il grano. *Florence*, 1764, in-4. — Avril 1765, p. 926.

3130. Défense de plusieurs ouvrages sur l'agriculture, ou réponse au livre (de M. de la Salle) intitulé : *Manuel d'agriculture* (par *de la Marre*). *Paris*, 1765, in-12. — *Juin 1765, p. 1530.

3131. Observations physiques sur l'agriculture, les plantes, les minéraux, les végétaux (par *Tiphaigne*). *La Haye*, 1765, in-12. — Juillet 1765, p. 5.

3132. Agriculture expérimentale à l'usage des agriculteurs, fermiers et laboureurs, par Sarcey de Sutières. *Paris*, 1765, in-12. — Juillet 1765, p. 456.

3133. Ecole d'agriculture pratique suivant les principes de M. Sarcey de Sutières, par de Grace. *Paris*, 1770, in-12. — *Février 1771, p. 370.

3134. Examen sur le système de M. Dupont, sur la culture faite avec des chevaux, et celle faite par les bœufs, par le bureau d'agriculture de Soissons. *Soissons*, 1765, in-12. — Juillet 1765, p. 176.

3135. Nouveau mémoire sur l'agriculture, et sur les distinctions qu'on peut accorder aux riches laboureurs, par V*** (*Vaudrey*). *Paris*, 1767, in-12. — *Mars 1768, p. 570.

3136. Observations et expériences sur diverses parties de l'agriculture, par Formanoir de Palteau. *La Haye*, 1768, in-8. — *Août 1768, p. 369.

3137. L'agriculture simplifiée selon les règles des anciers. avec un projet propre à la faire revivre (par *Caraccioli*). *Paris*, 1769, in-12. — Mai 1769, p. 497.

3138. Traité politique et économique des communes, ou observations sur l'agriculture, sur l'origine, la destination et l'état actuel des biens communaux (par le comte *d'Essuille*). *Paris*, 1770, in-8. — Décembre 1770, p. 418.

3139. Mémoire sur les argiles, ou recherches et expériences chimiques et physiques sur la nature des terres les plus propres à l'agriculture, par Baumé. *Paris*, 1770, in-8. — *Décembre 1770, p. 564.

3140. Le cri de l'agriculture, par M. (*Becus*). *Paris*, 1775, in-12. — Mai 1775, p. 294.
Auteur inconnu à Barbier et à Quérard.

3141. Boussole agronomique, ou guide des laboureurs. Ouvrage posthume de M. de Gui*** (*de Neuve-Eglise*). Trad. du latin, par quatre curés normands. *Paris*, 1762-1765, 4 part. in-8. — *Octobre 1762, p. 2665.

3142. Le guide du fermier ou instructions pour élever, nourrir, acheter et vendre les bêtes à corne, les brebis, trad. de l'anglais (de *Young*, par *Fresnais*). 5e édit. *Paris*, 1770, in-12. — Nouvelle édition. *Paris*, 1773, 2 v. in-12. — *Février 1771, p. 373; — *octobre 1773, p. 169.

3143. Le manuel du cultivateur dans les vignobles d'Orléans. *Orléans*, 1771, in-8. — * Mars 1771, p. 563.

3144. Défense de l'agriculture expérimentale, ou réfutation de l'extrait de cet ouvrage inséré dans le *Journal économique* de juin 1765, par Sarcey de Sutières. *Paris*, 1766, in-12. — * Septembre 1766, p. 567.

3145. Recueil de mémoires concernant l'économie rurale, par une société établie à Berne. *Zurich*, 1760, in-8. — Janvier 1762, p. 74 et 279; — février, p. 446.

3146. Etablissement d'une société d'agriculture, de commerce et des arts dans la province de Bretagne, par délibération des états. *Rennes*, 1757, in-4. — Juin 1757, p. 1509.

3147. Corps d'observation de la société d'agriculture, du commerce et des arts, établie par les états de Bretagne, 1757 et 1758. *Rennes*, 1760, in-8. — 1759-1760. Paris, 1762, in-8. — Novembre 1760, p. 2727; — octobre 1762, p. 2328.

3148. Recueil contenant les délibérations de la société royale d'agriculture de la généralité de Paris, du 12 mars au 10 septembre 1761. *Paris*, 1762, in-8. — Juillet 1762, p. 1707.

Traités particuliers sur la culture des terres, les plantations, etc.

3149. Dissertation sur la cause de la fertilité des terres, par Kulbel. *Bordeaux*, 1741, in-4. — Janvier 1742, p. 170.

3150. Essais sur l'amélioration des terres (par *Pattulo*, rédigé par *Marmontel*). *Paris*, 1758, in-12. —* Août 1758, p. 2100.

3151. Mémoires sur les défrichements (par de *Turbilly*). *Paris*, 1760. in-12. — Octobre 1760, p. 2636.

3152. Addition à la pratique sur les défrichements, par le marquis de Turbilly. *Paris*, 1764, in-12. — Avril 1764, p. 1120.

Quérard (VI, 43) ne cite que la iv⁰ édit. de la *Pratique* (1811).

3153. La nature dans la formation du tonnerre et la reproduction des êtres vivants, pour servir d'introduction aux vrais principes d'agriculture, par l'ab. Poncelet. *Paris*, 1766, in-8. — Janvier 1767, p. 94.

3154. Mémoire sur la qualité et l'emploi des engrais par de Massac. *Paris*, 1767, in-12. — Juillet 1767, p. 164.

3155. Le système de la fertilisation, par Scipion Bexon. *Nancy*, 1773, in-8. — * Août 1773, p. 364.

Quérard (I, 322) attribue à tort cet ouvrage à l'abbé Bexon, frère de Scipion.

3156. Traité du chanvre, par Marcandier. *Paris*, 1758, in-12. — Juillet 1758, p. 1733.

3157. Mémoire raisonné sur l'avantage de semer du trèfle en prairies ambulantes, par de Ferrand. *Paris*, 1769, in-12. — Août 1769, p. 874.

D'après Barbier et Quérard, cet ouvrage serait anonyme.

3158. Traité de la garance, ou recherches sur tout ce qui a rapport à cette plante, par de L*** de Marseille. *Paris*, 1768, in-8. — Février 1769, p. 364.

3159. Unterricht zum besten Ambau der Taback, durch H. Kroge. *Breslau*, 1775. — Décembre 1775, p. 413.

3160. Papaver ex omni antiquitate erutum. *Nüremberg*, 1743, in-4. — Octobre 1745, p. 1731.

3161. Traité sur les meilleures manières de cultiver la navette et le colza (par l'ab. *Rozier*). *Paris*. 1774, in-8.—Mai 1774, p. 343.

3162. Dissertation physico-médicale sur les truffes et les champignons, par Paunier de Longchamp, le fils. *Avignon*, 1766, in-12. — Mai 1767, p. 374.

3163. Mémoire sur les pommes de terre et sur le pain économique, par Mustel. *Rouen*, 1767, in-8. — Mai 1768, p. 349.

3164. Examen chimique des pommes de terre, dans lequel on traite des parties constituantes du bled, par Parmentier. *Paris*, 1773, in-12. — * Septembre 1773, p. 551.

3165. Histoire naturelle des fraisiers, contenant les vues d'économie réunies à la botanique, par Duchesne fils. *Paris*. 1766, in-12. — Septembre 1766, p. 475.

Quérard (II, 624) dit à tort 1786.

3166. Traité de la conservation des grains et en particulier du froment, par Duhamel du Monceau. *Paris*, 1753, in-12. — Supplément. *Paris*, 1765, in-12. — Mai 1753, p. 1029: — *septembre 1765, p. 745.

3167. Précis des expériences qui ont été faites par ordre du roi à Trianon sur la cause de la corruption des bleds et sur les moyens de la prévenir (par *Tillet*). *Troyes*, 1756, in-12. — Janvier 1757, p. 262.

3168. L'art de conserver les grains, par B. Inthiery (l'ab. *Galiani*), trad. de l'ital. par D. N. E. (*de Neuve-Eglise*), ancien officier de cavalerie. *Paris*, 1770, in-8. — Janvier 1771, p. 178.

3169. Méthode pour recueillir les grains dans les années pluvieuses et les empêcher de germer, par Ducarne de Blangy. *Paris*, 1771, in-8. — Janvier 1772, p. 475.

3170. Mémoire sur la conservation des grains, par l'ab. Villin, curé de Cormeilles. *Amiens*, 1774, in-12. — Août 1774, p. 352.

Auteur omis par Quérard.

3171. Dissertation sur la cause qui corrompt et noircit les grains de bled dans les épis et sur les moyens de prévenir ces accidents, par Tillet. *Bordeaux*, 1755, in-4. — Septembre 1755, p. 2192.

3172. Traité du seigle ergoté, par Read. *Strasbourg*, 1771. in-8. — * Juin 1772, p. 567.

3173. Dictionnaire portatif des caux et forêts, par Massé. *Paris*, 1766, 2 v. in-8. — Juillet 1766, p. 148.

3174. Dictionnaire raisonné des eaux et forêts, par Chailland. *Paris*, 1769, 2 vol. in-4. — Juin 1769, p. 565.

Auteur non cité par Quérard.

3175. Manuel forestier et portatif, par Guiot. *Paris*, 1770, in-12. — * Janvier 1771, p. 176.

Dans la *France littéraire*, Guiot a deux articles; l'un à *Guiot* (III, 545), l'autre à *Guyot* (III, 558).

3176. L'arpenteur forestier, par Guiot. *Paris*, 1764, in-8. —Nouv. édit. *Paris*, 1770, in-8. — Décembre 1764, p. 1467; — * janvier 1771, p. 477.

3177. Traité des bois et des différentes manières de les semer, planter, cultiver, exploiter, transporter et conserver, par l'auteur du *Dictionnaire portatif des eaux et forêts* (*Massé*). *Paris*, 1769, 2 vol. in-8. — * Novembre 1769, p. 569.

3178. De l'exploitation des bois, ou moyens de tirer un parti avantageux des taillis, des demi-futaies et hautes futaies, par Duhamel du Monceau. *Paris*, 1764, in-4.

Quérard (II, 655) dit 1762.

3179. Du transport, de la conservation et de la force des bois, où l'on trouve des moyens d'attendrir les bois, par Duhamel du Monceau. *Paris*, 1767, in-4. — Septembre 1767, p. 478.

Économie rurale.

3180. Dictionnaire pratique du bon ménager de campagne et de ville, par Liger. *Paris*, 1716, 2 vol. in-4. — Septembre 1716, p. 1674.

3181. Dictionnaire domestique portatif, contenant toutes les connaissances relatives à l'économie domestique et rurale, par une société de gens de lettres (*Roux, Goulin* et *Aubert de la Chenaye-des-Bois*). *Paris*, 1762, 3 v. in-8. — *Mars 1763, p. 746.

3182. Dictionnaire économique, contenant l'art de faire valoir les terres, par l'ab. Chomel. Nouv. édit., par M. de la Marre. *Paris*, 1767, 3 vol. in-fol. — * Août 1767, p. 357.

3183. Economie générale de la campagne, ou nouvelle maison rustique dans les moyens faciles pour rétablir l'abon-

dance de toutes sortes de grains, par Liger. *Paris*, 1709
2 vol. in-4. — * Février 1710, p. 366.

Quérard (V, 304) dit 1700, peut-être pour 1709.

3184. Les amusements de la campagne, par Liger. *Paris*,
1709, 2 vol. in-12. — * Février 1710, p. 366.

3185. Ménage universel de la ville et des champs et le Jardinier, par de la Ferrière. Nouv. édit. *Bruxelles*, 1733,
2 vol. in-12. — * Juillet 1734, p. 1338.

Ouvrage omis par Quérard (IV, 393).

3186. Le Socrate rustique, ou description de la conduite économique et morale d'un paysan philosophe, trad. de l'allem. de Hirzel, par un officier au service de la France
(*Frey des Landres*). 2e édit. *Zurich*, 1764, in-8. — Février
1765, p. 546.

Quérard (IV, 112) indique la date 1774 pour la 2e édit.

3187. La réduction économique ou l'amélioration des terres
par économie (par *Maupin*). *Paris*, 1767, in-12. — Mai
1767, p. 360.

3188. Die Landwertschafft, durch Gottlieb von Schoen-
feld. *Leipsick*, 1774. — Janvier 1775, p. 33.

3189. Les agréments de la campagne, ou remarques particulières sur la construction des maisons de campagne (par
de Groot). *Paris*, 1750, in-4. — *Ibid.* 1752, 3 vol. in-12. —
Novembre 1750, p. 2368; — * avril 1752, p. 938.

3190. Instruction sur la manière d'élever et de perfectionner les bêtes à laine, composée en suédois par F. W. Hast-
fer, mise en franç. par M*** (*Poholi*, publié par l'ab. *Carlier*). *Paris*, 1756, 2 vol. in-12. — Octobre 1756, p. 2476.

3191. Considérations sur les moyens de rétablir en France
les bonnes espèces de bêtes à laine (par l'ab. *Carlier*). *Paris*,
1762, in-12. — Juillet 1762, p. 1733.

3192. Traité des bêtes à laine, ou méthode d'élever et de
gouverner les troupeaux aux champs et à la bergerie, par
l'ab. Carlier. *Paris*, 1770, 2 vol. in-4. — Janvier 1774,
p. 44.

3193. Le parfait bouvier, ou instruction concernant la connaissance des bœufs et vaches, par J. G. Boutrolle. *Rouen*,
1767, in-12. — Mars 1767, p. 513.

3194. L'abondance ou véritable pierre philosophale, qui
consiste seulement à la multiplication de toutes sortes de
grains, de fruits, de fleurs et généralement de tous les végé-

tatifs, par Pierre Brodin de la Jutais. *Paris*, 1752, in-12.
— * Octobre 1752, p. 2458.

Quérard ne cite pas cet auteur. Le Catalogue Van Hulthem (t. I,
n° 6526) donne sous le même nom : *Moyen de multiplier les grains, les
fruits*, etc. *Paris*, 1806, ce qui me paraît une nouvelle édition de *l'A-
bondance...*

3195. L'art de faire éclore et d'élever en toute saison des
oiseaux domestiques de toutes espèces, soit par le moyen
de la chaleur du fumier, soit par le moyen de celle du feu
ordinaire, par de Réaumur. *Paris*, 1749, 2 vol. in-12. —
Janvier 1750, p. 1 ; — février, p. 330.

3196. Culture des abeilles ou méthode expérimentale de
tirer meilleur parti des abeilles, par une construction de
ruches mieux assorties à leur instinct, par Duchet. *Vevey*,
1774, in-8. — * Novembre 1773, p. 372.

3197. Le gouvernement ou la république des abeilles, et
les moyens d'en tirer une grande utilité, par Simon, avocat. 3ᵉ édit. *Paris*, 1758, in-12. — Janvier 1760, p. 197.

3198. Nouveau traité des abeilles et nouvelles ruches de
paille, par de Boisjugan. *Caen*, 1771, in-12. — Janvier
1772, p. 168.

3199. Traité de l'éducation des abeilles où se trouve aussi
leur histoire, par Ducarne de Blangy. *Paris*, 1774, in-12.
— Janvier 1772, p. 172.

Culture des arbres.

3200. Observations sur la culture des arbres fruitiers, par
Robert. *Paris*, 1748, in-12 — * Mai 1748, p. 448.

3201. Des semis et des plantations des arbres et de leur
culture, ou méthode pour multiplier et élever les arbres,
par Duhamel du Monceau. *Paris*, 1760, in-4. — Février
1761, p. 494.

3202. Traité des arbres fruitiers, contenant leur figure, leur
description, leur culture, par Duhamel du Monceau. *Paris*,
1770, 2 vol. in-4. — Septembre 1770, p. 472.

3203. Traité des arbres fruitiers, extrait des meilleurs auteurs par la société économique de Berne, trad. de l'allem.
et augmenté par un de ses membres. *Yverdon*, 1769, 2 vol.
in-12. — * Avril 1769, p. 461.

3204. Observations sur la culture des arbres à haute tige, particulièrement des pommiers, sur la manière d'en faire le cidre, et sur celle de convertir les plus mauvaises terres en bois, par Thierriat. *Noyon*, 1753, in-12. — *Septembre 1760, p. 2284.

3205. L'art de cultiver les pommiers, les poiriers, et de faire le cidre selon l'usage de Normandie, par le marquis de Chambray. *Paris*, 1765, in-12. — Novembre 1765, p. 1329.

3206. L'art de cultiver les peupliers d'Italie, avec des observations sur le choix, la disposition des pépinières,.. par Pelée de S. Maurice. *Paris*, 1762, in-8. — 2e édit. *Ibid.* 1767, in-8. — Octobre 1762, p. 2480 ; — mai 1767, p. 364.

3207. Traité de la culture des pêchers (par *de Combes*). *Paris*, 1745, in-12. — Nouvelle édit. *Ibid.* 1770, in-12. — Avril 1746, p. 596 ; — mai 1770, p. 372.

3208. Traité de la culture du figuier, par de la Brousse. *Amsterdam*, 1774, in-12. — *Décembre 1774, p. 530.

3209. Mémoire instructif sur les pépinières de mûriers blancs et les manufactures de vers à soie dont le conseil a ordonné l'établissement dans le Poitou. *Poitiers*, 1742, in-8. — Décembre 1742, p. 2236.

3210. L'art de cultiver les mûriers blancs, d'élever les vers à soye, de tirer la soye des cocons (par *Pomier*). *Paris*, 1754. in-8. — Décembre 1754, p. 3037.

3211. Essais sur la culture du mûrier blanc et du peuplier d'Italie, et les moyens les plus sûrs d'établir solidement et en peu de temps le commerce des soies. *Dijon*, 1766, in-12. — Décembre 1766, p. 564.

3212. Mémoire sur la manière d'élever les vers à soie et sur la culture du mûrier blanc (par *Thomé*). *Amsterdam*, 1767. in-12. — Mai 1767, p. 374.

3213. Traité des mûriers, suivi d'une nouvelle méthode pour faire éclore les vers à soie, par l'auteur du *Traité de la garance* (*Lesbros*). *Paris*, 1769, in-8. — *Janvier 1770. p. 179.

3214. La muriométrie, instruction nouvelle sur les vers à soie, sur les plantations de mûriers blancs, par Dubet. *Lausanne*, 1770, in-8. — *Mars 1771, p. 564.

3215. Mémoire et journal d'observations et d'expériences sur les moyens de garantir les olives de la piqûre des insectes, par Sieuve. *Paris*, 1769, in-8. — Août 1769, p. 357.

Jardinage.

3216. Le jardinier solitaire, ou dialogues entre un curieux et un jardinier solitaire (par le frère *François*). *Paris*, 1704, in-12. — Août 1704, p. 1377.

3217. Le jardinier solitaire, contenant la méthode de faire et cultiver un jardin fruitier et potager (par le F. *François*). *Paris*, 1734, in-12. — * Septembre 1734, p. 1724.

Quérard (III, 193) ne cite pas cette réimpression, mais une de 1770. Le Catal. Van Hulthem (I, nos 6085 et 6086) en cite de 1728 et 1749.

3218. Le jardinier fleuriste et historiographe, ou la culture universelle des fleurs, arbres, arbustes et arbrisseaux, servant à l'embellissement des jardins; ensemble la manière de dresser toutes sortes de parterres, berceaux de verdure, bosquets, boulingrins, etc., par L. Liger d'Auxerre. *Paris*, 1704. 2 vol. in-12. — Nouvelle édit. *Ibid.* 1748, 2 vol. in-12. — Septembre 1704, p. 1529; — * mars 1748, p. 670.

3219. La théorie et la pratique du jardinage, où l'on traite à fond des beaux jardins appelés communément jardins de propreté (par *Dezallier d'Argenville*). *Paris*, 1709, in-4. — 2e édit. *Paris*, 1713, in-4. — 4e édit. *Paris*, 1747, in-4. — Mai 1710, p. 807; — décembre 1714, p. 2082; — août 1748, p. 1603.

3220. Traité des jardins par le sieur Saussay. *Paris*, 1722, in-12. — Juillet 1722, p. 1269.

Auteur non cité par Quérard.

3221. Le bon jardinier. Nouvelle édit. *Paris*, 1760, in-12. — Nouvelle édit. *Paris*, 1765, in-12. — * Février 1760, p. 549; — * janvier 1765, p. 194.

3222. Manuel du jardinier, par Mandirole. trad. par Randi (*Andry*). *Paris*, 1765, in-12. — Juillet 1765, p. 369.

3223. Manuel du jardinier, ou journal de son travail distribué par mois, par D*** (*Dezallier d'Argenville*). *Paris*, 1772, in-12. — * Juillet 1772, p. 172.

3224. Instructions sur le jardinage qui renferment en abrégé ce qui a rapport à la culture des fleurs, des fruits, et des legumes, par J. G. Wenckeler, dit Equer. *Paris*, 1767, in-8. — * Mars 1768, p. 543.

Auteur omis par Quérard.

3225. La théorie et la pratique du jardinage et de l'agriculture, par principes et démontrées d'après la physique des

végétaux, par l'ab. Roger de Schabol. *Paris*, 1767, in-8.
— * Janvier 1768, p. 180.

Quérard ne cite pas cette édition (VIII, 116).

3226. La pratique du jardinage, par l'ab. Roger Schabol.
Ouvrage rédigé après sa mort sur ses mémoires par D***
(*Dezallier d'Argenville*). *Paris*, 1770, 2 vol. in-8. — Juin
1770, p. 442; — février 1772, p. 376.

3227. Essai sur les jardins par Watelet. *Paris*, 1774, in-8.
— Février 1775, p. 247.

3228. Eloge des principales fleurs de nos jardins. Nouvelle
édit. *Paris*, 1773, in-12. — * Octobre 1773, p. 171.

3229. Traité de la culture des différentes fleurs, des nar-
cisses, des giroflées, des tubéreuses (par de S. *Pérari*). *Paris*,
1765, in-12. — Décembre 1765, p. 1444.

3230. Traité des renoncules (par le P. d'Ardenne). *Paris*,
1746, in-12. — Septembre 1747, p. 1849.

3231. Traité sur la connaissance et la culture des jacintes,
par l'auteur du *traité des renoncules* (le P. *d'Ardenne*). *Paris*,
1760, in-12. — * Avril 1760, p 1127.

3232. Beauté de la nature ou fleurimanie raisonnée, concernant l'art de cultiver les œillets, par R. X. Mallet. *Paris*,
1775, in-12. — Novembre 1775, p. 353.

3233. La culture parfaite des jardins fruitiers et potagers,
par le sieur Liger. *Paris*, 1763, in-12. — Novembre 1702,
p. 43.

3234. L'école du jardin potager, par l'auteur du *Traité de la
culture des pêchers* (de Combes). *Paris*, 1750, 2 vol. in-12. —
Avril 1750, p. 837; — juin, p. 1365.

3235. Année champêtre, partie qui traite de ce qu'il convient de faire chaque mois dans le potager (par le P. *d'Ardenne*). *Florence*, 1769, 3 vol. in-12. — Avril 1769, p. 185.

3236. Lettres sur la méthode de s'enrichir promptement et
de conserver la santé par la culture des végétaux exotiques,
par Buchoz. *Paris*, 1768, in-8. — Novembre 1768, p. 374.

Botanique.

3237. Dictionnaire botanique et pharmaceutique, contenant
les principales propriétés des minéraux, des végétaux, par

Dom Nicolas Alexandre. *Paris*, 1716, in-8. — Août 1718. p. 319.

3238. Dictionnaire portatif des herborisants, ou manuel de botanique. *Paris*, 1772, 2 vol. in-8. — * Janvier 1773, p. 169.

3239. Abrégé des éléments de botanique, ou méthode pour connaître les plantes, par de Tournefort. *Paris*, 1752, in-12. — * Février 1752, p. 361.

    Quérard (IX, 517) dit *Avignon*, 1749.

3240. Manuel de botanique, contenant les propriétés des plantes utiles pour la nourriture, d'usage en médecine, par Duchesne fils. *Paris*, 1764, in-12. — Décembre 1764, p. 1430.

3241. Le Botaniste français, contenant toutes les plantes communes et usuelles, par Barbeu-Dubourg. *Paris*, 1767, 2 v. in-12. — Octobre 1767, p 94.

3242. Démonstrations élémentaires de botanique (par l'ab. *Rosier* et *Claret de la Tourette*). Nouvelle édit. *Lyon*, 1773, 2 v. in-8. — * Mars 1773, p. 561.

3243. Caroli Linnæi series plantarum exhibentes plantas rite cognitas ad genera relatas, cum differentiis specificis. *Stockholm*, 1753, 2 vol. in-8. — Janvier 1755, p. 364.

3244. C. Linnæi amœnitates academicæ seu dissertationes variæ Physicæ medicæ botanicæ. Vol. III *Stockholm*, 1756, in-8. — Avril 1757, p. 881.

3245. Familles des plantes, par Adanson. *Paris*, 1764, 2 v. in-8. — Avril 1764, p. 785.

3246. Manuel médical et usuel des plantes tant exotiques qu'indigènes, par Buchoz. *Paris*, 1771, 2 v. in-12. — * Mai 1771, p. 363.

3247. Manuel alimentaire des plantes, par Buchoz. *Paris*, 1771, in-8. — * Septembre 1771, p. 562.

3248. La statique des végétaux et l'analyse de l'air. Expériences nouvelles, trad. de l'anglais de Hales (par *de Buffon*). *Paris*, 1735, in-4. — Octobre 1735, p. 2054 : — décembre, p. 2114.

3249. Dissertation de M. Rob. Limbourg : Quelle est l'influence de l'air sur les végétaux? *Bordeaux*, 1758, in-4. — Janvier 1760, p. 249.

3250. Discours sur les progrès de la botanique au Jardin royal de Paris , suivi d'une introduction à la connaissance des plantes, par de Jussieu. *Paris*, 1748, in-4.—Avril 1749. p. 677.

3251. J. Raii, Historiæ Plantarum, T. III, accessit historia stirpium insulæ Lusonis, autore J. Camelio, S. J. liem Jos. Pitton Tournefort corollarium institutionum rei herbariæ. *Londres*, 1704, in-fol. — Avril 1706, p. 644.

3252. Curiosités de la nature et de l'art sur la végétation, ou l'agriculture et le jardinage dans leur perfection, par de Vallemont. Nouvelle édit. *Paris*, 1741, 2 vol. in-12. — Avril 1714, p. 694.

3253. Herbarium antediluvianum, collectum a J. Scheuczer. *Zurich*, 1709, in-fol. — Janvier 1713, p. 68.

3254. Dictionnaire raisonné universel des plantes, arbres et arbustes de la France, par Buchoz. *Paris*, 1770, 4 v. in-8. — Septembre 1770, p. 551.

3255. Description des plantes qui naissent ou se renouvellent aux environs de Paris, par Fabregou. *Paris*, 1731-(1740, 6 v. in-12.) — * Mars 1737, p. 562.
   Quérard ne cite pas cet auteur.

3256. Histoire des plantes qui naissent aux environs d'Aix et dans plusieurs autres endroits de la Provence, par Garidel. *Aix*, 1715, in-fol. — * Février 1749, p. 369.

3257. Ludovici Gerardi flora Gallo-Provincialis. *Paris*, 1761. in-8. —Octobre 1761, p. 2446.

3258. Traité historique des plantes qui croissent dans la Lorraine et dans les trois Evêchés, par Buchoz. *Nancy*, 1764. 2 v. in-8. — Octobre 1764, p. 815 ; — octobre 1765, p. 769.

3259. Tournefortius Lotharingiæ, ou catalogue des plantes qui croissent dans la Lorraine et les trois Evêchés, rangées suivant le système de Tournefort, par Buchoz. *Paris*, 1766. in-8. — * Novembre 1766, p. 347.

3260. Plantæ per Galliam, Hispaniam et Italiam observatæ, a R. P. J. Barrelier ; opus posthumum accur. Ant. Jussieu. *Paris*, 1714, in-fol. — Août 1714, p. 1451.

3261. Mémoire pour servir à l'instruction de l'histoire naturelle des plantes de Russie et à l'établissement d'un jardin botanique à Saint-Pétersbourg, par Deschizaux. *Paris*, 1725, in-8. — * Novembre 1725, p. 2406.

3262. C. Linnæi flora Zeylanica, sistens plantas indicas Zeylanæ insulæ. *Stockholm*, 1747, in-8. —Septembre 1749, p. 1787.

3263. C. Linnæi hortus Upsalensis exhibens plantas exoticas horto Upsaliensis academicæ a se illatas ab ann. 1742 ad 1748. *Stockholm*. 1748, in-8. — Septembre 1749, p. 1796.

3264. Amœnitatum exoticarum politico-physico-medicinarum fasciculi quinque.. ab Eng. Kaempffer. *Lemgou*, 1712, in-4. — Mars 1715, p. 373.

3265. Curiosités de la nature et de l'art apportées dans deux voyages des Indes, l'un aux Indes d'occident en 1698 et 1699, l'autre aux Indes d'orient en 1701 et 1702 (par *Biron*). *Paris*, 1703, in-12. — Mai 1703, p. 852 ; — juin, p. 1004.

3266. Nova plantarum americanarum genera, auct. P. C. Plumier. *Paris*, 1703, in-4. — Août 1703, p. 1343.

3267. Mémoire concernant la précieuse plante du ginseng de la Tartarie, découverte en Canada par le P. Lafitau, S. J. *Paris*, 1718, in-12. — Mars 1718, p. 485.

3268. Traité des arbres et arbustes qui se cultivent en France en pleine terre (par *Duhamel du Monceau*). *Paris*, 1755, 2 v. in-4. — Juin 1756, p. 1413.

3269. La physique des arbres où il est traité de l'anatomie des plantes et de l'économie végétale pour servir d'introduction au traité complet des bois et des forêts, par Duhamel du Monceau. *Paris*, 1758, 2 vol. in-4. — Avril 1759, p. 965.

3270. Catalogues des arbres et arbustes étrangers qu'on peut cultiver en pleine terre, par B. D. L. C. *Angers*, 1772, in-12. — * Mars 1772, p. 560.

3271. Traité des fougères de l'Amérique, par le P. Plumier. *Paris*, 1705, in-fol. — Août 1708, p. 1306.

3272. Abrégé de l'histoire des plantes usuelles, par J. B. Chomel. *Paris*, 1712, in-8. — Nouvelle édition. *Paris*, 1715, 2 vol. in-12. — Nouvelle édition. *Paris*, 1761, 3 v. in-12. — Janvier 1713, p. 133 ; — avril 1716, p. 704 ; — septembre 1761, p. 2188.

3273. Observations sur les plantes et leur analogie avec les insectes, précédées de deux discours, l'un sur l'accroissement du corps humain, l'autre sur la cause pour laquelle les bêtes mangent naturellement et que l'homme est obligé d'en étudier les moyens (par *Bazin*). *Strasbourg*, 1741, in-8. — Août 1742, p. 1325.

Zoologie.

3274. Le règne animal, divisé en IX classes, ou méthode contenant la division générale des animaux en IX classes, par Brisson. *Paris*, 1756, in-4. — Octobre 1756, p. 2626.

3275. Traité des animaux, des observations critiques sur le sentiment de Descartes et sur celui de Buffon, par l'ab. de Condillac. *Amsterdam*, 1755, in-12. — Décembre 1755, p. 2914.

3276. Essai physique sur l'économie animale, par Quesnay. *Paris*, 1736, in-12. — 2ᵉ édit. *Ibid.* 1747, 3 v. in-12. — Avril 1736, p. 708; — mai 1748, p. 806 et 961.

3277. Leçons sur l'économie animale, par Sigaud de la Fond. *Paris*, 1767, 2 v. in-12. — Janvier 1768, p. 15.

3278. Essais physiologiques contenant 1º des recherches sur les causes des mouvements des fluides dans les très-petits vaisseaux des animaux; 2º des observations sur la sensibilité et l'irritabilité du corps animal, par R. Whytt, trad. par Thébault. *Paris*, 1759, in-12. — Décembre 1759, p. 2999; — janvier 1760, p. 280.

3279. Traité sur la génération de la chaleur dans les animaux, trad. de l'anglais de Rob. Douglas. *Paris*, 1756, in-12. — Mai 1756, p. 1309.

3280. Observations physiques et morales sur l'instinct des animaux, leur industrie et leurs mœurs, par Reimar, trad. de l'allem. par R*** de L*** (*Rencaume de Latoche*). *Amsterdam*, 1770, 2 v. in-12. — Octobre 1770, p. 66.

3281. Dissertation sur l'hyène à l'occasion de celle qui a paru dans le Lyonnais et les provinces voisines, vers les derniers mois de 1754, pendant 1755 et 1756 (par le le P. *Tolomas*, S. J.). 1756, in-12. — Juillet 1765, p. 183.

3282. Mémoires de l'éléphant, écrits sous sa dictée et trad. de l'italien par un Suisse (par *Marchand*). *Amsterdam*, 1771, in-8. — Juillet 1774, p. 183.

3283. Recreatio mentis et oculi in observatione animalium testaceorum, a Ph. Bonanno, S. J. *Rome*, 1684, in-4. — Novembre 1704, p. 362.

3284. Nouvelle description anatomique du cœur des tortues terrestres de l'Amérique et de ses vaisseaux, par Buissière. *Paris*, 1713, in-12. — Décembre 1713, p. 2161.

3285. Ornithologie, ou méthode contenant la division des oiseaux en ordres, sections, espèces et leurs variétés, par Brisson. *Paris*, 1760, 2 v. in-4. — Mai 1760, p. 1299.

3286. L'histoire naturelle éclaircie dans une de ses parties principales, l'ornithologie, qui traite des oiseaux de terre, de mer et de rivière, trad. du latin du *Synopsis avium* de Ray par Salerne. *Paris*, 1767, in-4. — *Septembre 1767, p. 558.

3287. Histoire naturelle des oiseaux (par *Buffon*). *Paris*, 1771-1772, 4 vol. in-12. — Juin 1771, p. 442; — mai 1772, p. 235.

3288. Nouveau traité des serins de Canarie, contenant la manière de les élever, de les apparier... par Hervieux. 2e édit. *Paris*, 1713, in-8. — Nouv. édit. *Paris*, 1766, in-8. — Octobre 1713, p. 1722; — *mai 1766, p. 1282.

3289. Aëdonologie, ou traité du rossignol franc ou chanteur (par *Arnault de Nobleville*). Nouv. édit. *Paris*, 1773, in-12. — Août 1773, p. 368.

> Barbier et Querard disent à tort *Aédologie*, et le *Manuel de Biblio-graphie* (Horet) *Oedonologie*.

3290. Les amusements innocents, contenant le traité des oiseaux de volière, ou le parfait oiseleur (par *Buchoz*). *Paris*, 1774, in-12. — *Mars 1774, p. 517.

3291. Précis sur la manière d'élever les faisans et les per-dreaux. *Paris*, 1772, in-12. — *Septembre 1772, p. 545.

3292. Piscium querelæ et vindiciæ expositæ a J. J. Scheuczer. *Zurich*, 1708, in-4. — Janvier 1713, p. 66.

3293. Traité général des pêches, et histoire des poissons qu'elles fournissent, par Duhamel du Monceau et de la Marre. *Paris*, 1770-1773, in-fol. — Juillet 1770, p. 26; — juin 1771, p. 496; — août, p. 334; — avril 1773, p. 20.

3294. Doutes ou observations de M. Klein sur quelques points d'histoire naturelle, trad. de l'allem. (par *de la Ches-naye des Bois*). *Paris*, 1754, 2 v. in-8. — Octobre 1754, p. 2585.

3295. Lettera sopra una spezie d'insetto marino. (*Turin*), 1758, in-12. — Avril 1758, p. 825.

3296. Lettre de Romé Delisle à M. Bertrand sur les polypes d'eau douce. *Paris*, 1766, in-12. — Avril 1766, p. 1044.

3297. Nouvelles découvertes faites avec le microscope, par Needham, trad. de l'anglais, avec un mémoire sur les polypes à bouquets, et sur ceux en entonnoir, par Trembley. *Leyde*, 1747, in-12. — Avril 1750, p. 858.

Quérard ne cite pas cet ouvrage à l'art. *Needham* (VI, 597).

3298. Dissertation sur l'utilité de la soya des araignées, lat. franc., à laquelle on a joint l'analyse chimique de cette soye, par Bon. *Avignon*, 1748, in-8. — Mars 1749, p. 389.

3299. L'histoire naturelle éclaircie dans une de ses parties principales, la conchyliologie, qui traite des coquillages de mer, de rivière et de terre (par *Dezallier d'Argenville*). Nouv. édit. *Paris*, 1757, 2 v. in-4. — Appendice. *Paris*, 1759, in-4. — 3ᵉ édit. augmentée de descriptions et figures dessinées par MM. de Favanne. *Paris*, 1772, 2 v. in-4. — Mars 1758, p. 703; — avril, p. 773; — août 1759, p. 2082; — juillet 1772, p. 11.

3300. Traité sommaire des coquilles tant fluviales que terrestres, qui se trouvent aux environs de Paris, par Geoffroy. *Paris*, 1767, in-12. — Mai 1767, p. 361.

3301. Conchyliologie nouvelle et portative, ou collection de coquilles propres à orner les cabinets des curieux (par *Dezallier d'Argenville*). *Paris*, 1767, in-12. — * Janvier 1768, p. 184.

3302. Jani Planci Ariminensis de Conchis. *Venise*, 1739, in-fol. — Avril 1740, p. 600.

3303. Catalogue raisonné de coquilles et autres curiosités naturelles, par Gersaint. *Paris*, 1736, in-12. — Mai 1736, p. 1027.

Gersaint a dressé un certain nombre de Catalogues et à ce titre il mérite une place dans la *France littéraire*. Le Catal. Falconet cite ceux de Quentin de Lorangere (1744), Bonnier de la Mosson (1744), Angran de Fonspertuis (1747), Valois (1748), Godefroy (1748), etc.

3304. Métamorphoses naturelles, ou l'histoire des insectes, observée très-exactement suivant leur nature et leurs propriétés, par Jean Goedart. *La Haye*, 1700, 3 v. in-12. — Juillet 1701, p. 85.

3305. Historia insectorum, opera J. Ray. *Londres*, 1740, in-4. — Décembre 1744, p. 2428.

3306. Mémoires pour servir à l'histoire des insectes, par de Réaumur. *Paris*, 1734-1744, 6 v. in-4. — Juin 1735, p. 1116; — juillet, p. 1237; — novembre 1736, p. 2429; — janvier 1737, p. 102; — octobre, p. 1759; — décembre 1739, p. 2493; — février 1741, p. 197; — avril 1741, p. 636; — juin, p. 992.

3307. Histoire abrégée des insectes, dans laquelle les animaux sont rangés suivant un ordre méthodique, par Geoffroy. *Paris*, 1764, 2 v. in-4. — Janvier 1765, p. 44.

3308. Abrégé de l'histoire des insectes pour servir de suite à l'histoire naturelle des abeilles (par *Bazin*). *Paris*, 1747-1751, 4 v. in-12. — Juin 1747, p. 1137; — juillet, p. 1456; — décembre 1754, p. 2565.

3309. Histoire générale des insectes de Surinam et de toute l'Europe, avec quelques détails sur les crapauds, lézards, serpents... peints par Mlle Marie Sybille de Mérian. 3ᵉ édit. publiée par Buchoz. *Paris*, 1771, 3 v. in-fol. — Septembre 1771, p. 389; — décembre, p. 474.

3310. Théologie des insectes ou démonstration des perfections de Dieu dans tout ce qui concerne les insectes, trad. de l'allem. de Lesser, avec des remarques de Lyonnet. *Paris*, 1745, 2 v. in-8. — Mars 1747, p. 389; — mai, p. 875.

3311. Histoire naturelle des abeilles (par *Bazin*). *Paris*, 1744, 2 v. in-12. — Juillet 1744, p. 1234; — septembre, p. 1637.

3312. Traité d'insectologie, ou observations sur les pucerons, par Bonnet. *Paris*, 1745, 2 v. in-12. — Mars 1749, p. 404.

3313. Observations sur la structure des yeux de divers insectes et sur la trompe des papillons, contenues en deux lettres au R. P. Lami, bénédictin, et dans un mémoire qui explique les figures de quelques objets qu'on découvre par le secours du microscope, par L. de Puget. *Lyon*, 1706, in-8. — * Décembre 1707. p. 2497.

3314. Histoire d'un insecte qui dévore les grains de l'Angoumois avec les moyens qu'on peut employer pour le détruire, par Duhamel du Monceau et Tillet. *Paris*, 1762, in-12 — Novembre 1762, p. 4708.

3315. Traité anatomique de la chenille qui ronge le bois de saule, par P. Lyonnet. *La Haye*, 1760, in-4. — Supplément. *Paris*, 1762, in-4. — Janvier 1762, p. 238; — * août, p. 2089.

3316. Recherches intéressantes sur l'origine, la formation, le développement des diverses espèces de vers à tuyau qui infestent les vaisseaux, les digues, etc., de quelques-unes des Provinces-Unies, par Massuet. *Amsterdam*, 1733, in-12. — Mars 1734, p. 494.

3317. Observations sur l'origine, la constitution et la nature des vers de mer qui percent les vaisseaux, les piliers, les jetées. par Rosset. *La Haye*, 1733, in-8. — Mars 1734, p. 492.

3318. Observations d'histoire faites avec le microscope, sur un grand nombre d'insectes et sur les animalcules qui se trouvent dans les liqueurs..., par Joblot. *Paris*, 1754, 2 v. in-4. — Octobre 1755, p. 2368.

3319. Fr. Redi de animalculis vivis quæ in corporibus animalium vivorum reperiuntur observationes, ex etruscis latinas fecit P. Coste. *Amsterdam*, 1708, in-12. — * Novembre 1708, p. 1972.

3320. Nouvelles recherches sur les découvertes microscopiques et la génération des corps organisés. Trad. de l'ital. de Spallanzani par l'ab. Régley ; avec des notes... de Needham. *Londres*, 1769, 2 v. in-8. — Août 1769, p. 304.

MÉDECINE.

Histoire. — Dictionnaires.

3321. J. C. Barchusen historia medicinæ, in qua si non omnia, pleraque saltem medicorum ratiocinia, dogmata, hypotheses, sectæ pertractantur. *Amsterdam*, 1740, in-8. — Novembre 1710, p. 1936.

3322. The History of Physick, by D. Freind. 2ᵉ édit. *Londres*, 1725, in-8. — Décembre 1726, p. 2271.

3323. Observations on D. Freinds History of Physick, by C. W. M. D. *Londres*, 1727, in-8. — Avril 1727, p. 706.

3324. Mémoires littéraires, critiques, philologiques, biographiques et bibliographiques, pour servir à l'histoire ancienne et moderne de la médecine (par *Goulin*). *Paris*, 1775-1776, 2 v. in-4. — Juillet 1775, p. 465 ; — 3ᵉ suppl. à 1775, p. 73.

3325. Notæ breves in dissertationem nuper editam de medicorum apud veteres Romanos degentium conditione. *Londres*, 1726, in-8. — In dissertationem nuper editam de medicorum conditione. *Ibid.*, 1726, in-8. — Animadversio brevis viri R. Middletoni. *Ibid.*, 1727, in-8. — Dissertationis V. C. Middletoni defensio examinata. *Ibid.*, 1728, in-8. — Mars 1729, p. 526.

3326. Mémoire pour servir à l'histoire de la faculté de médecine de Montpellier, par feu M. Jean Astruc; revu et publié par Lorry. *Paris*, 1767, in-4. — Novembre 1767, p. 304.

3327. Anectodes de médecine (par *Dumonchaux*). *Paris*, 1762, in-12. — Juillet 1762, p. 1899.

3328. Bibliographie médicinale raisonnée, ou essai sur l'exposition des livres les plus utiles à ceux qui se destinent à l'étude de la médecine (par *Dumonchaux*). *Paris*, 1756, in-12. — Octobre 1756, p. 2472.

3329. Bartholomæi Castelli lexicon medicum Græco-latinum. *Leipsick*, 1713, in-4. — Avril 1718, p. 454.

3330. Lexicon medicum universale, etymologicum, philologicum, auctore J. B. Callard de la Ducquerie. *Caen*, 1745, in-fol. — * Décembre 1744, p. 2490.

3331. Dictionnaire universel de médecine, de physique, de chimie, de botanique, trad. de l'angl. de James, par Diderot, Eidous, Toussaint ; revu par Busson. *Paris*, 1746 (et ann. suiv. 6 v. in-fol.) — Avril 1746, p. 847.

3332. Dictionnaire médicinal, contenant la méthode sûre pour connaître et guérir les maladies critiques et chroniques, par des remèdes simples et proportionnés à la connaissance de tout le monde, par J. G. (*Guyot*). *Paris*, 1757, in-12. — Nouv. édit. par M***. *Paris*, 1763, in-12. — * Mars 1758, p. 764; — juillet 1763, p. 1709.

    Barbier et Quérard ne se trompent-ils pas, en disant 1747 pour la 1re édition?

3333. Dictionnaire interprète de matière médicale et de ce qui y a rapport, par Julliot. *Paris*, 1768, 2 v. in-8. — * Mars 1769, p. 519.

3334. Dictionnaire portatif de médecine, d'anatomie, de chirurgie, par Lavoisien. 2e édit. *Paris*, 1771, 2 v. in-8. — * Août 1771, p. 356.

3335. Dictionnaire raisonné universel de matière médicale (par *Goulin* et *de la Beyrie*). *Paris*, 1773, 4 v. in-8. — *Septembre 1773, p. 560.

Médecins anciens.

3336. Hippocratis aphorismi, Hippocratis et Celsii locis parallelis illustrati, studio et cura Jansonii ab Almeloveen, quibus accedit Lud. Verhoofd index... Editionem curavit Lorry. *Paris*, 1759, in-12. — Juillet 1759, p. 1846.

3337. Hippocratis aphorismi atque præsagia latine versa, ex recognitione et cum notis Andreæ Pastæ. Editio novissima. *Venise*, 1764, in-12. — Mars 1765. p. 734.

3338. Aphorismes d'Hippocrate expliqués suivant la pratique médicinale et selon la mécanique du corps humain, conformément au sens de l'auteur; trad. franç. (par *Devaux*), sur la version latine d'un auteur anonyme (*Hecquet*). *Paris*, 1726, 2 v. in-8. — Janvier 1729, p. 22.

3339. Epidémiques d'Hippocrate, trad. du grec avec des réflexions sur les épidémiques, par Desmars. *Paris*, 1767, in-12. — * Juillet 1767, p. 189.

3340. Aretæi Cappadocis de causis et signis acutorum et diuturnorum morborum, gr. et lat. Editio nova, curis Joh. Wigan. *Oxford*, 1723, in-fol. — Février 1726, p. 304.

3341. A. C. Celsi de medicina libri octo. Editio nova cura J. ab Almeloveen. *Amsterdam*, 1713, in-8. — Février 1715, p. 270.

3342. A. C. Celsi de re medica libri octo, recensuit Valart. *Paris*, 1772, in-12. — * Juin 1772, p. 558.

3343. Traduction des ouvrages d'A. C. Celse sur la médecine, par Ninnin. *Paris*, 1753, 2 vol. in-12. — Novembre 1753, p. 2493.

3344. C. Aureliani Siccensis, medici vetusti, de morbis acutis et chronicis libri VIII, cura J. C. Ammani et Th. ab Almeloveen. *Amsterdam*, 1709, in-4. — Décembre 1714, p. 2159.

Médecins modernes.

3345. Manuale medicorum, seu promptuarium Hippocratis, olim editum ab H. Bicaissio. Nova editio auctior, studio Henr. Guyot. *Paris*, 1739, in-12. — Novembre 1739, p. 2467.

3346. Manuel des médecins, ou recueil d'aphorismes choisis tirés d'Hippocrate et de Celse par Henri Guyot, trad. en franç. par M. L. R. *Paris*, 1771, in-12. — * Janvier 1772, p. 480.

Henri Guyot n'est pas cité dans la *France littéraire*.

3347. G. Baglivi, medici, opera omnia. Edit. 6ᵉ. *Lyon*, 1704, in-4. — Mars 1706, p. 380.

3348. V. Eberh. Pothii medicina portativa. *Ulm*, 1709, in-8. — Mars 1711, p. 507.

3349. A. Pitcarnii Scoti opuscula medica. Edit. 3. *Roterdam*, 1714, in-4. — Novembre 1714, p. 1982.

3350. El. Camerarii medicinæ conciliatricis conamina quædam ac primæ lineæ. *Francfort*, 1714, in-4. — Décembre 1717, p. 2056.

3351. Lucæ Tozzi opera medica omnia. *Venise*, 1721, 5 vol. in-4. — Septembre 1723, p. 1690.

3352. Nouvelles découvertes en médecine très-utiles au service du Roi et du public, par Thieri de Marconnay, docteur en médecine à Metz. *Paris*, 1723, in-12. — Nouv. édit. *La Haye*, 1734, in-12. — *Décembre 1723, p. 2440; — — février 1734, p. 347.

Quérard a omis cet auteur. Le *Journal des Savants*, 1727, p. 558 et 1729, p. 677, cite deux autres éditions du même ouvrage, mais augmentées de quatre dissertations. Dans le journal de 1724, p. 291, on nommé l'auteur *Thiers* de Marconnay. Le Catal. Falconet, n° 6280, cite une édition de *Lahaye*, 1731.

3353. Frid. Hoffmann opuscula physico-medica. *Ulm*, 1725, in-12. — Mai 1726, p. 326.

3354. Abrégé de médecine et de chirurgie pratique, nouvellement tiré des principes de la nature, avec un petit traité de la peste, par Michel Benvart. *Nancy*, 1727. — * Septembre 1727, p 1712.

Quérard ne cite pas cet auteur, « docteur en médecine de l'Université de Paris, et chirurgien à Lorette. »

3355. Opere fisico-mediche stampate e manoscritte del C. Ant. Vallisneri. *Venise*, 1733, 3 vol. in-fol. — Décembre 1734, p. 2119; — janvier 1735, p. 141.

3356. La médecine, la chirurgie et la pharmacie des pauvres, par feu M. Hecquet (publié par l'ab. *Pérau*). *Paris*, 1740, 3 vol. in-12. — Avril 1741, p. 698.

3357. Specimen novi medicinæ conspectus (par *Lacaze*). Editio altera. *Paris*, 1754, in-8. — Mai 1754, p. 1312; — septembre, p. 1949.

3358. Institutiones medicæ ex novo medicinæ conspectu, auct. Lacaze. *Paris*, 1755, in-12. — Mars 1736, p. 685.

3359. Principia physico-medica in tironum medicægratiam conscripta a J. Cl. Ad. Helvetius. *Paris* 1752, 2 vol. in-8. — Septembre 1753, p. 1997; — octobre, p. 2400; — décembre, p. 2721.

3360. Œuvres de M. Puzos, chirurgien, éditées par Morisot-Deslandes. *Paris*, 1760, in-4. — Juin 1760, p. 4521.

3361. Mémoires sur divers sujets de médecine, par Le Camus. *Paris*, 1760, in-12. — Septembre 1760, p. 2227.

3362. Médecine de l'esprit, par Le Camus. Nouv. édit. *Paris*, 1769, 2 vol. in-12. — * Mai 1769, p. 353.

3363. Médecine universelle prouvée par le raisonnement, démontrée par l'expérience, ou précis du traité de J. Ailhaud, par J. Gasp. Ailhaud. *Carpentras*, 1764, in-12. — *Août 1764, p. 2079.

3364. Principes de médecine de Home, trad. du lat. par Gastelier. *Paris*, 1772, in-8. — Novembre 1772, p. 373.

Hygiène.

3365. Conseils pour vivre longtemps, trad. de l'ital. de L. Cornaro, par M. D. *(de Prémont)*. *Paris*, 1701, in-12. — Mai 1701, p. 78.

3366. De la sobriété et de ses avantages, ou le vrai moyen de se conserver dans une santé parfaite jusqu'à l'âge le plus avancé. Trad. nouv. des traités de Lessius et de Cornaro, par M. D. L. B. *(de la Bonodière)*. *Paris*, 1772, in-12. — * Janvier 1773, p. 168.

3367. L'Anti-Cornaro, ou remarques critiques sur le traité de la vie sobre de L. Cornaro, Vénitien. *Paris*, 1702, in-12. — Avril 1703, p. 596.

3368. Dissertatio de Hygieine tuendæ sanitatis, et præcavendorum imminentium morborum præcepta tradens (par J. B. *Bertrand*). *Valence*, 1710, in-12. — Mai 1712, p. 859.

Ouvrage omis par Quérard (I, 312).

3369. Essai sur la santé et sur les moyens de prolonger la la vie, trad. de l'anglais de Cheyne, par M***. *Paris*, 1725, in-12. — Mars 1726, p. 566.

C'est de cette traduction que parle Quérard (II, 188) ; mais il la date à tort de 1755.

3370. Jod. Lommii commentarii de sanitate tuenda in primum librum de re medica Aur. Corn. Celsi. Editio IIIª. *Leyde*, 1734, in-12. — Septembre 1735, p. 1810.

3371. L'art de conserver la santé, composé par l'école de Salerne avec la trad. en vers français par M. B. L. M. *(Bruzen de la Martinière)*. *Paris*, 1749, in-12. — Mars 1750, p. 743.

3372. Del vitto Pittagorico per uso della medecina, discorso d'Ant. Cocchi. *Florence*, 1748, in-4. — Septembre 1749, p. 1803.

3373. Régime de Pythagore, trad. de l'ital. de Cocchi (par de Puisieux). *La Haye*, 1762, in-8. — Décembre 1762, p. 2931.

3374. La médecine statique de Santorius, trad. en franç. par Le Breton. *Paris*, 1722, in-12. — Mars 1723, p. 436.

3375. Méthode aisée pour conserver la santé jusqu'à une extrême vieillesse, fondée sur les lois de l'économie animale, par de Préville. *Paris*, 1752, in-12. — Janvier 1753, p. 30.

3376. Lettres diverses à un ami de la nature sur de nouveaux produits tirés des trois règnes... et sur les vrais moyens de jouir d'une parfaite santé (par L'hoste). *Paris*, 1759, in-12. — Février 1760, p. 517.

3377. Nouvelles découvertes concernant la santé et les maladies par Desaulx. *Paris*, 1727, in-12. — Janvier 1728, p. 67.

3378. De la santé. Ouvrage utile à tout le monde. *Paris*, 1762, in-12. — 4° édit. *Paris*, 1774, in-12. — Août 1762, p. 2095; — février 1763, p. 404 ; — mars 1774, p. 374.

Dans le second article, l'auteur est désigné sous cette initiale, M. J...; il n'est, dit-on, adonné ni à la médecine, ni à la physique; la seconde édition de son ouvrage est sous presse; c'est l'abbé Jacquin. La 4° édit. n'est pas anonyme.

3379. Etrennes salutaires, ou précis de ce qu'il est à propos d'éviter et de faire pour se conserver en bonne santé et prolonger sa vie (par Le Bègue de Presle). *Paris*, 1763, in-24. — *Janvier 1763, p. 186.

3380. Le Conservateur de la Santé, ou avis sur les dangers qu'il importe à un chacun d'éviter... par Le Bègue de Presle. *Paris*, 1763, in-12. — Juillet 1763, p. 1759.

3381. D. Tissot sermo inauguralis de valetudine litteratorum habita die 9 aprilis 1766. *Lausanne*, 1766, in-8. — *Décembre 1766, p. 571.

3382. De la santé des gens de lettres, par Tissot. *Lausanne*, 1768, in-12. — Septembre 1768, p. 515.

3383. Secrets utiles et éprouvés dans la pratique de la médecine et de la chirurgie pour conserver la santé et prolonger la vie, avec un appendice sur les maladies des chevaux et autres quadrupèdes, par M. D***. Nouv. édit. *Paris*, 1771, in-12. — Août 1771, p. 368.

3384. Dictionnaire portatif de santé par MM. L.*** et de B.***, (par *Vandermonde*). *Paris*, 1760, 2 v. in-8. — 3e édit. *Paris*, 1762, 2 v. in-8. — 4e édit. *Paris*, 1771, 2 v. in-8. — * Avril 1760, p. 1136; — janvier 1762, p. 369; — *juin 1772, p. 551.

3385. Préceptes de santé ou introduction au Dictionnaire de santé, contenant les moyens de corriger les vices de son tempérament (par *Jourdain*). *Paris*, 1772, in-8. — * Novembre 1772, p. 371.

3386. Histoire des personnes qui ont vécu plusieurs siècles et qui ont rajeuni, avec le secret du rajeunissement, tiré d'Arnauld de Villeneuve, par de Longeville-Harcourt. *Paris*, 1715, in-12. — Octobre 1718, p. 629.

3387. Recherches sur les habillements des femmes et des enfants, ou examen de la manière dont il faut vêtir l'un et l'autre sexe, par Alph. Leroy, médecin. *Paris*, 1772, in-12. — Octobre 1772. p. 5.

3387 bis. Dictionnaire économique contenant divers moyens d'augmenter et conserver son bien et même sa santé, par N. Chomel, curé à Lyon. *Lyon*, 1709, 2 v. in-fol. — Supplément. *Ibid.* 1712, in-fol. — Mai 1710, p. 907; — mars 1731, p. 458.

3388. Traité des aliments, par L. Lemery, *Paris*, 1702, in-12. — 2e édit. rev. et cor. *Paris*, 1705, in-12. — Avril 1702, p. 71; — décembre 1705, p. 2053.

3389. Essai sur les aliments pour servir de commentaire aux livres diététiques d'Hippocrate (par *Lorry*). *Paris*, 1754-1757, 2 vol. in-12. — Février 1754, p. 572; — novembre 1757, p. 2693.

D'après Quérard (V, 361), on pourrait croire qu'il y a deux éditions de cet ouvrage, l'une de 1754, l'autre de 1757. Barbier dit aussi 1754 et 1757.

3390. Quæstio medica, cardinalitiis disputationibus manc discutienda, die Jovis 19 Martii 1716 : *Litteratis an salubris Café usus?* auct. Ant. de Jussieu. *Paris*, 1716, in-4. — Avril 1716, p. 674.

Quérard ne cite pas cet ouvrage (IV, 273).

3391. Avis salutaire à tout le monde contre l'abus des choses chaudes et particulièrement du café, du chocolat et du thé, par Duncan. *Rotterdam*, 1705, in-12. — Décembre 1705, p. 2159; — septembre 1706, p. 1555.

Quérard (II, 682) dit 1703. Le Catal. Falconet (n° 5549) dit 1705.

3392. Observations sur le cacao et sur le chocolat, où l'on

11

examine les avantages et les inconvénients qui peuvent résulter de ces substances nourricières, suivi de réflexions sur le système de M. de Lamare, touchant le battement des artères (par *Navier*). *Amsterdam*, 1772, in-12. — *Août 1772, p. 378.

3393. Discours familier sur le danger de l'usage habituel du café. *Amsterdam*, 1774, in-12. — *Mars 1774, p. 532.

3394. Le thé de l'Europe ou les propriétés de la véronique, tirées des observations des meilleurs auteurs et surtout de celles de M. Francus, médecin allemand (par *Andry*. *Paris*, 1704, in-12. — Février 1704, p. 220.

3395. Traité des dispenses de carême, dans lequel on découvre la fausseté des prétextes qu'on apporte pour les obtenir en faisant voir... les rapports naturels des aliments maigres avec la nature de l'homme... (par *Hecquet*). *Paris*, 1709, in-12. — 2e édit. augmentée de deux dissertations sur les macreuses et le tabac. *Paris*, 1710, 2 vol. in-12. — Février 1710, p. 271; — décembre 1710, p. 2071.

3396. Le régime du carême, considéré par rapport à la nature des corps et des aliments, par M. Andry. *Paris*, 1710, in-12. — Décembre 1710, p. 2076.

3397. Traité des aliments de carême, par Andry. *Paris*, 1713, in-12. — Septembre 1713, p. 1630.

3398. M. Amati de piscium atque avium esus consuetudine in antepaschali jejunio. *Naples*, 1723. — Juin 1724, p. 1107.

3399. Dissertatio commentatoria physico-medica in S. P. Benedicti XIV Epistolam Encyclicam de jejunio quadragesimali, cum directorio medico de dandis pro dispensatione jejunii attestatis, exarata ab Eug. Cohausen. *Francfort*, 1752, in-12. — Août 1752, p. 1892.

3400. L'abstinence de la viande rendue aisée ou moins difficile à pratiquer, par Barth. Linand. *Paris*, 1700, in-12. — Avril 1702, p. 29.

3401. Les secrets de la nature et de l'art, développés pour les aliments, la médecine... *Paris*, 1770, 4 vol. in-12. — Mai 1770, p. 364.

3402. Le ménage des champs et le jardinier français, accommodé au goût du temps. 6e édit. *Paris*, 1714, in-12. — Juillet 1714, p. 1288.

3403. Dictionnaire des aliments, vins, liqueurs, leur qualité, leurs effets, par M. C. D., chef de cuisine (*Brinud*). *Paris*, 1750, 3 vol. in-12. — *Juin 1750, p. 1320.

3404. La science du maître d'hôtel cuisinier avec des observations sur la connaissance et la propriété des aliments ; par *Menon*. *Paris*, 1749, in-12. — Nouvelle édition. *Ibid.* 1768, in-12. — Octobre 1749, p. 1987 ; — * septembre 1768, p. 554.

3405. Dictionnaire portatif de cuisine, d'office et de distillation. *Paris*, 1767, in-8. — Nouvelle édit. *Paris*, 1772, in-8. — * Septembre 1767, p. 550 ; — * juin 1772, p. 560.

3406. La cuisinière bourgeoise, suivie de l'office ; par *Menon*. Nouvelle édit. *Paris*, 1769, in-12, 2 vol. in-12. — * Avril 1769, p. 181.

3407. L'art de bien faire les glaces d'office, ou les vrais principes pour congeler tous les rafraîchissements, par Emy. *Paris*, 1768, in-12. — Août 1768, p. 376.

Non cité par Quérard.

Physiologie.

3408. Ant. Deidier Physiologia tribus dissertationibus comprehensa, decem abhinc annis in augustissimo Monspeliensis Apollinis Fano semel atque iterum exposita. Non ita pridem a Joanne Wyss Helvetio et a Jac.-Fr. Chomel propugnata ; nunc tota et integra communi eorumdem sumpto typis mandata. *Montpellier*, 1708, in-12. — Juin 1740. p. 954.

3409. G. Ph. Nenter theoria hominis sani, sive physiologia medica. *Strasbourg*, 1744, in-12. — Janvier 1720, p. 76.

Georges Philippe Nenter, docteur en médecine de Strasbourg, est encore auteur de *Specimina commentarii in Ludovici pharmaciam moderno sæculo applicandam. Strasbourg*, 1702, in-4. Quérard l'a omis.

3410. Elementa physiologiæ, auct. J. Lieutaud. *Amsterdam*, 1749, in-8. — Février 1750, p. 504.

3411. Eléments de physiologie composés en faveur de ceux qui commencent à étudier la médecine, par M*** (*Bertrand*). *Paris*, 1756, in-12. — Juillet 1756, p. 1791.

3412. Eléments de physiologie d'Alb. de Haller, trad. par Bordenave. *Paris*, 1769, in-12. — Mai 1769, p. 378.

3413. Alex. Pascoli tractatus de homine. *Rome*, 1728, in-4. — Avril 1731, p. 744.

3414. Della generazione dell' huomo, discorsi di G. B. Paitoni. *Venise*, 1722, in-4. — J. B. Paitoni vindiciæ contra epistolas Petri Bianchi. *Faenza*, 1724, in-4. — Janvier 1725, p. 55.

3415. Idée de l'homme physique et moral pour servir d'introduction à un traité de médecine (par *La Caze*). *Paris*, 1755, in-12. — Octobre 1755, p. 2565.

3416. De imperio Solis et Lunæ in corpora humana et morbis inde oriundis, auth. Richardo Mead. *Londres*, 1704, in-8. — Août 1705, p. 1449.

3417. De l'usage des parties du corps humain, par Verduc. Nouvelle édition. *Paris*, 1744, in-12. — * Août 1742, p. 1483.

3418. P. Ant. Micheloti de separatione fluidorum in corpore animali dissertatio. *Venise*, 1721, in-4. — Juillet 1723, p. 1241.

3419. J. J. Ritter dissertatio de impossibilitate et possibilitate longæ abstinentiæ a cibo et potu. *Bâle*, 1737, in-12. — Novembre 1738, p. 2199.

3420. Mémoires sur la nature sensible et irritable des parties du corps animal, par Alb. de Haller. *Lausanne*, 1756, in-12. — Décembre 1756, p. 2935.

3421. Dissertation sur le mécanisme et les usages de la respiration, par David. *Paris*, 1766, in-12. — Juin 1766, p. 1508.

3422. Essai sur la manière de perfectionner l'espèce humaine, par Vandermonde. *Paris*, 1756, 2 v. in-12. — Octobre 1756, p. 2518.

3423. Dégradation de l'espèce humaine par l'usage du corps à baleine, par Bonnaud. *Paris*, 1770, in-12. — Janvier 1771, p. 181.

3424. Thesis medica de causa motus fermentativi, auct. J. Astruc. *Montpellier*, 1702. in-12. — Octobre 1702, p. 364.

3425. De la digestion des aliments, par Hecquet. *Paris*, 1710, in-12. — Septembre 1710, p. 1662.

3426. De la digestion et des maladies de l'estomac, suivant le système de la trituration et du broiement, sans l'aide des levains, ou de la fermentation, dont on fait voir l'impossibilité en santé et en maladie (par *Hecquet*). *Paris*, 1712, in-12. — Nouv. édit. *Ibid.*, 1729, 2 vol. in-12. — Février 1713. p. 310 ; — mars 1730, p. 482.

3428. Réponse à M. Procope-Couteaux sur sa prétendue analyse du système de la trituration, par Philippe Bernard de Bordegaraye. *Paris*, 1743, in-12. — Décembre 1743, p. 2436.

Quérard ne cite pas cet auteur.

3429. Quæstio medica, proposita a J. B. Gastaldi : an alimentorum coctio sive digestio e fermentatione vel tritu fiat? *Avignon*, 1743, in-12.— Février 1744, p. 360.

3430. Deux questions de médecine proposées par M. Gastaldy ; la première touchant la salive, si elle est la liqueur qui contribue le plus à la digestion des aliments. — Juillet 1745, p. 1244.

3431. Traité de la cause de la digestion, où l'on réfute le nouveau système de la trituration et du broiement, et où l'on prouve que les aliments sont digérés et convertis en chyle par une véritable fermentation, par J. Astruc. *Toulouse*, 1714, in-8. — Novembre 1714, p. 1999.

3432. Traité physiologique et physique sur la nutrition, par Durade. *Paris*, 1767, in-12. — Février 1768, p. 382.

3433. Traité de la nutrition et de l'accroissement, précédé d'une dissertation sur l'usage des eaux de l'amnios, par David. *Paris*, 1771, in-8. —Avril 1774, p. 48.

3434. Nouvelles découvertes sur le cœur, expliquées dans une lettre à M. Bourdin, par de Vieussens. *Paris*, 1706, in-12. — Janvier 1708, p. 88.

3435. Œuvres françaises de M. de Vieussens. Traité de la structure et des causes du mouvement naturel du cœur. *Toulouse*, 1715, in-4. — Novembre 1715, p. 2127; — décembre, p. 2349.

3436. J. B. Bianchi historia hepatica. *Turin*, 1710, in-8.— Février 1716, p. 305.

3437. Traité de la structure du cœur, de son action et de ses maladies, par Senac. *Paris*, 1749, 2 v. in-4. — Février 1750, p. 497; — avril, p. 773; — juin, p. 1449.

3438. Bern. Siegfried dissertatio de arteriis et venis intestinorum hominis. *Amsterdam*, 1736, in-4.— Octobre 1739, p. 2252.

3439. Traité des corps solides et fluides, ou examen du mouvement du sang, du cœur, des artères, selon les lois de la mécanique, par Ch. Malouin. *Paris*, 1748, in-12. —Juillet 1718, p. 82.

3440. Eclaircissements concernant la manière dont l'air agit sur le sang dans les poumons, par Helvetius. *Paris*, 1728, in-4. — Janvier 1729, p. 47.

3441. Novus medicinæ conspectus, ubi ex sanguinis circuitus anomaliis secretionum errata, miscellanea succorum et humorum adulteria deducuntur, cum appendice de peste (par *Hecquet*). *Paris*, 1722, 2 v. in-12. — Décembre 1722, p. 2150; — février 1723, p. 326.

3442. Observations nouvelles et extraordinaires sur la prédiction des crises par le pouls, faites par le Dr Solano. Trad. de l'anglais de Nihell par Lavirotte. *Paris*, 1748, in-12. — * Février 1748, p. 367.

3443. Recherches sur le pouls par rapport aux crises, par Bordeu. *Paris*, 1756, in-12. — 2e édit. *Paris*, 1768, 2 v. in-12. — Février 1757, p. 480 ; — février 1768, p. 384.

3444. Nouvelles observations sur le pouls par rapport aux veines, par Michel. *Paris*, 1757, in-12. — Février 1758, p. 470.

3445. Nouvelles observations sur le pouls intermittent, trad. de l'angl. de Daniel Cox par M. D*** (*Dupuy*). *Amsterdam*, 1760, in-12. — Avril 1764, p. 928.

3446. Essai sur le pouls par rapport aux affections des principaux organes. Ouvrage augmenté d'un abrégé de la doctrine et de la pratique de Solano, et d'une dissertation sur la théorie du pouls, trad. du latin de Fleming par H. Fouquet. *Montpellier*, 1767, in-8. — * Février 1768, p. 381.

3447. Nouveau traité du pouls, par Menuret. *Amsterdam*, 1767, in-12. — * Février 1768, p. 382.

3448. Nouvelle méthode facile et curieuse, pour connaître le pouls par les notes de musique, par feu M. F. R. Marquet. 2e édit. augmentée par Buchoz. *Amsterdam*, 1768, in-12. — Février 1769, p. 374.

3449. Mémoire sur la cause de la pulsation des artères, par Jadelot. *Nancy*, 1774, in-8. — * Juillet 1774, p. 184.

3450. Chilologia historico-medica, auct. Schurig. *Dresde*. 1725, in-4. — Mai 1726, p. 882.

3451. Mart. Listeri dissertatio de humoribus. *Amsterdam*, 1714, in-8. — Novembre 1742, p. 1935.

3452. Expériences chimiques sur la bile de l'homme et des animaux, tirées d'un mémoire de M. Cadet lu à l'Académie des sciences. — Mars 1768, p. 450.

3453. Recherches sur le tissu muqueux ou l'organe cellulaire et sur quelques maladies de la poitrine ; avec une dissertation sur l'usage des eaux de Baréges dans les écrouelles, par Théophile de Bordeu. *Paris*, 1767, in-12. — Août 1767, p. 338.

3454. Traité des maladies des poumons, par Coste. *Paris*, 1767, in-12. — *Août 1767. p. 367.

3455. R. Vieussens novum vasorum corporis humani systema. *Amsterdam*, 1705. in-12. — Décembre 1707, p. 2433.

3456. Expériences et réflexions sur la structure et l'usage des viscères, suivies d'une explication physico-mécanique de la plupart des maladies, par R. Vieussens. *Paris*, 1756, in-12. — *Février 1756, p. 560.

Maladies des femmes. — Accouchements.

3457. Système physique et moral de la femme, par Roussel. *Paris*, 1775, in-12. — Décembre 1775, p. 471.

3458. De l'homme et de la femme considérés physiquement dans l'état de mariage, par de L.*** (*Lignac*). *Lille*, 1772, 2 v. in-12. — Août 1772, p. 361.

3459. La génération ou exposition des phénomènes relatifs à cette fonction naturelle, par de Haller (trad. par *Piet*). *Paris*, 1774, 2 v. in-8. — Février 1774, p. 209.

3460. Dissertation physique sur la force de l'imagination des femmes enceintes sur le fœtus, par J. Blondel. *Leyde*, 1737, in-8. — Mai 1738, p. 808.

3461. Lettres anonymes où l'on combat le préjugé qui attribue à l'imagination des mères le pouvoir d'imprimer sur le corps des enfants, renfermés dans leur sein, la figure des objets qui les ont frappées. *Paris*, 1745, in-12. — Juin 1745, p. 1069.

3462. Traité des maladies des femmes, où l'on a tâché de joindre à une théorie solide la pratique la plus sûre et la mieux éprouvée, par J. Astruc. *Paris*, 1764-1765, 6 v. in-12. — *Janvier 1766, p. 471.

3463. Le médecin des dames, ou l'art de les conserver en santé (par *Goulin* et *Jourdain*). *Paris*, 1774, in-12. — *Juin 1772, p. 562.

3464. Traité des affections vaporeuses du sexe, avec l'exposition de leurs symptômes, de leurs différentes causes, et la méthode de les guérir, par J. Raulin. *Paris*, 1758, in-12. — *Août 1758, p. 2101.

3465. Quæstio medica : an innuptis mulieribus vita brevior? 1727, in-4. — *Février 1727, p. 394.

3466. De l'indécence aux hommes d'accoucher les femmes et de l'obligation aux femmes de nourrir leurs enfants (par *Hecquet*. *Trévoux*, 1708, in-12. — Décembre 1740, p. 2157.

3467. Traité des accouchements, de Dionis. *Paris*, 1718, in-8. — *Février 1719, p. 370.

3468. Observations importantes sur le manuel des accouchements, trad. du latin de Deventer par Bruhier d'Ablaincourt. *Paris*, 1734, in-4. — *Octobre 1734, p. 1920.

3469. Dissertation sur ce qu'il convient de faire pour diminuer ou supprimer le lait des femmes, par David. *Paris*, 1763, in-12. — *Avril 1763, p. 939.

3470. Question importante : peut-on déterminer un terme préfixe pour l'accouchement? par Le Bas. *Paris*, 1764, in-8. — Septembre 1764, p. 757.

3471. Recherches sur la durée de la grossesse et le terme de l'accouchement (par *Lebas*). *Amsterdam (Paris)*, 1765, in-8. — Novembre 1765, p. 1342.

3472. Eléments de l'art des accouchements, augmentés des observations sur les accouchements laborieux, par feu J. G. Roederer, trad. par M*** (*Patris*). *Paris*, 1765, in-8. — Mars 1765, p. 759.

3473. Traité complet des accouchements naturels, non naturels et contre nature, par de la Motte. Nouvelle édit. *Paris*, 1765, 2 v. in-8. — Juillet 1765, p. 360.

3474. Essai sur l'abus des règles générales et contre les préjugés qui s'opposent aux progrès de l'art des accouchements, par Levret. *Paris*, 1766, in-8. — Mai 1766, p. 1265.

3475. Instructions succinctes sur les accouchements en faveur des sages-femmes de province, par Raulin. *Paris*, 1770, in-12. — *Avril 1770, p. 168.

3476. La cause de l'humanité déférée au tribunal du bon sens et de la raison, ou traité sur les accouchements par les femmes, par Elisabeth Nihell, trad. de l'angl. *Londres*, 1771, in-8. — Octobre 1771, p. 178.

Non cité par Quérard.

3477. Système nouveau et complet de l'art des accouchements, tant théorique que pratique, trad. de l'angl. de J. Burton par le Moine. *Paris*, 1771, in-8. — *Novembre 1771, p. 374.

3478. Catéchisme de l'art des accouchements pour les sages-femmes de la campagne, par Augier du Fot. *Soissons*, 1775, in-12. — Décembre 1775, p. 514.

3479. Traité des maladies des femmes en couches par Raulin. *Paris*, 1771, in-12. — *Juillet 1771, p. 185.

3480. Avis aux mères qui veulent nourrir leurs enfants, avec des observations sur les dangers auxquels les mères s'exposent ainsi que leurs enfants, en ne les nourrissant pas, par Mme L. (*Le Rebours*). *Utrecht*, 1767, in-12. — 2ᵉ édit. *Paris*, 1770, in-12. — 3ᵉ édit. *Ibid*., 1775, in-12. — Supplément à l'avis aux mères... *Paris*, 1772, in-12. — *Février 1768, p. 366; — *septembre 1770, p. 554; — *avril 1772, p. 480; — 2ᵉ supplément à 1775, p. 294.

Nerfs. — Yeux. — Oreilles.

3481. Traité de l'existence, de la nature et des productions du fluide des nerfs et principalement de son action dans le mouvement musculaire, par Le Cat. *Berlin*, 1765, in-8. — Juin 1765, p. 1505.

Quérard (V, 41) dit 1753.

3482. Nouveau traité des maladies des nerfs, par Pressavin. *Paris*, 1769, in-12. — *Mars 1774, p. 552.

3483. Traité des maladies de l'œil et des remèdes propres pour leur guérison, par Ant. Maître-Jan. *Troyes*, 1707, in-4. — Octobre 1710, p. 1807; — août 1711, p. 1447.

3484. Traité sur les maladies de l'organe immédiat de la vue, par J. Taylor. *Paris*, 1735, in-12. — *Juillet 1735, p. 1337.

Non cité par Quérard (IX, 359).

3485. Observations sur plusieurs maladies des yeux, par Janin. *Lyon*, 1767, in-12. — *Août 1768, p. 372.

3486. Mémoires et observations anatomiques, physiologiques et physiques sur l'œil et sur les maladies qui affectent cet organe, par Janin. *Lyon*, 1772, in-8. — Juillet 1772, p. 173.

14.

3487. Remarques sur l'abus des purgatifs et des amers au commencement et à la fin des maladies et sur l'utilité de la saignée dans les maladies des yeux, par Hecquet. *Paris,* 1729, in-12. — Avril 1730, p. 697.

3488. Des maladies des yeux, par H. Boerhaave, à quoi l'on a joint son introduction à la pratique clinique, ses leçons sur la pierre, etc., le tout trad. du latin. *Paris,* 1749, in-12. — Septembre 1749, p. 1814.

3489. Nouvelles observations sur la cataracte, par Brisseau le fils. *Tournay,* 1706-1708, 2 v. in-24. — Décembre 1706, p. 2022; — août 1708, p. 1366.

Quérard (I, 517) attribue cet ouvrage à Brisseau père.

3490. L. Heister de cataracte, glaucomate et amaurosi tractatio. *Altorf,* 1713, in-8. — Juillet 1717, p. 1460.

3491. L. Heisteri apologia et uberior illustratio systematis sui de cataracte, contra Volhusii cavillationes et objectiones. *Altorf,* 1717, in-12. — Juillet 1717, p. 1469.

3492. Dissertations savantes et critiques de Woolhouse sur la cataracte et le glaucome de quelques modernes, principalement de MM. Brisseau, Antoine, Heister, tirées du ms. de l'auteur par Christophe Le Cerf. *Offenbach,* 1717, in-12. — Juillet 1717. p. 1172.

3493. Dissertatio medica de cataracta, quam sub præsidio D. J. Bœcleri tueri conabitur J. A. Freytag. *Strasbourg,* 1721, in-4. — Juillet 1722, p. 1277.

Quérard (I, 367) dit 1711.

3494. Observations sur le mémoire académique de M. Morand le fils, touchant les cataractes des yeux (par *Woolhouse*). *Paris,* 1726, in-8. — * Septembre 1726, p. 1767.

Non cité par Quérard (X, 534).

3495. Méthode d'abattre la cataracte, par Pallucci. *Paris,* 1752, in-12. — Juin 1752, p. 1320.

3496. Dissertatio nova de suffusione seu cataracta, oculi anatome et mechanismo locupletata, auct. Colombier. *Amsterdam,* 1765, in-12. — * Juillet 1765, p. 363.

3497. Disquisitiones physiques et anatomiques sur l'expérience produite dans l'abrégé anatomique de M. Heister, où cet auteur, p. 393, déclare qu'il avait toujours trouvé plus d'humeur aqueuse entre la cornée et l'iris qu'entre l'uvée et le crystallin. 1725, in-4. — Mars 1725, p. 389.

3498. Nouvelle méthode de guérir les fistules lacrymales ou recueil de différentes pièces pour et contre et en faveu de la même méthode, nouvellement inventée par Dominique Anel. *Turin*, 1713-1714, 2 v. in-4. — Janvier 1746, p. 127.

3499. Dissertation sur la nouvelle découverte de l'hydropisie du conduit lacrymal, sur les causes qui la produisent, par Anel. *Paris*, 1716, in-12. — Décembre 1716, p. 2210.

3500. Delle fistole lacrimali, il pro e contra, nel nuovo metodo di guarirle per il S. Anel, dal Seb. Melli. *Venise*, 1727, in-12. — Avril 1730, p. 640.

3501. Nouveau traité des maladies des yeux, les remèdes qui y conviennent et les opérations de chirurgie que leur guérison exige, par de Saint-Yves. *Paris*, 1722, in-12. — Juin 1722, p. 1040; — juillet, p. 1286.

3502. Réponse de M. de Saint-Yves à une lettre critique de son traité des maladies des yeux insérée dans le suppl. du *Mercure* de Mai 1722, sous le nom de M. Mauchard. *Paris*, 1723, in-12. — Septembre 1723, p. 1564.

3503. Lettre de M. Demours à M. Petit, en réponse à sa critique d'un rapport sur une maladie de l'œil survenue après l'inoculation de la petite vérole. *Paris*, 1767, in-8. — * Août 1767, p. 377.

3504. Histoire d'un remède très-efficace pour la faiblesse et pour la rougeur des yeux; avec un remède infaillible contre la morsure du chien enragé, trad. de l'angl. de Sloane par Cantwell. *Paris*, 1746, in-12. — Avril 1747, p. 723

Quérard (IX, 194) dit, par transposition de chiffres, 1764.

3505. Instructions sur l'usage des lunettes ou conserves pour toutes sortes de vues, par Thomin. *Paris*, 1746, in-12. — Mai 1747, p. 894.

Quérard (IX, 449) dit 1749.

3506. Traité d'optique mécanique, avec une instruction sur les lunettes, par Thomin. *Paris*, 1749, in-8. — Février 1750, p. 487.

3507. Avis utile aux personnes qui font usage de conserves ou de lunettes, par Louvel. *Paris*, 1767, in-12. — * Août 1767, p. 373.

3508. De aure humanâ tractatus, in quo integra ejusdem auris fabrica multis novis inventis et iconismis describitur, aut. Valsalva. *Bologne*, 1704, in-4. — Mars 1707, p. 445.

3509. Dissertatio de loquela, auct. C. Amman. *Amsterdam*, 1700, in-12. — Janvier 1748, p. 454.

3510. Lettre à M. L. D. F. ou réponse à la critique que

fait M. Burlon du sentiment de M. Ferrein sur la formation de la voix humaine. — Autre lettre ou éclaircissement sur la découverte que M. Ferrein a faite sur le mécanisme de la voix de l'homme, par Montagnat. *Paris*, 1746, 2 v. in-12. — Octobre 1746. p. 2156.

3511. Nouvelle théorie physique de la voix, par l'ab. Morel. *Paris*, 1748, in-12. — Mai 1748, p. 798.

Ostéologie. — Dents.

3512. Traité des maladies des os, par Petit. Nouv. édit. *Paris*, 1736, 2 v. in-12. — Août 1738, p. 1633.

3513. Traité des maladies des os, par feu M. Petit. Nouv. édit. revue et augm. d'un discours historique et critique sur cet ouvrage, par M. Louis. *Paris*, 1758, 2 v. in-12. — * Juillet 1758, p. 1913.

3514. Dissertation au sujet des ouvrages de l'auteur du livre sur les maladies des os, par Huxaud de Saint-Malo. *Paris*, 1726, in-12. — * Mars 1726, p. 604.

Quérard (IV, 166) dit qu'il est né à Châteaubriant.

3515. Traité d'ostéologie, par Bertin. *Paris*, 1754, 4 v. in-12. — Septembre 1754, p. 2292.

3516. Traité d'ostéologie, trad. de l'angl. de Monro par Sue. *Paris*, 1759, 2 v. in-fol. — Juillet 1760, p. 1544.

3517. Cours abrégé d'ostéologie, par Le Cat. *Rouen*, 1767, in-8. — Octobre 1768, p. 177.

3518. Dissertation sur la nature des os, où l'on explique la nature et l'usage de la moelle, avec trois lettres sur le livre (de M. *Andry*) de la génération des vers dans le corps de l'homme, par Lemery. *Paris*, 1704, in-12. — Mars 1705, p. 468.

3519. Nouvelles observations anatomiques sur les os, sur leurs maladies extraordinaires, et sur quelques autres sujets, par Courtial. *Paris*, 1705, in-12. — Avril 1705, p. 644.

3520. Mémoires sur les os, pour servir de réponse aux objections proposées contre le sentiment de M. Duhamel du Monceau, avec les mémoires de MM. de Haller et Bordenave, qui ont donné lieu à ce travail, par Fougeroux. *Paris*, 1760, in-8. — Juin 1760, p. 1462.

3521. Le chirurgien-dentiste ou traité des dents, par

Fauchard. *Paris*, 1728, 2 v. in-12. — Décembre 1728, p. 2275.

3522. L'art de conserver les dents, par de Geraudly. *Paris*, 1737, in-12. — *Avril 1737, p. 744.

3523. Dissertation sur un préjugé très-pernicieux concernant les maux de dents qui surviennent aux femmes grosses, par Bunon. *Paris*, 1744, in-12. — Mai 1743, p. 940.

3524. Essai sur les maladies des dents, où l'on propose les moyens de leur procurer une bonne conformation, par Bunon. *Paris*, 1743, in-8. — Mai 1743, p. 936.

3525. Expériences et démonstrations pour servir de suite à l'essai sur les maladies des dents, par Bunon. *Paris*, 1746, in-12. — Mars 1747, p. 542.

3526. Essai d'odontotechnie ou dissertation sur les dents artificielles, par Mouton. *Paris*, 1746, in-12. — Mars 1746, p. 527.

3527. Nouveaux éléments d'odontologie, contenant l'anatomie de la bouche, par Lécluse. *Paris*, 1753, in-12. — Juin 1754, p. 1446.

3528. Nouveaux éléments d'odontalgie, par Jourdain. *Paris*, 1756, in-12. — Octobre 1756, p. 2680.

3529. Traité des dépôts dans le sinus maxillaire, des fractures et des caries de l'une et l'autre mâchoire, par Jourdain. *Paris*, 1760, in-12. — *Janvier 1761, p. 184.

3530. Essais sur la formation des dents, comparée avec celle des os, suivis de plusieurs expériences tant sur les os que sur les parties qui entrent dans leur constitution, par Jourdain. *Paris*, 1766, in-12. — Mars 1766, p. 732.

3531. Eclaircissements essentiels pour parvenir à préserver les dents de la carie et à les conserver jusqu'à l'extrême vieillesse, par Lécluse. *Paris*, 1756, in-12. — * Mai 1756, p. 1314.

3532. Recherches et observations sur toutes les parties de l'art du dentiste, par Bourdet. *Paris*, 1757, 2 vol. in-12. — Avril 1757, p. 1144; — juillet, p. 1709.

3533. Soins faciles pour la propreté de la bouche, pour la conservation des dents et pour faire éviter aux enfants les accidents de la dentition, par Bourdet. Nouv. édit. *Paris*, 1772, in-24. — *Juin 1772, p. 565.

3534. Traité d'odontalgie, par Auzébi. *Paris*, 1772, in-12. — *Janvier 1773, p. 173.

Traités généraux sur les maladies et leurs remèdes.

3535. Traité des maladies les plus fréquentes et des remèdes spécifiques pour les guérir avec la méthode de s'en servir, pour l'utilité du public et le soulagement des pauvres, par Helvétius. *Paris*, 1703, in-12. — Nouv. édit. *Bruxelles*, 1734, in-12. — Avril 1704, p. 542; — *novembre 1734, p. 2107.

3536. Medicina practica rationalis Hippocratis, sanioribus Neotericorum doctrinis illustrata, opera Pompeii Sacchi. *Parme*, 1721, in-fol. — Août 1722, p. 1461.

3537. Traité des maladies aiguës, par Tauvry. Nouv. édit. *Paris*, 1722, in-12. — *Août 1713, p. 1483.

3538. Pratique des maladies chroniques, par Tauvry. *Paris*, 1712, in-12. — *Août 1742, p. 1483.

3539. Traité des maladies où l'on decouvre leurs signes et leurs événements, trad. du lat. de Lommius (par *Le Breton*). *Paris*, 1712, in-8. — Septembre 1712, p. 1577.

3540. La médecine et la chirurgie des pauvres (par Dom Nic. *Alexandre*, bénéd.). *Paris*, 1714, in-12. — *Décembre 1714, p. 2193.

3541. Nouvelles classes de maladies, qui comprennent les genres et les espèces de toutes les maladies avec leurs signes et leurs indications, par S** de I.... (*Sauvages de la Croix*). *Avignon*, 1734, in-12. — Avril 1735, p. 631.

Quérard (VIII, 483) dit 1731.

3542. J. G. Meyer dissertatio medica de morbis endemiis. *Leyde*, 1738, in-4. — Novembre 1738, p. 2263.

3543. L. J. Le Thieulier observationes medico-practicæ. *Paris*, 1740, in-12. — *Mars 1740, p. 546.

Quérard (V, 258) cite 1732 et 1746.

3544. Essais et observations de médecine de la société d'Edimbourg, trad. de l'anglais par Demours. *Paris*, 1740, in-12. — Mars 1744, p. 574.

3545. Eléments de la médecine pratique tirés des écrits d'Hippocrate, par Bouillet. *Béziers*, 1744-1746, 2 vol. in-4. — Janvier 1746, p. 133; — janvier 1748, p. 54.

3546. Consultations choisies de plusieurs médecins célèbres de Montpellier sur des maladies aiguës et chroniques. *Paris*, 1748, 4 vol. in-12. — Mars 1749, p. 499.

3547. Méthode nouvelle de guérir les maladies du corps et les dérèglements de l'esprit qui en dépendent, trad. de l'angl. de Cheyne, par de la Chapelle. *Paris*, 1749, 2 vol. in-12. — Octobre 1749, p. 2101 ; — novembre, p. 2379.

3548. Observations sur la guérison de plusieurs maladies notables. aiguës et chroniques, par F. N. Marquet. *Paris*, 1750, in-12. — Novembre 1750, p. 2672.

3549. Si les jours critiques sont les mêmes parmi nous que dans les pays où Hippocrate les avait observés, et de quelle utilité pouvait être dans la pratique l'observation de ces jours, par Normand. *Dôle*, 1752, in-12. — Novembre 1752. p. 2648.

3550. Discours sur les véritables moyens de connaître la vertu des médicaments et la préférence qu'on doit donner aux remèdes simples sur les composés (par *Laurens*). *Douai*, 1752.

Auteur omis par Quérard.

3551. Méthode pour guérir les maladies, trad. du lat. de Lazerme, par Desmarets. *Paris*, 1753, 2 vol. in-12. — *Mai 1753, p. 1132.

3552. Méthode aisée et peu coûteuse de traiter avec succès plusieurs maladies épidémiques, par de Meyserey. *Paris*, 1753, in-12. — Juin 1753, p. 1334.

3553. Gerardi Van-Swieten Commentaria in Herm. Boerhaave aphorismos de cognoscendis et curandis morbis. *Paris*, 1746-1753, 3 vol. in-4. — Septembre 1754, p. 2231.

3554. Aphorismes de chirurgie de Boerhaave commentés par Van-Swieten, trad. du lat. en fr. (par *Louis* et *de Villiers*). *Paris*, 1753-(1765, 7 vol. in-12). —Septembre 1754, p. 2231.

3555. Consultations et observations médicinales, par Deidier. *Paris*, 1754, 3 vol. in-12. — * Février 1755, p. 564.

3556. Médecine expérimentale ou résultat de nouvelles observations pratiques et anatomiques (par *Thierry*). *Paris*, 1755, in-12. — Juillet 1755, p. 1644.

3557. Traité des maladies qu'il est dangereux de guérir. par D. Raymond. *Avignon*, 1757, 2 vol. in-12. — Juin 1757, p. 1372.

3558. Synopsis universæ praxeos medicæ. Editio nova. Auct. J. Lieutaud. *Paris*, 1770, 2 vol. in-4. — Janvier 1770, p. 132.

3559. Précis de la médecine pratique, contenant l'histoire des maladies dans un ordre tiré de leur siége, par Lieutaud. *Paris*, 1759, in-12. — 3° édit. *Ibid.*, 1770, 2 vol. in-8. — * Juin 1759, p. 1533; — mars 1760, p. 678; — * octobre 1770, p. 184.

3560. Précis de la matière médicale, trad. du latin de la 2° partie du Synopsis universæ praxeos medicæ, par Lieutaud. *Paris*, 1766, in-8. — Nouv. édit. *Paris*, 1770, 2 vol. in-8. — Juin 1766, p. 1487; — * mars 1771, p. 641.

3561. Tableau des maladies de Lommius, ou description exacte de toutes les maladies qui attaquent le corps humain ; trad. nouv. par l'ab. Le Mascrier. *Paris*, 1760, in-12. — * Avril 1760, p. 1432.

3562. Observations sur différents cas singuliers relatifs à la médecine pratique, à la chirurgie, par Fichet de Flechy. *Paris*, 1761, in-12. — Janvier 1762, p. 365.

3563. Ant. de Haen ratio medendi in nosocomio practico. *Paris*, 1761-1778, 14 vol. in-12. — *Janvier 1762, p. 374.

3564. Avis au peuple sur sa santé, ou traité des maladies les plus fréquentes, par Tissot. *Paris*, 1762, in-12. — 2° édit. *Ibid.*, 1763, 2 vol. in-12. — 3° édit. *Ibid.*, 1767, 2 vol. in-12. — Mai 1762, p. 1335; — septembre 1763, p. 2272; — mars 1767, p. 540.

3565. Instructions importantes au peuple sur les maladies chroniques, pour servir de suite à l'avis au peuple de M. Tissot sur les maladies aiguës. par Fermin. *Paris*, 1768, 2 vol. in-12. — * Mars 1769, p. 560.

3566. Medicus veri amator ad Apollineæ artis alumnos (par *Clerc*). *Moscou*, 1754, in-8. — Juin 1766, p. 1475.

3567. Traitements des maladies internes et externes, trad. du latin de Lazerme par D. Desmarets. *Paris*, 1764, 2 vol. in-12. — * Mars 1764, p. 759.

Quérard (IV, 645) dit 1754.

3568. Essais d'expériences, 1° sur la fermentation des mélanges alimentaires ; 2° sur la nature et la propriété de l'air fixe; 3° sur les vertus respectives de différentes espèces d'antiseptiques ; 4° sur le scorbut... par Macbride et Abbadie. *Paris*, 1766, in-12. — Juillet 1767, p. 5.

3569. Primæ lineæ pathologicæ et therapeuticæ, auct. F. de Lamure. *Montpellier*, 1766, in-8. — * Octobre 1767, p. 477.

3570. Positiones semeioticæ, auct. de Lamure. *Montpellier*, 1767, in-4. — * Octobre 1767, p. 177.

3571. Nosologia methodica, sistens morborum classes juxta Sydenhami mentem et botanicorum ordinem, auct. F. Boissier de Sauvages. Edit. ultima. *Amsterdam*, 1768, 2 vol. in-4. — Mai 1768, p. 343.

    Cette édition renferme l'éloge de l'auteur par Ratte.

3572. La nature opprimée par la médecine moderne, ou la nécessité de recourir à la méthode ancienne ou hippocratique dans le traitement des maladies, par Toussaint Guindant. *Paris*, 1768, in-12. — Août 1768, p. 307.

3573. Essai sur la conformité de la médecine ancienne et moderne, dans le traitement des maladies aiguës, trad. de l'angl. de Barker par Lorry. Nouv. édit. *Paris*, 1768, in-12. — Août 1768, p. 329.

3574. L'art de se traiter et de se guérir soi-même dans les maladies les plus ordinaires et les plus dangereuses, par Dan. Langhans. Trad. de l'allem. par E*** (*Eidous*). *Paris*, 1768, 2 v. in-12. — Décembre 1768, p. 542.

3575. Traité sur différents objets de médecine par Tissot. Trad. du latin avec un discours préliminaire sur chaque maladie, par M. B*** D. M. *Paris*, 1769, 2 v. in-12. — Mai 1769, p. 368.

3576. La médecine pratique rendue plus simple, plus sûre et plus méthodique, par Le Camus. *Paris*, 1769, in-12. — T. II. 1773, in-12. — Mai 1769, p. 353; — mai 1773, p. 362.

3577. J. Fred. Cartheuser fundamenta materiæ medicæ tam generalis quam specialis. Editio nova curante J. C. Desessartz. *Paris*, 1769, 4 v. in-12. — Octobre 1769, p. 166.

3578. Cours de médecine pratique, rédigé d'après les principes de M. Ferrein, par Arnault de Nobleville. *Paris*, 1769, 3 v. in-12. — * Décembre 1769, p. 550.

3579. Pathologie de Gaubius, trad. du lat. par Sue le jeune. *Paris*, 1770, in-12. — * Septembre 1770, p. 438.

3580. Dictionnaire des pronostics, ou l'art de prévoir les bons ou mauvais événements dans les maladies, par M. D. T. *Paris*, 1770, in-12. — * Octobre 1770, p. 184.

3581. Essai sur les maladies des gens du monde, par Tissot. *Lausanne*, 1770, in-12. — 3e édit. *Paris*, 1774, in-12. — Janvier 1774, p. 5; — * août 1774, p. 365.

3582. Dictionnaire du diagnostic ou l'art de connaître les maladies, par Helian. *Paris*, 1771, in-12. — * Juin 1772, p. 563.

3583. Avis aux grands et aux riches sur la manière dont ils doivent se conduire dans leurs maladies, par M... (*Mahon*). *Londres*, 1772, in-8. — * Septembre 1772, p. 564.

3584. Le médecin des hommes depuis la puberté jusqu'à l'extrême vieillesse (par *Goulin et Jourdain*). *Paris*, 1772, in-12. — * Novembre 1772, p. 375.

3585. Domestic medicine by Dr Buchan. *Londres*, 1773, in-8. — Janvier 1774, p. 74.

3586. Médecine domestique par Buchan, trad. par Duplanil. *Edimbourg*, 1775, 2 v. in-12. — Août 1775, p. 357.

3587. Médecine pratique de Sydenham avec des notes, trad. en franç. par feu Jault. *Paris*, 1774, in-8. — Juin 1774, p. 556.

3588. Traité de l'expérience en général et en particulier dans l'art de guérir, par G. Zimmermann. Trad. par Lefebvre de Villebrune. *Paris*, 1774, 3 v. in-12. — * Août 1774, p. 362.

3589. Recherches sur les maladies chroniques, leurs rapports avec les maladies aiguës, leurs périodes, et sur la manière dont on les traite aux eaux de Baréges et des autres sources de l'Aquitaine, par Ant. de Bordeu. *Paris*, 1775, in-8. — Novembre 1775, p. 277.

3590. Le médecin ministre de la nature, ou recherches et observations sur le pépasme ou coction pathologique par J. F. Carrère. *Amsterdam*, 1776, in-12. — Décembre 1775, p. 533.

3591. Le médecin interprète de la nature ou recueil de pronostics sur le caractère des maladies, leur guérison, trad. du lat. de G. Klein par M. J. F. A. *Amsterdam*, 1775, 2 v. in-12. — Mai 1775, p. 363.

Traités particuliers sur les maladies.

3592. J. Gaveti nova febris idæa, seu novæ conjecturæ physicæ circa febris naturam. *Genéve*, 1700, in-12. — Mars 1703, p. 549.

3593. Système des fièvres et des crises selon la doctrine d'Hippocrate... par M. Falconet. *Paris*, 1723, in-12. — Janvier 1725, p. 63.

3594. Tractatus de febribus, auct. Hub. Courraigne, *Montpellier*, 1730, in-12. — * Août 1730, p. 1507.

Quérard ne cite pas ce médecin, auteur encore de Pathologie conspectus. Nemossi, in-8 (Catal. Falconet, n° 6183).

3595. Traité des fièvres, trad. du latin de F. Hoffmann par Eidous, suivi de plusieurs dissertations du même trad. par Bruhier. *Paris*, 1757, 3 vol. in-12. — Novembre 1747, p. 2176 ; — décembre, p. 2543.

3596. Traité des fièvres continues, dans lequel on a rassemblé les principales connaissances que les anciens ont acquises sur les fièvres, par Quesnay. *Paris*, 1753, 2 vol. in-12. — Juillet 1753, p. 1561.

3597. Traité des fièvres, trad. du latin de Fizes par M. D... *Paris*, 1757, in-12. — Février 1758, p. 546.

3598. Traité des fièvres de l'île Saint-Domingue, par Poissonnier Desperrières. 2° édit. *Paris*, 1766, in-12. — Octobre 1766, p. 460.

Quérard ne cite ni cette édition, ni la première (VII, 246).

3599. Historia febris miliaris et de Hemicrania dissertatio, auct. Joan. Fordyce. Accedit de morbo miliari epistola C. Balguy. *Louvain*, 1766, in-8. — * Octobre 1767, p. 476.

3600. Essai sur les espèces de fièvres, avec des dissertations sur les fièvres lentes, nerveuses, putrides, pestilentielles et pourprées, sur la petite vérole, sur les pleurésies et les péripneumonies, par J. Huxham, Trad. de l'angl. Nouvelle édit. *Paris*, 1764, in-12. — Nouvelle. édit. *Paris*, 1768, in-12. — Avril 1764, p. 1006 ; — * mars 1769, p. 554.

3601. Essai sur les fièvres auquel on a ajouté deux dissertations, l'une sur les maux de gorge gangréneux, l'autre sur la colique de Devonshire, par J. Huxham. Trad. de l'angl. (par *Roux*. *Paris*, 1765, in-12. — Avril 1765, p. 1140.

3602. Commentaire sur les aphorismes de Boerhaave, contenant le traité complet des fièvres, trad. en franç. par Moublet. *Lyon*, 1771, 6 vol. in-12. — * Août 1771, p. 367.

3603. Nouvelles conjectures sur la peste, en deux lettres, l'une de Gautier, l'autre de Beaux. *Meaux*, 1721. in-12.— Février 1722, p. 332.

Quérard a omis cet article (I, 227 et III, 288).

3604. Traité de la peste et des moyens de s'en préserver.

par Manget. *Lyon*, 1722, 2 vol. in-12. — *Mai 1722, p. 927.

3605. Traité de la peste ou conjectures physiques sur sa nature et ses causes, par Gavet de Rumilly. *Lyon*, 1722, in-12. — *Mai 1722, p. 927.

3606. Traité des causes, des accidents et de la cure de la peste (par *Chicoyneau et Senac*). *Paris*, 1745, in-4. — Octobre 1745, p. 1742 : — novembre, p. 2022.

3607. J. Linder de venenis in genere et specie exercitatio. *Leyde*, 1708, in-8. — Mai 1713, p. 899.

3608. Mechanica exposita venenorum variis dissertationibus comprehensa, auct. R. Mead. Ex Angl. in. lat. versa a Josua Nelson. *Leyde*, 1737, in-8. — Mars 1739, p. 482 ; — avril, p. 773.

3609. J. D. Hanhii oratio de usu venenorum in medicina. *Utrecht*, 1773, in-4. — Août 1775, p. 497.

3610. Traité du scorbut par Brescou Damouret. *Paris*, 1743. in-12. — Octobre 1743, p. 2655.

3611. Traité du scorbut, trad. de l'angl. de Lind ; auquel on a joint la traduction du traité du scorbut de Boerhaave, commenté par Van-Swieten. *Paris*, 1756, 2 vol. in-12. — Avril 1756, p. 995.

Barbier attribue cette traduction à Savary ; Quérard aussi (VIII, 492) et à J. F. Carrère (V, 313).

3612. Histoire de l'éléphantiasis, contenant aussi celle du scorbut, du feu Saint-Antoine, par Raymond. *Lausanne*, 1769, in-8. — Mai 1769, p. 341.

3613. Traité sur le scorbut, trad. du lat. de Le Meilleur, par Giraud. *Paris*, 1774, in-12. — Avril 1774, p. 125.

Quérard (VI, 19) dit 1778.

3614. Traité des écrouelles, par Charmetton. *Lyon*, 1757, in-12. — *Décembre 1757, p. 3016.

Quérard (II, 138) dit 1755.

3615. Essai sur les écrouelles, par Renard. *Paris*, 1769, in-12. — *Mars 1770, p. 571.

3616. Traité de la rage par Hunaud. *Angers*, 1745, in-12. — *Octobre 1745, p. 1863.

Quérard et le Catal. Falconet, n° 6668, citent *Châteaugontier*, 1714.

3617. Dissertation sur la nature et la cause de la rage, dans laquelle on recherche quels en peuvent être les préservatifs et les remèdes, par de Sauvages. *Toulouse*, 1749, in-4. — *Octobre 1749, p. 2045.

3618. Méthode sûre, courte et facile pour le traitement des personnes attaquées de la rage, par le Frère Claude du Choisel, S. J. *Paris*, 4756, in-42. — Octobre 4756, p. 2597.

3619. Historia variolarum quæ per incisionem excitantur, auct. Emm. Timonio. *Constantinople*, 4745. — Octobre 4745, p. 4840.

3620. Idée générale de l'économie animale et observation sur la petite vérole, par Helvetius. *Paris, A722*, in-42. — Septembre 4723, p. 4644.

3621. Lettre sur l'inoculation de la petite vérole, comme elle se pratique en Turquie et en Angleterre, par de la Coste *Paris*, 4723, in-42. — Juin 4724, p. 4073.
 Auteur omis par Quérard.

3622. Observation sur la saignée du pied et sur la purgation au commencement de la petite vérole (par *Hecquet*). *Paris*, 4724, in-42. — Décembre 4724, p. 2245.

3623. Le brigandage de la médecine dans la manière de traiter les petites véroles et les plus grandes maladies par l'émétique, la saignée du pied et le kermès minéral (par *Hecquet*). *Paris*, 4733, in-42. — Avril 4733, p. 742.

3624. Variolarum antiquitates nunc primum e Græcis erutæ a J. G. Hahn. *Brigg*, 4735, in-4. — Décembre 4736, p. 2580.

3625. Mémoires sur l'inoculation de la petite vérole, par de La Condamine. *Paris*, 4754, in-42. — Second mémoire. *Genève*, 4759, in-42. — Octobre 4754, p. 2345; — octobre 4759, p. 2435.

3626. Recueil de pièces concernant l'inoculation de la petite vérole et propres à en prouver la sincérité et l'utilité (par Montucla et Morisot-Deslandes). *Paris*, 4756, in-42. — Novembre 4756, p. 2735.

3627. Tableau de la petite vérole, par Cantwell. *Paris*, 4758, in-42. — *Décembre 4758, p. 3032; — août 4759, p. 2406.

3628. L'inoculation de la petite vérole déférée à l'église et aux magistrats (par *de Bury*). 4756, in-42. — Janvier 4757, p. 447.

3629. Dissertation sur la petite vérole, dans laquelle on prouve que cette maladie n'est pas dangereuse (par *Pajon de Moncet*). *Paris*, 4758, in-42. — Octobre 4758, p. 2487.

3630. La vérolette ou la petite vérole (par *Hatté*). *Paris*, 4759, in-42. — *Mars 4762, p. 763.

3631. Recherches sur la nature et l'inoculation de la petite vérole, par Robert. *La Haye*, 1763, in-12. — Octobre 1763. p. 2329.

3632. Avis sur l'inoculation de la petite vérole (par *Le Hoc*). *Paris*, 1763, in-12. — Février 1764, p. 488.

3633. Observation sur la petite vérole naturelle et artificielle (par *Vernage*). *La Haye*, 1764, in-12. — Février 1764, p. 488.

3634. Nouveaux éclaircissements sur l'inoculation de la petite vérole, pour servir de réponse à un écrit de M. Rast, médecin de Lyon, par Gatti. *Paris*, 1764, in-12. — Février 1764, p. 488.

3635. Réflexions sur les préjugés qui s'opposent aux progrès et à la perfection de l'inoculation, par Gatti. *Bruxelles*, 1764, in-12. — Nouvelles réflexions. *Ibid.* 1767, in-12. — * Avril 1764, p. 1143 ; — *octobre 1767, p. 184.

3636. Observations sur la nature, les causes et les effets des épidémies varioliques, et réfutation de quelques écrits contre l'inoculation de la petite vérole (par *David*). *Genève*. 1764, in-12. — * Avril 1764, p. 1143.

3637. Recherches sur quelques points d'histoire de la médecine, qui peuvent avoir rapport à l'arrêt de la grand'-chambre du Parlement de Paris, concernant l'inoculation et qui paraissent favorables à la tolérance de cette opération (par *Bordeu*). *Liége*, 1764, in-12. — Janvier 1765. p. 5 et 239.

3638. Lettres de M. Tissot sur l'inoculation. *Lausanne*, 1765, in-12. — * Avril 1766, p. 1115.

3639. Lettre concernant l'inoculation. *Besançon*, 1765, in-12. — * Avril 1766, p. 1115.

3640. Opuscule sur l'inoculation (par *d'Auxiron*). *Besançon*, 1765, in-8. — * Avril 1766, p. 1115.
Non cité par Quérard (I, 137).

3641. Vexatissimum nostra ætate de insitione variolarum vel admittenda vel repudianda argumentum, a B. L. Tralles. *Breslau*, 1765, in-8. — * Avril 1766, p. 1146.

3642. De insitione variolarum programma a H. A. Wrisberg. *Gottingue*, 1765, in-4. — * Avril 1766, p. 1115.

3643. Mémoires et observations sur la méthode d'insérer la petite vérole, par Grassot. *Lyon*, 1766, in-8. — Octobre 1766, p. 454.

3644. Etat de l'inoculation de la petite vérole en Ecosse,

par A. Monro, trad. de l'angl. par M***. *Paris*, 1766, in-8.
— * Avril 1766, p. 114.

3645. Lettre à M. Petit sur quelques faits relatifs à l'inoculation. *Amsterdam*, 1767, in-8. — Avril 1767, p. 475.

3646. Sur les rechutes et la contagion de la petite vérole ; deux lettres de M. Medicus à M. Petit. *Mannheim*, 1767, in-12. — * Octobre 1767, p. 478.

Non cité par Quérard (VI, 12).

3647. Observations sur la meilleure manière d'inoculer la petite vérole, par J. J. Gardane. *Paris*, 1767, in-12. — * Février 1768, p. 378.

3648. Projet d'anéantir la petite vérole, par A. Le Camus. *Paris*, 1767, in-4. — * Mars 1768, p. 558.

3649. Histoire de la petite vérole avec les moyens d'en préserver les enfants et d'en arrêter la contagion en France; suivie d'une traduction française du traité de la petite vérole de Rhasès, par Paulet. *Paris*, 1768, 2 vol. in-12. — Mars 1768, p. 568.

3650. Mémoire pour servir de suite à l'histoire de la petite vérole, dans lequel on démontre la possibilité et la facilité de préserver un peuple entier de cette maladie, par Paulet. *Paris*, 1768, in-12. — Janvier 1769, p. 184.

3651. Avis au public sur son plus grand intérêt, ou l'art de se préserver de la petite vérole, par Paulet. *Paris*, 1769, in-12 et in-4. — Janvier 1770, p. 59.

3652. Supplément au rapport fait à la faculté de médecine de Paris contre l'inoculation de la petite vérole. *Paris*, 1768, in-4. — Avril 1768, p. 100.

3653. Traité pratique de l'inoculation dans lequel on expose les règles de conduite relatives au choix de la saison propre à cette opération, par Gandoger de Foigny. *Nancy*, 1768, in-8. — Décembre 1768, p. 540.

3654. Mémoire sur le fait de l'inoculation. *Paris*, 1768, in-4. — Janvier 1769, p. 42.

3655. Examen des principaux faits de la réponse à l'argument tiré du nombre des personnes mortes en Angleterre de la petite vérole naturelle et artificielle. *Paris*, 1768, in-4. — * Janvier 1769, p. 480.

3656. Précis historique de la nouvelle méthode d'inoculer la petite vérole, par Power. *Amsterdam*, 1769, in-12. — * Décembre 1769, p. 552.

Quérard (VII, 319) dit 1771.

3657. Le désaveu de la nature. Nouvelles lettres en vers (par *Saint-Aubin*). *Londres*, 1770, in-8. — Octobre 1770, p. 178.

3658. Avis aux mères sur la petite vérole et la rougeole, par Menuret. *Lyon*, 1770, in-12. — *Août 1774, p. 367.

3659. Le pour et le contre de l'inoculation, ou dissertation sur les opinions des savants et du peuple touchant ce remède, par de Bienville. *Paris*, 1772, in-12. — *Avril 1772, p. 182.

3660. Manuel des secrets, ou analyse des remèdes de M. Sulton pour l'inoculation de la petite vérole, par de Villiers. *Paris*, 1774, in-8. — *Août 1774, p. 356.

3661. Avis aux mères au sujet de l'inoculation, ou lettre à une dame de province, qui hésitait de faire inoculer ses enfants (par *Laus de Boissy*). *Paris*, 1774, in-8. — *Décembre 1774, p. 553.

3662. Méthode de M. Keyser pour l'administration de ses dragées dans le traitement des maladies vénériennes. *Paris*, 1762. — Février 1763, p. 556.

3663. Parallèle des différentes méthodes de traiter la maladie vénérienne (par *Louis*). *Amsterdam*, 1764, in-8. — *Février 1765, p. 550.

3664. Dissertation sur l'origine de la maladie vénérienne, par M. S*** (*Sanchez*). Nouvelle édit. *Paris*, 1765, in-12. — Mai 1765, p. 1331.

3665. Dissertation sur un nouveau remède antivénérien végétal (par de *Velnos*). *Paris*, 1765. in-12. — 2e édit. *Paris*, 1768, in-12. — *Novembre 1765, p. 1327; — *février 1769, p. 373.

Quérard (X, 92) ne cite que la 1re édit.

3666. Traité des maladies vénériennes, par Jauberthon. *Paris*, 1766, in-12. — *Mai 1766, p. 1274.

3667. Dissertation sur les maladies vénériennes, trad. de l'ang. de Turner (par *Lassus*). *Paris*, 1767, 2 v. in-12. — *Juin 1767, p. 574.

3668. Le traité des maladies vénériennes, par Fabre. Nouvelle édit. *Paris*, 1768, 2 v. in-12. — *Juillet 1768, p. 461.

3669. Exposition des effets d'un nouveau remède dénommé sirop mercuriel (par Bellet). *Paris*, 1768, in-12. — Décembre 1768, p. 400.

3670. Recherches pratiques sur les différentes manières de traiter les maladies vénériennes, par Gardane. *Paris*, 1770, in-8. — *Juin 1770, p. 535.

3671. L'art de se traiter soi-même dans les maladies vénériennes, par M*** (*Bourru*). *Paris*, 1770, in-8. — *Février 1771, p. 375.

3672. Examen et analyse chimique des différents remèdes que M. Nicole met en usage pour les maladies vénériennes, par Marges. *Paris*, 1771, in-12. — Août 1771, p. 362.

> Non cité par Quérard (V, 529).

3673. Manuel anti-syphilitique, par de Cezan. *Paris*, 1774, in-12. — Mai 1774, p. 354.

3674. Tableau des maladies vénériennes, suivi des principales méthodes employées pour les combattre, par Thion de la Chaume. *Paris*, 1773, in-12. — Juin 1773, p. 465.

3675. Remède nouveau contre les maladies vénériennes, tiré du règne animal, par Peyrilhe. *Paris*, 1774, in-12. — Mai 1774, p. 255.

3676. Examen historique sur l'apparition de la maladie vénérienne en Europe et sur la nature de cette épidémie (par *Sanchez*). *Londres*, 1774, in-12. — *Septembre 1774, p. 557.

3677. Lettre à M. Le Roux par M. D. concernant le remède anti-vénérien de M. Lafont. *Amsterdam*, 1774, in-8. — *Décembre 1774, p. 535.

3678. Exposition des différentes méthodes d'administrer le mercure dans les maladies vénériennes, par de Horne. *Paris*, 1775, in-8. — Janvier 1775, p. 44.

3679. (Considérations médico-chirurgicales sur les maladies vénériennes par Schreiber). (en allemand). *Berlin*, 1775. — Novembre 1775, p. 223.

3680. L'onanisme, par Tissot, 3e édit. *Lausanne*, 1764, in-12. — Janvier 1765, p. 182.

———

3681. Dissertation en forme de lettre sur l'effet des topiques dans les maladies internes et en particulier sur celui du sieur Arnoult contre l'apoplexie, écrite par un médecin de Paris. *Paris*, 1744, in-8. — 7e Edit. *Paris*, 1768, in-12. — *Novembre 1744, p. 2089; — novembre 1768, p. 378.

3682. Essai sur neuf maladies également dangereuses, l'apoplexie, la pulmonie, le catarrhe....., par de Malon. *Paris*, 1770, in-12. — Décembre 1770, p. 482.

3683. Traité de l'apoplexie, la paralysie et autres affections vaporeuses par feu Marquet, publié par Buchoz. *Paris*, 1770, in-12. — *Mars 1771, p. 550.

3684. Guérison de la paralysie par l'électricité, par l'ab. Sans. *Paris*, 1772, in-12. — *Septembre 1772, p. 554.

3685. Traité de l'épilepsie, par Tissot. *Paris*, 1770, in-12. — *Mars 1771, p. 543.

3686. Traité de l'épilepsie, avec sa description, ses différences, ses causes, par P. Brescon. Nouv. édit. *Paris*, 1742, in-12. — Août 1742, p. 1387.

3687. Dissertation sur les parties sensibles du corps animal, suivie d'un mémoire sur les avantages que procurent les frictions mercurielles dans le traitement de quelques épilepsies idiopatiques par Housset. *Lausanne*, 1770, in-8. — *Novembre 1770, p. 374.

3688. Traité du vertige, par de la Mettrie. *Paris*, 1739, in-12. — *Octobre 1739, p. 2271.

3689. Traité de l'asthme, contenant la description, les causes et le traitement de cette maladie, par J. Floyer, trad. de l'angl. (par *Jault*). *Paris*, 1764, in-8. — *Mai 1772, p. 1335.

3690. Pleuriticologia, sive syntagma universale de pleuritide et ejus curatione, auct. Fr. Henriquez. *Lisbonne*, 1704, in-4. — *Mars 1702, p. 126.

3691. Traité de quelques maladies de la poitrine avec leurs diagnostic, pronostic et pansement, par Crendal. *Paris*, 1739, in-12. — Novembre 1740, p. 2181.

Quérard a oublié cet auteur, qui était médecin de l'hôpital royal de Valenciennes.

3692. Essai sur les effets salutaires du séjour des étables dans la phthisie, par Read. *Londres*, 1767, in-8. — 2e édit. *Ibid.* 1768, in-8. — *Décembre 1767, p. 552; — *décembre 1768, p. 560.

3693. Traité de la phthisie pulmonaire, par Buchoz. *Paris*, 1769, in-8. — *Janvier 1770, p. 159.

3694. Traité des maladies de la poitrine connues sous le nom de phthisie pulmonaire, par Dupré de Lisle. *Paris*, 1769, in-12. — *Juin 1770, p. 562.

3695. Manuel des pulmoniques, ou traité complet des maladies de la poitrine. Trad. du latin d'Avenbrugger par de Rozière de la Chassagne. *Paris*, 1770, in-12. — *Août 1770, p. 358.

————

3696. Pneumato-pathologia seu tractatus de flatulentis humani corporis affectibus, auct. Combalusier. *Paris*, 1747, in-12. — *Mai 1747, p. 1122.

3697. Pneumato-pathologie ou traité des maladies venteuses, trad. du lat. de Combalusier par M. J. (*Jault*). *Paris*, 1754, 2 vol. in-12. — Octobre 1754, p. 2595.

————

3698. Dissertation sur l'hydropisie de poitrine. *Paris*, 1737, in-12. — *Mars 1737, p. 564.

3699. Précis de la méthode d'administrer les pilules toniques dans les hydropisies, par Bacher. *Paris*, 1767 in-12. — *Avril 1768, p. 167.

3700. Traité pratique de l'hydropisie et de la jaunisse, développé par l'expérience, par Marquet, revu par Buchoz. *Paris*, 1770, in-8. — *Mars 1771, p. 564.

3701. Exposition des différents moyens usités dans le traitement des hydropisies, par Bacher. 2e édit. *Paris*, 1771, in-12. — Janvier 1772, p. 464.

Quérard (I, 147) ne cite que la 1re édit. de 1765.

————

3702. Traité de la dyssenterie, dans lequel on trouvera le plan d'un nouveau système de médecine, par Maubec. *Paris*, 1712, in-8. — Mars 1713, p. 441.

Ouvrage omis par Quérard (V, 627).

3703. Traité de la dyssenterie, par Zimmermann. trad. de l'allem. par Lefebvre de Villebrunne. *Paris*, 1775, in-12. — *Décembre 1775, p. 520.

3704. Tronchin, de colica pictorum. *Genève*, 1757, in-8. — Mai 1758, p. 1158.

3705. Examen du livre de M. Tronchin, par un médecin de Paris. *Genève*, 1757, in-8. — Mai 1758, p. 1158.

3706. Traité de toutes espèces de coliques, contenant des preuves analytiques de leurs causes et des explications mécaniques de leurs accidents et de leurs. symptômes, par J. Purcell, trad. par Eidous. *Paris*, 1767, in-12. — *Juillet 1767, p. 484.

3707. Conjectures sur l'électricité médicale, avec des recherches sur la colique métallique, par J J. Gardane. *Paris*, 1768, in-12. — Septembre 1768, p. 456.

3708. Lettres d'un citoyen de Lyon à Roux, avec des observations sur les effets d'un remède contre les maladies cancéreuses (par *Gamet*). *Paris*, 1767, in-8. — Mai 1767, p. 350.

3709. Nouvel essai de médecine pratique sur les cancers, par Burrows. *Londres*, 1767. — Février 1768, p. 376.

Quérard ne cite pas cet auteur dont l'ouvrage avait paru d'abord en anglais.

3710. Dissertatio academica de cancro, auct. Peyrilhe. *Paris*, 1774, in-12. — *Novembre 1774, p. 374.

3711. Remède éprouvé pour guérir radicalement le cancer occulte et manifeste ou ulcéré, par Lefebvre de S. Ild.***. *Paris*, 1775, in-8. — 1er suppl. de 1775, p. 443.

3712. Traité des hernies ou descentes, par Arnaud. *Paris*, 1749, 2 vol. in-12. — *Juin 1750, p. 1332.

3713. L'art de guérir les descentes, par Balin. *Paris*, 1768, in-12. — *Juin 1768, p. 535.

3714. Quæstio medica atque therapeutica proposita a J. B. Gastaldy : an doloribus rheumaticis balneum aquæ frigidæ? *Avignon*, 1744, in-4. — Septembre 1748, p. 444.

3715. Traité de la lithotomie ou extraction de la pierre hors de la vessie, par F. Tolet. 5e édit. *Paris*, 1708, in-12. — Mai 1710, p. 885.

3716. Dissertatio de calculo per adstringentia pellendi, a Ch. G. Reiche, præside J. H. Heuchero. *Wittemberg*, 1711, in-4. — Novembre 1718, p. 852.

3717. Parallèle des différentes manières de tirer la pierre hors de la vessie, par Le Dran. *Paris*, 1730, in-12. — *Décembre 1730, p. 2232.

3718. Traité des moyens de dissoudre la pierre et de guérir cette maladie et celle de la goutte par le moyen des aliments, trad. de l'angl. de Lobb, par T. A. *Paris*, 1746, in-12. — *Mars 1746, p. 559.

3719. Lettres concernant l'opération de la taille pratiquée sur les deux sexes (par *Le Cat* et *Le Blanc*). *La Haye*, 1749, in-12. — Octobre 1749, p. 2054.

3720. Pièces concernant l'opération de la taille, par Le Cat *Rouen*, 1764, in-12. — *Mars 1764, p. 746.

3721. Nouvelles remarques sur la lithotomie, par Pallucci. *Paris*, 1750, in-12. — Juin 1750, p. 1489.

3722. Essai sur les vertus de l'eau de chaux pour la guérison de la pierre, par R. Whyt, trad. de l'angl. par Roux. *Paris*, 1757, in-12. — Nouv. édit. *Ibid.* 1766, in-12. — Décembre 1757, p. 2910; — *mars 1767, p. 528.

3723. La taille au niveau; mémoire sur la lithotomie par l'appareil latéral, par Pouteau. *Avignon*, 1766, in-8. — Décembre 1766, p. 570.

—————

3724. Traité de la goutte dans son ordre naturel, par l'ab. Aignan. *Paris*, 1707, in-12. — Nouv. édit. *Ibid.* 1735, in-12. — *Septembre 1717, p. 1674; — *avril 1736, p. 766.

Auteur non cité par Quérard.

3725. Traité de la goutte, de ses causes, et du remède infaillible qui en opère la guérison radicalement et sans retour, par Fr. Le Febvre. *La Rochelle*, 1720, in-12. — Mars 1722, p. 544.

Quérard ne cite ni cet ouvrage, ni cet auteur; à moins que ce médecin ne soit le même que Jean-François Le Fèvre (V, 80).

3726. Dissertatio de artritide, auct. Deidier. *Montpellier*, 1726, in-4. — Août 1727, p. 1406.

3727. Eloge de la goutte (par *Coquelet*). *Paris*, 1727, in-12. — *Septembre 1727, p. 1743.

3728. Observations intéressantes sur la cure de la goutte et du rhumatisme de MM. Hoffmann, V*** et James (par *Bruhier*). *Paris*, 1747, in-12. — *Décembre 1747, p. 2647.

3729. Mémoire sur la goutte avec une consultation des médecins de Paris. *Nantes*, 1746, in-12. — Mai 1749, p. 1089.

> Le Catal. Falconet, n° 6983, cite ainsi : « *Mémoire sur la goutte, ou réponse à la demande si on peut la guérir radicalement, avec la consultation que M. Piou de la Garde en a fait faire par les médecins de la Faculté de Paris.* »

3730. Dialogue sur l'expérience des remèdes indiqués dans le mémoire. *Nantes*, 1747, in-12. — Mai 1749, p. 1089.

3731. Traité de la goutte, dans lequel, après avoir fait connaître le caractère propre et les vraies causes de cette maladie, on indique les moyens de les traiter, par L. Liger. *Paris*, 1753, in-12. — Décembre 1753, p. 2795.

3732. Dissertation sur les douleurs vagues connues sous le nom de gouttes vagues et rhumatismes goutteux, par Limbourg. *Liège*, 1763, in-12. — *Août 1763, p. 2082.

3733. Traité pratique sur la goutte et sur les moyens de guérir cette maladie, par Coste. Nouv. édit. *Paris*, 1764, in-12. — *Août 1764, p. 565.

> Quérard (II, 299) ne cite qu'une édit. de 1768.

3734. Dissertation sur la goutte (par *Aumeur*). *Paris*, 1767, in-12. — *Décembre 1767, p. 541.

> Non cité par Quérard (I, 133).

3735. Traité méthodique et dogmatique de la goutte, par Paulmier. *Angers*, 1769, in-12. — *Février 1770, p. 368.

3736. Traité des rhumatismes et des vapeurs, par du Moulin. *Paris*, 1740. — *Janvier 1741, p. 184.

> Auteur omis par Quérard. Le *Journal des Savants* dit 1703, in-4.

3737. Dissertation sur les vapeurs, par Viridet. *Yverdon*, 1727, in-8. — *Octobre 1727, p. 1923.

> Quérard (X, 248) dit 1725.

3738. Dissertation sur les vapeurs, par P. Hunauld. *Paris*,

1756, in-12. — Nouv. édit. *Ibid.* 1771, in-12. — Juillet 1756, p. 1631 ; — *août 1774, p. 370.

Quérard (IV, 166) ne cite que la 1re édit.

3739. Traité des affections vaporeuses des deux sexes, par Pomme fils. *Lyon*, 1763, in-8. — 4e édit. *Ibid.* 1769, 2 vol. in-8. — Janvier 1764, p. 39.

3740. Nouveau recueil de pièces publiées pour l'instruction du procès que le traitement des vapeurs a fait naître parmi les médecins, par Pomme. *Paris*, 1771, in-8. — *Décembre 1771, p. 549.

3741. Dissertation sur les vapeurs, par J. Maria. *Lyon*, 1759, in-12. — *Février 1760, p. 513.

3742. De melancholia et morbis melancholicis (par *Lorry*). *Paris*, 1765, 2 vol. in-8. — Juin 1765, p. 1510 ; — janvier 1766, p. 168.

3743. Les vapeurs et les maladies nerveuses, hypocondriaques et histériques, reconnues et traitées, trad. de l'angl. de Whyt par le Besgue de Presle. *Paris*, 1767, 2 vol. in-12. — Mai 1767, p. 357.

3744. Réflexions sur les affections vaporeuses (par *Rostaing*). 3e édit. *Amsterdam*, 1768, in-12. — *Juin 1768, p. 536.

3745. La philosophie des vapeurs ou lettres raisonnées sur l'usage des symptômes vaporeux (l'ab. *de Paumerelle*). *Lausanne*, 1774, in-12. — *Juillet 1774, p. 178.

3746. Traité théorique et pratique des maladies inflammatoires, par J. F. Carrère. *Paris*, 1774, in-12. — *Octobre 1774, p. 428.

3747. Dissertation physique et botanique sur la maladie néphrétique et sur son véritable spécifique : le raisin d'ours, *uva ursi*. Trad. de l'espagnol de D. J. Quer. *Strasbourg*, 1768, in-8. — Mai 1768, p. 348.

Non cité par Quérard.

3748. Dissertation anatomique et pratique sur une maladie de la peau, trad. de l'ital. de Curzio (par *Vandermonde*). *Paris*, 1755, in-12. — Janvier 1756, p. 489.

3749. Dissertation sur le guy, remède spécifique pour la cure des maladies convulsives, trad. de l'angl. de Colbatch, par H. D. S. *Paris*, 1729, in-12. — *Janvier 1730, p. 489.

3750. Observations de médecine sur la maladie appelée convulsion. *Paris*, 1732, in-12. — Mai 1733, p. 933.

3751. De morbis acutis infantium, auct. G. Harris. *Londres*, 1705, in-8. — Juillet 1713, p. 1244.

3752. Dissertation historique sur l'espèce de mal de gorge gangréneux, qui a régné parmi les enfants l'année dernière (par *Chomel*). *Paris*, 1749, in-12. — Mai 1749, p. 869.

3753. Dissertation du mal de gorge accompagné d'ulcères qui a paru ces dernières années à Londres, maladie qui règne actuellement en France et principalement à Paris; trad. de l'angl. de Fothergill, par de la Chapelle. *Paris*, 1749, in-12. — Octobre 1749, p. 2066.

Quérard (III, 173) attribue la traduction à l'ab. *de Larivière*; et au t. IV, p. 361, à l'ab. *de la Chapelle*, ainsi que le disent le *Journal des Savants*, et la *Biographie universelle*.

3754. Manière de bien nourrir et soigner les enfants nouveau-nés, par Michel Bermingham. *Paris*, 1750, in-4. — *Avril 1750, p. 950.

Non cité par Quérard. L'auteur, né à Londres, naturalisé Français, était maître en chirurgie.

3755. Essai sur l'éducation médicinale des enfants et sur leurs maladies, par Brouzet. *Paris*, 1754, 2 vol. in-12. — Avril 1755, p. 820.

3756. Traité de l'éducation corporelle des enfants en bas âge ou réflexions pratiques sur les moyens de procurer une meilleure constitution aux citoyens, par Désessartz. *Paris*, 1760, in-12. — Décembre 1760, p. 2997.

3757. Dissertation sur l'éducation physique des enfants depuis leur naissance jusqu'à l'âge de puberté, par Ballexserd. *Paris*, 1762, in-8. — Novembre 1762, p. 2738.

3758. Mémoire sur la vitalité des enfants par Hoin. *Paris*, 1765, in-8. — Avril 1765, p. 942.

3759. De la conservation des enfants, ou les moyens de les fortifier, de les préserver et guérir des maladies, par Raulin. *Paris*, 1768, 2 vol. in-12. — Septembre 1768, p. 556; — décembre 1769, p. 483.

3760. La mère selon l'ordre de la nature, avec un traité sur les maladies des enfants, par Deleurye fils. *Paris*. 1772, in-12. — *Janvier 1773, p. 177.

3761. Traité du Rakitis, ou l'art de redresser les enfants contrefaits, par Levacher de la Feutrie. *Paris*, 1773, in-8. — *Février 1773, p. 362.

3762. Méthode pour élever et conserver les enfants en bonne santé, depuis leur naissance jusqu'à l'âge de raison, par Blakey. *Paris*, 1773, in-12. — *Avril 1774, p. 423.

3763. Lettres et observations anatomiques, physiologiques et physiques sur la vue des enfants naissants, par l'ab. Desmonceaux. *Paris*, 1775, in-8. — Septembre 1775, p. 472; — décembre, p. 542.

3764. Recherches sur la rougeole, sur le passage des aliments et des médicaments dans le torrent de la circulation, par du Boscq de la Bordière. *Paris*, 1776, in-12. — Décembre 1775, p. 536.

3765. De morbis artificum diatriba B. Ramazzini. *Modène*, 1700, in-8. — Juin 1704, p. 920.

3766. Eclaircissement sur le livre de la génération des vers dans le corps de l'homme, par Andry. *Paris*, 1704, in-12. — Mai 1704, p. 764.

3767. Dan. Clerici historia naturalis et medica latorum lumbricorum. *Genéve*, 1715, in-4. — Avril 1747, p. 608.

3768. Dissertation sur le tœnia ou ver plat, dans laquelle on prouve que ce ver n'est pas solitaire, avec une lettre sur la poudre sympathique, par Ch. Dionis. *Paris*, 1749, in-12. — Février 1750, p. 577.

3769. La médecine militaire, ou l'art de conserver la santé des soldats dans les camps, par Portius, trad. par M*** (*Eidous*). *Paris*, 1744, in-12. — Novembre 1744, p. 1905.

3770. La médecine d'armée, contenant les moyens aisés de préserver de maladies sur terre et sur mer.... les gens de guerre et autres..., par de Meyserey. *Paris*, 1754, 3 vol in-12. — Juillet 1754, p. 1859.

3771. Observations sur les maladies des armées dans les camps et dans les garnisons, avec un traité sur les substances septiques et anti-septiques, par Pringle, trad. de l'angl. (par *Larcher*). *Paris*. 1755, 3 vol. in-12. — 2ᵉ édit. *Paris*, 1774, 2 vol. in-12. — Février 1755, p. 564; — juillet, p. 1894; — *décembre 1774, p. 563.

3772. Manière de conserver la santé aux équipages des vaisseaux, avec la manière de purifier l'air des salles des hôpitaux, par Duhamel du Monceaux. *Paris*, 1759, in-12. — Juin 1759, p. 1375.

3773. Morbi deterioris notæ Gallorum castra trans Rhenum sita ab anno 1757 ad 1762 infestata, auct. J. A. Lorenz. *Sélestadi*, 1765, in-8. — *Janvier 1766, p. 345.

3774. Recueil d'observations de médecine des hôpitaux militaires par Richard de Hautesierck. *Paris*, 1766, in-4. — Novembre 1766, p. 219.

3775. Médecine d'armée, ou traité des maladies les plus communes parmi les troupes dans les camps et les garnisons, par Monro ; trad. de l'angl. avec des augmentations, par Le Besgne de Presle. *Paris*, 1769, 2 vol. in-8. — Août 1769, p. 497.

3776. Nouvelles observations faites dans les hôpitaux militaires de la marine, par Royer. *Londres*, 1771, in-8 — * Décembre 1771, p. 554.

3777. Code de médecine militaire pour le service de terre, par Colombier. *Paris*, 1772, 5 vol. in-12. — Avril 1773, p. 5.

3778. L'art de sucer les plaies sans se servir de la bouche d'un homme, nouvellement inventé par D. Anel. *Amsterdam*, 1707, in-12. — Mars 1709, p. 503.

3779. Dissertation sur la gangrène des pieds gelés, suivant les principes de la physique mécanique, par Peyssonnel. *Lyon*, 1740. — Juillet 1740, p. 1296.

Non cité par Quérard (VII, 110).

3780. Considerazioni ed esperience intorno alla generatione de' vermi ordinari del corpo umano, fatte da A. Vallisnieri. *Padoue*, 1741, in-4. — Octobre 1741, p. 1855.

3781. Observations de chirurgie sur la nature et le traitement des plaies par Chirac, et sur la suppuration des parties molles par Fizes. Trad. du latin par M***. *Paris*, 1742, in-8. — Janvier 1743, p. 184 ; — mars, p. 509.

3782. Pratique de chirurgie, ou histoire des plaies en général et en particulier, par Guisard. 3ᵉ édit. *is*, 1747, 2 vol. in-12. — Mai 1747, p. 1123.

3783. Traité des plaies d'armes à feu, avec des obser-

vations sur différents genres de maladie, par Ravaton.
Paris, 1750, in-12. — Nouvelle édit. *Paris*, 1768, in-8.
— Novembre 1750, p. 2670 ; — septembre 1769, p. 525.

3784. Traité des tumeurs et des ulcères, par Astruc. *Paris*,
1759, 2 vol. in-12. — Août 1759, p. 1994.

3785. Recueil de plusieurs pièces concernant le traité des
tumeurs et des ulcères, et l'extrait qu'on en trouve dans le
journal de médecine de Vandermonde, par Astruc. *Paris*,
1759, in-12. — *Décembre 1759, p. 3017.

3786. Essai sur la putréfaction des humeurs animales, sur
la suppuration.... trad. du latin de différents auteurs,
avec une dissertation sur la salive, par Gardane. *Paris*,
1769, in-12. — Décembre 1769, p. 566.

3787. Extrait de la dissertation sur les géants du sieur
Thomas Molyneux, prise des Trans. Philos. d'Angleterre de
février 1704. — Septembre 1704, p. 289.

3788. Considerazioni interno alla generazione de' viventi,
particolarmente de' mostri, dal F. M. Nigrisoli. *Ferrare*.
1713, in-4. — Mai 1744, p. 840.

3789. Dissertatio de somnambulis, a Gastaldy. *Avignon*,
1713, in-12. — Juin 1714, p. 1086.

3790. Le ventriloque ou l'engastrimythe, par l'ab. de la
Chapelle. *Paris*, 1772, 2 vol. in-12. — Septembre 1772,
p. 474.

3791. Histoire véritable et merveilleuse d'une jeune Anglaise, précédée de quelques circonstances concernant l'en-
fant hydroscope. *Physicopolis*, 1772, in-12. — Nouvelle
édit. *Paris*, 1773, in-12. — Octobre 1772, p. 86 ; — *mai
1773, p. 352.

3792. L'hydroscope et le ventriloque, ouvrage dans lequel
on explique comment 1° il peut se faire qu'un jeune Pro-
vençal voie à travers la terre ; 2° par quel artifice ceux
qu'on nomme ventriloques peuvent parler de manière que
la voix paraisse venir du côté qu'ils veulent, par l'ab.
Sauri. *Amsterdam*, 1772, in-12. — Octobre 1772, p. 87.

3793. Historia pestis quæ ab anno 1708 ad 1713, Transyl-
vaniam, Hungariam, Austriam, depopulabatur, auct. J. B.
Werlosching de Perenberg. *Steyr*, 1745, in-8. — Septembre 1716, p. 1750.

Mélanges.

3794. Réflexions critiques sur la médecine, où l'on examine ce qu'il y a de vrai et de faux dans les jugements qu'on porte de cet art, par Le François. *Paris*, 1714, 2 vol. in-12. — Août 1744, p. 1462; — juin 1745, p. 996.

3795. Projet de réformation de la médecine, par Le François. *Paris*, 1716, in-12. — Janvier 1717, p. 93.

Quérard a oublié cet écrivain, auteur d'un troisième ouvrage : *Dissertation contre l'usage de soutenir des thèses de médecine. Paris*, 1720, in-12. (Catal. Falconet, nº 7213), et d'un article : *Observations sur les ulcères de l'œil qui pénètrent la cornée,* inséré dans le *Journal des Savants,* 1709, suppl., p. 552.

3796. Réponse à la question si les médecins peuvent ou doivent prendre part dans les affaires de l'Eglise. 1727, in-4. — Février 1727, p. 389.

3797. Eloge de la médecine et de la chirurgie, trad. du hollandais de Beeverwick par Mme Boisson (autrefois Mme de Zoutelandt). *Paris*, 1734, in-12. — *Février 1734, p. 366.

3798. Médecine théologique, ou la médecine créée telle qu'elle se fait voir sortie des mains de Dieu (par *Hecquet*). *Paris*, 1733, 2 vol. in-12. — * Juillet 1733, p. 1309.

3799. Les propriétés de la médecine par rapport à la vie civile, par de Santeuil. *Paris*, 1739, in-12. — * Mars 1740, p. 546.

3800. Question de médecine dans laquelle on examine si la théorie de la Botanique ou la connaissance des plantes est nécessaire à un médecin, par M*** ((*Barrère*). *Narbonne*, 1740, in-4. — Octobre 1740, p. 1997.

3801. Lettres intéressantes pour les médecins de profession, utiles aux ecclésiastiques qui veulent s'appliquer à la médecine, et curieuses pour tout lecteur (par le P. *d'Ardène*, orat.). *Avignon*, 1759, 2 vol. in-12. — Décembre 1759, p. 2926.

3802. La jurisprudence de la médecine de France, par Verdier. *Paris*, 1763, 3 vol. in-12. — Juin 1763, p. 1489; — septembre, p. 2421.

3803. Lettre de M. Le Cat à M*** sur les avantages de la réunion du titre de docteur en médecine avec celui de maître en chirurgie et sur quelques abus dans l'un et l'autre art. *Amsterdam*, 1766, in-12. — Octobre 1766, p. 470.

3804. Dissertation sur la livre de médecine de Paris, par Penicher. *Paris*, 1704, in-12. — Décembre 1704, p. 2080.

Quérard ne cite pas cet auteur, syndic des apothicaires de Paris, dont on a deux autres ouvrages imprimés avant 1700.

3805. Essais sur différents points de physiologie, de pathologie et de thérapeutique, par Fabre. *Paris*, 1770, in-8. — Novembre 1770, p. 221.

3806. Mélanges de physique et de médecine, par Le Roi. *Paris*, 1771, in-8. — Mars 1772, p. 557.

3807. Les chefs-d'œuvre de M. de Sauvages ou recueil de dissertations, auxquelles on a joint la Nourrice marâtre du chevalier Linné, le tout corrigé, traduit, commenté par J. E. G*** (Gilibert). *Lausanne*, 1771, 2 vol. in-12. — *Octobre 1771, p. 171.

3808. Thèse soutenue aux écoles de la Faculté de médecine de Paris, le jeudi 13 novembre 1704, par M. Geoffroy, trad. du latin par Andry. *Paris*, 1704, in-12. — Novembre 1705, p. 1846.

3809. Dissertatio medica de curatione morborum per carmina et cantus musices. Præside Ad. Brendelio, disputandam proponet Mart. Ad. Pohle. *Wittemberg*, 1708, in-4. — Août 1708, p. 1466.

3810. Quæstio medica discutienda præside Nic. Andry : an præcipua valetudinis tutela exercitatio? *Paris*, 1723, in-4. — Décembre 1723, p. 2400.

3811. Deux dissertations médicinales et chirurgicales de Deidiér; l'une sur la maladie vénérienne, l'autre sur la nature et la curation des tumeurs; trad. du latin (par *Devaux*). *Paris*, 1725, in-12. — Septembre 1725, p. 1608.

3812. Quæstio medica de temperamentis, auct. Deidier. *Montpellier*, 1726, in-8. — Juillet 1726, p. 1330.

Quérard (II, 426) dit, par erreur typographique, 1706.

3813. Quæstio medica (sur la maladie d'une dame d'Avignon, soutenue, sous la présidence de Gastaldi, par Soubès, d'Avignon). *Avignon*, 1708. — Juin 1708, p. 1068.

Non cité par Quérard (III, 272).

3814. Quæstio medica, an aqua vitæ aqua mortis? auct. Le Hoc. *Paris*, 1729, in-12. — Février 1730, p. 373.

Non cité par Quérard (V, 117).

3815. Quæstio medica, an aqua vitæ digestionem adjuvet? *Caen*, 1747... — Février 1730, p. 374.

3816. Dissertation sur la pétrification d'un épiploon, par Mongin. *Paris*, 1734, in-12. — Août 1735, p. 1439.

3817. Quæstio medica, Cam. Falconet præside : an ab omni re cibaria vasa ænea, etc... à F. Thierri, de Tulle, docteur à Pont-à-Mousson. *Paris*, 1749, in-8. — Juin 1749, p. 1255.

3818. Dissertation en forme de lettres sur un cours de matière médicale pratique et usuelle (par *Laurens*). *Douai*, 1752. — Novembre 1752, p. 2655.

Non cité par Quérard.

3819. Quæstionum medicarum quæ circa medicinæ theoriam et praxim ante duo sæcula in scholis Fac. Med. Paris. agitatæ sunt et discussæ. Series chronologica doctorum præsidum et baccalaureorum.... compendiaria medicorum parisiensium notitia. *Paris*, 1753, in-4. — Août 1753, p. 1888.

3820. Collection de thèses médico-chirurgicales sur les points les plus importants de la chirurgie théorique et pratique, recueillies et publiées par le baron de Haller et mises en franç. par M*** (*Macquart*). *Paris*, 1757, in-12. — Février 1758, p. 431.

3821. Question chirurgico-légale relative à l'affaire de la demoiselle Famin, femme du sieur Lancret, accusée de suppression de part. *Berlin*, 1768, in-12. — *Mars 1768, p. 554.

3822. Deux consultations médico-légales, par Petit. *Paris*, 1767, in-8. — Décembre 1767, p. 544.

3823. Lettre de M. Rougnon à M. Lorry touchant les causes de la mort de M. Charles, ancien capitaine de cavalerie, arrivée à Besançon le 23 février 1768. *Besançon*, 1768, in-8. — *Août 1768, p. 370.

3824. Utilité des voyages sur mer, pour la cure de différentes maladies et notamment de la consomption ; avec un appendice sur l'usage des bains dans les fièvres, trad. de l'angl. de Gilchrist par Bourru. *Londres*, 1770, in-12. — *Juin 1770, p. 537.

3825. Lettre sur l'électricité médicale qui contient des expériences singulières d'électricité relatives à la médecine, trad. de l'ital. de Pivati. *Paris*, 1750, in-12. — Avril 1750, p. 933.

3826. Recueil sur l'électricité médicale. *Paris*, 1763, 2 vol. in-12. — * Décembre 1767, p. 573.

3827. Lettre de Sigaud de la Fond à M. de Causan sur l'électricité médicale. *Amsterdam*, 1771, in-12. — Septembre 1771, p. 499.

3828. Bern. Siegfried dissertatio de sede et causa coloris Æthiopum et cæterorum hominum. *Leyde*, 1737, in-4. — Juin 1739, p. 1325.

3829. Dissertation sur la cause physique de la couleur des nègres, de la qualité de leurs cheveux... (par *Barrère*). *Perpignan*, 1741, in-4. — Octobre 1741, p. 1889 ; — septembre 1742, p. 1647.

3830. Dissertation sur l'origine des nègres, par M. R., médecin à Lyon. 1743, in-12. — Janvier 1744, p. 467.

3831. Extrait d'un discours de M. Geoffroy l'aîné, sur la connaissance des remèdes. — Octobre 1709, p. 1822.

3832. W. G. Muys oratio inauguralis de theoriæ medicæ usu et recta illam excolendi ratione. *Franecquere*, 1714. — Août 1715, p. 1406.

3833. Discours pour l'ouverture de l'école de chirurgie, avec une thèse paraphrasée sur les hernies ou descentes, par Reneaume. *Paris*, 1726, in-12. — Août 1726, p. 1431.

3834. Discours prononcé aux écoles de médecine par Thomas d'Onglée. *Paris*, 1766, in-12. — Janvier 1767, p. 80.
Ouvrage non cité par Quérard (VI, 491), qui prend Thomas pour le nom de baptême de l'auteur, tandis que c'est son nom de famille.

3835. Discours prononcé par un de MM. les curés de Lyon, le dimanche 4 décembre 1768 à l'occasion de l'émeute populaire arrivée dans cette ville le dimanche précédent (contre l'école de médecine). *Lyon*, 1768, in-8. — Mars 1769, p. 534.

3836. P. J. Barthez oratio academica de principio vitali hominis. *Montpellier*, 1773, in-4. — * Mai 1773, p. 368.

3837. Discours prononcé aux écoles de médecine, par C. L. F. Andry : combien la chirurgie doit aux travaux des médecins. *Paris*, 1773, in-8. — Août 1773, p. 270.

3838. Lettre d'un curieux à un sçavant de province sur la réception de M. Rouvière à la maîtrise d'apothicaire (par *Rouvière*). *Paris*, 1706, in-12. — Août 1707, p. 1439.
Ouvrage non cité par Quérard (VIII, 248).

3839. Lettre de M. le marquis du P... (Pourpris) à un

gentilhomme de ses amis sur les études et sur la méthode de M. de Morhidi (par *de Morhidi*). *Paris*, 1707, in-8. — Mai 1707, p. 852.

3840. Mémoire pour le sieur François de la Peyronie, 1er chirurgien du Roi, et les prévôt et collège des maîtres en chirurgie de Paris contre les doyen et docteurs régents de la Faculté de médecine de Paris et contre l'Université de Paris. *Paris*, 1747, in-4. — Mai 1747, p. 1077.

   Non cité par Quérard (IV, 543).

3841. Deux mémoires pour les doyen et docteurs régents de la Faculté de médecine contre le premier chirurgien du Roi et les maîtres chirurgiens de Paris. *Paris*, 1744 et 1745, 2 vol. in-4. — Août 1747, p. 1651.

3842. Recueil de pièces de médecine et de physique, trad. de l'ital. de Cocchi et autres (par *de Puisieux*). *Paris*, 1762, in-12. — Août 1763, p. 1950.

3843. Observations et recherches médicales par une société de médecins de Londres. Ouvrage servant de suite aux essais d'Edimbourg, trad. de l'angl. par Bourru. *Paris*, 1764, in-12. — Juillet 1765, p. 284.

3844. Le progrès de la médecine, contenant des recueils de tout ce qui s'observe de plus singulier dans cette science. (Journal). *Paris*, 1710, in-12. — * Avril 1710, p. 744.

3845. Tables nosologiques et météorologiques très-étendues dressées à l'Hôtel-Dieu de Nismes depuis le 1er juin 1757 jusqu'au 1er janvier 1767, par Razoux. *Bâle*, 1767, in-8. — Mars 1768, p. 537.

3846. Mémoire contre la légitimité des naissances prétendues tardives, dans lequel on concilie les lois civiles avec celles de l'économie animale, par Louis. *Paris*, 1764, in-8. — Supplément. *Ibid.* 1764, in-8. — Juillet 1764, p. 35 ; — avril 1765, p. 942.

3847. Nouvelles observations sur les naissances tardives, par Le Bas. *Paris*, 1765, in-12. — Juillet 1765, p. 52.

3848. Consultation sur une naissance tardive, pour servir de réponse (à plusieurs écrits de Le Bas, Bertin, Petit, par *Bouvart*). 1765, in-8. — Août 1765, p. 559.

3849. Réflexions sur les écrits qu'a produits la question de la légitimité des naissances tardives, suivies d'une dissertation sur les hommes marins, par Mlle Plisson. *Paris*, 1765, in-8. — Novembre 1765, p. 1311.

   Quérard (VII, 216) dit, par transposition de chiffres, 1756.

3850. Recueil de pièces relatives à la question des naissances tardives, par Petit. *Amsterdam*, 1766, 2 vol. in-8. — Avril 1766, p. 941.

3851. J. M. Lancisii de subitaneis mortibus libri duo. *Leipsik*, 1709, in-8. — Janvier 1712, p. 79.

3852. Dissertation sur la mort subite, par Dionis. *Paris*, 1740, in-8. — Janvier 1712, p. 94.

3853. An mortis incertæ signa minus incerta a chirurgicis quam ab aliis experimentis? *Paris*, 1740. — Mai 1740, p. 929.

3854. Lettre sur la certitude des signes de la mort, où l'on rassure les citoyens de la crainte d'être enterrés vivants, avec des observations et des expériences sur les noyés, par Louis. *Paris*, 1752, in-12. — Septembre 1752, p. 2069.

3855. De salubri sepultura, auct. J. Habermann. *Vienne*, 1774. — Décembre 1774, p. 402.

3856. Dissertation sur l'incertitude des signes de la mort et l'abus des enterrements, par Winslow. Trad. et commenté par Bruhier. *Paris*, 1742, in-12. — 2ᵉ partie. 1745, in-12. — 2ᵉ édit. *Paris*, 1749, 2 vol. in-12. — Février 1743, p. 236; — décembre 1745, p. 2182; — juillet 1749, p. 1422.

3857. Mémoire sur la nécessité d'un règlement spécial pour les enterrements et les embaumements, par Bruhier, *Paris*, 1745, in-8. — Juin 1745, p. 972.

3858. Expériences et observations sur la cause de la mort des noyés et les phénomènes qu'elle présente, par Champeaux et Faissolle. *Lyon*, 1768, in-8. — Avril 1769, p. 80.

Quérard ne cite aucun de ces deux auteurs.

3859. Mémoire sur la cause de la mort des noyés pour servir de réponse à MM. Faissole et Champeaux et à M. L***, par Duchemin de l'Etang. *Paris*, 1772, in-8. — Février 1772, p. 279; — mars, p. 434.

Auteur omis par Quérard.

3860. Cri de l'humanité en faveur des personnes noyées, ou moyens faciles pour les rappeler à la vie, par Isnard. *Paris*, 1762, in-8. — * Mai 1762, p. 1339.

Quérard (IV, 186) dit 1773.

ANATOMIE.

3861. De usu artis anatomicæ. Oratio A. Cocchii Mugellani. *Florence*, 1736, in-4. — Juillet 1738, p. 1504.

3862. Dell'anatomia. Discorso d'A. Cocchi. *Florence*, 1745, in-4. — Décembre 1748, p. 2628.

3863. Discours sur l'utilité de l'anatomie pour toutes les personnes qui forment la société et de la nécessité de cette science pour exercer la chirurgie (prononcé en 1763). *Paris*, 1769, in-8. — * Décembre 1769, p. 567.

3864. Historia anatomico-medica... auct. J. Lieutaud. Recensuit... A. Portal. *Paris*, 1767, 2 vol. in-4. — Janvier 1768, p. 160.

3865. Histoire de l'anatomie et de la chirurgie, par Portal. *Paris*, 1770, 6 vol. in-8. — Tableau chronologique des ouvrages et des principales découvertes... t. VI. *Paris*, 1773, 2 vol. in-8. — Octobre 1770, p. 108; — *septembre 1773, p. 559.

3866. Dictionnaire anatomique, suivi d'une bibliothèque anatomique et physiologique, par Tarin. *Paris*, 1753, in-4. — * Août 1753, p. 1897.

3867. Dictionnaire raisonné d'anatomie et de physiologie (par *Dufieu*), *Paris*, 1766, 2 vol. in-8. — Juillet 1766, p. 167.

3868. Catalogue des pièces d'anatomie, instruments, machines, qui composent l'arsenal de chirurgie formé à Paris pour la chancellerie de médecine de Saint-Pétersbourg, par Morand. *Paris*, 1759, in-12. — Janvier 1760, p. 357.

3869. C. Bartholini specimen historiæ anatomicæ partium corporis humani ad recentiorum mentem accommodatæ novisque observationibus illustratæ. *Copenhague*, 1701, in-4. — Septembre 1702, p. 22.

3870. Anatomie de Dionis. 3e édit. *Paris*, 1716, in-8. — *Avril 1716, p. 734.

3871. J. J. Mangeti theatrum anatomicum. *Genève*, 1717, 2 vol. in-fol. — Octobre 1717, p. 1690.

3872. Anatomie de Heister, trad. en franç. par Devaux. *Paris*, 1724, in-12. — * Janvier 1725, p. 186.

3873. H. Boerhaave prælectiones anatomicæ, notas addidit Alb. Haller. *Gottingue*, 1739, 2 v. in-8. — Juin 1744, p. 1038.

3874. A. Valsalvæ opera. *Venise*, 1740, 2 v. in-4. — Mai 1746, p. 1023.

3875. Institutiones anatomicæ per placita et responsa digestæ a Cl. F. Atthalin. *Besançon*, 1753, in-8. — * Février 1754, p. 363.

Quérard (I, 107) dit 1756.

3876. Essais anatomiques, par Lieutaud. Nouvelle édition. *Paris*, 1766, in-8. — Août 1766, p. 347.

3877. Institutiones medicinæ physico-anatomicæ, auct. Gastaldy. *Avignon*, 1713, in-12. — Octobre 1713, p. 1754.

3878. J. B. Fantoni observationes anatomicæ, medicæ. Edit. IIIa. *Venise*, 1713, in-4. — Septembre 1717, p. 1466.

3879. Osservagioni anatomico-fisiche, dal S. Rohault. *Turin*, 1724, in-4. — Août 1725, p. 1511.

3880. J. B. Morgagni adversaria anatomica. *Leyde*, 1714, in-8. — Juin 1716, p. 1466.

3881. J. B. Morgagni de sedibus et causis morborum per anatomen indagatis libri V. *Louvain*, 1766, in-4. — *Octobre 1767, p. 176.

3882. Corporis humani anatomiæ liber primus, auct. Ph. Verheyen. Edit. IIa. *Bruxelles*, 1710, in-4. — Juillet 1714, p. 1268.

3883. Anatomie du corps humain avec des remarques utiles aux chirurgiens dans la pratique, par Palfin. *Paris*, 1726. 2 v. in-8. — Septembre 1726, p. 1766.

3884. Exposition anatomique de la structure du corps humain, par Winslow. *Paris*, 1732, in-4. — Nouvelle édit. *Paris*, 1766, 4 v. in-12. — Décembre 1732, p. 2111 ; — octobre 1766, p. 41.

3885. An anatomical exposition of the structure of the human Body, translated by G. Douglas. *Londres*, 1733, 2 v. in-4. — Octobre 1734, p. 1818.

3887. Abrégé de l'anatomie du corps humain, où l'on donne une description courte et exacte des parties qui le composent, avec leurs usages, par M*** (*Verdier*). *Paris*, 1734. 2 v. in-12. — Nouvelle édit. 1739, 2 v. in-12. — 4° édit. rev. par Sabatier. *Paris*, 1768, 2 v. in-12. — Juin 1735, p. 1002; — * octobre 1739, p. 2267; — janvier 1769, p. 5.

3888. Essai d'anatomie en tableaux, par le sieur Gautier. *Paris*, 1746, in-fol.—Exposition anatomique de la structure

du corps humain en 20 planches, avec des tables explicati-
ves. *Paris*, 1763, in-fol. — Février 1764, p. 304 ; — février 1763, p. 552.

3889. Grandes planches anatomiques, par Bourdon *Cambray*, 1707. in-fol. — Décembre 1707, p. 2111.

3890. Anatomie nouvelle de la tête de l'homme et de ses
dépendances avec l'usage de ses parties, par J. de la Char-
rière. *Paris*, 1703. in-8. — Janvier 1704, p. 17 ; —février,
p. 223.

3891. Traité de la céphalotomie ou descriptions anatomiques des parties que la tête renferme, par J. B*** (*Bonhomme*).
Avignon, 1748, in-4. — Janvier 1749, p. 45.

3892. Recueil d'observations d'anatomie et de chirurgie,
pour servir de base à la théorie des lésions de la tête par
contre-coup. *Paris*, 1766, in-8. — Mai 1767, p. 243.

3893. Traité des lésions de la tête par contre-coup et des
conséquences pratiques, par Dupré de Lisle. *Paris*, 1770,
in-12. — *Juin 1770, p. 562.

Quérard (II, 712) ne cite que 1783.

3894. Mémoire sur les moyens de reconnaître les contre-
coups dans le corps humain et d'en prévenir les suites, par
Duvergé. 2e édit. *Tours*, 1774, in-12. — * Juillet 1774,
p. 171.

3895. Relation de l'ouverture du corps d'une femme trouvée presque sans cœur, par Soumain. *Paris*, 1728, in-12.—
Novembre 1728, p. 2157.

Auteur omis par Quérard.

3896. Tabulæ anatomicæ quatuor uteri duplicis observa-
tionem rariorem sistentes, in lucem editæ a G. H. Eisen-
mann. *Strasbourg*, 1752, in-fol.—* Octobre 1752, p. 2463.

3897. Observations anatomiques, tirées de l'ouverture d'un
grand nombre de cadavres, propres à découvrir les causes
des maladies et leur remède, par Barrère. Nouv. édition.
Perpignan, 1753, in-4. — * Août 1754, p. 2086.

3898. Lettre de M. Duchanoy à M. Portal, sur la critique
qu'il a faite des ouvrages anatomiques de M. Petit. *Amsterdam*, 1774, in-8. — * Août 1774, p. 373.

3899. Lettre de M. Portal à M. Petit. *Amsterdam*, 1771,
in-12. — * Août 1774, p. 374.

Chirurgie.

3900. Yvonis Gaukes praxis chirurgico-medica. *Amsterdam,* 1708, in-8. — Mai 1715, p. 891.

3901. Pathologie de chirurgie, par feu Verduc. Nouv. édit. *Paris*, 1710, in-12. — * Janvier 1711, p. 184.

3902. L'arsenal de chirurgie de J. Scultet, nouvellement trad. en français par un célèbre médecin. *Lyon*, 1712, in-4. — Avril 1713, p. 687.

3903. La véritable chirurgie établie sur l'expérience et la raison, par Lemery. *Rouen*, 1716, in-8. —Septembre 1717, p. 1528.

Non cité par Quérard (V, 141).

3904. Cours de chirurgie dicté par Col de Villars. *Paris*, 1738, 4 v. in-12. — Décembre 1738, p. 2395.

3905. L. Heisteri institutiones chirurgicæ. *Amsterdam,* 1739, 2 v. in-4. —Janvier 1742, p. 5.

3906. Institutions de chirurgie, trad. du latin de Heister, par Paul. *Paris*, 1770, 4 v. in-8 ou 2 v. in-4. — * Juin 1771, p. 552.

3907. Zach. Platner institutiones chirurgiæ rationalis. *Leipsick*, 1745, in-4. — Avril 1746, p. 734.

3908. Principes de chirurgie, par G. de la Faye. Nouv. édit. *Paris*, 1757, in-12. —Janvier 1758, p. 294.

3909. Précis de la chirurgie pratique, où l'on donne d'après les plus grands maîtres, la plus sûre manière d'opérer, par M. P*** (*Portal*). *Avignon*, 1767, 2 v. in-12. — *Paris*, 1768, 2 v. in-8. — * Février 1767, p. 378; — avril 1768, p. 107.

3910. Manuel du jeune chirurgien (par *Nicolas*). *Paris*, 1770, 2 v. in-8. — Nouv. édit. *Ibid*, 1774, 2 v. in-8. — Juin 1770, p. 543; —décembre 1774, p. 547.

3911. Traité complet de chirurgie, par Guil. Mauquest de la Motte. 3e édit. revue par Sabatier. *Paris*, 1771, 2 vol. in-8. —Juillet 1771, p. 176.

3912. Eléments de chirurgie pratique, faisant partie des œuvres de feu M. Ferrein, rédigés et mis en ordre par Hugues Gauthier. *Paris*, 1771, in-12. — Novembre 1771, p. 371.

3913. Eléments de chirurgie en lat. et en franç. avec des notes, par Sue le jeune. *Paris*, 1774, in-8. — * Septembre 1774, p. 562.

3914. Aphorismes de chirurgie d'H. Boerhaave, commentés par Van Swieten, trad. du lat. (par *de Villiers*). *Paris*, 1753, 2 v. in-12. — Février 1754, p. 224.

3915. L'art de faire les rapports en chirurgie, par D*** (*Devaux*). *Paris*, 1703, in-8. — Mai 1703, p. 758.

3916. Dictionnaire de chirurgie, par Le V*** (*Vacher*), M*** (*Moysant*) et de la M***(*Marcllerie*). *Paris*, 1767, 2 v. in-8. — Mars 1767, p. 474.

3917. Consultations sur la plupart des maladies qui sont du ressort de la chirurgie, par Le Dran. *Paris*, 1765, in-8. — * Juillet 1765, p. 363.

3918. Traité des maladies chirurgicales et des opérations qui leur conviennent. Ouvrage posthume de Petit, mis au jour par Lesne. *Paris*, 1774, 3 v. in-8. — Février 1774, p. 279.

3919. Recueil d'observations chirurgicales sur les maladies de l'urètre, traitées par une nouvelle méthode, par Daran. *Avignon*, 1745, in-12.— Nouv. édit. *Paris*, 1748, in-12. — 5e édit. *Ibid.* 1768, in-12. — Avril 1746, p. 933; — décembre 1748, p. 2521; — * mai 1768, p. 377.

3920. Nouveau recueil d'observations chirurgicales faites par M. Saviard. *Paris*, 1702, in-12. — Août 1702, p. 114.

3921. Observations de chirurgie, où l'on en trouve de remarquables sur les effets de l'agaric de chêne dans les amputations, trad. de l'angl. de Warner (par *Magenis*). *Paris*, 1757, in-8. — * Avril 1757, p. 952.

3922. Nouvelle méthode de traiter les fractures et les luxations, trad. de l'angl. de Percivall Pott, par Lassus. *Paris*, 1771, in-12. — *Août 1774, p. 357.

3923. Traité sur l'amputation à lambeau, trad. du lat. de Verduin par Massuet. *Paris*, 1756, in-8. — Avril 1760, p. 956.

3924. Dissertation sur l'inutilité de l'amputation des membres, trad. de Bilguer et augmenté par Tissot. *Paris*, 1764, in-12. — Novembre 1764, p. 1190.

3925. Cours d'opérations de chirurgie, par Dionis. *Paris*, 1707, in-8. — 4e édit. par de la Faye. *Paris*, 1740, in-8. — Avril 1743, p. 694. — décembre 1740, p. 2404.

3926. Traité des opérations de chirurgie, suivant la mécanique des parties du corps humain, la théorie et la pratique des chirurgiens de Paris... par Garengeot. *Paris*, 1720, 3 vol. in-12. — Mars 1720, p. 415.

3927. Traité des opérations de chirurgie, trad. de l'angl. de Sharp, par Jault. *Paris*, 1741, in-12. — Octobre 1742, p. 1748.

3928. Traité des opérations de chirurgie, trad. de l'ital. d'Ambroise Bertrandi par Solier de la Romillais. *Paris*, 1769, in-8. — Juillet 1769, p. 5.

3929. Græcorum chirurgici libri, Sorani unius de fracturarum signis, Oribasii duo de fractis et de luxatis, editi ab Ant. Cocchio. *Florence*, 1754, in-fol. — Avril 1755, p. 1045.

3930. Examen de plusieurs parties de la chirurgie d'après les faits qui peuvent y avoir rapport, par Bagieu. *Paris*, 1756, 2 vol. in-12. — Avril 1757, p. 1033.

3931. Mélanges de chirurgie de Cl. Pouteau. *Lyon*, 1760, in-8. — Mai 1761, p. 1486.

3932. Opuscules de chirurgie de Morand. 1re partie. *Paris*, 1769, in-4. — Janvier 1770, p. 89.

3933. Mémoires de l'académie de chirurgie. *Paris*, 1743-1768, 3 vol. in-4. — Janvier 1744, p. 150 ; — janvier 1754, p. 5 ; — février, p. 506 ; — mars, p. 698 ; — juillet, p. 1559 : — septembre 1757, p. 2209 ; — octobre, p. 2603 ; — mars 1768, p. 486.

3934. Remarques sur les mémoires de l'académie de chirurgie. *Paris*, 1747, in-12. — Octobre 1747, p. 2035.

3935. Pièces qui ont concouru pour le prix de l'acad. de chirurgie. 2e vol. *Paris*, 1757, in-4. — Mars 1758, p. 636.

3936. Lettre de M***, chirurgien de province, à M***, au sujet de la remarque, p. 249, de l'édit. du traité des opérations de Dionis, par M. La Faye. *Paris*, 1740, in-8. — Septembre 1740, p. 1856.

3937. Observations critiques sur la lettre du chirurgien de province à M***, par Coghlan. *Paris*, 1741, in-8. — Novembre 1741, p. 1964.

Auteur non cité par Quérard.

3938. Lettre circulaire adressée par M. Le Blond d'Olbien à tous les maîtres en chirurgie en leur envoyant deux déclarations du Roi concernant les études et les exercices des

élèves en chirurgie. *Paris,* 1772, in-4. — Janvier 1773,
p. 32.

Pharmacie.

3939. H. Boerhaave libellus de materia medica et reme-
diorum formulis. Edit. nova. *Paris,* 1720, in-12. — Avril
1721, p. 621.

3940. Traité de la matière médicale, trad. de Boerhaave
par de la Mettrie. *Paris,* 1739, in-12. — Octobre 1739,
p. 2271.

3941. Le pharmacien moderne, ou nouvelle manière de préparer les drogues, trad. de l'angl. de Lewis, par Eidous.
Paris, 1749, in-12. — * Juin 1750, p. 1334.

3942. Eléments de pharmacie théorique et pratique, par
Baumé. *Paris,* 1762, in-8. — Septembre 1762, p. 2239.

3943. Pharmacologia seu manuductio ad materiam medi-
cam, auct. Samuel Dale. *Londres,* 1710, in-8. — Juin 1743,
p. 1059.

3944. Materiæ medicæ idea nova tripartita, auct. J. G.
Mangold. *Basle,* 1745, in-8. — * Mai 1748, p. 323.

3945. Traité de la matière médicale, tiré des écrits de
Tournefort, par Besnier. *Paris,* 1747, 2 vol. in-12. —
* Juin 1718. p. 188.

3946. Matière médicale extraite des meilleurs auteurs et
principalement du traité des médicaments de M. de Tournefort et des lettres de M. Ferrein par M*** (*Andry*).
Paris, 1770, 3 vol. in-12. — *Mars 1771, p. 542.

3947. Principes physiques rapportés à la médecine pratique,
par Chambon. *Paris,* 1744, in-8. — Janvier 1745, p. 138.
Quérard (II, 117) dit 1712 ; le Catal. Falcouet, no 1774, dit 1711.

3948. Traité des métaux, des minéraux et des remèdes
qu'on en peut tirer, avec des dissertations sur le sel et le
soufre des philosophes et sur la goutte, par Chambon.
Paris, 1744, in-8. — Février 1745, p. 288.

3949. J. J. Mangeti bibliotheca pharmaceutico-medica
seu rerum ad Pharmaciam Galenico-chymicam spectantium
thesaurus refertissimus. *Génève,* 1703, 2 vol. in-fol. —
Mai 1704, p. 703.

3950. G. Cockburne solutio problematis de purgantium et

emeticorum medicamentorum dosibus determinandis in quacumque hominis ætate, temperamento... *Londres*, 1706. — Octobre 1706, p. 1810.

3951. Chimie médicinale, contenant la manière de préparer les remèdes les plus usités, par Malouin. *Paris*, 1750, 2 vol. in-12. — Nouvelle édit. *Paris*, 1755, 2 vol. in-12. — Octobre 1750, p. 2255 ; — février 1751, p. 487 ; — avril 1752, p. 794 ; — mai 1756, p. 1207.

3952. Traité des médicaments avec les formules pour la composition, par Tauvri. Nouvelle édit. *Paris*, 1711, 2 vol. in-12. — *Septembre 1711, p. 1679.

3953. Traité du bon choix des médicaments, par Daniel Ludovicus, commenté par M. Ettmuller. *Lyon*, 1710, 2 vol. in-8. — Mai 1711, p. 899.

3954. Traité universel des drogues simples, mises en ordre alphabétique, par N. Lemery. Nouvelle édit. *Paris*, 1714, in-4. — Mars 1745, p. 494.

3955. Histoire générale des drogues simples et composées par le sieur Pomet. Nouvelle édit. *Paris*, 1735, 2 vol. in-4. — Février 1736, p. 317.

3956. Recueil des plantes et animaux utiles en médecine, gravés d'après les dessins de M. de Garsault. *Paris*, 1764, 5 vol. in-8. — Mai 1764, p. 1309.

3957. Nouveau traité de physique sur toute la nature, ou méditations et songes sur tous les corps dont la médecine tire les plus grands avantages pour guérir le corps humain (par *Hunauld*). *Paris*, 1742, 2 vol. in-12. — *Septembre 1742, p. 1698.

3958. Le manuel des dames de charité, ou formules de médicaments faciles à préparer (par *Arnault de Nobleville*). Nouvelle édit. *Paris*, 1750, in-12. — 4º édit. *Paris*, 1758, in-12. — *Juillet 1750, p. 1716 ; — * juillet 1758, p. 1916.

3959. Description abrégée des plantes usuelles, avec leurs vertus, leurs usages et leurs propriétés, par l'auteur du *Manuel des dames de charité* (*Arnault de Nobleville*). *Paris*, 1767, in-12. — Avril 1767, p. 187.

3960. Médecine rurale et pratique, tirée uniquement des plantes usuelles de la France, appliquées aux différentes maladies qui régnent dans les campagnes, par Buchoz. *Paris*, 1768, in-12. — Avril 1768, p. 185.

3961. Médecine primitive, ou recueil des remèdes choisis et éprouvés par des expériences constantes, à l'usage des gens de la campagne, traduit de l'angl. de Wesley (par *Bruysset*). *Lyon*, 1772, in-12. — *Juillet 1772, p. 185.

3962. Pharmacopée de Lemery. Nouvelle édit. *Paris*, 1716, in-4. — * Juin 1716, p. 1222.

3963. Dispensatorium regium et electorale, juxta quod in provinciis regiis et electoralibus medicamenta officinis familiaria dispensanda et præparanda... *Berlin*, 1743, in-fol. — Juin 1717, p. 985.

3964. Formules médicinales de l'Hôtel-Dieu de Paris, ou pharmacopée par M. M. *Paris*, 1753, in-12. — Mars 1753, p. 763.

3965. Nouvelle pharmacopée, contenant en raccourci tout ce qui est essentiel et nécessaire pour les guérisons des maladies, trad. de l'angl. de J. Theobald par Magenis. *Paris*, 1753, in-12. — Mai 1753, p. 1127.

3966. Codex medicamentorum seu pharmacopœia Parisiensis. Edit Vᵃ. *Paris*, 1758, in-4. — * Décembre 1758, p. 3036.

3967. Formules de médicaments usitées dans les différents hôpitaux de la ville de Paris, avec leurs vertus, leurs usages et leurs doses. *Paris*, 1767, in-12. — * Janvier 1767, p. 464.

3968. Pharmacopœia militaris in Bavariæ nosocomiis usitata, auct. J. A. de Wolter. — * Avril 1755, p. 1141.

3969. Formules de médicaments à l'usage des hôpitaux d'armée, dressées par H. T. Baron. 6ᵉ édit. *Paris*, 1758, in-12. — * Février 1758, p. 567.

3970. La Pharmacopée des pauvres, accompagnée d'observations sur chaque remède par le doct. W..., avec des notes (par *Mazéas*). *Paris*, 1757, in-12. — * Août 1757, p. 2109.

3971. Pharmacopée du collége royal des médecins de Londres, trad. de l'angl. sur l'édit de Pemberton (par *Poulletier de la Salle*). *Paris*, 1761-1771, 2 vol. in-4. — Octobre 1761, p. 2641; — août 1771, p. 360.

3972. Pharmacopœia extemporanea sive præscriptorum chilias, auct. Th. Fuller. Editio castigatior cur. Et. Baron. *Paris*, 1768, in-12. — * Septembre 1768, p. 553.

3973. Manuel de médecine pratique, royale et bourgeoise, ou pharmacopée tirée des trois règnes, par Buchoz. *Paris*, 1771, in-8. — * Septembre 1771, p. 563.

3974. Formules de médecine, latines et françaises, pour le grand hôpital de Lyon, par P. Garnier. Nouv. édit. par L. Garnier. *Paris*, 1764, in-12. — * Mars 1764. p. 763.

3975. Traité des vertus médicinales de l'eau. *Paris*, 1725. — *Août 1725, p. 1531.

3976. Réflexions sur l'usage de l'opium, des calmants et des narcotiques, par Hecquet. *Paris*, 1726, in-12. — Août 1726, p. 1433.

3978. Lettre adressée à MM. les doyen et docteurs, professeur en pharmacie de la Faculté de médecine de Paris... par M***, maître apothicaire de Paris, pour servir de réponse à une lettre sur la thériaque composée publiquement par M. Biet. *Paris*, 1705, in-12. — Avril 1705. p. 648.

3979. Nouveau traité de la thériaque, par C. de Jussieu. *Trevoux*, 1708, in-12. — Août 1709, p. 1431.

3980. Traité de l'origine des maladies, et de l'usage de la poudre purgative, par J. Ailhaud. *Avignon*, 1754, in-12. — * Février 1752, p. 333.

3981. Dissertation physico-médicale sur les causes de plusieurs maladies dangereuses et sur les propriétés d'une liqueur purgative et vulnéraire, qui est une pharmacopée presque universelle, par Chevalier. *Paris*, 1758, in-12. — Juillet 1758, p. 1906.

3982. Essai sur l'usage et les effets de l'écorce du garou, vulgairement appelée sain-bois, employé extérieurement contre les maladies rebelles et difficiles à guérir, par A. L*** (*Leroy*). *Paris*, 1767, in-12. — Juin 1767, p. 572.

3983. Histoire abrégée de l'antimoine et particulièrement de sa préparation et des cures surprenantes qu'il opère, par Jacquet. *Paris*, 1767, in-12. — *Février 1768, p. 382.

Quérard (IV, 196), dit 1755 et 1784.

3984. Crisis medica sobre el antimonio y carta responsoria a la regia Sociedad medica de Sevilla, por D. M. Zapata. *Madrid*, 1704, in-4. — Mars 1702. p. 159.

3985. Discorsi due epistolari sopra una terra salina purgante di fresco scoperta nel Piemonte (par Bianchi). *Turin*. 1757, in-4. — Avril 1758, p. 1136.

3986. Teinture alcaline, dédiée à MM. les médecins, par

Bonneau. *Toulouse*, 1706, in-12. — Février 1707, p. 247.

Non cité par Quérard (I, 405).

3987. Extrait d'une lettre de M. Helvetius à M. le marquis de Pompadour touchant l'usage de la racine de parerabrava. — Août 1704, p. 1425.

Non cité par Quérard (IV, 59).

3988. Dissertation sur les vertus et les usages de l'essence balsamique, stomachique et antivermineuse, par de Pasturel. *Paris*, 1745, in-12. — Septembre 1747. p. 1906.

3989. Lettre sur la rhubarbe, par Bouillet. *Béziers*, 1725, in-4. — * Novembre 1727, p. 2128.

3990. Mémoire pour servir à l'histoire de l'usage interne du mercure sublimé corrosif, par Le Bègue de Presle. *La Haye*, 1763, in-12. — * Septembre 1763, p. 2266.

3991. J. J. Wepferi historia cicutæ aquaticæ. *Bâle*, 1715, in-4. — Février 1716, p. 256.

3992. Dissertation sur l'usage de la ciguë, trad. du lat. de Storck par Collin. *Paris*, 1761, in-12. — * Avril 1761, p. 1143.

Quérard (IX, 273) dit 1763.

3993. Observations nouvelles sur l'usage de la ciguë, trad. du lat. de Storck (par *Le Bègue de Presle*). *Vienne*, 1762, in-12. — * Mai 1762, p. 1336.

3994. Traité du castor, dans lequel on explique la nature, la propriété et l'usage medico-chimique du castoreum dans la médecine, par Jean Marius, trad. par Eidous. *Paris*, 1746, in-12. — Juillet 1746, p. 1361.

3995. Disssertation sur la nature, la manière d'agir, les espèces et les usages des antispasmodiques proprement dits, par G. L. Godart. *Dijon*, 1765, in-8. — Juillet 1765, p.333.

3996. Secrets et remèdes expérimentés, par l'abbé Rousseau. *La Haye*, 1700, 2 vol. in-8. — Juillet 1701, p. 144.

3997. Préservatifs et remèdes universels tirés des animaux, des végétaux et des minéraux, par l'ab. Rousseau. Ouvrage posthume, publié par M. de la Grange-Rouge. *Paris*, 1701, in-12. — Septembre 1706, p. 1470.

Ouvrage non cité par Quérard (VIII, 194).

3998. Lettre d'un médecin à un de ses amis touchant les remèdes secrets, par Brisseau. 1707, in-12. — Mai 1709, p. 944.

3999. Nouveau recueil de remèdes pour toute sorte de maladies, par Naudié. *Paris*, 1745, in-12. — * Mai 1745, p. 944.

4000. De l'usage de la fréquente saignée dans les fièvres, examiné suivant les principes des anciens et des modernes par Guyard. *Paris*, 1702, in-12. — Octobre 1702, p. 238.

Auteur non cité par Quérard.

4001. Explication physique et mécanique des effets de la saignée par rapport à la transpiration, ou traduction d'une thèse (par *Hecquet*). *Paris*, 1706, in-12. — Janvier 1707, p. 64.

4002. Explication physique et mécanique des effets de la saignée et de la boisson dans la cure des maladies, avec une réponse aux mauvaises plaisanteries que le Journaliste de Paris a faites sur cette explication de la saignée (par *Hecquet*). *Chambéry*, 1707, in-12. — Février 1708, p. 200.

4003. Remarques de médecine sur différents sujets, principalement sur ce qui regarde la saignée, la purgation et la boisson, par Andry. *Paris*, 1710, in-12. — Avril 1711, p. 667.

4004. Traité de l'usage des différentes sortes de saignées, principalement de celles du pied, par Silva. *Paris*, 1727, 2 vol. in-12. — Mars 1728, p. 525 ; — avril, p. 699.

4005. Réponse aux principaux endroits du livre de M. Silva de l'usage de la saignée (par *Hecquet*). *Paris*, 1729. — Septembre 1729, p. 1668 ; — octobre, p. 1807.

4006. Réflexions critiques sur le traité de l'usage des différentes saignées, par Chevalier. *Paris*, 1730, in-12. — Juin 1730, p. 1019 ; — septembre, p. 1614.

4007. Lettre sur le choix des saignées, écrite par Julien Morisson, docteur à Paluau (*de Senac*). *Paris*, 1730, in-12. — Février 1731, p. 217.

4008. L'art de guérir par la saignée, par Quesnai. *Paris*, 1736, in-12. — Mai 1736, p. 1118.

4009. Les abus de la saignée, démontrés par des raisons prises de la nature et de la pratique des plus célèbres médecins de tous les temps ; avec un appendice sur les moyens de perfectionner la médecine (par *Boyer de Prébandier*). *Paris*, 1759, in-12. — Septembre 1759, p. 2165.

4010. Observations médicinales contenant un traité abrégé de la saignée, de ses accidents, les moyens d'y remédier, par Peyroux. *Paris*, 1759, in-12. — * Novembre 1759, p. 2869.

4011. Recherches sur la manière d'agir de la saignée et sur les effets qu'elle produit relativement à la partie où on la fait, par David. *Paris*, 1762, in-12. — *Avril 1762, p. 1147.

4012. Manuel de la saignée pour l'instruction des élèves chirurgiens de la marine de l'école de Brest, par de Courcelles. *Brest*, 1763, in 12. — *Février 1764, p. 556.

4013. Le conservateur du sang humain, ou la saignée démontrée toujours pernicieuse et souvent mortelle, par de Malon. *Paris*, 1766, in-12. — Juin 1766, p. 1430.

Médecine vétérinaire.

4014. Eléments d'hippiatrique ou nouveaux principes sur la connaissance et la médecine des chevaux, par Bourgelat. *Lyon*, 1750, 2 vol. in-12.—Novembre 1750, p. 2338.

4015. Art vétérinaire, ou médecine des animaux. *Paris*, 1767. in-4. — * Septembre 1767, p. 556.

4016. Eléments de l'art vétérinaire. Précis anatomique du corps du cheval, par Bourgelat. *Paris*, 1769, in-8. —*Août 1769, p. 346.

4017. Eléments de l'art vétérinaire. Essai sur les appareils et sur les bandages propres aux quadrupèdes, par Bourgelat. *Paris*, 1770, in-8. — Août 1770, p. 362.

4018. La médecine vétérinaire, par Vitet. *Lyon*, 1771, 3 vol. in-8. — Août 1771, p. 366.

4019. Dictionnaire vétérinaire, par Buchoz. *Paris*, 1770-1775. 6 vol. in-8.— * Mai 1771, p. 357;—* juillet 1775, p. 159.

4020. Manuel du cavalier, qui renferme les connaissances nécessaires pour conserver le cheval en santé et le guérir en cas de maladie, par le baron de Sind. *Paris*, 1766, in-12.— Janvier 1766, p. 144.

4021. L'anatomie générale du cheval, trad. de l'angl. de Snap par de Garsault. *Paris*, 1733, in-4.—Décembre 1732, p. 2087.

4022. Le manuel des écuyers, ou recueil de différents remèdes pour la guérison des maladies qui arrivent aux chevaux, par Carbon de Begrières. *Paris*, 1725, in-8. — Février 1726, p. 395.

Auteur non cité par Quérard. Le Catal. Huzard, t. III, n° 2661, cite encore une édition de *Paris*, 1751, in-8.

4023. Traité sur le véritable siége de la morve des chevaux, et les moyens d'y remédier, par Lafosse. *Paris*, 1749, in-8. — Juin 1750, p. 1322.

4024. Dissertation sur le farcin, maladie qui attaque très-communément les chevaux, par Huzel. *Amsterdam*, 1769, in-12. — 3e édit. *Amsterdam*, 1775, in-12. —* Août 1769, p. 379; — *2e suppl. de 1775, p. 379.

4025. Parere del dott. Fr. M. Negrisoli intorno alla corrente epidemia degli animali bovini, *Ferrare*, 1713, in-8. — Octobre 1714, p. 1803.

4026. Disputatio medica de lue vaccarum, quam, præside R. J. Camerario, submisit J. E. Salzer. *Tubingæ*, 1713, in-4. — Octobre 1714, p. 1806.

4027. Dissertation sur la maladie épidémique des bestiaux, où, après avoir donné une courte histoire de son origine, on détermine les remèdes les plus convenables, par Bondet. *Paris*, 1749, in-12. — Mai 1749, p. 1037.

  Quérard (I, 359) dit 1747.

4028. Relation d'une maladie épidémique et contagieuse, qui a régné l'été et l'automne de 1757 sur des animaux de différentes espèces dans quelques villes et plus de soixante paroisses de la Brie, par Auboin de Chaignebrun. *Paris*, 1762, in-12. — * Mai 1762, p. 1339.

4029. Mémoires sur les maladies épidémiques des bestiaux, par Barberet. *Paris*, 1766, in-8. — Août 1766, p. 367.

4030. Essai sur les maladies contagieuses du bétail, avec les moyens de les prévenir et d'y remédier efficacement, par Clerc, médecin à Moscou. *Paris*, 1766, in-12. — Décembre 1766, p. 407.

4031. Mémoire sur la maladie des bœufs du Vivarais, par de Sauvages. 2e édit. *Montpellier*, 1746, in-4. — Octobre 1746, p. 2097.

4032. Mémoires sur la mortalité des moutons en Boulonnais, dans les années 1761 et 1762, par Desmars. *Boulogne*, 1762, in-4. — *Novembre 1762, p. 2858.

4033. Remède sûr pour guérir la maladie du rot à laquelle les moutons sont très-sujets, surtout ceux qui paissent sur des pâturages humides et marécageux, publié par Holker. — Avril 1769, p. 475.

4034. Recherches historiques et physiques sur les maladies épizootiques avec les moyens d'y remédier, par Paulet.

Paris, 1775, 2 vol. in-8. — Avril 1775, p. 165; — août.
p. 312.

MATHÉMATIQUES.

Introduction. — Généralités.

4035. Histoire des mathématiques dans laquelle on rend
compte de leurs progrès, depuis leur origine jusqu'à nos
jours, par Montucla. *Paris*, 1758, 2 vol. in-4. — Février
1759, p. 489; — juillet, p. 1759; — octobre, p. 2501;
— janvier 1760, p. 122.

4036. Mathemata adversus umbratiles Petri Poireti im-
petus propugnata a F. E. ab Herberstein. *Prague*, 1709,
in-8. — Février 1710, p. 354.

4037. De l'excellence et de l'utilité des mathématiques,
discours prononcé par le P. Aubert, S. J. *Caen*, 1744. in-4.
— Août 1744, p. 1490.

> Quérard ne cite pas ce jésuite, auteur de plusieurs mémoires insérés
> dans le Journal de Trévoux. Voir la 1re part. de cette Table.

4038. Discours sur l'excellence et l'utilité des mathématiques, par le P. Rouillé, S. J. *Caen*, 1716, in-4. — Mars
1717, p. 484.

4039. Discours sur l'étude des mathématiques où l'on
essaye d'établir que les enfants sont capables de s'y appliquer, par de la Chapelle. *Paris*, 1743, in-12. — Décembre
1744, p. 2188.

4040. Discours sur la facilité et l'utilité des mathématiques, par Digard. *Paris*, 1752, in-4. — *Février 1752.
p. 356.

4041. Lettre de M. Dupain Triel sur la méthode actuelle
d'enseigner les mathématiques aux jeunes gens qui se
destinent au service. *Paris*, 1759, in-12. — Janvier 1760,
p. 370.

4042. Pensées critiques sur les mathématiques, où l'on
propose certains préjugés contre ces sciences à dessein d'en
ébranler la certitude et de prouver qu'elles ont peu contribué à la perfection des beaux-arts (par *Cartaud*). *Paris*,
1733, in-12. — Avril 1734, p. 662.

4043. La science du calcul des grandeurs en général, ou les éléments des mathématiques par l'auteur de l'*Analyse démontrée* (le P. Reyneau, de l'Orat.). *Paris*, 1714, in-4. — Septembre 1714, p. 1627.

4044. Leçons de mathématiques nécessaires pour l'intelligence des principes de physique... par Privat de Molières. *Paris*, 1726, in-12. — Juin 1725, p. 1119 ; — mai 1727, p. 913.

4045. OEuvres de M. de Clermont, contenant l'arithmétique militaire et la géométrie pratique de l'ingénieur. *Paris*, 1733, in-4. — Mai 1734, p. 803.

4046. Éléments de mathématiques contenant les éléments de géométrie, d'arithmétique, d'algèbre et d'analyse, par le P. Duclos, S. J. *Lyon*, 1737, in-8. — * Janvier 1738, p. 484.

Ce jésuite, membre de l'académie de Lyon, méritait une place dans *la France littéraire.*

4047. Méthode théorique et pratique d'arithmétique, d'algèbre et de géométrie, par Gallimard. *Paris*, 1753, in-16. — *Août 1753, p. 1885.

4048. Nouveau cours de mathématiques à l'usage de l'artillerie et du génie, par Belidor. Nouvelle édit. *Paris*, 1757, in-4. — Avril 1758, p. 1075.

4049. Éléments d'arithmétique, d'algèbre et de géométrie, avec une introduction aux sections coniques, par Muzéas. *Paris*, 1758, in-8. — 2e édit. *Paris*, 1761, in-8. — Août 1758, p. 2105 ; — octobre 1761, p. 2464.

4050. Leçons de mathématiques à l'usage des colléges, par le P. de Merville, S. J. Tome I. *Paris*, 1761, in-12. — Octobre 1764, p. 2613.

4051. Cours de mathématiques, par Bezout. *Paris*, 1764-1769, 2 vol. in-8. — *Mars 1765, p. 755 ; — *juin 1770, p. 644.

4052. Le guide des jeunes mathématiciens sur les leçons de l'ab. de la Caille, par un ami de l'auteur (le P. Paulian, S. J.). *Avignon*, 1766, in-8. — *Novembre 1766, p. 300.

4053. Leçons élémentaires de mathématiques par l'ab. de la Caille. Nouvelle édit. augm. par l'ab. Marie. *Paris*, 1770, in-8. — *Août 1770, p. 360.

4054. Institutions mathématiques, servant d'introduction à un cours de philosophie, par l'ab. Sauri. *Paris*, 1770, in-8. — Janvier 1771, p. 144.

16.

4055. Cours complet de mathématiques, par l'ab. Sauri. *Paris*, 1774, 5 vol. in-8. — Octobre 1774, p. 31; — novembre, p. 263.

4056. Cours élémentaire de mathématiques, par Th. Simpson, trad. de l'angl. *Paris*, 1771, 2 vol. in-8. — *Juillet 1771, p. 173.

Non cité par Quérard (IX, 180).

4057. Plan d'une mathématique abrégée et à la portée de tout le monde par le P. *Castel*, S. J.. *Paris*, 1727, in-4. — Juin 1727, p. 1157.

4058. Mathématique universelle abrégée. par le P. Castel. S. J. *Paris*, 1728, in-4. — Nouvelle édit. *Paris*, 1758, 2 vol. in-4. — Avril 1729, p. 695; — mai, p. 855; — septembre. p. 1587; — mai 1758, p. 1332.

4059. Entretiens mathématiques sur les nombres, l'algèbre, la géométrie, la trigonométrie... par le P. Regnault, S. J. *Paris*, 1744, 3 vol. in-12. — Décembre 1744, p. 2175.

4060. Mémoires sur différents sujets de mathématiques, par Diderot. *Paris*, 1748, in-8. — Avril 1749, p. 602.

4061. Produzioni matematiche del conte J. C. di Fagnano, marchese di Toschi. *Pesaro*, 1750, 2 vol. in-4. — Août 1753, p. 1747.

4062. Opuscules mathématiques, ou mémoires sur différents sujets de géométrie, de mécanique, d'optique.... par d'Alembert. *Paris*, 1761-1764. 3 vol. in-4. — Décembre 1761, p. 2957; — octobre 1764, p. 912.

4063. Défense de la doctrine des combinaisons et réfutation du Mémoire des opuscules mathématiques de d'Alembert, par Massé de la Rudelière. *Paris*, 1763, in-12. — *Septembre 1763, p. 2283.

4064. Microscope micrométrique pour diviser les instruments de mathématiques dans une grande précision; gnomon horizontal... par de Hautefeuille. *Paris*, 1703, in-4. — Mars 1704, p. 430.

4065. Le micromètre nouveau inventé et fait par le sieur Lefebvre. *Paris*, 1706. — Mars 1706, p. 519.

4066. Traité de la construction et des principaux usages des instruments de mathématiques, par N. Bion. *Paris*, 1709, in-4. — 2ᵉ édit. *Ibid.* 1716, in-4. — 3ᵉ édit. *Ibid.* 1726, in-4. — 4ᵉ édit. *Ibid.* 1752, in-4. — Mars 1710, p. 238; — août 1716, p. 1543; — février 1726, p. 386; — * mai 1752, p. 1142.

4067. Nouvelle méthode pour diviser les instruments de mathématiques et d'astronomie. Description d'un microscope et de différents micromètres, par le duc de Chaulnes. *Paris*, 1768, in-fol. — Mars 1769. p. 491.

ARITHMÉTIQUE.

4068. Arithmétique militaire, par de Clermont. *Amsterdam*, 1707, in-4. — Janvier 1708. p. 73.

4069. Traité d'arithmétique théoripratique en sa plus grande perfection, par Parent. *Paris*. 1715, in-8. — Mars 1715, p. 503.

> Non cité par Quérard (VI, 593).

4070. Les lois universelles en nombres, poids et mesures, prouvées possibles et faciles par rapport au passé, au présent et au futur, par un traité d'arithmétique, par J. Maslot. *Troyes*, 1748, in-8. — Mai 1749, p. 944.

> Auteur non cité par Quérard.

4071. L'arithmétique pratique appliquée au commerce, aux finances, par Bourmon. 2e édit. *Paris*, 1749, in-8. — Décembre 1749, p. 150.

4072. L'arithmétique par tarif. *Toulouse*, 1721, in-12. — Février 1722, p. 377.

4073. Traité de la science des nombres, divisé en deux livres où l'on donne les principes d'arithmétique et d'algèbre par Brunot. *Paris*, 1724, in-8. — Novembre 1724, p. 2064.

> Auteur omis par Quérard.

4074. L'arithmétique rendue facile à la pouvoir apprendre sans maître. *Paris*, 1725, in-12. — Septembre 1725, p. 1616.

4075. Arithmétique démontrée par un Père de l'Oratoire (le P. J. B. *Adrien de Mercastel*). *Rouen*, 1733, in-12. — Mai 1734, p. 848.

4076. Nouveau traité d'arithmétique démontrée, par Loiseau. *Paris*, 1741, in-12. — * Octobre 1741, p. 1914.

4077. L'arithmétique et la géométrie de l'officier, par Le Blond. *Paris*, 1748, 3 vol. in-8. — * Mai 1748, p. 944.

4078. Traité des 4 premières règles d'arithmétique sur les fractions, par Roslin. *Paris*, 1745, in-12. — Septembre 1745, p. 1653.

4079. La Bibliothèque des jeunes négociants, ou l'arithmétique à leur usage, le tout démontré en entier par des lettres missives du sieur J. L*** (*Larue*). *Lyon*, 1747, in-4. — Mai 1748, p. 1108.

4080. L'arithmétique rendue sensible par le développement de ses opérations, par G. Foys de Vallois. *Paris*, 1748, in-8. — *Ibid.* 1755, in-8. — Août 1748, p. 1705 : — * mai 1755, p. 1340.

4081. Cours de mathématiques. 1re partie. Eléments d'arithmétique, par Camus. *Paris*, 1749, in-8. — Novembre 1749, p. 2390.

Quérard (II, 37) dit 1768, 4 *vol. in-8.*

4082. Arithmétique choisie par Rouquette. *Bordeaux*, 1750, in-8. — * Juin 1750, p. 4549.

4083. La science du calcul numérique, ou l'arithmétique raisonnée par Gallimard. *Paris*, 1750, in-8. — Novembre 1750, p. 2675.

4084. L'arithmétique restreinte à l'addition, par Coste. *Paris*, 1752, in-16. — * Octobre 1752, p. 2459.

4085. Arithmétique ordinaire et abrégée, enseignée par des règles et par une suite de tables, par l'ab. Dugaiby. *Avignon*, 1753, in-4. — Décembre 1753, p. 2846.

4086. J. F. Weidleri spicilegium observationum ad historiam notarum numeralium pertinentium. *Wittemberg*, 1755, in-4. — Janvier 1756, p. 337.

4087. Méthode facile pour apprendre l'arithmétique soi-même et sans maître. *Auxerre*, 1758, in-12. — * Mars 1758, p. 763.

4088. L'arithmétique méthodique et démontrée, avec un traité des changes étrangers et arbitrages opérés par la règle conjointe, par Ouvrier de Lile. *Paris*, 1761, in-8. — Nouv. édit. *Paris*, 1774, in-8. — Mars 1762, p. 750 ; — * octobre 1774, p. 173.

4089. Calcul des décimales, appliqué aux différentes opérations de commerce... par Ouvrier de Lile. *Paris*, 1765, in-8. — Février 1766, p. 393.

4090. Arithmétique de la noblesse commerçante, ou entretiens d'un négociant et d'un jeune gentilhomme sur l'arithmétique appliquée aux affaires du commerce, de banque et de finances, par d'Autrepe. *Paris*, 1761, in-4. — *Octobre. 1761, p. 2492.

4091. Eléments d'arithmétique, par Mazéas. 4ᵉ édit. *Paris*, 1768, in-8. — * Mai 1769, p. 363.

4092. L'arithmétique démontrée, opérée et expliquée par Gaignat de l'Aulnais, bourgeois à Seaux-du-Maine. *Paris*, 1770, in-8. — *Décembre 1770, p. 555.

4093. Traité élémentaire de l'arithmétique, par l'abbé Bossut. *Paris*, 1773, in-8. — * Août 1773, p. 370.

Algèbre, trigonométrie, etc.

4094. Traité de l'Algèbre, par de Crouzas. *Paris*, 1726, in-8. — Novembre 1727, p. 1949.

4095. Nova algebræ elementa, auct. Nic. Martini. *Naples*, 1725, 2 vol. in-12. — Novembre 1727, p. 2054 ; — décembre, p. 2200.

4096. De la résolution des équations et de l'extraction de leurs racines, par de la Loubère. *Paris*, 1729, in-4. — * Août 1729, p. 1501.

Quérard (IV, 467) dit 1732.

4097. Eléments d'algèbre, par Clairaut. *Paris*, 1746, in-8. — Mai 1747, p. 1036.

4098. Eléments d'algèbre ou du calcul littéral, par Le Blond. *Paris*, 1768, in-8. — Juillet 1768, p. 172.

4099. Traité de la résolution des équations en général par Mouraille. 1ʳᵉ partie. *Marseille*, 1768, in-4. — Traité de la résolution des équations invariables. *Paris*, 1770, in-4. — Mars 1769, p. 547 ; — * mars 1770, p. 567.

Quérard (VI, 346) ne cite que le second traité avec la date 1768.

4100. Eléments d'algèbre par L. Euler, trad. de l'allem. avec des notes et des additions (par *Bernouilli* et *Lagrange*) *Lyon*, 1774, 2 vol. in-8. — Janvier 1774, p. 67.

4101. Methodus differentialis, sive tractatus de summatione et interpolatione serierum, auct. J. Stirling. *Londres*, 1730, in-4. — Novembre 1732, p. 1936 ; — décembre, p. 2038.

4102. Miscellanea analytica de seriebus et quadraturis, auct. Moivre. *Londres*, 1730, in-4. — Mai 1732, p. 827.

4103. Grammarithmes, ou expressions littérales de tous les

nombres, par le P. Archange de Charleroy, capucin. *Paris*,
1764, in-4. — Mai 1764, p. 1311.

Cet auteur est-il le même que Michel Desgranges, connu sous le
nom du *Père Archange?* Quérard (II, 513) ne cite pas cet ouvrage à
son article.

4104. Des communes mesures et racines communes des
quantités littérales, du partage d'autant de quarrez donnés
qu'on voudra en d'autres qui seront dans des limites prescrites... par le Sr Tanneguy le Fevre. *Paris*, 1714, in-12.
— Novembre 1715, p. 2173.

Cet auteur, frère de Mme Dacier, a été omis par Quérard.

4105. Introduction à l'analyse des lignes courbes algébriques, par Gabriel Cramer. *Genève*, 1752, in-4. — *Avril
1752, p. 957.

4106. Traité des courbes algébriques (par *Goudin et Dionis
du Séjour*). *Paris*, 1756, in-12. — *Avril 1757, p. 952.

4107. Du calcul infinitésimal et de la géométrie des courbes,
pour servir de supplément au t. I de la Philosophie, par
Beguin. *Paris*, 1774, in-8. — *Décembre 1774, p. 534.

4108. De la nature et des principaux usages de la plus
simple espèce des nombres trigonaux, tr. du lat. de Joncourt
(par l'auteur lui-même). *La Haye*, 1762, in-4. — Avril
1763, p. 810.

4109. Nouveaux traités de trigonométrie et de gnomonique,
par de Parcieux. *Paris*, 1741, in-4. — Septembre 1741,
p. 1577.

4110. Manuel de trigonométrie pratique, par l'abbé de la
Grive. *Paris*, 1754, in-8. — Décembre 1754, p. 3028.

4111. Traité complet de trigonométrie, contenant les principes, la construction et l'usage des tables, des sinus, des
tangentes et des logarithmes, par Audierne. *Paris*, 1756,
in-8. — *Novembre 1756, p. 2877.

4112. La trigonométrie sphérique, résolue par le moyen de
la règle et du compas, par S. Valette. *Paris*, 1757, in-8.—
*Décembre 1757, p. 2997.

4113. The method of the fluxions, by Stone. *Londres*, 1730,
in-8. — Janvier 1732, p. 103.

4114. La méthode des fluxions et des suites infinies, par
Newton, trad. par de Buffon. *Paris*, 1740, in-4. — Février
1741, p. 257.

4115. Traité des fluxions, par C. Maclaurin, trad. de l'angl.

par le P. Pézenas, S. J. *Paris*, 1749, 2 vol. in-4. — Avril 1750, p. 844; — juin, p. 1393.

4116. Analyse démontrée, par un prêtre de l'Oratoire (le P. *Reyneau*). *Paris*, 1708, in-4. — Août 1708, p. 1438.

4117. Commercium epistolicum, D. J. Collins et aliorum de analysi promota. *Londres*, 1712, in-4. — Août 1713, p. 1348.

4118. Harmonia mensurarum, auct. R. Cotes. *Cambridge*, 1722, in-4. — Mars 1726, p. 428; — septembre, p. 1624.

4119. Analyse des infiniment petits pour l'intelligence des lignes courbes, par le marquis de l'Hopital. 2ᵉ édit. *Paris*, 1716, in-4. — 4ᵉ édit. (par le P. *Paulian*, S. J.). *Paris*, 1768, in-8. — Septembre 1715, p. 1731; — *mars 1768, p. 559.

4120. Commentaire sur l'analyse des infiniment petits, par de Crouzas. *Paris*, 1722, in-4. — Juillet 1722, p. 1189.

4121. Eclaircissements sur l'analyse des infiniment petits, par de Varignon. *Paris*, 1725, in-4. — Juillet 1726, p. 1197.

4122. Analyse des infiniment petits, comprenant le calcul intégral dans toute son étendue, par Stone, trad. de l'angl. par Rondet (avec une préface du P. Castel, S. J.). *Paris*, 1735, in-4. — Mai 1736, p. 1095.

4123. Essais d'analyse, par de Condorcet. *Paris*, 1768, in-4. — Mars 1769, p. 552.

4124. Géométrie métaphysique, ou essai d'analyse sur les éléments de l'étendue bornée (par l'abbé *Foucher*). *Paris*, 1758, in-8. — Octobre 1759, p. 2528.

4125. Traité des extrêmes ou éléments de la science de la réalité, par Changeux. *Amsterdam*, 1767, 2 v. in-12. — Mars 1767, p. 440.

4126. Traité du calcul intégral pour servir de suite à l'analyse des infiniment petits du marquis de l'Hopital, par de Bougainville. *Paris*, 1754-1756, 2 v. in-4. — Janvier 1755, p. 105; — juin 1758, p. 1526.

4127. Du calcul intégral, par de Condorcet. *Paris*, 1765, in-4. — Juillet 1765, p. 252.

4128. Tractatus probabilitatis ex principiis antiquorum compositus, auct. Nic. Peguleti. *Louvain*, 1707, in-4. — Août 1744, p. 1332.

4129. De mensurâ sortis seu de probabilitate eventuum in ludis a casu fortuito pendentibus, auct. Moivre. 1711. — Août 1712, p. 1452.

4130. Jac. Bernouilli ars conjectandi, opus posthumum. *Bâle*, 1713, in-4. — Juillet 1714, p. 1160.

4131. Essai d'analyse sur les jeux de hasard (par *Rémond de Montmort*). *Paris*, 1708, in-4.—3ᵉ édit. *Paris*, 1714.— Août 1709, p. 1369; — *juillet 1714, p. 1305.

GÉOMÉTRIE.

4132. Les éléments d'Euclide expliqués d'une manière nouvelle et très-facile, par le P. de Challes, S. J. Nouv. édit. revue par Ozanam. *Paris*, 1709, in-8. — Nouv. édit., par Audierne. *Paris*, 1746, 1753, in-12. —Août 1710, p. 1341; — avril 1747, p. 667; — *février 1754, p. 571.

4133. Eléments de la géométrie d'Euclide réduits à l'essentiel de ses principes, par Freard Ducastel. *Paris*, 1740, in-12. — Décembre 1740, p. 2261.

Omis par Quérard (III, 201).

4134. Géométrie élémentaire d'Euclide avec des suppléments, par Gallimard. *Paris*, 1746, in-fol. — Nouv. édit. *Paris*, 1749, in-12. — Décembre 1746, p. 2665; — mars 1750, p. 731.

Quérard (III, 247) se trompe en disant 1736. La 1ʳᵉ édit. est in-folio, ne contenant qu'une douzaine de pages, les figures sont sur un petit livret à part.

4135. Géométrie de Descartes. Nouv. édit. *Paris*, 1706, in-12. — *Novembre 1705, p. 2007.

4136. Commentaire sur la géométrie de Descartes, par le P. Rabuel, S. J. *Paris*, 1730, in-4. — Juin 1730, p. 1105; — juillet, p. 1206.

Cet ouvrage fut édité, après la mort de son auteur, par un autre jésuite, le P. de Lespinasse.

4137. La géométrie pratique, par Alain Manesson-Malet. *Paris*, 1702, 4 vol. in-8. — Novembre 1703, p. 1971.

4138. Éléments de géométrie de M. le duc de Bourgogne (par *de Malezieu*). *Trévoux*, 1705, in-8. — Nouv. édit. *Paris*, 1722, in-8. — Septembre 1705, p. 1467; — novembre 1722, p. 1987.

Quérard se trompe (V, 464) en donnant 1715 pour date de la 1ʳᵉ édition.

4139. Géométrie, par de Crouzas. *Amsterdam*, 1718, 2 vol. in-8. — *Janvier 1718, p. 187.

4140. Eléments de géométrie ou principes de la mesure de l'étendue, expliqués très-clairement, par le Raiz de Lanthenée. *Paris*, 1738, in-12. — Mars 1739, p. 445.

4141. Eléments de géométrie, par Clairaut. *Paris*, 1741. in-8. — Décembre 1741, p. 2277; — avril 1742. p. 664.

4142. Institutions de géométrie, enrichies de notes critiques et philosophiques sur la nature et les développements de l'esprit humain, par de la Chapelle. *Paris*, 1746. 2 vol. in-8. — 4e édit. *Paris*, 1765, 2 vol. in-8. — Septembre 1746, p. 2020; — janvier 1766, p. 466.

4143. Géométrie élémentaire et pratique de feu M. Sauveur. revue et corrigée par Le Blond. *Paris*, 1754, in-4. — *Juin 1754, p. 1525.

4144. Eléments de géométrie. trad. de l'anglais de Simpson (par *Darquier*). *Paris*, 1755, in-8. — *Avril 1755, p. 1139; *mars 1766, p. 733.

4145. Eléments et traité de géométrie, par de Puisieux. *Paris*, 1765, in-8. — Octobre 1765, p. 944.

4146. Leçons de géométrie théorique et pratique, par Mauduit. *Paris*, 1773, in-8. — Décembre 1772, p. 489.

4147. Recherches philosophiques sur l'évidence des vérités géométriques avec un projet de nouveaux éléments de géométrie (par *Quesnay*). *Amsterdam*, 1773, in-8. — *Novembre 1773, p. 370.

4148. Eléments de géométrie pratique, par Dupuy. *Grenoble*, 1774, in-8. — Août 1774, p. 337.

4149. Leçons de géométrie pour servir d'introduction à l'étude de la sphère et de la géographie. *Paris*, 1775, in-8. — *3e suppl. de 1775, p. 465.

4150. Parere del primario professore delle scienze matematiche... intorno alla quadratura del cerchio, dal P. E. Corazzi, olivetano. *Naples*, 1706. — Mars 1707, p. 438.

4151. Traité démonstratif de la quadrature du cercle, par Basselin. *Paris*, 1735, in-4. — *Mai 1735, p. 950.

Auteur non cité par Quérard.

4152. Démonstration arithmétique et géométrique de la vraie quadrature du cercle, découverte par Seguin, avocat à Rennes. *Rennes*, 1739, in-4. — Janvier 1740, p. 146.

Ecrivain non cité par Quérard; il est encore auteur du *Vrai secret des longitudes découvert...* Rennes, 1737, in-4. Voir *Journ. des Sav.* 1737, p. 510.

4153. Dissertation démonstrative de la quadrature du cercle avec figures, par J. Tondu de Nangis. *Paris*, 1746, in-12. — Février 1747, p. 277.

4154. Dissertation, découverte et démonstration de la quadrature mathématique du cercle, pour servir d'introduction à la connaissance exacte de cette vérité, par de Fauré, géomètre. *Lausanne*, 1747, in-12. — Février 1748, p. 321.

Auteur non cité par Quérard.

4155. Extrait d'un traité démonstratif de la quadrature du cercle et de la duplication du cube, contenant des principes nouveaux, par M***. *La Haye*, 1748, in-4. — Mai 1749, p. 996.

4156. Projet dans lequel on propose diverses méthodes pour les quadratures des lignes courbes (par *Rolin*). *Paris*, 1751, in-8. — *Février 1751, p. 545.

Auteur non cité par Quérard.

4157. Découverte des plus fameux problèmes de la géométrie sublime, la quadrature du cercle, et la section de l'angle, par l'inventeur du clavecin électrique (le P. *de la Borde*, S. J.). *Mayence*, 1768, in-4. — * Décembre 1768, p. 562.

Voir plus haut, nº 2904.

4158. La quadrature du cercle découverte et démontrée par P. E. Picard. *Paris*, 1768, in-12. — *Décembre 1768, p. 561.

Auteur omis par Quérard.

4159. Mémoire en forme de consultation sur la quadrature définie du cercle, par Le Rohbergherr de Vausenville. *Paris*, 1774, in-8. — Décembre 1774, p. 456.

4160. Le secret des secrets. géométriques, ou la quadrature du cercle et la trisection de l'angle, démontrées par des principes infaillibles, par P. Duruye, curé de la Futelaye, diocèse d'Evreux. *Evreux*, 1774, in-8. — *Janvier 1775, p. 168.

Quérard (II, 732) dit *Durrye*, curé de Futelaye.

4161. Histoire des recherches sur la quadrature du cercle (par *Montucla*). *Paris*, 1754, in-12. — Juillet 1755, p. 1363.

4162. Application de l'algèbre à la géométrie, ou méthode de démontrer par l'algèbre les théorèmes de la géométrie, par Guinée. *Paris*, 1705, in-4. — Août 1705, p. 1529.

Le nom de cet auteur s'écrit aussi *Guienée*.

4163. Exposition géométrique des principales erreurs newtoniennes sur la génération du cercle et de l'ellipse physique (par *de Forbin*). *Paris*, 1760, in-12. — Août 1760, p. 2019.

4164. Geometrica demonstratio theorematum Hugenianorum, circa logisticam seu logarithmicam lineam.... additâ epistolâ geometricâ ad P. Th. Cevam, S. J.. auct. G. Grandi. *Florence*, 1701, in-4. — Juin 1706, p. 1050.

4165. Geometria organica, sive descriptio linearum curvarum, auct. Collin Mac Laurain. *Londres*, 1720, in-4. — Mars 1720. p. 487.

4166. Traité synthétique des lignes du I et du II genré, ou éléments de géométrie dans l'ordre naturel de leur génération, par l'ab. Privat de Molières. *Paris*, 1741, in-8. — Décembre 1741, p. 2271 ; — avril 1742, p. 1351.

4167. Traité analytique des sections coniques, et de leur usage pour la résolution des équations dans les problèmes tant déterminés qu'indéterminés, par de l'Hospital. *Paris*, 1707, in-4. — Janvier 1708, p. 33.

4168. Traité des sections coniques et autres courbes anciennes, appliquées ou applicables à la pratique de différents arts, par de la Chapelle. *Paris*, 1750, in-8. — Mai 1751, p. 1028.

4169. Sections coniques de M. Gallimard. *Paris*, 1752, in-8. — Février 1753, p. 570.

4170. Eléments des sections coniques par synthèse (par *Mauduit*). Ouvrage dans lequel on a renfermé un petit traité des sections coniques, par de la Hire. *Paris*, 1757, in-8. — *Juillet 1757, p. 1705.

4171. Introduction aux sections coniques pour servir de suite aux éléments de géométrie de Rivard, par Mauduit. *Paris*, 1761, in-8. — Février 1764, p. 551.

4172. Traité du jaugeage ou le jaugeage réduit à des principes généraux et géométriques et à une pratique courte et facile. *Paris*, 1728. — Septembre 1728, p. 1731.

4173. La théorie et la pratique du jaugeage des tonneaux. des navires et de leurs segments, par le P. Pezenas, S. J. *Marseille*, 1749, in-8. — Décembre 1749, p. 2541.

4174. Géométrie de l'arpenteur, par Doyen. *Paris*, 1769. in-8. — *Janvier 1770, p. 166.

4175. Manuel de l'arpenteur, par Ginet. *Paris*, 1770, in-8. — *Juin 1770, p. 538.

4176. Eléments de la géométrie de l'infini (par *de Fontenelle*). *Paris*, 1727, in-4. — Juillet 1728, p. 1233 ; — février 1729, p. 415.

Mécanique, dynamique, statique, etc.

4177. Mechanica sive motus scientia, auct. L. Euler. *Saint-Pétersbourg*, 1736, 2 vol. in-4. — Mai 1740, p. 846 ; — juillet, p. 1407.

4178. Leçons élémentaires de mécanique, par de la Caille. *Paris*, 1743, in-8. — Avril 1744, p. 651.

4179. Le guide des jeunes mathématiciens, ou commentaire des *Leçons de mécanique* de l'ab. de la Caille, par l'ab. Paulian. *Avignon*, 1772, in-8. — * Juillet 1772, p. 184.

4180. Traité de mécanique, par l'ab. Marie. *Paris*, 1774, in-4. — *Juillet 1774, p. 475.

4181. Réflexions sur l'écrit qui a pour titre : *Essais pour démontrer la quatrième règle du mouvement de M. Descartes ;* par Jean Molagne, docteur ès arts. 1704. — Novembre 1704, p. 274.

Molagne, professeur en l'Université de Bordeaux, n'est pas cité par Quérard ; l'ouvrage qu'il examine avait pour auteur un professeur de la même Université.

4182. Histoire de la machine du monde, ou physique méchanique (par *Peyssonel*). *Marseille*, 1704, in-12. — — Juillet 1704, p. 1088.

4183. Système du mouvement, par de Gamaches. *Paris*, 1721, in-8. — Mai 1722, p. 845.

4184. Pièces sur le mouvement, par MM. Crouzas et Massy, qui ont remporté le prix de l'Académie des Sciences. *Paris*, 1721, in-4. — Septembre 1722, p. 1643.

4185. Principes du mouvement et de l'équilibre (par *Trabaud*). *Paris*, 1744, 2 vol. in-4. — Septembre 1742, p. 1565.

4186. Nouvelle théorie du mouvement où l'on donne la raison des principes généraux de la physique, par de Vivens. *Londres*, 1749, in-12. — Mai 1750, p. 1079.

Quérard (X, 257) dit 1746.

4187. Théorie de la vis d'Archimède, de laquelle on déduit celle des moulins conçus d'une nouvelle manière, par Paucton. *Paris*, 1768, in-8. — Juin 1768, p. 427.

4188. J. G. Baieri de aquilâ et muscâ ferreâ quæ mechanico artificio apud Norimbergenses quondam volitasse feruntur. *Altorf*, 1710. — Juillet 1710, p. 1233.

4189. Traité pour la pratique des forces mouvantes, par Gobert. *Paris*, 1702, in-4. — Mars 1702, p. 104.

Cet écrivain, ancien intendant des bâtiments du roi, n'est pas cité par Quérard. Le Journal des Sav., 1703, p. 352, cite encore de lui : *Nouveau système sur la construction et les mouvements du monde, avec une dissertation sur la ligne du niveau*. Paris, 1703, in-8.

4190. Phoronomia, sive de viribus et motibus corporum solidorum et fluidorum, auct. J. Hermanno, Basilensi. *Amsterdam*, 1716, in-4. — Mars 1716, p. 442.

4191. Traité des forces mouvantes, par Le Camus. *Paris*, 1722, in-8. — Avril 1723, p. 707.

Cet auteur, gentilhomme lorrain, omis par Quérard, fut critiqué par de Serbois, et répondit par une *Lettre à MM. les auteurs du Journal des Savants* (Journal des Sav., 1724, p. 357).

4192. Les lois du choc des corps à ressort parfait ou imparfait, déduites d'une explication probable de la cause physique du ressort, par le P. Mazière, de l'Oratoire. *Paris*, 1727, in-4. — *Septembre 1727, p. 1743.

4193. Dissertation sur l'estimation et la mesure des forces motrices des corps, par de Mairan. *Paris*, 1741, in-12. — Juin 1741, p. 1073.

4194. Éléments des forces centrales, ou observations sur les lois que suivent les corps mus autour de leur centre de pesanteur, par de Forbin. *Paris*, 1774, in-8. — *Juillet 1774, p. 173.

4195. De genuino principio æquilibrii corporum solidorum aliorumque effectuum cum eodem connexorum, auct. G. Kratz, S. J. *Ingolstadt*, 1759, in-12. — Septembre 1759, p. 2283.

4196. Lettres concernant le jugement de l'académie de Berlin et apologie de M. de Maupertuis. *Paris*, 1753, in-12. — Mars 1753, p. 720.

4197. La querelle. 1753, in-12. — Avril 1753, p. 955.

4198. Traité de l'équilibre et du mouvement des fluides par d'Alembert. Nouvelle édit. *Paris*, 1770. in-4. — *Mars 1770, p. 557.

4199. Neo-statica, auct. Hieron. Saccherio, S. J. *Milan*, 1708, in-4. — Février 1711, p. 344.

4200. Recueil d'ouvrages curieux de mathématiques et de mécanique, ou description du cabinet de Grollier de Servières, par Grollier de Servières, son petit-fils. *Lyon*, 1719, in-4. — Novembre 1719, p. 19.

ASTRONOMIE.

Généralités.

4201. Mémoires pour servir à l'histoire et aux progrès de l'astronomie, de la géographie et de la physique, recueillis de plusieurs dissertations, par de l'Isle. *Saint-Pétersbourg*, 1738, in-4. — Mai 1744, p. 943.

4202. Histoire générale et particulière de l'astronomie, par Estève. *Paris*, 1755, 3 vol. in-12. — Janvier 1756, p. 263 ; — février, p. 389.

4203. J.-F. Weidleri bibliographia astronomica, temporis quo libri vel compositi vel editi sunt, ordine servato, ad supplendam et illustrandam astronomiæ historiam digesta. Accedunt historiæ astronomiæ supplementa. *Wittemberg*, 1755, in-8. — Mars 1756, p. 595.

4204. Ludovici a Ripa miscellanea. *Venise*, 1725, in-4. — Décembre 1725, p. 2494.

4205. Atrium astronomiæ sive de inveniendis refractionibus,... auct. P. Horrebow. *Copenhague*, 1732, in-4. — Août 1734, p. 1434.

4206. Mémoires posthumes de J.-Ph. Loys de Cheseaux sur divers sujets d'astronomie et de mathématiques, avec de nouvelles tables très-exactes des moyens mouvements du soleil et de la lune. *Lausanne*, 1754, in-4. — Avril 1755, p. 965.

Non cité par Quérard (V, 379).

4207. Recherches critiques sur le système de l'attraction, avec une nouvelle idée sur la précession des équinoxes, sur le temps et sur la pesanteur, par Massière. *Nice*, 1759, in-12. — Juin 1760, p. 1478.

Auteur non cité par Quérard.

4208. Recherches sur la gnomonique, les rétrogradations des planètes et des éclipses de soleil (par *Dionis du Séjour* et *Goudin*). *Paris*, 1762, in-8. — Avril 1762, p. 1070.

4209. M. Manilii astronomicon, ex recensione R. Boulleii. cum selectis variorum ac propriis notis, edidit Elias Stœber. *Strasbourg*, 1767, in-8. — Juin 1768, p. 533.

Quérard dit *Strœber* (V, 403).

4210. Astronomiæ physicæ et geometricæ elementa, auct. David Gregory. *Oxford*, 1702, in-fol. — Février 1740, p. 252; — mars, p. 445.

4211. Prælectiones astronomicæ, auct. W. Whiston. *Cambridge*, 1707, in-8. — Juillet 1711, p. 1263.

4212. Introductio ad veram astronomiam seu lectiones astronomicæ, a Joan. Keill. *Oxford*, 1718. — Janvier 1720, p. 123.

4213. Clavis astronomiæ, sive astronomiæ pars physica, auct. P. Horrebow. *Copenhague*, 1728, in-4. — Avril 1730, p. 707.

4214. Basis astronomiæ sive astronomiæ pars mechanica, auct. Horrebow. *Copenhague*, 1735, in-4. — Novembre 1735, p. 2378.

4215. Astronomie physique, par Petit, arpenteur à Blois. *Paris*, 1729, in-12. — Novembre 1730, p. 2034.

4216. Institutions astronomiques, ou leçons élémentaires d'astronomie, précédées d'un essai sur l'histoire de l'astronomie moderne, trad. de Keill (par *Le Monnier*). *Paris*, 1746, in-4. — Novembre 1746, p. 2444; — décembre, p. 2836; — janvier 1747, p. 83.

4217. Éléments d'astronomie, par Cassini. *Paris*, 1740. in-4. — Décembre 1740, p. 2364; — janvier 1741, p. 143.

4218. Eléments d'astronomie et de géographie, à l'usage des négociants, par A.-J. Panckoucke. *Paris*, 1739, in-12. — Mars 1741, p. 453.

4219. Specula Parthenopæa uranophilis juvenibus excitata,... seu astronomiæ theoria, praxes et tabulæ, auct. N. Gianpriamo, S. J. *Naples*, 1748-1749, in-fol. — * Février 1752, p. 372.

4220. Astronomiæ physicæ juxta Newtoni principia breviarium methodo scholastica (par *Sigorgne*). *Paris*, 1748. in-12. — Septembre 1749, p. 1737.

4221. Leçons élémentaires d'astronomie géométrique et

physique, par l'ab. de la Caille. *Paris*, 1755, in-8. — Juillet 1755, p. 1710.

4222. Astronomie, par de Lalande. *Paris*, 1764, 2 vol. in-4. — Avril 1765, p. 866 ; — mai 1766, p. 1148.

4223. Supplément à la page XV de la Préface de l'astronomie de M. de Lalande, par moi Trébuchet d'Auxerre. (1765), in-4. — Septembre 1765, p. 759.

4224. Abrégé d'astronomie, par de Lalande. *Paris*, 1774, in-8. — * Juillet 1774, p. 180.

4225. Principes d'astronomie sphérique, ou traité complet de trigonométrie sphérique, par Mauduit. *Paris*, 1765, in-8. — Septembre 1765, p. 693.

4225. Idée générale de l'astronomie, par l'ab. Dicquemare. *Paris*, 1769, in-8. — Juin 1769, p. 561.

Systèmes du monde.

4226. Nouveau traité de la pluralité des mondes, par feu Hughens, trad. du lat. en franç. par M. D*** (*Dufour*). *Paris*, 1702, in-12. — Mai 1702, p. 66.

Il existe de la même traduction une édition d'*Amsterdam*, 1718, *in-8*, dont Quérard ne parle pas. (Catal. Van Hulthem, n° 8279.)

4227. Discours de M. de Messange sur trois articles des journaux de Trévoux, pour la défense de son nouveau système du monde. *Paris*, 1705, in-12. — Février 1706, p. 272.

4228. Nouveau système du monde conforme à l'Ecriture sainte, où les phénomènes sont expliqués sans excentricité de mouvement, composé par Séb. Le Clerc. *Paris*, 1706, in-8. — Décembre 1706, p. 2059.

4229. Dissertatio philologica de die mundi et rerum natali. *Maestricht*, 1713, in-4. — Juillet 1714, p. 1149.

4230. Anatomie du monde sublunaire, contenant les démonstrations des dispositions et mouvements de toutes les parties du globe élémentaire depuis la circonférence jusqu'à son centre (par le comte *du Fenoyl*.) *Lyon*, 1707, in-8. — *Décembre 1707, p. 2194.

Quérard ne cite pas cet écrivain, auteur de plusieurs autres ouvrages philosophiques, disent les *Mémoires*. Ainsi, en 1702, il fit paraître une *Lettre sur les éléments*, et en 1705 un *Discours des observations et démonstration des véritables causes du flux et reflux des mers*. (Voir *Clef du cabinet*, mars 1706, p. 212.)

4231. Nouvelles conjectures sur le globe de la terre, où l'on peut voir de quelle manière la terre se détruit journellement,... par H. G. *(Gautier)*. *Paris*, 1721, in-12. — Avril 1722, p. 730.

4232. Explications nouvelles des mouvements les plus considérables de l'univers, accompagnées de démonstrations par le jeu des différentes machines qui les imitent, par Mathulon. *Paris*, 1723, in-4. — *Octobre 1723, p. 2076.

4233. Histoire naturelle de l'univers, dans laquelle on rapporte les raisons physiques des effets les plus extraordinaires et les plus merveilleux de la nature, par Colonne. *Paris*, 1734, 4 vol. in-12. — Mars 1735, p. 442; — avril, p. 668.

4234. Copernicus triumphans, sive de parallaxi orbis annui tractatus epistolaris a D. Horrebow. *Copenhague*, 1727, in-4. — Décembre 1729, p. 2134.

4235. Lettres sur la cosmographie, où le système de Copernic est réfuté (par l'ab. *de Brancas*). *La Haye*, 1745, in-4. — Novembre 1745, p. 1939; — février 1746, p. 245.

4236. Système tiré de l'Ecriture sainte sur la durée du monde, depuis le premier avénement de J.-C. jusqu'à la fin des siècles (par *Lesquevin*). *Paris*, 1733, in-12. — Mars 1734, p. 522.

4237. Lettres philosophiques pour rassurer l'univers contre les bruits populaires d'un dérangement dans le cours du soleil, au sujet d'un vent furieux et de la chaleur extraordinaire qu'il fit le samedi 30 octobre 1736 (par le *P. Castel*, S. J.). *Paris*, 1736, in-12. — Avril 1737, p. 692.

4238. Troisième lettre philosophique en réponse à la seconde pour rassurer l'univers au sujet des réflexions sur la première et contre les critiques du cône, du parallélipipède et de la pesanteur du feu, par Pariet Despars. *Paris*, 1737, in-12. — Août 1737, p. 1520.

4239. Histoire du ciel considérée selon les idées des poëtes, des philosophes et de Moïse (par l'ab. *Pluche*). *Paris*, 1739, 2 vol. in-12. — Décembre 1739, p. 2592; — avril 1740, p. 674.

4240. Astronomie physique, ou principes généraux de la nature appliqués au mécanisme astronomique et comparés aux principes de la philosophie de Newton, par de Gamaches.

Paris, 1740, in-4. — Juillet 1740, p. 1482; — octobre, p. 1955; — novembre, p. 2193.

4241. Abrégé des différents systèmes du monde, de la sphère et des usages des globes, par Robert de Vaugondy. *Paris*, 1745, in-12. — Avril 1746, p. 907.

4242. Origine de l'univers expliquée par un principe de la matière (par *Estève*). *Berlin*, 1748, in-12. — Août 1749. p. 1623.

4243. Nouvelles vues sur le système de l'univers (par *de Ponthriand*). *Paris*, 1751, in-8. — Mai 1751, p. 1257; — octobre. p. 2123.

4244. Mécanisme de l'électricité et de l'univers. *Paris*, 1756. 2 vol. in-12. — Novembre 1764, p. 2788.

4245. Dell' azione del caso nelle invenzioni e dell' influsso degli astri ne' corpi terrestri. Dissertazioni due (par le P. (*Belgrado*, S. J.). *Padoue*, 1757, in-4. — Mars 1758, p. 584; — avril, p. 874.

4246 Examen des systèmes du monde, où l'on discute quel est le véritable (par *Rivard*). *Paris*, 1765, in-12. — Supplément à l'examen, sur le mouvement prétendu de la terre autour du soleil. *Paris*, 1768, in-12. — Juillet 1765, p. 354; — *mars 1769, p. 550.

Quérard (VIII, 58) ne cite pas le *Supplément*.

4247. Extrait du nouveau système de physique et d'astronomie, ou du système électrique de l'univers, par de la Perrière de Roiffé. *Paris*, 1764, in-12. — Novembre 1761, p. 2788.

4248. Nouvelle physique céleste et terrestre, par de la Perrière de Roiffé. *Paris*, 1766, 3 vol. in-12. — Avril 1766, p. 1047.

4249. Plaidoyer sur le mécanisme de l'univers. *Paris*, 1768. in-8. — Juin 1768, p. 543.

4250. Essai physique sur le système du monde, par Deshayes. *Paris*, 1772, in-8. — Décembre 1772, p. 562.

4251. Tableau du système du monde selon Copernic, précédé d'un avant-propos sur l'origine et les progrès de l'astronomie, par Maclot. *Paris*, 1773, in-12. — *Mai 1773, p. 373.

4252. Moyen infaillible de calmer nos frayeurs sur la fin du monde qu'on avait prédite suivant le système elliptique de Copernic, par de la Perrière de Roiffé. *Paris*, 1773, in-8. — *Novembre 1773, p. 373.

Non cité par Quérard (IV, 543).

4253. Monde primitif analysé et comparé avec le monde moderne, ou recherches sur les antiquités du monde, par Court de Gebelin. *Paris*, 1773 — (1784, 9 vol. in-4). — Mars 1775, p. 425; — mai, p. 234; — juin, p. 435; — août, p. 288.

4254. Lettre à l'auteur anonyme des deux prétendus extraits insérés dans le Journal des Savants (sur le *Monde primitif*), par Court de Gebelin. *Paris*, 1774, in-4. — *Septembre 1774, p. 562.

4255. Eléments de cosmographie, par Buy de Mornas. *Paris*, 1749, in-12. — *Octobre 1749, p. 2072.

4256. Cosmographie méthodique et élémentaire, par Buy de Mornas. *Paris*, 1770, in-8. — Juillet 1770, p. 149.

4257. Système moderne de cosmographie et de physique générale (par de Brancas). *Paris*, 1747, in-4. — Août 1749, p. 1586.

C'est le même ouvrage que le n° 4235.

Traités particuliers.

4258. Ichnographia nova contemplationum de sole, in desolatis antiquorum philosophorum ruderibus concepta a G. C. Eimmarto. *Nuremberg*, 1704, in-fol. — Janvier 1703, p. 170.

4259. Système nouveau sur le soleil, par M. Juliard, avec les difficultés d'un anonyme, la réponse à ces difficultés, les réflexions sur la réponse. Le tout extrait de divers journaux et augmenté de notes et observations, par D. J. A. M. R. D. C. (moine religieux de Clairvaux). *Bar-le-duc*, 1740, in-4. — Décembre 1740, p. 2254.

Quérard ne cite pas Juliard, qui avait présenté son système à l'Académie des sciences en 1738. On trouve dans la *Clef du cabinet*, novembre 1738, p. 311, une lettre du même à l'ab. Bignon; elle est datée de Dampierre, par Montbéliard.

4260. Analyse ou exposition abrégée du système général

des influences solaires, par Mlle de *** (l'ab. de Saint-Ignon). *Paris*, 1772, in-12. — Février 1772, p. 240.

4261. Avertissement aux astronomes sur l'éclipse a.. ..laire du soleil que l'on attend le 25 juillet 1748, par Delisle. *Paris*, 1748, in-4. — Juillet 1748, p. 1420.

4262. Explication de deux cartes astronomiques qui représentent l'éclipse de soleil du 25 juillet 1748, dessinées par M. Lowitz. Extrait et trad. de l'allem. par Delisle. *Paris*, 1748, in-4. — Juillet 1748, p. 1435.

4263. Carte du passage de l'ombre de la lune au travers de l'Europe, dans l'éclipse de soleil centrale et annulaire qui doit arriver le 1er avril 1764, par Mme Le Paute. *Paris*, 1762. — Juin 1762, p. 1529.

4264. Calculs et projections de la grande éclipse de soleil du 1er avril 1764 (par *Le Carlier d'Epuisart*, conseiller à la cour des monnaies). *Paris*, 1763, in-4. — Janvier 1764, p. 180.

Anteur non cité par Quérard.

4265. De solis eclipsi anni 1764 exercitatio astronomica, habita in collegio Varsaviensi, S. J., præside P. St. Luskina, S. J. *Varsovie*, 17.3, in-4. — Juillet 1765, p. 169.

4266. Die Beobachtungen der Sonnen-Finsternisz, durch H. Reccard. *Berlin*, 1764, in-4. — Octobre 1765, p. 1070.

4267. J. Poleni ad abh. Guid. Grandium epistolæ duæ, in quarum alterâ exponuntur nonnulla de telluris formâ; in alterâ vero de causâ motûs musculorum. *Padoue*, 1726, in-4. — Octobre 1726, p. 1784.

4268. La figure de la terre déterminée par les observations de MM. de Maupertuis, Clairaut, Camus, Le Monnier.... par de Maupertuis. *Paris*, 1738, in-8. — Juin 1738, p. 1282.

4269. Examen désintéressé des différents ouvrages qui ont été faits pour déterminer la figure de la terre (par *de Maupertuis*). *Oldenbourg*, 1738, in-8. — Août 1740, p. 1536.

4270. Théorie de la figure de la terre, par Clairaut. *Paris*, 1743, in-4. — Janvier 1744, p. 64.

4271. Saggio intorno ai cambiamenti avvenuti sul globo della terra, di Voltaire. *Paris*, 1746, in-12. — Juillet 1746, p. 1502.

4272. La figure de la terre déterminée par les observations de MM. Bouguer et de la Condamine, envoyés au Pérou pour observer aux environs de l'équateur, avec une relation abrégée de ce voyage, par Bouguer. *Paris*, 1749, in-4. — Novembre 1749, p. 2324 ; — décembre, p. 2478 ; — février 1750, p. 341 ; — juin, p. 1157.

4273. Justification des mémoires de l'Académie des sciences de 1744, et du livre de *la Figure de la terre*, par Bouguer. *Paris*, 1752, in-4. — Juillet 1754, p. 1754.

4274. Dissertation sur la figure de la terre où l'on tâche de prouver qu'elle est allongée par les pôles (par *David*). *La Haye*, 1769, in-8. — Nouvelle édit. augmentée d'une lettre de la Condamine. *Ibid.* 1771, in-8. — *Septembre 1769, p. 563 ; — * décembre 1771, p. 555.

4275. Nouvelle théorie des mouvements de la terre et de la lune, par Grante d'Iverk. *Paris*, 1740, in-8. — Janvier 1744, p. 145.

4276. Proposition d'une mesure de la terre, dont il résulte une diminution considérable dans sa circonférence sur les parallèles, par d'Anville. *Paris*, 1735, in-18. — Juin 1735, p. 988.

4277. Réponse de M. d'Anville au mémoire contre la mesure conjecturale des degrés de l'équateur, en conséquence de l'étendue de la mer du Sud. *Paris*, 1738, in-12. — Décembre 1738, p. 2393.

4278. Projet de la mesure de la terre en Russie, par Delisle. — *Paris*, 1737, in-4. — Février 1738, p. 201.

4279. Traité du mouvement diurne de la terre suivant le système de Copernic, par Fortier. *Paris*, 1745, in-12. — *Juillet 1745, p. 1327.

Auteur omis par Quérard.

4280. Mesure des trois premiers degrés du méridien dans l'hémisphère austral, par de la Condamine. *Paris*, 1751, in-4. — Novembre 1751, p. 2364.

4281. L. Tozzi horarum æqualium seu æquinoctialium et antiquarum explicatio. *Naples*, 1706, in-4. — Février 1707, p. 223.

4282. J. Alb. Fabricii menologium. *Hambourg*, 1742, in-8. — Août 1744, p. 1406.

4283. D. Alimari longitudinis aut terra aut mari investigandæ methodus. *Londres*, 1716, in-8. — Octobre 1716, p. 1925.

4284. Découverte des longitudes estimée généralement

impossible à trouver, par de la Jonchère. *Paris*, 1736, in-8. — Novembre 1736, p. 2382.

Non cité par Quérard (IV, 451).

4285. Théorie et pratique des longitudes en mer (par *de Charnières*). *Paris*, 1773, in-8. — *Mai 1773, p. 356.

4286. Astronomie nautique lunaire, où l'on traite de la latitude et de la longitude en mer, de la période ou Saros,... (par *Le Monnier*). *Paris*, 1771, in-8. — Mai 1773, p. 358.

4287. Théorie du mouvement des apsides en général et en particulier des apsides de l'orbite de la lune, par Walmesley. *Paris*, 1749, in-8. — Octobre 1749, p. 2069.

4288. Théorie de la lune déduite du seul principe de l'attraction, réciproquement proportionnelle aux quarrés des distances, par Clairaut. *Paris*, 1765, in-4. — Septembre 1765, p. 747.

4289. Table contenant le calcul de toutes les éclipses pour 40 ans, par le P. Rigaud, minime. *Avignon*, 1710.—*Septembre 1710, p. 1659.

Non cité par Quérard.

4290. Scientia eclipsium ex imperio et commercio Sinarum illustrata, complectens integras observationes astronomicas P. J. P. Simonelli, S. J., P. Ign. Kœgler, S. J... investigationes ordinis eclipsium P. Melch. a Briga, S. J. *Rome*, 1747, in-4. — Décembre 1751, p. 2519.

4291. Nouveau système du mouvement des planètes, par Vilmot, curé de la Guillotière, chanoine de l'église de Saint-Nisier de Lyon. *Lyon*, 1704, in-12. — Nouveau système, ou nouvelle explication du mouvement des planètes, par M. Vilmot, prêtre (avec une traduct. lat. en regard par *C. Falconet*). *Lyon*, 1707, in-12. — Mars 1704, p. 498; — mai 1708, p. 860.

Quérard (X, 183) ne cite que l'édit. de 1707.

4292. Entretiens sur la cause de l'inclinaison des orbites des planètes, par Bouguer. 2e édit. *Paris*, 1748, in-4. — Mars 1749, p. 407.

4293. Vesperi et phosphori nova phenomena, sive observationes circa planetam Veneris, a F. Bianchino. *Rome*, 1728, in-fol. — Juin 1729, p. 1037.

4294. Mappemonde sur laquelle on a marqué les heures et les minutes du temps vrai de l'entrée et de la sortie du centre de Vénus sur le disque du soleil, dans son passage sur cet

astre le 6 juin 1761, par Delisle. *Paris*, 1760. — Juillet
1760, p. 1893.

4295. Mémoire sur le choix et l'état des lieux où le passage de Vénus du 3 juin 1769 pourra être observé avec le plus d'avantage, par Pingré. *Paris*, 1767, in-8. — Juillet 1767, p. 145.

4296. Mémoire sur le passage de Vénus observé le 3 juin 1769 pour servir de suite à la carte publiée en 1764, par de Lalande. *Paris*, 1772, in-4. — *Novembre 1772, p. 368.

4297. Essai sur la théorie des satellites de Jupiter, par Bailly, avec les tables de Jupiter par Jeaurat. *Paris*, 1766, in-4. — Avril 1766, p. 1075.

4298. Avertissement aux astronomes sur le passage de Mercure au-devant du soleil, qui doit arriver le 6 de mai 1753, par Delisle. *Paris*, 1753, in-4. — Avril 1753, p. 920.

4299. Observations et explications de quelques phénomènes vus dans le passage de Mercure au-devant du disque du soleil, observé à l'hôtel de Clugny à Paris, le 6 mai 1753, par de Barros. *Paris*, 1754, in-16. — Février 1754, p. 254.

Auteur omis par Quérard.

4300. Discours sur les différents signes des astres, d'où l'on tire des conjectures sur les étoiles qui paraissent changer de grandeur et sur l'anneau de Saturne, par de Maupertuis. *Paris*, 1732, in-8. — Avril 1733, p. 703.

4301. Traité de l'aberration apparente des étoiles fixes, par Fontaine des Crutes (*Lemonnier*). *Paris*, 1744, in-8. — Août 1744, p. 1496.

4302. La théorie des comètes, où l'on traite du progrès de cette partie de l'astronomie, avec des-tables pour calculer les mouvements des comètes, du soleil... par Lemonnier. *Paris*, 1743, in-8. — Juillet 1743, p. 2004.

4303. Mémoire sur la comète qui a été observée en 1531, 1607, 1682, et que l'on attend en 1757 ou au plus tard en 1758, par Jamard, chanoine régulier de Ste-Geneviève. *Paris*, 1757, in-4. — Octobre 1757, p. 2474.

4304. Recherches du lieu du ciel où la comète prédite par Halley doit commencer à paraître; avec une table des longitudes et latitudes des points du ciel où l'on doit la chercher pendant une année entière à commencer du 1er novembre 1757, par Delisle. *Paris*, 1757, in-4. — *Novembre 1757, p. 2869.

4305. Réponse de M. Clairaut à quelques pièces la plupart anonymes, dans lesquelles on a attaqué le mémoire sur la comète de 1682, lu à l'assemblée de l'Acad. des Sciences du 14 novembre 1758. *Paris*, 1759. — Septembre 1759, p. 2286.

4306. Observations de la comète de 1531 pendant le temps de son retour en 1682 faites par J. D. Cassini et publiées par C. F. Cassini. *Paris*, 1759, in-8. — Juillet 1759, p. 1861.

4307. Calcul des observations de J. D. Cassini pour la comète de 1531, publiées par C. F. Cassini de Thury. *Paris*, 1760, in-8. — Avril 1760, p. 945.

4308. Théorie du mouvement des comètes, dans laquelle on a égard aux altérations que leurs orbites éprouvent par l'action des planètes, avec l'application à la comète observée en 1531, 1607, 1682 et 1759, par Clairaut. *Paris*, 1760, in-8. — Juillet 1760, p. 1714.

4309. Physique des comètes dans le sentiment de l'impulsion et du plein, par le P. Bertier, de l'Oratoire. *Paris*, 1760, in-12. — Octobre 1760, p. 2555.

4310. Réflexions sur les comètes qui peuvent approcher de la terre, par de Lalande. *Paris*, 1773, in-8. — Juin 1773, p. 530.

4311. Le nouveau traité de la sphère (par *Jousse*). *Paris*, 1755, in-12. — *Janvier 1756, p. 188.

4312. Tablettes astromoniques, ou abrégé élémentaire de la sphère, par Brion. *Paris*, 1775, in-12. — *Mai 1775, p. 357.

4313. La sphère mobile présentée au Roy le 28 février 1704, par Jérôme Martinot, horloger, valet de chambre de Sa Majesté et Thomas Haye, ingénieur. *Paris*, 1704, in-12. — Mai 1704, p. 104.

Non cité par Quérard à l'art. *Haye*, (IV, 44).

4314. La sphère du monde selon l'hypothèse de Copernic, par l'ab. de Vallemont. *Paris*, 1706, in-8. — Janvier 1707, p. 82.

4315. La sphère mouvante selon l'hypothèse de Copernic par Pigeon. *Paris*, 1711. — Février 1712, p. 365.

4316. Sphère mouvante selon le système semi-copernicien ou typo-copernicien, par Mauny. *Paris*, 1730, in-4. — Avril 1730, p. 732.

Quérard ne cite pas cet ingénieur, auteur d'une autre brochure intitulée : *Principe de la science pcur connaître les longitudes an mer.* *Paris*, 1728, in-4. (*Journ. des Sav.*, 1728, p. 415.)

4317. Harmonie des deux sphères céleste et terrestre, ou la correspondance des étoiles aux parties de la terre (par l'ab. J. *Goiffon*). *Paris*, 1734, in-12. — Nouv. édit. *Paris*, 1739, in-4. — Février 1734, p. 238 ; — février 1739, p. 342 ; — mars, p. 520 ; — mai, p. 953.

4318. L'usage des globes céleste et terrestre et des sphères, suivant les différents systèmes du monde, précédé d'un traité de Cosmographie, par Bion. 2ᵉ édit. *Paris*, 1703, in-12. — 3ᵉ édit. 1740. — 5ᵉ édit. 1728. — 6ᵉ édit. 1752. — Avril 1703, p. 574 ; — mars 1714, p. 528 ; — mars 1729, p. 501 ; — * février 1752, p. 360.

Quérard (I, 340) ne cite qu'une édition de 1761.

4319. Usages des globes céleste et terrestre, par Robert de Vaugondy, fils. *Paris*, 1751, in-12. — * Mai 1752, p. 1139.

Calendrier.

4320. Calendarium romanum chronologorum causa constructum. Auct. G. Bonjour, Tolosano, ord. Eremitarum S. Augustini. *Rome*, 1704, in-fol. — Septembre 1702, p. 148.

Auteur non cité par Quérard.

4321. Table paschale de M. Bianchini envoyée par N. S. P. le Pape Clément XI à M. l'ab. Bastide. — Février 1704, p. 304.

4322. Table perpétuelle des lettres dominicales, par l'ab. L. Bastide. — Février 1704, p. 293.

Quérard donne un article très-incomplet sur cet auteur (II, 212).

4323. D. Quartaironii responsiones (in calendarium romanum). *Rome*, 1703, in-fol. — Juillet 1704, p. 1070.

4324. Traité des instructions du calendrier universel et perpétuel, qui démontre la juste et véritable durée des évolutions du soleil et de la lune, par Michel Touraine, curé de Margency. *Paris*, 1705, in-8. — Avril 1706, p. 665.

4325. Constructio calendarii gregoriani, propugnata (a P. *Burgondio*, S. J.). *Rome*, 1729, in-fol. — Octobre 1732, p. 1747.

4326. De cohærentia calculi astronomici cum æquationibus gregorianis exercitatio (a P. *Burgondio*, S. J.). *Rome*, 1734, in-fol. — Avril 1736, p. 637.

4327. De Osymandiæ circulo aureo disserit G. M. Bosc. *Wittemberg*, 1749. in-4. — Novembre 1750, p. 2647.

4328. Nouveau zodiaque réduit à l'année 1755, avec les autres étoiles dont la latitude s'étend jusqu'à 10° au nord et au sud du plan de l'écliptique, dont on pourra se servir pour en mesurer les distances au disque de la lune ou aux planètes (par *de Seligny*). *Paris*, 1755, in-8. — Mars 1756, p. 581.

4329. Lettre de M. l'ab. Roussier touchant la division du zodiaque et l'institution de la semaine planétaire, relativement à une progression géométrique, d'où dépendent les proportions musicales. *Paris*, 1770, in-12. — *Février 1771, p. 374.

Cette lettre avait paru dans les *Mémoires*. Voir la 1re partie de cette table, n° 699.

4330. L'usage des astrolabes tant universels que particuliers, par Bion. *Paris*, 1702, in-12. — Juillet 1702, p. 162.

4331. De astronomica specula domestica et de organico apparatu astronomico, lib. II, a J. J. Marinonio. *Vienne*, 1745. — Juin 1750, p. 1403.

4332. Description et usage d'un nouvel instrument pour observer la latitude sur mer appelé *le nouveau quartier anglais*. Nouv. édit., d'après de Mannevillette. *Paris*, 1751, in-12. — Août 1752, p. 1901.

4333. Traité des instruments propres à observer les astres sur mer, où l'on donne la construction et l'usage d'un nouvel instrument, par Saverien. *Paris*, 1752, in-12. — Octobre 1752, p. 2478.

4334. Description d'un instrument pour prendre hauteur et pour trouver l'heure vraie sans aucun calcul, par Cassini de Thury. *Paris*, 1770, in-4. — Juin 1770, p. 546.

Observations et tables astronomiques.

4335. Observationes astronomicas y physicas hechas en los Reynos del Peru de las quales se deduce la figura y magnitud de la tierra. *Madrid*, 1748, in-4. — Avril 1749, p. 694.

4336. Opérations faites pour la vérification du degré du méridien compris entre Paris et Amiens, par MM. Bouguer, Camus, Cassini de Thury et Pingré. 1757, in-8. — Août 1757, p. 2099.

4337. Tablettes des sciences et des arts, contenant les observations astronomiques les plus récentes, les annales de la physique. *Paris*, 1776, in-8. — Novembre 1775, p. 259.

4338. Uranographie, ou contemplation du ciel à la portée de tout le monde. *Paris*, 1771, in-12. — * Juillet 1771, p. 181.

4339. Cœlum australe stelliferum, auct. Nic. L. de la Caille. *Paris*, 1763, in-4. — Juillet 1764. p. 138.

4340. Tabulæ astronomicæ, auctore Ph. de la Hire. 2ᵉ édit. *Paris*, 1702, in-4. — *Paris*, 1727, in-4. — Juillet 1703, p. 1192; — * mai 1727, p. 964.

4341. Regiæ Scientiarum academiæ ephemerides juxta recentissimas observationes ad meridianum parisiensem, auct. G. P. de la Hire, ad annum 1702. *Paris*, 1702, in-4. — Février 1702, p. 216.

4342. Ephémérides des mouvements célestes pour les années 1715 jusqu'en 1725, par Des Places. *Paris*, 1716, in-4. — Août 1716. p. 1585.

Auteur non cité par Quérard.

4343. Novissimæ ephemerides motuum cœlestium a Cassinianis tabulis ad meridianum Bononiæ supputatæ a D. Manfredi. *Bologne*, 1725, 2 vol. in-4. — Janvier 1728, p. 74.

4344. Etat du ciel pendant l'année 1726, par Desplaces. *Paris*, 1726. — * Février 1726, p. 392.

4345. Tables astronomiques, par Cassini. *Paris*, 1740, in-4. — Additions. *Paris*, 1756, in-4. — Juin 1741, p. 1048; — juillet 1756, p. 1906.

4346. Ephémérides cosmographiques, où le cours apparent et réel du soleil et des planètes est représenté par des planches, pour l'année 1752 (par l'ab. *de Brancas*). *Paris*, 1752, in-12..... — pour 1753. *Paris*, 1753, in-12. — Mars 1752, p. 490; — septembre 1753, p. 2164.

4347. Etat du ciel pour l'an de grâce 1754, 1755, 1756, 1757 calculé par Pingré. *Paris*, 1754, 1755, 1756, 1757, in-8. — Avril 1754, p. 888; — janvier 1755, p. 184; — janvier 1756. p. 353; — février 1757, p. 570.

4348. Connaissance des temps pour l'année bissextile 1760, par de Lalande. *Paris*, 1759, in-4. — Décembre 1759, p. 2911.

4349. Lettres de M. Delisle sur les tables astronomiques de Halley. *Paris*, 1750, in-12. — Février 1750, p. 377.

4350. Calendrier perpétuel, par le P. Rigaud, minime. *Avignon*, 1740. — Septembre 1740, p. 1659.

4351. Calendrier perpétuel, ecclésiastique et civil, par le sieur de Beaurain. *Paris*, 1724. — Juin 1724, p. 1094.

4352. Calendrier perpétuel plus exact que tous ceux qui ont paru jusqu'à présent, par le P. Emmanuel de Viviers, capucin. 2e édit. *Toulouse*, 1727. — Janvier 1728, p. 193.

Auteur non cité par Quérard.

4353. Calendrier universel, ou almanach chronologique et perpétuel, nécessaire à la chronologie et à l'histoire, par le P. de Rebecque, S. J. 2e édit. *Paris*, 1731, in-4 — Mai 1731, p. 774.

4354. Calendrier perpétuel contenant les années grégorienne et julienne, par Sauveur. *Paris*, 1735, in-fol. — Janvier 1736, p. 69.

Omis par Quérard.

4355. Calendrier perpétuel pour connaître la Pâque, les fêtes mobiles et leur rencontre avec les fêtes fixes de chaque année (par *Geslain*). *Paris*, 1743. — Avril 1743, p. 755.

Non cité par Quérard.

4356. Calendrier perpétuel bon pour 500 ans, par le P. de Rebecque, S. J. *Aire*, 1743, in-4. — Juin 1743, p. 1408.

4357. Almanach et calendrier journalier perpétuel, par Larcher. *Paris*, 1746, in-12. — Décembre 1746, p. 2675.

4358. Almanach très-curieux sur la connaissance des diamants pour l'année 1749. *Paris*, 1749. — Mars 1749, p. 574.

4359. Etrennes chronométriques, ou calendrier pour l'année 1758, par Le Roy, l'aîné. *Paris*, 1758, in-12. — pour 1760. *Ibid.* 1760, in-12. — Février 1758, p. 552; — février 1760, p. 566.

Quérard (V, 215) cite ces *Etrennes* pour 1760 seulement.

4360. Astronomischer kalender oder ephemeriden für 1765. durch H. Goldhover. *Munich*, 1764, in-4.—Avril 1765, p. 932.

Gnomonique. — Horlogerie.

4361. Règle horaire universelle pour les cadrans, par de la Haye. *Paris*, 1746, in-4. — Décembre 1746, p. 2244.

C'est le même que Thomas Haye, cité plus haut, n° 4313.

4362. Règle artificielle du temps, traité de la division naturelle et artificielle du temps, des horloges et des montres, par H. Sulli. *Paris*, 1717, in-12. — Nouv. édit., corrigée par J. Le Roy. *Paris*, 1737, in-12. — Mars 1748, p. 528; — janvier 1739, p. 182.

4363. Remarques de Leibnitz (sur l'ouvrage précédent). — Mars 1718, p. 531.

4364. Description abrégée d'une horloge d'une nouvelle invention pour la juste mesure du temps sur mer, par Sulli. *Paris*, 1726, in-4. — Juillet 1726, p. 1333.

4365. Méthode pour régler les montres et pendules, par Sulli. *Paris*, 1728, in-12. — Mars 1728, p. 420.

4366. Horloge maritime ayant trois ressorts en spirale ou en hélice et trois balanciers, sans cercles ni traversants, par l'ab. de Hautefeuille. *Paris*, 1724. — * Février 1724, p. 374.

Non cité par Quérard (IV, 38).

4367. Descriptio horologii recens inventi a R. P. Thoma Hildeyard, S. J. *Liége* (172.), in-4. — Janvier 1727, p. 63.

4368. Traité général des horloges, par le R. P. dom J. Alexandre, bénéd. *Paris*, 1734, in-8. — Mars 1735, p. 481.

Auteur omis par Quérard.

4369. Traité de l'horlogerie mécanique et pratique, par Thiout. *Paris*, 1741, 2 vol. in-4. — Février 1742, p. 304.

4370. La gnomonique, ou la science des cadrans, par Blaise. *Paris*, 1744, in-8.— Juillet 1745, p. 1308.

4371. Horloge perpétuelle, ou cadran solaire, lunaire et stellaire pour l'année 1748, par Hervier, chanoine de Saint-Chaumont. *Lyon*, 1747. — Février 1748, p. 362.

Quérard (IV, 100) cite un auteur de ce nom, le P. Ch. Hervier, né à Saint-Chaumont, mais il est différent de celui dont parlent les *Mémoires*, vu qu'il ne naquit qu'en 1743.

4372. Mémoire sur l'horlogerie, contenant diverses remarques sur les ouvrages et les prétentions de M. R. (*Rivaz*), par M... (*Le Roy*). *Paris*, 1750, in-4. — Janvier 1751, p. 144.

4373. Réponse du sieur de Rivaz à un mémoire publié contre ses découvertes en horlogerie. *Paris*, 1751, in-4. — Décembre 1751, p. 2623.

4374. Traité d'horlogerie contenant tout ce qui est nécessaire pour bien connaître et bien régler les montres, par J. A. Lepaute. *Paris*, 1755, in-4. — Janvier 1756, p. 197.

4375. Del vecchio e nuovo gnomone Fiorentino e delle asservazioni astronomioche, fisiche ed architettonice fatte nel verificarle la costruzione lib. IV, dal P. L. Ximenez, S. J. *Florence*, 1757, in-4. — Septembre 1757, p. 2117.

4376. L'art de conduire et de régler les pendules et les montres, à l'usage de ceux qui n'ont aucune connaissance de l'horlogerie, par Berthoud. *Paris*, 1760, in-12. — Avril 1760, p. 942.

4377. La gnomonique pratique, ou l'art de tracer les cadrans solaires avec la plus grande précision par les meilleures méthodes, par le P. Dom F. Bedos de Celles. *Paris*, 1760, in-8. — 2ᵉ édit. *Ibid.* 1774, in-8. — Juillet 1760, p. 1871; * — août 1774, p. 335.

4378. Mémoire sur la colonne de la Halle aux bleds, et sur le cadran cylindrique que l'on construit au haut de la colonne, par Pingré. *Paris*, 1764, in-8. — Septembre 1764, p. 744.

4379. Réflexions sur l'horlogerie en général et sur les horlogers du Roi en particulier, par Beliard. *La Haye*, 1767, in-8. — Mars 1768, p. 549.

4380. Manuel utile et curieux pour la mesure du temps, par Gabori. *Angers*, 1770, in-8. — * Janvier 1771, p. 169.

4381. Recherches sur le vrai moyen de perfectionner les pendules à secondes, destinées à indiquer les équations journalières du soleil, par Ridereau. *Paris*, 1770, in-8. — *Mars 1771, p. 554.

4382. Essai sur les longitudes sur mer, ou lettre sur un ajustement de montre marine. *Amsterdam*, 1772, in-8. — * Avril 1772, p. 177.

4383. Suite du précis sur les montres marines avec un supplément au mémoire sur la meilleure manière de mesurer le temps sur mer, par Le Roy. *Leyde*, 1774, in-4. — Septembre 1774, p. 481.

Optique, etc.

4384. Opticæ dissertationes a P. P. Casati, S. J. *Parme*, 1705, in-4. — Mai 1711, p. 895.

4385. Optice sive de reflexionibus, refractionibus, inflexionibus et coloribus lucis, libri III, auct. Newton. *Londres*, 1706. — Février 1709, p. 185.

4386. Traité d'optique, par le chev. Newton, trad. par Coste. 2º édit. *Paris*, 1722, in-12. — Août 1723, p. 1428.

4387. De la lumière, des couleurs et de la vision selon les principes de Newton, par Le Sage. *Genève*, 1729, in-12. — Août 1729, p. 1467.

4388. Examen du système de. Newton sur la lumière et les couleurs, par M. J. Alétophile (Quérian). *Euphonople*, 1766, in-12. — Novembre 1766, p. 345.

4389. Essai d'optique sur la gradation de la lumière, par Bouguer. *Paris*, 1729, in-12. — * Décembre 1729, p. 2277.

4390. Traité d'optique sur la gradation de la lumière. Ouvrage posthume de Bouguer, publié par l'ab. de la Caille. *Paris*, 1760, in-4. — Octobre 1760, p. 2333.

4391. Traité d'optique, où l'on donne la théorie de la lumière dans le système Newtonien, avec de nouvelles solutions des principaux problèmes de dioptrique et catoptrique (par *de Courtivron*). *Paris*, 1752, in-4. — Octobre 1752. p. 2218.

4392. Traité d'optique, trad. de l'angl. de Smith (par *Duval Le Roy*). *Brest*, 1767, in-4. — * Août 1767, p. 348.

4393. Cours complet d'optique, trad. de l'angl. de R. Smith, par le P. Pezenas. S. J. *Avignon*, 1767, 2 vol. in-4. — Février 1768, p. 197.

4394. Lettre de M. Gauger sur la différente réfrangibilité des rayons de la lumière et l'immutabilité de leurs couleurs, où l'on résout les principales difficultés contre l'une et l'autre. *Paris*, 1728, in-12. — Juillet 1728, p. 1283; — août, p. 1397.

4395. Coloritto or the harmony of colowring, by J. Ch. Le Blon. *Londres*, 1737, in-4. — Août 1737, p. 1335.

4396. L'optique des couleurs fondée sur les simples observations et tournée à la pratique de la peinture, de la teinture et des autres arts coloristes, par le P. Castel, S. J. *Paris*, 1740, in-12. — Juin 1740, p. 1235.

4397. Explanation of the ocular Harpsichord. *Londres*, 1757, in-8. — Janvier 1759, p. 342.

4398. Chroa-génésie, ou génération des couleurs contre le système de Newton, par Gautier. *Paris*, 1750-1751, 2 vol. in-12. — Novembre 1751, p. 2498.

4399. Il Newtonianismo per le dame o vero dialoghi sopra la luce ei colori par Algarotti. *Naples*, 1738, in-4. — Janvier 1739, p. 5.

4400. Essai de perspective, par S'Gravesande. *La Haye*, 1714, in-12. — Septembre 1712, p. 1608.

Non cité par Quérard (III. 456).

4401. Traité de perspective du P. Lami, de l'Orat. *Paris*, 1701, in-8. — Nouv. édit. *Paris*, 1734, in-8. — Mai 1701, p. 69; — ˙octobre 1734, p. 1921.

Quérard ne cite pas la 2ᵉ édit. (IV, 498).

Art militaire.

4402. Lexicon militare, auct. Carolo d'Aquino, S. J. *Romc*, 1724, in-fol. — Septembre 1730, p. 1563.

4403. Supplément au Dictionnaire militaire (par *de la Chenaye des Bois*). *Paris*, 1746, in-12. — *Avril 1746, p. 754.

4404. Histoire de la guerre avec des réflexions sur l'origine et les progrès de cet art, par Beneton de Perrin. *Paris*, 1741, in-12. — *Juin 1744, p. 1141.

4405. Le code militaire, par Sparre. *Paris*, 1707, in-12. — *Novembre 1707, p. 2046.

Quérard dit 1702; le Catal. Van Hulthem, n° 3206, dit : 1708.

4406. Reflexiones militares del vizconde de Puerta, Dom Alvaro Navia Ossorio. *Turin*, 1724-17.., 12 vol. in-4. — Avril 1725, p. 606; — juin 1728, p. 1014; — janvier 1732, p. 114.

4407. Réflexions militaires et politiques, trad. de l'espagnol (par *de Vergy*). *Paris*, 1735-17.., 14 vol. in-12. — Décembre 1735, p. 2458.

4408. Etudes militaires, par Bottée. *Paris*, 1732, in-12. — *Août 1732, p. 1479.

Quérard (I, 35) dit : 1750, 2 v. in-12.

4409. Les éléments de l'art militaire, par d'Héricourt, corrigés et augmentés (par *de la Chenaye des Bois*). *Paris*, 1752 — (1758, 6 vol. in-12). — *Avril 1752, p. 940.

4410. Instructions militaires (par le comte *de Spar*). *Paris*, 1753, in-12. — Octobre 1753, p. 2438.

4411. Œuvres militaires de M. de Sionville. *Charleville*, 1757, 4 vol. in-12. — Juillet 1757, p. 1908.

Barbier dit et Quérard répète que cet ouvrage est de la Chenaye des Bois, et cela d'après le témoignage de Fréron, table du t. I de l'Année littéraire, 1757. Il y a, je crois, ici une méprise. Dans cette table, après le titre de Œuvres militaires, par M. de Sionville, vient celui de Etrennes militaires tirées du Dictionnaire militaire (ces deux ouvrages sont de M. de la Chesnaye Desbois). Ces deux ouvrages sont les Etrennes et le Dictionnaire, et non les Etrennes et les Œuvres militaires. D'ailleurs, dans le compte rendu des Œuvres, rien ne fait soupçonner la pseudonymie.

4412. Les amusements militaires, par Dupain. *Paris*, 1757, in-8. — Janvier 1758, p. 379.

4413. L'utilité de l'éducation des armes, ou l'émulation renaissante (par *de la Rivière*). *Paris*, 1758, in-12. — Août 1758, p. 2085.

4414. Détails militaires (par *Luton-Durival*. *Lunéville*, 1758, in-8. — Novembre 1758, p. 2872.

4415. Essai sur l'éducation militaire, ou institution de belles-lettres et de tactique française. *Paris*, 1759, in-12. — Février 1759, p. 568.

4416. Bibliothèque militaire historique et politique, par le baron de Zurlauben. *Cosmopolis (Paris)*, 1757-1760, 3 vol. in-12. — Octobre 1760, p. 2531 ; — novembre, p. 2766.

4417. Manuel militaire, ou cahiers détachés sur toutes les différentes parties de l'art de la guerre. *Copenhague*, 1761, in-8. — Avril 1762, p. 1011.

4418. Ecole militaire, par l'ab. Raynal. *Paris*, 1762, 3 vol. in-12. — Octobre 1762, p. 2431.

4419. Loisirs d'un soldat au régiment des gardes-françaises, par M. D. R. S. (*Desrivières*). *Paris*, 1767, in-12. — Septembre 1767, p. 464.

4420. Suite des loisirs d'un soldat : le guerrier d'après l'antique et les bons originaux modernes. *Amsterdam*, 1769, in-12. — Août 1769, p. 333.

Si cet ouvrage est la suite du précédent et du même auteur, Barbier et Quérard n'en ont pas eu connaissance.

4421. Essai d'une morale relative au militaire français, par M. de *** (A. *de Varennes*). *Paris*, 1774, in-12. — *Avril 1772, p. 484.

4422. Lettre de M. le marquis de *** sur l'éducation des jeunes militaires par rapport aux mathématiques. *Amsterdam*, 1772, in-8. — Septembre 1772, p. 563.

4423. L'esprit et l'excellence de la profession militaire selon les principes de vertu et de religion (par le P. *Mau-*

bert, domin.). *Paris*, 1774, in-12. — *Janvier 1775, p. 476.

4424. Institutions militaires de l'empereur Léon le Philosophe, trad. en franç. avec des notes, suivies d'une dissertation sur le feu grégeois et d'un traité des machines de jet des anciens, par Joly de Maizeroy. *Paris*, 1771. 2 vol. in-8. — Novembre 1771, p. 353.

4425. Eléments de l'art militaire ancien et moderne, par Cugnot. *Paris*, 1766, 2 v. in-12. — Avril 1766, p. 843.

4426. Détails militaires dont la connaissance est nécessaire à tous les officiers et principalement aux commissaires des guerres, par de Chenevière. *Paris*, 1742, 2 vol. in-12. — *Ibid.*, 1750, 4 vol. in-12. — Octobre 1742, p. 1709 ; — mars 1752, p. 519.

Quérard (II, 172) ne cite pas la 1re édit.

4427. La conduite de Mars, ou l'homme de guerre, contenant les fonctions des officiers généraux. *Rouen*, 1714, in-12. — * Septembre 1714, p. 1679.

Serait-ce une nouvelle édit. de l'ouvrage de Sandras de Courtilz : *La conduite de Mars, nécessaire à tous ceux qui font profession des armes. La Haye*, 1685, *in-12*?

4428. L'école de l'officier, trad. de l'allem. par Maurice de Bruhl. *Paris*, 1770, in-8. — * Octobre 1770, p. 182.

4429. Le parfait aide de camp, où l'on traite de ce que doit savoir tout jeune militaire qui se propose de faire son chemin à la guerre. *Paris*, 1760. — * Octobre 1760, p. 2677.

4430. L'art militaire du partisan, par le baron de Wust. *La Haye*, 1768, in-8. — * Août 1768, p. 366.

4431. Essais militaires, où l'on traite des armes défensives, des raisons qui les ont fait quitter, de la nécessité de les reprendre, avec un examen des armes du soldat romain, joint à une dissertation sur la nature du stratagème, par M. de M*** (*Joly de Maizeroy*). *Amsterdam*, 1763, in-8. — * Mars 1763, p. 738.

4432. Exercices sur la tactique ou la science des héros (par le P. *Castel*. S. J.). *Paris*, 1757, in-8. — Décembre 1757, p. 2894.

4433. Eléments de tactique, par Le Blond. *Paris*, 1758, in-4. — Août 1758, p. 1938.

4434. Esprit des lois de la tactique et des différentes institutions militaires, ou notes du maréchal de Saxe, commentées par de Bonneville. *La Haye*, 1762, 2 vol. in-4. — *Décembre 1762, p. 3041.

4435. Recherches sur les principes généraux de la tactique, par de Keralio. *Paris*, 1769, in-8. — * Octobre 1769, p. 165.

4436. La tactique discutée et réduite à ses véritables lois, (par *Joly de Maizeroy*). *Paris*, 1773, in-8. — * Août 1773, p. 372.

4437. Pensées sur la tactique et sur quelques autres parties de la guerre, par de Silva. *Paris*, 1768, in-8. — * Avril 1769, p. 178.

Quérard (IX, 199) dit : *Turin*, 1778, *in-4*.

4438. Nouvelles découvertes sur la guerre, dans une dissertation sur Polybe, où l'on donne une idée plus étendue du commentaire entrepris sur cet auteur, par le chevalier de Folard. *Paris*, 1724, in-12. — Nouv. édit. *Paris*, 1753, in-12. — Juillet 1724, p. 1230; — * août 1753, p. 1880.

4439. Extrait de la première partie du traité de l'art de la guerre de M. de Puységur, avec des observations ou des réflexions traitées en abrégé. Essai sur divers principes de l'art de la guerre en partie extraits des commentaires de M. de Folard sur Polybe, par le baron de Traverse. *Bâle*, 1755, 2 vol. in-12. — Janvier 1756, p. 108.

4440. Mémoires sur la guerre, où l'on a rassemblé les maximes les plus nécessaires dans les opérations de l'art militaire, servant de tome 4 au code militaire de Briquet (par de *Feuquières*). *Amsterdam*, 1731, in-12. — Mars 1732, p. 606.

4441. Mémoires contenant les maximes sur la guerre, par le marquis de Feuquières. Nouv. édit. *Londres*, 1736, in-4. — Septembre 1736, p. 1976.

4442. Observations sur l'art de faire la guerre suivant les maximes des plus grands généraux, par Vautier. *Paris*, 1740, in-12. — Août 1740, p. 1527.

Quérard nomme cet écrivain *Vaultier* (X, 77) et le Journal des Savants (1694, p. 228) *Vaullier*.

4443. L'art de la guerre, ou maximes et instructions sur l'art militaire, par de Quincy. *Paris*, 1744, 2 vol. in-12. — *Juin 1744, p. 1143.

4444. La science de la guerre (par *de Bubilan*). *Paris*, 1746, 2 vol. in-8. — * Juin 1746, p. 1353.

Quérard (I, 547) dit *Turin*, 1754.

4445. Art de la guerre par règles et principes, par de Puy-ségur. *Paris*, 1748, in-fol. — * Mai 1748, p. 944.

4446. Essai sur la science de la guerre, ou recueil des observations de différents auteurs sur les moyens de la perfectionner, par d'Espagnac. *La Haye*, 1754, 3 vol. in-8. — Décembre 1752, p. 2788; — janvier 1753, p. 287.

4447. Essai sur les grandes opérations de la guerre, ou recueil des observations de différents auteurs sur la manière de la perfectionner, par d'Espagnac. *La Haye*, 1755, 4 vol. in-12. — Avril 1756, p. 850 ; — mai, p. 1222.

4448. Traité de la petite guerre pour les compagnies franches, dans lequel on voit leur utilité, par de la Croix. *Paris*, 1752, in-12. — * Novembre 1752, p. 2682.

4449. Essai sur l'art. de la guerre, par Turpin de Crissé. *Paris*, 1754, 2 vol. in-4. — Janvier 1755, p. 83.

4450. Commentaire sur la retraite des dix mille de Xénophon ou nouveau traité de la guerre, par Le Cointe. *Paris*, 1766, 2 v. in-12. — Novembre 1766, p. 349.

4451. Essai sur la petite guerre, ou méthode de diriger les différentes opérations d'un corps de 2500 h. de troupes légères, dont 1600 d'infanterie et 900 de cavalerie, par de la Roche. *Paris*, 1770, 2 vol. in-12. — * Avril 1771, p. 185.

4452. Eléments de la guerre (par *Le Roy de Bosroger*). *Paris*, 1773, in-8. — Mai 1773, p. 355.

4453. Correspondance sur l'art de la guerre entre un colonel de dragons et un capitaine d'infanterie (par *d'Arçon*). *Bouillon*, 1774, in-8. — * Juillet 1774, p. 466; — * décembre, p. 533.

4454. Réflexions à un ami par l'auteur de la *Correspondance sur l'art de la guerre* (*d'Arçon*). *Paris*, 1775, in-8. — * Novembre 1775, p. 370.

4455. Essai théorique et pratique sur les batailles, par de Grimoard. *Paris*, 1775, in-4. — Octobre 1775, p. 70.

4456. Dissertation sur les tentes et pavillons de guerre, par Beneton de Perrin. *Paris*, 1735, in-12. — Décembre 1735, p. 2515.

4457. Les ruses de guerre de Polyœn, trad. du grec en franç., par D. G. A. L. R. B. D. L. C. D. S. M. (*Lobineau*, bened.). *Paris*, 1739, in-12. — Mars 1739, p. 561.

4458. Les stratagèmes ou ruses de guerre recueillis par Frontin, trad. en franç. par un ancien officier, avec le texte latin. *Paris*, 1772, in-8. — Juillet 1772, p. 90.

4459. Stratagèmes de guerre dont se sont servis les plus grands capitaines du monde depuis plusieurs siècles, par Carlet de la Rozière. *Paris*, 1756, in-12. — Juillet 1757, p. 1907.

4460. Traité des stratagèmes permis à la guerre, ou remarques sur Polyœn et Frontin, avec des observations sur les batailles de Pharsale et d'Arbelles, par J. de M*** (*Joly de Maizeroy*). *Metz*, 1765, in-8. — Mars 1767, p. 535.

4461. Essai sur la castramétation ou sur la mesure et le tracé des camps, par Le Blond. *Paris*, 1748, in-8. — Mai 1749, p. 849.

4462. Dictionnaire portatif de l'ingénieur, par Bélidor. *Paris*, 1755, in-12. — Nouv. édit. par Jombert. *Paris*, 1768, in-8. — Juillet 1755, p. 1902; — juillet 1768, p. 19.

Quérard (I, 258) dit que la 1re édit. parut en 1758.

4463. Le parfait ingénieur français, ou la fortification offensive et défensive (par *Deidier*). *Paris*, 1736, in-4. — * Septembre 1736, p. 2105.

4464. L'ingénieur français, contenant la géométrie pratique sur le papier et sur le terrain, par M. N*** (*Naudin*). Nouvelle édit. *Paris*, 1774, in-8. — * Août 1774, p. 377.

4465. Nouvelle fortification tant pour un terrain bas et humide que sec et élevé, trad. du baron Cohorn. *La Haye*, 1706, in-8. — Avril 1706, p. 704.

4466. Nouvelle méthode de fortifier les plus grandes villes et avec peu de dépense, suivie de dissertations sur la machine de Marly, les pompes du pont Notre-Dame et la Samaritaine, par de la Jonchère. *Paris*, 1718, in-12. — Septembre 1718, p. 451.

4467. Eléments de fortification par Le Blond. *Paris*, 1739, in-12. — 3e édit. *Ibid.*, 1752, in-12. — 4e édit. *Ibid.*, 1757, in-12. — Avril 1740, p. 665; — décembre 1752, p. 2815; — avril 1757, p. 939.

4468. Construction de la fortification régulière et irrégulière, par Dupain l'aîné. *Paris*, 1742, in-12. — Septembre 1742, p. 1658.

Auteur omis par Quérard; il était professeur de mathématiques.

4469. L'ingénieur de campagne, ou traité de la fortification

passagère, par de Clairac. *Paris*, 1750, in-4. — Août
1750, p. 1868.

4470. Recherches sur l'art militaire, ou essai d'application
de la fortication à la tactique (par *de Lo-Looz*). *Paris*, 1766,
in-8. — Novembre 1766, p. 355.

4471. Eléments de fortification, de l'attaque et de la défense des places, par Trincano. *Paris*, 1768, in-8. — Juin
1768, p. 558.

4472. L'école de la fortification, ou les éléments de la fortification, par J. de Fallois. *Dresde*, 1769, in-4. — *Février 1770, p. 377.

4473. La fortification de campagne, théorique et pratique,
ou traité de la science de la construction, de la défense et
de l'attaque des retranchements, par Cugnot. *Paris*, 1769,
in-12. — Juin 1769, p. 557.

4474. Principes fondamentaux de la construction des places
(par le vicomte *de Flavigny*). *Londres*, 1775, in-8. — Mai
1775, p. 255.

4475. La science des postes militaires, ou traité des forti-
fications de campagne, à l'usage des officiers, par Le
Cointe. *Paris*, 1759, in-8. — Avril 1759, p. 1060.

4476. Commentaire sur la défense des places d'Æneas le
Tacticien, le plus ancien des auteurs militaires, avec quelques notes, par le comte de Beausobre. *Amsterdam*, 1757,
2 vol. in-4. — Avril 1757, p. 810 et 965.

4477. Mémoires pour l'attaque et la défense d'une place,
par Goulon. *La Haye*, 1706, in-8. — *Avril 1706, p. 704.

4478. De l'attaque et de la défense des places, par de Vauban. *La Haye*, 1737, in-4. — Juin 1738, p. 1206; —
août, p. 1537.

4479. Traité de la défense des places; ouvrage original de
Vauban. *Paris*, 1769, in-8. — Juin 1770, p. 483.

4480. Véritable manière de bien fortifier de M. de Vauban, où l'on voit de quelle méthode on se sert aujourd'hui
en France, par l'ab. Du Fay et le chev. de Cambray.
Nouvelle édit. *Paris*, 1771, 2 vol. in-8. — *Août 1771,
p. 377.

4481. Nouveau système sur la manière de défendre les
places par le moyen des contre-mines. Ouvrage posthume
de M. d'Axin (publié par *de Marne*, avec un discours préliminaire du P. *Castel*, S. J.). *Paris*, 1731, in-12. — Juillet
1731, p. 1049; — août, p. 1324.

4482. Traité de la défense des places par les contre-mines, avec des réflexions sur les principes de l'artillerie (par *de Vallière*). *Paris*, 1768, in-8. — * Avril 1769, p. 477.

4483. Nouveau traité des mines et des contre-mines, par Prudhomme. *Paris*, 1770, in-8. — * Novembre 1770, p. 373.

4484. Traité de la défense intérieure et extérieure des redoutes, par de Touzac. *Paris*, 1764, in-8. — *Juillet 1764, p. 1717.

4485. Mémoires d'artillerie recueillis par Surirey de Saint-Remy. 2e édit. *Paris*, 1707, 2 vol. in-4. — Nouvelle édit. (par *Le Blond*). *Paris*, 1745, 3 vol. in-4. — Avril 1708. p. 624 ; — mai 1745, p. 873.

4486. Considérations sur la proportion de la force que la poudre reçoit par le feu, sur la force de la poudre dans les pièces d'artillerie et de la résistance de ces pièces (en italien), par D. de Coiradi d'Austria. *Modène*, 1708, in-12. — Décembre 1710, p. 2434.

4487. Traité de l'artillerie ou des armes et machines en usage à la guerre, par Le Blond. *Paris*, 1743, in-8. — Août 1743, p. 2437.

4488. L'artillerie raisonnée, contenant la description et l'usage des différentes bouches à feu, avec les principaux moyens qu'on a employés pour les perfectionner ; la théorie et la pratique des mines et du jet des bombes, par Le Blond. *Paris*, 1761, in-8. — Janvier 1762, p. 5.

4489. Nouveaux principes d'artillerie, par B. Robins, avec plusieurs discours qui lui servent de supplément, trad. de l'angl. par Dupuy, fils. *Grenoble*, 1771, in-8. — * Mars 1772, p. 568.

4490. Essai sur l'usage de l'artillerie dans la guerre de campagne et dans celle des siéges, par un officier du corps (*de Puget*). *Amsterdam*, 1771, in-8. — Juillet 1772, p. 178.

4491. Le bombardier français, ou nouvelle méthode de jeter les bombes avec précision, par Bélidor. *Paris*, 1731, in-4. — * Janvier 1732, p. 486.

4492. Mémoire sur les opinions qui partagent les militaires, suivi du traité des armes défensives, corrigé et augmenté, par Joly de Maizeroy. *Paris*, 1773, in-8. — * Août 1773, p. 374.

4493. Mémoires sur l'infanterie, ou traité des légions, composé par M. le maréchal de Saxe. Ouvrage posthume

(par d'*Hérouville de Claye*). *La Haye*, 1753, in-12. — Mai
1753, p. 1100; — juin, p. 1228.

4494. Essais historiques sur les régiments d'infanterie, par
de Roussel. *Paris*, 1767, 3 vol. in-12. — * Décembre 1767,
p. 574.

4495. L'art militaire français pour l'infanterie. *Paris*,
1706. — * Mai 1706, p. 893.

4496. Mémoires pour le service journalier de l'infanterie,
par de Bombelles. *Paris*, 1719, 2 vol. in-12. — Novembre
1719, p. 82.

4497. Traité des évolutions militaires les plus simples et
les plus faciles à exécuter par l'infanterie, ainsi que des
divers feux dont elle peut faire usage, par de Bombelles.
Paris, 1754, in-8. — Mai 1754, p. 1082.

4498. Exercices de l'infanterie française, gravés par Fes-
sard. *Paris*, 1759. — * Juin 1759, p. 1523.

4499. Institutions militaires pour la cavalerie et les dragons, par de la Porterie. *Paris*, 1753, in-8. — Mai 1754,
p. 1284.

Auteur omis par Quérard.

Marine.

4500. Histoire générale de la marine, contenant son origine chez tous les peuples du monde.... (par *de Boismélé*
et *de Richebourg*). 1744-1747, 2 vol. in-4. — Mars 1745,
p. 474; — mai, p. 837; — juin, p. 977; — novembre
1747, p. 2128; — décembre, p. 2367.

4501. Essai sur la marine des anciens et particulièrement
sur leurs vaisseaux de guerre, par Deslandes. *Paris*, 1748,
in-12. — Juillet 1748, p. 1359.

4502. Discours prononcé le 24 février 1744 par M. Savérien, sur la navigation et la physique expérimentale. *Paris*,
1744, in-4. — * Juin 1744, p. 1146.

4503. Dictionnaire de marine, contenant les termes de la
navigation et de l'architecture navale, avec les règles et
proportions qui doivent y être observées, par Aubin. *Amsterdam*, 1704, in-4. — Avril 1702, p. 99.

4504. Dictionnaire historique, théorique et pratique de marine, par Savérien. *Paris*, 1758, 2 vol. in-8. — Février 1758, p. 556.

4505 Manuel des marins, ou explication des termes de marine, par Bourdé. *Lorient*, 1773, in-8. — * Décembre 1773, p. 547.

4506. Traité du navire, de sa construction et de ses mouvements, par Bouguer. *Paris*, 1746, in-4. — Août 1747, p. 1556 ; — octobre, p. 1974.

4507. Recherches historiques sur l'origine et les progrès de la construction des navires des anciens, par Savérien. *Paris*, 1747, in-4. — Janvier 1748, p. 444.

4508. Instruction élémentaire et raisonnée sur la construction pratique des vaisseaux, par Duranti de Lironcourt. *Paris*, 1771, in-8. — *Mars 1772, p. 559.

4509. Requête présentée au Roi par M. de Hautefeuille, bibliothécaire de M. le duc de Bouillon, sur une nouvelle invention, concernant la perfection des rames sur les galères. 1705, in-fol. — Janvier 1706, p. 177.

4510. Traité de la fabrique des manœuvres pour les vaisseaux, ou l'art de la corderie perfectionné, par Duhamel du Monceau. *Paris*, 1747, in-4. — 2ᵉ édit. dans laquelle on a ajouté ce qui regarde les cordages goudronnés. *Ibid.*, 1769, in-4. — Février 1748, p. 221 ; — décembre 1769, p. 538.

Quérard (II, 656) dit que la 1ʳᵉ édit. est de 1764.

4511. Exposition des principes du spalme, considéré comme courroi pour la conservation des bâtiments de mer, comme enduit, comme mastic (par *Maille*). *Paris*, 1763, in-8. — Janvier 1763, p. 186.

4512. La mâture discutée et soumise à de nouvelles lois, par Savérien. *Paris*, 1747, in-12. — Mai 1748, p. 846.

4513. Nouvelle théorie de la manœuvre des vaisseaux à la portée des pilotes, par Savérien. *Paris*, 1746, in-12. — Août 1746, p. 1622.

4514. La manœuvre des vaisseaux, ou traité de mécanique et de dynamique dans lequel on réduit à des solutions très-simples les problèmes de marine les plus difficiles qui ont pour objet le mouvement du navire, par Bouguer. *Paris*, 1757, in-4. — Janvier 1757, p. 287 ; — février, p. 410.

4515. Le manœuvrier, ou essai sur la théorie et la pratique des mouvements des navires et des évolutions navales, par Bourdé de Villehuet. *Paris*, 1765, in-8. — Avril 1765, p. 1115.

4516. L'art de mesurer sur mer le sillage du vaisseau, avec une idée de l'armement des vaisseaux de France, par Savérien. *Paris*, 1750, in-8. — Juin 1750, p. 1191.

4517. Traité complet de la navigation, par Bouguer, nouvellement revu, corrigé et augmenté par l'auteur. *Paris*, 1706, in-4. — Novembre 1706, p. 1919.

Quérard (I, 448) ne cite pas cette édition.

4518. Nouveau traité de navigation, contenant la théorie et la pratique du pilotage, par Bouguer. *Paris*, 1753, in-4. — Nouvelle édit., revu et abrégé, par l'ab. de la Caille. *Paris*, 1761, in-8. — Août 1753, p. 1828 ; — *mai 1761, p. 1339.

4519. Traité des longitudes et de la navigation, par J. Hebert. *Paris*, 1718, in-12. — * Octobre 1719, p. 1712.

4520. La science et la pratique du pilotage, par le P. Y. Valois, S. J. *Bordeaux*, 1735, in-4. — Décembre 1736. p. 2567.

4521. Tactique navale, ou traité des évolutions et des signaux, par de Morogues. *Paris*, 1763, in-4. — Juillet 1763, p. 1854.

4522. Abrégé du pilotage (par *Coubert*, suivi d'un mémoire de *Goïmpy*). *Paris*, 1766, in-8. — Mai 1766, p. 1210.

Quérard ne cite pas le second de ces auteurs.

4523. Recueil des figures représentant les différents bâtiments de la mer Méditerranée et Océane, dessinées et gravées par J. Guéroult du Pas. *Paris*, 1709, 4 livr. in-8. — Avril 1710, p. 707.

Ponts et chaussées.

4524. Traité des ponts, où il est parlé de ceux des Romains et de ceux des modernes, de leurs matières,... par Gautier. *Paris*, 1716, in-8. — Février 1719, p. 325.

4525. Dissertation sur l'épaisseur des culées des ponts, sur la largeur des piles, sur la portée des voussoirs, par Gautier. *Paris*, 1717, in-8. — Août 1718, p. 333.

4526. Recueil de différents projets d'architecture, de charpente et autres, concernant la construction des ponts, par feu M. Pitrou. *Paris*, 1756, in-fol. — Octobre 1756, p. 2349.

4527. Traité de la construction des chemins où il est parlé de ceux des Romains et de ceux des modernes, par Gautier. 2° édit. *Paris*, 1715, in-8. — Avril 1716, p. 686.

4528. Mémoire sur la réparation des chemins. 1716, in-4. — Avril 1716, p. 700.

Appendice aux sciences.

4529. Traité des quarrez sublimes, contenant des méthodes générales toutes nouvelles et faciles, pour faire les sept quarrez planétaires et tous autres à l'infini... par l'ab. Poignard, grand chanoine de Bruxelles. *Bruxelles*, 1704. in-4. — Juin 1705, p. 963.

4530. Examen des principes des alchimistes sur la pierre philosophale (par *Pousse*). *Paris*, 1711, in-12. — Juin 1711, p. 1055.

4531. Camilli Leonardi speculum lapidum. *Hambourg*, 1717, in-8. — Février 1718, p. 328.

4532. Les clefs de la philosophie spagirique, par feu Le Breton. *Paris*, 1722, in-12. — Mars 1723, p. 417.

4533. La vérité sortant du puits hermétique, ou la vraie quintessence solaire et lunaire; baume radical de tout estre et origine de toute vie, confection de la médecine universelle. *Paris*, 1753, in-12. — Mars 1753, p. 762.

4534. Cantilenæ intellectuales de phœnice redivivo, auct. Mayer. Editio nova. *Paris*, 1758, in-12. — *Décembre 1758, p. 3033.

4535. G. A. Mercklini tractatus physico-medicus de incantamentis. *Nuremberg*, 1715, in-4. — Novembre 1747, p. 1807.

4586. La théorie des songes, par l'ab. Richard. *Paris*, 1766, in-12. — Juin 1766, p. 1502.

4537. Dissertation critique sur l'apparition des esprits. *Paris*, 1734, in-12. — Juillet 1734, p. 1287.

4538. Recueil de dissertations sur les apparitions, les visions, les songes. 1752, 4 vol. in-12. — Octobre 1752, p. 2484.

4589. Histoire de la fille maléficiée de Courson, par Lange. *Lisieux*, 1717, in-12.

Ce médecin de Lisieux n'est pas cité par Quérard.

4540. Examen et discussion critique de l'histoire des diables de Loudun, de la possession des religieuses ursulines et de la condamnation d'Urbain Grandier, par de la Menardaye. *Liége*, 1749, in-12. — * Février 1750, p. 368.

4541. Continuation des pensées diverses écrites à un docteur de Sorbonne à l'occasion de la comète qui parut au mois de décembre 1680... (par *Bayle*). *Rotterdam*, 1703, 2 vol. in-12. — Juin 1705, p. 943; — juillet, p. 1095.

4542. Lettre sur la comète (par *de Maupertuis*). 1742, in-12. — Juillet 1742, p. 1155.

4543. La clef de Nostradamus. Isagoge, ou introduction au véritable sens des prophéties de ce fameux auteur, par un solitaire (l'ab. Jean *Le Roux*). *Paris*, 1716, in-12. — Septembre 1746, p. 1743.

Barbier et Quérard disent 1710; c'est peut-être une 1re édit.

ARTS ET MÉTIERS.

Traités généraux.

4544. Dictionnaire des arts et des sciences de M. D. C. (*Corneille*). Nouv. édition, par M... (Fontenelle). *Paris*, 1732, 2 v. in-fol. — * Novembre 1732, p. 2002.

4545. Dictionnaire portatif des arts et métiers, contenant en abrégé l'histoire, la description et la police des arts et métiers (par *Macquer*). *Paris*, 1766, 2 v. in-8. — Octobre 1766, p. 80.

4546. Dictionnaire raisonné universel des arts et métiers, contenant l'histoire, la description et la police des fabriques et manufactures de France et des pays étrangers (par *Macquer*). Nouv. édit. par l'abbé Jaubert. *Paris*, 1773, 5 vol. in-8. — Mars 1773, p. 559.

4547. Histoire des arts, leur origine, leurs progrès, leur chute et leur rétablissement. *Paris*, 1706, in-12. — Avril 1706, p. 521.

4548. Discours qui a remporté le prix d'éloquence, proposé par l'académie de Montauban en 1751 : Combien les arts sont nécessaires à la société; par Suret. *Paris*, 1751, in-4. — Novembre 1751, p. 2476.

4549. Discours de M. Durey d'Arnoncourt à sa réception à l'académie de Nancy : le mérite des arts considérés en eux-mêmes et les rapports qu'ils ont avec les lettres. *Nancy*, 1757, in-4. — Mai 1757, p. 1328.

Non cité par Quérard (II, 727).

4550. Apologie des arts, ou lettres à M. Duclos (par *de la Touraille*). *Paris*, 1772, in-8. — * Août 1772, p. 369.

4551. L'homme du monde éclairé par les arts, par Blondel, publié par Bastide. *Amsterdam*, 1774, 2 vol. in-8. — Juillet 1774, p. 81.

4552. Secrets concernant les arts et métiers. Nouv. édit. *Paris*, 1723, in-8. — Mars 1723, p. 442.

4553. The Handmaid to the arts. *Paris*, 1759, 2 vol. in-8.— Novembre 1759, p. 2851.

Mémoire. — Écriture.

4554. Ars memoriæ vindicata, auct. J. Brancaccio. Accessit artificium poeticum ad scripturas divinas in promptu habendas, memoriterque ediscendas accomodatum. *Palerme*, 170.... — Juin 1706, p. 933.

4555. Histoire abrégée de l'écriture, ou moyen simple d'enseigner et d'apprendre plus facilement la coulée, par Dubois. *Paris*, 1772, in-12. — * Janvier 1773, p. 171.

4556. Discours et dissertation lus le 25 février 1762 par MM. Autrepe et Paillasson à l'ouverture de la première séance de l'académie des experts vérificateurs. *Paris*, 1762, in-4. — Juillet 1762, p. 1716 et 1830; — août, p. 2042.

4557. Discours, lu par M. Coulon, sur un moyen mécanique de perfectionner l'art d'écrire. *Paris*, 1746, in-4. — * Juillet 1767, p. 171.

4558. Discours lus en présence de M. de Sartino, à la séance d'ouverture de l'académie royale d'écriture, le 17 novembre 1772. *Paris*, 1773, in-4. — Juillet 1773, p. 184.

Ces discours ont pour auteurs : Paillasson, Vallain, Taxis de Blaireau, d'Autrepe, Collier et Poiret. Quérard a omis le troisième et les deux derniers, et, pour les trois autres, il ne cite pas ce discours à leur article.

4559. Nouveaux principes de l'art d'écrire, ou la vraie méthode pour y exceller, par Royllet. *Paris*, 1731, in-fol. — *Ibid.*, 1745, 1758, in-fol. — *Janver 1732, p. 188 ; — septembre 1745, p. 1694 ; — *mai 1758, p. 1317.

Quérard (IX, 268) ne cite que la 1re édit. et omet l'ouvrage suivant :

4560. Les fidèles tableaux de l'art d'écrire par colonnes de démonstrations, par Royllet. *Paris*, 1764, in-fol. — *Septembre 1765, p. 752.

4561. Nouveau traité d'écriture, enrichi de plusieurs pièces gravées d'après le chef-d'œuvre de M. Rossignol, dans lequel on combat de nouveaux principes sur l'art d'écrire, par Glachant. *Paris*, 1742, in-fol. — Juin 1742, p. 1422.

4562. Traité sur les principes de l'art d'écrire et ceux de l'écriture, par d'Autrepe. *Paris*, 1759, in-fol. — Février 1764, p. 389.

4563. Lettre à M. de *** sur l'art d'écrire, où l'on fait voir les divers inconvénients d'une écriture négligée, par Vallain. *Paris*, 1760, in-12. — Février 1764, p. 390.

4564. Traité sur la preuve par comparaison d'écriture, par Vallain. *Paris*, 1764, in-12. — Octobre 1764, p. 2493.

4565. Description de deux tableaux présentés à Sa Majesté, le 21 novembre 1767, lesquels renferment, sous deux points de vue, les alphabets des anciens peuples et ceux qui ont été en usage en France et qui le sont encore. Ouvrage composé en traits d'écriture, par Paillasson et Potier. — Janvier 1768, p. 70.

4566. L'art d'écrire démontré par des principes approfondis et développés dans toute leur étendue, par Bedigis. *Paris*, 1768, in-fol. — *Juin 1769, p. 567.

4567. Lettres sur la vérification des écritures arguées de faux, pour servir de réponse à celle de M. B***, par d'Autrepe. *Paris*, 1770, in-12. — *Janvier 1771, p. 183.

4568. Manuel tironien, ou recueil d'abréviations faciles et intelligibles de la plus grande partie des mots de la langue française, par Feutry. *Paris*, 1775, in-12. — *Septembre 1775, p. 552.

4569. Epreuves des caractères de la fonderie de Nicolas Gando. *Paris*, 1745, in-4. — Avril 1746, p. 752.

BEAUX-ARTS.

Introduction.

4570. Considérations sur les révolutions des arts (par *de Mehegan*). *Paris*, 1755, in-12. — Juin 1755, p. 1444.

4571. Les beaux-arts réduits à un même principe (par *Le Batteux*). *Paris*, 1746, in-8. — Janvier 1747, p. 5.

4572. Le spectacle des beaux-arts, ou considérations touchant leur nature, leurs objets, leurs effets et leurs règles principales (par *Lacombe*). *Paris*, 1758, in-12. — *Ibid.*, 1761, in-12.— Avril 1758, p. 999;— * novembre 1761, p. 2874.

4573. Essai sur le beau, par le P. André, S. J., avec un discours préliminaire et des réflexions sur le goût, par Formey. *Amsterdum*, 1759, in-12. — Nouv. édit. *Paris*, 1763, in-12. — Mars 1760, p. 614; — août 1763, p. 1911; — octobre, p. 2380.

4574. Dictionnaire abrégé de peinture et d'architecture (par *de Marsy*). *Paris*, 1746, 2 vol. in-12. — * Septembre 1746, p. 1923.

4575. Dictionnaire portatif des beaux-arts (par *Lacombe*). *Paris*, 1752, in-12. — *Ibid.*, 1754, in-12. — Janvier 1753, p. 366; — février 1754, p. 559.

4576. Dictionnaire portatif de peinture, sculpture et gravure, par dom Ant. J. Pernety, bénéd. de Saint-Maur. *Paris*, 1757, in-8.— Juillet 1757, p. 1757.

4577. Discours prononcés dans les conférences de l'académie royale de peinture et de sculpture, par Coypel. *Paris*, 1721, in-4. — Octobre 1722, p. 1834.

Quérard (II, 328) dit à tort 1741.

4578. Nouveaux sujets de peinture et de sculpture (par *de Caylus*). *Paris.* 1755, in-12. — Mars 1755, p. 628.

4579. Tableaux tirés de l'Iliade et de l'Odyssée d'Homère, et de l'Enéïde de Virgile ; avec des observations générales sur le costume (par *de Caylus*). *Paris* 1757, in-8. — Janvier 1757, p. 24 et 197; — février, p. 429.

4580. La théologie des peintres, sculpteurs, graveurs et dessinateurs, où l'on explique les principes et les véritables règles pour représenter les mystères de Notre-Seigneur, ceux de la sainte Vierge, des saints... par l'abbé Méry. *Paris,* 1765, in-12. — Juillet 1765, p. 358 ; — août, p. 529.

4581. Observations historiques et critiques sur les erreurs des peintres, sculpteurs et dessinateurs dans la représentation des sujets tirés de l'histoire sainte (par *Molé*, avocat). *Paris,* 1771, 2 vol. in-12. — Août 1771, p. 294.

582. Traité de peinture, suivi d'un essai sur la sculpture, pour servir d'introduction à une histoire universelle relative aux beaux-arts, par Dandré Bardon. *Paris,* 1765, 2 vol. in-12. — Novembre 1765, p. 1226 ; — décembre, p. 1453.

4583 Histoire universelle, traitée relativement aux arts de peindre et de sculpter, ou tableaux de l'histoire enrichis de connaissances analogues à ces talents, par Dandré Bardon. *Paris,* 1769, 3 vol. in-12. — Octobre 1769, p. 123.

4584. Traité de la peinture et de la sculpture, par MM. Richardson, trad. de l'anglais (par *Uytwerf*). *Amsterdam,* 1728, 3 vol. in-8. — Avril 1729, p. 609 ; — mai, p. 895.

4585. Essai sur la peinture, la sculpture et l'architecture (par *Bachaumont*). *Paris,* 1751, in-12. — Nouv. édit. augmentée d'un morceau de M. de Voltaire : De ce qu'on ne fait pas et de ce qu'on ne pourrait faire. *Paris,* 1752, in-12. — Octobre 1751, p. 2482 ; — octobre 1752, p. 2475.

Quérard (I, 146) ne cite que la 1re édition.

4586. Discours sur la peinture et sur l'architecture (par *du Perron*). *Paris,* 1758, in-8. — Août 1758, p. 2002.

4587. Observations sur la statue de Marc-Aurèle et sur d'autres objets relatifs aux beaux-arts, par Etienne Falconet. *Amsterdam,* 1771, in-12. — Octobre 1771, p. 65.

4588. Dictionnaire des monogrammes, chiffres, lettres initiales, logogriphes... sous lesquels les plus célèbres peintres, graveurs ou dessinateurs ont déguisé leur nom.

Trad. de l'allem. de Christ par M*** (*Sellius*). *Paris*, 1750, in-8. — Mai 1750, p. 1058.

Perspective. — Dessin.

4589. Traité de la perspective pratique, par Courtonne. *Paris*, 1725, in-fol. — * Septembre 1725, p. 1710.

4590. Traité de perspective à l'usage des artistes, où l'on démontre géométriquement toute la pratique de cette science, par Jeaurat. *Paris*, 1750, in-4. — * Février 1751, p. 549.

4591. Essai sur la perspective pratique par le moyen du calcul, par Roy. *Paris*, 1756, in-8. — Janvier 1757, p. 177.

4592. Nouveau principe de perspective linéaire, trad. de deux ouvrages ; l'un anglais du doct. Brook Taylor, l'autre latin de Patrice Mardoch ; avec un essai sur le mélange des couleurs par Newton (par le P. *Rivoire*, S. J.). *Amsterdam*, 1757, in-8. — Août 1758, p. 2073.

Le P. de Backer (IV, 637) dit à tort 1759.

4593. Traité de la perspective linéaire, par Michel. *Paris*, 1771, in-8. — * Novembre 1771, p. 368.

4594. Le dessinateur pour les fabriques d'étoffes d'or, d'argent et de soie, avec la traduction des six tables raisonnées de l'*Abecedario Pittorico* imprimé à Naples en 1733, par Joubert de l'Hiberderie. *Paris*, 1765, in-8. — Mai 1765, p. 1306.

4595. Sur l'utilité des établissements des écoles gratuites de dessin en faveur des métiers ; discours par Descamps. *Paris*, 1767, in-8. — Juillet 1767, p. 168.

4596. Essai philosophique sur l'établissement des écoles gratuites de dessin pour les arts mécaniques, par de Rozoi. *Paris*, 1769, in-8. — * Juin 1769, p. 550.

Peinture.

4597. Cours de peinture par principes, composé par de Piles. *Paris*, 1708, in-8. — Septembre 1708, p. 1509.

4598. Epistre de M. Coypel à son fils sur la peinture. *Paris,* 1708, in-12. — Février 1708, p. 357.

Quérard (II, 328) ne cite pas cette édition.

4599. Traité de la peinture par Léonard de Vinci. Nouvelle édit. *Paris,* 1724, in-12. — Juillet 1724, p. 1301.

Quérard ne cite pas cette traduction, faite par *Fréard de Chambray,* vers la fin du 17° siècle.

4600. Lettre sur la peinture à un amateur (par *Baillet de Saint-Julien*). *Genéve,* 1750, in-12. — Novembre 1750, p. 2608.

4601. L'école d'Uranic, ou l'art de la peinture, trad. du latin de Dufresnoy et de l'ab. de Marsy, avec des remarques. Edition revue et corrigée par le sieur M. D. Q. (*Meunier de Querlon*). *Paris,* 1753, in-12. — Mai 1753, p. 1085.

4602. Lettre à un amateur de la peinture, avec des éclaircissements historiques sur un cabinet et sur les auteurs des tableaux qui le composent (par *Janneck*). Ouvrage entremêlé de digressions sur la vie de plusieurs peintres modernes (par *Hagedorn*). *Dresde,* 1756, in-8. — Juillet 1756, p. 1569.

4603. Avvertimenti di Giampietro Cavazzoni Zanotti, per la incamminamento di un Giovane alla Pittura. *Bologne,* 1756, in-8. — Avril 1760, p. 872.

4604. Essai sur la peinture et sur l'académie de France établie à Rome, par Algarotti, trad. de l'ital. par Pingeron. *Paris,* 1769, in-12. — Août 1769, p. 245.

4605. Manière de bien juger des ouvrages de peinture, par feu l'ab. Laugier; mis au jour par M*** (*Cochin*). *Paris,* 1771, in-12. — * Octobre 1771, p. 175.

4606. Traité de miniature, pour apprendre à peindre sans maître, avec une explication des termes de peinture et un discours pour peindre à fresque (par *Ballard* ou *La Voye-Mignot*). Nouvelle édit. *Lyon,* 1707, in-12. — *Paris,* 1766, in-12. — *Décembre 1707, p. 2494 ; — *septembre 1766, p. 572.

Quérard ne cite pas ces réimpressions d'un ouvrage imprimé pour la 1re fois en 1672. Il y en a encore d'autres, v. g. *Paris,* 1700, in-12 (*Journal des Savants,* 1700, p. 166); — *La Haye,* 1708, in-12 (*Catal. Van Hulthem.* n° 9266). Barbier (III, 346) ne cite que des éditions antérieures à 1700.

4607. L'art du feu ou de peindre en émail, dans lequel on découvre les plus beaux secrets de cette science, par J. P.

Ferrand. *Paris*, 1721, in-12. — Juillet 1722, p. 1234.

4608. Traité des couleurs pour la peinture en émail et sur la porcelaine, précédé de l'art de peindre sur l'émail. Ouvrage posthume de M. d'Arclais de Montamy (publié par *Diderot*). *Paris*, 1765, in-12. — * Octobre 1765, p. 1145.

4609. L'histoire et le secret de la peinture en cire (par *Diderot*). *Paris*, 1755, in-12. — Mai 1755, p. 1326.

4610. L'art d'imprimer des tableaux. Traité d'après les écrits, les opérations et les instructions de J.-C. Le Blon (par *Gaultier de Montdorge*). *Paris*, 1757, in-8. — Décembre 1757, p. 3004.

4611. Essai sur la peinture en mosaïque par M. le V*** (Pierre *Le Viel*). Ensemble une dissertation sur la pierre spéculaire des anciens. *Paris*, 1768, in-12. — Novembre 1768, p. 253.

4612. Méthode pour faire une infinité de différents dessins, avec des carreaux mi-partie de deux couleurs, par le P. Doüat, carme. *Paris*, 1722, in-4. — Août 1722, p. 1400.

Auteur omis par Quérard.

4613. Réflexions sur quelques causes de l'état présent de la peinture en France avec un examen des principaux ouvrages exposés au Louvre, le mois d'août 1746 (par *Lafont de Saint-Yenne*). *La Haye*, 1746, in-12. — Octobre 1747, p. 2068 ; — novembre, p. 2223.

4614. Lettre de l'auteur des réflexions sur la peinture (par *Lafont de Saint-Yenne*). 1747, in-12. — Décembre 1747, p. 2487.

Non cité par Quérard (IV, 400).

4815. Lettre sur l'exposition des ouvrages de peinture et de sculpture de l'année 1747. 1747, in-12. — Décembre 1747, p. 2616.

4615 *bis*. Réflexions nouvelles d'un amateur des beaux-arts, adressées à Mme de... pour servir de supplément à la lettre sur l'exposition de 1747. *Paris*, 1748, in-12. — Février 1748, p. 349.

4616. Jugements sur les principaux ouvrages exposés au Louvre le 27 août 1751. In-12. — Novembre 1751, p. 2458.

4617. Jugement d'un amateur sur l'exposition des tableaux.

Lettre à M. le marquis de V... (par le P. *Laugier*, S. J.). *Paris*, 1753, in-12. — Décembre 1753, p. 2704.

4618. Lettre à M. Ch. sur les caractères en peinture (par *Baillet de Saint-Julien*). *Genève*, 1753, in-12. — Décembre 1753, p. 2977.

4619. Le Salon (par *Lacombe*). 1753, in-12. — Décembre 1753, p. 2980.

4620. Lettre à un amateur en réponse aux critiques qui ont paru sur l'exposition des tableaux (par *Jombert*). 1753, in-12. — Décembre 1753, p. 2982.

4621. Observations sur les ouvrages de MM. de l'académie de peinture et de sculpture, exposés au salon du Louvre en 1753, et sur quelques écrits qui ont rapport à la peinture (par l'ab. *Le Blanc*). 1753, in-8. — Février 1754, p. 310.

4622. Observations d'une société d'amateurs sur les tableaux exposés au salon de cette année 1761 (par l'ab. *de Laporte*). *Paris*, 1761, in-12. — Octobre 1761, p. 2630.
Non cité par Quérard (IV, 549).

4623. Lettre à M*** sur les peintures, les sculptures et les gravures exposées dans le salon du Louvre en 1765. *Paris*, 1766, in-12. — Janvier 1766, p. 160.

4624. Explication des peintures, sculptures et gravures de MM. de l'académie royale, ordonnée par le marquis de Marigny. *Paris*, 1769. — *Ibid.*, 1771. — Octobre 1769, p. 160 ; — *octobre 1771, p. 182.

4625. Lettre sur l'exposition des ouvrages de peinture et de sculpture au salon du Louvre en 1769. (*Rome*), 1769, in-12. — Novembre 1769, p. 288.

4626. Lettre sur le salon de peinture de 1769, par M. B***. *Paris*, 1769, in-12. — Novembre 1769, p. 288.

4627. Sentiments sur les tableaux exposés au salon en 1769. 1769, in-12. — Novembre 1769, p. 288.

4628. Lettre sur les peintures, gravures et sculptures qui ont été exposées cette année au Louvre, par M. Raphaël, peintre, de l'académie de Saint-Luc, entrepreneur général des enseignes de la ville, fauxbourgs et banlieue de Paris, à M. Jérosme, son ami, râpeur de tabac. *Paris*, 1769, in-8. — Novembre 1769, p. 288.

4629. Réponse de M. Jérosme, râpeur de tabac, à M. Raphaël. *Paris*, 1769, in-8. — Novembre 1769, p. 306.

4630. Le Chinois au salon. In-12. — Novembre 1769, p. 306.

4631. L'exposition des tableaux du Louvre, faite en 1769, par de Camburat. *Genève*, 1769, in-8. —˙Décembre 1769, p. 559.

4632. Lettre de M. Raphaël jeune à un de ses amis, sur les peintures, sculptures et gravures exposées au Louvre. *Paris*, 1771, p. 274.— Novembre 1771, p. 274.

4633. L'ombre de Raphaël à son neveu en réponse à la lettre précédente. *Paris*, 1771, in-8. — Novembre 1771, p. 274.

4634. Plaintes de M. Badigeon, marchand de couleurs, sur les critiques du salon de 1771. *Amsterdam*, 1771, in-8. — Novembre 1771, p. 274.

4635. Nouvelle description de la galerie du palais du Luxembourg, par Moreau de Mautour. *Paris*, 1704, in-12. — *Septembre 1704, p. 1649.

Omis par Quérard (VI, 298).

4636. Livre à dessiner composé de têtes tirées des plus beaux ouvrages de Raphaël, gravé par Mlle Le Hay. *Paris*, 1706, in-fol. — Octobre 1706, p. 1758.

4637. Description des tableaux du Palais-Royal avec la vie des peintres (par *Dubois de Saint-Gelais*). *Paris*, 1727, in-12. — Février 1728, p. 347.

4638. Description sommaire des statues, figures, bustes, vases et autres morceaux de sculpture, provenant du cabinet de feu M. Crozat (par *Mariette*). *Paris*, 1750, in-8. — Janvier 1751, p. 176.

4639. Catalogues raisonnés des cabinets curieux de MM. Quentin de Lorangère, Bonnier de la Mosson et le chevalier de la Roque, par Gersaint. *Paris*, 1744-45, 3 vol. in-12. — Avril 1745, p. 620.

4640. Catalogue des tableaux et sculptures, tant en bronze qu'en marbre, du cabinet de feu M. Crozat et de M. de Tugny. *Paris*, 1751, in-8. — * Juin 1751, p. 1513.

4641. Catalogue des tableaux, dessins, marbres, bronzes, modèles, estampes, planches gravées... de feu M. Coypel. *Paris*, 1753, in-12. — Avril 1753, p. 837.

4642. La grande galerie de Versailles et les deux salons qui l'accompagnent, peints par Ch. Le Brun, dessinés par J.-B. Massé. *Paris*, 1753, in-8. — Décembre 1753, p. 2773.

4643. Catalogue des tableaux, du coquiller et autres curiosités de M. de Ghewiet. *Lille*, 1754. — Février 1755, p. 555.

4644. Dichiarazione dei Disegni del reale Palazzo di Caserta (par L. *Vanvitelli*). *Naples*, 1760. — Octobre 1760, p. 2501.

4645. Tombeau de M. le comte de Caylus, gravé sur le dessin de M. Vassé, par Pierre Chenu. *Paris*, 1769. — Mai 1769, p. 282.

4646. Réflexions critiques sur les différentes écoles de peinture, par le marquis d'Argens. *Paris*, 1752, in-12. — Mai 1752, p. 1007.

Quérard dit 1772 (I, 86); mais c'est une faute d'impression.

4647. Description sommaire des dessins des grands maîtres... du cabinet de M. Crozat, avec des réflexions sur la manière de dessiner des principaux peintres, par Mariette. *Paris*, 1741, in-8. — Avril 1741, p. 761.

4648. Catalogue des estampes gravées d'après Rubens, auquel on a joint l'œuvre de Jordaens et de Wisscher, avec un secret pour blanchir les estampes et en ôter les taches d'huile, par R. Hecquet, graveur. *Paris*, 1751, in-12. — Septembre 1754, p. 2404.

Auteur omis par Quérard.

4649. Catalogue raisonné des tableaux du Roi avec un abrégé de la vie des peintres, par Lépicié. *Paris*, 1752-1754. 2 vol. in-4. — Août 1752, p. 1871 ; — septembre, p. 2037 ; — octobre, p. 2200 ; — décembre, p. 2693 ; — janvier 1753, p. 122 ; — juin 1758, p. 1485 ; — septembre, p. 2147.

4650. Catalogue raisonné de toutes les pièces qui forment l'œuvre de Rembrandt, composé par Gersaint et mis au jour par Helle et Glomy. *Paris*, 1751, in-12. — Janvier 1752, p. 404.

Auteurs omis par Quérard.

4651. Catalogue de l'œuvre de F. de Poilly, graveur du Roi, avec un extrait de sa vie et un secret pour décoller les dessins à l'encre de Chine et au bistro, par R. Hecquet. *Paris*, 1752. — Octobre 1752, p. 2296.

Sculpture. — Gravure.

4652. Lettre sur la sculpture (par *Hemsterhuis*, le fils).

Amsterdam, 1769, in-4. — Lettre sur les désirs à M. T. D. S. *Paris*, 1770, in-12. — Août 1770, p. 497; — *juillet 1771, p. 168.

4653. Extrait des observations sur la physique et les arts. Lettre à l'auteur (sur les ouvrages de sculpture du salon et en particulier l'Iphigénie de Vanloo). *Paris*, 1757, in-4. — Novembre 1757, p. 2837.

4654. Explication des cent estampes qui représentent différentes nations du Levant, avec de nouvelles estampes des cérémonies turques, par M. Le Hay. *Paris*, 1715, in-fol. — Avril 1715, p. 655.

4655. Recueil d'estampes d'après Raphaël, Titien, Carrache,... et principalement d'après Martin de Vos. *Paris*, 1751, 2 vol. — Août 1751, p. 1885.

4656. Estampes de la grande galerie de Versailles, par Massé. — Mai 1754, p. 1327.

4657. Memorie degli Intagliatori moderni in pietre dure, cammei, dal secolo XV fino al secolo XVIII. *Livourne*, 1753, in-4. — Avril 1755, p. 990.

Architecture.

4658. Dictionnaire étymologique des termes d'architecture (par *Gastelier*). *Paris*, 1754, in-12. — Février 1754, p. 376.

4659. Dictionnaire d'architecture civile, militaire et navale, par Roland le Virloys. *Paris*, 1770, 3 vol. in-4. — Juin 1771, p. 542.

4660. Essai sur l'architecture (par le P. *Laugier*, S. J.). *Paris*, 1753, in-12. — Nouvelle édit. *Ibid.*, 1755, in-8. — Mars 1753, p. 1069; — juin, p. 1298; — juillet, p. 1579; — mai 1755, p. 1338.

4661. Remarques sur un livre intitulé : *Observations sur l'architecture* de l'ab. Laugier, par M. G... (*Guillaumot*). *Paris*, 1768, in-8. — *Décembre 1768, p. 558.

4662. Traité du beau essentiel dans les arts appliqué particulièrement à l'architecture, par le sieur Briseux. *Paris*, 1752, in-fol. — Août 1753, p. 1787.

4663. Extrait d'un essai sur l'architecture, avec quelques remarques sur cette science, traitée dans l'*Esprit des*

Beaux-Arts (*Lafont de Saint-Yenne*). *Paris*, 1753, in-8. — Mars 1754, p. 581.

C'est l'examen de l'*Essai* du P. Laugier. *Vid. supra*, n° 4660.

4664 Discours de M. Blondel sur la nécessité de l'étude de l'architecture. *Paris*, 1754, in-8. — Juillet 1754, p. 1903.

4665. Discours sur l'architecture, où on fait voir combien il serait important que l'étude de cet art fit partie de l'éducation des personnes de naissance, par Patte. *Paris*, 1754, in-8. — Août 1754, p. 2107.

4666. Nouveau traité de toute l'architecture, utile aux entrepreneurs, aux ouvriers et à ceux qui font bâtir... par de Cordemoy. *Paris*, 1706, in-12. — Septembre 1706, p. 1523.

4667. Traité d'architecture avec des remarques et des observations très-utiles pour les jeunes gens, par Seb. Le Clerc. *Paris*, 1714, 2 vol. in-4. — Septembre 1714, p. 1624.

4668. Cours d'architecture, qui comprend les ordres de Vignole avec des commentaires, par d'Aviler. Nouvelle édit. par P. J. Mariette. *Paris*, 1738, in-4. — Novembre 1738, p. 2433.

Il y a déjà une nouvelle édition de ce cours en 1710. Quérard ne la cite pas; mais elle est annoncée dans les *Mémoires* de février 1711, p. 368.

4669. Architecture pratique par Bullet. Nouvelle édit. par M*** (*Descoutures*). *Paris*, 1755, in-8. — *Ibid.*, 1762, in-8. — *Ibid.*, 1774, in-8. — * Octobre 1755, p. 2651; — août 1762, p. 1981; — * mai 1775, p. 373.

4670. Nouveau traité d'architecture, comprenant les cinq ordres des anciens, avec un sixième ordre, nommé ordre français, par 'h. Dupuis. *Paris*, 1768, in-4. — Février 1769, p. 361.

Quérard (II, 713) dit que la 1re édit. parut en 1762.

4671. Éléments d'architecture, par le sieur Panseron. *Paris*, 1772-1773, 2 vol. in-4. — * Septembre 1772 p. 565; — * décembre 1773, p. 563.

Quérard (VI, 583) dit: *Nouveaux éléments... Paris*, 1775-1780, 3 vol. in-8.

4672. Le Vignole moderne, ou traité élémentaire d'architecture. 1re partie où sont expliqués les principes des cinq ordres de J. B. de Vignole, composés et gravés par Lucotte. *Lyon*, 1772, in-4. — * Mai 1773, p. 377.

4673. La perspective pratique de l'architecture, contenant par leçons une manière nouvelle, courte et aisée pour représenter en perspective les ordonnances d'architecture et les places fortifiées, par L. Bretez. *Paris*, 1706, in-fol. — * Juillet 1706, p. 1264.

4674. Méthode générale pour tracer les courbes rampantes de bois propres à la construction des escaliers, composée par un gentilhomme de Bretagne. *Paris*, 1722, in-8. — Août 1722, p. 1449.

4675. L'architecture des voûtes, ou l'art des traits et coupes des voûtes, par le P. F. Derand, S. J. 2º édit. *Paris*, 1743, in-fol. — 3º édit. *Ibid.*, 1755, in-fol. — * Août 1743, p. 2320; — * mai 1755, p. 1339.

4676. Mémoire sur l'application des principes de la mécanique à la construction des voûtes des dômes, dans lequel on examine le problème proposé par M. Patte, relativement à la construction de la coupole de Sainte-Geneviève, par Gauthey. *Dijon*, 1772, in-4. — Juillet 1772, p. 177.

4677. Traité de la coupe des bois pour le revêtement des voûtes, par Blanchot. *Paris*, 1729. — * Janvier 1730, p. 487.

Auteur omis par Quérard.

4678. La théorie et la pratique de la coupe des pierres et des bois pour la construction des voûtes et autres parties des bâtiments..., ou traité de stéréotomie, par Frezier. *Strasbourg*, 1738, in-4. — Juin 1738, p. 994.

4679. Éléments de stéréotomie, par Frezier. *Paris*, 1760, 2 vol. in-8. — Avril 1760, p. 844.

4680. Tarif de cabinet pour les bois en grume et équarris, utile et commode aux marchands de bois, architectes..., par Bretez. *Paris*, 1752. — * Août 1752, p. 1906.

Omis par Quérard (I, 505).

4681. Traité de la mesure des bois contenant le tarif de la réduction des bois équarris en pieds cubes, par Segondat. *Rochefort*, 1765, in-8. — * Juin 1766, p. 1495.

4682. Sommaire d'un cours d'architecture militaire civile hydraulique et des autres traités les plus utiles aux ingénieurs et architectes, par Bélidor. *Paris*, 1720, in-12 — * Avril 1720, p. 843.

4683. Architecture hydraulique, par Bélidor. IIº partie. *Paris*, 1750-1753, 2 vol. in-4. — Août 1751, p. 1739; — septembre, p. 1931; — février 1752, p. 220; — février

1753, p. 389; — mars, p. 641; — octobre, p. 2421; — décembre, p. 2909.

4684. Nouvelle méthode d'encaissement pour fonder facilement et solidement à telle profondeur qu'il sera nécessaire dans les rivières, dans les marais, dans la mer..., par Tardif. *Paris*, 1757. — Août 1757, p. 1965.

Auteur omis par Quérard.

4685. OEuvres d'architecture de Boffrand. Nouv. édit. *Paris*, 1753, in-fol. — Mai 1753, p. 1125.

Quérard ne cite pas cette édition (I, 389).

4686. Mémoires sur les objets les plus importants de l'architecture, par Patte. *Paris, 1769*, in-4. — Août 1769, p. 347.

4687. Temples anciens et modernes, ou observations historiques et critiques sur les plus célèbres monuments d'architecture grecque et gothique, par M. L. M. (le P. *Avril*, S. J., appelé l'ab. *Mai*). *Londres*, 1774, in-8. — *Paris*, 1775, 2 vol. in-8. — * Janvier 1775, p. 153; — 2° supplément de 1775, p. 348.

4688. Recueil des vues et proportions des palais, églises, places, portes, fontaines et autres beaux bâtiments de Paris et des châteaux et belles maisons de France, par Perelle, Le Pautre et autres excellents graveurs. *Paris*, 1707, in-fol. — * Mai 1707, p. 236.

4689. Architecture française, ou recueil des plans, élévations, coupes et profils des églises, maisons royales, palais.... de Paris...., par Blondel. *Paris*, 1752 (-1756, 4 vol. gr. in-fol.). — Juin 1753, p. 1452.

4690. Mémoires sur la construction de la coupole projetée pour couronner la nouvelle église de Sainte-Geneviève à Paris, par Patte. *Amsterdam*, 1770, in-4. — Août 1770, p. 236.

4691. Doutes raisonnables d'un marguillier de la paroisse de Saint-Etienne-du-Mont sur le problème proposé par M. Patte, ou lettre de M. C*** à M. D*** (par *Rondelet*). *Amsterdam*, 1770, in-12. — Août 1770, p. 237.

4692. Lettres du R. Père Radical, de l'ordre des bonnes gens et professeur d'algèbre familière, à tous les savants qui ont vu, lu, ou pourront lire le mémoire très-problématique que M. Patte adresse à toutes les sociétés savantes (par *Rondelet*). *Amsterdam*, 1770, in-12. — * Octobre 1770, p. 177.

4693. L'architecture à la mode, où sont les nouveaux dessins pour la décoration des bâtiments et jardins, propres pour les personnes qui font bâtir et pour les ouvriers. *Paris*, 1707, in-fol. — * Mai 1707, p. 936.

MUSIQUE.

4694. Histoire de la musique (par l'ab. *Desfourneaux*). *Paris*, 1704, in-4. — Novembre 1704, p. 2008.

4695. Histoire de la musique et de ses effets depuis son origine jusqu'à présent (par *Bonnet*). *Paris*, 1715, in-12. — Avril 1716, p. 593.

4696. Melotema de antiqua et medii ævi musica conscriptum a Georgio Vallero Sudermanno. *Upsal*, 1706, in-12. — * Avril 1716, p. 605.

4697. Observations sur la musique, la flûte et la lyre des anciens (par l'ab. *de Châteauneuf*). *Paris*, 1726, in-12. — * Mars 1726, p. 647.

4698. Dialogue sur la musique des anciens (par l'ab. *de Châteauneuf*). *Paris*, 1726, in-12. — Nouvelle édition. *Paris*, 1735, in-12. — Avril 1726, p. 694; — * septembre 1735, p. 1905.

4699. Mémoire sur la musique des anciens, par l'ab. Roussier. *Paris*, 1770, in-4. — Juin 1770, p. 455.

4700. Dictionnaire de musique, par J.-J. Rousseau. *Paris*, 1768, in-4. — Janvier 1768, p. 106.

4701. Dictionnaire de musique, contenant une explication des termes grecs, latins, italiens et français les plus usités dans la musique, par Séb. de Brossard. *Paris*, 1703, in-fol. — Octobre 1703, p. 1762; — novembre, p. 2054.

4702. Parallèle des Italiens et des Français en ce qui regarde la musique et les opéra, par M*** (*Raguenet*). *Paris*, 1702, in-12. — Août 1702, p. 344.

4703. Défense du parallèle... (par *Raguenet*). *Paris*, 1705, in-12. — Mai 1706, p. 856.

4703. Comparaison de la musique italienne et de la musique française (par *de la Vieuville de Fresneuse*). *Bruxelles*, 1704, in-12. — 2e édit. augmentée de trois dialogues et de deux lettres. *Paris*, 1705. — Novembre 1704, p. 1884; — * juillet 1705, p. 1279.

Quérard (IV, 639) ne cite que la 1re édit.

4704. Réflexions d'un patriote sur l'opéra français et sur l'opéra italien, qui présentent le parallèle du goût des deux nations dans les beaux-arts (par *de Rochemont*). *Lausanne*, 1754, in-8. — Septembre 1754, p. 2202.

4705. Lettre sur le mécanisme de l'opéra italien (par *de Villeneuve*). *Paris*, 1756, in-12. — Juillet 1756, p. 1716.

4706. Lettres sur la musique française, par J.-J. Rousseau, de Genève. 1753, in-8. — Janvier 1754, p. 111.

4707. Apologie de la musique et des musiciens français contre les assertions peu mélodieuses, peu mesurées et mal fondées du sieur J.-J. Rousseau (par *de Bonneval*). In-12. — Février 1754, p. 263.

4708. Lettre sur celle de M. J.-J. Rousseau sur la musique, par M. Yzo. In-12. — Février 1754, p. 265.

4709. Justification de la musique française contre la querelle qui lui a été faite par un Allemand et un Allobroge (*de Morand*). In-12. — Février 1754, p. 267.

4710. Arrêt du conseil d'État d'Apollon rendu en faveur de l'orchestre de l'opéra contre le nommé J.-J. Rousseau, copiste de musique (par *Travenol*). In-12. — Février 1754, p. 270.

4711. Lettre d'un sage à un homme très-respectable et dont il a besoin (par *la Morlière*). In-12. — Février 1754, p. 270.

Quérard la cite (**IV, 505**), mais sans remarquer qu'elle se rapporte à Rousseau.

4712. Doutes d'un Pyrrhonien proposés amicalement à J.-J. Rousseau (par *Coste d'Arnobat*). In-12. — Février 1754, p. 271.

4713. Observations sur la lettre de J.-J. Rousseau au sujet de la musique française (par *Cazotte*). In-12. — Février 1754, p. 272.

4714. Examen de la lettre de M. Rousseau, par M. B. (*Baton*). In-12. — Février 1754, p. 272.

4715. Apologie de la musique française contre J.-J. Rousseau, par l'ab. Laugier. In-8. — Février 1754, p. 523.

4716. Galerie de l'Académie royale de musique.... dédiée à J.-J. Rousseau (par *Travenol*). *Paris*, 1754, in-8. — Juillet 1754, p. 1911.

4717. Dissertation sur la musique moderne, par Rousseau. *Paris*, 1743, in-8. — Avril 1743, p. 645.

4718. Dialogue entre Lully, Rameau et Orphée dans les Champs-Elysées, par M***. *Amsterdam,* 1774, in-8. — *Novembre 1774, p. 377.

4719. Essai sur le bon goût en musique, par Grandval. *Paris,* 1732, in-12. — * Novembre 1732, p. 2002.

4720. De la corruption du goût dans la musique française, par Bollioud de Mermet. *Lyon,* 1746, in-12. — Décembre 1746, p. 2629.

4720 *bis.* Sentiments d'un harmoniphile sur différents ouvrages de musique (par *de Morambert*). *Amsterdam,* 1756, 2 vol. in 12. — Juin 1756, p. 1417; — juillet, p. 1910.

4721. Principes d'acoustique et de musique, ou système général des intervalles des sons et son application à tous les systèmes et instruments de musique, par Sauveur. *Paris,* 1704, in-4. — Juin 1704, p. 895.

> Non cité par Quérard (VIII, 487).

4722. La musique théorique et pratique dans son ordre naturel : nouveaux principes, par M*** *(Borin). Paris,* 1722, in-12. — Janvier 1723, p. 43.

4723. La musique théorique et pratique dans son ordre naturel, avec l'art de la danse, par M. B*** *(Borin). Paris,* 1747, in-4. — Mars 1747, p. 500.

> Auteur omis par Barbier et par Quérard.

4724. Nouveau système de musique théorique, pour servir d'introduction au traité d'harmonie, par Rameau. *Paris,* 1726, in-4. — Mars 1728, p. 472.

4725. Génération harmonique, ou traité de musique théorique et pratique, par Rameau. *Paris,* 1737, in-8. — Décembre 1737, p. 2142.

4726. Nouvelle découverte du principe de l'harmonie avec un examen de ce que M. Rameau a publié sous le titre de démonstration de ce principe, par Estève. *Paris,* 1751, in-8. — Juin 1751, p. 4368.

4727. Nouvelles réflexions de M. Rameau sur sa démonstration du principe de l'harmonie, servant de base à tout l'art musical théorique et pratique. *Paris,* 1752, in-8. — Août 1752, p. 1856; — septembre, p. 1961.

4728. Observations sur notre instinct pour la musique... par Rameau. *Paris,* 1754, in-8. — Août 1754, p. 1997.

4729. Erreurs sur la musique dans l'Encyclopédie (par *Ra-*

meau). *Paris*, 1755-1756, 2 part. in-8. — Février 1756. p. 493

4729 *bis*. Code de musique pratique, par Rameau (Prospectus). — Janvier 1758, p. 176.

4730. Code de musique pratique ou méthode pour apprendre la musique, même à des aveugles, par Rameau. *Paris*, 1760. in-4. — Avril 1761, p. 790.

Quérard (VII, 444) dit 1740.

4731. Nouvelles réflexions sur le principe sonore, par Rameau, suite du code de musique pratique. *Paris*, 1761, in-4. — Avril 1764, p. 1035.

4732. Origine des sciences, suivie d'une controverse sur le même sujet (par *Rameau*). *Paris*, 1762, in-4.— * Mars 1762, p. 758.

4733. Eléments de musique théorique et pratique, suivant les principes de M. Rameau (par *d'Alembert*). *Paris*, 1752, in-8.— Nouvelle édit. *Lyon*, 1762, in-8. — Juillet 1752, p. 1721 ; — février 1762, p. 401 ; — mars, p. 597.

4734. Méthode de musique selon un nouveau système trèscourt, très-facile et très-sûr, par M***, prêtre (*Demotz*). *Paris*, 1728, in-8. — Janvier 1729, p. 159.

4735. L'art d'apprendre la musique exposé d'une manière nouvelle et intelligible par une suite de leçons, par M. V... *Paris*, 1733, in-fol.— Novembre 1733, p. 1888.

4736. Principes de musique, par de Monteclair. *Paris*, 1737, in-fol. — Septembre 1737, p. 1552.

Quérard (VI, 233) dit 1736, *in-4.*.

4737. Lettre sur la musique à M. le comte de Caylus (par l'ab. *Arnaud*). *Paris*, 1754, in-8.— Avril 1754, p. 829.

4738. Exposition de la théorie et de la pratique de la musique, suivant les nouvelles découvertes, par M. de Bethisy. *Paris*, 1754, in-8.— Nouvelle édit. *ibid.* 1764, in-8. — Juillet 1754, p. 1575; — novembre 1764, p. 1318.

4739. La théorie des sons applicable à la musique, où l'on démontre, dans une exacte précision, les rapports de tous les intervalles diatoniques et chromatiques de la gamme, par Galimard. *Paris*, 1754, in-12. — Octobre 1754, p. 2398.

4740. L'esprit de l'art musical, ou réflexion sur la musique et ses différentes parties, par C. H. Blainville. *Genéve*, 1754. in-8. — Novembre 1754, p. 2794.

4741. Réponse aux observations sur la musique, les musiciens et les instruments. *Avignon*, 1758, in-12.— Novembre 1758, p. 2869.

4742. La musique rendue sensible par la mécanique, ou nouveau système pour apprendre facilement la musique soi-même, par Choquel, *Paris*, 1759, in-8. — Nouvelle édit. *Ibid*., 1762, in-8. — Décembre 1759, p. 3049; — * mars 1762, p. 759.

4743. Théorie de la musique, par Ballière. *Paris*, 1764, in-4. — Février 1765, p. 478.

4744 Eléments de musique, ou abrégé d'une théorie dans laquelle on peut apprendre avec facilité l'art de raisonner et les principes de cette science, par Lenain. *Paris*, 1766, in-12: — Octobre 1766, p. 480.

4745. Méthode de musique sur un nouveau plan, par Jacob. *Paris*, 1769, in-8. — Mars 1769, p. 556.

4746. Nouveaux principes de musiques, auxquels l'auteur a joint l'histoire de la musique, par Dard. *Paris*, 1769, in-4. — Juin 1769, p. 547.

Auteur omis par Quérard, à moins qu'il ne soit le même que Dard du Bosco (II, 391).

4747. Recherches sur la théorie de la musique, par l'ab. Jamard, chanoine de Ste-Geneviève. *Paris*, 1770, in-8. — Août 1770, p. 243.

4748. Traité des agréments de la musique, trad. de G. Tartini par P. Denis. *Paris*, 1771, in-8. — * Novembre 1771, p. 363.

Auteur non cité par Quérard.

4749. Traité de l'harmonie réduite à ses principes naturels, par Rameau. *Paris*, 1722, in-4. — Octobre 1722, p. 1743; — novembre, p. 1876.

4750. Discours sur l'harmonie. *Paris*, 1737, in-12. — Juin 1737, p. 992.

4751. Harmonie théorico-pratique (par *Blainville*). *Paris*, 1746, in-4. — Juillet 1747, p. 1442.

Omis par Quérard (I, 346).

4752. Essai sur les principes de l'harmonie où l'on traite de la théorie de l'harmonie en général. *Paris*, 1753, in-8. — Janvier 1753, p. 307; — février, p. 526.

4753. Observations sur différents points d'harmonie, par l'ab. Roussier. *Genève*, 1765, in-8. — Janvier 1766, p. 264.

4754. Traité d'harmonie et règles d'accompagnement, ser-

vant à la composition, suivant le système de M. Rameau,
par Le Bœuf. *Paris*, 1766.— Juin 1766, p. 1520.

Est-ce J. Jos. Le Bœuf cité par Quérard, qui ne mentionne pas cet
ouvrage (V, 21)?

4755. Traité historique et pratique des proportions harmo-
niques et de la fonte des cloches, par l'ab. Roujoux, curé
de Fismes. *Paris*, 1765, in-8. — Décembre 1765, p. 1393.

4756. Transpositions de musique réduites au naturel par le
secours de la modulation, par Alex. Frere. *Paris*, 1706, in-8.
— Mai 1707, p. 812.

Cet auteur, membre de l'Académie royale de musique, est omis par
Quérard.

4757. Art de transposer toute sorte de musique, sans être
obligé de connaître le ton, ni le mode... *Paris*, 1714. —
* Octobre 1714, p. 1865.

4758. Guide harmonique ou combinaison simple et sensible
de tous les rapports que les sons peuvent avoir entre eux, par
Geminiani. *Paris*, 1741. — Août 1741, p. 1475.

Non cité par Quérard (III, 302).

4759. Extrait d'une réponse de Rameau à Euler sur l'identité
des octaves. *Paris*, 1753, in-8.— Juin 1753, p. 1327.

4760. Arithmétique des musiciens, ou essai qui a pour objet
diverses espèces de calcul des intervalles (par *Gallimard*).
Paris, 1754, in-8.— * Décembre 1754, p. 3036.

4761. L'art de transposer dans tous les tons et sur tous les
instruments, par la Porte. *Paris*, 1754, in-12.—* Décembre
1754, p. 3035.

Auteur omis par Quérard.

4762. Traité des accords et de leur succession, selon le système de la basse fondamentale par l'ab. Roussier. *Paris*,
1764, in-8. — Octobre 1764, p. 1014.

4762 *bis*. Lettre sur une nouvelle détermination des sept
degrés successifs de la gamme (par *de Lusse*). 1766, in-12.
— Janvier 1766, p. 357.

Est-ce l'auteur de ce nom cité par Quérard (V, 397)?

4763. Manuel harmonique ou tableau des accords pratiques,
par Dubreuil. *Paris*, 1767, in-8. — Mai 1767, p. 352.

4764. Le guide du compositeur en musique, par Gianotti.
Paris, 1759, in-8. — Décembre 1759, p. 3023.

4765. L'art du chant, par Berard. *Paris*, 1755, in-8.— Juillet
1755, p. 1544.

4766. Traité général des éléments du chant, par l'ab. Lacassagne. *Paris*, 1766, in-8. — Janvier 1767, p. 170.

4767. L'uni-clefier musical, pour servir de supplément au traité général des éléments du chant, par l'ab. Lacassagne. *Paris*, 1768, in-8. — Avril 1768, p. 175.

4768. Lettre à Diderot sur le projet de l'unité de clef dans la musique et la réforme des mesures proposées par l'ab. Lacassagne, par Boyer. *Amsterdam*, 1767, in-8. — Février 1768, p. 373.

4769. Éléments de musique avec des leçons à une et deux voix, par Cajon. *Paris*, 1772, in-fol. — Septembre 1772, p. 523.

4770. Moyens certains pour perfectionner toutes les méthodes de plain-chant et pour leur servir de supplément. *Paris*, 1713. — *Février 1714, p. 374.

4771. Alphabet pour apprendre la musique et le plain-chant aux jeunes gens facilement et en très-peu de temps (par l'ab. *Demotz*). *Lyon*, 1730. — *Août 1730, p. 1502.

Omis par Quérard (II, 473).

4772. Lettre en forme de dissertation à M. de Moz sur sa nouvelle méthode d'écrire le plain-chant et la musique (par *de Brossard*). *Paris*, 1731, in-4. — Mars 1731, p. 519.

Quérard (I, 526) dit 1729.

4773. Traité historique et pratique sur le chant ecclésiastique avec le directoire qui en contient les principes et les règles suivant l'usage présent du diocèse de Paris, par l'ab. Lebeuf. *Paris*, 1741, in-8. — Juillet 1741, p. 1225.

4774. Le maître des novices dans l'art de chanter le plain-chant, par Frère Remi Carré. *Paris*, 1744, gr. in-4. — Décembre 1745, p. 2250.

4775. Traité critique du plain-chant usité aujourd'hui dans l'Eglise, contenant les principes qui en démontrent les défauts et qui peuvent conduire à le rendre meilleur (par *Cousin de Contamine*). *Paris*, 1750, in-12. — Juin 1750, p. 1328.

4776. Méthode nouvelle pour apprendre parfaitement les règles du plain-chant et de la psalmodie, par de la Feillée. 2ᵉ édit. *Poitiers*, 1754, in-12. — Décembre 1754, p. 3039.

Quérard (IV, 392) ne cite que des éditions du XIXᵉ siècle.

4777. L'art du plain-chant, ou traité théorico-pratique sur

19

la façon de le chanter. *Villefranche de Rouergue*, 1766, in-8. — Mars 1767, p. 529.

4778. Méthode nouvelle pour apprendre facilement le plain-chant, par Oudoux. Nouvelle édit. *Paris*, 1772, in-8. — * Février 1773, p. 365.

4779. Nouveau traité de l'accompagnement du clavecin et des autres instruments, par de Saint-Lambert. *Paris*, 1708. — Juillet 1708, p. 1257.

Non cité par Quérard (IX, 347).

4780. Principes de l'accompagnement du clavecin, par d'Andrieu. *Paris*, 1718, in-4. — Mars 1749, p. 527.

4781. Livre de pièces de clavecin, par d'Andrieu. *Paris*, 1724, in-fol. — * Mai 1724, p. 949.

Ce musicien, organiste de Saint-Merri et auteur de sonates, est omis par Quérard.

4782. Dissertation sur les différentes méthodes d'accompagnement pour le clavecin et pour l'orgue, par Rameau. *Paris*, 1732, in-4. — Nouv. édit. *Ibid.*, 1772, in-4. — Mars 1732, p. 445 ; — août 1772, p. 497.

4783. Traité théorique et pratique de l'accompagnement du clavecin, par de la Porte. *Paris*, 1753. — Novembre 1753, p. 2543.

4784. L'art du facteur d'orgues, par Dom Bedos de Celles. *Paris*, 1766-1774, 3 part. in-fol. — Juillet 1767, p. 449 ; — mars 1771, p. 464.

4785. Réflexions sur la musique et la vraie manière de l'exécuter sur le violon, par Brijon. *Paris*, 1763, in-4. — * Avril 1763, p. 1132.

Quérard dit *Brigon.*

4786. Tablature idéale du violon, jugée par feu M. Le Clair l'aîné être la véritable. *Paris*, 1766, in-8. — * Décembre 1766, p. 566.

4787. Principes de la flûte, par Hotteterre. *Paris*, 1707. — * Août 1707, p. 1487.

Auteur omis par Quérard.

4788. Cantates françaises sur des sujets tirés de l'Écriture, à voix seule et basse continue, par Mlle de la Guerre. *Paris*, 1708, in-4. — Février 1709, p. 294.

4789. Motets de M. Charpentier. *Paris*, 1709. — * Août 1709, p. 1487.

4790. Motets par M. Foliot, maître de musique de la maison professe des jésuites de Paris. *Paris*, 1711, in-fol. — Mars 1711, p. 554.

4791. Cantates de Colin de Blamont. *Paris*, 1723. — * Avril 1723, p. 735.

4792. Suite des pièces de dessus et de pardessus... avec les basses continues qui se peuvent jouer sur la viole, la flûte... par M. Marc. *Paris*, 1724, in-fol. — * Mai 1724. p. 949.

4793. Recueil de fables mises en musique, par l'ab. Lacassagne. *Paris*, 1754, in-8. — * Août 1754, p. 2102.

4790. Solfége ou leçons de musique sur toutes les clefs et dans tous les tons, modes et genres, par P. C. Gibert. *Paris*, 1769. — Décembre 1769, p. 546.

4795. La tonotechnie, ou l'art de noter les cylindres et tout ce qui est susceptible de notage dans les instruments de concert mécanique, par le P. Engramelle, augustin. *Paris*, 1775, in-8. — Décembre 1775, p. 453.

Auteur non cité par Quérard.

4796. De la substitution des vis aux chevilles dans les instruments de musique, par Domenioud, avocat. 1757. — Juillet 1757, p. 1903.

ARTS MÉCANIQUES ET MÉTIERS.

4797. L'art de charpenterie de Mathurin Jousse, corrigé et augmenté par M. D. L. H. (*de la Hire*). *Paris*, 1702. in-fol. — Juin 1702, p. 34.

4798. L'art du trait de charpenterie, par Nicolas Fourneau. *Rouen*, 1767, in-fol. — 2e partie. *Ibid.*, 1769. — 3e partie. *Ibid.*, 1771. — * Avril 1768, p. 463; — * août 1769, p. 368; — * avril 1771, p. 180.

4799. Essai sur les bois de charpente rédigé par MM. Babuty Desgodetz et le Camus de Mezières. *Paris*, 1763, in-12. — Février 1763, p. 389.

4800. Les comptes faits sur les bois équarris et de sciage, par Louis Soutin. *Paris*, 1753, in-12. — Décembre 1753, p. 2064.

4801. L'art du menuisier, par Roubo fils. *Paris*, 1769-1775, 5 part. in-fol. — Juillet 1769, p. 223; — mars 1771, p. 476; — mars 1772, p. 519; — juillet 1773, p. 143; — * avril 1775, p. 477.

4802. Manière de perfectionner les voitures (par *Le Camus*). 1753, in-8. — Juin 1753, p. 1506.

L'auteur est-il différent de Le Camus de Mézières cité plus haut?

4803. L'art de tourner ou de faire en perfection toutes sortes d'ouvrages au tour, par le R. P. Ch. Plumier, minime. *Lyon*, 1701, in-fol. — Mai 1702, p. 3.

4803 bis. L'art de convertir le fer forgé en acier et l'art d'adoucir le fer fondu ou de faire des ouvrages de fer fondu, aussi finis que du fer forgé, par de Réaumur. *Paris*, 1721, in-4. — Juillet 1724, p. 1343.

Quérard (VII, 481) dit 1722.

4804. Traité sur l'acier d'Alsace, ou l'art de convertir le fer de fonte en acier (par *Bazin* l'aîné). *Strasbourg*, 1737, in-12. — Février 1739, p. 306.

4805. Mémoire sur le laminage du plomb, par Remond. *Paris*, 1734, in-4. — 3e édit. *Paris*, 1746, in-12. — Juin 1731, p. 987; — * décembre 1746, p. 2679.

4806. L'art de réduire le fer en fil connu sous le nom de fil d'archal, par Duhamel du Monceau. *Paris*, 1771, in-fol. — Janvier 1772, p. 70.

4807. La caminologie, ou traité des cheminées, contenant des observations sur les différentes causes qui font fumer les cheminées (par dom Pierre *Hébrard*). *Dijon*, 1756, in-8. — Janvier 1757, p. 372.

Auteur omis par Quérard.

4808. Conseils utiles à ceux qui craignent les accidents du feu pour les prévenir et en arrêter les effets. *Grenoble*, 1742, in-12. — Mars 1743, p. 466.

4809. Nouvelles constructions de cheminées, par Genneté. *Paris*, 1760, in-12. — * Janvier 1760, p. 362.

4810. Cheminées de nouvelle construction pour garantir du feu et de la fumée, par Genneté. *Paris*, 1764, in-12. — * Mai 1764, p. 1317.

4811. La mécanique du feu, ou l'art d'en augmenter les effets et de diminuer la dépense, par Gauger. 1re partie contenant le traité des nouvelles cheminées. *Paris*, 1743, in-12. — Décembre 1743, p. 2138.

4812. Nouvelle manière d'éteindre les incendies avec plusieurs autres inventions utiles, par Moitrel d'Elément. *Paris*, 4725, in-8. — Septembre 4725, p. 4619.

4813. L'art du coutelier, par J.-J. Perret. *Paris*, 4771-4772, 2 vol. in-fol. — Mai 4772, p. 329; — décembre 4773, p. 459.

4814. L'art du coutelier en ouvrages communs, par Fougeroux de Bondaroy. *Paris*, 4772, in-fol. — Février 4773, p. 254.

4814 *bis*. Art du serrurier, par Duhamel du Monceau. *Paris*, 4767, in-fol. — Juin 4768, p. 403.

4815. L'art du plombier et du fontainier, par M*** (l'ab. *de la Gardette*). *Paris*, 4773, in-fol. — Octobre 4773, p. 27.

4816. Nouvelles fontaines domestiques approuvées par l'Académie royale des sciences, (par *Amy*). *Paris*, 4750, in-12. — Novembre 4750, p. 2378.

4817. L'art du potier de terre, par Duhamel du Monceau. *Paris*, 4773, in-fol. — Novembre 4773, p. 268.

4818. L'art de fabriquer la brique et la tuile en Hollande et de la faire cuire avec de la tourbe, pour servir de suite à l'art du tuilier et du briquetier, par Jars. *Paris*, 4768, in-fol. — Décembre 4768, p. 433.

4819. L'art de faire les pipes à fumer le tabac, par Duhamel du Monceau. *Paris*, 4771, in-fol. — Janvier 4772, p. 70.

4820. Instruction sur la nouvelle méthode de préparer le mortier-Loriot (par *Loriot*). *Paris*, 4775, in-8. — Octobre 4775, p. 459.

4821. L'art de la porcelaine, par le comte de Milly. *Paris*, 4772, in-fol. — Août 4772, p. 284.

4822. L'art de battre, écraser, piler, moudre et monder les grains avec de nouvelles machines, trad. du danois et de l'italien, par D. N. E., ancien officier de cavalerie (*Bellepierre de Neuveglise*). *Paris*, 4770, in-fol. — * Décembre 4770, p. 556.

4823. Traité des feux d'artifice pour les spectacles, par Frezier. *Paris*, 4706, in-12. — *Ibid*., 4745, in-12. — * Décembre 4706, p. 2458; — août 4746, p. 4566.

4824. L'art de composer et de faire les fusées volantes et non volantes, par l'auteur de la *Manière d'enluminer l'es-*

tampe posée sur toile (par Baillet de Saint Julien). La Haye, 1775, in-8. — 3e suppl. de 1775, p. 70.

4825. L'art de l'indigotier, par Beauvais-Raseau. *Paris*, 1771, in-fol. — Juillet 1771, p. 18.

4826. L'art du cordonnier, par de Garsault. *Paris*, 1767, in-fol. — Juillet 1768, p. 45.

4827. L'art du bourrelier et du sellier, par de Garsault. *Paris*, 1774, in-fol. — *Décembre 1774, p. 522.

4828. L'art du corroyeur, par de La Lande. *Paris*, 1771, in-fol. — Janvier 1772, p. 70.

4829. Description et détails des arts du meunier, du vermicellier et du boulanger, par Malouin. *Paris*, 1767, in-fol. — Janvier 1768, p. 39.

4830. L'art de faire différentes sortes de colles, par Duhamel du Monceau. *Paris*, 1771, in-fol. — Août 1771, p. 257.

4831. L'art du paulmier-raquetier et de la paume, par de Garsault. *Paris*, 1767, in-fol. — Juin 1768, p. 446.

4832. L'art de faire l'indienne à l'instar d'Angleterre et de composer toutes les couleurs propres à l'indienne, par Delormois. *Paris*, 1770, in-12. — Novembre 1770, p. 372.

4833. Mémoire sur les laines (par l'ab. *Carlier*. *Bruxelles*, 1755, in-12. — Juin 1755, p. 1424.

4834. Mémoire sur les manufactures de draps et autres étoffes de laine. *Paris*, 1764, in-12. — Décembre 1763, p. 2980.

4835. L'art du tailleur, par de Garsault. *Paris*, 1770, in-fol. — Mai 1770, p. 240.

4836. L'art du fabricant d'étoffes de soie, par Paulet. *Paris*, 1773, in-fol. — Septembre 1773, p. 442.

4837. L'art du brodeur, par de Saint-Aubin. *Paris*, 1771, in-fol. — Juillet 1771, p. 36.

4838. L'art de la lingère, par de Garsault. *Paris*, 1771, in-fol. — Janvier 1772, p. 70.

4839. Essai sur le blanchiment des toiles, trad. de l'angl. de Home (par *Larcher*). *Paris*, 1762, in-12. — Août 1762, p. 1921; — septembre, p. 2166.

4840. Description d'une machine inventée en Angleterre et perfectionnée en Allemagne pour blanchir le linge, trad.

de l'allem. de Schœffer. *Paris*, 1767, in-12. — * Octobre
1767. p. 464.

4841. Le teinturier parfait. *Paris*, 1722, 2 vol. in-12. —
Janvier 1723, p. 186.

4842. L'art de la teinture des laines, par Hellot. *Paris*,
1750, in-12. — Novembre 1750. p. 2395.

4843. Le nouveau teinturier parfait, ou traité de tout ce
qu'il y a de plus essentiel dans la teinture, omis ou caché
par l'auteur de l'*Ancien teinturier parfait* (par *Delormois*).
Paris, 1769, 2 vol. in-12. — * Décembre 1769, p. 564.

4844. Essai sur l'art de la teinture, par Le Pileur d'Apli-
gny. Nouvelle édition. *Paris*, 1773, in-12. — * Décembre
1773, p. 544.

4845. L'art du cartonnier, par de Lalande. *Paris*, 1762,
in-fol. — * Avril 1763, p. 939.

4846. L'art du cartier, par du Hamel du Monceau. *Paris*,
1762, in-fol. — * Avril 1763, p. 939.

4847. Manière de faire le papier sans chiffon, par J. Ch.
Schœffer (en allemand). *Ratisbonne*, 1765, 2 vol. in-4. —
Novembre 1765, p. 1300.

4848. L'art du relieur doreur de livres, par Dudin. *Paris*,
1772, in-fol. — Octobre 1772, p. 449.

4849. Manuel des tapissiers, contenant : 1° un état de la
largeur et du prix de chaque marchandise; 2° ce qu'il entre
de marchandise dans chaque meuble, par Bimont. *Paris*,
1766, in-12. — * Juin 1766, p. 4520.

4850. Principes de l'art du tapissier, par Bimont. *Paris*,
1770, in-12. — Nouvelle édit. *Paris*, 1774, in-12. —
* Août 1770, p. 352; — * avril 1774, p. 434.
Quérard (1.338) ne cite que la 4ᵉ édit.

4851. Le parfait limonadier, par Masson. *Paris*, 1705,
in-12. — Avril 1705, p. 726.
Quérard (V, 608) cite un *Nouveau parfait limonadier...* *Paris*, 1774,
in-12.

4852. Traité raisonné de la distillation, ou la distillation
réduite en principes et un traité des odeurs, par Dejean
(par *Hornot*) *Paris*, 1753, in-12. — 3ᵉ édit. *Ibid.*, 1769,
in-12. — Février 1754. p. 409; — * mai 1769, p. 362.

4853. L'art du distillateur d'eaux-fortes, par Demachy. *Paris*,
1773, in-fol. — Décembre 1773, p. 516.

4854. Le vernisseur parfait (par *Delormois*). *Paris*, 1774,
in-12. — Janvier 1772, p. 454.

4855. L'art de faire et d'employer le vernis, ou l'art du vernisseur, auquel on a joint celui du peintre et du doreur, par Watin. *Paris*, 1772, in-8. — 2e édit. *Ibid.*, 1773, in-8. — Septembre 1772, p. 538; — * juillet 1773, p. 186.

4856. Supplément à l'art du peintre doreur et vernisseur, en réponse à la réfutation du sieur Mauclerc, par Watin. *Paris*, 1773, in-8. — * Décembre 1773 p. 559.

4857. Traité des couleurs et vernis, par Mauclerc. *Paris*, 1773, in-8. — * Décembre 1773, p. 559.

4858. L'art du perruquier, contenant la façon de la barbe, la coupe des cheveux, la construction des perruques,... le perruquier en vieux et le baigneur-étuviste, par de Garsault. *Paris*, 1767, in-fol. — Janvier 1768, p. 30.

4859. La Pogonotomie, ou l'art de se raser soi-même, avec la manière de connaître toutes sortes de pierres propres à affiler, par J -J. Perret. *Paris*, 1769, in-12. — *Ibid.* 1774, in-12. — * Décembre 1769, p. 556; — * août 1774, p. 357.

Quérard (VII, 84) ne cite pas la réimpression.

4860. Defensio vini Burgundiani adversus vinum Campanum (*par de Salins*). *Beaune*, 1705, in-4. — Edit. IV. *Dijon*, 1707, in-4. — * Juin 1706, p. 1078; — * juin 1707, p. 1125.

4861. Lettre écrite à un magistrat du premier ordre pour servir de réponse à un docteur rémois. *Dijon*, 1707. — Juin 1707, p. 1125.

4862. Réponse à la 3e édit de la lettre de N. de Salins l'aîné, contre la thèse soutenue à Reims en faveur du vin de Champagne, le 5 mars 1700. *Reims*, 1706, in-4. — Septembre 1706. p. 1590.

4863. Manière de cultiver les vins. *Paris*, 1719. — *Août 1719, p. 1392.

4864. Manière de bien cultiver la vigne, de faire la vendange et le vin, par J. Boullay, prêtre. 3e édit. *Orléans*. 1723, in-12. — Décembre 1724, p. 2140.

4865. Traité de la culture des vignes (par *Bidet*). *Paris*, 1752, in-8. — 2e édit., par Duhamel du Monceau. *Paris*, 1759, 2 vol. in-12. — Janvier 1753, p. 376; — mai 1759, p. 1204; — juin, p. 1522.

4866. Discours sur les vignes (par *Herbert*). *Dijon*, 1756, in-12. — Septembre 1756, p. 2140.

4867. Essai sur l'art de faire le vin rouge, le vin blanc et le cidre, par Maupin. *Paris*, 1767, in-12. — * Octobre 1767, p. 163.

4868. Expériences sur la bonification de tous les vins, par Maupin. *Paris*, 1770, in-12. — 2ᵉ édit. *Ibid.*, 1771, in-12. — Juillet 1770, p. 182; — * novembre 1771, p. 359.

4869. Nouvelle manière de faire le vin pour toutes les années et de le rendre meilleur que par toute autre méthode, par Maupin. *Paris*, 1773, in-12. — * Juillet 1773, p. 184.

4870. Le commerce des vins réformé, rectifié et épuré, ou nouvelle méthode pour tirer un parti sûr, prompt et avantageux des récoltes en vin, par M. C*** S*** (*Brac*). *Amsterdam*, 1769, in-12. — * Août 1769, p. 363.

4871. Traité complet sur la manière de planter, d'élever et cultiver la vigne, extrait du grand dictionnaire anglais de Miller. *Yverdun*, 1769, 2 vol. in-12. — * Novembre 1769, p. 370.

4872. Œnologie, ou discours sur la meilleure manière de faire le vin et de cultiver la vigne, par l'auteur du Traité de la mouture économique. *Dijon*, 1771, in-12. — * Mars 1771, p. 569.

4873. De la fermentation des vins et de la meilleure manière de faire l'eau-de-vie (par *Rozier*, *de Vaume* et *Munier*). *Lyon*, 1770, in-8. — * Août 1771, p. 367.

4874. Dissertation sur les vins, ouvrage dans lequel on donne la meilleure manière de les préparer, de les conserver, par M*** (*Plaigne*). *Paris*, 1772, in-12. — * Janvier 1773, p. 172.

4875. Mémoire sur la meilleure manière de faire et de gouverner les vins, par l'abbé Rozier. *Paris*, 1772, in-8. — * Février 1773, p. 360.

EXERCICES GYMNASTIQUES.

Escrime.

4876. L'art de tirer des armes, réduit en abrégé méthodique, par J. de Bruye. *Paris*, 1721, in-12. — Février 1722, p. 275.

<small>Auteur omis par Quérard.</small>

4877. Nouveau traité de la perfection sur le fait des armes, par J.-F. Girard. *Paris*, 1736. — * Octobre 1736, p. 2291.

Auteur omis par Quérard.

4878. L'art des armes, ou la manière la plus certaine de se servir utilement de l'épée, soit pour attaquer, soit pour se défendre, par Danet. *Paris*, 1766-1767, 2 vol. in-8. — Nouv. édit. *Ibid.*, 1773, 2 vol. in-8. — Juin 1766, p. 1547; — * juillet 1767, p. 464; — décembre 1773, p. 499.

4879. La théorie pratique de l'escrime, pour la pointe seule; avec des remarques instructives pour l'assaut, par Batier. *Paris*, 1772, in-8. — * Septembre 1772, p. 562.

Équitation.

4880. La parfaite connaissance des chevaux. *Paris*, 1712. —* Décembre 1712, p. 2209.

4881. L'école de cavalerie, par de la Guérinière. *Paris*, 1733, gr. in-fol. — * Août 1733, p. 1477.

4882. L'art de monter à cheval, ou description du manége moderne, par le baron d'Eisemberg. *La Haye*, 1733, in-4. — Février 1734, p. 352.

4883. Le manuel du cavalier, trad. de l'angl. de Burdon (par *Demours*). *Paris*, 1737, in-12. — * Mars 1738, p. 579.

4884. Le nouveau Newcastle, ou nouveau traité de cavalerie (par *Bourgelat*). *Paris*, 1747, in-12. — Avril 1748, p. 626.

4885. Pratique de l'équitation, ou l'art de l'équitation réduit en principes, par Dupaty de Clam. *Paris*, 1769, in-8. — * Décembre 1769, p. 562.

4886. Traité sur l'équitation avec une traduction du traité de cavalerie de Xénophon, par Dupaty de Clam. *Deux-Ponts*, 1772, in-8. — * Décembre 1772, p. 558.

4887. Observations et découvertes faites sur des chevaux, avec une nouvelle pratique de la ferrure, par Lafosse. *Paris*, 1754, in-8. —* Janvier 1755, p. 189.

4888. Nouvelle pratique de ferrer les chevaux, par de la Fosse. Nouv. édit. *Paris*, 1758, in-8. — * Décembre 1758, p. 2033.

4889. Le guide du maréchal, par de la Fosse. *Paris*, 1767, in-4. — * Mars 1768, p. 563.

Danse.

4890. Histoire générale de la danse sacrée et profane, par Bonnet. *Paris*, 1723, in-12. — Mai 1724, p. 850.

4891. Lettre sur la danse (par *Noverre*). *Lyon*, 1760, in-12. — *Avril 1760, p. 936.

4892. Chorégraphie, ou l'art de décrire la danse par caractères, figures, et signes démonstratifs,... par Feuillet. *Paris*, 1701, in-4. — Mai 1703, p. 692; — octobre p. 1786.

Auteur omis par Quérard.

4893. Principes de chorégraphie suivis d'un traité de la cadence, qui apprendra les termes et les valeurs de chaque pas de la danse par Magny. *Paris*, 1765, in-8. — Octobre 1765, p. 1130. .

4894. Principes de la chorégraphie, ou l'art d'écrire et de lire la danse par caractères démonstratifs. *Paris*, 1771, in-8. — * Novembre 1771, p. 366.

4895. Traité du maintien du corps et de la manière de se présenter avec grâce, par le sieur Chevalier de Londeau, maître de danse. *Paris*, 1760, in-12. — * Janvier 1761, p. 170.

Chasse et pêche.

4896. Dictionnaire théorique et pratique de chasse et de pêche (par *Delisle de Sales*). *Paris*, 1769, 2 vol. in-8. — Juillet 1769, p. 146.

4897. Bibliotheca scriptorum venaticorum continens auctores qui de venatione, sylvis, aucupio, piscatura et aliis eo spectantibus commentati sunt. Congessit Kreysig. *Altenbourg*, 1750, in-8. — Janvier 1764, p. 363.

4898. Éloge historique de la chasse, par Beneton de Perrin. *Paris*, 1735, in-12. — Décembre 1734, p. 2484.

4899. L'éloge de la chasse aux chiens courants, par le Verrier de la Conterie, précédé d'une bibliothèque historique et critique des théreuticographes. *Rouen*, 1763, in-8. — Juin 1763, p. 1339.

4900. Traité de vénerie et de chasses (par *Goury de Champ-grand*). *Paris*, 1774, 2 vol. in-4. — *Juillet 1774, p. 466.

Quérard (III, 435) dit 1769, *in-4.*

4901. Les ruses du braconnage mises à découvert, par La-bruyère. *Paris*, 1774, in-12. — *Novembre 1774, p. 358.

Jeux.

4902. Dissertation sur les loteries, par le P. Cl. F. Ménes-trier, S. J. *Lyon*, 1700, in-12. — Novembre 1701, p. 354.

4903. Histoire des loteries, ou dissertation critique sur leur usage, par M. L. *Paris*, 1706, in-12. — Juin 1706, p. 924.

4904. Nouvelle manière d'exécuter les loteries les plus com-posées, par Glouer. *Paris*, 1705, in-12. — *Septembre 1705, p. 1652.

Auteur omis par Quérard.

4905. Le grand trictrac, ou méthode facile pour apprendre sans maître la marche de ce jeu (par l'ab. *Soumille*). *Avi-gnon*, 1738, in-8. — *Janvier 1740, p. 175.

Quérard (IX, 230) dit *Paris, 1766, in-8.*

4906. Principes du jeu de trictrac à la portée des commen-çants. *Paris*, 1748, in-12. — *Décembre 1748, p. 2820.

4907. Recherches historiques sur les cartes à jouer, avec des notes critiques et intéressantes, par l'auteur des Mé-moires sur la langue celtique (l'ab. *Bullet*). *Lyon*, 1757, in-12. — Décembre 1757, p. 2990.

Quérard (I, 563) dit *Paris, 1753, in-8.*

4908. Le jeu de quadrille, avec le médiateur et la couleur favorite. Nouv. édit. aug. du médiateur solitaire à quatre et à trois. *Paris*, 1739, in-12. — *Janvier 1740, p. 178.

4909. Etteilla, ou manière de se récréer avec un jeu de cartes (par *Alliette*). *Amsterdam*, 1770, in-8. — *No-vembre 1770, p. 374.

4910. Le zodiaque mystérieux, ou les oracles d'Etteilla (par *Alliette*). *Amsterdam*, 1772, in-8. — *Février 1773, p. 374.

4911. Francion ou l'anti-whisk, ou le jeu français avec la méthode pour le jouer. *Paris*, 1765. — Juillet 4⁷⁷⁵, p. 373.

4912. Description de trente-une fleurs, avec un conte fami-lier sur le jeu du pied-de-bœuf. *La Haye*, 1770, in-12. — *Novembre 1770, p. 362.

4913. Le tre-sette ou règle du jeu des trois-sept. *Paris*, 1773, in-12. — *Avril 1773, p. 185.

4914. Traité théorique et pratique du jeu d'échecs, par une société d'amateurs. *Paris*, 1775. — * 2° suppl. de 1775, p. 360.

4915. Essai sur le jeu de dames à la polonaise, par Manory. *Paris*, 1770, in-12. — *Janvier 1771, p. 184.

Quérard dit *Manoury* (V, 195).

FIN DU TOME PREMIER.

TABLE DES DIVISIONS.

THÉOLOGIE.

Ecriture sainte.

Philologie sacrée.

Liturgie.

Conciles.

JURISPRUDENCE.

Droit français.

Droit ecclésiastique.

SCIENCES ET ARTS.

FIN DE LA TABLE.

Paris.—Imprimerie de E. Donnaud, rue Cassette, 9.

www.ingramcontent.com/pod-product-compliance
Lightning Source LLC
Chambersburg PA
CBHW060955280326
41935CB00009B/724